Lith. H. Charpentier Edit. Paris et Nantes

Félix Benoist del. & lith.

PLAN DE PARIS AVEC SES AGRANDISSEMENTS SUCCESSIFS

depuis son origine et les projets officiels en 1865

PARIS

DANS SA SPLENDEUR

SOUS NAPOLÉON III

MONUMENTS, VUES, SCÈNES HISTORIQUES, DESCRIPTIONS ET HISTOIRE.

DESSINS ET LITHOGRAPHIES

PAR MM. PHILIPPE BENOIST, POUR LE PLUS GRAND NOMBRE ET AVEC L'AIDE DE LA PHOTOGRAPHIE;
JULES ARNOUT, BACHELIER, A. BAYOT, FÉLIX BENOIST, CHAPUY, EUGÈNE CICÉRI, HUBERT CLERGET, JULES DAVID, FICHOT, JULES GAILDRAU, GUÉRARD,
J. JACOTTET, GUSTAVE JANET, HIPPOLYTE LALAISSE, AUG. MATHIEU, SABATIER, ETC.

VIGNETTES DE FÉLIX BENOIST ET CATENACCI, EXÉCUTÉES SUR BOIS PAR LES PREMIERS GRAVEURS

TEXTE

PAR MM. AUDIGANNE, P. BAILLY, EUGÈNE CARISSAN, A. DARCEL, LOUIS ÉNAULT, VICTOR FOURNEL, ÉDOUARD FOURNIER, AMÉDÉE GABOURD,
J. DE GAULLE, EUGÈNE DE LA GOURNERIE, Bon F. DE GUILHERMY, L. LACOUR, LASSUS, ALBERT LENOIR, F. LOCK, LE ROUX DE LINCY, MARY LAFON, A. MAZURE,
P. MÉRIMÉE (DE L'ACADÉMIE FRANÇAISE), A. DE MONTAIGLON, L'ABBÉ A.-M. TOUZÉ, TROCHE, E. VINET, VIOLLET LE DUC, O. DE WATTEVILLE, ETC.

Troisième Volume.

DEUXIÈME PARTIE. — HISTOIRE DE PARIS. — ENVIRONS DE PARIS.

Publié par
HENRI CHARPENTIER, IMPRIMEUR-ÉDITEUR,
PARIS, QUAI DES AUGUSTINS, 55. — ÉTABLISSEMENT A NANTES, RUE DE LA FOSSE.

M. DCCC. LXII.

PARIS ÉTENDU JUSQU'AUX FORTIFICATIONS

A PARTIR DU 1er JANVIER 1860,

DIVISÉ EN VINGT ARRONDISSEMENTS ET SUBDIVISÉ EN QUATRE-VINGTS QUARTIERS.

DÉNOMINATION DES ARRONDISSEMENTS ET DES QUARTIERS.

Les Chiffres romains indiquant les Arrondissements correspondent aux Chiffres romains rouges du Plan.

Ier Arrondissement du LOUVRE.
1er *Quartier* de St-Germain-l'Auxerrois.
2e — des Halles.
3e — du Palais-Royal.
4e — de la place Vendôme.

IIe Arrt de LA BOURSE.
5e *Quartier* Gaillon.
6e — Vivienne.
7e — du Mail.
8e — de Bonne-Nouvelle.

IIIe Arrt du TEMPLE.
9e *Quartier* des Arts-et-Métiers.
10e — des Enfants-Rouges.
11e — des Archives.
12e — Sainte-Avoie.

IVe Arrt de L'HOTEL-DE-VILLE.
13e *Quartier* Saint-Merry.
14e — Saint-Gervais.
15e — de l'Arsenal.
16e — Notre-Dame.

Ve Arrt du PANTHÉON.
17e *Quartier* Saint-Victor.
18e — du Jardin-des-Plantes.
19e — du Val-de-Grâce.
20e — de la Sorbonne.

VIe Arrt du LUXEMBOURG.
21e *Quartier* de la Monnaie.
22e — de l'Odéon.
23e — de Notre-Dame-des-Champs.
24e — de Saint-Germain-des-Prés.

VIIe Arrt du PALAIS-BOURBON.
25e *Quartier* de Saint-Thomas-d'Aquin.
26e — des Invalides.
27e — de l'École-Militaire.
28e — du Gros-Caillou.

VIIIe Arrt de L'ÉLYSÉE.
29e *Quartier* des Champs-Élysées.
30e — du Faubourg-du-Roule.
31e — de la Madeleine.
32e — de l'Europe.

IXe Arrt de L'OPÉRA.
33e *Quartier* Saint-Georges.
34e — de la Chaussée-d'Antin.
35e — du Faubourg-Montmartre.
36e — de Rochechouart.

Xe Arrt de L'ENCLOS-SAINT-LAURENT.
37e *Quartier* Saint-Vincent-de-Paul.
38e — de la Porte-Saint-Denis.
39e — de la Porte-Saint-Martin.
40e — de l'Hôpital-Saint-Louis.

XIe Arrt de POPINCOURT.
41e *Quartier* de la Folie-Méricourt.
42e — Saint-Ambroise.
43e — de la Roquette.
44e — Sainte-Marguerite.

XIIe Arrt de REUILLY.
45e *Quartier* du Bel-Air.
46e — de Picpus.
47e — de Bercy.
48e — des Quinze-Vingts.

XIIIe Arrt des GOBELINS.
49e *Quartier* de la Salpêtrière.
50e — de la Gare.
51e — de la Maison-Blanche.
52e — de Croulebarbe.

XIVe Arrt de L'OBSERVATOIRE.
53e *Quartier* de Montparnasse.
54e — de la Santé.
55e — du Petit-Montrouge.
56e — de Plaisance.

XVe Arrt de VAUGIRARD.
57e *Quartier* Saint-Lambert.
58e — Necker.
59e — de Grenelle.
60e — de Javel.

XVIe Arrt de PASSY.
61e *Quartier* d'Auteuil.
62e — de la Muette.
63e — de la Porte-Dauphine.
64e — des Bassins.

XVIIe Arrt des BATIGNOLLES-MONCEAUX.
65e *Quartier* des Ternes.
66e — de la Plaine-de-Monceaux.
67e — des Batignolles.
68e — des Épinettes.

XVIIIe Arrt de LA BUTTE-MONTMARTRE.
69e *Quartier* des Grandes-Carrières.
70e — de Clignancourt.
71e — de la Goutte-d'Or.
72e — de la Chapelle.

XIXe Arrt des BUTTES-CHAUMONT.
73e *Quartier* de la Villette.
74e — du Pont-de-Flandres.
75e — d'Amérique.
76e — du Combat.

XXe Arrt de MÉNILMONTANT.
77e *Quartier* de Belleville.
78e — Saint-Fargeau.
79e — du Père-Lachaise.
80e — de Charonne.

LÉGENDE DU PLAN.

INDICATIONS QUI N'ONT PU ÊTRE ÉCRITES SUR LE PLAN.

Les petits Chiffres précédant les Indications correspondent aux petits Numéros du Plan. — Le Chiffre romain qui suit indique l'Arrondissement auquel appartient chaque Indication.

Nº de renvoi au plan.		Arrond.
1	Arc de Triomphe de l'Étoile	I
2	— — du Carrousel	I
3	— — de la Porte-Saint-Denis	X
4	— — de la Porte-Saint-Martin	X
5	Archevêché	VII
6	Archives de l'Empire	III
7	Banque de France	I
8	Bibliothèque de l'Arsenal	IV
9	— Impériale	II
10	— Sainte-Geneviève	V
11	Caisse d'épargnes	I
12	Caserne de la rue de la Banque	II
13	— Bonaparte	VII
14	— des Célestins	IV
15	— Napoléon	IV
16	— du Prince-Eugène	X
17	Sainte-Chapelle du Palais	I
18	Chapelle Expiatoire (rue d'Anjou)	VIII
19	— des Gardes-Malades	VI
20	— des Jésuites (rue de Sèvres, 35)	VI
21	— des Missions-Étrangères	VI
22	— des Pères de l'Oratoire	VI
23	Cirque de l'Impératrice	VIII
24	— Napoléon	XI
25	Collège de France	V
26	Colonne de la Grande-Armée (place Vendôme)	I
27	— de Juillet (place de la Bastille)	IV
28	— de la Victoire (place du Châtelet)	I
29	Colonnes de la place du Trône	XII
30	Colonne Astronomique de la Halle au Blé	I
31	Concert Musard aux Champs-Élysées	VIII
32	Conservatoire des Arts et Métiers	III
33	— de Musique	IX
34	École des Beaux-Arts (rue Bonaparte)	VI
6	— des Chartes	III
35	— de Dessin	VI
36	— de Droit	V
37	— d'État-Major	VII
38	— de Médecine	VI
39	— Militaire	VII
40	— des Mines	VI
41	École Normale supérieure	V
42	— Polytechnique	V
43	École des Ponts et Chaussées	VII
44	Écuries de l'Empereur	VIII
45	Église Saint-Antoine aux Quinze-Vingts	XII
46	— de l'Assomption	I
47	— Sainte-Élisabeth	III
48	— Saint-Étienne-du-Mont	V
49	— Saint-Eustache	I
50	— Saint-Germain-des-Prés	VI
51	— Saint-Jean-Saint-François	III
52	— Saint-Louis aux Invalides	VII
53	— Saint-Louis-d'Antin	IX
54	— Saint-Nicolas-des-Champs	X
55	— Notre-Dame-des-Blancs-Manteaux	IV
56	— Notre-Dame-de-Bonne-Nouvelle	I
57	— Notre-Dame-des-Victoires	II
58	— de la Sorbonne	V
59	— La Trinité (rue de Clichy)	IX
60	— Saint-Vincent-de-Paul	X
61	Enregistrement, Domaines et Timbre	II
62	État-Major de la Place	I
10	Fontaine du Château-d'Eau	X
107	— Desaix (place Dauphine)	I
63	— des Innocents	I
64	— de la grotte de Médicis au Luxembourg	VI
65	— Molière	I
66	— Notre-Dame	IV
26	— du Palmier (place du Châtelet)	I-II
67	— Cuvier	V
68	— de la place de la Concorde	VIII
69	— de la place du Pont-Saint-Michel	V-VI
70	— de la place Richelieu	II
71	— de la place Saint-Sulpice	VI
72	— de la rue de Grenelle	VII
73	Greniers de Réserve et d'Abondance	IV
30	Halle au Blé	I
74	— aux Vieux Habits	III
75	Hôtel de Cluny	V
76	— des Monnaies	VI
77	— des Postes	I
78	— de Sens	IV
79	— du Louvre	I
6	— de Soubise	III
80	Imprimerie Impériale	III
81	Institut de France	VI
82	Palais de la Légion-d'Honneur	VII
83	Lycée Bonaparte	IX
84	— Charlemagne	IV
85	— Louis-le-Grand	V
86	— Napoléon	V
87	— Saint-Louis	VI
88	Marché Saint-Germain	VI
89	— Saint-Honoré	I
90	Ministère des Affaires Étrangères	VII
91	— de l'Algérie et des Colonies	VIII
92	— de l'Agricult., Comm. et Trav. Publ.	VII
93	— d'État et de la Maison de l'Empereur	I
94	— des Finances	I
95	— de la Guerre	VII
96	— de l'Intérieur	VII
97	— de l'Instruction Publique	VII
98	— de la Justice	I
99	— de la Marine	VIII
100	Morgue	IV
75	Musée des Thermes et de l'Hôtel de Cluny	V
101	Musée d'Artillerie	VII
102	Muséum d'Histoire Naturelle	V
103	Musées du Louvre	I
104	Musée du Luxembourg	VI
76	— Monétaire de l'Hôtel des Monnaies	VI
52	— des Plans en relief aux Invalides	VII
105	Panorama	VIII
106	Place de la Bourse	II
28	— du Châtelet	I-IV
107	— Dauphine	I
108	— de l'Europe	VIII
109	— Fontenoy	VII
60	— Lafayette	X
110	— Napoléon III	I
111	— du Palais-Royal	I
112	— du Panthéon	V
113	— du Parvis-Notre-Dame	IV
69	— du Pont-Saint-Michel	V-VI
70	— Richelieu	II
71	— Saint-Sulpice	VI
114	— Vauban	VII
115	— des Victoires	I-II
116	Place Walhubert	V-XIII
117	Pont de l'Alma	VII-VIII
118	— de l'Archevêché	IV-V
119	— d'Arcole	IV
120	— des Arts	I-VI
121	— d'Austerlitz	V-XII
122	— de Bercy	XII-XIII
123	— du Carrousel	I-VII
124	— au Change	I-IV
125	— Saint-Charles	IV-V
126	— de la Cité	IV
127	— de la Concorde	VII-VIII
128	— Passerelle de Constantine	IV-V
129	— au Double	IV-V
130	— de l'Estacade	IV
131	— de Grenelle	XV-XVI
132	— d'Iéna	VII-XVI
133	— des Invalides	VII-VIII
134	— Louis-Philippe	IV
135	— Marie	IV
136	— Saint-Michel	I-IV-V-VI
137	— Napoléon III	XII-XIII
138	— Notre-Dame	IV
139	— Petit-Pont	IV-V
140	— Neuf	I-VI
141	— Royal	I-VII
142	— de Solferino	I-VII
143	— de la Tournelle	IV-V
71	Séminaire de Saint-Sulpice	VI
58	Sorbonne	V
144	Synagogue des Juifs	II
145	Temple de l'Oratoire	I
146	Théâtre de l'Ambigu-Comique	XI
147	— du Cirque	VI
148	— Français	I
149	— du Gymnase	X
150	— Italien	II
151	— de la Porte-Saint-Martin	X
152	— des Variétés	II
106	— du Vaudeville	II
153	— Lyrique	IV
154	Tour Saint-Jacques-la-Boucherie	IV
155	— de Saint-Germain-l'Auxerrois	I

NOTA. — Les anciennes enceintes qui figurent dans le Plan ont été tracées d'après les savantes et consciencieuses études de Mr Bonnardot.

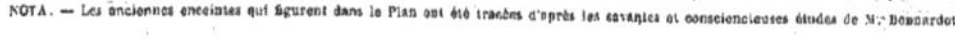

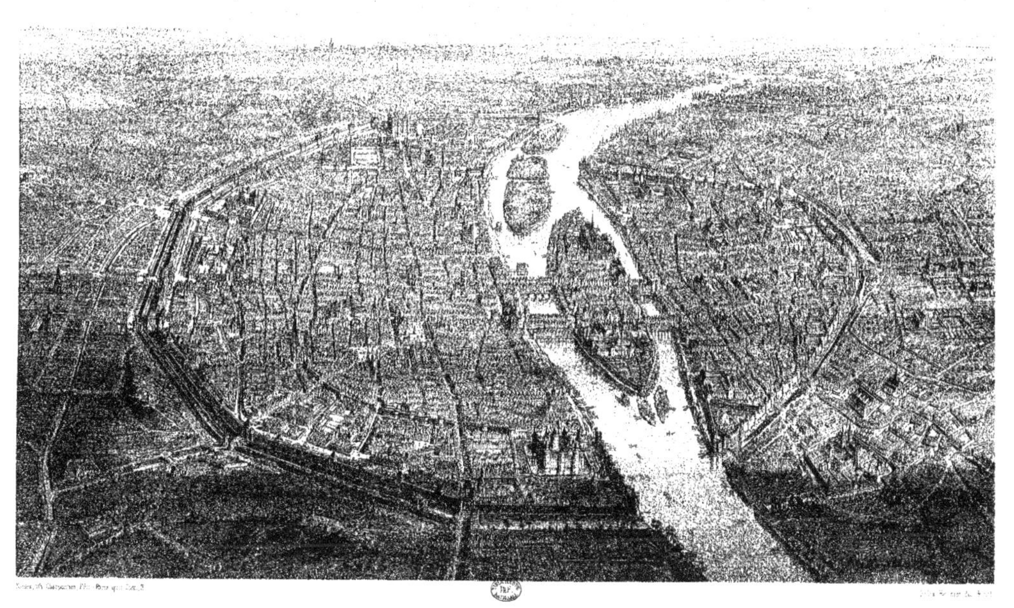

Vue générale [illegible] d'après les anciens plans et dessins

Nantes, lith. Charpentier Edit. – Paris, quai des Augustins, 55 | 73 | Felix Benoist del. – J. Arnout lith. – Fig. par A. Bayot

Vue générale prise de la Butte Chaumont (d'après Mérian)

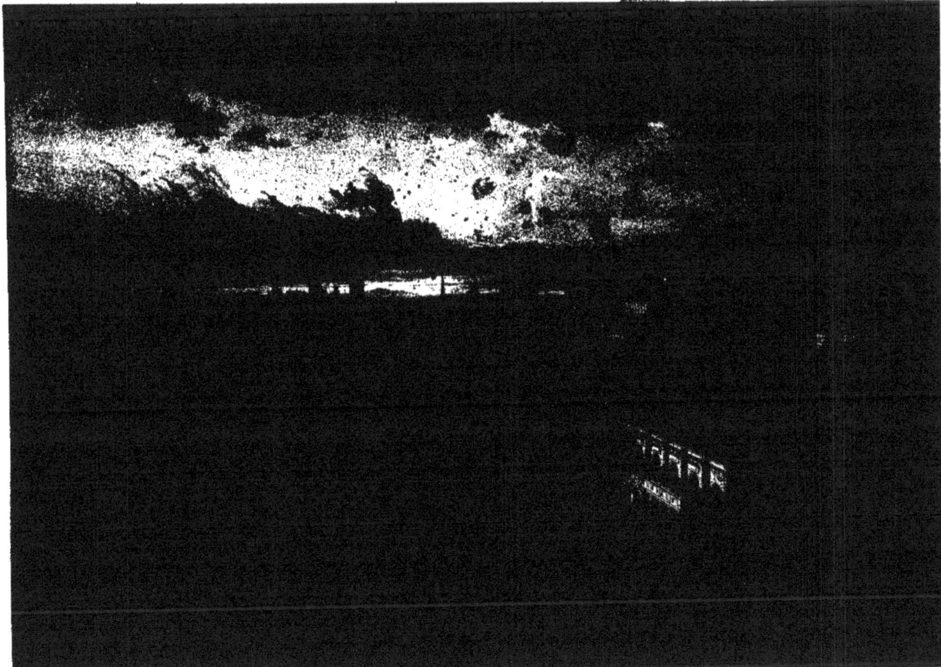

Nantes, lith. Charpentier, Edit. – Paris, quai Conti, 3.

Félix Benoist del. J. Arnout lith. Fig. par J. Gaildrau

PARIS EN 1650.

Le Palais de Justice et la Seine d'après Boisseau, Israël Silvestre &c

D'après une gravure d'Israël Silvestre

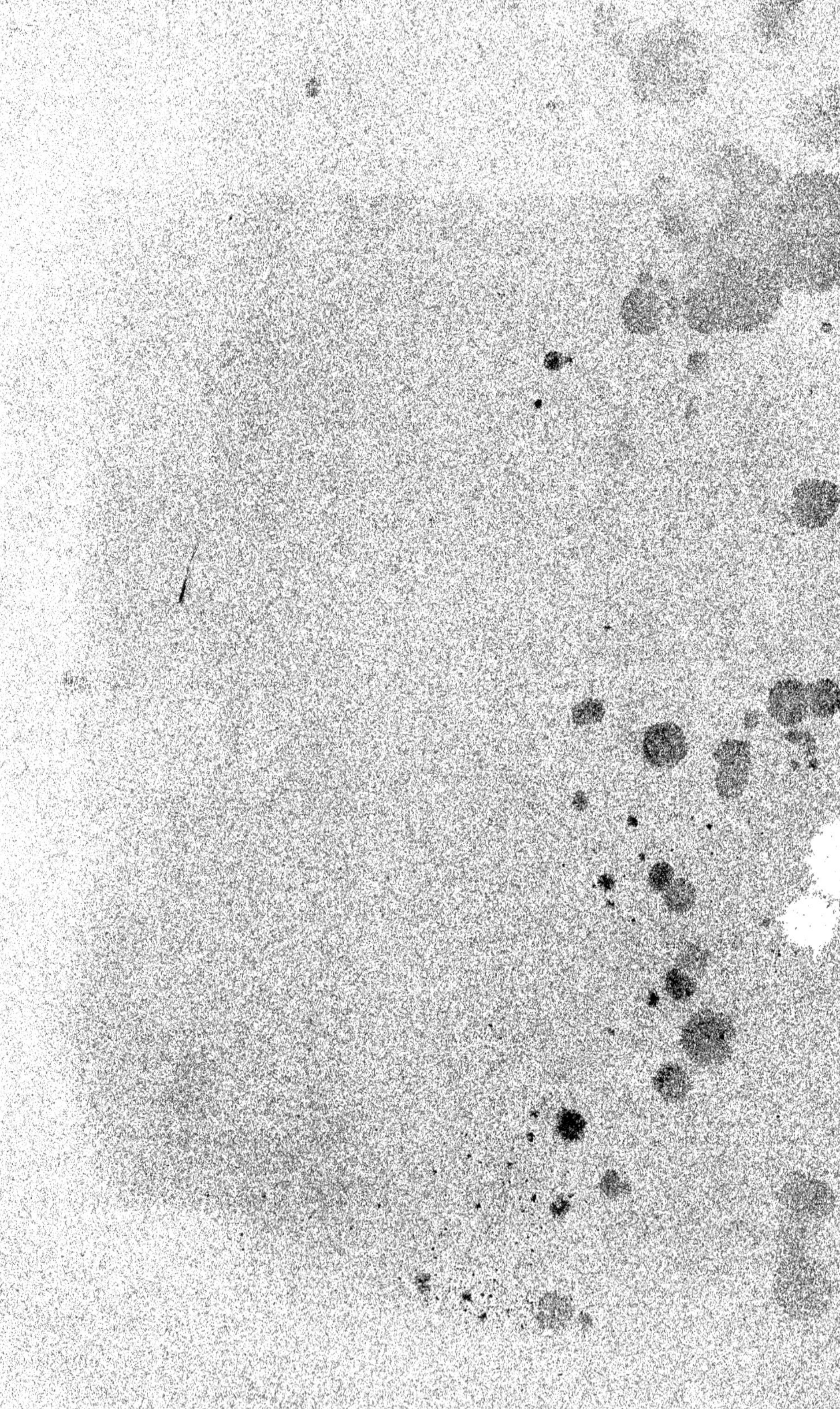

Nantes, lith. Charpentier, Edit. – Paris, quai des Augustins, 55.

Félix Benoist del. Eug. Cicéri lith. Fig. par A. Bayot.

 76

(Vue prise du côté de l'Arsenal, d'après une gravure de 1730 de J. Chaufourier.)

HISTOIRE DE PARIS

PARIS ANCIEN

DE L'AN 53 AVANT JÉSUS-CHRIST JUSQU'A LA RÉVOLUTION FRANÇAISE EN 1789.

PARIS AVANT LES ROMAINS ET SOUS LA DOMINATION ROMAINE

DE L'AN 53 AVANT J.-C. A L'AN 494 DE NOTRE ÈRE.

« L'ASSEMBLÉE des Gaulois avait été convoquée à Samarobriva pour le commencement du printemps, selon la règle établie; tous les peuples s'y trouvèrent, excepté les Sénones, les Carnutes et les Trévires. César, pensant que c'était là un symptôme de défection et de guerre, pour montrer toute l'importance qu'il y attachait, transfère l'assemblée à LUTÈCE *des Parises.* Ceux-ci étaient limitrophes des Sénones, avec lesquels ils avaient autrefois fait alliance, disait la tradition; mais ils n'avaient point approuvé la résolution que venaient de prendre les Sénones. » (*Cæsar. Comment.*, lib. VI, c. 3.) C'est en ces termes que l'histoire fait pour la première fois mention de Paris (53 ans avant J.-C.). Dix-neuf cents ans de gloire et de crimes, de grandeurs et de misères vont suivre cette première indication jetée en passant et comme indifféremment par le proconsul historien.

Sur ce texte chétif, les annalistes ont brodé de longs commentaires; mais leurs inductions, parfois erronées, aboutissent seulement à constater que le territoire des Parises était fort peu étendu, et qu'il faut renoncer à déterminer leur origine. L'étymologie de leur nom même est également introuvable. Quelques centaines de huttes en terre et en bois, dans une île de quarante-quatre arpents, voilà quelle était leur capitale.

Malgré leur résistance, les Sénones et les Carnutes furent bientôt contraints, par les légions romaines, d'envoyer leurs députés à Lutèce pour l'assemblée générale, et César put obtenir, comme d'ordinaire, le vote des renforts dont il avait besoin; mais, l'année suivante, Paris et ses environs furent témoins d'autres événements militaires importants.

Dans la grande guerre de l'indépendance gauloise, les Parises s'étaient soulevés comme les autres peuples, sous les ordres du vieux Camulogène. Labiénus eut l'habileté d'attirer, par un stratagème, leurs principales forces vers Metiosédum (Choisy-le-Roi), et livra au reste de leur armée un combat sanglant entre Issy et Meudon : « Dès le premier choc, la septième légion, placée à l'aile droite, repousse les Gaulois et les met en fuite; à l'aile gauche, formée par la douzième légion, les premiers rangs de l'ennemi étaient tombés frappés par nos traits; mais les autres résistaient vigoureusement, et aucun ne songeait à la fuite. Camulogène, leur général, combattait avec eux et excitait leur courage. Le succès restait donc douteux sur ce point, lorsque les tribuns de la septième légion, instruits de ce qui se passait à l'aile gauche, viennent avec leurs troupes prendre l'ennemi en queue, et le chargent vigoureusement. Mais, dans cette position même, aucun Gaulois n'abandonne la place, tous sont enveloppés et tués jusqu'au dernier homme. Camulogène périt au milieu d'eux. » (*Cæsar. Comment.*, lib. VII, c. 62.)

Après cette lutte malheureuse mais honorable, les Parises prirent encore part au grand mouvement national de la Gaule, qui vint expirer sous les murs d'Alesia. Ils envoyèrent à Vercingétorix, malgré leurs pertes, un contingent de huit mille hommes, et contribuèrent, dans les limites de leur force, à retarder le triomphe définitif du proconsul.

Mais Uxellodunum est tombée; les dernières résistances font place à un abattement universel; la conquête s'organise. L'histoire ne nous apprend rien de spécial sur le sort de Lutèce et sur la situation que lui fit l'administration romaine. Pour cela comme pour toute la période qui va suivre (environ trois cents ans), nous en sommes réduits aux inductions ou aux quelques débris de monuments que la terre a bien voulu rendre au jour. Nous devons croire que les Parises furent au nombre des cités tributaires (*vectigales*) et par conséquent dans la catégorie la plus maltraitée des peuples gaulois soumis; cette destinée leur fut commune avec presque toutes les cités de la Celtique.

La Gaule devenant de plus en plus romaine, le commerce augmenta d'activité et reprit ses anciennes voies terrestres et fluviales. Bientôt Lutèce vit poindre sa prospérité. N'oublions pas qu'elle a pour armes un vaisseau; c'est par un vaisseau qu'elle méritait en effet d'être symbolisée, cette vieille ville marchande qui déjà sous Tibère, soixante-dix ans après la conquête, possédait une puissante corporation de *Nautes*, bateliers et négociants par eau, dont l'existence nous est révélée par le monument de la cité, découvert en 1711. Nous allons emprunter au savant *Itinéraire Archéologique* de M. de Guilhermy, la description de ces vénérables débris, vingt fois centenaires. « Ce monument se compose de neuf pierres, sculptées pour la plupart, et portant des inscriptions plus ou moins intactes. Le Musée de Cluny en possède cinq, dont deux se superposent pour reconstituer un cippe à peu près complet; les trois autres formaient chacune la partie supérieure ou l'entablement d'un autel. Les sculptures présentent un bizarre mélange de la mythologie romaine et de la religion gauloise, Esus, le taureau sacré, le dieu Cernunnos, en compagnie de Jupiter, de Vulcain, de Castor et de Pollux. Le taureau, couvert d'une draperie en forme d'étole, porte sur sa tête, sur son dos, sur sa croupe, trois figures de grues, et l'inscription lui donne en conséquence le titre peu commun de *Tarvos trigaranus* (le taureau aux trois grues). Le dieu Cernunnos est encore moins connu et plus singulier; ce patron de Paris nous apparaît la tête chauve, le menton barbu, les épaules à peine abritées par une draperie, le front accosté de deux grandes cornes de cerf dans lesquelles sont passés deux larges anneaux. Une inscription d'une extrême importance se lit sur une autre pierre, accompagnée de plusieurs figures armées à la romaine qui tiennent des lances et des boucliers; en voici le texte :

Tib. Caesare.
Aug. Iovi. optvmo.
Maxsvmo....... m.
Navtae. Parisiaci
Pvblice. posiervnt.

Sous Tibère César Auguste, les Nautes parisiens ont publiquement élevé cet autel à Jupiter très-bon, très-grand. »

Ce curieux monument indique un travail déjà avancé de fusion entre les cultes nationaux de la Gaule et de Rome. La langue est à demi celtique, à demi romaine; le style des bas-reliefs est presque entièrement romain, mais la nature et les attributs des figures sont principalement gaulois. D'après M. Val. Parisot, ce singulier taureau aux trois grues était adoré au milieu d'un lac, et des gâteaux sacrés répandus sur lui attiraient les grues passagères qui venaient ainsi rendre hommage à leur manière à ce *Mithra* celtique. Encore un point qu'il faut laisser aux Creutzers et aux Guigniauts de l'avenir.

Le beau mémoire inséré par M. Jollois dans les *Mémoires de l'Académie des Inscriptions* sur les antiquités romaines de Paris, mémoire auquel nous renvoyons les archéologues, fait l'inventaire complet et raisonné des débris gallo-romains qui jonchent le sol de Lutèce et qui témoignent de son importance aux trois premiers siècles de notre ère. Bas-reliefs, cippes couverts de sculptures mythologiques, monuments funéraires de toutes dimensions, statues de bronze, de marbre, médailles en quantité innombrable, poteries, voies romaines au nombre de cinq au moins, telles sont les traces irrécusables qu'ont laissées de leur séjour à Lutèce les conquérants civilisateurs venus d'Italie. Elles suffiraient pour prouver l'extension et la solidité de leur établissement, quand même elles n'accompagneraient pas le géant de pierre qui a vu, témoin impassible, s'élever et tomber presque tous les monuments de Paris, dont il est le doyen. Nous avons nommé le palais des Thermes.

« Une étude approfondie des matériaux, de l'appareil et du système de la décoration de cet édifice, dit M. de Guilhermy, a fait prévaloir l'opinion qui l'attribue à Constance Chlore (vers 300). Sa grande salle est une fabrique immense, majestueuse d'aspect, merveilleuse de solidité, empreinte, comme les œuvres du peuple romain, d'une grandeur mâle et sévère. De semblables monuments se mesurent plutôt qu'ils ne se décrivent; ils tirent toute leur beauté du grandiose des proportions, de la régularité de l'appareil et de l'importance de leurs dimensions. Quelque nue et dépouillée qu'elle puisse être, la salle des Thermes, sur laquelle ont passé déjà quinze siècles, commande l'admiration et le respect. » Cette salle est le *frigidarium* antique; les canaux par lesquels les eaux tombaient dans les baignoires sont encore apparents. Le *tepidarium* est en ruines, mais on en peut encore parfaitement reconnaître l'existence. L'hypocauste, les réservoirs, les aqueducs, d'autres salles encore, sans compter de nombreux débris d'autres constructions confondus avec l'hôtel de Cluny ou perdus sous les rues voisines, prouvent que l'édifice primitif était de beaucoup plus vaste que ses ruines; d'immenses et magnifiques jardins l'enceignaient, principalement à l'Ouest et au Nord, et s'étendaient jusqu'à la prairie plus tard fameuse sous le nom de Pré-aux-Clercs, et jusqu'à la Seine. Au moment où nous écrivons (mars 1857), une nouvelle restauration va donner au vieux palais un peu de son ancienne splendeur et le rendre, en l'isolant, plus accessible à l'examen des curieux.

Voici donc quel était, vers la fin du IIIe siècle, l'aspect de ce Paris que la conquête avait fait sortir de terre et que le Christianisme allait bientôt transformer. D'abord, les Thermes; puis, pour les protéger, « un camp qui couvrait la place Saint-Michel et une partie des terrains du Luxembourg. Sur la principale colline du Midi, appelée Mont Lucotitius, s'élevait un temple de Mercure, vers l'endroit où fut plus tard l'abbaye Sainte-Geneviève; près de là, à la partie supérieure de la rue des Fossés-Saint-Victor, était un cirque. Des sépultures, des fabriques de poteries occupaient le revers de la colline. D'Arcueil et de Rungis, un aqueduc, dont il subsiste encore des débris et qui avait à peu près le même tracé que l'aqueduc moderne, amenait l'eau au palais des Thermes.

» Sur la rive droite, un temple de Mars couronnait la montagne que nous appelons Montmartre; un temple de Mercure était construit sur la pente occidentale, et sur le revers septentrional s'élevaient des villas dont, en 1850, j'ai vu les derniers débris disparaître. Le quartier actuel du Palais-Royal était couvert de maisons importantes, où un aqueduc conduisait l'eau des hauteurs de Chaillot. A l'Est, vers le lieu où est l'église Saint-Gervais, il y avait un champ de sépultures. — L'intérieur de l'île avait participé à ce grand mouvement. Un solide rempart l'entourait de tous côtés.

» Un palais s'étendait à l'extrémité occidentale de l'île, sur l'emplacement du Palais de Justice actuel. A l'autre extrémité s'élevait l'autel des Nautes, faisant probablement partie d'un temple. Entre les deux monuments étaient construits des édifices particuliers d'une certaine importance..... Les fondations du rempart, les substructions des maisons particulières ont été retrouvées lors des fouilles exécutées au parvis Notre-Dame en 1847. Une voie romaine venant du Midi, pénétrait dans Lutèce par le Petit-Pont, suivait à peu près le tracé des rues de la Cité, de la Calandre, de la Barillerie, sortait de la ville par le Grand-Pont (Pont-au-Change), et aboutissait vers le Nord de la place du Châtelet. De là, prenant une direction oblique, la voie atteignait la barrière de Clichy, et passant par Saint-Denys, desservait Beauvais et Rouen. Du Forum, situé à la place du Châtelet, deux autres voies se dirigeaient, l'une vers Senlis, l'autre vers la Marne, par Chelles. Sur la rive gauche, des voies moins importantes conduisaient à la plaine de Grenelle, à Sèvres, à Vaugirard, au Mont Cétard, à Ivry. » (F. Lock.)

Au milieu de tous ces monuments grandioses ou élégants, à peine si l'on pouvait distinguer, au flanc du *Mont-des-Martyrs, Mons Martyrum*, ou près du temple de Cernunnos, un humble oratoire qui attirait cependant une foule tous les jours plus nombreuse, et qui bientôt, grandissant comme la pierre du livre de Daniel, allait renverser et remplacer les somptueux édifices qui l'écrasaient. La semence de la parole avait été jetée dans Lutèce; elle commençait à y fructifier.

Vers le milieu du IIIe siècle, le pape saint Fabien envoya en Gaule, où la Foi avait été déjà plantée au temps des Pothin et des Irénée, sept *évêques des nations*, choisis, dit M. Am. Thierry, parmi des hommes puissants par le caractère et l'expérience, *de bons ouvriers*, tels que ceux que cherchait le père de famille pour sa vigne. Le plus illustre des sept, celui qui exerça l'action la plus étendue et la plus énergique fut Denis, qui, prenant possession du centre et du Nord, marchait comme un général d'armée, à la tête de onze missionnaires, tous pleins de foi et d'audace. Vers 251, il se rendit à Paris, qui, sous le nom de Lutèce, commençait à devenir une ville importante, à cause de son port et du commerce qu'elle faisait sur la Seine. Quelques années après, profitant de l'intervalle de paix donné à l'Église par Valérien, le siége de Rome avait fait un second effort pour accélérer la conversion des Gaules; une nouvelle troupe d'ouvriers évangéliques, destinés à renforcer la petite armée de Denis, avait passé les Alpes, par l'ordre et avec des instructions du pape Sixte II. « De Paris, son quartier général au Nord des Gaules, la propagande chrétienne descendit la Seine jusqu'à Rouen, qui reçut alors son premier évêque, et la remonta jusqu'à Troyes. »

M. Thierry, poursuivant son récit, place le martyre du premier évêque de Paris à la fin du règne de Valérien, vers l'an 260 par conséquent. Nous devons dire que l'opinion la plus répandue le recule jusqu'à la persécution d'Aurélien, de 270 à 275, ou plus exactement en 273. Malheureusement les nombreuses légendes composées sur saint Denis, à des époques très-éloignées de lui (le monument le plus récent est la vie de sainte Geneviève, qui date du VIe siècle), ne nous ont transmis presque toutes que des détails fabuleux ou trop incertains pour servir de guides à l'histoire. Ce qu'il y a de sûr, c'est que Denis et deux de ses compagnons, le prêtre Rustique et le diacre Eleuthère, après avoir confessé courageusement J.-C. et souffert le supplice du fouet, eurent la tête tranchée sur la montagne de Mars, qui dominait Paris et où l'on exécutait les criminels. Leurs corps, privés de sépulture, étaient conduits sur un bateau au milieu de la Seine, pour y être jetés, quand une dame païenne nommée Catulla, touchée de compassion, les enleva, par ruse, des mains des gardiens, en les invitant à un repas, disent les actes. Elle possédait près de là un champ nouvellement labouré et qui attendait les semailles d'automne, car on était en octobre; elle y fit enfouir secrètement les reliques des martyrs et fit semer du blé par dessus; ce champ était situé dans un canton appelé par les actes *Catolacum* et où les uns voient la plaine de Saint-Denis, les autres, celle de Chaillot. — Les fidèles bâtirent une chapelle sur leur tombeau: sainte Geneviève fit reconstruire cet oratoire, et telle fut l'origine de la célèbre abbaye de Saint-Denis.

Des successeurs de saint Denis on ne connaît que les noms : Mallon, Massus, Marcus, Adventus, et Victorinus qui assista au concile de Sardique en 347. Néanmoins, on doit croire que leurs travaux accrurent beaucoup le domaine de la Foi; car, pendant cet intervalle, Constance Chlore, le protecteur des Chrétiens, avait gouverné la Gaule, et Constantin avait fait de la croix l'étendard de l'empire. Après sa mort, les hontes et les crimes de ses fils provoquèrent une funeste réaction dont l'auteur, fameux plutôt qu'illustre, commença sa réputation à Paris. Julien, ce disciple aveugle de l'Hellénisme, cet homme qui aurait pu devenir grand, *et qui préféra être singulier* (La Bletterie), fit de sa *chère Lutèce* son séjour d'hiver en 358 et 359. C'était là qu'il venait se reposer d'avoir vaincu Chnodomaire et ses Allemands, et ces Francs, *forts comme des tours*, dit Libanius, *et dont chacun valait plusieurs;* c'était là qu'entouré de philosophes, de grammairiens, de médecins, tels qu'Oribase, le premier auteur qui ait écrit à Paris, Julien lisait Platon, dansait la pyrrhique et rendait la justice. Singe de Marc-Aurèle, Julien voulut écrire comme lui, et c'est dans son célèbre *factum* contre les Chrétiens d'Antioche, dans son *Misopogon*, que se trouve le passage, mille fois transcrit, où le philosophe couronné raconte avec complaisance le commencement d'asphyxie que lui attira, dit-il, sa dureté envers lui-même, et qui faillit délivrer l'Église chrétienne d'un de ses plus habiles ennemis.

Nous ne reproduirons point ce morceau, bien qu'il soit un curieux témoignage de cette modestie à la Diogène, plus orgueilleuse que l'orgueil même : on le trouvera dans toutes les histoires de Paris. Mais nous ne pouvons nous dispenser de citer un autre récit relatif à un événement d'une haute importance et pour l'histoire générale et pour celle de notre ville, la proclamation de Julien, Auguste. C'est, dit Châteaubriand, la première grande scène militaire dont Paris ait été le témoin. Laissons parler Julien lui-même : « Constance, jaloux de mes succès, m'écrivit une lettre, non-seulement pleine d'outrages pour moi, mais encore menaçant la Gaule d'une ruine complète. Il m'y ordonnait de retirer de la Gaule presque tout ce qui s'y trouvait de bonnes troupes, en me priant de ne rien empêcher..... Je me soumis. Les Celtes et les Pétulants, mes meilleures légions, arrivèrent à Paris pour se rendre vers l'Orient. Vers le coucher du soleil, le palais est subitement assiégé par la foule des soldats poussant des cris, tandis que moi je réfléchissais à ce qu'il fallait faire et n'étais nullement rassuré. Je m'étais retiré avec mon épouse dans une chambre haute, et j'y étais couché. Là, j'adorai Jupiter par une ouverture qui se trouvait dans le mur; mais, comme les clameurs augmentaient et que tout le palais retentissait du tumulte, je demandai au Dieu un signe de sa volonté. Il me le donna sur-le-champ, et m'avertit de ne point m'opposer aux désirs de l'armée. Malgré ces ordres du ciel, je ne me rendis pas, je résistai tant que je pus, et refusai le titre d'Auguste aussi bien que la couronne qu'on m'offrait. Mais enfin, comme je ne pouvais vaincre seul la persistance de cette foule et que d'ailleurs j'avais les Dieux pour moi, je finis vers la 3e heure par me laisser couronner d'un collier que me présenta un soldat, et je rentrai au palais, gémissant du fond du cœur, etc..... » Julien n'en promit pas moins à chaque soldat cinq pièces d'or et une livre d'argent. On peut difficilement prétendre, fait observer M. de Ségur, n'avoir point de part à une révolte qu'on paie.

Quoi qu'il en soit, le palais des Thermes fut, le lendemain, le théâtre d'une seconde émeute militaire plus violente que la première; les soldats apprenant que les partisans de Constance trament un complot contre la vie du nouvel Auguste, entrent en fureur, se précipitent au palais, en envahissent avec fracas les salles, demandant à grands cris leur prince bien-aimé : Julien paraît; ils l'embrassent et le portent sur leurs épaules avec enthousiasme. Ils demandent la tête des conjurés; Julien les sauve par sa fermeté; puis, rassemblant ses troupes au Champ-de-Mars, il leur fait part de ses projets et de ses intentions politiques, et est accueilli par les acclamations accoutumées. Après deux ambassades infructueuses à Constance, Julien quitta Paris pour le combattre en Orient, mais la mort de son rival prévint la lutte (301).

Malgré les tracasseries ou les persécutions de Julien, le Christianisme n'avait cessé de progresser sous son règne comme auparavant, et l'on doute que l'autel des Nautes subsistât même encore lors du séjour du César à Lutèce. Il était vraisemblablement déjà enfoui sous la première basilique qu'élevèrent les Chrétiens du IVe siècle à la pointe de l'île, sur l'emplacement actuel de

Notre-Dame. Seulement l'époque précise de cette première construction est inconnue; la plus ancienne mention précise que l'on en rencontre remonte à l'épiscopat de Prudence, successeur de Paul, mort lui-même après 360. Ce premier temple, dédié à saint Étienne *protomartyr*, était situé, dit Lebeuf, sur le bord méridional de l'île, à peu près à la place de la nouvelle sacristie. C'était sans doute un petit édifice long et étroit, analogue aux *sacella* des catacombes de Rome et revêtu de peintures symboliques. Il est inutile d'ajouter qu'il n'en reste pas le moindre vestige; ses débris et ceux des cathédrales postérieures ont servi plus tard à former le *Terrain*, éperon oriental de la cité, maintenant transformé en promenade.

C'est sans doute dans cette église primitive que s'assembla le concile de 361, concile important dont saint Hilaire de Poitiers fut l'âme et qui proclama avec chaleur, avec éloquence la foi des Gaules contre l'hérésie impériale. Constance pesait sur les évêques au point de leur faire approuver, au moins par leur silence, la doctrine antichrétienne d'Arius sur la consubstantialité du Verbe. Hilaire quitte son exil de Phrygie, s'enfuit avec horreur loin des blasphèmes de Séleucie et accourt en Gaule, porteur de lettres adressées aux évêques gaulois par les églises orthodoxes d'Orient. C'est la réponse à ces lettres qui forme tous les actes de ce premier concile parisien, et saint Hilaire nous l'a conservée lui-même dans ses œuvres. Les Pères y repoussent fortement et l'enseignement d'Arius et les subterfuges employés par les Semi-Ariens pour le faire passer, anathématisent Saturnin d'Arles et tous ses compagnons d'erreur, et donnent à Hilaire le nom de *prédicateur du nom du Christ*. Ce dut être un beau jour pour l'Athanase de l'Occident.

A cette époque, l'évêque de Paris s'appelait Paul; il vivait encore lorsque Valentinien vint à Paris : l'empereur y passa l'hiver de 365 à 366, et y fut retenu plus d'un an par les prières des habitants qui craignaient les invasions, de plus en plus menaçantes, des Alémans et des Saxons. Ce fut là qu'il reçut la tête de l'usurpateur Procope, que Valens avait vaincu en Lycie. On trouve aussi dans le Code Théodosien trois lois de Valentinien, datées de la même ville : elles portent sur des détails de fisc et d'administration. Chose remarquable! dès cette époque, Paris, devenu la résidence préférée des empereurs en Gaule, était la véritable capitale du pays, quoique Trèves et Arles possédassent ce titre officiellement; c'est que la géographie destinait fatalement Paris à ce rôle, que nulle autre position ne pouvait lui disputer.

Quand Valentinien fut mort, en 375, son fils Gratien continua à préférer le séjour de Paris, qui n'était ni trop loin ni trop près des barbares; mais son indolence et sa prédilection pour ceux-ci le perdirent. Les mécontentements des Romains furent habilement exploités; le préfet de la Bretagne, Maxime, vint l'attaquer sous les murs de sa ville chérie; les troupes impériales gagnées par le rebelle passèrent à l'ennemi. Gratien s'enfuit et fut tué à Lyon (383).

L'évêque de Paris était alors ce Prudence, dont nous avons parlé par anticipation et qui appela saint Marcel au sacerdoce; sa vie est inconnue, l'époque de sa mort incertaine, mais postérieure à 400. Ce fut lui sans doute qui reçut le grand saint Martin de Tours, le thaumaturge des Gaules, dont Sulpice Sévère raconte ainsi l'entrée à Paris : « Martin, escorté d'une grande foule, franchissait la porte de la ville, lorsqu'il rencontre un lépreux dont l'aspect hideux faisait horreur; il l'embrasse, le bénit, et sur-le-champ tout mal a disparu. Le lendemain, le lépreux, maintenant brillant de santé, vint à l'église rendre grâces à Dieu. » Ce fut l'origine du prieuré de Saint-Martin-des-Champs; un oratoire construit sur le lieu du miracle fit place, au XIe siècle, à ce beau monastère où l'ogive a été employée pour la première fois à Paris.

Ceci se passait sous Théodose, ou plutôt sous le tyran Maxime, usurpateur heureux qui pressurait tranquillement les Gaules pendant que l'empereur s'occupait en Orient de réformes religieuses et politiques, triomphait et méritait le nom de Grand. On ne voit pas que Théodose soit même jamais venu en Gaule; aussi Paris, cessant d'être la résidence des empereurs, tomba-t-il dans une obscurité profonde. Son histoire devient de plus en plus légendaire; le peu qu'on en sait est purement ecclésiastique. Saint Marcel gouverna l'église de Paris de 410 à 436 : sa vie ne contient que des miracles; le dragon symbolique dont il délivra le pays se retrouve dans une foule de légendes, et les sculptures de la porte Sainte-Anne à Notre-Dame le rappellent.

Saint Marcel fut enterré au Sud-Est de la ville, selon la coutume romaine; selon la coutume aussi, on éleva sur son tombeau une chapelle autour de laquelle se forma peu à peu le *bourg Saint-Marcel*, maintenant le faubourg le plus pauvre de Paris.

Marcel vivait encore quand naquit Geneviève, dont la vie est toute l'histoire de Paris au Ve siècle.

Sévère et Géronce, parents de la sainte, étaient sans doute de la classe des hommes libres, et possédaient à *Nemptodurum* (Nanterre), quelques champs qu'ils faisaient valoir eux-mêmes. C'est ce que confirme un poète du XIIIe siècle :

Ne fu de contes ni de rois,
Ençois la fille d'un borjois
La damoiselle, et de borjoise.
A Deu fu plesanz et cortoise,
Humble, simple, doce, amiable..... (Bib. Imp. Ms. 5667.)

La *fille du ciel* naquit en 422 ou 423. Elle avait sept ans quand saint Germain, évêque d'Auxerre, et saint Loup, évêque de Troyes, passèrent à Nanterre, en allant convertir les Pélagiens de Bretagne. Germain distingua la jeune fille dans la foule, et lui baisant la tête, prédit à ses parents sa sainteté future; puis, s'adressant à Geneviève, il lui demanda si elle voulait vivre fidèle à

Jésus-Christ comme les vierges qui lui sont consacrées : « Père saint, c'est ce que je désire, répondit-elle, et je supplie Dieu d'exaucer mes souhaits. »

Consacrée au Seigneur vers l'âge de dix-huit ans, par l'évêque de Paris, Félix, deuxième successeur de saint Marcel, Geneviève vint habiter la ville, et commença dès lors une vie de mortifications et de retraite qui lui attira l'étonnement, puis la malveillance du peuple. Les noms d'hypocrite, de visionnaire circulaient déjà dans la foule, lorsque le protecteur de Geneviève, saint Germain le vénéré, reparut à Paris, se rendant pour la seconde fois en Bretagne (vers 446); le peuple se porta à sa rencontre avec entraînement, et le vieillard apprit avec douleur les calomnies dont on chargeait Geneviève : il la défendit hautement et fit revenir l'opinion en sa faveur, pour un peu de temps du moins; car cinq ans s'étaient à peine écoulés quand le bruit se répandit dans toute la Gaule encore romaine, et Paris n'avait cessé d'en faire partie, qu'un conquérant féroce, entouré d'un essaim de rois, et suivi de six cent mille hommes, s'avançait de la Germanie vers l'Occident, portant partout le fer et la flamme. Tongres, Metz, Trèves étaient brûlés; l'évêque de Reims venait d'être massacré avec son troupeau. Paris trembla; les curiales, les prêtres, les négociants de la cité voulurent s'enfuir, se retirer dans une place mieux fortifiée. Geneviève seule garda la foi d'Esther et de Judith; elle prédit aux Parisiens qu'ils éprouveraient l'effet de la protection divine, s'ils jeûnaient et priaient avec elle : Paris sera sauvé, disait-elle, les autres villes que vous croyez fortes seront détruites. Quelques femmes seules entendirent sa voix et allèrent sous sa conduite s'enfermer dans le baptistère public, alors situé, suivant l'usage, très-près et au Midi de la basilique de Saint-Étienne, et plus tard devenu Saint-Jean-le-Rond. Elles y passèrent plusieurs jours dans les exercices de la prière et de la pénitence, mais le reste de la population resta rebelle et s'irrita du zèle de la pieuse vierge. Elle fut traitée de fausse prophétesse, on voulait même la tuer, lorsqu'arriva à Paris l'archidiacre de Saint-Germain, apportant à la sainte des *eulogies* de la part de son évêque qui venait de mourir à Ravenne. Ce témoignage d'estime et d'affection persistantes de la part d'un pasteur respecté frappa les Parisiens de honte et de regret; en même temps on apprit qu'Attila laissant Paris à sa droite, avait marché d'Auxerre sur Orléans et y avait trouvé de la résistance pour la première fois, puis s'était fait écraser dans les champs catalauniques par Aétius et Merowig (451). La défiance se changea en vénération; on honora comme une thaumaturge celle dont naguère on réclamait la mort, et la réputation de Geneviève, franchissant l'enceinte de Paris, alla lui conquérir des admirateurs dans toute la Gaule et jusque sur la colonne de Saint-Siméon Stylite.

Geneviève vécut alors puissante et honorée, mais toujours humble, pendant de longues années, dans une retraite qu'elle ne quittait que pour aller exercer son divin pouvoir à Meaux, à Laon, à Troyes, à Orléans et à Tours. Bien des années s'écoulèrent, et Paris était toujours fier de sa protectrice. Un jour vint qu'il fut assiégé : quand et par qui? On l'ignore. Les plus récents historiens de la sainte (l'abbé Saint-Yves, *Vie de sainte Geneviève*) pensent que ce fut par Clovis, dont le nom seul annonce une grande transformation dans l'histoire de la Gaule. Longtemps on a attribué ce siége, dont, il faut l'avouer, l'historien de sainte Geneviève parle seul, à Hildéric, père de Clovis. Mais Hildéric n'a jamais assiégé Paris : resté fidèle allié des Romains, c'est-à-dire de ce débris de puissance romaine que Grégoire de Tours appelle le royaume d'Ægidius, et qui s'était conservé entre la Somme et la Loire, Hildéric était tribun ou préfet des Francs auxiliaires. A cette époque de confusion, où les races étaient entièrement mêlées, on le voit commander aux Romains sous le titre de *Magister Militum*, comme on voit le comte Ægidius lui-même commander aux Francs quand ceux-ci chassent Hildéric. Si l'on trouve ce dernier à Paris, c'est donc comme chef légitime et non comme ennemi. Il y jouissait même du droit de vie et de mort, car un jour, dit la légende de sainte Geneviève, il allait faire mettre à mort des hommes juridiquement condamnés; de peur que Geneviève ne vînt avec instance solliciter leur grâce, il sortit de la ville et en fit fermer les portes; mais, avertie à temps, Geneviève courut au lieu du supplice; les portes s'ouvrirent devant elle, à l'étonnement des gardes qui les tenaient fermées, et le prince, désarmé une fois de plus, lui accorda la vie des coupables.

Ce n'est donc qu'après la mort de Hildéric (481) qu'il faut placer ce blocus de dix ans qui affama Paris, d'après la légende. Geneviève parvint, en allant de ville en ville, en remontant la Seine jusqu'à Troyes, à charger de blé onze bateaux qu'elle ramena à Paris, et qu'elle distribua aux pauvres à son retour : les bénédictions du peuple montèrent jusqu'au ciel.

Clovis, on le sait, finit par s'emparer de Paris (494) ainsi que de toute la Gaule restée romaine, et par la défaite de Syagrius, détruisit ce dernier débris d'empire romain qui survivait à Augustule; puis, par d'heureuses conquêtes et surtout par sa conversion à laquelle contribua Geneviève, il réunit sous son sceptre toute la France d'aujourd'hui. Paris devint sa résidence quand il n'était pas en campagne, et de ce grand événement nous ferons dater une période nouvelle.

PARIS SOUS LES MÉROVINGIENS.

494-752.

CLOVIS ET SES ENFANTS.

494-561.

Clovis, en partant pour son expédition contre les Wisigoths, fit vœu de bâtir, à son retour, une basilique aux bienheureux apôtres Pierre et Paul dans la ville de Paris. Geneviève, qui avait une grande influence sur lui, l'y avait engagé, et peut-être même en avait formé la première le projet; car sa dévotion active la poussait sans cesse à élever de nouveaux sanctuaires; nous l'avons déjà vue faisant construire une église dédiée à saint Denis sur le lieu même où il avait souffert le martyre (*Catalocus,* Montmartre ou Saint-Denis). Bientôt Clovis revint du Poitou, tout brillant de gloire, revêtu des dépouilles d'Alaric, et portant le titre et les insignes de *Consul et d'Auguste,* que venait de lui conférer l'empereur Anastase. Il ramenait aussi avec lui les calices d'or et les autres objets précieux enlevés aux églises du Midi. C'est l'apogée de sa grandeur (507). Bientôt la ruse et le crime vont le débarrasser des chefs francs ses rivaux qui régnaient sur divers points de la Gaule; le grand Théodoric viendra le visiter. C'est l'époque où, triomphant et honoré, il imposait ses volontés à tout l'Occident et se faisait respecter jusqu'à la cour de Constantinople; c'est aussi l'époque où il déclare solennellement Paris capitale de son royaume, *Parisios venit, ibique cathedram regni constituit* (Grégoire de Tours); date importante dans l'histoire de la ville, aussi bien que dans l'histoire de France, quoique Paris, il faut bien le reconnaître, doive encore attendre de longs siècles la suprématie morale et l'influence souveraine qui lui sont réservées par l'avenir.

Cependant Clovis se hâte de tenir sa promesse. Par ses ordres, on commença à élever, sur le fameux mont Locutitius, cet antique homonyme de la vieille Lutèce (en grec *Loukotekia, Leukétia*), une superbe basilique dédiée à saint Pierre et saint Paul, et qui porta plus tard le nom de la sainte patronne de Paris. On rapporte qu'arrivé sur le terrain désigné, le roi lança sa hache droit devant lui, afin qu'un jour on pût mesurer la force et la portée de son bras par la longueur de l'édifice. (*Gest. reg. Francor.,* dans Dom Bouquet, t. II, p. 554.) « Cette basilique, dit M. l'abbé Darboy, pouvait avoir soixante-dix mètres de long, et elle occupait en largeur la rue actuelle de Clovis et l'aile septentrionale du Lycée Napoléon. Elle n'avait pas de voûte, mais seulement un lambris; elle était revêtue de mosaïques en dehors non moins qu'en dedans. A l'entrée régnait un triple portique, également enrichi de peintures représentant, comme celles de l'église, les Patriarches, les Prophètes, les Martyrs. » Clovis ne vit pas achever ce beau monument religieux, le second que posséda Paris. Il mourut prématurément, le 27 novembre 511, cinq semaines avant sa vénérable amie Geneviève, qui, pleine de mérites et d'années, s'endormit dans le Seigneur, le 3 janvier 512, à l'âge de près de quatre-vingt-dix ans. Tous deux furent ensevelis dans la basilique des saints Apôtres. Plus tard, on exhuma le corps de la sainte pour le renfermer dans une châsse magnifique, œuvre de saint Éloi, remplacée à son tour, au XIIe siècle, par une autre plus splendide encore. C'était là le *Palladium* de la cité, son arche sainte, que nous verrons reparaître tant de fois dans cette histoire, et à laquelle les Parisiens avaient recours dans toutes les grandes calamités. D'innombrables miracles, opérés au tombeau de la sainte, donnèrent à son culte cette popularité immense qui dure encore depuis treize siècles.

Clovis mort, la pieuse Clotilde se retira à Tours pour ne plus faire que de courtes et rares apparitions à Paris; notre ville devint la capitale du royaume de Childebert, le troisième des fils de Clovis. C'est par un abus de mots très-ancien que les historiens ont désigné le royaume de Childebert sous le nom de royaume de Paris; le but des fils de Clovis, en faisant leur bizarre partage, semble avoir été de s'assurer à chacun une part dans les provinces du Nord et du Midi de la Gaule. Le royaume de Childebert comprenait tout le pays qui s'étendait de l'embouchure de la Seine aux limites de l'Armorique, avec une portion de l'Aquitaine partagée avec Clotaire et Clodomir. Quant à la cité de Paris elle-même, sa possession resta indivise entre les quatre frères. C'est qu'elle était déjà la ville maîtresse, la vraie capitale de toutes les conquêtes franques; là avaient lieu les réunions générales et les délibérations importantes des guerriers ostrasiens et neustriens. Quant aux Gallo-Romains, aux véritables habitants du pays, aux Parisiens eux-mêmes, ils restaient presque constamment étrangers à ces actes; leurs intérêts et leurs affections n'étaient pas là. Deux édifices représentant deux grandes idées sociales les voyaient seuls s'y assembler, tandis que les Leudes et les Ahrimans accouraient au *Mallum*: c'était le Palais de la Cité, antique siége de la Curie, sanctuaire de la Municipalité et dépôt des *Acta Municipalia,* en même temps que demeure des rois francs; c'était surtout l'Église, l'Église qui tendait de plus en plus à concentrer en elle toute la vie populaire, à devenir à la fois *temple, forum et hôtel-de-ville,* car, comme le dit avec tant de raison le docte Guérard : « Les intérêts et les passions qui s'agitent plus tard dans la Commune et dans les États généraux s'agitaient auparavant dans les églises et dans les temples; c'était là que se trouvaient le mouvement et la vie; là se montrait le peuple, qu'on chercherait vainement ailleurs, au Champ-de-Mai, dans le plaid ou dans l'armée. »

Les trois fils du roi d'Orléans Clodomir, enfants en bas âge, furent amenés à Paris, et la vieille reine Clotilde quitta Tours pour venir veiller sur ses petits-fils. D'après la loi salique, ils étaient les héritiers légitimes du royaume de leur père; mais leurs oncles tramèrent leur mort, et Paris fut pour la première fois le théâtre d'un crime hideux, digne prélude des horreurs qui ensanglantèrent le sombre VIe siècle (533).

Les deux innocentes victimes furent impitoyablement égorgées; quant au troisième enfant, nommé Chlodovald, des hommes puissants (des Leudes) l'enlevèrent et le ravirent à la mort; mais dans la suite, renonçant à une royauté terrestre, il se tourna vers le Seigneur, coupa de ses mains sa chevelure et reçut les ordres sacrés. Il se mit sous la direction d'un pieux solitaire nommé Séverin qui vivait alors, dit le père Du Breul, « reclus en une celle ou chambrette, s'exerçant de tout son pouvoir à contemplations divines et qui donna l'habit de religieux à saint Cloud. » Ce nom, forme populaire de Chlodovald, est resté à l'abbaye que le fils de Clodomir fonda sur les bords de la Seine et à la ville qui l'a remplacée.

Clotilde désolée retourna à Tours, où elle vécut encore douze ans dans la pénitence et la piété; elle fut inhumée à côté de Clovis, son époux, et de sa fille Clotilde, reine des Wisigoths, dans le sanctuaire de la même basilique de Saint-Pierre et Saint-Paul. Childebert sut maintenir l'ordre dans Paris pendant tout le reste de son règne : plusieurs événements ecclésiastiques intéressants signalèrent ses vingt-cinq dernières années.

Les évêques qui avaient occupé successivement le siége de Paris depuis saint Marcel, sont Vivien, Félix ou Vilicus, Flavien, Ursicien, Apédémius pendant le Ve siècle, Héraclius en 523, Probat, Amélius, et Saffarac en 549. Des cinq premiers on ne connaît guère que le nom; Héraclius apparaît deux seules fois : comme souscripteur du premier concile d'Orléans en 511, et comme ayant reçu une lettre de l'illustre saint Rémi de Reims. Amélius assista par lui-même aux deuxième et troisième conciles d'Orléans (533 et 538), et par procureur au quatrième, en 541; il se fit représenter à ce dernier concile par un abbé Amphiloque qui souscrivit pour lui. Quel était cet Amphiloque? De quel monastère était-il abbé? C'est la première mention de moines dans le diocèse de Paris que l'on rencontre avec date certaine. Mabillon pense que Saint-Denis en France, dont la fondation est toujours attribuée à Dagobert, pouvait avoir dès lors des religieux dont Amphiloque était le supérieur. Peut-être aussi était-il abbé de Saint-Laurent : cette église de moines, située au Nord-Est de Paris, mais dont le fondateur est inconnu, est mentionnée deux fois dans Grégoire de Tours, qui parle de saint Domnole, plus tard évêque du Mans, comme en étant l'abbé (vers 534); Amphiloque aurait été son successeur. Toutes ces origines sont ténébreuses.

L'évêque Saffarac qui se place après Amélius, souscrivit au cinquième concile d'Orléans en 549. Peu après il se rendit coupable de crimes qu'il avoua lui-même; c'est presque le seul prélat qui ait déshonoré l'église de Paris. Childebert convoqua pour le punir vingt-sept évêques, qui tinrent dans l'église des Apôtres le second concile de Paris (vers 552); le coupable fut déposé et relégué dans un monastère pour y faire pénitence. La sainte discipline ecclésiastique se maintenait ainsi dans sa pureté et le respect pour ces pontifes, sévères pour eux-mêmes, ne faisait que s'accroître. Un des pères de ce concile, saint Lubin, évêque de Chartres, avait, quelques années auparavant, arrêté par ses prières un incendie qui consumait les maisons bâties sur le pont du bras septentrional de la Seine (Pont-au-Change), et commençait à gagner la cité.

Eusèbe fut élu à la place de Saffarac; tout ce qu'on sait de lui, c'est qu'il ordonna prêtre Chlodovald. Il mourut vers 555 et fut remplacé par saint Germain, un des plus illustres évêques de Paris. Originaire du territoire d'Autun, Germain était né d'une famille gallo-romaine vers 496, et devint abbé du monastère de Saint-Symphorien à Autun. La réputation de sa sainteté se répandit dans la capitale; il y fut appelé et exerça bientôt sur Childebert une action bienfaisante. Ce furent sans doute ses conseils qui dictèrent au roi la célèbre constitution de 554, par laquelle il détruisait les derniers restes de l'idolâtrie dans le Nord de la Gaule. L'évêque Eusèbe vint à mourir; Germain était alors à Paris, on l'élut malgré lui. Ses austérités et ses vertus lui acquirent alors une gloire nouvelle. Bientôt la ville changea de face, dit son historien Fortunat : Childebert, guidé par lui, distribua aux pauvres de si abondantes aumônes, qu'après avoir épuisé ses coffres, il faisait briser et fondre sa vaisselle d'or et d'argent, ainsi que les ornements qui servaient à son usage. Un miracle de saint Germain lui rendit la santé; en récompense, il donna à l'Église de Paris les premiers biens dont parle l'histoire, la villa royale de la Celle dans le Melunais, où il avait été guéri, et la Celle dans le pays de Fréjus, avec des salines situées à Marseille. Le diplôme de donation nous a été conservé.

D'autres actes d'une haute importance furent également dus à l'influence de saint Germain, la reconstruction de l'église cathédrale, à côté de l'ancienne basilique de Saint-Étienne et sous l'invocation de la Sainte Vierge (1), et la fondation de la grande abbaye de Saint-Vincent, plus tard Saint-Germain-des-Prés.

Il existait déjà auprès de Saint-Étienne une petite chapelle dédiée à la Mère de Dieu; Childebert la fit raser, ainsi que plusieurs maisons romaines voisines, et employa les débris de l'autel des Nautes Parisiens aux fondations de la nouvelle cathédrale. Des fouilles récentes (1847), entreprises sur la place du Parvis, ont mis au jour quelques substructions ensevelies depuis dix siècles peut-être. « On retrouva, dit M. de Guilhermy, p. 21, une partie de la mosaïque en petits cubes de marbre de diverses couleurs qui servait de pavé aux nefs de l'église, trois de ses colonnes en marbre d'Aquitaine, vulgairement appelé *grand-antique*, et un grand chapiteau corinthien de marbre blanc qui présentait tous les caractères de la sculpture mérovingienne. » Ces découvertes confirment la poétique description qu'en donne Venance Fortunat (lib. II, Carm. 10). Trente colonnes de marbre, dit-il, soutenaient le splendide édifice; ses fenêtres, garnies d'une clôture de vitraux éclatants, recevaient les premiers rayons du jour; ses lambris et ses murs brillaient du plus vif éclat. Prêtre et roi, comme un autre Melchisedech, Childebert avait voulu enrichir de ses dons ce temple magnifique, etc. Fortunat célèbre aussi la gravité du clergé de Paris et les mérites du saint évêque Germain, qui, les mains levées vers le ciel, appelait sur son peuple, ainsi qu'un nouveau Moïse, les bénédictions divines. Il avait également introduit dans la prière publique une pompe et dans le chant d'église une harmonie qui attiraient et ravissaient la foule. Ce fut dans cette basilique nouvelle que se tint le troisième concile de Paris (557), composé de quinze évêques, présidé par Probien, archevêque de Bourges; on y compta jusqu'à huit prélats depuis honorés comme saints, en y comprenant le pasteur de Paris. Le concile, dans dix canons, combattit les usurpateurs des biens ecclésiastiques et maintint l'élection des évêques par le suffrage libre du clergé et du peuple.

Quant à la fondation de Saint-Vincent, la date n'en est pas certaine. L'opinion la plus commune, appuyée sur les termes mêmes de la charte de fondation, la place à la fin de la vie de Childebert, vers 556. Cette charte, mieux que toute critique, fait connaître les hommes et le temps : « Childebert, roi des Francs, homme illustre..... Moi, Childebert, *avec le consentement et la volonté des Francs et des Neustrasiens* (la royauté barbare n'est qu'une primauté librement acceptée par les guerriers), et sur l'exhortation du très-saint Germain, pontife de la ville des Parisiens, et du consentement des évêques, ai commencé à construire un temple dans la ville de Paris, près des murs de la Cité, sur un terrain qui aspecte le *fisc* (terre domaniale) d'Issy, en un lieu nommé Locotitiæ, en l'honneur du saint martyr Vincent, *dont nous avons rapporté les reliques d'Espagne*, ainsi que de la sainte Croix, de saint Étienne et saint Ferréol, etc. Nous donnons donc en l'honneur de ces saints seigneurs un fisc appartenant à notre largesse, nommé Issy, situé dans le pays des Parisiens, près du lit de la Seine, avec tout ce qu'il contient, manses, champs, territoires, vignes, bois, prés, serfs, inquilins (colons), affranchis, *ministeriales* (ouvriers), excepté ceux que nous voulons être libres, avec toutes les dépendances, etc. » On voit qu'il n'est pas question dans ce diplôme de la tunique ou étole (*stola*) de saint Vincent que Childebert, au dire des historiens, rapporta de Saragosse et qui aurait été le principal motif de la création du monastère; ils indiquent, en outre, plusieurs autres objets précieux, fruits de la conquête, comme ayant été déposés par Childebert au trésor de Saint-Vincent : une riche croix d'or et de pierreries prise à Tolède, des vases qui passaient pour avoir appartenu à Salomon, soixante calices, quinze patènes de pur or et vingt évangéliaires couverts de lames d'or et de pierreries.

Quoi qu'il en soit, le temple fut magnifique; il était cruciforme, soutenu par de grandes colonnes de marbre, percé de nombreuses fenêtres et couvert d'un lambris doré. Des peintures à fond d'or embellissaient les murs; une riche mosaïque formait le pavé, et des lames de cuivre doré composaient la toiture; elle jetait un éclat si vif qu'on nomma plus tard l'édifice Saint-Germain le Doré. L'évêque de Paris, assisté de six autres prélats rassemblés par l'ordre du roi, en fit la dédicace solennelle le jour même de la mort de Childebert, 23 décembre 558, sous le titre de Sainte-Croix et Saint-Vincent. A côté de l'église s'éleva un vaste monastère, où saint Germain établit des religieux venant de Saint-Symphorien d'Autun, son ancien séjour : ils suivaient la règle des saints Antoine et Basile, alors encore la plus répandue, et avaient pour abbé Droctovée, son disciple et son ami. Bientôt après ils reçurent la règle de saint Benoît, le grand rénovateur de la vie monastique en Occident : douze siècles de puissance et de gloire ont rendu immortel le souvenir de l'illustre abbaye de Saint-Germain-des-Prés.

Childebert fut enseveli dans le sanctuaire, et jusqu'à la fondation de l'abbaye de Saint-Denis par Dagobert, l'église de Saint-Vincent servit de sépulture ordinaire aux rois et aux princes de la dynastie mérovingienne. La plupart de ces tombes royales, contenant de curieuses dépouilles, furent ouvertes et étudiées au XVIIe siècle.

Clotaire, qui succéda à Childebert, commença par accourir à Paris et par mettre la main sur les trésors amassés par ce dernier. Il exila sa veuve Ultrogothe avec ses deux filles; cependant elles ne tardèrent pas à être rappelées et mises en possession

(1) Il en résulta une double cathédrale, et les deux vocables se trouvent indiqués dans tous les monuments originaux jusqu'au XIIe siècle.

des beaux jardins royaux dépendants du palais des Thermes, où l'on dit que le roi de Paris aimait à cultiver les arbres fruitiers qu'il avait plantés de sa main.

Clotaire, pendant ses trois ans de règne, séjourna fort peu à Paris. Fortunat raconte qu'il méprisa d'abord saint Germain, mais que ce dernier l'ayant guéri d'une maladie que lui avait attirée sa faute, le roi eut dès lors pour lui plus d'égards encore que son prédécesseur.

GUERRES CIVILES. — TROISIÈME RÉUNION DES ROYAUMES FRANCS.

561-628.

Les funérailles du dernier fils de Clovis étaient à peine terminées (561), dit Grégoire de Tours, que Chilpéric, le troisième de ses fils, s'empara des trésors de son père, et les distribuant aux Francs les plus braves, marcha avec eux sur Paris et s'y établit dans le château qu'avait habité le roi Childebert (château de la Cité); mais on ne lui permit pas d'y rester longtemps; en effet, ses frères se réunirent tous trois contre lui, le contraignirent à diviser l'empire en quatre parties et à les tirer au sort. Le sort donna à Charibert le royaume de Paris. — Ce royaume était comme les autres bizarrement découpé.

Pendant environ six ans (561-567), Charibert garda assez tranquillement la possession de la Neustrie; mais le déréglement de ses mœurs lui attira les châtiments que l'Église, gardienne inflexible des lois du mariage, n'épargnait pas aux rois mérovingiens, encore livrés à toutes les passions du sauvage. Charibert, comme plusieurs des chefs saliens, pratiquait une véritable polygamie; il osa épouser la sœur d'une de ses femmes, qui était religieuse : saint Germain les excommunia tous deux, et, ajoute l'historien, quelque temps après l'un et l'autre moururent.

Les trois frères de Charibert, Gonthramn, Sigebert et Chilpéric partagèrent son royaume après sa mort. Cette nouvelle distribution se fit d'une façon encore plus étrange et plus désordonnée que la première : la ville de Paris resta toujours indivise, à la condition qu'aucun des trois n'y entrerait sans la permission des deux autres. Cette clause fut ratifiée par un serment solennel sur les reliques de trois saints vénérés, Hilaire, Martin et Polyeucte.

Ici commence le grand drame que résument ces noms terribles, Frédégonde et Brunehaut. Retenu par notre sujet, nous n'en dirons absolument que ce qui le concerne.

Sigebert ayant épousé Brunehilde, on sait comment Chilpéric voulut l'imiter en épousant Galeswinthe, et comment Frédégonde la supplanta bientôt. Gonthramn, roi de Bourgogne, tenta de réconcilier les deux frères en remettant la médiation à un synode ecclésiastique : tous les évêques de son royaume, neutres par position, se réunirent dans Paris, ville neutre. C'est le quatrième concile de Paris (573). Les pères, au nombre de trente-deux, rassemblés dans la basilique de Saint-Pierre, adressèrent au roi de Neustrie, Chilpéric, les exhortations les plus pressantes pour qu'il gardât la foi jurée et respectât les droits de son frère. Ces prières demeurèrent sans effet; les prélats retournèrent affligés auprès du roi Gonthramn.

En 575, Sigebert, violant les conventions qui assuraient la neutralité de Paris, voulut y pénétrer. « Paris, en effet, dit l'illustre auteur des *Récits des Temps Mérovingiens*, lui était nécessaire comme point d'appui, et, pour employer une locution toute moderne, comme base de ses opérations ultérieures, soit qu'il voulût agir contre Hilpérik à l'Ouest, ou au Sud contre Théodebert. Il somma donc la ville de le recevoir en dépit du traité, et il y entra sans aucune résistance. » Il y établit ses quartiers, et quelque temps après la reine Brunehilde quitta la ville de Metz pour venir l'y joindre; belle et majestueuse, elle inspirait le respect aux populations. « Le jour de son entrée à Paris, dit encore Aug. Thierry, les habitants se portèrent en foule à sa rencontre; le clergé des églises et les gens de famille sénatoriale s'empressèrent de venir la saluer, mais l'évêque Germain ne se présenta pas. C'était un homme de civilisation autant que de foi chrétienne, une de ces organisations délicates à qui la vue du monde romain gouverné par des barbares causait d'incroyables dégoûts, et qui s'épuisaient dans une lutte inutile contre la force brutale et contre les passions des rois..... Déjà il avait adressé en vain à Sigebert des sollicitations et des remontrances. La fatigue et le découragement altérèrent sa santé; il tomba malade..... Ne pouvant faire entendre à Brunehilde ses exhortations en faveur de la paix, il les lui adressa par écrit. » Sa lettre, qui nous a été conservée, est un modèle de gravité et de douceur; c'est bien là le langage de l'homme de Dieu, fort de sa conscience et de sa foi, inspiré par sa charité.

Cette lettre était imposante, mais l'implacable ressentiment de la sœur de Galeswinthe n'en tint pas compte; elle fit partir Sigebert pour Tournay, où s'était enfermé Chilpéric, afin de porter les derniers coups et de compléter sa victoire par un fratricide. « Au moment du départ, lorsque le roi se mit en route, escorté de ses cavaliers d'élite, un homme pâle, en habits sacerdotaux, parut au devant de lui; c'était l'évêque Germain qui venait de s'arracher à son lit de souffrance pour faire une dernière et solennelle tentative : Roi Sigebert, dit-il, si tu pars sans intention de mettre à mort ton frère, tu reviendras vivant et victorieux; mais si tu as une autre pensée, tu mourras! » Sigebert ne répondit rien et passa outre. Quinze jours après, Frédégonde le faisait assassiner à Vitry.

Cette nouvelle fut un coup de foudre pour Brunehilde, restée à Paris. Elle n'osait sortir du palais des Thermes; ses angoisses étaient cruelles : elle fit évader secrètement son fils CHILDEBERT à l'aide du seul ami qui lui fût resté fidèle, le duc Gondobald, et fit conduire l'enfant à Metz, où il fut proclamé roi. Brunehilde avait à peine vingt-huit ans; sa grâce et ses larmes touchèrent peu Chilpéric quand il arriva à Paris; mais les richesses qu'il trouva en son pouvoir adoucirent tellement ses dispositions envers sa prisonnière, qu'il se borna à l'exiler à Rouen, en lui laissant même une petite portion du trésor dont il venait de la dépouiller (576).

Ce fut alors (28 mai) que mourut le vénérable évêque Germain, presque octogénaire. Il fut enterré, suivant sa demande, dans la chapelle de Saint-Symphorien, à l'entrée de l'église de Saint-Vincent, auprès de son père et de sa mère, et Chilpéric, qui, comme Néron, se piquait d'être poète, lui composa une épitaphe en assez mauvais vers. Les miracles qui s'opéraient sur son tombeau eurent une telle renommée, que peu à peu l'église abbatiale quitta son nom pour celui de Saint-Germain qu'elle n'a plus cessé de porter. L'abbé Droctovée le suivit dans la tombe en 580.

Le successeur de saint Germain se nommait Ragnemode ou Raynemunde; c'était un Franc ordonné prêtre par son prédécesseur. Un de ses premiers actes fut d'assister au cinquième concile de Paris, convoqué en 577 par Frédégonde, pour juger Prétextat, évêque de Rouen, qui avait marié Brunehilde à un fils de Chilpéric; le roi assistait à ce synode, l'évêque de Bordeaux Berthramn présidait. Nous renverrons nos lecteurs aux *Récits Mérovingiens* pour les détails de ce curieux procès, où la terreur et l'intrigue prirent si tristement la place de la justice. Trois séances furent consacrées aux débats; mais la pression exercée par Chilpéric sur les évêques et la coupable complaisance de deux d'entr'eux, Ragnemode de Paris et Berthramn de Bordeaux, amenèrent le triomphe de la vengeance royale. Grégoire de Tours, qui nous a transmis tous ces faits, fut le seul qui montra du courage, et la narration calme et digne qu'il nous en a laissée donne une haute idée de son caractère. Prétextat fut condamné à la déposition, et Frédégonde fit enlever, sous les yeux de l'assemblée, le malheureux prélat dont le seul crime était un peu de faiblesse, puis l'exila dans une île de la Manche.

Les événements de plus en plus nombreux qui eurent à cette époque Paris pour théâtre, nous forcent à nous limiter aux grands faits et aux détails caractéristiques, en laissant dans l'ombre les anecdotes secondaires que Grégoire de Tours mêle souvent aux récits les plus importants. C'est ainsi qu'il nous raconte un drame domestique, adultère et suicide, qui se déroula à Paris en 579; puis, les jongleries d'un imposteur qui visita Paris l'année suivante, et chercha à séduire le peuple avec de fausses reliques et un appareil de charlatan, fait qui se renouvelait souvent à cette époque, comme le témoignent, entr'autres, les reproches et les défenses d'Amulon, archevêque de Lyon au IXe siècle. Grégoire lui-même se trouvait alors à Paris, logé à la basilique de Saint-Julien-le-Pauvre, près la prison de l'évêché. Cette basilique, dont le nom se rencontre ici pour la première fois, était entourée de bâtiments affectés au logement des étrangers, des pèlerins, des voyageurs pauvres, et s'élevait, à cause de cela, près de la porte méridionale de la ville; on ignore l'époque de sa fondation, que quelques critiques font remonter au Ve siècle.

Les rapports de l'évêque de Tours avec le roi de Neustrie devenaient de plus en plus fréquents : nous le retrouvons, en 581, résistant aux ridicules prétentions théologiques de celui qu'il appelle le Néron de la France, puis, réconcilié avec lui, admis à sa cour d'été à la villa de Nogent-sur-Marne, et s'y rencontrant avec le Juif de Paris Priscus, dont la singulière histoire tient une grande place dans les belles narrations d'Aug. Thierry. Il paraît que les Juifs étaient déjà nombreux et riches à Paris, et Priscus, l'un des principaux, était le conseiller et l'agent de Chilpéric dans ses projets de luxe royal et dans ses achats d'objets précieux. Les discussions religieuses qu'il soutint avec Grégoire en présence du roi, donnèrent à celui-ci l'idée de contraindre au baptême tous les Israélites qui habitaient Paris, mais ce décret, suivant l'usage, ne produisit que des conversions apparentes.

L'année suivante (583), Chilpéric, vrai sauvage, dont la férocité s'alliait tantôt à l'extravagance, tantôt à la ruse, tantôt à une puérilité presque comique, donnait tranquillement des spectacles au peuple de Paris dans le cirque romain qu'il avait fait réparer, lorsqu'il se rappela tout-à-coup qu'il avait juré de n'entrer dans la ville qu'avec la permission de ses frères. Cédant aussitôt à ce scrupule aussi tardif que respectable, il en sortit brusquement et y rentra en se faisant précéder d'une procession et de reliques.

Nous laisserons de côté les inondations, les pestes et les massacres dont le récit revient dans Grégoire de Tours avec une régularité affligeante, pour arriver à l'aventure tragique du comte de Tours Leudaste. Leudaste avait encouru la haine de Frédégonde; il devait donc mourir. Elle savait qu'il avait comploté sa perte, et la protection de Chilpéric, aussi lâche devant sa femme qu'il était cruel envers ses sujets, ne pouvait le sauver. L'imprudent osa venir à Paris se jeter aux pieds de Frédégonde en pleine cathédrale de Saint-Étienne et demander pardon à la reine : elle le fit chasser de l'église. Leudaste eut la folle idée de rester dans la cité, de faire à son ennemie un beau présent, et pour cela il se mit aussitôt à parcourir les boutiques des orfèvres et des merciers qui bordaient la place du Commerce située près du Petit-Pont, faisant le riche, dit Thierry, racontant ses affaires, puis, comme un acheteur entendu, maniant les étoffes, essayant les bijoux et disant : « Ceci est bien; mettez tout ceci à part; je me propose de prendre tout cela. » — Malheureusement pour lui, Frédégonde le découvrit à la porte de l'église, avec l'œil perçant de la haine, et l'infortuné comte, blessé et saisi sur le Petit-Pont, fut emprisonné, puis livré à un cruel et bizarre supplice (584).

Ces dernières années de Chilpéric sont rouges de sang. Son dernier fils Theuderic venait de mourir : on vint dire à Frédégonde que des maléfices avaient causé cette mort, et que Mummol, préfet de sa maison, était l'instigateur du crime; aussitôt, dans sa rage, elle fait saisir quelques vieilles femmes de Paris, les met à la torture et les force de se déclarer coupables. Les tourments leur arrachent l'aveu qu'elles sont sorcières et qu'elles ont pris la vie de Theuderic pour prolonger celle de Mummol; elles sont rouées et brûlées vives.

Paris fut soumis, au mois de septembre de la même année, à une autre désolation : Chilpéric mariait sa fille Rigonthe à Récarède, fils de Leuvigilde, roi des Wisigoths. Il eut la fantaisie de la faire escorter, pour plus d'honneur, d'une foule de familles fiscales (appartenant au domaine royal) : les séparations s'opérèrent avec brutalité et violence, et « les pleurs qui se répandirent alors dans Paris pouvaient se comparer à ceux qu'on versa en Égypte. »

Le cortége venait d'arriver à Toulouse, quand il fut arrêté par la nouvelle de la mort de Chilpéric (584) : Frédégonde venait de le faire assassiner à Chelles. Le seul de ses fils qui lui survécût, Clotaire II, était âgé de quatre mois; Childebert II, roi d'Ostrasie, voulut venger son oncle et marcha sur Paris. Frédégonde s'y réfugia, et chercha asile dans la cathédrale auprès de l'évêque Ragnemode; puis, après avoir consulté ceux qui lui restaient fidèles, elle manda le roi de Bourgogne Gonthramn, lui offrant de se soumettre, ainsi que son petit enfant, à son autorité. Gonthramn pleura la mort de son frère et marcha vers Paris avec une armée; les Parisiens sortirent au devant de lui et le reçurent avec joie. Son neveu Childebert arrivait presqu'en même temps que lui, mais on lui refusa l'entrée : il se plaignit à Gonthramn qui traita ses envoyés de menteurs et de perfides, et leur rappela la convention de 566, relative à la neutralité de Paris, violée par Sigebert et Chilpéric : « Le royaume entier de Charibert m'appartient donc légitimement, dit-il en finissant. » Il refusa également de livrer Frédégonde que Childebert demandait pour la punir, et les Ostrasiens se retirèrent sans insister.

Le *bon* Gonthramn resta ainsi paisible possesseur de Paris; c'était un homme assez pacifique, un peu simple d'esprit, qui semblait adouci par le commerce des Romains du Midi et des gens d'Église : « Il était, dit Frédégaire, comme un prêtre entre les prêtres. » Frédégonde le circonvint complètement et se joua de sa simplicité. Quoique bienfaisant et populaire parmi les Parisiens, Gonthramn avait l'imagination tellement frappée de tous les meurtres qui avaient détruit sa famille, qu'il voyait partout des périls; il ne sortait jamais dans la ville sans bonne escorte. « Il arriva qu'un certain dimanche, après que le diacre eut fait faire silence au peuple pour qu'on entendît la Messe, le roi s'étant tourné vers le peuple, dit : Je vous conjure tous, hommes et femmes qui êtes ici présents, gardez-moi une fidélité inviolable; ne me tuez pas comme vous avez tué dernièrement mes frères; que je puisse au moins pendant trois ans élever mes neveux que j'ai faits mes fils adoptifs. » Après cette naïve allocution, tout le peuple adressa des prières au Seigneur pour qu'il lui plût de conserver Gonthramn.

Une seconde ambassade de Childebert II, pour obtenir la cession d'une portion de Paris et l'extradition de Frédégonde, n'eut pas plus de succès que la première; une étrange dispute s'éleva entre les envoyés et Gonthramn qui finit par leur faire jeter de la boue et du fumier; c'est que Frédégonde dominait entièrement le pauvre vieux roi. Toujours retirée dans la cathédrale, « elle ne montrait nulle crainte de Dieu dans son église même; » elle intriguait et se vengeait encore. On suppose même que, selon son usage, elle tramait la mort de son ami, de son protecteur Gonthramn; mais celui-ci se lassa à la fin : il lui fit quitter Paris, et la relégua à Roteuil, près Rouen; nous la laisserons à ses fureurs. Gonthramn, de plus en plus mal à l'aise à Paris, prit le parti de retourner à Châlon, sa capitale.

Il revint cependant à Paris l'année suivante, pour tenir sur les fonts du baptême son neveu Clotaire, mais ne l'ayant pas trouvé, il déclara qu'il était las de tous ces manques de foi, qu'il ne croyait pas à l'existence ou du moins à la légitimité de l'enfant. Frédégonde se hâta d'accourir, accompagnée de trois évêques et de trois cents seigneurs francs, auxquels elle fit jurer, conformément à la loi salique, que l'enfant était bien fils de Chilpéric; cette déclaration dissipa tous les soupçons de Gonthramn. Mais, en apprenant, quelques mois après (586), l'assassinat de Prétextat, objet de la haine persévérante de Frédégonde, Gonthramn eut un moment de fermeté; il envoya à Paris trois évêques de ses États demander au conseil du royaume de Neustrie enquête et justice contre l'auteur de ce sacrilége attentat. Les ambassadeurs n'obtinrent que des réponses évasives avec des protestations inutiles d'indignation, et le crime resta encore une fois impuni.

Après un grand incendie qui consuma, dit Grégoire de Tours, toute la ville, sauf les églises et les maisons qui en dépendaient, Paris fut définitivement partagé par le traité d'Andelot (587). Gonthramn dut en avoir le tiers; le reste fut maintenu dans la possession du jeune Clotaire qui n'était point encore baptisé : il le fut enfin en 591, à l'âge de sept ans; Gonthramn, entouré de plusieurs évêques, le tint solennellement sur les fonts dans l'église de Nanterre. C'est par le récit de cette cérémonie que Grégoire de Tours termine son histoire; aussi les annales de Paris vont-elles devenir d'une grande stérilité.

On croit que l'évêque Ragnemode était mort avant ce baptême; il avait effacé par une conduite digne et honorable la faiblesse coupable qu'il montra lors du procès de Prétextat, et les contemporains nous le désignent comme un défenseur de la discipline ecclésiastique. Le siége de Paris fut après lui mis littéralement à l'encan par Frédégonde et acheté par un marchand syrien, nommé Eusèbe, qui commença par chasser toute l'école épiscopale, école à laquelle saint Germain avait fait acquérir une grande réputation, pour la remplir, ainsi que l'Église de Paris, de Syriens, ses compatriotes; du reste, son épiscopat ne dura pas longtemps : Faramode, frère de Ragnemode, succéda à Eusèbe, et fut bientôt après remplacé par Simplicius qui vécut jusqu'après 601. On ne sait rien de ces évêques.

Gonthramn était mort en 593. Clotaire et Childebert II se partagèrent la possession de Paris; mais bientôt ils se brouillèrent, et Frédégonde se saisit de Paris sans déclaration de guerre, saccageant tout ce qui faisait résistance. La victoire de Droissy assura la possession de la Neustrie au jeune Clotaire. Sa mère, résidant auprès de lui à Paris, gouverna habilement le royaume en son nom, et chercha par quelque modération à atténuer les forfaits dont sa vie avait été tissue. Ainsi, elle fit rendre à son fils une constitution sur la police intérieure de Paris, laquelle prouve qu'il y avait dès lors un guet de nuit chargé de réprimer les vols (595). Enfin la Gaule fut débarrassée de ce monstre; elle mourut en 597, âgée de cinquante ans, et son tombeau, recouvert de son image en mosaïque, fut élevé dans l'abbaye de Saint-Vincent. Il est aujourd'hui à Saint-Denis.

En 599, les fils de Childebert II, Theudebert et Theuderic, défirent les troupes de Clotaire; les vainqueurs le chassèrent de Paris qui resta entre leurs mains jusqu'en 613, époque à laquelle la victoire de Clotaire et la mort des deux frères, amenée par leurs dissensions intestines, rendirent à la Neustrie une suprématie complète et firent de nouveau de Paris la capitale de toute la Gaule. Clotaire II réunit, une troisième fois, après Clovis-le-Grand et Clotaire Ier, toute la monarchie franque sous ses lois.

Ce triomphe apparent n'était au fond qu'une défaite au profit de l'aristocratie. Par le supplice de Brunehilde, le fils de Frédégonde avait sacrifié la royauté aux leudes; aussi voit-on, dès ce règne, poindre la puissance des maires du palais qui doivent donner une seconde dynastie à la France : Gundoland, maire du palais pour la Neustrie, résidait naturellement à Paris.

Le premier soin de Clotaire fut de rassembler dans sa capitale un concile national pour remettre de l'ordre dans l'Église et dans l'État bouleversés par cinquante ans de guerres civiles. Cette assemblée religieuse et politique est le sixième concile de Paris (614), le plus nombreux que l'on eût encore vu en France; il s'y trouva soixante-dix-neuf évêques des trois royaumes francs : aussi le concile de Reims l'appelle-t-il concile général. Il se tint à Sainte-Geneviève, comme les précédents, et décréta quinze canons de discipline et des réglements civils, ou capitulaires, sagement conçus, qui, en rétablissant les anciennes règles, témoignaient de la victoire de l'Église et des grands. Pour assurer l'exécution de ces canons, Clotaire publia un édit en vingt-quatre articles, confirmatif des décisions du concile, sauf en un point où le roi restreint, au profit de sa propre autorité, la liberté d'élection des évêques.

L'évêque de Paris était alors un homme pieux, nommé Céraunus, vulgairement saint Céran, qui avait succédé à Simplicius. Il avait entrepris, à l'exemple d'Eusèbe de Césarée, de former une collection d'actes des martyrs et des saints de la Gaule; il écrivit dans ce but à Warnahaire, diacre de Langres, qui lui envoya, en effet, les actes de plusieurs saints de son pays et y joignit une lettre que nous avons encore, où il adresse de grands éloges au prélat : ce précieux recueil n'est malheureusement pas parvenu jusqu'à nous. Les cendres de son auteur, mort vers 620, sont conservées dans l'église Saint-Leu.

On sait peu de chose de Clotaire II. Il donna pour roi aux Ostrasiens Dagobert, l'aîné de ses fils, et probablement le second, Charibert, aux Neustriens, et maria solennellement Dagobert avec Gomatrude, à Paris. C'était à Clichy (Clippiacum) que Clotaire faisait sa résidence la plus habituelle; ce fut là qu'il convoqua ses leudes; ce fut aussi là qu'il mourut en 628. Son fils aîné réunit après sa mort tous ses royaumes.

GRANDEUR PASSAGÈRE DES MÉROVINGIENS. — LEUR AFFAIBLISSEMENT. — LEUR CHUTE.

628-752.

Le règne brillant de Dagobert (628-638) doit presque tout son éclat aux deux hommes éminents que le roi sut employer et retenir près de lui, Eligius et Audoenus, saint Éloi et saint Ouen. Eligius, orfèvre et ouvrier monétaire de Limoges, avait été présenté à Clotaire II par son trésorier royal Bobon, et son habileté non moins que sa rare probité lui concilia toute la faveur du roi, qui le fit maître de la monnaie du palais, *moneta palatina*, dont l'atelier se trouvait dans la demeure même du roi. Quelques pièces provenant de sa fabrication nous restent encore : elles ont pour légende MONETA PALATINA, et le nom du monétaire ELIGIVS; sur d'autres on lit le nom de PARISINA CIVITATE et le même mot ELIGIVS. Cet atelier monétaire suivait les rois francs dans leurs voyages. (Leblanc, p. 50-54.) En même temps, Eligius continuait les beaux travaux d'orfévrerie qui avaient commencé sa réputation. Il fit les châsses de saint Germain de Paris, de saint Séverin, de sainte Geneviève, etc. Elles étaient d'une grande magnificence; les pierreries y étincelaient sur l'or. Dagobert admit le pieux artiste dans sa société la plus intime; il le nomma son trésorier, et il avait une si haute idée de sa sagesse et de ses vertus, qu'il le consultait, dit son biographe, préférablement à son conseil sur les plus importantes affaires de l'État, et les avis de saint Éloi étaient toujours dictés par la piété et la justice. Son ardente charité rendit son nom populaire; il achetait une foule d'esclaves prisonniers de guerre pour leur rendre la liberté, principalement des Saxons « qu'on vendait par grandes troupes. » Ses aumônes étaient fort abondantes, car Dagobert lui faisait sans cesse des présents de toute espèce qui passaient aux pauvres. Soumis à une pareille influence, Dagobert comblait de biens l'Église et multipliait les fondations religieuses : c'est le siècle des donations immenses, perpétuelles; le monde barbare et romain se jetait tout entier dans les bras de l'Église, où se concentraient toute vie, toute intelligence, toute société.

Ainsi nous voyons, en 630 ou 632, Dagobert fonder, ou plutôt restaurer magnifiquement l'abbaye royale de Saint-Denis, qui deviendra le centre, le berceau et la tombe de la royauté. Éloi y couvrit de métaux précieux, travaillés avec art, le tombeau du premier évêque de Paris. Au cœur de la cité même, dans l'île, saint Éloi reçut du roi une vaste maison située vis-à-vis du palais, et la transforma en un monastère de femmes régies par la règle de saint Césaire, sous l'invocation de saint Martial, évêque de Limoges, origine de l'église paroissiale de ce nom (633). Il plaça à la tête de sa communauté la vierge Aurée, sainte Aure, *une fille digne de Dieu,* dit l'ancien hagiographe, et qui gouverna trente-trois ans l'abbaye (morte en 666). Le nombre des religieuses s'étant bientôt élevé à trois cents, Éloi obtint du roi une nouvelle concession de terrain pour agrandir ses constructions; cette enceinte était circonscrite par les rues appelées depuis de la Barillerie, de la Calendre, aux Fèvres et de la Vieille-Draperie, et pendant tout le moyen-âge porta le nom de *Ceinture-Saint-Éloi.* Plus tard (Xe siècle), de la vaste basilique de Saint-Martial on fit deux petites églises, dont l'une garda ce nom, et l'autre prit celui de Saint-Éloi; plus tard encore (XIIe siècle), on démembra de l'ancienne abbaye les chapelles de Saint-Pierre-des-Arcis, de Sainte-Croix, de Saint-Pierre-aux-Bœufs et de Saint-Paul, et on les érigea en paroisses, la cathédrale cessant d'être église paroissiale.

Peu après la fondation de Saint-Martial, Eligius bâtit, hors de la cité, sur la rive droite de la Seine, une chapelle sous le vocable de Saint-Paul, dans un cimetière destiné à ses religieuses. On l'appela Saint-Paul-des-Champs, tant qu'elle ne fut pas renfermée dans l'enceinte de la ville : elle devint la paroisse Saint-Paul, aujourd'hui remplacée par Saint-Paul-Saint-Louis.

Paris, à l'époque de saint Éloi et de Dagobert, était devenu une place commerçante, un grand entrepôt. Les marchands juifs et asiatiques étaient nombreux et influents; nous avons vu Eusèbe le Syrien y acheter l'épiscopat. Les négociants de l'empire d'Orient y affluaient comme dans le centre de l'empire franc; les ambassades de Constantinople leur en avaient appris le chemin. L'or, l'argent, les tissus précieux de l'Inde y abondaient pour fournir au luxe de la cour du nouveau Salomon. La soie et les pierreries décoraient les leudes et les femmes qui se pressaient dans le palais de la cité ou dans les villas du Parisis, Clichy, Gentilly, où le jeune et voluptueux souverain étalait les splendeurs d'un véritable sérail. Aussi, quand le rude et austère chef des Bretons, Judicaël, vint à Clichy (636) solliciter l'amitié du roi des Francs, sans toutefois reconnaître sa suzeraineté, il refusa de s'asseoir à la table du monarque dissolu pour prendre place à celle de son grand référendaire saint Ouen.

Dagobert, mort en 638, fut naturellement le premier roi enterré à Saint-Denis. Ses munificences religieuses et ses sages réformes (parmi lesquelles il faut placer la rédaction des lois barbares) ne purent suffire à contrebalancer l'effet désastreux produit par ses dépenses excessives et ses vices. Déjà ébranlée moralement, la royauté franque tomba dans un affaiblissement et un discrédit complets par suite d'une longue série de minorités qu'inaugure le règne de Clovis II, son fils. Ce sont les *rois fainéants* et les empiétements de plus en plus redoutables des maires du palais qui préparent le changement de la dynastie. Ega, puis Erchinoald furent d'abord maires en Neustrie, sous la direction de la reine Nanthilde : saint Éloi et saint Ouen n'étaient plus à Paris pour gouverner au nom du jeune Clovis; tous deux avaient reçu l'épiscopat (640).

Clovis II se tint ordinairement à Paris ou aux environs, à Clichy surtout; il y fit périr le maire du palais d'Ostrasie, Grimoald, que ses leudes avaient chassé, et y fut proclamé (650) seul roi des Francs : ce fut la quatrième réunion des trois royaumes. Clovis mourut en 656 à vingt-deux ans; nous n'avons rien à dire de lui ni de ses successeurs.

A cette époque, le siége de Paris était encore occupé par un saint. A saint Céran avait succédé Leudebert, que nous trouvons au concile de Reims en 625, puis Audobert que l'on croit Anglo-Saxon de naissance; enfin, Landeric, saint Landry, le cinquième évêque de Paris canonisé. Mabillon pense que ce fut en 651 qu'eut lieu cette grande famine, où saint Landry fit distribuer au peuple tout le blé, toutes les provisions que contenait la demeure épiscopale, vendit sa vaisselle et ses meubles pour subvenir à sa charité, puis cela ne suffisant pas, fit fondre même les vases sacrés de son église. Saint Landry obtint surtout un souvenir durable pour avoir le premier fondé un hospice stable dans Paris. Les constitutions des empereurs chrétiens avaient prescrit aux évêques d'établir sur les revenus des églises un *Nosocomium,* ordinairement situé près des cathédrales; mais cette loi, comme tant d'autres, n'avait jamais été exécutée à Paris, et les pauvres n'avaient pour asiles que les *Matriculæ,* maisons soutenues par des aumônes éventuelles. On croit que l'hôpital naissant fut bâti sur un emplacement donné par le maire Erchinoald; il fut d'abord appelé hôpital de Saint-Christophe; c'est l'origine de l'*Hôtel-Dieu*. Saint Landry mérita d'être un des pontifes les plus populaires de son église; il provoqua également une assemblée de leudes et d'évêques qui confirma des donations et fit quelques réglements ecclésiastiques; enfin, ce fut à lui que Marculfe, moine dans le Parisis, dédia ses *Deux Livres de Formules Ecclésiastiques*, précieux recueil qui nous fait presque seul connaître la jurisprudence et la procédure des siècles qui ont suivi la Conquête.

Après la mort de saint Landry (vers 656) l'histoire de Paris devient presque totalement inconnue. Des enfants couronnés, imbéciles ou énervés par des débauches précoces, habitant des manoirs sur les bords de l'Oise, en étaient tirés tous les ans par les maires du palais pour venir dans un chariot attelé de quatre bœufs, luxe rustique de la Germanie, figurer aux Champs-de-Mai qui ne se tenaient pas à Paris, mais parfois seulement aux environs. Très-rarement ils faisaient une courte apparition dans leur ancienne capitale. Paris, abandonné et oublié, entre dans une véritable décadence, ainsi que la Neustrie entière; la vie et l'intérêt sont ailleurs, en Ostrasie et en Bourgogne, auprès de saint Léger et de Pépin de Herstall. Ébroin cherche à retarder la défaite de la France occidentale; mais après sa mort (681), et surtout après la sanglante bataille de Testry (687), la Neustrie n'est plus qu'une obscure province soumise à sa rivale.

Nous n'avons qu'à glaner quelques faits ecclésiastiques d'un mince intérêt, se rapportant plus ou moins directement à notre sujet. — Le successeur de saint Landry fut Chrotbert ou Robert qui fit partie avec saint Ouen et saint Éloi du conseil de régence institué par la reine Bathilde pendant la minorité de son fils CLOTAIRE III. On retrouve son nom dans quelques diplômes : il mourut vers 663. Son successeur Sigobald ne fit que passer sur le siége de Paris et fut assassiné (664) à cause de son orgueil. Importunus qui vint après (666) est inconnu; Bathilde s'était déjà retirée à l'abbaye de Chelles.

L'évêque suivant est moins obscur : saint Agilbert, né à Paris, était allé étudier en Irlande, l'île des saints, alors fameuse et riche en hommes de Dieu, puis avait été évêque de Dorchester dans le Westsex. Revenu en France, élu évêque de Paris, il refusa de retourner en Angleterre, malgré les prières du roi anglo-saxon Cenwalch, et lui envoya comme évêque son neveu Eleuthère. Il mourut à Jouarre en 680.

THIERRY III, CHILDÉRIC II, CLOVIS III ne sont que de vains noms; après Testry, Pepin de Herstall s'empara de Paris et se rendit maître de la personne et des trésors de Thierry, et joignit le titre de maire du palais de Neustrie à celui de duc d'Ostrasie. Vers cette époque (691) vient se placer une donation importante pour l'histoire de la ville, c'est la charte de Vandemir. Dans cette pièce, de la latinité la plus barbare, et dont le langage fait pressentir la formation de la langue vulgaire, un seigneur de ce nom et Ercamberte, sa femme, font de grandes largesses à la cathédrale de Saint-Étienne, aux deux abbayes de Saint-Vincent, à Saint-Denis, aux filles desservant l'hôpital de Saint-Christophe, dont l'abbesse est nommée Gautrude, etc. Des deux abbayes de Saint-Vincent, l'une est Saint-Germain-l'Auxerrois, fondation déjà ancienne dont nous reparlerons plus tard, l'autre, Saint-Germain-des-Prés. L'évêque d'alors y est nommé Sigofrid ou Siegfried. L'histoire de ses successeurs est plongée dans une obscurité profonde : Turnoald paraît en 693, 696 et 697; mais on ne connaît que les noms d'Adulfe et de Bernechaire. En 700 mourut à Paris Médéric (Saint-Merry), pieux moine d'Autun, qui y était venu faire avec Fradulfe, son disciple, un pélerinage au tombeau de saint Denis ou de saint Germain. Le monastère où il expira était dans les faubourgs, au Nord de la ville, et son tombeau placé dans une chapelle de Saint-Pierre donna naissance, au IXe siècle, à l'église de Saint-Merry que fonda Odon le Fauconnier, défenseur de Paris contre les Normands.

Le VIIIe siècle est l'époque la plus stérile des annales parisiennes : les noms glorieux de CHARLES MARTEL et de PÉPIN-LE-BREF en remplissent la première moitié. Ces deux chefs puissants ne parurent pour ainsi dire pas à Paris. En 717, Charles, vainqueur des Neustriens à Vincy, près de Cambray, les poursuivit jusqu'à Paris, mais il ne daigna pas y entrer; l'année suivante, nouvelle fuite des Neustriens avec Chilpéric et Eudes, duc des Aquitains. Ils accoururent à Paris, en enlevèrent les trésors et se sauvèrent en Aquitaine. Cette fois, Charles Martel entra dans la ville et y fit proclamer un fantôme de roi, Clotaire IV; il y reparut en 732, chargé de gloire et de butin, après sa victoire sur les Sarrasins. On ne voit pas que les spoliations des biens du clergé, qui attirèrent au vainqueur d'Abdérame tant de reproches de la part des écrivains ecclésiastiques, aient atteint l'Église de Paris. L'évêque d'alors, saint Hugues, neveu de Charles Martel et fils de Drogon, duc de Bourgogne et de Champagne, semble les avoir conservés et même augmentés. D'abord moine à Jumiéges, cet évêque fut transféré de Rouen à Paris, et tout en gardant l'évêché de Rouen, il eut encore celui de Bayeux, ainsi que les abbayes de Jumiéges et de Fontenelle. Une accumulation de titres aussi peu canonique a fait penser qu'il n'était qu'administrateur des biens des églises de Paris et de Bayeux, et son biographe a soin de faire remarquer qu'il ne possédait pas tant de bénéfices par cupidité, mais pour les préserver des usurpations laïques. Au reste, il mourut dans son abbaye de Jumiéges, en 730. Ses successeurs terminent peu glorieusement la liste des évêques de Paris contemporains de la première race; tandis que l'illustre Pépin-le-Bref se faisait reconnaître roi des Francs par l'armée et par le pape Zacharie (752), l'Église de Paris avait pour pasteurs Merseide, Fédole, Ragnecapt et Madalbert, dont l'histoire est aussi inconnue que leurs noms sont barbares.

PARIS SOUS LES CAROLINGIENS.

752—987.

DÉCADENCE DE PARIS SOUS PEPIN ET SES SUCCESSEURS.

752—845.

L'ÉPOQUE carolingienne, comme celle des derniers Mérovingiens, est pour Paris une période de torpeur et d'humiliation. Les trois premiers rois de la nouvelle race, et le plus grand d'entr'eux, le nouveau César d'Occident, délaissent entièrement Paris. Comme nous n'écrivons pas une histoire de France, nous ne dirons des règnes célèbres de PÉPIN, de CHARLEMAGNE et de LOUIS-LE-DÉBONNAIRE que ce qui concerne directement notre sujet, et cela se réduit à fort peu de chose. Paris n'étant plus le siége du pouvoir et le séjour du souverain, retomba à l'état de ville de province, et les villes de province alors, par suite du penchant des populations à les quitter pour se mettre dans la dépendance des seigneurs laïcs et ecclésiastiques, principalement des grandes abbayes, diminuaient chaque jour en habitants et en importance. Il faudra attendre la fin du Xe siècle, et surtout le grand réveil du XIIe, pour voir renaître à Lutèce une véritable capitale.

Une institution cependant mérite d'être indiquée dès maintenant; c'est celle des *Comtes de Paris*. Les comtes, gouverneurs de provinces nommés par les rois, apparaissent à Paris au commencement du VIIIe siècle, faibles, révocables à volonté, presque inaperçus. Bientôt ils vont grandir, se rendre héréditaires, et se fortifiant à mesure que les Carolingiens dégénèrent, jouer contre eux le rôle des maires du palais contre les rois fainéants, enfin les évincer du trône et inaugurer à leur place une troisième dynastie. En attendant, ils sont bien humbles : le premier qui apparaisse (sous Thierry III) est Garin, qui usurpa certains péages perçus sur la foire de Saint-Denis, alors transférée à Paris entre les églises de Saint-Laurent et de Saint-Martin; puis, au temps de Thierry IV, vient Gairefried. Nous retrouverons plus loin leurs successeurs.

Les évêques de la fin du VIIIe siècle sont : Deodefrid, qui assista vraisemblablement au concile tenu à Gentilly (767) au sujet du culte des images et de l'addition au Symbole du mot *Filioque;* ce fut sans doute aussi sous son pontificat que Pépin-le-Bref vint mourir à Saint-Denis (768); ensuite Erkenrad Ier, qui eut avec l'abbaye de Saint-Denis un différend terminé par Charlemagne en 775. On eut recours pour vider la querelle au jugement de Dieu par la croix, et le comte de Paris, qui se nommait alors Gérard, assista à cette épreuve. Sous Erkenrad un incendie consuma les titres et les chartes de l'Église de Paris. L'évêque s'adressa alors à l'empereur qui confirma par un diplôme l'église dans la possession de tous les biens et de tous les serfs qu'elle avait antérieurement à la destruction des actes : cette perte, fait observer Félibien, nous prive de lumières précieuses sur les origines et les possessions primitives des évêques de Paris. On rapporte aussi à Erkenrad l'établissement des chanoines dans sa cathédrale; ils avaient été institués, dès 760, par l'évêque de Metz Chrodegand, mais ils n'apparaissent officiellement à Paris qu'en 829.

Si nous ne disons rien ici de la *Fondation de l'Université de Paris en l'an 800 par le glorieux Charlemagne,* c'est que cette prétendue fondation est une pure invention du trop érudit Egasse-Duboulay, et qu'elle est formellement contredite par toutes les sources. Paris avait eu dès les premiers temps qui suivirent la Conquête une école épiscopale florissante, l'école du Parvis, la première peut-être des Gaules après celle de Poitiers; nous en avons parlé à l'occasion de Saint-Germain. Les églises de Sainte-Geneviève et de Saint-Germain-l'Auxerrois en eurent également par la suite, comme succursales de celle de la cathédrale, et le *quai de l'École* rappelle ce fait; beaucoup plus tard, les grandes abbayes, Saint-Germain-des-Prés et Saint-Denis, eurent les leurs : celle de Saint-Germain fut fondée en 790 par l'abbé Robert Ier; et c'est ce qui a probablement donné lieu à l'erreur que nous venons de signaler. Ce fut, en effet, en suite de la circulaire adressée en 787 par Charlemagne à tous les évêques et abbés pour les engager à créer des écoles, que l'abbé Robert institua la sienne : elle produisit Usuard, Aimoin, Abbon. On sait quelle était alors la nature de l'enseignement, et le Capitulaire de 787 le dit clairement; la théologie, la science des Écritures, le chant d'église en étaient presque les seuls objets; quant à l'enseignement public, c'est seulement à la fin du IXe siècle qu'on en trouve une première trace, lorsque Rémi de Reims vint à Paris donner des leçons sur la grammaire et la dialectique; enfin, l'école Palatine, où Alcuin enseignait, suivait l'empereur dans tous ses voyages et n'a jamais eu Paris pour théâtre.

Le comte qui succéda à Gérard s'appelait Étienne. Il fit partie, ainsi que Fardulf, abbé de Saint-Denis, des *Missi Dominici* de Charlemagne; en 803, l'empereur lui adressa un capitulaire relatif au maintien de la sûreté de la ville et à l'administration de la justice, avec ordre de le publier à son audience, en présence de tous les juges et conseillers, et d'en surveiller l'exécution.

L'évêque d'alors était Inchad, successeur d'Ermenfred, et l'abbé de Saint-Germain-des-Prés, Irminon, que son Polyptyque a rendu fameux. Ce Polyptyque est un inventaire, une statistique complète et détaillée des biens et des sujets de l'abbaye. Les précieux renseignements que le docte Guérard en a tirés sur l'état des personnes et des terres, sur l'organisation de la société tout entière au temps de Charlemagne, font de ce livre terrier un document historique du premier ordre. Il indique cinq grandes classes d'hommes, existant à cette époque : les hommes libres, les colons, les lides, les serfs et les esclaves; ces derniers, dès lors très-peu nombreux, allaient bientôt disparaître, tandis que les serfs augmentaient en proportion. Les *lides* ou demi-serfs étaient assez communs, et les hommes tout-à-fait libres étaient très-rares. Saint-Germain, d'après le Polyptyque, comptait plus de dix mille personnes sur ses terres, et dans ce nombre il n'y avait pas six cents esclaves.

La population servile de toutes les églises et abbayes du diocèse de Paris comprenait au IXe siècle plus de cent mille personnes. L'église cathédrale à elle seule devait posséder, d'après la classification établie par le concile d'Aix-la-Chapelle de 816, de 5 à 6000 manses ou plus de 70,000 hectares, rapportant environ 800,000 fr. de notre monnaie. Une pareille richesse était un bienfait; car le clergé favorisait les progrès de la liberté et transformait sans cesse l'esclavage en servage et le servage en colonat; d'ailleurs, nous l'avons déjà dit, c'était volontairement que les masses se soumettaient alors à l'Église qui leur assurait seule un peu d'ordre et de paix.

L'évêque Inchad assista en 825 (Louis-le-Débonnaire régnait depuis dix ans) à la réunion d'évêques qui se tint à Paris, toujours à propos de la question des images, laquelle troublait l'église d'Occident après avoir déchiré l'Orient. Ces assemblées étaient redevenues fréquentes depuis les Carolingiens. Quatre ans après, nous en retrouvons une autre bien plus connue; c'est le huitième concile de Paris. Les actes de cet important synode qui réunissait vingt-cinq évêques dans la cathédrale de Saint-Étienne, se divisent en trois livres, dont le second traite *des Devoirs du Roi;* et comme par une de ses dispositions le concile ordonnait aux chefs ecclésiastiques de pourvoir aux besoins de leurs clercs, Inchad fit aussitôt un partage des biens de son église en deux *menses* (tables), la mense épiscopale et la mense capitulaire, et présenta aux évêques du synode une charte, où on lit : « Nous donnons et allouons à nos frères (les chanoines) les terres d'Andresy, *Hileriacum,* Orly, Chevilly, Châtenay, Bagneux, etc., pour leur subsistance et pour le luminaire de l'Église. Nous voulons que la dîme de toutes les terres que nous donnons à nos frères soit dévolue à l'hôpital Saint-Christophe, dans lequel ils doivent, à l'époque fixée, laver les pieds des pauvres..... Signe d'Inchad, évêque de Paris, qui, à cause de la perte de ses yeux, n'a pu souscrire ce privilége. » Ce partage fut plus tard confirmé par Charles-le-Chauve.

L'abbé de Saint-Denis, Hilduin, archichapelain de Louis-le-Débonnaire, jouait alors un grand rôle politique. Il en était de même d'Erkenrad II, successeur d'Inchad; il fit avec pompe en 833 la translation des reliques de sainte Bathilde de Chelles à Notre-Dame, car l'ancienne cathédrale de Saint-Étienne commençait à être délaissée à cause de sa vétusté. Erkenrad fut toujours fidèle à la cause de Louis; on le voit en 834 découvrir et faire prisonnier un des grands ennemis de cet empereur, Ebbon, archevêque de Reims, qui s'était caché à Paris en apprenant la chute du fils rebelle Lothaire qu'il avait soutenu; puis assister en 835 à la diète de Thionville qui rendit au vieil empereur l'exercice de la souveraineté. Une foule d'autres actes prouvent combien l'épiscopat d'Erkenrad fut actif et fécond; il se prolongea jusqu'en 857, et cet évêque puissant, choisi comme ambassadeur et comme arbitre dans les plus graves affaires, se promettait sans doute une vieillesse tranquille et honorée, quand un affreux fléau vint désoler ses derniers jours : le cor d'ivoire avait retenti sur la Seine, et la foule éperdue fuyait en criant : Les Northmans!

Les Northmans! mot affreux pour les hommes du IXe siècle, mot qui résumait pour eux toutes les terreurs, toutes les abominations, le feu, le sang et les larmes! Cinq fois leurs *drakkars* abordèrent sous les murs de Paris, cinq fois ils y portèrent l'incendie et la dévastation. Contraint par l'ordre chronologique, nous indiquerons ces attaques à leur lieu, en continuant de raconter les autres événements importants de l'histoire de Paris.

Louis-le-Pieux était mort dans la douleur en 840. Il n'était venu à Paris et à Saint-Denis que deux fois : la première, dans les jours qui suivirent son avénement; la seconde, dans ceux qui suivirent sa déchéance, en 833, après la déplorable scène d'avilissement de Saint-Médard de Soissons. Lothaire, à sa mort, s'avança jusqu'à Paris pour s'emparer du royaume de son frère CHARLES (LE CHAUVE). Le comte Gérard qui avait succédé à Begon, et l'abbé Hilduin prirent parti pour Lothaire, malgré leurs engagements antérieurs avec Charles. Gérard fait abattre les ponts de Paris; mais Charles remonte la Seine avec trente-huit barques chargées de troupes, repousse Gérard et va faire sa prière à Saint-Denis, puis à Saint-Germain-des-Prés. Ce fut là que son autre frère Louis-le-Germanique vint se joindre à lui, et de là qu'ils partirent pour livrer cette désastreuse bataille de Fontenay qui, en détruisant la noblesse, livra l'empire sans défense aux hommes du Nord (841).

INVASION NORMANDE. — FIN DES CAROLINGIENS.

843—987.

Le traité de Verdun donna à Charles-le-Chauve la France occidentale, et deux ans après eut lieu la première attaque des Northmans contre Paris. Leur chef était un de ces *berskirs,* enivrés de carnage, à qui Odin semblait inspirer une fureur plus qu'humaine, une véritable *possession;* c'était Raknar Lodbrok, que son sublime chant de mort a immortalisé. Montés sur cent-vingt vaisseaux, les pirates arrivent sous les murs de la cité, la veille de Pâques (28 mars 854); les habitants et les moines avaient pris la fuite en sauvant leurs reliques. Il paraît que l'abbaye de Saint-Germain fut seule dévastée cette fois; elle perdit les tombeaux de Clovis et de sainte Clotilde. Charles-le-Chauve était à Saint-Denis; sans même essayer de résistance, il donna lâchement au *roi de la mer* 7000 livres d'argent pour l'éloigner. Un chroniqueur prétend qu'à leur retour en Danemark le roi Horic fit couper la tête à tous les survivants de l'expédition.

Paris jouit alors de dix ans de calme, pendant lesquels se tinrent deux conciles dans ses murs. Le premier (846) ne fit que confirmer des mesures prises ailleurs; mais le second (849) adressa à Noménoé, chef indépendant des Bretons, une lettre synodale pour l'engager à la soumission. Erkenrad la souscrivit le premier.

Cet évêque n'existait plus, lorsque, le 28 décembre 857, les Northmans revinrent et brûlèrent la basilique de Sainte-Geneviève et les autres églises des deux rives de la Seine, excepté Saint-Étienne-des-Grès, mentionné ici pour la première fois; mais ils n'osèrent s'attaquer à la cité elle-même ni aux abbayes de Saint-Denis et de Saint-Germain.

On venait d'élire évêque de Paris Énée, ancien professeur aux écoles palatines sous Charles-le-Chauve, alors notaire ou chancelier du palais. C'était un homme remarquable; il assista à une foule de synodes et de conciles et fut même chargé par le pape Nicolas Ier de réfuter Photius; mû par ses prières, Charles-le-Chauve augmenta à diverses reprises les biens de l'Église de Paris et lui rendit notamment (867) l'île située à l'Orient de la cathédrale, appelée plus tard île Notre-Dame et île Saint-Louis. Malheureusement les Northmans ne laissèrent pas Énée jouir en paix des fruits de sa sagesse. En 858 ils firent prisonniers Louis, abbé de Saint-Denis, et Gozlin, abbé de Saint-Germain, qui devait plus tard s'en venger si glorieusement; il fallut les racheter. Le roi Charles épuisa les trésors des abbayes et livra honteusement aux Danois un million et demi de notre monnaie, dont ils voulurent bien se contenter pour cette fois. De leur station d'Oissel ils remontaient la Seine à peu près tous les ans et reparurent une troisième fois à Paris en 861 : Saint-Germain fut de nouveau incendié, les serviteurs de l'abbaye tués, et les négociants de la cité qui fuyaient avec leurs biens, rejoints et faits prisonniers. Après la retraite des hommes du Nord, Charles-le-Chauve rendit bravement un capitulaire pour que leurs ravages fussent réparés : du reste, ils n'étaient pas allés loin; ils s'étaient cantonnés les uns à Melun, les autres à Saint-Maur-des-Fossés.

Cependant le roi parut vouloir enfin prendre quelques mesures; il fit construire sur les terres de Saint-Germain-le-Rond ou l'Auxerrois, en aval de la cité de Paris, un grand pont destiné à arrêter les barques scandinaves et le donna à l'évêque Énée; mais les travaux ne s'exécutèrent que très-lentement, car en 865 deux cents Northmans osèrent pénétrer dans Paris pour y chercher du vin; puis les ravages recommencèrent autour de Saint-Denis et durèrent quinze jours.

Charles qui semblait être fixé à Saint-Denis, ne voulant ou ne pouvant chasser autrement les barbares, conclut avec eux, en 866, une convention plus ignominieuse encore que les précédentes. Il leur donna 4000 livres pesant d'argent, leur remit leurs prisonniers, etc. A ce prix ils s'éloignèrent de la Seine et n'y reparurent plus pendant dix ans. Charles profita de ce répit pour chercher à rendre quelque vie aux écoles ecclésiastiques et palatines; le pape Nicolas Ier l'en félicite dans une épître : « Dans votre royaume et spécialement à Paris, lui dit-il, les bonnes sciences refleurissent. » Les études devaient pourtant fréquemment être interrompues dans un temps pareil.

L'évêque Énée mourut en 870. Son successeur Ingelwin prit part comme lui à tous les actes politiques de l'épiscopat français ou neustrien : il obtint du roi la jouissance de l'abbaye de Saint-Martial ou Saint-Éloi située dans le fief de la cathédrale (871). L'acte de donation assure également un repas extraordinaire annuel aux chanoines de Notre-Dame et aux religieuses de Saint-Éloi.

Cependant Charles, à la mort de Louis-le-Germanique (876), voulut, suivant sa fâcheuse habitude, s'emparer de ce qu'il n'avait pas en négligeant ce qu'il avait; il partit pour le Rhin, et aussitôt les Danois, commandés cette fois par le célèbre Rollon, reparaissent à Rouen. Charles battu en Allemagne promet aux Northmans 5000 livres d'argent à condition qu'ils sortiront du royaume; il ordonne aussi au plaid de Quierzy de mettre Paris en état de défense et de fortifier Saint-Denis; aussitôt il part pour l'Italie où il trouve la mort (877).

Ce fantôme d'empereur avait laissé à ses successeurs la féodalité pour héritage. On sait que la date officielle de l'institution est le Capitulaire de Quierzy (877), mais qu'elle remonte plus haut : l'extrême faiblesse des descendants de Charles le prouve assez. Louis-le-Bègue qui avait eu pour principal conseiller l'évêque Ingelwin ne fit rien pour Paris; Louis III, malgré sa victoire de Saucourt en Vimeux (881), et Carloman, malgré quelque léger avantage, ne purent empêcher les Northmans plus nombreux et plus acharnés que jamais de faire un grand, un suprême effort contre Paris, dès que la lâcheté de Charles-le-Gros leur eut prouvé qu'ils n'avaient aucune résistance à craindre de la part du chef du pouvoir (885).

Le grand siége de Paris qui, comme celui de Troie, a trouvé son Homère (Abbon), est un événement important non-seulement pour l'histoire de la ville, mais pour celle de la France, de la Chrétienté entière. Ce fut le dernier effort des barbares établis en France pour renverser cette barrière trois fois ébranlée, trois fois résistante qui les empêchait de s'établir au cœur du royaume, et s'ils avaient triomphé, peut-être eût-il fallu dire adieu à la civilisation chrétienne au moins pour quelques siècles. Trois hommes héroïques sauvèrent Paris et la France : Gozlin l'évêque, Eudes le comte, Ebles l'abbé. Gozlin qui avait succédé en 883 à Ingelwin était de haute naissance, peut-être fils d'une femme de Louis-le-Débonnaire; d'abord abbé de Saint-Germain et de Saint-Denis, il était vieux à l'époque du siége. Le comte Eudes, successeur de Conrad, est cet illustre ancêtre des Capétiens qui parvint au trône du vivant même des Carolingiens et annonça ainsi la chute prochaine de leur dynastie. Fils de Robert-le-Fort, l'adversaire implacable des Northmans, Eudes avait hérité du courage et de la haine de son père. A la fois comte de Paris et duc de France, il personnifiait en lui la naissante nationalité française dont les Carolingiens allaient de plus en plus s'écarter en redevenant Allemands. Quant à Ebles, c'était le neveu de l'évêque; deux fois abbé comme lui, il devint chancelier du roi Eudes; robuste, intelligent et sensuel, ce moine guerrier rappelle involontairement frère Jean des Entommeures; Rabelais semble l'avoir eu sous les yeux en traçant cette grotesque mais énergique figure.

Abbon nomme plusieurs guerriers moins connus qui secondèrent ces vaillants défenseurs; ils étaient peu nombreux, mais ils combattaient *pro aris et focis*, et cette pensée centuplait leurs forces; les Northmans étaient plus de trente mille, et commandés par Siegfried, un de leurs quatre rois. L'attaque commença le 27 novembre 885, au point du jour. Les Scandinaves portèrent leurs efforts sur la tour qui défendait au Nord le pont-rempart de Charles-le-Chauve : ils furent repoussés deux jours de suite, puis se retirèrent dans leur camp fortifié, près Saint-Germain-l'Auxerrois : l'église même leur servait de citadelle.

Le 28 janvier 886 ils recommencèrent l'assaut; pendant plusieurs jours leurs machines de guerre et leurs traits sont inutiles, mais le 7 février le pont du Midi (Petit-Pont) est renversé en partie par un débordement subit. Douze combattants se trouvent alors isolés dans une tour bâtie sur ce pont. Les Northmans les assiégent, mettent le feu à la tour : les douze guerriers se battent comme des lions, mais ils sont pris et massacrés.

Les Northmans ralentirent alors leurs attaques et pillèrent le plat pays vers le Sud. Henri, duc de Saxe, auquel l'évêque Gozlin avait demandé secours, arriva en mars et livra un combat indécis aux Danois restés dans leur camp. Ennuyé de ce long blocus inutile, Siegfried traita en particulier avec l'évêque et moyennant 60 livres d'argent essaya de détourner ses hommes de leur entreprise. Il ne fut pas écouté, et toute l'armée ennemie vint se jeter avec fureur sur la cité elle-même; mais les assiégés firent une sortie meurtrière; une sanglante mêlée s'ensuivit et les barbares reculèrent. Siegfried les quitta alors. Malheureusement pour Paris, Gozlin mourut sur ces entrefaites (avril 886), et le comte Eudes partit pour aller demander des secours à l'empereur Charles; il reparut bientôt avec des renforts et réussit à se jeter dans la ville, suivi de près par le duc Henri de Saxe qui périt presque aussitôt dans une embuscade sous les coups des Danois.

On était arrivé au mois d'août; l'ennemi profitant des basses eaux, donne un second assaut à la ville et y pénètre même sur un point; mais il est repoussé partout ailleurs et se retire avec perte. On ne savait quand finirait cet interminable siége quand arriva enfin Charles-le-Gros (octobre). Sa présence ne fut qu'une calamité de plus; quoiqu'à la tête d'une armée respectable, il ne sut que donner un nouvel évêque (Anschéric) et faire un traité déshonorant : il promit 700 livres aux païens et leur permit d'aller ravager la Bourgogne. Paris en fut ainsi délivré (novembre 886).

Naturellement leur retour ne se fit pas attendre; ils revinrent demander leur argent (mars 887) et s'établirent dans le pré Saint-Germain. Quand ils eurent les 700 livres, ils se gardèrent bien de tenir leur promesse et de descendre vers la mer : ils s'apprêtaient à remonter la Seine, mais l'évêque Anschéric et l'abbé Ebles les attaquent énergiquement. Les Northmans se résignent, demandent la paix et restent à Paris dont on leur ouvre les portes, ce qui ne les empêche pas de trahir une seconde fois et d'envahir la Champagne : cinq cents d'entr'eux sont massacrés par les Parisiens indignés.

La honteuse connivence de Charles-le-Gros le fit déposer à la diète de Tribur (888), et des souverains nationaux furent élus par tous les peuples formant l'empire de Charlemagne. Les Français — on peut désormais leur donner ce nom — élurent Eudes. Son règne ne fut qu'une lutte de dix ans contre les barbares du Nord. En partant pour l'Aquitaine, il confia le comté de Paris à l'évêque Anschéric qui eut à repousser une seconde (889), puis une troisième attaque des Northmans; ces tentatives n'eurent pas de succès, et depuis lors on ne voit plus reparaître ces infatigables brigands sous les murs de Paris.

La dynastie carolingienne occupa encore à diverses reprises le trône pendant cent ans, traînant ainsi une longue agonie;

mais si la royauté n'exerce alors qu'une faible influence et semble oubliée des peuples, la société n'en accomplit pas moins, pendant ce temps, des œuvres d'autant plus durables, qu'elles s'élaborent lentement et en silence. Ce siècle est le Xe, cet âge de fer tant de fois maudit par les historiens superficiels, et pourtant si digne de l'attention de l'observateur sérieux, si peu connu, faute de documents, et si riche en résultats. Époque de ténèbres! s'écrie toute l'école de Voltaire; oui, mais de ténèbres fécondes, dont les produits lui ont survécu six cents ans ou se prolongent même jusqu'à nos jours. C'est toujours dans ces périodes obscures qu'il faut placer l'origine des grandes institutions créées par l'homme à son insu, et dont il ignore ensuite la naissance, comme on ignore la source des grands fleuves. Quand l'aurore se leva au XIe siècle après cette longue nuit, il se trouva que la nuit avait enfanté deux choses : la féodalité et les langues modernes. Le monde ancien avait disparu pour faire place à un ordre nouveau.

Paris ne pouvait échapper à ce mouvement mystérieux; mais de pareils changements ne sont pas de ceux qui se peuvent préciser par des faits; des tendances, des résultats, de lentes modifications, voilà tout ce que nous pouvons constater. Nous voyons bien que la ville, dans son organisation et dans ses institutions, prend un caractère de plus en plus féodal; que son territoire n'est bientôt qu'une agglomération, souvent bizarre et enchevêtrée, de fiefs grands et petits; que le comte, ce *roi futur*, suivant l'expression d'Abbon, l'évêque, les abbayes de Saint-Germain-des-Prés, Sainte-Geneviève, Saint-Martin-des-Champs, confondant la propriété et la souveraineté, se partagent la suzeraineté diversement étagée des édifices de tout genre, des voies publiques, des *enclos, cultures* et *courtilles* que renfermait Paris; que leurs droits, judiciaires et fiscaux, leurs juridictions et leurs ressorts, se croisent, se mêlent, tout en observant un ordre hiérarchique dont le sommet est occupé par le roi; mais les événements font défaut pour assigner à cette lente transformation des dates fixes, des phases déterminées.

Charles, surnommé le Simple injustement peut-être (898-923), n'a laissé presque aucun souvenir à Paris. L'évêque Anschéric fut cependant son chancelier jusqu'à sa mort (911); mais les tendances germaniques et la faiblesse morale de ce roi écartèrent de lui presque tout le parti national qui se rallia autour du comte de Paris Robert, fils d'Eudes. Celui-ci finit par se faire sacrer roi à Reims (922); il possédait, outre le duché de France, les abbayes de Saint-Denis et de Saint-Germain. Les abbés étant devenus un des pouvoirs de l'État, les seigneurs laïcs envahirent à leur tour les monastères, et Robert fut le premier *abbé marié* ou administrateur de Saint-Germain-des-Prés; du reste, il ne jouit pas longtemps de son usurpation et fut tué en 923 à la bataille de Soissons.

Les évêques parisiens de cette époque sont aussi obscurs que ceux du commencement du VIIIe siècle. Quelques monuments épars : chartes, diplômes, vies de saints servent à fixer un petit nombre de dates dans leur histoire : Théodulfe mourut vers 920, et entoura peut-être d'une clôture l'habitation des chanoines de Notre-Dame; Fulrad vivait en 926, Adelhelme de 930 à 935. Gautier ou Walter, son successeur, était chancelier de Hugues-le-Grand en 941. Un ouragan et une peste ravagent Paris vers cette époque. On ne sait rien d'Albéric, de Constance (954), de Gavin qui vinrent ensuite. Rainald Ier (979) reçut une lettre du fameux Gerbert, plus tard pape sous le nom de Sylvestre II; enfin Elisiard, contemporain de Hugues Capet, obtint une bulle de Benoit VII relative aux immunités de son église.

Pendant les règnes de Raoul de Bourgogne et de Louis-d'Outremer (923-954) la royauté carolingienne, réduite à quelques villes et serrée de toutes parts par la féodalité déjà toute-puissante, semble n'avoir eu aucun rapport avec Paris. Le duc Hugues-le-Grand, bien plus puissant que le roi, qu'il fit prisonnier à Laon (946), ne put être retenu dans ses entreprises contre le pouvoir royal que par la médiation du pape (950) et continua pendant deux ans sous Lothaire (954-956) à régenter le jeune et faible souverain. Il lui fit d'abord une réception magnifique à Paris et le quitta pour aller échouer dans son expédition contre l'Aquitaine. Le second fils de Hugues-le-Blanc, Hugues Chapet ou Capet, qui devait son surnom à la chape de saint Martin de Tours dont il était abbé comme ses prédécesseurs, était un enfant à la mort de son père : la tranquillité fut d'abord maintenue en France et en Neustrie par les deux régentes, Gerberge et Hedwige, mères de Lothaire et de Hugues. « Mais en 978, le roi Lothaire, dit Aug. Thierry, s'abandonnant à l'impulsion de l'esprit français, rompit avec les puissances germaniques et tenta de reculer jusqu'au Rhin les frontières de son royaume. Cette expédition aventureuse qui flattait la vanité française, ne servit qu'à amener les Germains au nombre de 60,000, Allemands, Lorrains et Saxons, jusque sur les hauteurs de Montmartre, où cette grande armée chanta en chœur un des versets du *Te Deum.* » Cette bravade n'amena aucun effet. Quelques années auparavant (965), Hugues Capet avait fondé, pour honorer les reliques de saint Magloire, évêque de Dol, et d'autres saints bretons, apportées à Paris lors des invasions normandes, le monastère de Saint-Magloire, qui subsista avec diverses vicissitudes jusqu'au XVIIe siècle.

L'influence de Hugues Capet grandissait chaque jour, et quand Lothaire et son fils Louis-le-Fainéant moururent (986-987), le duc de France qui depuis longtemps avait le pouvoir sans le titre, fut proclamé roi par ses vassaux, sans que cette révolution depuis longtemps prévue provoquât la moindre protestation.

PARIS SOUS LES CAPÉTIENS.

987-1793.

FAIBLESSE DES PREMIERS ROIS. — COMMENCEMENT DU DÉVELOPPEMENT DE PARIS.

987-1108.

Paris sous les Carolingiens n'avait été que la capitale factice et idéale de la France, où plutôt on se souvenait qu'elle avait été la ville de Clovis et de Dagobert, et une primauté de convention lui était toujours attribuée par habitude, mais la royauté était ailleurs, à Reims par exemple. Avec Hugues Capet, Paris redevient la tête et le cœur du royaume et la résidence ordinaire des rois. La ville était bien chétive encore; les Northmans en avaient détruit tout ce qui s'étendait hors de la cité, et pendant les cent années du ténébreux Xe siècle on y avait peu rebâti : on pouvait cependant remarquer en 987 les nouvelles églises suivantes : dans la cité, Saint-Barthélemy, Saint-Landry et Saint-Pierre-des-Arcis; sur la rive droite, Saint-Leufroy, Saint-Magloire, Sainte-Opportune et Saint-Merry; sur la rive gauche, Notre-Dame-des-Champs et Saint-Étienne-des-Grès. Toutes, excepté Saint-Merry, étaient sans doute fort petites et ont disparu, ne laissant presque aucune trace.

Le premier Capétien, sentant sa faiblesse vis-à-vis de ses grands vassaux, hier encore ses égaux, se fit humble et petit pour se faire pardonner son usurpation. Allié soumis du clergé, il abdiqua la dignité d'abbé de Saint-Denis et de Saint-Germain, introduisit la réforme monastique dans ses domaines et tint à Saint-Denis un concile relatif aux dîmes qui dégénéra en dispute (995). La terreur de l'approche de l'an mil paralysait toute activité, arrêtait toute pensée d'avenir : aucun monument ne fut fondé sous son règne. Les évêques Gislebert (mort en 991) et Rainald II, comte de Vendôme, mort en 1016, n'ont attaché leur nom à aucun événement intéressant, quoique ce dernier eût été d'abord chancelier de Hugues Capet et qu'il ait sanctionné un certain nombre de donations, transactions, etc.

Le bon Robert, si connu par sa piété enfantine et sa naïve bonhomie, ce docile et craintif époux de la terrible Constance, se consolait en chantant avec les moines de Saint-Denis, Matines, Messes et Vêpres, en composant hymnes et motets, des famines et des pestes qui dépeuplaient sans pitié ni relâche son malheureux royaume. Sur soixante-treize ans, il y en eut quarante-huit de famines et d'épidémies. Le pauvre monarque, instrument, d'abord des Angevins Bouchard de Montmorency, Foulques Nerra, puis des Normands Richard-le-Bon, Robert-le-Diable, semblait poursuivi par une fatalité malfaisante. Quoique pieux, il fut excommunié, et venait faire ses prières sur le seuil de l'église de Saint-Barthélemy, n'osant y entrer : réconcilié avec le pape, il releva quatorze monastères et sept églises, dont deux seulement à Paris, Saint-Germain-l'Auxerrois et la chapelle Saint-Nicolas, dans le palais de la Cité qu'il reconstruisit aussi. Les évêques de Paris contemporains s'appelaient Azelin (1016 à 1020) et Francon, mort en 1030. Le premier était un vieillard, fils de Baudouin-le-Jeune, comte de Flandre; soupçonné de simonie, il fut contraint de se démettre de l'épiscopat et retourna mourir dans le diocèse de Gand. Quant à Francon, il avait été chancelier de Robert et contribua à la condamnation des Manichéens d'Orléans, en 1022.

La nullité des deux rois suivants, Henri Ier et Philippe Ier (1031-1108), fut complète, et leur histoire sans intérêt. La royauté française, dit M. Michelet, n'est guère encore qu'une espérance, un titre, un droit; le centre est impuissant, la vie est aux extrémités de la France féodale, en Normandie, en Flandre et en Lorraine, surtout à la Croisade. La famine et la peste ne cessent de désoler Paris et toute la région : l'incendie vient s'y joindre. En 1034 la ville disparut en partie dans les flammes; c'est le sixième depuis Jules César; et au milieu de toutes ces horreurs, les guerres sont incessantes et furieuses; c'est l'abomination de la désolation. L'Église seule représente l'ordre et la raison : elle fait des efforts pour ramener ces sauvages à un peu de calme et de raison. La trêve de Dieu est de 1041. L'évêque de Paris, Imbert de Vergy, nommé aussi Hécelin, était fort aimé de Henri Ier qui le qualifie de *grand* dans une charte : il assista en 1050 à l'assemblée solennelle de Paris convoquée pour juger l'hérésie de Bérenger sur la présence réelle : le synode indigné condamna Bérenger et ses complices, ainsi que l'ouvrage de Scot Érigène qui dès avant Bérenger ne voyait dans l'Eucharistie qu'un symbole.

Trois ans après, en 1053, un nouveau concile mi-laïc, mi-ecclésiastique, se réunit à Paris pour assister à la reconnaissance et à la vérification des reliques de saint Denis que l'on prétendait avoir été transportées en Allemagne lors des invasions normandes. On s'assura que le précieux dépôt était intact.

L'évêque Imbert et le roi Henri terminèrent leur vie (1060) par la restauration du prieuré de Saint-Martin-des-Champs dont nous avons parlé déjà en traitant du IVe siècle. C'est aujourd'hui le Conservatoire des Arts et Métiers; bien que cet édifice soit de tous les établissements religieux de Paris celui qui a le mieux gardé l'aspect général et la physionomie d'un monastère, on n'y trouve aujourd'hui aucune trace des constructions primitives. La petite église de Sainte-Marine dans la Cité, *dont tous les paroissiens étaient marguilliers*, date aussi de ce règne.

Philippe Ier avait huit ans lorsque mourut son père : roi sans puissance et homme sans valeur, presque toutes ses actions furent ou honteuses ou criminelles. Il commence par comploter avec le prévôt de Paris Étienne [1] le pillage du trésor de Saint-Germain-des-Prés; puis on le voit, brigand couronné, courir les grands chemins pour détrousser les marchands : Néron avait de ces goûts. Dégradé par le vice, il ne lève pas la tête au bruit de la conquête de l'Angleterre, de la querelle des Investitures, de la première Croisade, il aime mieux enlever à un de ses vassaux l'adultère Bertrade, trafiquer des évêchés et des bénéfices, et mériter les anathèmes de Grégoire VII et d'Urbain II.

Philippe fit pourtant quelques donations aux monastères, par convenance, par habitude royale, ou peut-être dans des moments de remords. Il appela les religieux de Marmoutiers à Notre-Dame-des-Champs, réforma l'abbaye de Saint-Magloire, alors située rue Saint-Denis, etc. Son archichancelier, l'évêque de Paris, Geoffroy, fils du comte de Boulogne, était trop bien avec un pareil roi pour être exempt de tout reproche : c'était l'oncle de Godefroy de Bouillon. Accusé de simonie par le grand réformateur de l'Église, par Grégoire VII lui-même, pour avoir acheté l'évêché de Chartres à un de ses neveux, il fut excommunié dans un concile et contraint d'aller se justifier à Rome en 1077. Geoffroy parvint pourtant à se faire absoudre et jouit d'un puissant crédit à la cour jusqu'à sa mort arrivée en 1095. L'évêque suivant, Guillaume de Montfort, au contraire, quoique frère de la trop fameuse Bertrade, n'accepta l'évêché qu'avec une répugnance modeste; il fallut les conseils du vénérable Yves de Chartres et l'approbation formelle d'Urbain II, pour le déterminer à approuver le choix des chanoines de Notre-Dame. Malheureusement Guillaume était trop jeune; il se laissa aller à partager les amusements mondains des seigneurs qui l'entouraient, et devint évêque chasseur, abus trop commun dans les temps féodaux : en 1102 il entreprit, peut-être par pénitence, le pèlerinage de Jérusalem, et mourut en route.

Foulques ne parut qu'un instant sur le siége de Paris (1102-1104); il fut remplacé par Gualon, légat du pape en Pologne. Le premier acte de cet évêque fut d'assister au synode de Beaugency, pour la réconciliation du roi avec l'Église. Dans un autre synode assemblé à Paris, une absolution solennelle fut donnée à Philippe au nom du pape; car le pécheur endurci s'était enfin soumis, et aussitôt après Gualon partit pour Rome, où le pape l'accueillit avec une grande bienveillance, tandis que le clergé de Paris écrivait au Souverain Pontife pour le remercier de lui avoir donné un pasteur aussi vénérable, un ami de saint Anselme de Cantorbéry. Une lettre de Pascal II à l'abbé de Saint-Denis rend à cet évêque le même témoignage. Il souscrivit une charte mémorable de Louis VI qui accorde aux serfs de l'Église de Paris des droits judiciaires égaux à ceux des hommes libres, c'est-à-dire, le droit d'être témoins et de se battre en duel, singulière concession qui était pourtant un progrès notable sur l'état antérieur.

IMPORTANCE CROISSANTE DE LA ROYAUTÉ ET DE LA CAPITALE. — MOUVEMENT INTELLECTUEL.

1108-1180.

Cependant Paris grandissait, il se développait matériellement, moralement surtout. Le progrès avait d'abord été insensible; vers la fin du XIe siècle, au temps de la Croisade, il avait été plus marqué, mais avec Louis VI commence un remarquable mouvement intellectuel, une véritable renaissance trop longtemps méconnue, mais presqu'aussi active et plus vraie que celle du XVIe siècle. L'esprit humain, fécondé, anobli par le Christianisme, s'élève peu à peu jusqu'aux plus sereines grandeurs de l'art et de la poésie inspirées par la Foi : Notre-Dame, la Sainte-Chapelle, saint Thomas d'Aquin et Dante projettent sur le Paris de saint Louis un incomparable éclat, qui pâlira et s'effacera plus tard. Mais ces splendeurs appartiennent au XIIIe siècle : le XIIe, plus humble, ne fait que les préparer et les entrevoir.

Il s'ouvre par Abeilard et saint Bernard, la raison orgueilleuse et la croyance soumise et inflexible. Nous ne referons point l'histoire de l'amant d'Héloïse; nous dirons seulement en quoi elle se mêla à celle de Paris et quelle influence l'homme exerça sur la ville.

(1) Ce prévôt est le premier dont l'histoire de Paris fasse mention.

Ranimée pour un instant par le moine Remi d'Auxerre (900), la vieille école épiscopale du cloître Notre-Dame avait commencé à acquérir quelque réputation sous Philippe Ier. Robert d'Arbrissel, fondateur de Fontevrault, Marbod qui devint évêque de Rennes et Yves de Chartres y avaient enseigné publiquement; après eux, les dialecticiens Adam de Petitpont, Petrus Comestor, auteur de l'*Histoire Ecclésiastique*, y avaient précédé le fameux Roscelin, chanoine de Compiègne, et chef des Nominaux. Celui-ci fut-il le maître d'Abeilard, son compatriote [1]? Cela est douteux : Roscelin n'a laissé aucun ouvrage; nous ne connaissons son système et ses erreurs que par les réfutations de saint Anselme et d'Abeilard lui-même; il avait voulu appliquer son Nominalisme à la Trinité, et ce fut ce qui le perdit. En face de Roscelin vaincu et pénitent, un autre maître plus célèbre soutenait avec force la doctrine opposée, le Réalisme, et donnait par l'éclat de son enseignement une illustration toute nouvelle à l'école du Parvis; c'était Guillaume de Champeaux. Désertant les écoles de Reims, d'Orléans, de Chartres, ses rivales, la jeunesse accourait se presser autour de la chaire du grand métaphysicien, de l'archidiacre Guillaume, lorsqu'un écolier breton se levant de la paille où il était couché avec les autres, soumit au philosophe des objections subtiles, des syllogismes captieux auxquels il ne put répondre ou répondit faiblement, l'embarrassa, jouit de sa confusion, et saisissant avidement la popularité qu'il arrachait à son maître, réunit plus de trois mille auditeurs sur la montagne Sainte-Geneviève, tandis que l'archidiacre allait cacher son humiliation dans le cloître Saint-Victor (1108). « Cette guerre, dit Michelet, cette *secessio* sur un autre Aventin, fut la fondation des écoles de la montagne. Abeilard, dont la parole suffisait pour créer une ville au désert, fut ainsi un des fondateurs de notre Paris méridional. La ville éristique naquit de la dispute (Hist. de F., t. III, p. 368). » Ces prodigieux succès dus à la hardiesse, à l'élégance, à la grâce entraînante du jeune professeur, eurent le triste dénoûment que l'on sait. L'excès de prospérité avait enivré le philosophe; son infatuation de lui-même devait le jeter dans quelque grande faute; il la commit, et expia cruellement dans la honte et le désespoir les vains triomphes dont il avait si longtemps nourri son orgueil (1120).

Paris revit pourtant Abeilard un instant, en 1136, mais pour le perdre de nouveau sans retour, vaincu par saint Bernard, condamné dans les conciles, et humilié sous la main de l'Église; puis le sceptre de la science passa dans des mains purement orthodoxes, Hugues de Saint-Victor (mort en 1141), Pierre Lombard, le maître des sentences (1160), Richard et Adam de Saint-Victor (1173 et 1192), dont les épitaphes, conservées jusqu'à nos jours, sont des chefs-d'œuvre d'austère et pieuse éloquence.

L'intérêt est tout à ces luttes ardentes. Pendant ce temps le pouvoir royal faisait ses premières armes : Louis *l'Éveillé*, surnom des premières années de Louis-le-Gros, guerroyait contre les châtelains de l'Île de France et de l'Orléanais et assurait enfin la liberté des communications entre les villes de son domaine; à cette époque la royauté commence à servir de contre-poids à la puissance féodale, la suzeraineté du trône est proclamée et l'unité nationale commence. Nous renvoyons aux histoires de France le récit des *Iliades qui se déroulèrent dans les champs prosaïques de la Beauce et de la Brie* (Michelet), tandis que Paris, exempt des souffrances de la guerre, ne voyait d'autres combats que ceux de la pensée, et se développait insensiblement. Les deux rives de la Seine, presque désertes depuis les ravages et les calamités du siècle de fer, se repeuplaient rapidement : aux antiques abbayes venaient se joindre les fondations nouvelles, et autour de chaque clocher se groupaient *les bourgs* du dehors (*forisburga*, faubourgs) qui bientôt allaient faire corps avec la ville. Depuis 1113 s'élevait sur les bords alors fleuris de la Bièvre, au pied de la docte colline, la noble maison des chanoines réguliers de Saint-Victor, sanctuaire de l'austérité et de la science, véritable foyer de lumières, vénéré dès son origine et comblé de biens par Louis-le-Gros et par les évêques de Paris. Nous avons nommé, outre Guillaume de Champeaux, les plus illustres de ses abbés, de ses prieurs et de ses moines. Malheureusement ces graves théologiens, jadis célèbres, sont bien oubliés aujourd'hui; ce que leurs travaux présentent de plus remarquable, ce sont leurs efforts pour concilier les deux tendances théologiques du XIIe siècle, celle d'Abeilard et celle de saint Bernard ou de Pierre Lombard. Aujourd'hui des bâtiments de l'usage le plus vulgaire, des celliers et des magasins, remplacent l'antique et vénérable demeure de Santeuil. « Le chœur et la nef de l'église, dit M. de Guilhermy, p. 235, furent rebâtis du temps de François Ier; mais le clocher, quelques arcades des chapelles, la crypte et une partie du chapitre étaient restés tels que les avait édifiés Gilduin, le premier abbé, qui gouverna le monastère pendant plus de quarante ans (1113-1155). »

L'abbé Gilduin avait vu trois évêques se succéder sur le siége de Paris, Gerbert, Étienne de Senlis et Thibaud. Gerbert (1116-1123) fit confirmer par Louis VI les anciens priviléges des serfs et vassaux de l'Église de Paris. Étienne de Senlis, mort en 1142, grand ami et protecteur de saint Victor, eut par suite plusieurs querelles avec les chanoines de sa propre cathédrale, jaloux des nouveaux venus et craignant une réforme pour eux-mêmes. Cet évêque soutint également une lutte contre le roi en personne; il l'excommunia pour avoir empiété sur le pouvoir ecclésiastique, et il fallut une lettre d'Honorius II et l'intervention de son successeur pour mettre fin à un différend qui dégénérait en une véritable guerre (1129). L'année suivante, le *mal des ardents* vint s'abattre sur la population de Paris : Étienne de Senlis fit sortir dans une procession solennelle la châsse de sainte Geneviève :

(1) V. Roscelin, sa vie et ses doctrines, par F. Saulnier, 1855.

le mal cessa. Innocent II qui vint à Paris l'année suivante (les papes de cette époque étaient souvent en France), consacra la mémoire du miracle par une fête (1131), et l'église de Sainte-Geneviève-des-Ardents s'éleva près de Notre-Dame pour en perpétuer le souvenir. De curieuses cérémonies racontées longuement par les historiens de Paris marquèrent le passage du Souverain Pontife dans la capitale de la France, et la ville sortait à peine des réjouissances et des solennités quand elle fut attristée par la mort du fils aîné de Louis-le-Gros, Philippe, tué par accident dans une de ses rues. Cet accident, étrange à nos yeux (un porc était venu se jeter aux jambes du cheval qui portait le jeune prince), témoigne énergiquement du désordre et de l'abandon rustique où vivait le Paris du moyen-âge : aussi un pareil fait paraît-il n'avoir alors surpris personne. La police ne devait naître que bien des années plus tard.

Louis VI ne survécut pas longtemps à son fils aîné Philippe; il mourut en 1137, laissant Paris agrandi, déjà influent et célèbre, enrichi, outre Saint-Victor, d'un grand nombre d'églises : Saint-Jacques-la-Boucherie, Sainte-Geneviève-des-Ardents, Saint-Nicolas-des-Champs, l'hôpital de Saint-Lazare, etc., et déjà entouré d'une enceinte dont il ne reste aucune trace, et qui avait déjà disparu au temps de Philippe-Auguste. Sur la rive droite de la Seine, l'ancienne porte connue sous le nom d'Arche-Saint-Merry, la porte Baudoyer, une vieille tour de la rue des Deux-Portes-Saint-Jean, peut-être d'anciennes fortifications remplacées par la rue des Fossés-Saint-Germain-l'Auxerrois; sur la rive gauche, une tour située dans la rue Saint-Victor au bas de la rue de Versailles, sont les seuls débris qui peuvent servir à déterminer approximativement cette antique enceinte.

Le long règne de Louis VII *le Jeune* (1137-1179) voit continuer avec des alternatives d'obscurité et de ralentissement la progression croissante de Paris. « Le jeune roi, dit M. Michelet, avait été élevé bien dévotement dans le cloître de Notre-Dame; c'était un enfant sans aucune méchanceté; le vrai roi fut son précepteur, Suger, abbé de Saint-Denis. » Les premières années de Louis-le-Jeune, qu'il passa à Paris, sont vides de faits. L'évêque Thibaud fut élu en 1143; après la fin du démêlé entre Louis VII et Innocent II, démêlé qui avait amené l'interdit jeté sur le royaume et le pillage des biens de l'Église de Paris par le roi, celui-ci racheta par d'extrêmes déférences envers le clergé les actes qu'il s'était permis contre lui et surtout le crime de Vitry-le-Brûlé. Aussi les chanoines de Notre-Dame, dont le relâchement était notoire, abusèrent-ils envers lui de sa faiblesse et de ses remords. Le pape Eugène III, chassé par Arnaud de Brescia, vint bientôt auprès du roi de France comme son prédécesseur, fut reçu comme lui avec pompe dans Paris et engagea Louis à partir pour la Croisade (1147). On sait de quelle sagesse Suger, régent du royaume, fit preuve durant son absence, et quelles suites déplorables eut la répudiation d'Éléonore de Guyenne. Le puissant Henry II Plantagenet vint à Paris en 1158 pour y conclure une apparence de réconciliation, et fut reçu avec honneur par son faible rival. La plupart des autres actes de ce roi, homme d'une intelligence vraiment médiocre et de peu d'activité réelle, n'intéressent que très-faiblement Paris.

Nous les laisserons donc de côté pour résumer l'histoire intérieure et domestique de la ville, pendant la seconde moitié du siècle. La vie des évêques en est toujours la partie la plus intéressante, car l'histoire de l'Église est l'histoire du peuple, a dit M. Guizot. A l'évêque Thibaud (mort en 1157), les chanoines voulurent faire succéder Philippe de France, frère du roi Louis VII, et archidiacre de Paris, mais sa modestie lui fit décliner cet honneur, et il renonça à la dignité épiscopale en faveur de son ancien précepteur, l'illustre Pierre Lombard ou plutôt le Lombard, de Novare. Le *Maître des sentences* ne fit que passer sur le siége de Paris (1159-1160), mais il s'y signala par un acte trop noble et trop touchant pour que nous puissions l'omettre. Sa mère, pauvre paysanne italienne, était venue de Novare à Paris voir son fils, le savant docteur, l'évêque puissant, et ses compagnons l'avaient revêtue d'habits magnifiques, malgré la résistance de la vieille femme qui répétait : Je connais mon fils; ces beaux habits ne lui plairont point. En effet, l'évêque dit tristement en la voyant : Ce n'est pas là ma mère, car je suis né d'une pauvre femme. Mais quand elle eut repris son costume habituel, Pierre se jeta dans ses bras, la fit asseoir auprès de lui, et la paysanne pleurant de joie disait aux seigneurs qui l'avaient si mal conseillée : Je vous l'avais bien dit que je connaissais mon fils!

Enfin arrive Maurice de Sully, ce grand évêque d'abord mendiant comme Sixte-Quint, comme lui actif, entreprenant, créateur, enfin, pour tout dire, le fondateur de Notre-Dame. Son pontificat de trente-six ans (1160-1196) fut tout dévoué à cette œuvre immense, dont nous laissons les détails au savant écrivain chargé de cette monographie. La première pierre du nouvel édifice fut posée en 1163, par le pape Alexandre III, fuyant devant Frédéric Barberousse. Le 21 avril de la même année, à la prière de Hugues de Monceaux, le même pape consacra l'abside récemment reconstruite de Saint-Germain-des-Prés. Vingt ans après, en 1182, le maître-autel fut consacré par le légat du Saint-Siége. En 1185, le patriarche de Jérusalem Héraclius, venu à Paris pour prêcher une troisième croisade, officia dans le chœur de la nouvelle cathédrale; enfin, lorsque Maurice de Sully mourut, il laissa cent livres (environ 5000 fr.), pour faire au chœur une couverture en plomb. L'abside, dit M. de Guilhermy, devait alors être terminée depuis plusieurs années et la nef elle-même être en bon état de construction.

De pareils soins ne remplirent pourtant pas exclusivement l'existence de l'évêque Maurice : il construisit deux ponts de pierre, l'un sur la Marne, l'autre à Paris, sur la Seine (c'était le Petit-Pont, déjà plusieurs fois incendié ou entraîné par les inondations); il lutta contre les moines de Saint-Germain-des-Prés, fit une foule de transactions, acquisitions, donations et reçut dans son palais épiscopal, qu'il avait fait entièrement reconstruire, l'assemblée de prélats et de grands que Louis VII réunit pour leur faire reconnaître roi son fils, âgé de quatorze ans (1179). A l'imitation des rois de la seconde race, Louis-le-Jeune leur demanda leur consentement sur l'accession de Philippe à la couronne; leur adhésion fut unanime, et dès ce moment PHILIPPE-AUGUSTE exerça le pouvoir, même avant la mort de son père arrivée l'année suivante (1180).

RÈGNE BRILLANT DE PHILIPPE-AUGUSTE.

1180-1226.

PARIS possédait alors de nombreux éléments de prospérité que le nouveau règne allait développer. Si les rues étaient encore boueuses et confuses, si les monuments d'utilité publique tels qu'on les conçoit aujourd'hui n'existaient presque nulle part, on voyait poindre des institutions civiles dont l'entier épanouissement était réservé aux siècles suivants. Nous ne parlons pas du mouvement communal auquel la capitale resta naturellement étrangère : « Paris, dit Augustin Thierry, avec sa municipalité immémoriale, offre un caractère à part, où la tradition romaine subsiste sous des formes nées au moyen-âge, où la liberté, complète quant au droit civil, est peu de chose quant au droit politique. » (Documents inédits sur l'Histoire du Tiers-État, *Introd.*) Nous voulons désigner la Hanse Parisienne, *Corporation des Marchands de l'Eau* qui ressuscita l'antique *Collége des Nautes* et qui fut protégée par Louis-le-Gros aussi bien que par ses successeurs, et surtout par Philippe-Auguste; puis la fondation des nombreux colléges qui amenèrent l'organisation si curieuse et si peu connue de l'*Université* de Paris (vers 1200). Ces colléges étaient des espèces de communautés, tenant le milieu entre le couvent et la pension bourgeoise, où d'ordinaire on n'enseignait rien, mais où les écoliers étrangers à Paris étaient logés et nourris pour pouvoir suivre les cours publics des docteurs en renom. La plus ancienne de ces fondations est le petit collége de Dace ou de Danemark, qui date de 1147 environ; viennent ensuite les Bons-Enfants-Saint-Honoré (1208), pour treize écoliers pauvres, les Bons-Enfants de la rue Saint-Victor, plus tard Saint-Firmin, fondé avant 1226, le collége de Notre-Dame des Dix-Huit, absorbé par les bâtiments de la Sorbonne, et celui de Constantinople, plus connu sous le nom de collége de la Marche (vers 1206). On trouve également les Templiers établis à Paris dès le milieu du XIIe siècle; leur maison qui donna son nom à la rue du Temple reçut le dépôt du trésor royal sous Philippe-Auguste. Enfin, il faut aussi rattacher au règne de Louis VII la fondation des églises Saint-Médard, Saint-Hippolyte, Saint-Hilaire, les Saints-Innocents (cette dernière fameuse par son *réclusoir*, où une pénitente passait ses jours dans la douleur et les larmes), et de l'hospice de Saint-Gervais.

Philippe-Auguste est essentiellement le roi de Paris. Il est le premier qui se soit occupé de son édilité, de sa voirie, de sa défense; c'est à lui que se rattache le premier souvenir du Louvre; il mérite donc une place à part parmi les Capétiens directs aussi bien dans cet ouvrage que dans les histoires de France. Il commença par expulser les Juifs relégués dans les ruelles tortueuses des Champeaux (maintenant les halles), et par confisquer leurs biens, iniquité toujours chère au peuple du moyen-âge; quarante-deux maisons des proscrits furent vendues aux drapiers et pelletiers de Paris. Puis le roi, s'occupant activement des détails de la police urbaine, accorda aux Templiers l'établissement d'une boucherie dans leur enclos, et aux bouchers une poissonnerie, comme compensation (1182). En même temps, il fit avec les dépouilles des Juifs augmenter et reconstruire les grandes halles des Champeaux et les fit enclore d'un mur; il fit également entourer le cimetière des Innocents. Au milieu de toutes ces constructions se distinguent principalement deux grands travaux qui donnèrent une physionomie nouvelle à la cité : le pavage des rues de Paris et la grande enceinte de 1190 et années suivantes. On connaît le naïf récit de Rigord sur les nausées que faisait ressentir au bon roi l'infection des boues de sa capitale : « Lors fist demander le prevost et borgeois de Paris et li commanda que toutes les rues fussent pavees bien et soigneusement de gres gros et fort. » On ne sait quelle était la dimension de ces pavés : ils étaient carrés, *lapidibus quadratis,* dit un contemporain, et on commença à les poser en 1185.

Quant à l'enceinte, la troisième en date depuis les Romains, elle fut exécutée par les bourgeois à leurs propres dépens, de 1190 à 1210. On commença par la portion septentrionale; elle était terminée en 1208, quand on entreprit la partie méridionale, qui fut achevée en deux ans; le tout était garni de *tournelles* et percé de portes au nombre de vingt-quatre, en y comprenant les poternes. Les principaux points de cette enceinte déjà très-vaste, mais beaucoup plus étendue sur la rive droite que sur la rive gauche, étaient : *la tour qui fait le coin* (près le pont des Arts), les portes Saint-Honoré (près de l'Oratoire), Coquillière (au coin des rues Coquillière et de Grenelle), Montmartre (au-dessus de la rue du Jour), Saint-Denis (près de l'impasse des Peintres), Saint-Martin (près de la rue Grenier-Saint-Lazare), de Braque (près de la rue du Chaume), Barbette (vieille rue du Temple), Saint-Antoine ou Baudoyer (place Birague), et la tour Barbel (quai Saint-Paul). Le demi-cercle formé par l'enceinte sur la rive gauche est facile à suivre grâce aux rues bâties plus tard sur ses fossés et qui en gardent le nom : Fossés-Saint-Bernard,

Saint-Victor, Saint-Jacques, Monsieur-le-Prince, Saint-Germain-des-Prés, et rue de Nesle ou rue Mazarine. Les portes principales étaient celles de Bucy, Gibard ou d'Enfer, Saint-Jacques et Saint-Victor. La Tournelle à l'Est, et la fameuse tour de Nesle, alors nommée tour Philippe-Hamelin, à l'Ouest, terminaient ces murailles aux deux points où elles rejoignaient la Seine : l'ensemble des constructions comprenait, en 1211, une surface de 252 hectares 85 ares.

Pendant ce long travail, Philippe-Auguste était allé à la Croisade, pour laquelle l'assemblée de Paris de 1188 avait ordonné la dîme saladine; il avait à son départ établi six prud'hommes pour l'administration de la prévôté de Paris et confié son trésor à la garde des bourgeois de la ville, trait caractéristique de la politique anti-féodale des rois, ramené les Juifs moyennant finance, et répudié Isemburge de Danemark pour Agnès de Méranie. Le pieux évêque Eudes, de l'ancienne maison de Sully, qui s'était signalé en 1198 par ses efforts pour l'abolition de la fête des Fous, se soumit fidèlement à l'interdit lancé à cette occasion par Innocent III; aussi fut-il dépouillé et chassé de son manoir par les soldats du roi, mais l'année suivante Philippe lui fit amende honorable (1199-1200). Jean-sans-Terre vint à Paris en 1201 et y fut reçu avec magnificence.

C'est en 1204 qu'apparaît pour la première fois le nom devenu si célèbre du *Louvre, Lupara,* dont l'étymologie est incertaine et dont l'origine remonte plus haut que Philippe-Auguste. Celui-ci voulut avoir, en ce temps de féodalité rigoureuse, son donjon particulier, centre et siége de sa suzeraineté royale : commençant donc par affranchir de toute rente et redevance le sol sur lequel il voulait asseoir le château, il fit élever, sur le bord de la Seine, une tour énorme, large de 144 pieds à sa base, destinée à devenir à la fois forteresse, palais et prison. En même temps s'élevaient de nombreuses églises : sur la rive droite, Saint-Honoré, Saint-Thomas et Saint-Nicolas-du-Louvre, l'abbaye Saint-Antoine-des-Champs, Saint-Jean-en-Grève, les hôpitaux de la Trinité et de la Madeleine; sur la rive gauche, Saint-Étienne-du-Mont, Saint-André-des-Arcs, Saint-Côme et Saint-Damien, Saint-Pierre, Saint-Souplice ou Sulpice. Ces noms témoignent de l'agrandissement territorial, vraiment considérable, qu'avait déjà atteint la capitale de la France.

Le développement commercial n'était pas moindre; le bruit et le mouvement remplissaient déjà les rues étroites et sales qui serpentaient à travers les quartiers de la Cité, d'Outre-Grand-Pont et d'Outre-Petit-Pont. Les *cris* des marchands de vins, des oubloiers, des estuvéeurs et de mille autres industries de carrefour, tels que nous les a transmis le trouvère Guillaume de Villeneuve, les plaintes monotones des mendiants et des frères quêteurs de tous ordres, assourdissaient les bourgeois et les étudiants jusqu'au moment où la grande voix du *couvre-feu* venait éteindre tous ces bruits et plonger la ville dans l'obscurité.

L'histoire religieuse de Paris à cette époque est aussi féconde que celle des monuments et des institutions : trois conciles s'y tinrent (1201-1212); l'un d'eux ordonna contre des hérétiques les premiers supplices pour cause de religion qu'on ait vus à Paris; un autre s'occupa de la réforme du clergé; l'évêque d'alors était Pierre de Nemours, qui mourut au siége de Damiette en 1219, dans la Croisade du roi de Jérusalem Jean de Brienne, et eut pour successeur Guillaume de Seignelay, mort en 1223. C'est à lui qu'il faut faire remonter tout au moins la fondation du For-l'Évêque, *Forum Episcopi,* tribunal où s'exerçait la justice séculière de l'évêque, et qui finit par être transformé en prison; on trouve, en effet, en 1222, un accord passé entre Philippe-Auguste et Guillaume de Seignelay, au sujet des droits respectifs des deux juridictions royale et épiscopale. Le bâtiment du For-l'Évêque, situé rue Saint-Germain-l'Auxerrois, a été démoli en 1780.

Après le triomphe de Bouvines (1214), le puissant comte de Flandre, Ferrand, le plus implacable ennemi du roi de France, traversa Paris dans une litière, au milieu des huées populaires, et fut enfermé dans la *Tour-Neuve* du Louvre, où il resta jusqu'à saint Louis. La tourbe des captifs vulgaires fut répartie entre le Grand et le Petit-Châtelet, aux têtes des ponts de la Cité. Sept jours et sept nuits de fêtes célébrèrent à Paris le vainqueur national. « Qui pourrait s'imaginer, s'écrie le poëte historiographe Guillaume Le Breton, les hymnes de victoire, les danses continuelles du peuple, le doux chant des clercs, les rues, les maisons, les chemins tous tendus de courtines et de tapisseries de soie, couverts d'herbes, de fleurs et de branches d'arbres verdoyantes, etc.? » Les écoliers surtout dont la foule s'élevait à près de vingt mille, les écoliers, ces bien-aimés du pouvoir royal, ces ennemis irréconciliables des vrais Parisiens auxquels ils livraient sans cesse des luttes sanglantes, firent éclater leur allégresse; l'Université, *la fille aînée* des rois, quand elle massacrait les bourgeois au *Pré aux Clercs,* savait bien que le roi était pour elle et que ses priviléges la mettaient à l'abri de la justice laïque; aussi ne s'en faisait-elle faute et bravait-elle impunément les hommes d'armes de l'abbé de Saint-Germain-des-Prés aussi bien que les sergents du prévôt de Paris.

Deux conciles tenus en 1224 et 1226, une procession ordonnée par la reine Blanche, le tout relatif à la guerre des Albigeois, et la fondation du couvent des Filles-Dieu, sont les seuls événements du règne de Louis VIII qui se rattachent à l'histoire de Paris. Au milieu de la faiblesse générale des rois, saint Louis peut s'asseoir sur le trône de France; l'avenir est à lui.

EUGÈNE CARISSAN.

PARIS DEPUIS LE RÈGNE DE SAINT LOUIS JUSQU'AUX BOURBONS.

1226-1589.

DE SAINT LOUIS AUX VALOIS.

1226-1328.

Au début du règne de SAINT LOUIS et pendant la minorité de ce prince, Paris se signala par une énergique adhésion en faveur de la lignée royale. Les chefs de la féodalité, ayant à leur tête Philippe Hurepel, comte de Boulogne, les comtes de Bretagne et de la Marche, avaient conspiré contre le pouvoir et la sûreté du roi, et tandis que le jeune Louis, accompagné de la reine régente, Blanche de Castille, se rendait d'Orléans à Paris, la noblesse et ses vassaux prirent position à Corbeil, avec des forces considérables, pour enlever le prince et sa mère (1228). Blanche et saint Louis s'arrêtèrent à Montlhéry et mandèrent à leur secours les Parisiens. Ceux-ci envoyèrent en toute hâte leurs milices bourgeoises qui dégagèrent le roi et dispersèrent les rebelles. Dans le reste de sa vie, Louis IX se plaisait à parler de cet événement, si honorable pour Paris: « Et me conta le saint roy, dit Joinville, que il et sa mère qui estoient à Mont le Hérj ne osèrent revenir à Paris jusques à tant que ceux de Paris les vinrent quérir avec armes; et me conta qu'au retour de Mont le Héri estoit le chemin plein de gens à armes et sans armes jusques à Paris, et tous crioient à Nostre Seigneur qu'il lui donnast bonne vie et longue et le desfendist et gardast de ses ennemis. »

Sous un règne qui fut glorieux pour la France et que marquèrent à chaque pas des réformes utiles, des entreprises honorables, des actes de courage et de dévoûment, l'histoire particulière de Paris ne fut signalée que par un petit nombre d'incidents mémorables. Cette grande ville, déjà la première de l'Europe, jouit des bienfaits d'un ordre régulier et fit assez peu parler d'elle. Elle se vit constamment gouvernée par un pouvoir paternel et fort, et ne ressentit ni le contre-coup des guerres féodales, ni les souffrances occasionnées par les Croisades, ni le fâcheux effet des révoltes des Pastoureaux. Un fort petit nombre d'incidents marquèrent ses annales. L'Université de cette capitale avait vu s'accroître et se consolider ses privilèges à mesure que sa popularité se répandait dans toutes les parties de l'Europe civilisée. Elle attachait une importance excessive à des privilèges qui lui avaient été autrefois accordés pour honorer la science, et non pour constituer au sein du royaume une république batailleuse et jalouse. Or, vers l'an 1229, le repos de Paris fut troublé par une querelle suscitée, dans une taverne du faubourg Saint-Marcel, entre les marchands de vin et les étudiants. Les bourgeois de Paris ayant pris la défense d'un cabaretier, les écoliers avaient été rudement menés par les gens du peuple. Le lendemain de cette scène, jour de mardi-gras, les étudiants de l'Université, déterminés à prendre une revanche, accoururent en force, enfoncèrent les boutiques des marchands de vin et se livrèrent à des actes de violence envers les habitants des faubourgs. Ces désordres appelaient un châtiment; mais, pour être légale et régulière, la répression devait s'exercer selon les prérogatives réservées à l'Université de Paris, et qui attribuaient à ce corps sa propre police. La reine-régente méconnut ces droits, sans doute à dessein, car elle se défiait du concours actif d'une corporation intéressée à couvrir la faute de ses membres. Les archers royaux sévirent contre les coupables, et déployèrent une si grande rigueur, qu'ils tuèrent deux ou trois jeunes gens étrangers aux violences de la veille. Ce fut le prétexte d'un vaste soulèvement. Le recteur, les régents, les dignitaires de l'Université se rendirent auprès de la régente, protestant contre la violation de leurs immunités et demandant réparation éclatante. L'Université n'ayant pas eu satisfaction, tous les maîtres et écoliers se dispersèrent, et les lieux d'études de Paris demeurèrent déserts. Les Frères Prêcheurs profitèrent de la circonstance, et, du consentement de l'évêque Guillaume et du chancelier de l'Église de Paris, ils établirent chez eux une chaire de théologie, dont la renommée s'accrut en proportion de l'estime que s'était attirée le bienheureux Jourdain, leur général, et du grand nombre de docteurs et d'étudiants qui étaient entrés dans cet ordre. Cependant le pape Grégoire IX, protecteur des sciences, intervint à plusieurs reprises auprès du gouvernement de saint Louis pour pacifier une querelle si préjudiciable à l'enseignement. Après quelques négociations infructueuses, une bulle du 13 avril 1231 termina le conflit à la satisfaction des deux intérêts. Il était dit dans ce rescrit pontifical : « Paris, la mère des sciences, est une autre Cariath-Sepher (ville de lettres); c'est le laboratoire où la sagesse met en œuvre les métaux tirés de ses mines : l'or et l'argent dont elle compose les ornements de l'Église, le fer dont elle fabrique ses armes. » Telles étaient alors, au témoignage du chef du monde chrétien, la gloire et l'influence dont Paris se trouvait investi; ce sont des lettres de noblesse que l'historien doit mentionner avec soin en retraçant le passé de cette ville.

Vers la même époque, Baudoin de Courtenay, successeur de Jean de Brienne, empereur de Constantinople, vint en France solliciter des secours contre Jean Ducas Vatace, dit Batatritis, ou empereur de Nicée, et son compétiteur au trône d'Orient. Ce prince n'était âgé que de vingt-deux ans. Il fut chaleureusement accueilli par Louis IX et Blanche de Castille, qui lui firent restituer tous les fiefs que la famille de Courtenay, issue des Capétiens, avait naguère possédés dans le royaume. Baudoin II, en récompense, fit don à Louis IX de la plus auguste des reliques que notre pays vénère; nous voulons parler de la sainte Couronne d'épines qui avait ceint la tête du Sauveur, et que sainte Hélène avait découverte, au IVe siècle, sur le Calvaire. Louis IX se hâta d'envoyer en Orient des Frères Prêcheurs, qu'il chargea de rapporter en France l'inestimable trésor; et lorsqu'il apprit enfin qu'on les apportait à Paris, il résolut de se rendre lui-même sur la route de Troyes, au-devant de la sainte Couronne, et de recevoir avec un juste honneur ce témoignage de la rédemption du genre humain. Dans les premiers jours du mois d'août, il partit de Vincennes avec les reines Blanche et Marguerite, les comtes d'Artois, de Poitiers et d'Anjou, ses frères; l'archevêque de Sens; Bernard, évêque du Puy; plusieurs autres prélats et une foule de princes et de hauts barons, et, le 10 août, fête de saint Laurent, le pieux cortége rencontra, non loin de Villeneuve-l'Archevêque, les religieux qui apportaient en France la précieuse relique. Dès qu'elle fut retirée du vase d'or qui la contenait, tous les assistants, fondant en larmes, se jetèrent la face contre terre et se frappèrent la poitrine, croyant, sous ce diadème imposé à Jésus-Christ par les bourreaux du prétoire, voir encore apparaître la face sanglante et à jamais adorable du Fils de Dieu fait homme et mort pour notre salut. Les jours suivants, le roi et ses frères, pieds nus et en tunique blanche, rapportèrent d'abord à Vincennes, puis à Paris, la sainte Couronne, qui fut par eux déposée sur le maître-autel de Notre-Dame, et bientôt après dans la chapelle de Saint-Nicolas, autrefois bâtie par Louis-le-Gros. Ce ne fut que quelques années après cette auguste cérémonie que saint Louis confia à Pierre de Montreuil, architecte doué d'un admirable génie, le soin d'élever un monument où devaient être pieusement renfermées les reliques de la Passion de Notre-Seigneur, et telle fut l'origine de l'édifice aujourd'hui encore appelé la Sainte-Chapelle.

Dans les intervalles que lui laissèrent les guerres saintes et les complications difficiles de la politique, le saint roi Louis IX se plut à doter Paris d'un grand nombre de fondations utiles au service de Dieu et au bien-être des peuples. Il établit, avec une munificence vraiment royale, des couvents et des monastères qui devinrent les asiles de la piété ou des foyers de charité pour le pauvre. Son conseil ne parut pas toujours disposé à applaudir à tant de libéralités, et il arriva même qu'un ministre crut devoir les blâmer hautement. « Diex (Dieu), répondit le roi, m'a donné tout ce que je possède..... Ce que despenseray de ceste manière sera touzjours le mieulx placé. » Nous ne parlons pas des magnifiques abbayes qu'il fonda sur différents points du royaume, et, entr'autres, des monastères de Luzarches et de Royaumont. Aux portes de Paris, il fit construire les abbayes de Longchamps, de Lis et de Maubuisson; à Paris même, le château de Vauvert, habitation des Chartreux; sur la place Maubert, il jeta les fondements du couvent des Carmes. Après y avoir établi les religieux qu'il avait ramenés du Carmel, Louis IX fonda l'église et le couvent des Augustins; puis il fit reprendre les travaux de Notre-Dame de Paris. Vers le même temps et par les soins de saint Louis, s'élevèrent successivement dans Paris plusieurs églises ou abbayes, parmi lesquelles nous mentionnerons Sainte-Croix-de-la-Bretonnerie, les Blancs-Manteaux, Saint-Leu-Saint-Gilles, chapelle dépendant de Saint-Magloire, les Mathurins, Saint-Nicolas-du-Chardonnet, Sainte-Marie-l'Égyptienne, Saint-Jacques, l'abbaye des Jacobins, l'abbaye des Célestins et celle des Filles-Dieu, les prieurés de Sainte-Catherine, du Val-des-Écoliers, Saint-Josse. C'est également à cette période du règne de Louis IX qu'on fait remonter la date de la construction du réfectoire de Saint-Martin-des-Champs, de son dortoir et de sa salle capitulaire, réputés, après la Sainte-Chapelle, les œuvres d'art les plus merveilleuses de cette époque remarquable. Ce prince agrandit considérablement l'Hôtel-Dieu; ce fut lui qui fonda pour les aveugles le fameux hôpital des Quinze-Vingts. Tout le monde connaît la touchante tradition attestée par Joinville, et d'après laquelle le saint roi se plaisait à rendre lui-même la justice à l'ombre des arbres de Vincennes. Cherchant par tous les moyens à honorer et à relever la profession de magistrat, Louis IX aimait aussi à siéger dans le vieux palais des comtes de Paris et des premiers Capétiens, sur l'emplacement duquel s'est élevé le Palais-de-Justice qui existe de nos jours; et alors on le voyait s'asseoir sur le même banc qu'Étienne Boileau, le prévôt de Paris, homme expert en jurisprudence. Ce prévôt, l'un des plus honorables conseillers de saint Louis, signala sa magistrature par l'institution d'une police régulière et générale, et il fit remettre en vigueur, à Paris, la surveillance du guet de nuit. C'est à lui que remonte l'organisation des diverses professions ou confréries, maîtrises ou corps de communauté. Les statuts qui les régirent furent l'ouvrage d'Étienne Boileau, et, pour le premier réglement, le prévôt « fist assembler et ordonner grant foison des plus saiges et des plus anciens hommes de la capitale, lesquelz ont beaucoup loué ceste œuvre, applaudie et observée ez halles de Paris et aux préaulx des marchands. » Les *Établissements des Métiers de Paris* renfermèrent, outre les statuts de ces mêmes métiers, alors au nombre de cent cinquante, des réglements sur le roulage, la navigation, les péages, les poids, les cours d'eau,

les machines, et ces réglements s'appliquaient à toutes les industries. Étienne Boileau déterminait, en outre, les juridictions industrielles et leur compétence, tant dans Paris que dans les faubourgs. Cette législation exerça une influence longue et importante sur le bien-être des classes qui vivent du négoce et du travail; elle suffirait à elle seule pour attester le grand développement qu'avait pris l'industrie dans la France du XIIIe siècle. Elle ne fut d'ailleurs inventée ni par saint Louis ni par Boileau; ceux qui la formulèrent prirent pour modèle les réglements analogues qui existaient déjà dans les villes manufacturières, et les usages des corporations de Flandre et d'Italie.

Lorsque mourut saint Louis, en 1270, dans le camp des Croisés et sur les ruines de Carthage, son fils et son successeur PHILIPPE III, dit LE HARDI, ramena en France et porta processionnellement à Saint-Denis les glorieux restes de son père. Le nouveau roi était un homme doux, animé de bonnes intentions, d'un mérite fort vulgaire, et qui eut longtemps pour favori Pierre de la Brosse, son barbier ou son chirurgien, dont il avait fait un ministre. Ce parvenu, au lieu de justifier son avancement inouï par des services réels, ne songea qu'à ses propres intérêts, et ourdit des intrigues contre la femme du roi, la belle et vertueuse Marie de Brabant. Comme il était d'ailleurs odieux aux barons, il finit par succomber dans cette lutte inégale, et Paris, le 30 juin 1278, vit pendre le ministre du roi aux fourches patibulaires de Montfaucon. Comme il était sorti des rangs du peuple, Pierre de la Brosse passa, aux yeux de la multitude, pour un innocent sacrifié à des haines de cour.

Philippe-le-Hardi étant mort, à son tour, dans une malheureuse expédition militaire contre l'Espagne, son fils, jeune encore, régna sur la France, et c'est lui qui porte dans nos annales le nom de PHILIPPE-LE-BEL (1285). C'était un prince dur, inflexible et avare, mais doué de talents remarquables pour la politique et la guerre; il les mit en œuvre, durant tout son règne, pour accroître son autorité et briser tout ce qui faisait obstacle à son orgueil. Voilà pourquoi ses réformes semblèrent dures et oppressives, et pourquoi encore, bien qu'il ait fait avancer rapidement l'émancipation sociale des classes moyennes, son nom ne fut jamais inscrit dans l'histoire sur la liste des princes qui aimèrent le peuple et méritèrent bien de la postérité. Vers le même temps, au témoignage des chroniques (1290), l'histoire particulière de Paris fut signalée par un événement prodigieux, consigné dans les annales de l'Église. Un juif acheta d'une pauvre femme une hostie consacrée, et il osa la percer à coups de canif, mais il en sortit du sang; il y enfonça un clou à coups de marteau, et elle saigna encore; il la jeta au feu, mais elle sortit entière du brasier, et voltigea dans la chambre; enfin, il la jeta dans une chaudière d'eau bouillante, qui parut teinte de sang, l'hostie planant au-dessus. La femme du juif, qu'il avait appelée, vit à la place Jésus-Christ en croix. La maison où ceci se passait était dans la rue des Jardins, appelée plus tard rue des Billettes. Averti de la profanation commise par le juif, le peuple pénétra dans la maison; la sainte hostie fut portée en grande vénération à l'église Saint-Jean-en-Grève, et le juif, livré aux juges, fut condamné au supplice du feu. Sa femme et ses enfants se convertirent. L'hostie miraculeuse fut gardée en l'église Saint-Jean, où on la montrait encore, au XVIIIe siècle. Ce prodige est attesté par l'historien Jean Villani, dans son histoire de Florence.

L'an 1302, Paris fut pour la première fois témoin d'un changement assez grave introduit par Philippe-le-Bel dans les institutions du pays. Il organisa le Parlement rendu permanent, au Palais, comme siége de la justice. On connaît les démêlés de ce roi et du pape Boniface VIII. L'orgueil et l'avarice de Philippe-le-Bel étaient en jeu, et ce prince ne pouvait manquer d'épuiser tous les moyens de soutenir la lutte. Voulant rendre la France elle-même juge de sa cause, il convoqua une assemblée, un plaid national, dans lequel siégèrent non-seulement les représentants de la noblesse et du clergé, mais encore les principaux délégués de la bourgeoisie ou des communes, désignés sous le nom de *tiers-état*. La première session des *États généraux* fut consacrée à revêtir, d'un semblant d'approbation populaire, les prétentions injustes et impies de Philippe-le-Bel. Cela ne porta bonheur ni à l'institution ni à la France du XIVe siècle. Pour venir à bout de ses ennemis, l'odieux Philippe se procura des ressources en altérant et en falsifiant les espèces monétaires d'or et d'argent. En 1306, un nouvel édit ayant imposé au peuple l'obligation d'attribuer à la monnaie « sous peine de corps et d'avoir » une valeur illusoire et fausse, l'exaspération fut portée au comble. Les habitants de Paris se soulevèrent, menacèrent le roi jusque dans son palais, et livrèrent au pillage la maison d'Étienne Barbet, bourgeois notable à qui la rumeur publique imputait d'avoir conseillé la fatale ordonnance. Philippe-le-Bel réussit cependant à rassembler ses archers et à comprimer l'émeute. De nombreuses arrestations furent faites; des centaines d'hommes, jugés sommairement, furent pendus aux arbres qui avoisinaient les portes de Paris; on éleva partout de nouvelles potences, et toutefois le roi modifia son édit dans le sens des réclamations populaires et de la justice. L'année suivante (1307), un acte d'autorité et de rigueur, bien autrement célèbre dans l'histoire, s'accomplit par les soins de Philippe-le-Bel. Le 13 octobre, Jacques de Molay, grand maître du Temple, et les chevaliers de son ordre furent arrêtés dans toute la France.

Le Temple, avec ses murs élevés, ses fossés profonds, ses grosses tours au nombre de sept, ses vastes espaces intérieurs, ses jardins, ses champs, l'accumulation de ses édifices religieux et guerriers, occupait un tiers de la ville de Paris, et représentait, à côté de la grande cité, une cité distincte, une partie notable et rivale. Une armée nombreuse pouvait s'y loger tout entière. C'est dans cette enceinte sombre, mystérieuse, d'ordinaire inaccessible, que, l'année d'auparavant, Philippe-le-Bel avait trouvé un refuge contre l'émeute. Le samedi 14 octobre, le lendemain de l'arrestation, le roi, cherchant à calmer les inquiétudes et les colères de la population parisienne, publia et fit afficher, à Paris et dans tout le royaume, une proclamation dans laquelle il énumérait tous les griefs que la rumeur publique avait mis à la charge de l'ordre du Temple, tous ceux que de récentes et épouvantables révélations avaient portés à la connaissance de la justice. Il était dit dans ce document historique, en parlant des chevaliers de l'ordre : « Loups ravissants sous l'apparence d'agneaux, insulteurs de la Foi sous l'habit religieux, ces frères, de nos jours, ont de nouveau crucifié Jésus-Christ mort pour nos péchés! En entrant dans leur ordre, ils renient trois fois Jésus-Christ, trois fois ils le foulent aux pieds, trois fois ils lui crachent au visage. Race immonde, race perfide, race accroupie aux pieds des idoles, race aux mains criminelles, aux paroles empoisonnées, elle souille la terre, elle arrête la bienfaisante rosée, elle corrompt la pureté de l'air, elle met la confusion dans la Foi! » Suivaient les détails des crimes les plus horribles qu'avaient pu inventer la perversité humaine et l'audace de l'enfer. L'année suivante, commença le procès qui dura plusieurs années, et qui, souvent interrompu par la nécessité de prescrire de nouvelles enquêtes, fut repris et continué à différents intervalles. Le 28 mars 1310, le plus grand nombre des accusés comparurent dans une salle d'audience construite à la hâte dans le jardin de l'évêché; ils étaient cinq cent quarante-six. On leur opposa leurs aveux multipliés; ils les désavouèrent, et les imputèrent, souvent avec apparence de raison, à l'épouvantable rigueur des tortures; on entendit une multitude de témoins, et, à travers les contradictions, les accusations, les réponses, il fut établi d'une manière certaine que beaucoup de griefs imputés à l'ordre étaient fondés, et que les chevaliers du Temple, soit orgueil, soit avarice, soit débauche, soit affiliation aux sectes secrètes de l'Orient, avaient dévié de leur règle, s'étaient rendus coupables d'actes odieux et étaient devenus ennemis de Jésus-Christ et de l'Église. Parmi eux, tous n'étaient pas coupables au même degré, et il est à espérer que les abominables sacriléges reprochés à l'ordre n'étaient le fait que d'un très-petit nombre. Le 26 mai, cinquante-neuf Templiers, condamnés à mort, furent brûlés à Paris, dans la campagne, derrière l'abbaye Saint-Antoine. Au milieu du bûcher et déjà atteints par les flammes, ils rétractèrent énergiquement leurs aveux. Le peuple les entendit avec stupeur et ne voulut voir en eux que des victimes. Peu de jours après, neuf autres chevaliers de l'ordre périrent également par le supplice du feu. L'année suivante (1311) l'affaire fut portée au concile de Vienne; puis, en 1312, le pape abolit solennellement l'ordre religieux et militaire des Templiers. Cette décision ne mit point entièrement fin à ce grave procès. Le 18 mars 1314, Jacques de Molay, grand maître, et plusieurs autres chefs furent condamnés à une prison perpétuelle; au lieu de se soumettre, ils rétractèrent leurs aveux et se proclamèrent innocents. A cette nouvelle, le roi Philippe, procédant sans formes légales, et, de sa propre autorité, déclarant les accusés relaps, les fit conduire au bûcher. Le supplice eut lieu à l'heure de Vêpres, dans l'île aux Juifs, réunie à l'île de la Cité, entre le Jardin-Royal et l'église des Frères Ermites. Les Templiers endurèrent les tourments avec courage, et tant qu'il leur resta un souffle de vie au milieu des flammes, ils continuèrent à protester de leur innocence. La foule qui environnait leur bûcher demeura saisie de pitié, et n'hésita pas à voir en eux de nouvelles victimes sacrifiées à l'avarice du roi.

Sous Louis X, surnommé le Hutin, sous Philippe V, dit le Long, et sous Charles-le-Bel, qui régnèrent l'un après l'autre, après la mort de Philippe-le-Bel, l'histoire particulière de Paris ne fut signalée que par le supplice de quelques hauts personnages; c'était comme la distraction accoutumée donnée par le pouvoir à la population parisienne, mais l'opinion publique réformait souvent la sentence des juges. Ainsi le peuple plaignit Enguerrand de Marigny, surintendant des finances, qu'on avait envoyé au gibet pour complaire à Charles de Valois, oncle du roi; on l'accusait de malversations et de sortiléges, mais ces crimes furent loin d'être établis (1315). Marguerite de Bourgogne, femme de Louis X, autrefois convaincue d'adultères commis dans la tour de Nesle, s'il faut en croire des légendes douteuses, fut étranglée dans sa prison par ordre du roi, et le prince épousa Clémence de Hongrie. Quand il mourut (1316), Philippe-le-Long, son frère et son successeur, crut apaiser la colère de Dieu, levée sur la France, en faisant condamner juridiquement et périr dans les flammes un grand nombre de lépreux et de Juifs, accusés d'avoir empoisonné les fontaines et les sources. Ce fut sous ce règne (1320) que l'agitation populaire des Pastoureaux se reproduisit, et que les séditieux, après avoir traversé Paris, furent dispersés dans le Midi de la France. A la mort de ce prince (1322), son successeur Charles-le-Bel mit fin aux persécutions dirigées contre les prétendus empoisonneurs, et permit aux Juifs de rester en France, en rachetant leur vie par de très-lourdes amendes. A sa mort, arrivée en 1328, la lignée directe de Hugues Capet se trouva éteinte, et, par application de la loi salique, la couronne de France, réclamée par le roi d'Angleterre, fut donnée à Philippe de Valois, cousin-germain de Charles-le-Bel et le plus proche parent de ce prince. Sous le règne de ces différents souverains, de Philippe III à Charles IV, la ville de Paris ne vit guère sa splendeur s'accroître. Le collége Montaigu fut fondé dans la rue des Sept-Voies; on fonda de même, dans la rue de la Harpe, le collége de Narbonne et le collége du Plessis, rue Saint-Jacques; vers la place de Cambrai, on institua le collége de Tréguier et de Léon, sur l'emplacement duquel fut plus tard construit le collége de France. En 1326, Charles-le-Bel fit reconstruire l'église Saint-Jean-en-Grève et bâtir l'église Saint-Jacques-de-l'Hôpital (1327).

PARIS SOUS LES PREMIERS VALOIS.

1328-1498.

Le premier de la branche des Valois, PHILIPPE VI, parvenu au trône à l'âge de trente-six ans, était un prince intrépide au combat, mais présomptueux, sans capacité et d'une humeur capricieuse autant qu'irritable. Son avénement, contesté par le roi d'Angleterre, qui invoquait de prétendus droits à la couronne de France, donna le signal de la guerre de cent ans, période de luttes, d'invasions et de revers, qui fut si fatale au royaume et fit couler tant de sang. Des souffrances, des misères, quelques exécutions capitales marquèrent seules, durant ce règne, l'histoire de Paris. En 1345, le roi convoqua dans cette ville les États généraux de la langue d'oïl, mais la session n'eut lieu qu'en 1346. Cette assemblée s'occupa de questions d'impôts, et fit entendre des réclamations contre la gabelle, taxe impopulaire qui pesait sur le sel, une des denrées de première nécessité. Le roi, pour donner satisfaction à ces plaintes, consentit à quelques réformes fiscales. La guerre, un moment interrompue, recommença en cette même année, et les Anglais, après avoir envahi la Normandie, poussèrent des reconnaissances jusqu'aux portes même de Paris et vinrent brûler Saint-Cloud et Bourg-la-Reine. Philippe VI, pour en finir, proposa à ses ennemis de livrer une bataille décisive dans la plaine de Vaugirard. Édouard III se replia vers le Nord; Philippe VI le suivit de près, et, par sa déplorable imprudence, perdit la bataille de Crécy, où périt l'élite de la noblesse française. Tandis que cette défaite découvrait le royaume du côté du Nord, Paris, comme le reste de l'Europe, se trouvait exposé aux atteintes d'un fléau plus redoutable encore que la guerre; nous voulons parler de la terrible *peste noire* qui enleva le tiers du genre humain. Elle se déclara à Paris en 1348. Le mal commençait par une fièvre très-violente que suivaient le délire, la stupeur et l'insensibilité. La langue et le palais devenaient livides, l'haleine fétide; le corps se couvrait de taches noires, et chez quelques personnes se déclaraient instantanément d'abondantes hémorrhagies. La science ne connaissait aucun remède capable de retarder les progrès du mal; la plupart des pestiférés succombaient en vingt-quatre heures.

« Il y eut cette année, dit le continuateur de Nangis, à Paris, dans le royaume, et encore aussi dans tout le reste de l'univers, une telle mortalité parmi les hommes et les femmes, et plus parmi les jeunes gens que parmi les vieillards, qu'on pouvait à peine les ensevelir. Leur maladie durait rarement plus de deux ou trois jours; le plus souvent ils mouraient subitement, tandis qu'on les croyait sains et saufs..... On n'avait jamais entendu, jamais vu, jamais lu que, dans les temps anciens, une telle multitude de gens fût morte. Le mal semblait provenir de l'imagination et de la contagion..... Dans l'Hôtel-Dieu de Paris la mortalité fut si grande que, pendant longtemps, on emporta, chaque jour, cinq cents morts dans les chars, au cimetière des Innocents. »

Or, bientôt le terrain manquant pour inhumer ces cadavres, et l'infection qu'ils causaient commençant à se répandre, on ferma ce cimetière et l'on en fit bénir un autre hors de la ville pour servir aux mêmes usages. La charité des religieuses qui desservaient le grand hôpital, a été honorablement mentionnée dans les chroniques. « Ces saintes filles, y est-il dit, ne craignaient pas de s'exposer à une mort certaine en soulageant les pauvres; elles les assistaient avec une patience et une humilité admirables. » Il fallut renouveler leur communauté à plusieurs reprises, à cause des ravages qu'y fit la contagion. A Paris, en 1349, la peste enleva Jeanne de Bourgogne, reine de France, et sa bru, la duchesse de Normandie; bientôt après mourut Jeanne de Navarre, qui laissa son royaume à un jeune homme de dix-sept ans, tristement célèbre dans l'histoire sous le nom de Charles-le-Mauvais. Quant à Philippe de Valois, son règne s'achevait dans ces douloureuses conditions, et le 22 août 1350, ce prince mourut à Paris, laissant la France humiliée par l'Angleterre, dépeuplée par la peste, et ruinée par la guerre, le fisc et l'usure.

Son successeur, JEAN Ier, fut surnommé LE BON, sans qu'il soit possible de dire quel acte de sa vie lui mérita ce glorieux titre. C'était un prince courageux sur un champ de bataille, mais d'un esprit médiocre et d'un caractère soupçonneux et opiniâtre. Cinq ans après son avénement au trône, la guerre se ralluma avec les Anglais, et une armée ennemie, aux ordres d'Édouard III, envahit la France du côté du Nord. Le roi Jean convoqua à Paris les États généraux de la langue d'oïl et leur demanda les subsides nécessaires pour lever des troupes. L'assemblée désirait, au moins autant que le roi, faire face au danger; mais elle crut devoir saisir l'occasion qui s'offrait à elle de rétablir un peu d'ordre dans les finances du royaume. Elle fit donc entendre de justes plaintes et contraignit le pouvoir de donner satisfaction à plusieurs griefs. Elle accorda au roi les fonds nécessaires pour mettre sur pied une armée de cent cinquante mille soldats; mais elle voulut que les sommes à percevoir demeurassent, jusqu'à emploi, entre les mains des receveurs particuliers des États, et que des précautions fussent prises pour s'assurer que les subsides seraient entièrement consacrés aux dépenses de la guerre. Les États nommèrent des commissaires, choisis dans les trois ordres, qui les devaient représenter après leur séparation, et que le roi était tenu de consulter soit pour les affaires relatives à la guerre, soit pour la discussion des propositions de paix. Une commission de neuf membres fut chargée de contrôler l'emploi des deniers publics; elle avait pouvoir, en cas de violence de la part du roi ou de ses ministres, de repousser la force par la force. Ainsi cherchait à s'établir, par des tentatives hardies et prématurées, ce qu'on a depuis lors appelé le régime représentatif.

La campagne de 1356 fut signalée par de graves revers; le roi Jean, par son incapacité et son imprévoyance, laissa vaincre et détruire à Poitiers l'élite des armées du royaume, et lui-même tomba au pouvoir des Anglais qui l'emmenèrent prisonnier à Bordeaux et plus tard à Londres. Le dauphin Charles, duc de Normandie, qui avait pris la fuite à Poitiers, fut déclaré lieutenant du roi de France et exerça la régence durant la captivité de son père. On se hâta de convoquer les États généraux; ils vinrent siéger à Paris, au nombre de huit cents députés, dont la moitié au moins appartenait à la bourgeoisie. Le travail de réforme, ébauché l'année précédente, fut repris et continué sous l'entraînement des idées populaires. Beaucoup de nobles, élus députés de leur ordre, avaient été faits prisonniers à Poitiers; la majorité était donc acquise aux communes, et les représentants du tiers-état, soutenus par l'exaltation publique née des circonstances, pouvaient disposer du gouvernement. A leur tête, on voyait siéger Étienne Marcel, prévôt des marchands de Paris, et le chef de la démocratie au XIVe siècle. Un de leurs premiers soins fut d'exiger la nomination d'un conseil permanent, élu parmi les députés des trois ordres, et qui assisterait le Dauphin dans l'administration du royaume. Ce prince, malgré sa jeunesse, comprit que les prétentions des députés auraient pour résultat, si elles étaient accueillies, de faire passer l'autorité souveraine aux mains de l'assemblée et d'avilir le droit monarchique, dont il était le légitime dépositaire. N'osant résister de front, il eut recours à la ruse, aux ajournements, et la session des États fut close, pour être de nouveau ouverte le 5 février 1357. L'assemblée, comme celle qui avait siégé l'année précédente, était dominée par la faction populaire; Robert-le-Cocq, évêque de Laon, et Étienne Marcel, chef des révolutionnaires de Paris, dirigeaient ses discussions et dictaient ses votes.

Quant à la ville de Paris, autrefois si renommée pour sa fidélité monarchique, elle se montrait désormais animée de sentiments hostiles au pouvoir royal. Sa prospérité s'était développée dans une proportion rapide, et son orgueil avait grandi plus promptement encore. On peut évaluer à trois cent mille le nombre de ses citoyens de tout âge et de tout sexe, vers le milieu du XIVe siècle, et aucune cité d'Europe n'aurait pu rivaliser avec elle en splendeur, en influence, en autorité. Ses puissantes corporations commandées par leurs syndics, ses marchands et ses bourgeois représentés par leurs échevins et leur prévôt, sa nombreuse et turbulente Université qui campait sur la rive gauche du fleuve, étaient autant d'éléments d'agression et de résistance dont les rois devaient tenir compte, et ni le fort de Vincennes, ni la Bastille n'existaient encore pour tenir en respect la ville et ses faubourgs. Les Parisiens, sous Philippe-le-Bel, avaient fait l'essai de leurs forces; les idées de liberté et d'indépendance leur étaient plus familières qu'on ne le croit de nos jours, lorsqu'on parle dédaigneusement des ténèbres du moyen-âge. Dans la boutique de ces marchands qui alimentaient le luxe des seigneurs et des princes, on parlait de l'organisation redoutable des villes de Flandre, et l'on se disait qu'après tout, si l'on voulait imiter les bourgeois d'Ypres, de Gand et de Bruges, Messire le roi de France et ses feudataires seraient bien forcés de reculer. On savait quels prodiges la Suisse affranchie venait d'accomplir, au nom de ses droits et de sa pauvreté même. Les républiques italiennes s'agitaient aux portes de la France, et, de la rue des Mathurins-Saint-Jacques à la rue Saint-Denis, du Louvre à la rue Barbette, on parlait de la république romaine et de Rienzy, deux noms dont on exagérait la portée et la puissance. Pour tout dire, le bourgeois et l'artisan de Paris étaient ce qu'on les a toujours vus depuis, toujours prêts à tendre des chaînes dans les rues, toujours armés pour transformer une querelle en émeute, un attroupement en révolution. Étienne Marcel et les hommes de son parti ne l'ignoraient pas, et c'est ce qui augmentait leurs prétentions et leurs espérances.

Dès la première séance des États, Marcel et Robert-le-Cocq leur présentèrent le cahier des doléances qu'avaient récemment rédigé les hauts commissaires désignés dans la précédente session; ils demandèrent que chaque député le communiquât à sa province, et cette communication très-rapide, pour ce temps-là, surtout en hiver, se fit en moins d'un mois. Le 3 mars, le Dauphin reçut les doléances. Lecture lui en fut donnée par Robert-le-Cocq; puis, au nom des États, mais dans une forme respectueuse, sommation lui fut faite de modifier les institutions politiques de la France dans le sens de la liberté, de subir le contrôle permanent d'un conseil de gouvernement, et d'attribuer aux États une organisation stable, le droit de voter les lois, la faculté d'en surveiller l'exécution, et la permission de s'assembler deux fois par an, sans qu'il fût besoin de convocation royale. Ces exigences étaient graves; mais le roi Jean était prisonnier, les campagnes livrées à l'insurrection et au pillage, la chevalerie et l'armée dispersées et hors d'état de venir en aide au pouvoir royal. Dès ce moment l'autorité passait aux États généraux, appuyés par le prince et la bourgeoisie de Paris, et le Dauphin ne pouvait résister aux ordres qu'on lui notifiait. Ce jeune prince, intimidé, se hâta donc de souscrire à toutes les demandes de l'assemblée, et publia (mars 1357) une longue et fameuse ordonnance par laquelle il leur donnait force de loi, et concédait ainsi aux populations et aux villes du royaume un ensemble de droits et de priviléges qui disparurent au premier souffle de réaction, et qui, s'ils avaient été maintenus, auraient constitué pour la France du XIVe siècle un édit de réformation, ou, pour mieux dire, une grande charte nationale.

Ici, pour un moment de courte durée, l'histoire de Paris prit un caractère dramatique dont les révolutions modernes peuvent seules nous donner l'idée. Alors, en effet, commençait à intervenir dans les grandes luttes sociales ce formidable levier qu'on appelle le peuple : il apparaissait avec ses besoins légitimes, comme aussi avec ses instincts de sang; longtemps esclave, soumis et timide, il surgissait plein de colère, avide de vengeance, animé de sentiments haineux et jaloux, disposé à la brutalité et au meurtre. Alors aussi, comme depuis, comme toujours peut-être, sa force était au service de quelques ambitieux habiles et sans foi, dont il épousait aveuglément les querelles. Mais ces premiers efforts de la démocratie allaient être bientôt comprimés.

Le parti populaire ne se contenta pas des concessions qu'il avait obtenues; plein de défiance dans les promesses du Dauphin, lieutenant-général du royaume, et appréhendant cet esprit de domination absolue qui paraît, en effet, avoir été la base du caractère des Valois, il songea, on peut le supposer du moins, à transférer la couronne à Charles de Navarre, qui en était privé en vertu de l'interprétation donnée à la loi salique. Cet arrangement, s'il eût réussi, aurait eu pour résultat de réunir les deux royautés de France et de Navarre sur une même tête, et de donner à la France, pour résister aux Anglais, un roi plus capable et plus habile que Jean. Mais le parti populaire était dans l'erreur en se confiant aux promesses libérales dont Charles-le-Mauvais se montrait fort prodigue. Il est probable que si cet ambitieux eût été appelé à régner, il se serait joué de ses serments, et aurait étouffé dans le sang des magistrats de Paris le souvenir de ses promesses; la conduite qu'il tint plus tard, la perfidie de son caractère, la scélératesse de ses mœurs permettent de le croire. Toutefois, comme à l'époque dont nous parlons, ce jeune prince n'avait pu encore se faire connaître pour ce qu'il devint dans la suite, il était encore possible de se tromper sur son compte et de placer en lui des espérances.

En des temps calmes, la conduite de Marcel, de Robert-le-Cocq et des États généraux aurait été flétrie du nom de révolte; mais, dans les circonstances où se trouvait alors le pays, la France étant pillée au dedans, menacée au dehors et exposée à périr sur toutes ses faces, le parti qui appelait à sa tête Charles de Navarre, petit-fils de Louis-le-Hutin et prince capétien, pouvait alléguer pour sa défense la loyauté de ses intentions et la nécessité de sauver le royaume. On s'est trop hâté de condamner des hommes qui agirent et pensèrent sur un volcan, et dont les actes ont été vraisemblablement défigurés par des chroniqueurs timides, écrivant sous la dictée des Valois.

Les circonstances présentaient une gravité inaccoutumée; ce n'était point seulement à Paris que se produisait l'effervescence démocratique; autour de cette grande cité, et dans plusieurs provinces voisines, la Jacquerie étendait d'affreux ravages. Les paysans, livrés à tous les excès criminels qu'engendrent la haine, la faim, les souffrances, recommençaient au XIVe siècle la guerre des esclaves qui, à une autre époque, avait fait trembler le patriciat romain. Le Dauphin, dès qu'il s'était cru libre, avait révoqué la charte de 1357; pressé par un double ennemi, menacé par Paris et les *Jacques*, il convoqua de nouveau, pour le 7 novembre, la session des États. Les députés revinrent avec leurs défiances et leurs prétentions. On ouvrit la prison où, depuis plusieurs années, était renfermé le roi de Navarre, et ce prince, transformé en prétendant révolutionnaire, se rendit à Amiens, puis à Paris, où il entra triomphalement le 29 novembre. Jean de Meulan, évêque de la ville, et le prévôt Marcel allèrent au devant de lui et le conduisirent au Pré-aux-Clercs, près de l'abbaye de Saint-Germain-des-Prés, où se trouvait rassemblée une immense multitude. Le roi de Navarre monta sur une estrade et harangua le peuple, se présentant à la foule comme une victime de la tyrannie du roi Jean, comme l'instrument naturel et nécessaire des besoins de la France. Son discours fut si long, disent les chroniques, « qu'on avait soupé dans Paris quand il cessa. » Peu de jours après, Charles-le-Mauvais se rendit à Rouen, et y provoqua des manifestations non moins hostiles. Tandis qu'il cherchait, dans l'intérêt de sa cause, à exploiter les souffrances publiques, à Paris, le Régent-Dauphin était sous le joug de la démocratie turbulente constamment dirigée par Étienne Marcel; on déclamait tout haut contre son autorité et sa personne; on lui imputait à crime les calamités, les dévastations, les brigandages qui désolaient le royaume; on invitait les bons citoyens à secouer le joug d'un tel maître. Chaque jour était marqué par des assemblées séditieuses dont nos clubs modernes ont à peine égalé la violence. Comme il fallait un signe de ralliement aux démagogues du XIVe siècle, on adopta le chaperon ou capuce rouge et bleu, et bientôt les amis du Dauphin eux-mêmes, craignant d'être exposés aux fureurs du peuple, se résignèrent à adopter cette coiffure qui leur parut une sauve-garde. Toutes les révolutions passent par le même chemin.

Le Régent-Dauphin résistait de son mieux. Tantôt il convoquait des assemblées, où il cherchait à justifier ses actes, tantôt il se concertait avec des seigneurs non moins menacés que la royauté elle-même, et il rendait des édits destinés à mettre un terme aux usurpations populaires, comme aussi à se procurer, même au moyen de l'altération des monnaies, l'argent dont il avait besoin pour gouverner.

Un séditieux, qui avait tué le trésorier des finances, fut arrêté et puni de mort au nom du Dauphin. Il y eut des soulèvements dans Paris. Le 23 février, date qui reparaîtra dans les annales des révolutions, le prévôt des marchands assembla, en armes, à Saint-Éloi, tous les corps de métiers, et les invita à le suivre, pour aller avec lui forcer le Dauphin de rendre justice au peuple. Suivi de cette multitude, Marcel se dirigea vers le palais du Dauphin, monta jusqu'à la chambre du prince, suivi de quelques exaltés, et lui adressa de violents reproches. Celui-ci répondit en renvoyant aux factieux la responsabilité des maux du pays. Enfin, Marcel lui dit : « Sire, ne vous esbahissez de chose que vous voyez; il faut qu'il en soit ainsi. » Puis, se tournant vers ses complices : « Allons, dit-il, faites en bref ce pour quoy vous estes venus ici. » Pour lui obéir, ils mirent à mort les maréchaux de Normandie et de Champagne, principaux conseillers du Dauphin, et leur sang rejaillit sur la robe de ce prince. Charles, effrayé, priait Marcel de l'épargner; le prévôt l'assura qu'il ne courait aucun danger, et, en signe de protection, il lui mit sur la tête son propre chaperon bleu et rouge. Le prévôt se rendit ensuite à l'Hôtel-de-Ville, et annonça au peuple assemblé sur la place de Grève les scènes sanglantes de la journée, se glorifiant d'avoir fait périr « deux mauvais traîtres. »

Le dauphin Charles réussit à s'évader de Paris et se rendit d'abord à Provins, puis à Compiègne; durant son absence, qui fut de quelques mois, Marcel et les révolutionnaires, s'alliant ouvertement à Charles-le-Mauvais, roi de Navarre, administrèrent la capitale du royaume, et cherchèrent à faire entrer les villes et les provinces dans une grande union démocratique. Ce plan, trop prématuré pour être compris et accepté, échoua, et cependant la Jacquerie, qui renouvelait ses épouvantables ravages, servait d'auxiliaire aux démagogues parisiens. La division se mit parmi les chefs populaires. Les uns, honteux de sacrifier la monarchie à leurs rancunes, se rallièrent à la cause du Dauphin; les autres, et Marcel fut de ce nombre, persistèrent à se ranger du côté du roi de Navarre, et complotèrent de livrer Paris à cet usurpateur, ami des Anglais. Comme Étienne Marcel, dans la nuit du 31 juillet au 1er août 1358, se disposait à ouvrir à ce prince la bastille Saint-Denis, il fut tué à coups de hache et de hallebarde, ses partisans furent massacrés, et le Dauphin rentra dans Paris, à la satisfaction du plus grand nombre. Cet événement mit fin au pouvoir des révolutionnaires, et le parti monarchique prévalut à Paris et dans les provinces.

La guerre continua à la fois contre les Anglais et les *Jacques*. L'armée anglaise, en 1359, se présenta aux abords de Paris; mais le Dauphin, renfermé dans cette ville avec une poignée de soldats, évita d'engager une bataille perdue d'avance, et opposa à ses ennemis un système fort habile de temporisation. Il compta sur la mauvaise saison, sur la disette, sur les maladies contagieuses pour détruire ses ennemis, et son calcul réussit. L'armée d'Édouard aurait pu s'établir dans les faubourgs de la rive gauche; le Dauphin les fit livrer aux flammes, et le roi d'Angleterre, déconcerté par cette tactique, renonça à se rendre maître de Paris. Ayant donc ramené ses troupes dans la Beauce, il se disposa à attaquer Chartres; mais bientôt, épouvanté par un orage, il implora la protection de Dieu par l'intercession de Notre-Dame, et promit d'accorder la paix à la France. Le traité de Brétigny mit, pour quelques années, fin à une guerre qui avait occasionné tant de calamités à Paris et au royaume.

Le roi Jean, rendu à la liberté, revint à Paris, mais n'ayant pu remplir les engagements de Brétigny, il retourna volontairement à Londres, et y mourut captif, rachetant par cet acte illustre de loyauté et de bonne foi une partie des fautes de son règne. A sa mort, le Dauphin lui succéda sous le nom de Charles V, et mérita d'être surnommé le Sage (1364).

Ce roi, jeune encore, mais d'une santé très-affaiblie, gouverna la France du fond de son palais, et confia ses armées à d'habiles lieutenants, parmi lesquels l'histoire cite avec honneur le connétable Duguesclin. Grâce à la prudence de sa politique et au courage de ses soldats, Charles V réussit à soustraire la plupart des provinces de la France au joug des Anglais. Ce fut la grande œuvre de son règne. Il la compléta dignement en améliorant sans cesse les institutions administratives et fiscales, en diminuant les impôts, en réformant les abus judiciaires, en fondant des établissements utiles, en se montrant le digne émule de saint Louis. Il protégea l'industrie parisienne. Le corps des marchands, à Paris, jouissait de beaux priviléges. Cette communauté, appelée *hanse*, d'un vieux mot celtique qui signifie société, s'était perpétuée de siècle en siècle : ses membres jouissaient du privilége exclusif de tout commerce par eau, de la faculté d'arrêter leurs débiteurs, de lever de légers impôts sur différents corps, de profiter de la moitié des amendes et confiscations, etc. Ces prérogatives avaient excité l'émulation de la plupart des bourgeois, qui s'étaient empressés de se faire agréger à ce corps. Plus tard, les *marchands de l'eau*, pour la direction de leurs affaires commerciales, avaient fait choix d'un *prévôt* qui, assisté d'officiers inférieurs appelés *échevins*, exerçait sur eux sa juridiction.

En présence des avantages que les marchands retiraient d'une pareille union, tous les corps de commerce et de métiers avaient aspiré à s'y faire agréger; en sorte que bientôt tous les habitants de Paris, bourgeois, négociants et artisans, avaient eu une relation immédiate ou indirecte avec cette association générale. La juridiction du prévôt des marchands et des échevins formait ainsi un corps municipal qui embrassait presque toute la ville dans son ressort. La nécessité où se trouva le Gouvernement d'imposer différentes aides sur les Parisiens accrut encore l'autorité de ce corps municipal. Les rois lui attribuèrent la connaissance des contestations entre les collecteurs et les habitants, et jusqu'à la révolution de 1789 l'imposition de la capitation s'est faite par le prévôt des marchands et les échevins. Ils furent chargés d'une partie de la police, de présider les assemblées des jurés, etc., etc. On a vu quelle était, sous la régence, le pouvoir de ces magistrats municipaux, par l'abus que Marcel et les échevins avaient fait de leur autorité sur le peuple. Les affaires de commerce se traitaient en commun. Les marchands se rendaient, pour tenir leurs conférences, dans un lieu appelé, de toute ancienneté, le *Parlouer aux Bourgeois*. Ces assemblées se tenaient, sous la première race, au lieu occupé dans la suite par les Jacobins de la rue Saint-Jacques. Sous les derniers descendants de Charlemagne, cette partie de la ville ayant été détruite par les ravages des Normands, le *Parlouer aux Bourgeois* fut transféré dans une maison près du

Grand-Châtelet, où l'on continua de s'assembler jusqu'aux dernières années du règne du roi Jean. Ce fut pendant la captivité de ce prince que Marcel et les échevins firent l'acquisition d'une maison située sur la place de Grève et appelée la *Maison aux Piliers*. Ce bâtiment avait anciennement appartenu aux dauphins de Viennois. Le prix de cet achat fut de 2400 florins d'or (environ 32,500 fr.) Cet édifice fut démoli sous le règne de François Ier, qui fit jeter sur le même emplacement les fondations de l'Hôtel-de-Ville, achevé sous le règne de Henri IV et considérablement agrandi de nos jours.

Charles V avait renoncé à résider à Paris dans sa demeure royale du Louvre, et avait fait construire l'hôtel Saint-Pol sur un emplacement dans le voisinage duquel se trouve aujourd'hui l'église Saint-Paul-Saint-Louis; il avait donné à cette résidence le nom d'hôtel solennel *des Grands Esbattements*. Dans les lettres patentes par lesquelles il réunissait ce domaine irrévocablement au domaine de la Couronne, il déclara qu'il le faisait « pour la singulière affection qu'il portait audit hôtel, auquel, en plusieurs plaisirs, il avait acquis et recouvré, à l'aide de Dieu, santé de plusieurs grandes maladies. » Quoique ce palais fût somptueux pour le temps, c'était moins la magnificence des bâtiments que l'aspect riant de ses jardins étendus le long des bords de la Seine, qui faisait de ce séjour un lieu de délices.

Christine de Pisan, en dénombrant les édifices construits par ce roi, n'oublie pas de mentionner « l'église Saint-Paul, auprès son hostel, que moult fist amender et accroistre. » Jusqu'à Charles V, la grosse tour du Louvre et son enceinte, élevées par Philippe-Auguste, avaient servi de résidence aux Valois. C'est là que depuis deux siècles les hauts barons, les grands feudataires étaient venus, l'un après l'autre, prêter aux rois serment et hommage. Alors, on ne disait pas que telles terres, telles seigneuries étaient soumises à l'autorité du prince, mais, suivant la formule féodale, on disait qu'elles *relevaient de la grosse tour du Louvre*. Charles V répara et accrut ce palais. « Le chastel du Louvre, dit Christine de Pisan, fist édifier à neuf moult notable et bel édifice. » La grosse tour, nommée *tour Neuve, tour Ferrand, tour Philippine*, était ronde et entourée d'un fossé large et profond; ses murs avaient 13 pieds d'épaisseur près du sol, et 12 aux étages supérieurs; elle communiquait au reste du château par un pont et une galerie de pierre; une porte de fer en interdisait l'entrée. Par quatre autres portes fortifiées, appelées *porteaux*, on pénétrait dans les bâtiments du Louvre, mais la principale entrée donnait sur le bord de la Seine. L'intérieur du château renfermait une chapelle, un arsenal, des jardins et un grand nombre de cours closes de murailles. Toujours dominé par le souvenir des épreuves qu'il avait endurées sous sa régence et durant la captivité du roi Jean, Charles V crut devoir élever, en avant de la porte Saint-Antoine et à l'extrémité de la rue de ce nom, une sorte de forteresse destinée à tenir le peuple en respect et à servir de prison aux criminels d'État: nous voulons parler de la trop fameuse Bastille, dont la première pierre avait été posée en 1369, et qui fut construite sous Hugues Aubriot, prévôt des marchands. Ce n'était, dans l'origine, qu'une porte fortifiée s'ouvrant sur la rue Saint-Antoine et se rattachant à la nouvelle enceinte élevée par Étienne Marcel. Aux deux tours qui défendaient cette porte, Charles V en fit ajouter deux nouvelles, et plus tard Charles VI compléta cette forteresse qui se composa de huit grosses tours reliées par de hautes murailles et entourées d'un fossé. Beaucoup plus tard, sous le règne de Henri II, de 1553 à 1559, on y ajouta les grandes fortifications, consistant en une courtine flanquée de bastions et bordée de larges fossés à fond de cuve.

Au milieu de ces travaux, et en menant à fin tant de vastes entreprises, mourut Charles V, laissant à la postérité le souvenir d'un roi sage, intelligent et politique, d'autant plus regretté, qu'après lui, par la permission de Dieu, la France fut éprouvée par une longue série d'invasions et de calamités.

Elles commencèrent avec le règne de Charles VI (1380-1422). Ce roi, bien jeune encore à son avénement, était incapable de gouverner par lui-même; ses oncles, hommes ambitieux et avides, prirent en main l'autorité, et ne s'en servirent que pour piller les trésors amassés par Charles V, et pour faire peser sur le peuple des exactions odieuses. Accablés sous le poids des taxes, les Parisiens se soulevèrent, le 15 novembre 1380, et, ayant en tête Jean Culdoc, prévôt des marchands, ils se portèrent en armes à l'hôtel du duc d'Anjou, et firent entendre des menaces. Le Gouvernement, saisi de peur, céda tout ce qu'on exigeait de lui, et fit proclamer l'abolition des aides, subsides, impositions et gabelles qui avaient été établis depuis Philippe-le-Bel. Le peuple n'en voulut pas moins se livrer à des actes de violence, il pilla les maisons des Juifs et incendia les bureaux de recettes fiscales. Quatre mois plus tard (1381), on convoqua les États généraux, qui persistèrent à réclamer des économies et des réformes; on ne tint pas compte de leurs doléances, et le duc d'Anjou fit établir une nouvelle taxe, laquelle consistait en une redevance du douzième, exigible sur toute marchandise vendue. On était au 28 février 1381. Le lendemain 1er mars, la population parisienne se souleva, attaqua les agents du fisc, s'empara de l'Hôtel-de-Ville et se livra à des désordres. Les rebelles avaient pris pour armes des maillets amassés dans un arsenal; on les désigna sous le nom de *Maillotins*: une fois maîtres de l'Évêché, du Châtelet et de l'abbaye Saint-Germain, ils ne surent que faire de leur victoire, et le Gouvernement ayant fait arriver des troupes, ils demandèrent à entrer en composition. Il en coûta la vie aux factieux les plus compromis.

Le 18 juin 1389, la guerre avec les Anglais fut interrompue par une trêve, et le peuple respira un moment. A Paris, on donna des fêtes; mais aucune n'égala en splendeur celle qui eut lieu à l'occasion de l'entrée solennelle et du couronnement d'Isabeau de Bavière, la jeune femme du roi. Le magnifique cortége arriva à Paris par la porte Saint-Denis; la reine, précédée de la reine Jeanne, veuve de Philippe-le-Bel, et de la duchesse d'Orléans, était accompagnée des duchesses de Berry, de Bourgogne, de Touraine et de Bar, de la comtesse de Nevers, de la dame de Coucy et de beaucoup d'autres dames de qualité, les unes en litière, les autres à cheval. Autour de la litière royale, marchaient les ducs de Touraine, de Bourbon, de Berry et de Bourgogne, Pierre de Navarre et le comte d'Ostrevant. Dans la rue Saint-Denis, on avait établi une fontaine sous un reposoir d'azur aux fleurs de lis, dont les tentures portaient les armoiries des plus nobles seigneurs de France. La fontaine était entourée de jeunes filles bien parées, avec de beaux chapeaux de drap d'or. Elles chantaient et offraient, dans des coupes de vermeil, l'hypocras et les douces liqueurs qui coulaient de la fontaine. Plus loin, on avait établi des théâtres où se livraient des batailles simulées et où les Chrétiens triomphaient des Sarrazins. Le roi de France était figuré sur son trône, entouré de ses douze pairs, et le roi Richard lui demandait respectueusement la permission d'aller combattre le sultan Saladin. A la seconde porte Saint-Denis, démolie au XVIe siècle, on avait établi un autre ciel plus riche que le premier, et quand la reine passa par là, assise dans sa brillante litière, de jeunes enfants de chœur, vêtus en anges, posèrent sur sa tête une couronne d'or, en chantant : *Noble dame des fleurs de lys, soyez reine du paradis de France, etc.* La rue Saint-Denis était couverte et tapissée de drap camelot, d'étoffes de soie et de tapisseries représentant les héros de l'antiquité ou de la fable. Sur tout le reste du parcours, on avait improvisé des parcs, des châteaux, des forteresses, des jeux publics, des combats d'animaux, des tournois allégoriques. Sur la terrasse du Châtelet, était le lit de justice du roi, où siégeait Madame Sainte-Anne. Alors sortit du bois un grand cerf blanc qui remuait la tête et tournait les yeux. Un aigle et un lion s'avancèrent pour attaquer le cerf; mais il prit le glaive de justice pour se défendre, et douze jeunes filles, l'épée à la main, vinrent aussi le protéger. Le pont Notre-Dame était magnifiquement couvert et tapissé. En cet endroit, au passage du cortége, un Génois, fort habile acrobate, descendit du haut des tours de Notre-Dame, sur une corde tendue, portant en main deux torches ardentes, et semblant voler. Après avoir déposé une couronne sur la tête d'Isabelle, il s'enleva dans les airs par le même chemin. Sur le parvis de la cathédrale, l'évêque de Paris, entouré de l'élite de son clergé, vint recevoir la reine, et bientôt après eut lieu la cérémonie du couronnement. Le lendemain les fêtes recommencèrent, et tout se termina par un immense banquet royal servi au Palais-de-Justice, sur la table de marbre, et par un grand bal donné à l'hôtel Saint-Pol, habitation du roi.

Quelques années se passèrent, et ce même roi, qu'aimait le peuple, tomba en démence : sa maladie, qui avait des intermittences de lucidité, livra le royaume à l'avarice des princes et à la criminelle ambition de la reine. La misère du pays s'accrut; mais, à Paris, on continua de donner des fêtes pour amuser et distraire le malheureux monarque à qui personne n'imputait les calamités publiques et qui inspirait la pitié universelle. La rivalité de deux princes du sang, les ducs d'Orléans et de Bourgogne, causa de nouvelles agitations et aboutit à un crime odieux. Le 23 novembre 1407, à huit heures du soir, par une nuit fort obscure, le duc d'Orléans, passant dans la rue Vieille-du-Temple, près de la porte Barbette, fut attaqué par des gens apostés, et immédiatement mis à mort. Le principal instigateur du meurtre, Jean-sans-Peur, duc de Bourgogne, se réfugia en Flandre; mais cet événement suscita, entre deux puissantes branches de la famille royale, une haine implacable et de longues vengeances, dont Paris et la France ressentirent les funestes effets. Les Bourguignons, partisans de Jean-sans-Peur, les Armagnacs, partisans des héritiers du duc d'Orléans, engagèrent plusieurs fois d'horribles luttes, toujours accompagnées de meurtres et de pillage. La faction de Jean-sans-Peur portait, pour signe de ralliement, une croix de Saint-André rouge; les Armagnacs, une croix blanche à angles droits. Les Armagnacs avaient enrôlé une foule d'aventuriers, de bandits et de sicaires du Midi ou de l'Ouest; à Paris, le comte de Saint-Pol, dévoué au duc de Bourgogne, lui chercha des alliances dans ce que la population avait de plus grossier et de plus redoutable; la corporation des bouchers, à elle seule, fournit aux Bourguignons une compagnie de cinq cents hommes, résolus à tous les meurtres, et que commandait un nommé Simon Caboche, écorcheur de bêtes. Ces soldats de l'émeute, maîtres de Paris, égorgeaient sans merci tous les Armagnacs qui leur tombaient sous la main, ou tous les riches dont on convoitait les trésors, et que l'on rendait suspects au peuple. Durant un hiver de lugubre souvenir (1411-1412), Paris fut livré aux sicaires et aux bourreaux, et l'élite des citoyens nobles était chaque jour envoyée au supplice; les autres languissaient de froid ou de faim dans les prisons où on les avait entassés; dans le reste de la France, comme à Paris, chaque faction procédait à l'extermination de l'autre. A la faveur de ces luttes impies, qui couvraient le royaume de ruines, les Anglais envahissaient peu à peu les provinces du Midi et de l'Ouest; les deux partis, au lieu de se rallier pour les combattre, sollicitaient leur appui, et, pour l'obtenir, abandonnaient à l'étranger une portion du territoire. Charles VI, étant atteint de démence, son fils aîné, le Dauphin, exerçait l'autorité à Paris, sans pouvoir s'affranchir du joug des factions. On l'accusa de s'allier aux Armagnacs. Au mois de mai 1413, la populace des faubourgs, suscitée en secret par le duc de Bourgogne, se souleva contre le Dauphin et son gouvernement. Les *écorcheurs*, les *cabochiens* (on donnait ce nom aux Bourguignons de la basse classe) se portèrent contre la Bastille et contre l'hôtel Saint-Pol, alors résidence royale. La forteresse ouvrit ses portes. Quant au Dauphin, menacé de mort et exposé à la force brutale, il ne put sauver ses conseillers et ses amis qui furent emprisonnés ou massacrés. Dès ce moment le pouvoir appartint

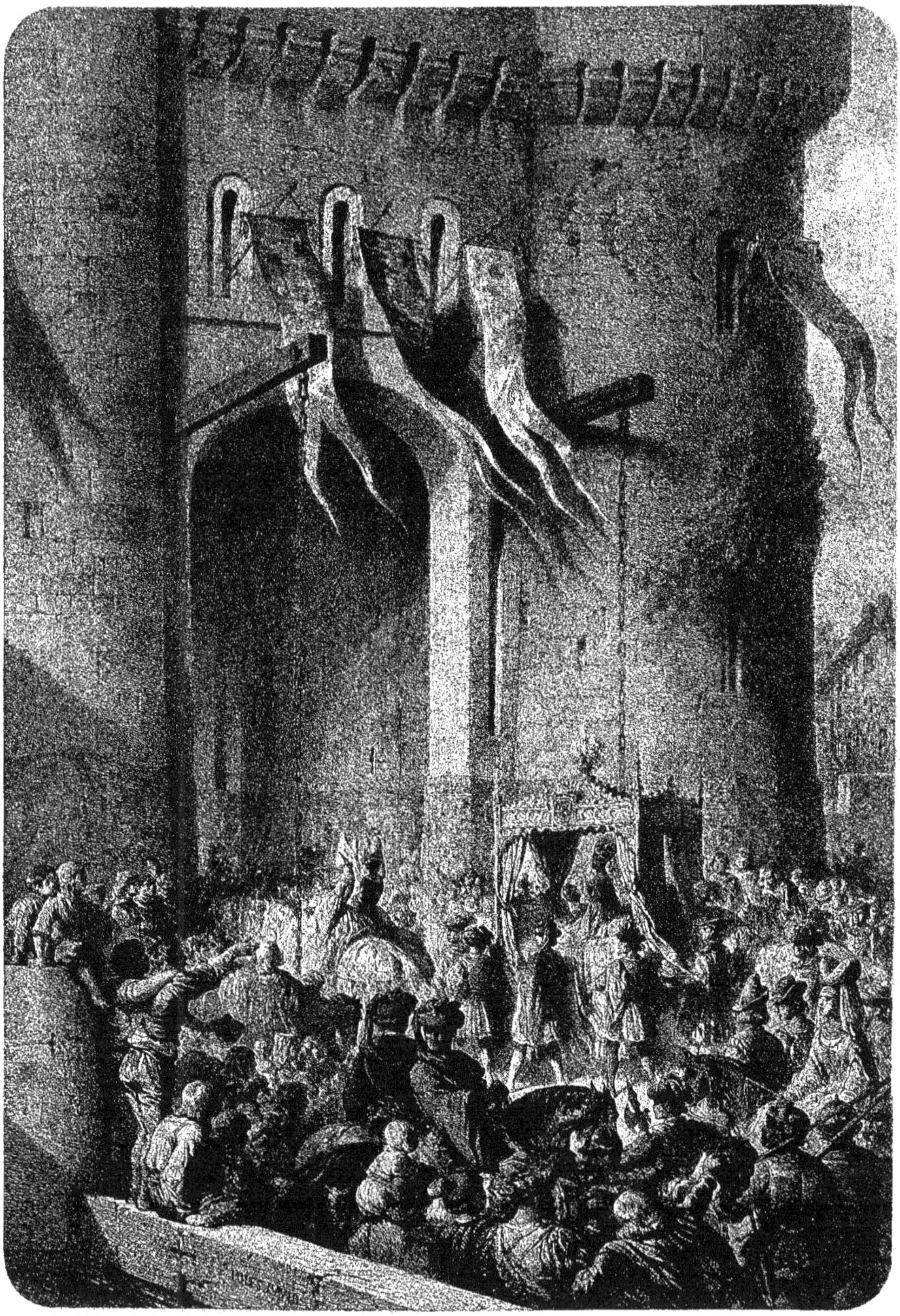

Jules David del & lith

79

ENTRÉE SOLENNELLE D'ISABEAU DE BAVIÈRE À PARIS

en 1389

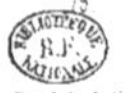

aux bouchers; le Dauphin fut mis sous leur tutelle insolente, et les révolutionnaires bourguignons, après avoir fait alliance avec les démocrates de Flandre, adoptèrent, pour signe de ralliement, le chaperon blanc, symbole de la liberté gantoise.

Quelques mois après, au mois d'août 1413, les circonstances changèrent, et les Armagnacs prévalurent à leur tour. Nouvelles réactions, nouveaux supplices. Pour mieux contenir la population parisienne, on la désarma, et l'autorité appartint aux nobles et aux princes. Ils la compromirent tant, qu'enfin ayant perdu, par leur incapacité et leurs fautes, la désastreuse bataille d'Azincourt (octobre 1415), une réaction populaire se fit contre eux, et Paris fut témoin, durant une année, d'actes de répression ou de violence qui rappelèrent les mauvais jours de la domination bourguignonne. Ainsi se passa l'année 1416. L'année suivante, la femme du roi, Isabeau de Bavière, se lia avec Jean-sans-Peur, s'attribua la régence, au détriment du jeune Dauphin, et la guerre civile, éclatant de nouveau avec fureur, joignit les calamités qu'elle enfanta à tous les maux qui naissent de l'invasion étrangère. Le 28 mai 1418, les Bourguignons furent introduits dans Paris par Perrinet-le-Clerc et quelques traîtres; ils entrèrent par les faubourgs de la rive gauche. Arrivés au Châtelet, ils y trouvèrent quatre cents hommes des milices bourgeoises qui les attendaient et se joignirent à eux; un moment après, ils cernèrent l'hôtel Saint-Pol, s'emparèrent de Charles VI, insensé et malade, qu'ils mirent à leur tête, parce qu'après tout il était le roi, puis ils prirent en main l'exercice du pouvoir. Averti de ce qui se passait, Tannegui Duchâtel, de la faction des Armagnacs, enleva le Dauphin, encore endormi, le porta à la Bastille, et bientôt après à Melun. Maîtres de Paris par surprise, les Bourguignons repoussèrent les Armagnacs qui voulaient reconquérir cette ville, et un combat meurtrier s'engagea entre les deux partis, aux abords de la porte Saint-Antoine. Vainqueurs, les Bourguignons souillèrent leur triomphe par des massacres et des attentats tels qu'on pouvait les attendre de cabochiens et d'écorcheurs livrés sans frein à l'assouvissement de leurs vengeances. La multitude armée se porta aux prisons, c'est-à-dire au Palais, à Saint-Magloire, à Saint-Martin-des-Champs, au Grand-Châtelet, au Temple, et y massacra le comte d'Armagnac et les seigneurs ou chefs du parti vaincu, qu'on y avait entassés pêle-mêle après la victoire du 28 mai. Les magistrats bourguignons, terrifiés eux-mêmes, n'osaient résister au peuple ni chercher à sauver les victimes; ils se bornaient à dire : « Mes enfants, vous faites bien! » Sinistre parole qui devait se faire entendre de nouveau aux massacres de l'Abbaye et de la Force, en septembre 1792.

Le 14 juillet 1418, le duc de Bourgogne, chef des révolutionnaires, fit son entrée à Paris, accompagné de la reine Isabeau, et le peuple, attroupé sur son passage, criait : « Noël! Noël! au duc qui abolit les tailles et les gabelles! » Cependant, Paris était en proie à la domination des sicaires, et Jean-sans-Peur, lui-même, ne savait comment modérer leurs attentats et rétablir un peu de sécurité et d'ordre. Le 21 août 1418, les démagogues de bas étage, méditant de nouveaux meurtres, s'ameutèrent à la voix des Legoix, des Caboche, des Saint-Yon et des autres bouchers et écorcheurs qui exerçaient toute influence sur les masses. Ils assiégèrent le Grand et le Petit-Châtelet, s'en emparèrent, et égorgèrent les prisonniers; après ces hideux exploits, ils attaquèrent la Bastille : le duc de Bourgogne accourut pour les apaiser, mais ses exhortations furent impuissantes, et on le contraignit de fraterniser avec les meurtriers et de serrer la main de l'infâme Capeluche, le bourreau de la ville et l'un des chefs de la multitude. La Bastille ouvrit ses portes, et il y eut de nouveaux massacres. Pour y mettre fin, Jean-sans-Peur imagina d'organiser une expédition contre Montlhéry, alors au pouvoir des Armagnacs. On forma une armée des assassins et des écorcheurs les plus redoutables; puis, quand ils furent hors de la ville, on ferma sur eux les portes, et on fit justice de leurs complices, et, entr'autres, de Capeluche, qui fut décapité aux Halles par son propre valet.

Sur ces entrefaites, les Anglais accomplissaient la conquête des deux tiers de la France. Les Bourguignons, occupés à asseoir leur domination tyrannique, n'avaient point le temps de repousser l'ennemi du dehors. On parla de négociations, et les Bourguignons, mettant en avant l'infortuné Charles VI, incapable d'avoir conscience de ses actes, déterminèrent ce prince à s'entendre avec Henri V, roi d'Angleterre; les deux rois eurent une conférence à Meulan. De son côté, le jeune Charles, Dauphin, et exilé, demanda une entrevue à Jean-sans-Peur. Le duc de Bourgogne s'y rendit, mais à peine était-il en présence du Dauphin, sur le pont de Montereau, qu'il fut assailli et massacré par les gentilshommes de la suite de ce prince. Cet assassinat ne fit qu'ajouter aux misères de la France. Philippe, nouveau duc de Bourgogne, entreprit de venger la mort de son père; il s'allia à la fois à la reine Isabeau et aux Anglais, et, par un traité conclu à Troyes en 1419, on décida de part et d'autre que Henri V épouserait Catherine, fille de Charles VI, et qu'à l'exclusion du Dauphin, il succéderait au roi de France comme héritier légitime de ce royaume. Tel fut le pacte infâme qui livrait la France à la maison de Lancastre et en faisait une dépendance de la couronne d'Angleterre.

Paris, entièrement dominé par la faction bourguignonne, acclama la dynastie de Lancastre, qui le délivrait des Armagnacs. Le duc de Clarence, frère de Henri V, fut nommé gouverneur militaire de cette grande cité, et fit peser sur elle une autorité très-dure. Cependant la ville était en proie à la disette; le pain devenait chaque jour plus cher. Pour s'en procurer, il fallait passer la nuit aux portes des boulangers, et encore il n'y en avait pas pour tout le monde: les riches s'en procuraient à prix d'or; mais les bourgeois, les petits marchands, les ouvriers périssaient de faim dans les rues. Dans ces tristes circonstances, Henri V, roi d'Angleterre et héritier présomptif de Charles VI, fit à Paris son entrée triomphale. On était au 1er décembre 1420. La multitude se porta au devant des deux rois et des princes, et sur leur passage elle criait : « Noël ! » Un théâtre en plein vent était dressé rue de la Calandre; on y représentait, en signe de fête, le mystère de la Passion. Les deux rois, entrant à cheval, traversèrent Paris, et ne s'arrêtèrent qu'à l'église Notre-Dame, pour rendre grâce à Dieu de leurs victoires. Dès ce moment, la domination de Henri V devint chaque jour plus tyrannique; le Parlement, délibérant sous le joug anglais, rendit, le 3 janvier 1421, un arrêt qui prononçait la déchéance du Dauphin et bannissait à perpétuité ce jeune prince. Charles VI était alors malade et délaissé à l'hôtel Saint-Pol. Au retour du printemps, la guerre recommença entre le parti anglo-bourguignon et le parti national, représenté par le dauphin Charles. Les armées de Henri V, fortes par le nombre et aidées des milices bourguignonnes, l'emportèrent peu à peu sur les troupes françaises, découragées et isolées, et le Dauphin fut rejeté par ses ennemis sur la rive gauche de la Loire. C'en était fait de la monarchie française, lorsque Henri V mourut à Vincennes, le 31 août 1422, laissant pour héritier un enfant débile, âgé de moins de deux ans. Peu de temps après mourut, à son tour, le roi Charles VI, de lamentable mémoire (21 octobre 1422). Le peuple de Paris, qui n'avait cessé de l'aimer, honora ses obsèques par des regrets et des larmes.

PARIS SOUS LA DOMINATION ANGLAISE.

1422-1436.

Au moment où les funérailles de Charles VI furent accomplies, un hérault d'armes cria sur la fosse royale : « Dieu accorde bonne vie à Henri, par la grâce de Dieu, roi de France et d'Angleterre, notre souverain seigneur ! » Les Anglais accueillirent avec transport l'avénement du jeune Henri VI, et le gouvernement de la France anglaise fut confié au duc de Bedford, oncle de cet enfant. En ce moment, le dauphin Charles était au Puy, en Velay; ayant appris, dans cette résidence reculée, la mort de son père, il se fit proclamer roi de France, sous le nom de CHARLES VII. L'année suivante (1423), la guerre recommença dans presque toute la France centrale, et particulièrement dans les provinces que traversent la Seine et la Loire. Elle fut presque toujours conduite avec bonheur par les Anglais, et des défaites successives amoindrirent de jour en jour le domaine de Charles VII. Les Anglais, tournant en dérision la puissance de ce prince, le désignaient sous le nom de *roi de Bourges*. Cette situation se prolongea près de sept ans, durant lesquels Paris ne connut d'autre roi que le jeune Henri VI et n'obéit à d'autres maîtres qu'aux Anglais.

Il n'entre pas dans le cadre qui nous est assigné de raconter la miraculeuse mission de Jeanne d'Arc. Suscitée de Dieu pour briser le joug étranger, cette illustre jeune fille avait délivré Orléans et conduit Charles VII à Reims pour l'y faire sacrer. En peu de mois (1429), les choses avaient changé en France, comme par enchantement, et les belles provinces de la Loire, comme aussi les vallées d'entre la Seine et la Marne, avaient été victorieusement soustraites à la domination anglaise. Le duc de Bedford s'étant éloigné de Paris pour se porter au secours de Rouen, encore au pouvoir de l'étranger, Charles VII se rapprocha en toute hâte de la capitale du royaume, et vint camper à Saint-Denis. Le lendemain 30 août, le duc d'Alençon et le comte de Clermont occupèrent La Chapelle, et des chevaliers royalistes vinrent chevaucher devant la porte Saint-Honoré, et ne furent arrêtés dans leur mouvement que par les fossés profonds et larges établis devant les murailles. Le peuple de Paris (et c'est une page à déchirer de son histoire) tenait énergiquement pour Bedford et le parti anglais. On lui avait fait croire que Charles VII voulait détruire la grande capitale et faire passer la charrue sur ses ruines; aussi la bourgeoisie et les classes pauvres s'étaient-elles préparées à une opiniâtre résistance. Les guets de jour et de nuit avaient été renforcés; la ville était pourvue de vivres et d'artillerie; les remparts étaient chargés de pierres destinées à être lancées sur les assaillants; les barrières et les boulevards avaient été fortifiés de nouveau, les fossés déblayés, et des barricades défendaient les rues.

Jeanne d'Arc n'était point d'avis de diriger une attaque contre Paris; elle jugeait la position trop forte pour être enlevée par un coup de main; les chefs de l'armée royale firent prévaloir l'avis contraire, et Jeanne d'Arc eut ordre de se joindre à eux et de prendre part à l'attaque. Le corps d'armée, chargé de cette opération, était fort de douze mille hommes; les assiégeants prirent position sur le terrain appelé Marché aux Pourceaux, entre la butte Saint-Roch et la butte des Moulins, au lieu où de nos jours la rue de la Fontaine Molière aboutit à la rue Saint-Honoré. C'était la partie de l'enceinte la plus faible. L'attaque commença le jeudi 8 septembre 1429, à onze heures du matin, au moment où l'on célébrait la Messe dans toutes les églises (c'était le jour de la nativité de la Vierge). La lutte fut engagée par une canonnade bien nourrie; « de grants bourrées à trois ars estoient lancées à grant foyson, » puis l'assaut fut donné à la partie occidentale de la ville, entre les portes Saint-Denis et Saint-Honoré. La garnison anglaise et les milices bourgeoises, avec leurs grosses couleuvrines et leurs canons, réussirent à contenir les assaillants. Des deux côtés on se battait avec un acharnement égal. Les lieutenants de Charles VII mirent le feu au boulevard et aux barrières qui, en avant de l'enceinte, protégeaient les abords de la porte Saint-Honoré, et refoulèrent dans la ville les Anglo-Bourguignons

(Le 8 Septembre 1429)

préposés à la garde de ces positions. On s'attendait à une sortie de la part des assiégés, et on se tenait prêt à la repousser; mais, disent les chroniques, « ceulx de Paris n'osoient saillir. » Vers deux heures après midi, Jeanne d'Arc fit combler avec des poutres et des fascines le premier fossé, et, suivie de sa troupe, elle réussit à le franchir; le second fossé était profond et rempli d'eau. Jeanne « alla et vint longtemps, » ne sachant à quoi se résoudre, sondant la profondeur de l'eau avec sa lance, pour trouver un gué, tandis que ses soldats, exposés au feu de l'artillerie, cherchaient à improviser un passage. Quant à la Pucelle, sous une pluie de boulets, de pierres et de traits, elle criait aux assiégés : « Rendez la ville au roy de France! » Alors un archer, tout en répondant par des outrages, décocha contre elle une flèche qui l'atteignit et lui perça la jambe de part en part. Ainsi blessée, elle fut contrainte de se coucher par terre, sur le revers du tertre qui séparait les deux fossés; là, encore elle ordonnait l'attaque et ne voulait point qu'on battît en retraite. Cependant la nuit approchait, l'assaut avait duré six heures, « sans que on sceust qui eust le meilleur, » et le sire de La Trémouille donna ordre de se replier sur Saint-Denis. Jeanne fut emportée, et les troupes royales se retirèrent; la garnison de Paris ne les poursuivit pas, mais elle inquiéta leur retraite à coups de canon : « Et fut moult louée la Pucelle de son bon vouloir et hardy couraige que elle avoit monstré. » L'attaque dirigée contre Paris échoua par les mauvaises dispositions et l'incurie de Charles VII, et l'armée royale alla prendre ses quartiers d'hiver vers la Loire.

Quelques années s'écoulèrent durant lesquelles Paris, toujours au pouvoir des Anglais, resta étranger à la guerre qui se prolongeait entre les armées de Henri VI et celles de Charles VII, comme aussi à la captivité et au supplice de l'héroïque Jeanne d'Arc. A la fin, le parti français prévalut, et la paix se fit entre Charles de Valois et Philippe de Bourgogne (1436). Les circonstances parurent favorables pour reconquérir la capitale du royaume. Le connétable de Richemont et l'Ile-Adam, qui commandaient les forces nationales, se portèrent sur Paris, et enlevèrent successivement aux Anglais Aubervilliers, Saint-Denis, Montmartre. Dans la ville, ils avaient pour auxiliaires Michel Lallier et les chefs de la bourgeoisie; ils comptaient, en outre, sur les sympathies du peuple entier qui se trouvait las du joug anglais et avide de secouer la dure tyrannie de la maison de Lancastre. Dans la nuit du 13 au 14 avril 1436, l'Ile-Adam se présenta à la porte Saint-Jacques qui lui fut ouverte par les bourgeois; puis, ce seigneur et le connétable, arborant la bannière de France, et suivis d'un corps d'armée, entrèrent dans la ville en criant : « Vive le roi! vive Bourgogne! vive la paix! » Les bourgeois se hâtaient de coudre sur leurs habits ou d'arborer à leurs fenêtres, les uns, la croix droite de France; les autres, la croix penchée de Saint-André ou de Bourgogne; mais les vainqueurs faisaient à tous bon visage. Le connétable, d'un air satisfait et plein de courtoisie, serrait la main aux bourgeois, leur répétant : « Mes bons amys, le roy Charles vous remercie de ce que si doucement vous luy avez rendu la maîtresse cité de son royaume; tout est pardonné, tant aux absents qu'aux présents. Et si aucun, de quelque estat qu'il soit, a méprins par devers Monsieur le roy, il lui est tout pardonné! »

PARIS SOUS CHARLES VII, LOUIS XI ET CHARLES VIII.

1437-1498.

CEPENDANT les Anglais ne se laissèrent pas enlever Paris sans résistance. L'évêque de Thérouenne et lord Willoughby armèrent leurs gens de guerre; le prévôt de Paris, le boucher Legoix et quelques écorcheurs se rangèrent de leur côté. On se battit dans le quartier des Halles, dans la rue Saint-Denis et aux abords de l'église Saint-Merry. Les bourgeois qui se soulevaient au nom de la France, tendirent les chaînes dans les rues et attaquèrent les Anglais; du haut des fenêtres, les hommes, les femmes faisaient pleuvoir sur les soldats étrangers des pierres, des bûches, des tables. La lutte ne fut pas de longue durée : une poignée d'Anglais et d'écorcheurs ne pouvaient tenir tête à un peuple et à une armée, et en quelques heures Paris redevint une ville française. En ce moment, Charles VII était à Vienne, en Dauphiné. Les événements ne lui permirent pas d'accourir sur-le-champ à Paris, et d'ailleurs il n'avait pas tout-à-fait pardonné à cette ville de l'avoir chassé de ses murs dans la sinistre journée du 29 mai 1418. A la fin, le 13 novembre 1437, il fit son entrée solennelle dans cette grande capitale, et depuis lors, au témoignage des chroniques, il « tint loyaument et bonnement tout ce qu'un bon roy faire devoit. » En dépit de ses soins et de sa sagesse, il ne parvint que bien lentement à faire disparaître à Paris et en France la trace des longues calamités de la guerre de cent ans. Il fallut plusieurs années de luttes très-opiniâtres pour enlever, l'une après l'autre, aux Anglais les provinces et les villes dont ils étaient encore maîtres. D'un autre côté, la misère et la disette sévirent avec une rigueur inaccoutumée : à Paris, près de cinquante mille personnes périrent misérablement, et, disent les annales du XVe siècle, « quand la mort se boutoit dans une maison, elle emportoit la plus grande partie des gens, espécialement des plus forts et des plus jeunes. » La terreur et la solitude régnaient dans les rues, et les Parisiens, exténués par la faim et les maladies contagieuses, n'avaient même plus la force de se défendre contre les loups qui venaient les attaquer jusque dans leurs murs.

Vers la fin de septembre 1438, ces animaux étranglèrent quatorze personnes entre Montmartre et la porte Saint-Antoine; le 16 décembre, quatre femmes eurent le même sort. Quelques jours après, les loups mordirent dix-sept personnes, dont il en mourut onze. La Chambre des Comptes promit vingt sous par tête de loup. Les ravages des routiers et des écorcheurs recommencèrent : « Jusques à six ou dix lieues de Paris, disent les chroniques, nul n'osoit aller aux champs ni venir à la ville, fust moine, prestre, nonnain, femme ou enfant, qui ne fust en grant péril de sa vie. »

Il fallut beaucoup de persévérance et de sagesse pour réparer les maux que tant de calamités avaient infligés à la France et à Paris. Charles VII y consacra vingt-trois ans de règne, sans néanmoins perdre de vue la nécessité de compléter la défaite des Anglais et l'affranchissement du royaume. Il y parvint à la longue et à l'aide des prudents et habiles conseillers dont il était entouré. Durant la seconde moitié de son règne, l'histoire de Paris ne fut signalée par aucun événement grave. La capitale et le pays n'aspiraient qu'à un peu de sécurité et de repos, et ce bonheur ne leur fut pas toujours refusé. Le 22 juillet 1461, Charles VII mourut, laissant la couronne à son fils aîné, qui régna sous le nom de Louis XI.

A part les travaux utiles et les embellissements dus au génie de Charles V, et que nous avons mentionnés en esquissant le règne de ce prince, la période connue dans nos annales sous la dénomination de guerre de cent ans, ne fut guère profitable au développement matériel, artistique et monumental de Paris. Durant la captivité du roi Jean, en 1362, on fonda l'hôpital du Saint-Esprit, situé au Nord de l'Hôtel-de-Ville et près de la Grève. Sous le même règne, s'élevèrent les colléges de Boncourt et de Tournay, sur la montagne Sainte-Geneviève; le collége des Allemands, situé rue du Mûrier, près de la place Maubert; le collége de Justice, établi rue de la Harpe; enfin, le collége de Vendôme, entre les rues du Battoir et du Jardinet. Par les soins d'Étienne Marcel, prévôt des marchands, on répara l'enceinte méridionale de Paris, et l'on agrandit considérablement l'enceinte septentrionale. De l'ancienne porte Barbelle, située sur la rive droite de la Seine, à l'extrémité du quai des Ormes, s'étendit jusqu'au point où aboutit aujourd'hui le fossé de l'Arsenal, une muraille flanquée de tours carrées; à l'angle formé par le fossé et le cours de la Seine, on éleva une tour ronde très-haute, appelée tour de Billy. De cette tour, la muraille s'étendait jusqu'à la porte Saint-Antoine, en suivant à peu près la ligne intérieure du boulevard jusqu'à la rue du Temple; elle suivait parallèlement la direction de la rue Meslée, puis la ligne de la rue Sainte-Apolline; elle atteignait la porte Montmartre et suivait la ligne où s'élève aujourd'hui la rue des Fossés-Montmartre. Après avoir traversé l'espace occupé de nos jours par la place des Victoires, la Banque, le jardin du Palais-Royal, la petite rue du Rempart, la place du Carrousel, elle se prolongeait jusqu'au bord de la Seine, à peu près sur l'emplacement de la grille des Tuileries, du côté du Carrousel. Ces immenses travaux qui ajoutaient un tiers de surface à l'étendue de la ville de Paris, furent commencés et terminés en quatre ans. C'était derrière un double fossé un mur continu, percé de cinq portes ou bastilles crénelées avec tourelles, et renforcé de distance en distance par des tours ou bastides de forme quadrangulaire. A cette même époque, comme on l'a vu plus haut, la résidence ordinaire de nos rois n'était point au Louvre, mais bien à l'hôtel Saint-Pol, dont la vaste enceinte s'étendait depuis la rue Saint-Antoine jusqu'à la Seine, et depuis la rue Saint-Paul jusqu'aux fossés de l'Arsenal et de la Bastille. On y trouvait un jardin, un parc et une ménagerie. Charles V fit compléter l'enceinte entreprise par le prévôt Marcel; il fit réparer, agrandir et fortifier le Louvre. Sous son règne, furent fondés les colléges de Beauvais, de Reims, de Presle et de Daimville; Hugues Aubriot, prévôt de Paris, fit reconstruire le pont Saint-Michel. Nous ne parlons pas de la fondation de l'Hôtel-de-Ville déjà mentionnée plus haut. Sous le règne de Charles VI, on reconstruisit l'église Saint-Gervais, on fonda la chapelle et l'hôpital des Orfèvres, l'hôpital du Roule, les colléges de Fortet et de Cocquerel.

L'hiver de 1408, qui fut très-long et très-rigoureux, devint fatal aux trois ponts de Paris : le 9 janvier, le *Petit-Pont* fut emporté par les glaces; le 21, le *Grand-Pont*, plus tard appelé Pont-au-Change, reçut une forte secousse et fut gravement endommagé; le même jour, le pont Saint-Michel, quoique de fondation récente, fut également détruit, et les maisons, bâties sur ces différents ponts, selon la coutume du moyen-âge, s'écroulèrent dans la Seine. Ces ponts furent réédifiés, mais en bois, et on ne put leur assigner une bien longue durée. En 1413, et le 31 mai, le roi Charles VI fit commencer la construction du pont Notre-Dame.

Sous la domination anglaise qui dura quinze ans (1421-1436), le duc de Bedford fit restaurer et agrandir l'hôtel des Tournelles, situé dans la rue Saint-Antoine, en face de l'hôtel Saint-Pol, sur l'emplacement qui est aujourd'hui occupé en partie par la place Royale. Les princes de la maison de Lancastre, alors maîtres de Paris, y établirent leur résidence. C'était une habitation somptueuse dont malheureusement il ne nous reste aucune représentation satisfaisante. En 1423, on reconstruisit, du moins en grande partie, l'église Saint-Germain-l'Auxerrois, si magnifiquement restaurée au XIXe siècle, après avoir été le théâtre des plus odieuses profanations. Dans la rue de Grenelle-Saint-Honoré, en 1425, on fonda l'*hôpital des pauvres Femmes Veuves*; vers le même temps fut considérablement augmenté le collége de la Marche; on fonda bientôt après (1427) le collége de Seez, rue de la Harpe. Sous Charles VII, Paris ne reçut que très-peu d'embellissements. Ce roi n'aimait point une ville qui, à une autre époque, l'avait chassé, et qui, pendant les guerres avec les Anglais, avait pris opiniâtrement parti pour les dominateurs étrangers et les Bourguignons. Le roi fit don au connétable de Richemond du fameux hôtel de Nesle qui, au XVe siècle, occupait les emplacements actuels de la Monnaie, de la bibliothèque Mazarine et du palais de l'Institut. Charles VII fit réparer l'aqueduc de Belleville, autrefois construit par Philippe-Auguste, et que le temps avait mis hors de service. Les travaux furent dirigés par Mathieu, alors prévôt des marchands de Paris. Durant la période dont nous venons d'esquisser le récit, on réorganisa les arbalétriers et les archers de Paris.

L'architecture chrétienne, malgré le malheur des temps, continuait d'enfanter des merveilles; toutes les classes de la population associaient leurs efforts pour bâtir la maison de Dieu. Le riche fournissait de l'or, le pauvre son travail; le clergé fournissait les plans, et l'on voyait s'élever ces magnifiques églises qui sont en possession de l'admiration des peuples. Moins sublime dans ses effets, quoique souvent fort remarquable, l'architecture qui présidait à la construction des demeures féodales, alliait l'élégance arabe à la solidité saxonne. En revanche, la maison du bourgeois était petite, obscure, incommode; les rues, étroites et tortueuses, regorgeaient d'immondices et ne donnaient passage qu'à un air humide et malsain, ce qui engendrait de fréquentes épidémies.

Quant aux costumes, l'ouvrier portait la jaquette ou casaque liée au flanc par un ceinturon. Le sayon de peau était commun à tous les états. Les femmes nobles portaient habituellement les cheveux lissés sur le front, et par-dessus, un bonnet de forme pyramidale, orné de grandes dentelles. Sur leurs robes ou tuniques fort montantes, étaient peintes, à droite, les armes blasonnées de leur mari, à gauche, celles de leur propre famille. Elles usaient de linge d'une finesse extrême, et se paraient de bijoux d'or d'un travail précieux et incrustés de pierreries. La splendeur du costume des seigneurs et des riches était poussée à une grande exagération; cependant Philippe-le-Bel avait fait défense à tout bourgeois de porter « vair, gris ou hermine, ni or, ni pierres précieuses, ni couronne d'or ou d'argent. » Les ducs, les comtes, les barons, jouissant d'un revenu considérable, pouvaient avoir par an quatre robes et leurs femmes autant. Les châtelaines portaient un manteau de fourrure orné d'un capuchon; le manteau des femmes du peuple était de laine. Les bourgeois et les nobles, en temps de paix, couvraient leur tête d'une sorte de bonnet, appelé chaperon, qui avait une queue pendante par derrière. Les plaisirs de la table étaient une affaire d'ostentation autant que d'intempérance; on mangeait, comme mets fort délicats, des hérons, des corneilles et des grues; le paon était servi dans les banquets des rois et des princes. La pâtisserie était fort estimée, mais l'art culinaire n'avait fait que des progrès médiocres. Dans les dîners, on faisait plutôt assaut de folles dépenses que de délicatesse, et les édits somptuaires, pour remédier à ces abus, avaient en vain prescrit de ne donner au *grand mangier* (au souper) que deux mets et un potage au lard, *sans fraude*, et, au *petit mangier* (le dîner), qu'un mets et un entremets. Ces entraves ne prévalurent ni contre la sensualité ni contre l'orgueil, et bien souvent le faste des grands et des parvenus insulta aux misères qu'enfantaient les guerres et la famine.

Sous le règne de Louis XI, successeur de Charles VII, l'histoire de Paris demeura en quelque sorte inaperçue. Ce prince voua sa vie à deux idées : l'affermissement du pouvoir royal encore menacé par l'élément féodal, et l'abaissement de la maison de Bourgogne, rivale dangereuse de la famille des Valois. Du farouche Ebroïn jusqu'à Louis XI, et de Louis XI jusqu'à Richelieu, jamais la puissance des grands ne trouva de plus impitoyable adversaire. Quand des princes du sang, quand les plus hauts seigneurs portaient leur tête sur l'échafaud ou languissaient dans des cages de fer, il ne venait à aucun vassal l'envie de jeter le gant à la royauté; les simples bourgeois qui l'auraient osé savaient ce qu'ils avaient à craindre du maître. Personne n'ignorait que quiconque avait le malheur de porter ombrage au prince, était par lui désigné au justicier Tristan, puis cousu dans un sac et jeté à la rivière. Sur chacun de ces cercueils étaient écrits ces mots sinistres : *Laissez passer la justice du roi.* Mais le peuple se consolait des victimes choisies dans ses rangs par le spectacle des supplices de ses anciens maîtres. L'instinct des masses leur révélait que les violences de ce prince étaient commises au nom d'une idée, au profit d'un système, et non par une cruauté brutale. L'histoire n'a point fait honneur à Louis XI d'une popularité assise sur le meurtre et la ruse.

Louis XI accrut les privilèges de l'Université de Paris et favorisa les essais naissants de l'imprimerie; il protégea avec une sollicitude éclairée l'étude des langues anciennes et les premiers pas de la littérature; ce fut lui qui fonda la poste aux lettres. Cependant, malgré ses allures pleines de rondeur, et en dépit des améliorations utiles dont il dota le peuple, la bourgeoisie parisienne ne l'aimait et ne le comprenait pas davantage.

Quand il mourut, sans être regretté de personne, son fils, encore enfant, lui succéda sous le nom de Charles VIII. Ce prince, dit Comines, « estoit si bon qu'il ne estoit possible de voir meilleure créature. » Par malheur, il était dénué de capacité, et n'eût été l'habile politique de sa sœur la régente Anne de Beaujeu, il aurait aisément laissé reprendre à la féodalité tout le terrain et tous les droits que Louis XI avait conquis sur elle. Le duc d'Orléans qui convoitait la direction des affaires publiques, se mit à la tête d'une ligue formée par les princes et les seigneurs : il essaya de soulever Paris dont il était gouverneur militaire; mais le Parlement et le peuple demeurèrent fidèles à la régente, et les factieux se virent réduits à s'appuyer sur la Bretagne, sur l'Autriche et sur la noblesse des provinces. La bataille de Saint-Aubin, gagnée par les lieutenants de Charles VIII, mit fin à ces révoltes féodales. Charles VIII épousa Anne, duchesse de Bretagne, et cette union fit entrer la Bretagne dans le système politique de la France, en attendant le jour, déjà peu éloigné, où cette illustre province se laisserait absorber dans la nationalité française (1491). Les dernières années du règne de Charles VIII furent consacrées à de lointaines expéditions et à des conquêtes aussi promptement évanouies que réalisées. Paris demeura étranger à ces événements qui ne réagirent que d'assez loin sur sa situation et sur le bien-être de ses habitants. En 1496, le roi, méditant de nouvelles guerres, voulut contraindre le Parlement et la ville de Paris à contribuer aux dépenses qu'elles allaient entraîner; le Parlement répondit par des remontrances. Charles VIII exigea que Paris lui fournit deux vaisseaux équipés et un prêt de 300,000 livres; les officiers municipaux n'en offrirent que 50,000, et le Parlement les appuya. L'éclat de cette résistance entraîna celle de plusieurs autres cités. C'était le second refus de cette nature que Paris faisait éprouver à celui que Félibien appelle « le bon petit roy. » Charles VIII en fut irrité à ce point qu'il ne voulut désormais ni séjourner dans Paris ni même traverser cette ville. Toutefois, il y fixa la résidence du grand conseil qui jusqu'alors avait été ambulatoire et avait toujours suivi le roi. L'année suivante, Charles VIII mourut au château d'Amboise, et laissa la couronne au duc d'Orléans, son arrière-cousin, le premier des princes du sang.

PARIS SOUS LES VALOIS-ORLÉANS.

1498-1589.

Louis XII, le nouveau roi, en montant sur le trône (1498), inaugura noblement son pouvoir, en amnistiant ceux qui sous le dernier règne avaient combattu contre lui et déjoué ses propres révoltes. Il ne voulut point que *le roi de France vengeât les injures faites au duc d'Orléans.* Il y avait autant de sagesse que de clémence dans cette politique. L'un de ses premiers actes fut de faire casser son mariage avec Jeanne de Valois, fille de Louis XI; devenu libre par cette répudiation d'une princesse pleine de vertu et de sainteté, il épousa Anne de Bretagne, veuve de Charles VIII, qu'en secret il avait toujours aimée. D'un autre côté, Louis XII signala son autorité par d'utiles réformes. A la différence de son prédécesseur, il se plaisait à Paris, et il s'attachait à se concilier les sympathies des habitants de cette capitale. Cependant, il essaya de restreindre dans de justes limites les priviléges de l'Université de Paris, priviléges qui faisaient de cette corporation enseignante une puissance politique. L'Université protesta, ferma ses écoles et chercha à renouveler ses résistances violentes des autres siècles. Le temps de ces révoltes était passé; Louis XII se montra ferme et sévère, et l'Université se résigna à obéir.

Par malheur pour la France, Louis XII, comme son prédécesseur, était possédé de la manie des conquêtes. Son règne presque tout entier fut consacré à des guerres dont l'Italie septentrionale fut le théâtre, et qui donnèrent lieu tantôt à des victoires, tantôt à des revers, presque toujours à des sacrifices sans utilité et sans résultat. Louis XII, dans le cours de ces campagnes, fit plusieurs fois la guerre au pape, et son royaume fut mis en interdit par le souverain pontife. Au milieu de ces luttes et de ces conflits, la France et Paris se montrèrent fidèles au roi et s'associèrent à sa politique bonne ou mauvaise. On ne murmura ni des sacrifices ni des défaites. D'ailleurs, le roi trouvait le moyen de maintenir l'ordre dans les finances, de diminuer les impôts, de faire prévaloir la justice et la discipline, et, en dépit de ses erreurs et de ses fautes, aucun prince, depuis « le bon roy sainct Loys, » ne fut populaire comme Louis XII, aucun ne fut plus cher aux Parisiens, ordinairement railleurs et mécontents.

En parlant de François Ier, son successeur, Louis XII avait dit : « Ce gros gars-là gâtera tout. » Cette parole chagrine ne se réalisa guère pour Paris; car si François Ier dissipa en largesses et en dépenses splendides les épargnes du dernier roi, du moins n'omit-il aucun effort pour rehausser la magnificence de sa capitale et pour accroître le nombre des fondations utiles.

Au point de vue politique et social, les annales particulières de Paris, sous le règne de François Ier, ne nous ont légué que le souvenir des conflits religieux suscités par l'établissement de l'hérésie luthérienne. Le roi était assez indifférent dans les questions de cet ordre. Il s'alliait avec les Turcs contre la maison d'Autriche; il favorisait les Protestants d'Allemagne et les soutenait contre Charles-Quint; sa mère, Louise de Savoie, et sa sœur, Marguerite de Navarre, étaient en secret fort disposées à accueillir les nouveautés, et les maîtresses du roi, n'ayant rien à gagner à ce que François Ier fût dévoué à l'Église, cherchaient à le détourner de toute sollicitude pour les intérêts religieux. Il n'en fut point ainsi du peuple qui, surtout à Paris, se montrait pénétré de l'indignation la plus vive contre les sectaires, et qui, pour réprimer leurs prédications violentes, leur propagande et leur fanatisme, réclamait à grands cris l'emploi des moyens de répression et de rigueur que les lois du pays autorisaient alors et qui étaient dans les mœurs du XVIe siècle. Des bûchers furent allumés; les principaux adeptes du Protestantisme, parmi lesquels figuraient des prêtres apostats, des savants, des professeurs, périrent dans les flammes, sous les yeux de la cour et au bruit des imprécations de la multitude. La place de l'Estrapade, à Paris, conserve encore, par le nom qu'elle porte, le souvenir de ces exécutions cruelles. En d'autres circonstances, les arrêts du Parlement de Paris envoyèrent au supplice quelques Luthériens dont l'histoire a retenu les noms. Le premier de tous fut Jacques de Pavanes, dit Jacobé, qui fut brûlé vif en place de Grève, dès le mois de mars 1525. La même année, un homme de Livry, nommé L'Hermite, périt par le supplice du feu, sur la place du Parvis Notre-Dame. Le 31 mai 1528, une image de la Sainte Vierge, établie au coin de la rue des Rosiers et de la rue des Juifs, sur la paroisse de

Saint-Gervais, et que les citoyens de Paris avaient en grande vénération, fut indignement mutilée par des Luthériens; le peuple protesta en masse, par des cérémonies expiatoires, contre cet attentat sacrilége, et François Ier remplaça l'image détruite, par une statue d'argent. Depuis lors, chaque année du règne de ce roi fut marquée, à Paris, par le supplice de quelques sectaires; mais François Ier, en laissant s'accomplir les décisions de la justice contre les Luthériens, ne s'y déterminait qu'à regret, et comme contraint par l'opinion des masses qu'il n'osait heurter de front.

Détournons nos souvenirs sur de moins douloureuses images. François Ier qui, dans le cours de ses guerres, avait vu et admiré la splendeur artistique de l'Italie, attira à sa cour les savants, les peintres, les sculpteurs, les artistes de tout genre, et convia leur génie à illustrer Paris et la France, en multipliant les chefs-d'œuvre. En 1515, sous son règne, on fonda le collége de la Merci, situé rue des Sept-Voies, et où s'établirent les religieux de Notre-Dame de la Rédemption; peu d'années après, le collége du Mans fut construit, rue de Reims, sur l'emplacement de l'ancien hôtel des évêques du Mans. Vers le même temps (1520), on reconstruisit l'église paroissiale de Saint-Merry, qui tombait en ruine; et, bien que la mode de l'architecture grecque commençât à prédominer, les artistes qui élevèrent ce monument demeurèrent fidèles aux traditions de l'art catholique. Au Marais, dans la rue Porte-Foin, et près du Temple, on bâtit, en 1536, l'hospice des *Enfants-Dieu,* nom que François Ier voulut donner aux enfants trouvés: mais le peuple, à cause de la couleur des vêtements de ces orphelins, désigna la nouvelle maison sous le nom d'hospice des *Enfants-Rouges.* En 1518, François Ier acheta de Villeroi, secrétaire des finances, un hôtel situé hors de Paris, entre cour et jardin, et qu'on appelait les Tuileries; plus tard, sur l'emplacement de ce domaine, on éleva l'immense palais qui servit de résidence aux derniers Valois et aux Bourbons. Sous le même règne, on répara ou l'on reconstruisit les églises de Saint-Victor, de Saint-Étienne-du-Mont, de Saint-Gervais, de Saint-Eustache, de Saint-Jacques-la-Boucherie, de Saint-Jean-en-Grève et de Saint-Germain-le-Vieux.

L'enceinte, construite à Paris sous Charles V, commencée par Étienne Marcel et terminée sous Charles VI, en 1383, subsistait encore. Nous en avons déterminé plus haut l'étendue et le parcours, et nous avons constaté que, commençant, sur la rive droite, à l'Arsenal, elle se prolongeait en demi-cercle, en suivant une ligne assez peu distante de nos boulevards du Nord, et qui, arrivée à la porte Saint-Honoré, descendait brusquement le long de la rue Saint-Nicaise, et venait aboutir à la Seine, à la Porte-Neuve, à peu près vers le lieu où s'ouvre aujourd'hui le guichet établi à l'extrémité de la grille du Carrousel. Mais, de Charles VI à François Ier, si l'on n'avait point donné à *la Ville* proprement dite (aux quartiers de la rive droite) un développement plus vaste, du moins avait-on couvert de rues, d'hôtels, de maisons et d'églises les grands espaces vides compris dans l'enceinte du XIVe siècle, et qui, au temps d'Étienne Marcel, n'étaient encore que des plaines cultivées (des cultures) ou des vignobles. Des différentes îles de la Seine, à Paris, *la Cité,* le vieux berceau de la ville, était seule peuplée d'habitations et d'édifices; les autres n'offraient aux regards que des prairies. Les quartiers de la rive gauche, qu'on appelait *l'Université,* étaient enfermés dans une enceinte de tours, depuis la Tournelle jusqu'à la tour de Nesle, points qui correspondent, dans le Paris moderne, l'un à la Halle aux Vins, l'autre à l'Institut. Cette partie de l'enceinte embrassait la montagne Sainte-Geneviève. Sur les bords de la Seine existaient des quais fort irréguliers, fort inégaux et fréquemment interrompus par des constructions particulières.

Du côté du Nord, les points culminants de la ville étaient les portes Saint-Martin et Saint-Denis; au Midi, la porte Papale, située non loin de l'emplacement actuel du Panthéon. Aux deux extrémités de Paris, le long de la rivière, s'élevaient les quatre tours qui en gardaient l'entrée : d'un côté, la Tournelle et la tour de Nesle (rive gauche); de l'autre, la tour de Billy et l'ancienne tour du Bois, plus tard appelée la Tour-Neuve. La Cité communiquait aux deux rives par cinq ponts, les seuls que possédât alors Paris : trois à droite, sur le grand bras de la Seine, le pont Notre-Dame, le Pont-au-Change et le Pont-aux-Meuniers; deux à gauche, sur le petit bras, le Petit-Pont et le pont Saint-Michel. Tous ces ponts étaient chargés de maisons. L'Université avait six portes s'ouvrant sur la campagne, ou, pour mieux dire, sur les immenses amas de vilaines maisons et de ruelles boueuses qui formaient alors les faubourgs Saint-Victor, Saint-Jacques et Saint-Marcel : c'étaient les portes Saint-Victor, Saint-Marcel, Saint-Jacques, Saint-Michel, Saint-Germain et la porte de Nesle. La Ville, quoique d'une étendue quatre fois plus grande, n'avait également que six portes, appelées portes Saint-Antoine, du Temple, Saint-Martin, Saint-Denis, Montmartre et Saint-Honoré. De ce côté, les faubourgs étaient vastes, mieux bâtis, et commençaient à former un nouveau Paris qui attendait son enceinte, bâtie plus tard par Louis XIII. Tout autour des murailles flanquées de tours, courait un fossé large et profond, en partie rempli d'eau et doublé sur la rive droite d'un arrière-fossé. Vus à vol d'oiseau, ces trois immenses fragments d'un même ensemble, la Cité, l'Université, la Ville, formaient une inextricable labyrinthe de rues, de toits et de pignons; et comme aucune idée générale n'avait présidé à la direction première de ces constructions, il était impossible de se rendre compte de leurs communications et de leurs rapports. On voyait néanmoins, dans les quartiers du Nord et du Midi, deux grandes rues parallèles traverser l'ensemble de Paris presqu'en ligne droite et perpendiculairement à la Seine : l'une, sous plusieurs noms différents, allait de la porte Saint-Martin à la porte Saint-Jacques; l'autre, de la porte Saint-Denis à la porte Saint-Michel. Deux autres longues rues, irrégulières dans leur parcours, mais parallèles à la Seine, traversaient les quartiers de la rive droite et ceux de la rive gauche :

l'une allait de la porte Saint-Antoine à la porte Saint-Honoré; l'autre, de la porte Saint-Victor à la porte Saint-Germain. Ces quatre voies, se croisant entr'elles, et quelques autres, telles que les rues Montmartre, du Temple, de la Harpe, qui mettaient en communication les ponts et les portes, formaient les principales lignes du canevas immense, confus et inintelligible des rues de Paris.

Au-dessus de cet amas prodigieux de maisons inégales, parsemées d'hôtels et séparées, d'espaces en espaces, par des jardins et des enclos, se dressaient un nombre inouï de clochers et de clochetons, de tours et de flèches. Au centre, et entourée des deux bras de la Seine, la vieille Cité ressemblait à un navire ayant sa poupe au Levant, sa proue au Couchant. Là, apparaissaient comme deux énormes géants, les tours carrées de Notre-Dame; plus loin, s'arrondissait le chevet de la Sainte-Chapelle surmontée de sa flèche élancée; à peu de distance, on rencontrait le palais du Parlement, ancienne résidence des rois, et dont l'enceinte flanquée de tours avait conservé toute l'apparence d'une forteresse féodale. Autour de ces édifices, comme des sentinelles dévouées, s'élevaient les flèches aiguës et dentelées de plusieurs églises, telles que Saint-Pierre-aux-Bœufs, Saint-Germain-le-Vieux et Saint-Landry. Sur la rive gauche, on entrevoyait confusément les quarante-deux colléges dont s'enorgueillissait l'Université; plusieurs palais, tels que l'hôtel de Cluny, l'hôtel de Nevers, l'hôtel de Reims, et de vastes et splendides abbayes, parmi lesquelles nous mentionnerons les Bernardins, Sainte-Geneviève, les Mathurins, Saint-Benoît, les Augustins, les Carmes, les Cordeliers, les Jacobins. Sur la rive droite, de la rue des Nonains d'Yères à la rue des Célestins, on remarquait les hôtels de Jouy et de Sens, l'hôtel Barbeau et le logis de la Reine; du côté de l'Arsenal, l'ancien hôtel Saint-Pol, dont les dépendances avaient déjà été diminuées par des rues de construction nouvelle, mais qui naguère avaient pu loger vingt-deux princes avec leur suite. En suivant la rue Saint-Antoine, dominée, à l'une de ses extrémités, par la Bastille, l'œil rencontrait, d'un côté, l'hôtel d'Angoulême, vaste construction de plusieurs époques et de plusieurs styles; de l'autre, le palais des Tournelles, surmonté d'une forêt d'aiguilles de pierre, variées dans leur forme; un peu plus loin, des jardins peuplés de grands arbres et où plus tard on construisit la place Royale; à l'autre extrémité de Paris, vers le Couchant, le vieux Louvre de Philippe-Auguste, dont la grosse tour ralliait autour de ses flancs vingt-trois autres tours, sans compter les tourelles, et semblait la gardienne de la ville. Telle était, vue à vol d'oiseau, et distribuée par grandes masses, la capitale de la France sous le règne de François Ier, et à l'époque, où, sous prétexte de renaissance, on allait faire entrer l'art dans des voies nouvelles et enlever au vieux Paris cette physionomie dont il est si difficile aujourd'hui de reconstituer l'ensemble.

Vraiment père des lettres, François Ier se plut à réunir autour de lui l'élite des écrivains et des érudits dont s'honorait alors la France, et, à vrai dire, leurs noms étaient parfois assez obscurs. Les évêques de Sens, de Senlis, de Mâcon, de Montpellier, de Grasse, de Nabbio, et avec eux, Guillaume Cop, Lascaris, Guillaume Budée (lui surtout), vivaient dans la familiarité du prince, se groupaient autour de lui comme auprès d'un autre Charlemagne. Par les conseils de Budée, François Ier fonda le Collége-Royal (collége de France), destiné d'abord à l'enseignement supérieur des langues. Plusieurs établissements de ce genre existaient déjà à l'étranger : Léon X en avait fondé un à Rome; Jérôme Busleiden, un autre à Louvain. Il s'agissait, à la cour du roi de France, de savoir à quel homme de génie la direction du Collége-Royal serait confiée, et le roi jeta les yeux sur Érasme, le laissant maître des conditions, lui offrant des faveurs et de l'or plus que n'en pouvait désirer l'orgueil d'un savant : lettres, prières, sollicitations, promesses, rien ne put déterminer Érasme à quitter sa tranquille retraite de Hollande, et à venir à Paris. Le roi n'en poursuivit pas moins le but qu'il se proposait d'atteindre. Il décida que l'on construirait à l'hôtel de Nesle un édifice capable de contenir un grand nombre de professeurs et six cents élèves; 50,000 écus de rente étaient destinés à leur entretien. On s'inquiéta, dans les rangs de la faculté de théologie, d'une création qui (l'expérience ne le prouvait que trop) pouvait, sous prétexte d'enseignement scientifique, introduire en France beaucoup de savants luthériens, anabaptistes, sacramentaires et autres, plus disposés à propager l'hérésie qu'à étendre les conquêtes de la linguistique. Comme il s'agissait d'interpréter publiquement la Bible en hébreu, l'Université, n'ignorant pas que le commentaire est presque l'accessoire obligé de la traduction, vit de sérieux dangers à cet exercice; ce sentiment de répulsion donna lieu à des inquiétudes exagérées et empreintes d'ignorance. François Ier exigea que l'enseignement du Collége-Royal fût donné à tous, aux frais du Trésor public. L'enthousiasme excité par l'hébreu, le grec et le latin fit un peu dédaigner aux savants les progrès de la langue française; celle-ci, toutefois, eut d'heureuses destinées. Introduite dans les tribunaux, discutée par les grammairiens, ennoblie par les traducteurs, réglée par des tentatives novatrices, elle ne cessa de se développer et de s'affermir. Déjà, sous le règne de François Ier, l'art théâtral avait fait des progrès assez sensibles; on avait interdit de mêler dans les *Mystères* dramatiques la représentation des choses de la Foi mêlées à de grotesques bouffonneries. Ces pièces étranges avaient été remplacées par des *farces*, des *soties* et des *moralités;* mais, en dépit de leur titre, les pièces de cette dernière catégorie étaient trop souvent entachées d'une obscénité révoltante. C'était le temps où Clément Marot et Rabelais étaient en possession de plaire à la cour et au peuple, et, à vrai dire, on ne pouvait contester ni la fécondité de leur verve ni l'étrange puissance de leur génie.

Sous Henri II (1547), fils et successeur de François Ier, on vit se continuer la politique du dernier règne, et le nouveau roi, homme sans capacité réelle, exagéra les fautes de son père sans les compenser par le goût, l'intelligence et des améliorations utiles.

Rue St Antoine, devant le Palais des Tournelles. — Henri II blessé mortellement par Montgommery

On éleva des bûchers, on brûla des hérétiques, on augmenta les rigueurs des lois pénales; mais la cour, en revanche, démoralisa le pays par le spectacle du luxe effréné, du désordre et de l'adultère. Tandis que les armes de la France n'étaient point toujours heureuses vers les frontières, le roi cherchait à faire oublier aux Parisiens, à force de fêtes et de splendeurs, les humiliations de sa politique et les sombres émotions des supplices. Parmi les spectacles les plus chers à la noblesse et à la multitude, les combats chevaleresques simulés, les luttes à armes courtoises, qu'on appelait tournois, se reproduisaient fréquemment, et le roi y figurait volontiers comme acteur. Ce fut à l'occasion d'une réjouissance de ce genre qu'il perdit prématurément la vie. Des fêtes furent données à la suite du traité de paix de Cateau-Cambrésis; le 20 juin, Mme Élisabeth de France avait été épousée à Notre-Dame par le duc d'Albe, procureur du roi d'Espagne; le 27, on signa le contrat du duc de Savoie et de Mme Marguerite, sœur du roi. Une lice splendide avait été établie au travers de la rue Saint-Antoine, depuis le palais des Tournelles, où logeait le roi, jusqu'aux écuries de la cour; pendant trois jours le roi, les princes et les seigneurs y joutèrent en présence des dames. Henri II, qui se piquait d'une grande habileté au maniement des armes, prenait la plus belle part à ces exercices, et, soit adresse réelle, soit complaisance des courtisans, il avait chaque fois les honneurs du combat. Le 29 juin 1559, il figura dans la lice, portant les couleurs de sa dame, Diane de Poitiers, c'est-à-dire, l'écharpe blanche et noire, livrée des veuves. Bien que déjà fatigué, il voulut fournir une dernière course contre son capitaine des gardes, le comte de Montgommery : les deux lances volèrent en éclats; mais le comte n'abaissa pas assez vite le tronçon qui lui restait à la main, et qui, frappant le casque du roi sous la visière, pénétra dans l'œil et atteignit le cerveau. Henri tomba mortellement blessé et rendit le dernier soupir le 10 juillet.

Sous son règne fut construite la partie du Louvre qu'on appelle le *vieux Louvre*, brillant morceau d'architecture et de sculpture dont Paris eut longtemps à s'enorgueillir, mais dont la splendeur s'efface devant les merveilles du Louvre moderne. Deux grands artistes, Jean Goujon et Pierre Lescot, concoururent à agrandir et à embellir ce palais. En 1550, ces deux hommes illustres érigèrent la *fontaine des Innocents*, située au coin de la rue aux Fers et de la rue Saint-Denis, et alors adossée aux deux faces de l'église des Innocents, aujourd'hui détruite. — En 1556, on fonda le collége de Sainte-Barbe; l'année suivante, on bâtit l'hôpital des Petites-Maisons, appelé de nos jours hospice des Ménages, mais qui, depuis Henri II, a été plusieurs fois agrandi, restauré et réédifié, au moins en partie. Henri II institua à Paris la cour des Monnaies, qui tint ses séances au Palais-de-Justice, et eut charge de remédier aux nombreux abus occasionnés par l'altération ou la contrefaçon des espèces monétaires.

François II, fils aîné et successeur de Henri II, ne régna pas même deux ans. Ce règne, de si courte durée, ne fut signalé que par la conjuration d'Amboise, événement d'où naquirent les guerres de religion, mais qui n'exerça aucune influence sur l'histoire particulière de Paris. Sous ce même roi, on fonda à Paris l'hôpital de Lourcine, destiné à recevoir les pauvres malades du faubourg Saint-Marcel. C'est de nos jours l'école de Pharmacie, dont l'entrée est sur la rue de l'Arbalète.

Le 5 décembre 1560, Charles IX, à peine âgé de dix ans, succéda à son frère François II, et régna d'abord sous la tutelle de sa mère Catherine de Médicis. Placée entre la faction des Guises et celle des Protestants, la reine-mère entreprit de ménager tous les partis pour se servir des uns contre les autres. L'irritation des esprits et la jalousie des chefs ne favorisaient que trop cette politique qui empruntait indifféremment des ressources à la vérité et au mensonge. La réforme et la féodalité firent cause commune. Les Catholiques, ayant à leur tête les princes de la maison de Lorraine et le connétable Anne de Montmorency, forcèrent la reine-mère, les courtisans et les ministres de soutenir contre les Huguenots une lutte à main armée, et pendant de longues années, des guerres de religion, à peine interrompues par des trêves et des négociations douteuses, couvrirent de sang et de ruines le sol du pays. Au milieu de ces douloureuses épreuves, tandis que, sous prétexte de transaction ou de paix, les Protestants cherchaient à s'emparer de la personne du jeune roi, à éloigner Catherine de Médicis, à détruire l'édifice catholique, on vit se produire à Paris une des catastrophes les plus odieuses qui aient jamais contristé les générations humaines : nous voulons parler du massacre de la Saint-Barthélemy.

Catherine de Médicis, menacée par les Protestants, et à la veille de voir passer en leurs mains l'influence politique, médita d'en finir avec eux par une destruction générale. Le jeune Charles IX, quoiqu'animé d'instincts sanguinaires, refusait de s'associer à cette proscription; pour le déterminer, il fallait à tout prix grossir l'apparence du danger et réduire le conflit à une question de vie ou de mort. L'astucieuse Catherine ne reculait pas devant de semblables extrémités, et d'ailleurs l'exaspération des populations catholiques, irritées, depuis trente ans, par une longue suite d'attentats et de sacriléges, ne venait que trop en aide à la combinaison criminelle de la reine-mère. Elle se concerta avec le duc de Guise, ou, pour mieux dire, elle imagina de faire tuer l'amiral Coligny par les Guises, ceux-ci par les Huguenots, et les Huguenots par le peuple tout entier. A la suite de ces massacres, et sous l'impression produite par l'exaltation de la lutte, Catherine devait s'emparer de l'influence et ressaisir la direction du gouvernement. Le 22 août 1572, un assassin, aux gages du duc de Guise, blessa l'amiral d'un coup d'arquebuse. Sur-le-champ Catherine réunit ses complices et ses affidés; ils persuadent au roi que les Protestants se disposent à venger leur chef et à s'emparer du Louvre. Épouvanté et saisi d'horreur, Charles IX signe l'ordre de mettre à mort les rebelles, et peu d'heures après, dans la nuit du 23 au 24 août, le tintement de matines sonnées à minuit par la cloche de Saint-Germain-l'Auxerrois, devient le signal du massacre.

Les conjurés avaient tout disposé pour assurer le prompt effet de cette décision; on avait marqué à la craie la porte des maisons habitées par les Protestants. Les chefs du parti exalté se portèrent d'abord à l'hôtel de l'amiral Coligny, et égorgèrent ce vieillard; le reste de la nuit fut mis à profit pour tuer, à coups d'épée ou de mousquet, ceux des Huguenots que l'on put atteindre. Les corps sanglants des victimes étaient entassés dans les rues, et les milices de la ville, au lieu de s'opposer au massacre, y participaient elles-mêmes en mettant à mort les Protestants, comme s'il se fût agi de livrer une bataille et de ne faire aucun quartier à l'ennemi. Il est faux que Charles IX ait tiré d'une fenêtre du Louvre sur des Huguenots fugitifs. Ce conte absurde, longtemps accrédité sur la foi de Voltaire, n'est désormais admis par aucun historien sérieux. C'est bien assez que le sang de milliers d'hommes, surpris sans défense, ait coulé par trahison dans les rues de Paris; ce grand attentat laissera une tache ineffaçable imprimée à la mémoire du jeune roi et de sa mère. Nous eussions voulu qu'une pareille page ne se fût jamais rencontrée dans les annales de Paris; mais il ne nous a point été donné de pouvoir la déchirer, et le souvenir de ce crime pèsera, non sur la religion catholique, qui le maudit et le condamne, mais sur la cour perfide qui ordonna et dirigea le massacre. Au surplus, ce forfait ne porta pas bonheur à ceux qui en avaient eu la pensée. Charles IX mourut, deux ans après, poursuivi par les ombres de ses victimes, et les Protestants arborèrent de nouveau dans toutes les provinces le drapeau de la guerre.

En 1574, Henri III, frère de Charles IX, et l'un des auteurs de la Saint-Barthélemy, abandonna le trône de Pologne, et vint à Paris prendre possession de la couronne de France. C'était un prince de mœurs dépravées, qui abandonna volontiers la direction des affaires à Catherine de Médicis et à quelques honteux favoris qu'on appelait les *Mignons* du roi. La puissance de ces hommes débauchés, dissipateurs et incapables irrita le peuple de Paris, et fut, pour le clergé et la bourgeoisie, un perpétuel sujet de dégoût et de scandales. Le roi et la cour, en butte aux attaques des Protestants et au mépris des sincères Catholiques, imaginèrent un système de concession et de bascule qui, sans donner satisfaction aux Huguenots, alarma vivement tous ceux qui avaient à cœur les intérêts religieux et le salut de la Foi. Les choses en vinrent à ce point que les Catholiques, désespérant de la loyauté du roi et se voyant trahis par le Gouvernement lui-même, s'associèrent en dehors du pouvoir régulier et organisèrent, d'abord à Péronne, puis à Paris (1585), une formidable union offensive et défensive, qui se mit sous la direction de Henri, duc de Guise, surnommé le Balafré. La cour s'alarma; elle essaya de tromper la Ligue; le roi chercha même à s'en faire le chef ostensible; mais, comme il continua de trahir les intérêts catholiques, confiés à sa garde, on agit sans lui et contre lui.

A Paris, la Ligue avait pour chefs naturels seize associés, très-influents sur le peuple, et dont chacun commandait un quartier. Les corporations, les métiers, les capitaines des milices bourgeoises, les magistrats municipaux obéissaient plus volontiers aux Seize qu'aux lieutenants du roi, et bientôt l'immense majorité des citoyens s'arma pour la Ligue. Sans cesse menacés ou trahis par Henri III, les Seize méditèrent de déposséder ce prince de l'autorité souveraine, de s'emparer de sa personne, de lui laisser le vain titre de roi, mais de confier la régence de l'État au duc de Guise, chef de la Ligue. Dans la journée du 12 mai 1588, une formidable insurrection éclata dans Paris; sur tous les points les bourgeois s'armèrent, tendirent des chaînes, occupèrent les positions militaires et les postes de sûreté, et le roi, après avoir essayé de résister, se trouva trop heureux de se soustraire par la fuite à la domination des Seize et à la tutelle du duc de Guise. Tandis que la journée des *Barricades* livrait Paris au Balafré, Henri III se réfugiait à Blois et convoquait dans cette ville les États généraux du royaume. En attendant la session, il parlementait avec le peuple de Paris et le duc de Guise, et une paix, plus trompeuse que réelle, intervenait entre le roi et ses sujets. Vers la fin de décembre, durant la solennité de Noël, le peuple apprit avec stupeur que Henri III avait fait assassiner à Blois le duc de Guise, l'idole de la France, et son frère, le cardinal de Lorraine. A cette nouvelle, une révolution éclata dans Paris. Les Seize, appuyés sur l'adhésion des citoyens, et soutenus au dehors par la France catholique, proclamèrent la déchéance du roi, et déférèrent au duc de Mayenne, frère du Balafré, la lieutenance du royaume. Ainsi attaqué et menacé, Henri III n'eut d'autre ressource que de s'allier aux Huguenots et de réclamer le secours de leur chef, Henri de Bourbon, roi de Navarre, et le plus proche héritier de la couronne. Ces deux rois réunirent leurs armées et vinrent assiéger Paris. Comme ils campaient à Saint-Cloud et sur les hauteurs qui avoisinent la capitale, un misérable fanatique, nommé Jacques Clément, exalté par de furibondes prédications, s'introduisit auprès du roi et le tua d'un coup de poignard. La mort de Henri III fit entrer la guerre civile dans une phase nouvelle, et contraignit les armées royales et calvinistes de renoncer pour le moment, à s'emparer de Paris. Or, tandis que la population de cette ville considérait cet événement comme un triomphe, les chefs de la noblesse et les seigneurs calvinistes acclamaient l'avénement de Henri IV et se disposaient à placer par les armes le nouveau souverain à la tête de la France catholique.

Amédée Gabourd.

PARIS SOUS LES BOURBONS.

1589-1793.

RÈGNE DE HENRI IV.

1589-1610.

Mon cousin, vous êtes mon véritable successeur, avait dit Henri III mourant au roi de Navarre; mais vous ne serez jamais roi de France si vous n'abjurez la religion protestante. — Ce peu de mots était l'expression même de la pensée générale. Sans doute Henri de Béarn, descendant du plus jeune fils de saint Louis, était, après les Valois, le plus proche héritier de la couronne; mais cette couronne que porta le front du saint roi pouvait-elle tomber sur la tête d'un prince huguenot? Les serments du sacre étaient-ils de vaines formules? Et s'il est permis à l'Angleterre protestante d'exclure les *Papistes* du trône que souilla Henri VIII, ne l'était-il pas à la France catholique de refuser à un prince marqué du sceau de Calvin le glorieux héritage de Clovis, de Charlemagne et de saint Louis [1]? Si, au reste, Henri IV avait pu se faire quelque illusion à cet égard, elle fut de peu de durée; car l'accueil qui lui fut fait à Saint-Cloud par les serviteurs les plus dévoués du feu roi, trahit dès l'abord l'opposition et la résistance. « Au lieu des acclamations, raconte d'Aubigné, et du *vive le roy* accoutumé en tels accidents, Henri IV voyoit en mesme chambre le corps mort de son prédécesseur, deux Minimes aux pieds avec des cierges, faisant leur liturgie, Clermont d'Entragues tenant le menton; mais tout le reste parmi les hurlements, enfonçant leurs chapeaux ou les jetant par terre, fermant le poing, complotant, se touchant la main, faisant des vœux et des promesses desquelles on oyoit pour conclusions : *Plutôt mourir de mille morts!* »

Les chefs catholiques se réunirent ensuite dans une chambre au-dessus de celle qu'occupait le Béarnais, et après une conférence orageuse qui prit presque toute la nuit du 2 août, ils convinrent de ne reconnaître Henri pour roi qu'à la condition du maintien de l'ancienne religion sans innovation aucune, de l'interdiction de tout autre culte suivant les édits, de la remise de toutes les places fortes à des gouverneurs catholiques, et de l'assemblée, dans six mois, d'un concile général, aux décisions duquel Henri prendrait l'engagement de se soumettre.

Henri entendait de son appartement les agitations de cette conférence, et, au même moment, il apercevait de sa fenêtre la vaste enceinte de Paris tout embrasée des feux de joie que les habitants avaient allumés pour fêter la mort de l'allié des Huguenots. Son anxiété était extrême; lorsque les Catholiques de l'armée vinrent toutefois lui présenter le lendemain leurs conditions, il leur répondit avec fermeté et assurance : « Parmi les étonnements dont Dieu nous a exercé, dit-il, j'en reçois un de vous, Messieurs, que je n'eusse pas attendu. Vos larmes sont-elles déjà essuyées? Me prendre à la gorge sur le premier pas de mon avénement, à une heure si dangereuse! Me cuider traîner à ce qu'on n'a pu forcer tant de simples personnes, pour ce qu'elles ont su mourir! Et de qui pouvez-vous attendre une telle mutation en la créance que de celui qui n'en auroit point? Auriez-vous plus agréable un roi sans Dieu? Vous assurerez-vous en la foi d'un athée? et, aux jours des batailles, suivrez-vous d'assurance les vœux et les auspices d'un parjure et d'un apostat? Oui, le roi de Navarre, comme vous dites, a souffert de grandes misères et ne s'en est pas étonné : peut-il dépouiller l'âme et le cœur à l'entrée de la royauté? Ceux que l'affliction de la France et leurs craintes chassent de nous, je leur baille congé librement pour aller chercher leur salaire sous des maîtres insolents. J'aurai parmi les Catholiques ceux qui aiment la France et l'honneur. »

Les désertions cependant menaçaient d'être nombreuses. Afin de les prévenir, Henri IV crut prudent de faire de lui-même une déclaration qui reproduisît à peu près les demandes des Catholiques. Elle eut pour effet de retenir un certain nombre de chefs : le prince de Conti entr'autres, les ducs de Montpensier, de Longueville et de Luxembourg, et les maréchaux de Biron et d'Aumont.

(1) « Il faut songer que depuis plusieurs siècles, lisons-nous dans les œuvres de Voltaire, l'idée qu'un prince hérétique perd ses droits au trône, était celle de toute l'Europe. Les Protestants eux-mêmes n'étaient pas éloignés de cette doctrine : aussi sévères contre l'hérésie que les plus zélés partisans de Rome, ils se bornaient à soutenir que la doctrine qu'ils prêchaient ne devait pas être considérée comme hérétique. » (*Histoire du Parlement*, ch. XXXV.)

« Sire, vous êtes le roi des braves, s'écria le baron de Givry, et vous ne serez abandonné que des poltrons. » Givry était de ceux qui restaient *sans si et sans car*, suivant l'expression de d'Aubigné; mais ils étaient en petit nombre. La plupart demeuraient des alliés incertains plutôt que des amis, et quelques-uns même, tels que d'Épernon et Vitry, quittèrent le camp et emmenèrent leurs troupes. L'armée se trouva ainsi réduite de près des deux tiers, et Henri n'étant plus de force à faire un siége, se dirigea vers Dieppe, afin d'aller au devant des secours anglais.

La joie des Parisiens était au comble. Une pension avait été faite à la vieille mère de Jacques Clément, et, dès que les avenues de Paris furent libres, le pélérinage de Saint-Cloud devint à la mode. Un jour, bon nombre de ligueurs y étant allés en caravane, le bateau qui les portait sombra au retour, et il ne s'en sauva pas un. « Jugement de Dieu grand et remarquable sur ces nouveaux idolâtres, s'écrie L'Estoile; car de faire un saint d'un martyr à double potence, c'est proprement faire du ciel une hôtellerie de tyrans. »

Henri IV remportait cependant sur Mayenne la célèbre victoire d'Arques (22 septembre 1589), et, le 1er novembre, les Parisiens revoyaient sa blanche cornette aux portes de la ville. Henri enleva même par un hardi coup de main les faubourgs de la rive gauche; mais l'arrivée de Mayenne rendant impossible un plus complet triomphe, il se retira le troisième jour, en plein midi et à petits pas, dans l'espoir d'attirer l'ennemi qui s'obstina à rester derrière la Seine.

Mais en 1590 Henri IV revint après la victoire d'Ivry, et alors commença ce siége qu'ont illustré à la fois la poésie et l'histoire. Paris ne comptait que huit mille soldats pour sa défense; mais sur deux cent vingt-cinq mille habitants de tout âge et de tout sexe qui se trouvaient dans la ville, quarante mille avaient pris les armes, et puisaient dans leur enthousiasme religieux une énergie indomptable. Le cours de la rivière était barré par des chaînes; les remparts avaient soixante-quinze canons en batterie, et l'ensemble de la défense présentait un tel aspect, que le roi désespéra de triompher de vive force avec les vingt mille combattants qu'il comptait sous ses drapeaux. Les Parisiens n'avaient d'ailleurs que pour un mois de vivres, et en fermant les avenues de la capitale, en détruisant les moulins, en interceptant les vivres, il ne devait pas être difficile de venir à bout d'une résistance que les politiques se plaisaient à représenter comme l'œuvre des moines et de l'étranger, beaucoup plus que de la population elle-même. Henri IV doutait si peu du succès, et d'un prompt succès, qu'il écrivait, le 14 mai, à la comtesse de Grammont : « Leur nécessité est grande et fault que dans *douze jours* ils soient secourus ou ils *se rendront*. » Douze jours, un mois s'écoulent, et Henri n'entendant point parler de soumission, prend le parti de s'adresser aux *manants et habitants* de la ville : « Nous sçavons jusques à quelle heure vous devez subsister et sçavons davantage ce que ne sçavez et sur quoy estes abusés, que le secours qu'on vous promet est imaginaire. » Les bourgeois n'ont qu'une réponse : « Que le roi consente à abjurer le Calvinisme, et nous nous soumettons. » Henri refuse, et les hostilités continuent. Saint-Denis est emporté par les forces royales, et Paris se voit serré de plus près par des troupes qui grossissent chaque jour. Plusieurs seigneurs catholiques, qui se tenaient à l'écart depuis la mort de Henri III, le duc de Nevers notamment et le vicomte de Turenne, profitent en effet de la détresse de la capitale pour rallier les drapeaux de celui qu'ils tiennent déjà pour vainqueur. L'impatience de Henri ne se borne plus alors à un blocus. « Borgne, écrit-il, à Jean d'Harambure qui avait perdu un œil à son service, j'espère que nous nous battrons bientôt. M. de Turenne arrive demain; je renforcerai votre troupe. Recommandez-moi aux compagnons. » Puis avec cette gaîté familière qui lui était habituelle, « Le chancelier des Quinze-Vingts, ajoute-t-il, vous baise les mains. Gare l'œil, car vous seriez aveugle. »

Mais tous les efforts devaient échouer devant l'opiniâtre résistance d'une population intrépide et dévouée. Un assaut général fut donné, les faubourgs furent pris, la famine devint affreuse;

On les vit se nourrir des cendres de leurs pères,

et ils ne se rendirent pas.

L'extrémité cependant était devenue telle, que Mayenne fut réduit à mettre hors de la ville quatre mille vieillards, femmes et enfants. « Laissez-les passer, dit le roi; il y a pour eux des vivres dans mon camp. » Politique généreuse et habile, qu'Élisabeth d'Angleterre se refusa toutefois à comprendre et dont elle fit à Henri de vifs reproches. Mais Henri IV poussa plus loin encore l'humanité : il fit passer secrètement quelques vivres dans la ville. Sans doute il espérait toucher le cœur des habitants. Ceux-ci lui envoyèrent, en effet, le cardinal de Gondi, l'archevêque de Lyon et le président Vétus pour s'entendre sur les conditions de la paix. Mais la première de ces conditions était toujours l'abjuration royale, et Henri IV, à cet égard, tergiversait toujours. On n'entendit plus dès lors dans les rues qu'un seul cri : *Plutôt la mort qu'un roi huguenot.*

Et cependant trente mille habitants étaient morts de misère et de faim. Vers la fin d'août, c'est-à-dire après plus de cent jours de siége, on apprend enfin l'approche du duc de Parme. « Le gros duc! nous verrons s'il a du sang au bout des ongles, » s'écrie Henri IV; mais, au lieu de s'amuser à des batailles, Alexandre Farnèse s'empare de Lagny, assure les approvisionnements de la capitale, et Henri est obligé de lever le siége (28 août).

Peindrons-nous maintenant l'état de Paris? A côté de ces vaillants bourgeois dont l'ardente conviction n'était intimidée ni par le feu, ni par la faim, ni par la ruine, se cachaient un certain nombre de politiques, hommes d'esprit qui n'avaient de propension que pour l'ironie et pour la peur, et qui nous ont laissé dans une œuvre célèbre un tableau dont les couleurs se ressentent beaucoup plus du deuil de l'Université et de l'arriéré des rentes de l'Hôtel-de-Ville, que d'une foi quelconque et d'aucune tentation d'héroïsme.

« Oh! que nous eussions été heureux si nous eussions été pris dès le lendemain que nous fûmes assiégés! Oh! que nous serions maintenant riches si nous eussions fait cette perte! Nous avions de l'argent pour racheter nos meubles; depuis, nous avons mangé nos meubles avec notre argent. Nos reliques seroient entières, les anciens joyaulx de nos roys ne seroient pas fondus comme ils sont. Nos rentes de l'Hôtel-de-Ville nous seroient payées. Nos fermes des champs seroient labourées et en recevrions le revenu, au lieu qu'elles sont abandonnées et en friche. Nous n'aurions pas vu mourir cinquante mille personnes de faim qui sont mortes en trois mois et par les rues et dans les hôpitaux, qui sont mortes sans miséricorde et sans secours. Nous verrions encore notre Université florissante et fréquentée, au lieu qu'elle est déserte et solitaire, ne servant plus qu'aux paysans et aux vachers des villages voisins. Nous verrions la salle et la galerie des Merciers pleines de peuple à toute heure, au lieu que nous n'y voyons plus que de l'herbe verte qui croît là où les hommes avoyent à peine espace de se remuer. Nos ports de Grève et de l'École seroyent couverts de bateaux pleins de blés, de vin, de foin et de bois. Permettez-moi que je m'esclame pour déplorer le pitoyable estat de ceste royne des villes, de ce microcosme et abrégé du monde. » (*Satyre Ménippée.*)

Les chefs populaires ne présentaient pas l'aspect de Paris sous de plus riantes couleurs, dans leur correspondance avec Philippe II; mais la douleur était dominée chez eux par l'énergie du dévoûment et de l'espérance. « Nostre ville comme déserte, nos beaux colléges vuidés, notre Université despeuplée..... la misère particulière..... laquelle est telle que nos pères n'en ont ouy parler en ce royaume de plus estrange. » Voilà ce qu'ils voient et ce qu'ils écrivent; mais en même temps ils ajoutent : « C'est une merveille surpassant le sens humain que ce grand peuple parisien, lequel n'avoit accoutumé que l'aise, se soit résolu de souffrir tant de disettes, voire plutôt mourir, que de subir le joug de l'hérésie. »

Et ce sentiment dominait toujours la situation. Afin même de rendre l'avénement du Béarnais, et par lui, de l'hérésie, impossible, les seize quarteniers de Paris offraient à Philippe II, et, à son refus, à sa fille Isabelle, la couronne de France. La Ligue avait d'abord décerné cette couronne au vieux cardinal de Bourbon, oncle du roi de Navarre, et l'avait proclamé roi sous le nom de Charles X; mais le cardinal était mort dans les prisons des Huguenots, le jour même où commença le siége de Paris (9 mai 1590), et, si cet événement n'affaiblit ni la résolution ni le courage des assiégés, il sema du moins dans les esprits des germes de division pour l'avenir.

Le peuple, nous venons de le voir, voulait un prince ou une princesse d'Espagne, c'est-à-dire de la dynastie qui s'était prononcée le plus énergiquement pour le Catholicisme. Philippe II revendiquait, de son côté, le trône de France comme une *propriété* de sa fille. Les Bourbons étant exclus et la descendance de saint Louis se trouvant par suite manquer dans les mâles, l'infante Isabelle invoquait, en effet, non sans quelque apparence de droit, son titre de petite-fille de Henri II par Élisabeth de France, sa mère; mais, pour la couronner, il fallait rompre avec la loi salique, et l'on n'en était pas encore venu là en France. Non loin des politiques qui plaçaient la loi salique au-dessus même de la religion, se formait, peu à peu, au sein de la Ligue, un parti de transaction et de paix qui cherchait persévéramment un terrain de conciliation pour tous les principes dans la conversion de Henri IV. Ce parti se composait surtout des bourgeois riches, fatigués de la guerre, et il reconnaissait pour chef le duc de Mayenne, bien que le duc ne vît pas sans inquiétude ces efforts d'apaisement qui devaient, en cas de succès, mettre fin à son pouvoir. L'évasion de son jeune neveu, le duc de Guise, que Henri IV tenait prisonnier à Tours, vint tout-à-coup ajouter de nouvelles complications aux intérêts en jeu. Les Parisiens accueillirent avec transport le fils du *Balafré*, et tous les vœux furent dès lors pour l'union du jeune duc avec la princesse espagnole et la substitution en sa personne de la famille de Lorraine aux fils dégénérés de saint Louis. Les politiques, les parlementaires, tous les hommes de diplomatie et de ménagements que leur conduite durant le siége de Paris avait déjà rendus suspects, devinrent dès lors l'objet de vives attaques. On entendit même des voix influentes dire tout haut : *C'est trop endurer; il faut jouer des cordes!*

Et les cordes ne tardèrent pas à jouer! Le 15 novembre 1591, le premier président Brisson qui *s'efforçait de nager entre les deux partis,* suivant l'expression de Mézeray, fut arrêté par ordre des Seize et pendu aux poutres du palais. Deux autres magistrats, Larcher, conseiller du Parlement, et Tardif, juge au Châtelet, subirent le même sort. Le duc de Mayenne était absent de Paris; à cette nouvelle, il accourt, contraint Bussy Le Clerc à lui livrer la Bastille, et fait pendre dans une salle basse du Louvre quatre des chefs les plus audacieux : Louchard, Auroux, Esmonnot et Ameliné.

Ainsi les partis se balançaient au sein de Paris. C'était beaucoup pour Henri IV qui deux fois encore était venu se heurter en vain contre les barrières parisiennes. Une première fois, il avait espéré surprendre le faubourg Saint-Marceau (10 septembre 1590): deux échelles étaient même déjà appliquées au mur; mais quelques moines qui veillaient, jettent l'alarme. L'un d'eux fait plus; il renverse l'une des échelles et lutte hardiment contre les assaillants qui montent par l'autre. Les secours arrivèrent à temps, et les Royalistes se dispersèrent.

Peu de mois après (janvier 1591), Henri avait tenté d'introduire une troupe de soldats dans la ville, en les habillant en paysans et leur faisant conduire quatre-vingts mulets chargés de farine; mais lorsqu'ils arrivèrent à la porte Saint-Honoré, le tocsin se fit entendre, et les fariniers crurent prudent de ne pas franchir la herse.

La ruse avait donc été aussi impuissante que la force. Un seul parti restait à Henri IV : c'était de déjouer par sa conversion les intrigues espagnoles, les espérances des Seize et l'ambition du duc de Mayenne. Le moment d'ailleurs pressait. Après d'interminables lenteurs, le duc qui n'osait prétendre ouvertement à la couronne et qui se souciait peu d'abdiquer le rôle tout-puissant qu'il tenait des circonstances, s'était vu contraint par Philippe II et par le peuple, de convoquer les États généraux, et, dans peu de jours peut-être, la Ligue, c'est-à-dire la grande majorité de la France, allait avoir un roi.

Henri le sentait bien. Aussi n'hésita-t-il plus à donner des espérances. De leur côté, les États, tout en restant énergiquement catholiques, ne se montrèrent pas moins énergiquement français. Tous les efforts de Philippe II pour faire reconnaître *à priori* le droit de sa fille et admettre le mariage de la jeune princesse avec un archiduc, échouèrent devant la résolution clairement énoncée de ne rendre *soumission et obéissance* à un prince *qui ne serait pas de la nation*. Henri provoqua alors des conférences; les États les accueillirent. Ces conférences eurent lieu à Suresne; elles n'amenèrent aucun résultat direct, mais rendirent sensibles pour tous : d'un côté, les dangers d'une déviation à la loi salique; de l'autre, l'impossibilité pour un hérétique d'être reconnu défenseur et gardien des intérêts d'une nation dévouée avant tout à sa foi. Henri IV n'hésita plus; il se fit instruire et abjura. La cérémonie de sa réconciliation avec l'Église catholique eut lieu à Saint-Denis, le dimanche de la Madeleine, 22 juillet 1593, avec une grande pompe « et grande réjouissance de tous les assistants et grands cris de *vive le roy!* Même s'y trouvèrent plusieurs habitants de Paris, ajoute le journal d'un parlementaire, faisant et criant comme les autres. »

A Paris, toutefois, la joie n'était pas complète. Cette conversion tardive semblait trop intéressée pour être sincère. « L'hérésie est hypocrite, disait l'archevêque de Lyon lors des conférences de Suresne; elle dissimule quelque temps pour arriver à son but. Nous avons l'exemple d'un roy et d'une royne d'Angleterre, Henri VIII et Élisabeth. Le meilleur conseil et expédient à suivre est de laisser le jugement de cette conversion au pape, véritable soleil de la foy, qui saura bien confondre le mensonge, s'il y en a. »

Or, le légat du pape protestait contre l'absolution donnée à un hérétique relaps sans l'autorisation de l'autorité souveraine apostolique. Mais l'anarchie était dans la Ligue : d'un côté, les États généraux hésitaient toujours sur la grande question de la royauté; de l'autre, le Parlement sortait tout-à-coup de sa torpeur pour déclarer nul et non avenu tout ce qui se ferait contre la loi salique. « Hommes, choisissez un homme! s'écriait Édouard Molé; choisissez un roy et non une royne (on parlait alors plus que jamais de l'infante), et sauvez par vostre courage la France affectée depuis si longtemps de tant de maladies! »

Ces divisions intestines et les hardiesses toutes nouvelles du parti politique préparaient sans doute la voie à Henri IV; mais les fervents catholiques continuaient de lui barrer le chemin. Le duc de Mayenne, de son côté, s'éloignait de la riche bourgeoisie à mesure qu'elle se rapprochait de Henri IV, et donnait au parti populaire l'autorité, sinon de son talent, du moins de sa position. Dans cette lutte, et l'on pourrait presque dire, dans cet équilibre des partis, il ne fallait qu'une circonstance et qu'un homme pour décider de la victoire. Henri IV crut avoir trouvé cet homme dans le comte de Belin, gouverneur de Paris; mais le duc de Mayenne se défie de la trahison, et remplace subitement Belin par le comte de Brissac qu'il venait tout récemment d'élever à la dignité de maréchal. Brissac rêvait alors, si nous en croyons Sully, l'*establissement en France d'une république à l'instar de celle de Rome dont il lisoit souvent l'histoire*. Mais ayant bientôt reconnu que tous les esprits *estoient aliénez d'un tel dessein* et plutôt disposés à se *rejeter sur l'autorité royale*, il prit la résolution de *quitter le chemin plein d'épines* dans lequel il voulait s'engager, pour prendre *le dessein qu'avoit eu le sieur de Belin, où il se voyoit des roses et des utilitéz toutes apprestées*.

Brissac entra donc en négociation avec le brave Saint-Luc, son beau-frère, l'un des fidèles de Henri IV. La duchesse de Nemours, mère du duc de Mayenne, en fut avertie; mais le duc s'obstina à repousser tout soupçon. Les Seize, de leur côté, eurent avis d'une *intelligence et remuement qui se pratiquoit dans la ville, à leur ruyne et préjudice*, et ils vinrent en conférer avec Brissac. « J'en ai eu advis avant vous, répondit gravement le maréchal; mais tenez-vous seulement renfermés de manière à n'esveiller ceux dont je veux me saisir, et demain matin vous verrez beau mesnage. »

Le lendemain matin, 22 mars 1594, Henri IV était maître de Paris. « Il faut rendre à César ce qui appartient à César, » dit Brissac en ouvrant au roi la Porte-Neuve. — « Il faut le rendre et non pas le vendre, » reprit vivement le prévôt des marchands Lhuillier, ou peut-être même Henri IV, si nous en croyons L'Estoile. Sully porte à 1,695,400 livres la somme qui fut remise à Brissac pour cette reddition.

L'armée royale entra à la fois par la Porte-Neuve, qui était sur le bord de la Seine, la porte Saint-Honoré et la porte Saint-Denis. Il était cinq heures du matin. Vingt-cinq à trente lansquenets qui se trouvaient près de Saint-Germain-l'Auxerrois, voulurent résister; mais ils furent *incontinent taillés en pièces ou jetés en l'eau*. Le reste de la garnison et le peuple n'apprirent l'occupation de la ville que lorsque déjà elle était complète. La joie fut vive chez les politiques; mais si elle se fit jour chez le peuple, elle y fut généralement silencieuse. Henri IV se rendit au Louvre, et le lendemain à Notre-Dame, où le *Te Deum* fut chanté. Les Espagnols avaient quitté Paris dès le soir de l'entrée du roi. Henri IV les laissa *loyalement sortir,* suivant l'expression même de Taxis, l'un des plénipotentiaires de Philippe II. Il ne s'opposa même point à ce qu'ils partissent *fièrement, enseignes déployées,* et il se donna le plaisir de les voir passer du haut d'une fenêtre de la porte Saint-Denis. « Le prince étoit habillé en gris-clair avec un chapeau noir surmonté d'une grande plume blanche, écrivait le duc de Feria à sa cour. » Nos étendards ne lui rendirent aucun honneur. Mais les officiers le saluaient, et Henri IV, leur rendant le salut, ajoutoit gaîment : « Recommandez-moi bien à votre maître; allez-vous-en, à la bonne heure, mais n'y revenez plus. »

Les Espagnols cependant se promettaient bien de revenir. « Je doute que Paris soit tout-à-fait perdu, » écrivait l'un d'eux à Madrid; mais la *courtoisie chevaleresque* et la *douceur des manières* dont eux-mêmes avaient été frappés chez Henri IV, devait infailliblement produire le même effet chez les Parisiens. La Ligue pouvait encore lutter péniblement en province; mais la prise de Paris lui avait porté un irrémédiable coup.

La Ligue fut la croisade de la bourgeoisie, et cette croisade fut à la fois son triomphe et sa ruine. Ainsi Henri IV avait été réduit à abjurer Calvin, la France avait un roi catholique et un roi français, double résultat qu'il eût été difficile de prévoir en 1589; mais la bourgeoisie tomba épuisée dans la lutte, et sa fière indépendance municipale fut absorbée par la royauté. Henri IV est le premier roi complètement absolu ou du moins qui ait cherché à l'être parmi nous, et il ne fut pas le seul en Europe, à la suite des longues luttes et du mépris de tous les droits que provoqua la révolte de Luther. Si cette époque a inauguré le règne de la liberté de la pensée, elle a célébré en même temps, presque partout, les funérailles des antiques libertés des peuples.

Il ne faut pas croire, au reste, qu'en France on se soit prêté de mauvaise grâce à l'omnipotence royale. On avait tellement souffert de l'anarchie que la nation s'offrait d'elle-même au pouvoir dans l'espérance d'obtenir par lui un peu de repos. Henri IV cachait d'ailleurs assez habilement son despotisme sous les apparences d'une bonhomie quelque peu gasconne. — « Je ne vous ai point ici appeléz, disait-il à l'assemblée des notables de Rouen, comme faisoient mes prédécesseurs, pour vous obliger d'approuver aveuglément mes volontés; je vous ai fait assembler pour *recevoir* vos conseils, pour les croire, pour les suivre; en un mot, pour *me mettre en tutelle,* entre vos mains. C'est une envie qui ne prend guère aux rois, aux barbes grises et aux victorieux comme moi; mais l'amour que je porte à mes sujets et l'extrême désir que j'ay de conserver l'Estat me font trouver tout facile et tout honorable. »

Loin toutefois de *se mettre en tutelle,* Henri IV parvint à déjouer les projets de l'assemblée avec une habileté dont l'honneur revient pour une bonne part à Sully, et qui, sans rien faire perdre de sa popularité au roi, assura de plus en plus son indépendance. « Ne doutez point que je ne vous aime bien, écrivait Henri IV à Marie de Médicis, car vous faictes tout ce que je veux; *c'est le vrai moyen de me gouverner.* » Tel était en effet, comme roi aussi bien que comme mari, tout le secret de sa politique.

Si de cet aperçu général nous passons maintenant à l'étude de Paris, nous y trouverons à chaque pas les traces funestes de la guerre. « Il y avoit peu de maisons entières et sans ruines, raconte un contemporain; elles étoient la plupart inhabitées, le pavé des rues étoit à demy couvert d'herbes. Quant au dehors, les maisons des fauxbourgs toutes rasées; il n'y avoit quasi un village qui eût pierre sur pierre et les campagnes toutes désertes et en friche. »

Six ans après la prise de Paris, le blé s'y vendait encore 25 francs le septier; faut-il ajouter que la peste succédait trop souvent à la famine. Les rues de Paris étaient encombrées de malheureux qui venaient de loin y chercher leur vie dans la mendicité ou le brigandage, et le fisc se faisait voleur à son tour : l'*effrénée quantité* de ses agents, pour employer les propres expressions de Henri IV, s'entendait *par compère et par commère* avec les membres du conseil des finances et *mangeoient le cochon* ensemble. Henri portait à *plus de quinze cent mille écus* les sommes qui avaient été dilapidées de la sorte en une année, tandis que lui n'avait *quasi pas un cheval sur lequel il pût combattre.*

Pour remédier à de tels désordres, Henri eut recours à Sully, dont le grand talent fut de porter dans l'administration la rigueur de la discipline militaire. « *Il avoit la négative fort rude,* dit Mézeray, étoit impénétrable aux prières et aux emportements, et attiroit à toutes mains l'argent dans ses coffres. »

Sully se fit de la sorte une imposante réputation d'austérité que démentait, il est vrai, jusqu'à un certain point, le chiffre toujours croissant de sa fortune et de ses titres. Mais enfin il s'entendait à merveille à économiser, à thésauriser et à faire rendre gorge aux traitants. Il avait, en outre, admirablement compris que *le labourage et le pâturage* sont nos *vraies mines du Pérou* et les *deux mamelles de la France.* Aussi s'attacha-t-il surtout à développer l'agriculture qui nourrit l'homme et qui fortifie la race, tandis qu'il ne manifestait que de l'aversion pour le luxe qui énerve l'âme et pour l'industrie manufacturière qui appauvrit le sang. Il entrait dans les projets de Sully de ne tolérer les *carrosses et les autres inventions du luxe* qu'à des conditions qui, dit-il lui-même, *auroient coûté cher à la vanité.* Il aurait voulu surtout faire poursuivre et punir, par des *censeurs* publiquement élus, tous ceux qui, par le scandale d'une vie dissolue et prodigue, *portoient un notable préjudice au public, aux particuliers et à eux-mêmes.*

Henri IV était loin de partager ces idées de son ministre, et, les eût-il partagées, Gabrielle d'Estrées et la marquise de Verneuil l'eussent facilement fait changer d'avis. Henri savait très-bien marchander dans les boutiques. « De ce qu'on lui faisoit vingt écus, dit L'Estoile, il en offroit six. » Mais au jeu et avec ses maîtresses il n'avait que trop la bourse ouverte. L'Estoile parle d'une robe de Gabrielle d'Estrées *tant chargée de perles et de pierreries qu'elle ne se pouvoit soutenir*. Ce genre de fardeau était, au reste, à la mode, et Marguerite de Valois parut un jour à la procession de Pâques fleuries avec une coiffure de diamants et une robe de drap d'or frisé venu de Constantinople, qui, par leur poids, eussent écrasé *toute autre*. L'Estoile cite, en outre, des mouchoirs de 1900 écus, des habillements de 14,000, des banquets à 45 écus le plat, et, dans ce même temps, « processions de pauvres se voyoient par les rues, dit-il, en telle abondance qu'on n'y pouvoit passer, lesquels crioient à la faim pendant que les maisons des riches regorgeoient de superfluités. »

Nous voici assurément bien loin de Sully. Henri IV, de son côté, ne laissait pas que d'être effrayé des sommes énormes que l'achat des objets de luxe faisait sortir de France (six millions d'écus). Mais, au lieu de combattre le luxe, il ne cherchait que les moyens d'en naturaliser les produits parmi nous, ce qui était choquer de front les théories de son ministre. Aussi celui-ci résistait-il énergiquement, et volontiers il eût prohibé la soie, les diamants, les pierreries, les statues, les tableaux, du moins dans certaines classes; il se fût surtout attaqué au faste écrasant des gens de robe et de finance. « Sont-ce là, lui dit un jour le roi, les bonnes raisons que vous avez à m'apporter? J'aimerois mieux combattre le roi d'Espagne en trois batailles rangées que tous les gens de justice, d'écritoire et de ville, et surtout leurs femmes et filles que vous me jetteriez sur les bras avec vos bizarres réglements. »

Henri fit donc planter quatre cent mille mûriers blancs, dont un grand nombre dans le jardin des Tuileries, et construire des bâtiments pour magnaneries et manufactures. L'un de ces bâtiments était aux Tuileries; un autre *plus superbe* au parc des Tournelles, c'est-à-dire, à la place Royale. Nous apprenons, par un rapport de l'*Assemblée du Commerce* qui se tint à Paris en 1604, que cet établissement commençait dès lors à *florir et réussir, au grand contentement d'une infinité de gens de bien et d'honneur*. Le même rapport nous parle d'une manufacture à filer l'or, façon de Milan, récemment établie à Paris, hôtel de la Maque, et qui retenait dans le royaume plus de 1,200,000 écus par année. Il fait mention de tapisseries de *cuir doré et drapé de toutes les sortes et couleurs, plus belles que la broderie même*, que l'on pouvait voir *ès grandes boutiques des* faubourgs Saint-Honoré et Saint-Jacques, et dont la fabrication aidait *à nourrir et employer les pauvres gens*. Semblable mention de tapis de Turquie, soit *persiens, cayrins, alexandrins, jamiens et autres*, plus beaux, plus forts et à meilleur marché, dont les *épreuves belles en perfection* avaient été jugées *très-utiles et agréables*. Henri IV établit, en 1607, une manufacture de ces tapis dans la maison de la *Savonnerie*, qu'ils ont rendue célèbre. Le *Mémoire* cite, en outre, l'acier fin et excellent du faubourg Saint-Victor, les tuyaux et canaux de plomb *battus et légers comme fer à cuirasse*, du faubourg Saint-Germain; les bluteaux perfectionnés du sieur Mercure, parfumeur du roi. Ces bluteaux offraient surtout l'avantage que *les enfants depuis l'âge de sept ans, les aveugles et vieillards décrépits pouvoient* avec eux *gagner leur vie, assis et sans peine ni travail de corps*.

Cette pensée des pauvres, cette préoccupation des moyens d'utiliser leurs forces de manière à leur faire gagner honorablement leur vie, étaient de celles qui revenaient le plus souvent dans les délibérations du roi et de ses conseillers. L'Assemblée du Commerce de 1604 traite avec dédain le *musc*, les *senteurs*, les *affiquets de luxe* et ce qu'elle appelle *toutes sortes de poisons du corps et de l'esprit;* mais elle appelle l'attention du roi sur la *nouvelle invention* de faire filer en un seul atelier toutes sortes de laines, poils, cotons, lins, chanvre, etc., par les *petits enfants, aveugles, vieillards, manchots et impotents, assis à leur aise, sans travail ni peine de corps*. Toujours les mêmes termes, toujours la même recherche, non-seulement du bien, mais du mieux! Elle signale une *invention* également *nouvelle*, « de faire aller des bateaux à voiles et à rames sur la rivière de Seine en aussi grande diligence quasi que les galères sur la mer, pour conduire toutes personnes et marchandises à meilleur marché et à jours plus assurés que par la voie ordinaire. » On se proposait d'y employer les vagabonds, *caymants, coupeurs de bourses et autres tels mauvais garnements* dont la France devait être ainsi *purgée et grandement soulagée*.

Parmi les autres projets de l'*Assemblée*, nous remarquons enfin le rétablissement de la police à Paris et le nettoiement de la ville, « *tant des boues et immondices que des pauvres auxquels on fera gaigner leur vie*, jusques aux plus petits enfants, en les employant aux économies et nourritures des porcs et volailles qui se feront par l'entrepreneur ès environs de ladite ville. »

Quelques-uns de ces projets ne furent pas exécutés, quelques autres échouèrent; mais on peut juger du moins par leur ensemble de l'activité et de la tendance des esprits sous le règne de Henri IV. Or, la France entière s'associait au mouvement : une manufacture de *crespes fins* de Bologne s'établissait à Mantes; un autre de *satins de Bruges* à Troyes; une de *toiles, façon de Hollande*, à Rouen, etc. Le canal de Briare unissait la Loire à la Seine, le canal des deux mers apparaissait dès lors dans les prévisions de l'avenir, et nos campagnes, plus soigneusement cultivées, devenaient le grenier de l'Europe.

Peu de règnes ont laissé à Paris autant de traces de leur passage que celui du Béarnais. Nos rois avaient construit sans doute des monuments remarquables, mais Henri IV fut le premier à mettre de l'ensemble dans ses travaux et à concevoir un plan général d'embellissements pour tel ou tel quartier de la ville. Ainsi, non-seulement le Pont-Neuf, commencé par Henri III, fut achevé (1607), mais de larges voies en facilitèrent les abords. C'est, en effet, de cette époque que datent la place et la rue *Dauphine*, ainsi que les deux quais des *Orfèvres* et des *Morfondus* (de l'Horloge). Les maisons de la place Dauphine furent, en outre, toutes bâties d'après un plan uniforme. Il en fut de même de celles de la place Royale qui remplaça l'ancien palais des Tournelles abandonné depuis la mort de Henri II (1604-1612). Le style de ces constructions avait d'ailleurs un caractère à lui et qui s'éloignait notablement des traditions du XVIe siècle. Ainsi l'élégance du dessin et la délicatesse du ciseau font place à une certaine grandeur massive. De larges pavillons, de hauts toits comme au moyen-âge, mais sur lesquels ne se dessinent plus les pignons aigus des lucarnes gothiques; des murs de briques avec chaineaux de pierres à bossages formant une marqueterie rouge et blanche, tels sont les traits les plus habituels de l'architecture sous Henri IV et les premières années de Louis XIII. La place Royale nous en offre aujourd'hui encore un type imposant et curieux.

« Si vous revenez à Paris d'ici à deux ans, écrivait Malherbe en 1508 à M. de Peiresc, vous ne le connoîtrez plus. Le pavillon du bout de la galerie est presque achevé (galerie d'Apollon); la galerie du pavillon au bâtiment des Tuileries est fort avancée (grande galerie du Louvre); l'eau du Pont-Neuf est aux Tuileries (pompe de la Samaritaine)..... » La pensée de ces travaux était une de celles qui revenaient le plus souvent à l'esprit du roi. « Demain je voirray tous mes artisans, mes bastiments et mes jardins, » écrivait-il à la reine, le 27 novembre 1601. Et dans sa correspondance avec Sully, il revient sans cesse sur ses constructions, sur le Louvre, Saint-Germain, les portes Saint-Bernard et du Temple, les fontaines du Palais et de la Croix du *Tirouër*. Il entre jusque dans le détail du *transport des terres*, afin que les maçons *puissent besoigner*.

Nous apprenons par Malherbe que Henri IV se proposait de *raser* tout l'espace d'entre le *Louvre et les Tuileries*. Gaspard de Saulx-Tavannes nous parle également d'une *grande cour admirable entre les deux palais*, puis d'une place en avant de Saint-Germain-l'Auxerrois, d'une galerie *pareille à celle qui regarde sur la rivière*. « Mais, à la vérité, pour faire de tels bastiments, ajoute-t-il, il faudroit que le roy de France fust au moins seigneur de tous les Pays-Bas et bornast son Estat de la rivière du Rhin, occupant les comtés de Bourgogne et Savoie, etc., etc. »

Henri IV n'en demandait pas tant. Avec les années tout lui semblait possible. « Que ne suis-je assuré, disait-il, du temps qu'il me faudroit pour deux grands ouvrages! Je bastirois le Louvre et clorrois les fauxbourgs de Paris de murailles, et je me pourrois vanter d'avoir faict la plus belle maison et la plus grande ville du monde. » — « Toutes les autres villes, en comparaison de Paris, ajoute Matthieu, ne lui sembloient que des bicoques, et tenoit pour fable tout ce qu'on lui disoit de Quincey, du Grand-Caire, de Cambalu et de Cassagale. »

Malheureusement le temps ne lui fut pas accordé; mais la grande galerie du bord de l'eau fut du moins conduite jusqu'au campanile qui fait face au pont des Saints-Pères, et Malherbe nous représente le *dieu de Seine, debout,*

A regarder croître l'ouvrage
Dont ce prince embellit ses bords.

Et non loin du palais du roi s'élevait en même temps le palais du pauvre. Comment, en effet, ne pas donner ce nom à l'hôpital Saint-Louis, ce modèle grandiose de construction intelligente et charitable! Figurez-vous une cour plantée de 104 mètres sur chaque face, entourée de bâtiments divisés en huit corps-de-logis et huit pavillons : les corps-de-logis pour les salles des malades, les pavillons pour les vestibules, les escaliers, les chauffoirs, les chapelles, et, autour de cette cité de la souffrance, de larges allées qui isolent en quelque sorte la contagion.

L'hôpital Saint-Louis était destiné aux pestiférés, à ces malheureux, dit Fléchier, qui *d'ordinaire* étaient *perdus parce qu'ils étaient abandonnés*. Lorsque la peste cessa d'exercer ses ravages, on l'affecta aux convalescents de l'Hôtel-Dieu. Il est réservé aujourd'hui au traitement des maladies cutanées.

Mais ce n'était pas assez de remédier au mal, il fallait encore le prévenir, et telle fut, on ne peut en douter, une des pensées qui dirigea Henri IV dans ses projets d'embellissement de Paris. Ainsi, les vastes places (et il se proposait d'en faire six) faisaient pénétrer l'air et le soleil dans des quartiers qui les connaissaient à peine. Les larges rues et surtout les quais facilitaient ces grands courants qui emportent avec eux les miasmes des villes; l'enlèvement des boues et des immondices détruisait en partie ces miasmes dans leur germe.

La réparation des anciennes fontaines et la construction de plusieurs nouvelles complétèrent enfin cet intelligent système d'assainissement et d'embellissement tout ensemble. Le manque de pestiférés qui se fit sentir dès le temps de Mazarin à l'hôpital Saint-Louis en est le plus bel éloge. Henri attachait un tel prix à cette libre circulation de l'eau, que le prévôt des marchands et les échevins ayant conçu l'idée dans la suite, d'imposer légèrement les fontaines pour faire face aux dépenses du festin que la ville se proposait d'offrir aux ambassadeurs suisses, « Trouvez quelque autre expédient, leur dit le roi; il n'appartient qu'à Jésus-Christ de changer l'eau en vin. »

Avant ce prince, Paris possédait dix-huit fontaines publiques alimentées par les aqueducs des Prés-Saint-Gervais et de Belleville. Mais depuis longtemps les sources, amoindries par des concessions successives, ne donnaient qu'une eau rare et incertaine. Les aqueducs, d'ailleurs, étaient délabrés, et vainement avait-on révoqué les concessions; l'eau ne venait plus. Henri IV fit alors reprendre l'œuvre du XIIe siècle, et bientôt l'eau jaillit de nouveau à Saint-Lazare, à Saint-Martin-des-Champs, aux Filles-Dieu, aux Innocents, à la fontaine Maubuée, partout enfin où les anciens tuyaux pouvaient la conduire; puis il lui trace des routes nouvelles; nous n'avons point oublié sa préoccupation à l'égard des fontaines du Palais et de la Croix du *Tirouër*. L'eau cependant ne suffisant pas, il fait établir par un Flamand, Jean Lintlaër, une pompe en aval de la seconde arche du Pont-Neuf, du côté du quai de l'École. Le prévôt des marchands tente de s'opposer à cette innovation qui, selon lui, doit embarrasser le cours du fleuve; mais Henri IV n'admet aucune remontrance, et Lintlaër pose définitivement, en 1603, le *moulin servant à son artifice*.

Cette construction, portée par de hauts pilotis, présentait, sur le Pont-Neuf, une façade de trois fenêtres, ornée d'un cadran et surmontée d'un campanile. Au-dessous du cadran étaient deux figures de bronze doré, représentant Jésus-Christ et la Samaritaine près du puits de Jacob. Entr'eux était un bassin également doré, où l'eau tombait en nappe d'une vaste coquille. On lisait, au-dessous, cette inscription empruntée à l'Écriture : *Fons hortorum, puteus aquarum viventium* (fontaine des jardins, puits des eaux vivantes). Qui ne sent tout ce que dit cette association des idées du temps et de l'avenir, et, à l'occasion d'une nappe d'eau, ce souvenir des *eaux* de la grâce qui donnent la vie à l'âme. Bientôt on ne représentera plus sur les fontaines que des Naïades; mais on aura beau leur prêter tout l'esprit de Santeul, aucune ne sera populaire comme la *Samaritaine*.

Le prévôt des marchands que nous venons de voir en lutte avec Henri IV, était François Miron, homme d'intelligence et d'énergie, qui savait tour-à-tour résister à la volonté royale, lorsqu'il le croyait utile aux intérêts de la cité, et se prêter avec élan à ses intentions généreuses. Ce fut Miron qui acheva l'Hôtel-de-Ville et qui en livra la grande salle au ciseau de Biard. Biard était, disait-on, élève de Michel-Ange. On peut voir encore à l'Hôtel-de-Ville ses *Dieux Termes* ornés de colliers de roses.

A la suite des magnificences municipales, nous devrions citer maintenant celles des grands seigneurs et surtout des financiers qui rivalisaient avec le prince lorsqu'ils ne l'éclipsaient pas. Pierre de L'Estoile nous montre sans cesse Henri IV allant dîner et coucher chez Zamet, à peu près comme Louis XI allait prendre le bain chez les bourgeois de Paris et s'asseoir à leur table. Il est remarquable même que Marie de Médicis descendit chez Zamet, à son arrivée en France, et y demeura plusieurs jours avant de prendre possession du Louvre. Qu'était cependant Zamet? un aventurier italien qui s'était enrichi parmi nous au commerce de l'argent, ainsi que l'avaient fait tant d'autres de ses compatriotes depuis Catherine de Médicis. C'est à lui que Destouches a emprunté le mot de son *Glorieux : Seigneur suzerain..... d'un million d'écus*. Zamet se porta seigneur de *dix-sept cent mille écus* dans le contrat de mariage de son fils qui, par un singulier contraste, fut un des plus pieux et des plus braves officiers de son temps. Quant au père, il fut surtout le complaisant de Henri IV, après l'avoir été de Henri III et avoir donné au duc de Mayenne des dîners qui ne permettaient pas toujours au Lorrain de s'en aller seul. Henri IV perdait-il au jeu, ce qui lui arrivait souvent, et craignait-il d'affronter les reproches de Sully? il recourait à Zamet qui avait toujours pour lui l'argent à la main et savait toujours aussi le faire rentrer malgré le ministre. Il avait de l'argent et des complaisances pour Gabrielle d'Estrées et la marquise de Verneuil, pour tous les caprices et toutes les faiblesses du roi; et son hôtel n'était trop souvent que le théâtre peu discret des scandales de la cour. Cet hôtel, situé rue de la Cerisaie, dans le voisinage de l'Arsenal, servit plus tard de demeure à Pierre-le-Grand, lors de son voyage en France. « L'architecture en était florentine, dit M. Capefigue, un peu lourde, mais d'une voluptueuse ornementation. Un grand pavillon au centre, deux ailes entourant une cour vaste et commode; de larges appartements pour recevoir la compagnie, de beaux cabinets et boudoirs pour la retraite, la *sieste* du midi; deux salles à manger, une pour la collation, une autre pour le souper; un jardin bien planté, fruits, fleurs, haute futaie, et, à l'extrémité, une salle de bains tout en marbre, exposée en plein midi comme à Rome, tout entourée de statues et de charmilles, de rosiers et de jasmins; puis un petit salon pour le repos mystérieux de la galanterie amoureuse. »

En deux mots, Zamet comptait la dépravation comme une des jouissances du luxe. A quoi bon les peintures à la Boucher? elles ont fait leur temps avec les dessus de portes de nos pères.

Tout près de l'hôtel Zamet se trouvait l'Arsenal qu'habitait Sully, et si les complaisances et les flatteries ne manquaient jamais au roi dans la première de ces riches demeures, les leçons et les boutades lui faisaient rarement défaut dans la seconde. Revenu au Louvre, il y rencontrait de nouveau, d'un côté, les séductions; de l'autre, les reproches, et, des deux côtés à la fois, les boutades.

Lorsque Marie de Médicis épousa le roi, elle n'avait plus de la jeunesse que l'éclat du teint; mais ses formes déjà épaisses contribuaient peu à racheter le manque d'expression de son visage. Avec l'époux le plus vif, elle était la femme la plus compassée; avec le ministre le moins complaisant et le plus exact, elle était la reine la plus exigeante et la plus quinteuse. Les Italiennes qu'elle avait amenées la dominaient par l'esprit, par l'habitude, et formaient une cabale dangereuse tant au palais que dans l'État. Henri IV se trouva vite à l'étroit et à la gêne dans ce cercle sans abandon et sans intimité, et, avec une faiblesse qui bravait toutes les convenances, il fit venir la marquise de Verneuil au Louvre. La marquise avait précisément les qualités et les défauts que Marie de Médicis n'avait pas : elle était enjouée, spirituelle, mordante, colère; mais jamais ses ressentiments et ses exigences ne s'exprimaient, comme ceux de la reine, par une froideur sèche et concentrée. Les jalousies, les haines, les plaintes devinrent dès lors les habitudes de la vie royale.

Henri revenant un jour de Saint-Germain avec Marie de Médicis, leur carrosse versa dans la Seine en passant le bac de Neuilly. Le roi fut promptement sauvé; mais on craignit quelque temps pour la reine. « Que n'étais-je là! s'écria en apprenant l'événement la marquise de Verneuil; une fois le roi hors de l'eau, j'aurais crié : *La reine boit!* » Et cette femme vivait au Louvre, et la honte se changeait en fierté pour elle.

Henri cherchait d'ailleurs, en toute occasion, à se montrer prévenant pour Marie. Il lui écrivait : « Vous avez oublié de m'appeler votre cœur; je vous aime plus que chose au monde. » Et une autre fois : « Je vois que l'on ment à Paris comme de coutume. Ceux qui font courir le bruit que nous sommes mal ensemble, le désireroient peut-être; mais nous les éloignerons bien de leur compte. » Et, en même temps, le même jour peut-être, il écrivait à la marquise, en l'appelant ses *chères amours, son menon, le cœur à moy.* « Tout le reste du monde ne m'est rien auprès de toy. » Et la marquise le trahissait non-seulement pour Bassompierre, mais encore pour l'Espagne, et, maître du secret de la trahison, Henri IV, après quelques scènes violentes, où Sully fut obligé de retenir une fois sa main, revenait comme un enfant à cette malheureuse dont le vice agaçant lui faisait bon gré mal gré oublier les froides vertus de la reine.

Tristes exemples, mais utiles leçons! Il entrait, au reste, dans la destinée de Henri IV d'être trahi surtout par ceux auxquels il témoigna le plus de confiance. Sa maîtresse se vend à l'Espagne, Biron à la Savoie; La Trémouille, Bouillon, les Rohan sont prêts à s'allier avec tous ceux qui lui feront la guerre, tandis que la plupart des Ligueurs méritent l'éloge que Voltaire a fait du duc de Mayenne,

Qui soumettant enfin son cœur et ses provinces,
Fut le meilleur sujet du plus juste des princes.

Remarquons bien cependant que la masse des Ligueurs ne s'était soumise qu'à regret. Lorsque Henri IV entra à Paris, les prédicateurs, loin de s'associer à l'enthousiasme des magistrats qui flétrirent et condamnèrent aussitôt ce qu'ils avaient encensé la veille, refusèrent de monter en chaire, protestant « qu'ils ne pouvoient prescher autrement qu'ils avoient fait. » On s'en plaignit à Henri IV; mais celui-ci se contenta de répondre avec sa bonhomie ordinaire, *qu'il les falloit excuser pour ce qu'ils estoient encore faschés.* Cette intelligente conduite qui savait apprécier les convictions, en triompha plus vite et plus sûrement que n'eût fait une lutte acharnée. Henri IV était aimé du peuple, auquel allaient tout à la fois et la cordialité de son caractère et l'équité de son administration; il avait fini par l'être du clergé et de la bourgeoisie qui rendaient justice à la sincérité de son retour. N'avait-il pas même cherché à attirer en France saint François de Sales? n'avait-il pas fait célébrer à Notre-Dame de solennels obits pour Baronius et Tolet, deux illustres cardinaux romains? Les projets de guerre contre l'Empire et la rupture de nos anciennes alliances catholiques étaient de nature toutefois à éveiller des ressentiments à peine assoupis; mais il fallut le délire d'un misérable renvoyé du cloître comme *mélancolique,* pour que les murmures de quelques-uns et les craintes d'un grand nombre se transformassent tout-à-coup en un fanatisme meurtrier.

Le vendredi 14 mai 1610, Henri IV passa une partie de la matinée au *promenoir des Tuileries,* où Monsieur le Dauphin vint le voir, raconte le Père Matthieu, et *l'allégresse demeuroit sur son visage.* Des Tuileries il alla ouïr la Messe aux Feuillants, sur l'emplacement actuel de la rue de Rivoli. Le couvent de ces religieux devait beaucoup à sa générosité. Henri IV remarqua une chapelle que venait de faire construire Bassompierre. A l'entrée étaient écrites ces paroles du Psaume : *Quid retribuam Domino pro omnibus quæ retribuit mihi* (que rendrai-je au Seigneur pour tout ce qu'il m'a accordé)? « Bassompierre aurait dû ajouter, reprit gaîment le roi : *Calicem accipiam* (j'accepterai le calice). » Cette vive répartie, *tirée de la chose même,* ainsi que le remarque Matthieu, fut admirée de chacun. « Vous ne me connaissez pas, dit alors le roi; quand vous m'aurez perdu, vous me connoîtrez, et sera bientôt. »

De sinistres pressentiments lui venaient, en effet, depuis quelques jours. D'un côté, on lui avait dit qu'il mourrait à la première grande solennité; d'un autre, qu'il mourrait en carrosse. Henri n'était pas indifférent à ces avis; il ne se prêta même qu'à regret au couronnement de la reine, dans la pensée de la *grande solennité* qui, disait-on, devait lui être fatale. Mais ces appréhensions cédaient dans l'habitude à l'énergique entrain de son caractère. « Une vie qui est toujours en crainte, disait-il, est pire que la mort. Je me recommande à Dieu quand je me couche; je le prie de me conduire quand je me lève. Tout le reste est entre ses mains; ce qu'il garde est bien gardé. Il me garantira des fols, et je ne crains pas les sages. » Et il ne s'assujétissait à aucune précaution; il sortait sans capitaine des gardes; il faisait lever toutes les portières de cuir de son carrosse, et c'est ainsi que ce même jour, 14 mai 1610, Ravaillac n'eut qu'à étendre le bras pour le frapper.

La rue de la Ferronnerie est loin de nous présenter aujourd'hui l'aspect qu'elle avait le jour du crime. Les échoppes qui étaient alors adossées aux charniers des Innocents, et dont Henri II avait ordonné la démolition dès l'année 1554, comme rendant la voie *étroite, malaisée et incommode,* ont disparu, malheureusement trop tard. Mais nous pouvons du moins nous figurer, au lieu même où la rue offre maintenant le plus de largeur, une petite boutique de quincaillier appuyée sur le mur du cimetière et portant pour enseigne : *Au cœur royal percé d'une flèche.* Sous son auvent se tenait un homme à la barbe rousse, attendant la voiture royale qui serrait de près les boutiques et s'arrêtait à chaque pas à cause de l'embarras de deux charrettes. Cet homme était Ravaillac.

Au Louvre, nous pouvons suivre le corps sanglant du roi porté à bras à travers les grandes salles qui l'avaient vu si souvent *paré de pierreries et plus encore de bonne mine,* comme dit Malherbe. La chambre de Henri IV occupait une partie de l'emplacement de la salle actuelle des Sept-Cheminées. On peut voir aujourd'hui encore les riches boiseries de cette chambre, chefs-d'œuvre de Rolland, des deux Hardoin, de Francisque et de Biard, dans les appartements plus récents qui s'étendent derrière la Colonnade. Le corps déjà inanimé de Henri fut déposé sur le lit au fond de l'alcôve; puis on le dépouilla de l'habit de *satin noir égratigné* dont il était revêtu, pour le couvrir d'un *pourpoint de satin blanc,* et il fut ainsi *vu, considéré, pleuré et regretté par toute la ville* (Matthieu). Le lendemain on le mit dans le cercueil. Un *grand drap d'or* fut jeté sur la bière, et des deux côtés avaient été placés des autels, où, dix-huit jours durant, le clergé dit des Messes le matin *et des suffrages à toutes heures.* En même temps, une effigie du roi était exposée sur un lit de parade dans la salle basse du Louvre. Elle *étoit en son séant* avec tous les insignes de la royauté, et les officiers de la couronne lui rendaient, aux heures des repas, les services qu'ils devaient aux rois pendant leur vie. Je fus « a l'heure du souper de l'effigie, raconte Malherbe..... Elle ressembloit fort à la vérité, mais elle étoit trop rouge..... La table du souper étoit à cinq ou six pas, entre deux piliers. Le service en fut faict ni plus ni moins que le roi étoit servi lorsqu'il vivoit, sans que l'on criât ni *grand panetier,* ni *grand sommelier,* comme on le faisoit croire. »

On nous pardonnera ces détails qui nous transportent au milieu d'habitudes perdues aujourd'hui. Cette effigie, emblème de la vie, placée non loin du cercueil, triste emblème de la mort, était là pour rappeler, sous les tentures funèbres, que la royauté ne meurt jamais en France. Elle figurait également aux obsèques, et, tandis que le corps s'en allait vers Saint-Denis sur un *charriot d'armes* à six chevaux, l'effigie suivait, portée sous un poêle par le prévôt des marchands, les échevins, et entourée de la cour du Parlement en robes rouges. La justice, en effet, ne meurt pas plus que la royauté dont elle est le plus bel attribut. Enfin, tant que la pierre du caveau n'était pas fermée, tant que le roi d'armes, déposant sur la tombe le sceptre et la main de justice, n'avait pas crié : *Le roi est mort!* et que le cri de *Vive le roi!* ne lui avait pas encore répondu, la mort elle-même semblait suspendre son empire.

« La cérémonie n'eut pas besoin de pleureurs empruntéz ni de larmes achептées, dit le Père Matthieu; chacun en fournit abondamment. » En Europe le coup ne fut pas moins fortement senti, bien qu'assurément avec des impressions fort diverses. Lorsque le roi d'Angleterre apprit la fatale nouvelle, « il devint plus blanc que sa chemise, écrit l'ambassadeur français, et se montra tout ce jour-là si rempli de tristesse, qu'il lui arriva trois ou quatre fois que, voulant entrer par une porte, il entroit par l'autre. » — « Le flambeau des rois est éteint, » disaient de leur côté les princes allemands. « Notre roi est mort, » s'écriaient les patriciens de Venise, et le roi d'Espagne demeurait sans voix devant ce coup qui réduisait en poussière celui qu'il appelait *le plus grand capitaine du monde.*

RÈGNE DE LOUIS XIII.

1610-1643.

Nous le savons, Marie de Médicis ne s'était jamais senti de penchant pour Henri IV. S'il faut en croire cependant les métaphores de Malherbe, ses larmes furent abondantes :

> C'est la Seine en fureur qui déborde son onde
> Sur les quais de Paris.

Comme toutes les inondations, au reste, elles passèrent vite; car le même Malherbe écrivait, peu de temps après, dans une lettre de consolation à un ami : « Il n'y a pas longtemps que vous vîtes le Louvre troublé du plus effroyable accident que le malheur y pouvoit faire naître; aujourd'hui le ballet de Madame s'y prépare avec une magnificence à qui l'on croit qu'il ne se vit jamais rien de pareil. S'il plaît à Dieu, il en sera de même de votre maison. »

Nous n'avons pas le récit du ballet de Madame, mais nous avons celui d'une fête donnée sur la place Royale, en 1612, pour célébrer la convention matrimoniale qui appelait Anne d'Autriche au trône de France et unissait par de doubles liens la France à l'Espagne. Les ducs de Guise, de Nevers et le comte de Bassompierre avaient été chargés par la reine d'être les *tenants* d'un carrousel, où elle se flattait qu'ils surpasseraient toutes les prouesses espagnoles. Les trois tenants et ceux qu'ils s'adjoignirent s'intitulèrent aussitôt les *chevaliers de la Gloire.* Ils se proposaient de défendre contre tout venant le *temple de la Félicité;* leur défi était signé *Alcindor, Léontide, Alphée, Lysandre* et *Argant.* Le rendez-vous était *à la place Royale de l'abrégé du monde,* — le jour — *le vingt-cinquième du mois consacré au dieu qui les inspiroit* (*Mars*). La place fut aussitôt aplanie, et au centre s'éleva le *temple de la Félicité*, avec figures et devises. Le carrousel dura trois jours, au milieu d'une affluence sans égale qui se pressait autour des barrières, s'élevait sur des échafauds jusqu'au premier étage des maisons, encombrait les fenêtres et se répandait jusque sur les entablements et les corniches. On portait cette population à quatre-vingt mille têtes. Quant aux figurants, ils étaient au nombre de deux mille. On remarquait parmi eux les chevaliers du Soleil, les chevaliers du Lys, le *Persée Français* (Henri de Montmorency), le chevalier du *Phénix* (le duc de Longueville), les quatre *Vents*, les nymphes de Diane, dont le léger costume recouvrait quatre futurs maréchaux de France. Ils étaient suivis de vingt charriots formant théâtres, avec machines et personnages, d'un rocher roulant chargé de musique, d'un char triomphal, du haut duquel des divinités mythologiques débitaient des vers; puis venaient des géants, des éléphants, un rhinocéros et un monstre marin, qui accroissaient encore la pompe du cortége. On se disputa la bague, on courut la quintaine. Le second jour, un feu d'artifice jaillit du temple de la *Félicité*, au bruit des coups de deux cents canons; et le troisième jour, les chevaliers parcoururent la ville à la clarté de mille torches, ce qui donna lieu à deux incendies. Le récit de ces fêtes forme un volume in-4°, en tête duquel se trouvent les portraits des jeunes époux, Louis XIII et Anne d'Autriche, placés l'un vis-à-vis de l'autre, de manière que le livre ne puisse se fermer sans qu'ils se touchent. Au-dessous se lit le quatrain suivant :

Ne trouble plus longtemps leur aise!
Ce roi, bien qu'il soit enflammé,
Est si discret qu'il ne la baise
Que lorsque le livre est fermé.

Deux ans après ce carrousel qui reproduisait les anciens tournois de la chevalerie sous une forme adoucie et romanesque, Paris fut témoin d'une autre solennité qui rappelait également les vieilles coutumes de nos pères. Les États généraux du royaume avaient été convoqués pour le mois d'octobre 1614. Le dimanche donc 26 de ce mois, après trois jours de jeûne, la cour et les États se réunirent dans l'église des Augustins, sur le quai de ce nom, afin d'assister à la procession du Saint-Sacrement qui devait se rendre solennellement à Notre-Dame, dans le but d'appeler sur les travaux de l'assemblée les grâces divines. On comptait cent quatre-vingt-douze députés du tiers, cent trente-deux membres de la noblesse et cent quarante représentants de l'Église, parmi lesquels quarante-sept évêques, sept archevêques et cinq cardinaux. Le Saint-Sacrement était porté par l'archevêque de Paris sous un dais de toile d'argent que soutenaient Monsieur, frère du roi, le prince de Condé, le duc de Guise et le prince de Joinville. Le roi marchait derrière sous un autre dais. Il était suivi par la reine et les princesses, toutes à pied et tête nue. Le Parlement et les autres cours souveraines fermaient la marche.

Le lendemain, les États s'ouvrirent par une séance royale dans la salle du Petit-Bourbon qui passait pour être la plus vaste de France. C'était un débris de l'ancien hôtel du Connétable qui s'élevait en avant du Louvre, du côté de Saint-Germain-l'Auxerrois. Elle a été démolie dans la suite pour faire place à la Colonnade.

Enfin, le jour de la Toussaint, les trois ordres « reçurent le Saint-Sacrement dans l'église des Augustins. » Puis, les délibérations commencèrent. Ces délibérations qui durèrent près de quatre mois, ne produisirent, en définitive, aucun résultat sérieux, par la raison que chaque ordre ne concevait les réformes que pour les autres, mais jamais pour lui. Les jalousies, les oppositions, les paroles acerbes empêchèrent dès lors tout accord utile, malgré quelques bonnes intentions et beaucoup de sages vues.

Et cependant les États de 1614 furent loin d'être stériles, car on peut dire que c'est de leur sein que sortit Richelieu. Orateur du clergé, quoique le plus jeune de ses membres, on ne fut pas moins frappé de la fermeté de ses idées que de la facilité de sa parole. Au moment où l'anarchie était partout : dans le pouvoir livré à Concini, un aventurier italien; dans la haute aristocratie, toujours prête à se soulever et à se vendre; dans le Protestantisme, avec ses places de sûreté; dans la cour, avec ses intrigues, un homme se présentait enfin avec une théorie précise et praticable de gouvernement : moins faire de nouvelles ordonnances que tenir la main aux anciennes; veiller à leur exécution *non pour un jour, mais pour toujours;* donner force à la justice, prix au mérite, punition au mal, récompense à la vertu; protéger les arts et les lettres; ménager les finances, *vrais nerfs de l'Estat;* retrancher les dépenses, réduire les pensions aux termes où le *grand Henri* les avait *établies;* recevoir enfin les décrets du concile de Trente, et faire ainsi disparaître la *marque de désunion* qu'au *grand étonnement* des autres nations catholiques, la monarchie très-chrétienne portait depuis tant d'années *sur le front.* C'était la réforme de l'État par le respect de tous les droits et l'énergique action du pouvoir.

Richelieu fut appelé au conseil dès l'année 1616; mais la mort de Concini et la disgrâce de Marie de Médicis qui en fut la suite, lui en fermèrent promptement l'entrée.

Le meurtre du maréchal d'Ancre est du 24 avril 1617. Concini tomba frappé de trois coups de feu sous le porche du Louvre. Son corps fut ensuite secrètement enseveli à l'entrée de Saint-Germain-l'Auxerrois; mais le lendemain matin quelques misérables le déterrèrent. On le traîna alors par les rues; on le pendit aux potences que le tout-puissant ministre avait fait dresser sur le Pont-Neuf, et on finit par le brûler avec le bois du gibet.

La maréchale fut brûlée, à son tour, sur la place de Grève, par arrêt du Parlement, qui la déclara *atteinte* et convaincue du crime de *lèse-majesté divine et humaine*, vague formule derrière laquelle se retrancha la faiblesse des juges. On parlait de talismans, de symboles et écrits *merveilleux*. On avait trouvé chez elle, disait-on, l'horoscope du roi et de la reine; on y avait trouvé aussi une grande image de cire dans un cercueil de verre. On prétendait qu'Éléonore Galigaï sacrifiait parfois un coq; on l'accusait d'avoir jeté un charme sur la reine-mère. Aucun de ces griefs, toutefois, ne fut articulé dans l'arrêt. Il n'était malheureusement que trop dans les habitudes du parlement de Paris d'être faible vis-à-vis des forts et fort vis-à-vis des faibles. « Que de peuple pour une pauvre affligée! » s'écria tristement la Galigaï en marchant au supplice.

Quant à la reine-mère, elle dut quitter le Louvre et Paris. Louis XIII se mit à la fenêtre pour la voir partir.

Au tout-puissant Concini succéda celui qui l'avait fait tuer et que Louis XIII lui-même ne tarda pas à appeler le *roy Luynes*. Les grands se soulèvent de nouveau. La veille, ils se pressaient autour du prince de Condé contre la reine-mère; aujourd'hui, ils se pressent autour de la reine-mère contre le roi. Les Protestants, de leur côté, s'organisent en république, et, de leur place forte de La Rochelle, où ils peuvent librement recevoir des secours de l'étranger, bravent le roi et la France. De Luynes, devenu connétable sans avoir vu le feu, leur enlève Saint-Jean-d'Angély, échoue devant Montauban et meurt. Louis XIII continue la guerre de son chef, et déploie alors le courage qui s'unissait chez lui à tant de faiblesse. « Le feu roi son père, qui étoit dans l'estime que chacun sçait, écrivait Bassompierre, ne témoignoit pas pareille assurance. » Mais lorsqu'il fallait négocier et gouverner, la tête manquait. L'anarchie était dans le ministère, l'intrigue à la cour; Marie de Médicis, qui avait repris sa place au conseil, songe alors à Richelieu, et l'évêque de Luçon, devenu cardinal par la protection de la reine, prend le timon de l'État d'une main tellement ferme, que Marie de Médicis elle-même sera obligée de plier.

L'administration de Richelieu peut se résumer en trois mots : abaissement des Protestants, abaissement des grands et abaissement de la maison d'Autriche.

La lutte avec les Protestants fut signalée surtout par le siége et par la prise de La Rochelle. On peut juger de l'impression que produisit cette conquête par les vers de Malherbe :

La Rochelle est en poudre, et ses champs dévastés
N'ont face que de cimetières
Où gisent les *Titans* qui les ont habités.

Un des plus pieux monuments de Paris garde le souvenir de cette ruine du Calvinisme. Le 9 décembre 1629, Louis XIII se rendait chez les Pères Augustins Réformés, près du Mail, et y posait la première pierre de leur église qu'il plaçait sous l'invocation de *Notre-Dame-des-Victoires*.

La lutte avec les grands fut longue et pénible. Plusieurs de ses épisodes eurent leur dénoûment à Paris. Telle fut, entr'autres, la mort du comte de Montmorency-Boutteville, décapité comme duelliste le 21 juin 1627. Le duel, importé dans les Gaules par les mœurs sauvages des Francs, y servit pendant longtemps d'expression même à la justice. Tombé en désuétude depuis saint Louis, il fut remis en usage par François Ier, sinon comme voie de droit, du moins comme transaction chevaleresque sur toute question d'honneur, et, au commencement du XVe siècle, il était devenu une mode, une habitude. On s'était façonné à la guerre durant les troubles civils, et on en portait les traditions jusque dans les rues et les carrefours. Pour la moindre susceptibilité, pour la plus légère querelle *prise à la chaude*, comme dit L'Estoile, par fierté, par fanfaronnade, pour faire montre de soi et de son rang, on s'attaquait et l'on se tuait, aux Tuileries, sur la place Royale, sans se préoccuper des passants, qui laissaient faire. Quelquefois même les seconds mettaient l'épée à la main, et le duel devenait une bataille. Le duel de Boutteville sur la place Royale fut de trois contre trois; celui de Bréauté, en Flandre, de vingt contre vingt.

Et contre une semblable frénésie les lois étaient impuissantes. On les exécutait parfois contre ceux qui succombaient, ainsi qu'il était arrivé à d'Arques, tué sur le Pont-Neuf par Baronville, et dont le corps, promené pendant deux jours dans un tombereau, fut jeté ensuite à la voirie. Mais le tueur se sauva en Angleterre *sur la recommandation de M. le prince de Joinville*. Or, les recommandations ne manquaient jamais, ou, au besoin, les lettres de grâce. Huit mille de ces lettres furent accordées en moins de vingt ans.

Le rendez-vous habituel des spadassins était à Paris, rue du Jour, à l'hôtel de Royaumont, que possédait alors le comte de Boutteville. On y trouvait constamment, dans une salle basse, des épées émoussées pour se faire la main, avec du vin et des vivres. Le comte, brave et léger, comme la plupart des jeunes gens de la cour, donnait à cet égard le ton à la mode. Il se battit publiquement le jour de Pâques 1624; il se battit de nouveau, et, comme pour braver le pouvoir, sur la place Royale, en 1627; mais cette fois justice fut faite malgré les supplications des duchesses de Montmorency et de Ventadour, et de la princesse de Condé, qui se jetèrent aux pieds de Louis XIII pour obtenir grâce.

Richelieu a écrit en parlant de Boutteville : « Le cardinal avoit, en son particulier, grande aversion à sa perte et grande inclination à porter le roy à luy pardonner; mais il étoit retenu par la pensée que conserver la vie de ce gentilhomme qu'il avoit déjà faict perdre à plusieurs autres, l'oteroit à la meilleure noblesse de cet État qui estimeroit ne devoir estre plus malheureuse que luy en suivant son exemple. »

Cinq ans après, le maréchal de Marillac montait à son tour sur l'échafaud de la place de Grève. Le maréchal devait beaucoup à Richelieu, ce qui ne l'empêcha pas d'être un des agents du complot qui aboutit à la *journée des Dupes*. Richelieu eut le tort de le faire juger chez lui, à Ruel, ce qui donna au châtiment un air de vengeance. Les faits imputés au maréchal étaient d'ailleurs uniquement relatifs au service de l'État. Il s'agissait de *péculat*, de *concussions*, de *faussetés et suppositions de quittances*, etc. « C'est chose bien étrange, disait Marillac, de me poursuivre comme l'on fait : il ne s'agit en tout ceci que de foin, de paille, de pierre, de bois, de chaux; il n'y a pas de quoi faire fouetter un laquais. » — « Près de 300,000 livres de larcins sur les fortifications, répondait Richelieu, 100,000 livres d'exactions sur les communautés, et le butin énorme qu'il a fait sur le pain de munition..... sont-ce des fautes de laquais?..... Toutes les corvées auxquelles il a contraint les peuples pour en mettre le salaire en sa bourse..... passeront-elles pour un crime de paille? »

Le maréchal subit le dernier supplice, le 10 mai 1632. Il fut amené, *portières abattues*, et le chevalier du guet s'était fait remettre dès le matin les clefs de chacune des portes de Paris, afin de prévenir toute entreprise en sa faveur. Lorsqu'il fut sur l'échafaud, le *Salve Regina* fut chanté « en la manière accoutumée, dit un récit du temps, et ledit sieur de Marillac ne dit aucune chose sérieuse que pour prier Dieu, et ainsy finit ses jours. »

Les autres grandes exécutions de Richelieu s'accomplirent loin de Paris : Chalais fut décapité à Nantes, Montmorency à Toulouse, Cinq-Mars et de Thou à Lyon.

Quant à la lutte avec la maison d'Autriche, elle ne produisit à Paris qu'un retentissement lointain. Un jour cependant la nouvelle arriva dans la capitale que les bandes espagnoles s'étaient emparées de Corbie et du cours de la Somme. L'effroi fut général. Qu'allait faire Richelieu? « Nos ennemis sont à quinze lieues de Paris, écrivait Voiture, et les siens sont dedans. Il a, tous les jours, avis que l'on y fait des pratiques pour le perdre. La France et l'Espagne, par manière de dire, sont conjurées contre lui seul..... et il n'a pas fait une démarche en arrière..... Il a songé aux périls de l'État, et non pas aux siens; et tout le changement que l'on a vu en lui, durant ce temps-là, est qu'au lieu qu'il n'avoit accoutumé de sortir qu'accompagné de deux cents gardes, il se promena tous les jours, suivi seulement de cinq à six gentilshommes. » Puis il marche lui-même en plein hiver contre Corbie, « et ceux que l'on avoit jetés dedans, c'est encore Voiture qui parle, ont été bien aises que le roy leur permît d'en sortir. »

Suivons maintenant Richelieu dans l'impulsion qu'il donna aux arts et aux lettres. Pour les arts, il n'eut qu'à suivre les traces de la reine-mère qui, en sa qualité d'Italienne et de Médicis, avait ce goût des palais et des statues qui semble inné à Florence. De Brosses dessina pour elle le Luxembourg dans le style des palais du Val d'Arno, et refit l'aqueduc d'Arcueil, dont il restait encore quelques débris romains. L'eau retrouvée se répandit aussitôt dans le nouveau palais, du fond d'une grotte ornée d'une statue de Naïade : on eût dit un souvenir des nymphées italiennes.

Le même De Brosses élevait la façade de Saint-Gervais et lui donnait cette forme pyramidale à plusieurs ordres, qui rappelait Palladio et allait devenir, pour près de deux siècles, le frontispice obligé de toutes les églises de France. L'œuvre de De Brosses se distingue du moins de toutes celles qui l'ont suivie par une grandeur de proportions et une hardiesse de dessin qui en font oublier la froideur académique.

Avec Richelieu le palais et l'église de la Sorbonne s'élèvent sous la direction de Lemercier. Le même artiste construit le dôme du Louvre; Métézeau termine la galerie du bord de l'eau; et le Palais-Cardinal, autre œuvre de Lemercier, remplace tout un ensemble de jardins et de palais dont l'acquisition seule coûta 816,618 livres. Les fossés de la ville sont en même temps rejetés au Nord, par delà le Mail; de larges rues sont ouvertes, la rue Richelieu, entr'autres, qui sert de communication entre le palais du cardinal et sa *villa* de la Grange-Batelière. Le Pré-aux-Clercs se couvre de maisons que desservent les longues rues parallèles de Saint-Dominique, Jacob, Bourbon, Verneuil et le quai *Mal-Acquest*. L'île Notre-Dame, abandonnée jusqu'alors aux troupeaux, devient, sous la direction de l'entrepreneur Marie, un vaste quartier entouré de quais spacieux, percé de rues uniformes et peuplé de riches hôtels. Une église y est dédiée à saint Louis et donne bientôt son nom à l'île entière.

Sur le terre-plein du Pont-Neuf, Louis XIII avait placé la statue de Henri IV, œuvre commune de Dupré, monté sur un cheval de Jean de Bologne. Sur la place Royale, Richelieu érigea celle de Louis XIII. La statue était de Biard, le cheval de Daniel de Volterre. Rubens avait été appelé à Paris par Marie de Médicis, et on l'avait vu emprunter à la mythologie ses plus riants souvenirs et à la peinture ses plus riches couleurs, pour répandre une teinte d'héroïsme sur les péripéties si diverses de la vie de la reine. Philippe de Champaigne peignait en même temps pour Marie les appartements du Luxembourg, et, pour les Carmélites de la rue Saint-Jacques, le célèbre *Crucifix* de leur chapelle; Simon Vouët créait l'école française et recevait un appartement au Louvre; Nicolas Poussin était appelé de Rome par Richelieu, et arrivait à Paris dans un carrosse du roi (1640). Louis XIII l'avait nommé son peintre ordinaire et lui avait fait préparer dans le jardin des Tuileries un logement que l'illustre peintre quitta malheureusement trop tôt pour retourner à Rome (1642). Ce fut là cependant qu'il traça son tableau de *François Xavier ressuscitant une jeune fille,* où l'on voit, où l'on sent en quelque sorte le retour à la vie.

Dans les lettres le mouvement n'était pas moins marqué. Richelieu, tout cardinal qu'il fût, avait fait construire deux théâtres dans son palais : l'un d'eux ne pouvait contenir que cinq cents spectateurs; l'autre pouvait donner place à trois mille. « Il était réservé, dit Sauval, pour les comédies de pompe et de parade, quand la profondeur des perspectives, la variété des décorations, la magnificence des machines y attiroient Leurs Majestés et la cour. » Richelieu dépensa, dit-on, 200,000 écus à la représentation de *Mirame,* tragédie signée par Desmarets, mais que l'on attribuait tout haut au ministre. Ne serait-ce pas lui, en effet, qui aurait écrit ce vers :

Plus un roi est hardi, plus on le voit heureux!

Malheureusement, Richelieu se souvint trop de *Mirame,* lorsque parut le *Cid,* de Corneille (1632). Le *Cid, Horace, Cinna* et *Polyeucte* parurent, de 1632 à 1643, sur le théâtre du Palais-Cardinal, qui rejeta dès lors sur le second plan le *prince des sots* et ses sujets, les comédiens de l'hôtel de Bourgogne. Corneille, malgré l'opposition que lui fit longtemps Richelieu (opposition à laquelle il ajouta le tort d'associer l'Académie naissante), touchait une pension de 500 écus du cardinal; Rotrou, Mézeray, La Mothe le Vayer, André Duchesne furent également du nombre des pensionnés du ministre. Enfin, l'Académie Française lui dut son origine; c'est plus qu'il n'en faut sans doute pour que son nom occupe toujours une place à part dans l'histoire littéraire du grand siècle.

L'institution de l'Académie est de 1635. Alors se réunissaient, depuis quelques années, chez Valentin Conrart, rue Saint-Martin, un certain nombre d'hommes de lettres *d'un mérite fort au-dessus du commun,* nous dit Pellisson, lesquels, « ne trouvant rien de plus incommode dans une grande ville que d'aller fort souvent se chercher les uns les autres sans se trouver, » avaient pris le parti de se rencontrer là, une fois par semaine, et s'y entretenaient familièrement « de toute sorte de choses, d'affaires, de nouvelles, de belles-lettres. Que si quelqu'un de la compagnie avoit fait un ouvrage, comme il arrivoit souvent, il le communiquoit volontiers à tous les autres qui lui en disoient librement leur avis; et leurs conférences étoient suivies tantôt d'une promenade, tantôt d'une collation qu'ils faisoient ensemble. » Instruit de ces réunions, Richelieu désira les consacrer par lettres patentes, et *comme il ne vouloit pas médiocrement ce qu'il vouloit,* ainsi que le faisait remarquer Chapelain, la petite société renonça à ce qu'elle appelait son *âge d'or* pour devenir l'*Académie Française.*

Les sciences ne sont pas moins redevables à Richelieu par l'établissement du *Jardin du Roi,* dont Hérouard, premier médecin de Louis XIII, et Guy de la Brosse, son médecin ordinaire, eurent les premiers la direction. Non-seulement la botanique y fut pratiquée par d'intelligentes cultures, mais elle y fut l'objet d'études physiologiques sur l'*intérieur des plantes,* pour employer les termes de l'édit de 1635. Le même édit statuait que, dans une maison dépendante du jardin, seraient réunis des échantillons de *toutes les drogues, tant simples que composées, ensemble toutes les choses rares en la nature qui s'y rencontreroient.* Tel fut le principe de notre incomparable collection d'histoire naturelle.

Il est enfin une institution politique dont la portée a dépassé de beaucoup les prévisions de Richelieu, et dont il fut cependant sinon le créateur, du moins le protecteur empressé. Nous voulons parler de la *Gazette,* c'est-à-dire de la presse, se mettant à la portée de tout le monde et s'introduisant partout à l'aide de la nouvelle du jour. Le premier qui en conçut l'idée fut Théophraste Renaudot, médecin et homme d'esprit à la manière de Guy Patin, et dont le génie inventif avait déjà fondé un mont-de-piété et des *bureaux d'adresses.* Renaudot était, en outre, médecin du roi et commissaire général des pauvres. Toutes les nouvelles lui arrivaient donc à la fois de la cour, de la ville et de la rue, et il en faisait un recueil pour l'amusement et la distraction de ses malades. Ceux-ci ne furent pas les seuls à s'y plaire; le recueil courut de main en main, et Renaudot songea à le livrer au public pour le prix d'une *gazetta,* la feuille, comme en Italie. Loin d'entraver l'œuvre, Richelieu fut le premier à y applaudir. La *Gazette* lui offrait, en effet, l'avantage d'empêcher les *faux bruits* qui, disait Renaudot dans sa préface, *servent souvent d'allumettes aux mouvements et séditions intestines.* Non-seulement donc le cardinal approuva le projet, mais il se fit souvent journaliste avec Théophraste, et Louis XIII lui-même céda, dit-on, plus d'une fois à l'envie de trouver de son style dans la *Gazette.*

Plus tard la presse s'émancipera, la censure se fera sentir. Loret, l'un des successeurs de Renaudot, dira mélancoliquement :

Désormais mes tristes gazettes
Ne seront plus que des sornettes

en attendant les révolutions!

La prospérité agricole et même industrielle de la France avait pris un rapide essor pendant les dix dernières années du règne de Henri IV. Cette prospérité s'accrut encore sous Louis XIII, et le luxe grandit avec elle. Les riches hôtels surtout se multiplient, et s'ils ne sont plus des monuments comme au moyen-âge, ils gagnent du moins au point de vue des commodités de l'habitation et des facilités de la vie, ce qu'ils perdent au point de vue de l'art. Les hautes portes cochères remplacent les voûtes sombres; les élégantes tourelles disparaissent, mais avec elles disparaît en même temps l'escalier raide qui se développait en limaçon dans son étroit espace, et une vaste rampe lui succède. Plus d'antichambres immenses et désertes; plus de ces cheminées gigantesques, où le ciseau s'était épuisé en sculptures, mais où le feu restait perdu dans les profondeurs de l'âtre; plus de vastes lits entourés de balustres comme pour le lever du roi; mais des alcôves profondes avec cabinets de bains et de toilette. La vie publique dominait encore jusque dans la disposition des appartements au XVIe siècle; au XVIIe, c'est la vie intime. Des chambres et des salles moins grandes, mais plus nombreuses; des cheminées moins hautes, mais plus chaudes; une distribution plus savante enfin qui fait un luxe nouveau des aisances de la vie, et assure toujours la promptitude du service : tels sont les traits auxquels on reconnut dès lors les riches demeures. L'hôtel de Rambouillet, dessiné par la femme spirituelle elle-même qui en fit le centre de la société, de la décence et du bon goût sous Louis XIII, leur servit à tous de modèle.

On y admirait l'escalier consistant en une seule rampe *large, douce, arrondie en portions de cercle,* et la chambre de velours bleu rehaussée d'or et d'argent, où recevait l'*illustre Arténice.* « Les fenêtres sans appui, qui règnent du haut en bas, depuis son plafond jusqu'à son parterre, dit Sauval, la rendent très-gaie et la laissent jouir sans obstacle de l'air, de la vue et du plaisir du jardin. »

Cette dernière innovation, si utile dans les rues étroites, fut très-appréciée. Tel était d'ailleurs, dans l'opinion des contemporains, le talent artistique de la marquise de Rambouillet, que Voiture ne craignait pas de lui dire : « Il est arrivé beaucoup de fois qu'en vous jouant, vous avez fait des dessins que *Miquel-Ange* ne désavoueroit pas. »

Jusqu'à la fin du règne de Louis XIII, la place Royale continua d'être le centre de la haute société parisienne; et cependant une sorte d'émigration commençait dès lors à entraîner les grands seigneurs, d'un côté, vers le Louvre et le Palais-Cardinal; de l'autre côté, vers le Luxembourg. Des Yveteaux qui s'obstina à rester au Marais, fut bientôt appelé le *dernier homme du monde.*

Nous nous rappelons les doléances de Sully contre les carrosses; ces doléances eurent longtemps de l'écho. « Ce monstre, lisons-nous dans un mémoire présenté à Louis XIII (il s'agit du luxe), ce monstre s'est, depuis sept à huit années, rendu si orgueilleux, qu'il ne veut plus cheminer sur terre, mais estre en un carrosse somptueusement pourmené, tellement qu'il tire la substance des maisons..... » Et l'on représente les magistrats vendant la justice pour *piaffer eux et leurs femmes;* on demande le rétablissement des chaises à porteurs, qui auraient l'avantage d'employer *force personnes, lesquelles se mettent à voler, faute de gagner leur vie.*

Nous assistons ici à la lutte des vieilles mœurs et des nouvelles. Les carrosses étaient encore un luxe récent. Charles IX avait eu le sien porté sur des *soupans de cuir de Hongrie* avec voûte d'*assemblage,* doublure de velours vert à clous dorés et capote de *vache grasse.* Ce *charriot branlant* fut bientôt imité. Sauval indique même la fille d'un nommé Favereau, riche apothicaire de la rue Saint-Antoine, comme s'étant montrée la première dans les rues de Paris avec un équipage semblable à celui du roi. Le peuple la poursuivit de ses huées. Le président de Thou, qui était goutteux, se permit, à son tour, la même jouissance, tandis que sa femme, fidèle aux vieux usages, continuait de monter en croupe derrière ses gens. Henri IV avait un carrosse, mais n'en avait qu'un. Il écrivait, un jour, à Sully qu'il ne pouvait l'aller voir à l'Arsenal, parce que sa *femme* avait fait atteler son coche, et était sortie dedans. Ce coche avait des portières de cuir qui s'abaissaient ou se relevaient. Mais Bassompierre remplaça bientôt ce genre très-imparfait de fermeture par des glaces. Les doublures de velours cramoisi et les attelages de chevaux gris devinrent, en outre, le type de la richesse et du goût; puis, à côté de ces riches véhicules, ne tardèrent pas à se mouvoir un grand nombre de *carrosses* plus modestes que le sieur Sauvage tint aux ordres du public, à partir de 1637, dans la rue Saint-Martin, à l'enseigne Saint-Fiacre.

Sous ce rapport, comme sous bien d'autres, Paris donna l'exemple au reste de l'Europe. Il est même curieux de lire dans les récits de voyage de Regnard la description qu'il fait, en 1682, du carrosse de l'empereur d'Allemagne, lorsqu'on se rappelle le luxe que déployaient, dès le règne de Louis XIII, les voitures parisiennes. Le carrosse de l'empereur « est plutôt un coffre qu'autre chose, écrit Regnard..... Les chevaux sont harnachés avec des cordes; » et il ajoute, ce qui est un trait de mœurs allemand : « Le cocher est à cheval depuis qu'il entendit sur son siége un secret qu'il alla révéler. »

Les écrits du temps de Louis XIII nous représentent généralement la France comme étant arrivée à un tel degré de *perfection en doctrine,* en *commodités,* en *richesses,* que *cela ne peut augmenter,* disent-ils, *mais bien diminuer.* Chaque jour, le luxe et l'ambition gagnaient sans jamais éteindre toutefois encore l'esprit de dévoûment et de sacrifice. Ne nous trompons pas en effet : si le XVIIe siècle est l'âge de Richelieu et de Louis XIV, il est aussi celui de saint François de Sales, de saint Vincent de Paul, de Mme de Chantal, de Mme Accarie, de Mlle Legras, de Mme de Miramion; s'il est le siècle du génie, il n'est pas moins le siècle de la charité chrétienne.

Jamais non plus le caractère de la femme ne se montra plus actif et plus fort. La fondatrice des Carmélites françaises, Mme Accarie, vit cinquante ans dans le monde avant d'entrer dans le cloître; elle élève six enfants avec un soin dévoué, traverse les horreurs des guerres civiles en pansant les blessés, nourrissant les pauvres, convertissant les hérétiques, et, lorsque son mari est accusé de conspiration, elle sauve son mari. Un jour qu'elle subissait une opération cruelle, le chirurgien, ne comprenant rien à l'impassibilité de son courage, ne put s'empêcher de crier : « Où êtes-vous donc, Madame? êtes-vous morte ou vivante? »

Telles étaient ces âmes ascétiques, en qui l'habitude de la méditation et de la prière doublait les forces de la nature.

Les fondations pieuses sont alors de tous les jours : hospice de la *Charité*, en 1606; de la *Pitié*, en 1612; de la *Roquette*, en 1636; des *Enfants-Trouvés*, en 1638. Un pauvre marchand de vin, Robert Montry, avait ouvert, en 1620, aux tristes victimes du libertinage l'asile des *Filles de la Miséricorde*. Une femme du grand monde, Mme de Pollalion, fonde pour elles, à son tour, les *Filles de la Providence*. L'instruction gratuite était en même temps donnée aux pauvres par les religieuses de la Visitation, du Calvaire, de Sainte-Élisabeth, les Filles de la Croix, les Annonciades, les Dames de la Conception, les Filles Saint-Thomas, les Sœurs de la Charité, les Ursulines, les Feuillantines, les *Filles de la Providence*, etc., toutes établies à Paris dans la première moitié du XVIIe siècle. L'*Oratoire* du cardinal de Bérulle (1613), l'Institut des Prêtres de la *Mission*, œuvre admirable de saint Vincent de Paul (1632), datent de la même époque. Tous les noms, tous les dévoûments se confondaient dans ces œuvres sublimes.

Qu'il nous suffise d'ajouter que l'on compte plus de soixante établissements religieux fondés à Paris de 1600 à 1650. La prédication, l'enseignement, l'étude, la charité et la prière, telles étaient les occupations de ces ordres depuis lors si décriés. A ceux qui redoutaient et à ceux qui avaient éprouvé les désenchantements de la vie, aux âmes ardentes et aux âmes souffrantes, ils offraient la paix qu'apporte avec lui tout grand sacrifice, et au milieu d'une société facilement oublieuse, ils étaient comme l'expiation et l'espérance.

Ce fut enfin de ce monde d'ascétisme et de charité que sortirent Bossuet, Pascal, Corneille, Racine, c'est-à-dire, suivant l'expression de M. de Champagny, « la génération la plus forte, la plus intelligente, la plus sérieusement et la plus utilement active que la France ait portée, la plus française, en un mot, par toutes les qualités droites, sérieuses, profitables de l'esprit humain. »

Nous voudrions maintenant suivre, à travers les rues de Paris, les traces des personnages éminents qui préparèrent si bien le siècle de Louis XIV. Saint François de Sales aimait, dans sa jeunesse, à aller prier dans la chapelle de Notre-Dame-de-Délivrance, à Saint-Étienne-des-Grès. De ce pieux monument, il ne reste aujourd'hui qu'un nom, une rue, une muraille et un souvenir. Plus tard, nous rencontrons le bienheureux saint dans l'église métropolitaine, prononçant l'oraison funèbre du duc de Mercœur, et chez les Filles-Dieu de la rue Saint-Denis, auxquelles il reproche, avec la *candeur* et la *simplicité* dont leurs *tuniques blanches*, disait-il, devaient être le *signe*, que leur *vin est mêlé d'eau*, suivant l'expression du prophète. Demandez aujourd'hui les *Filles-Dieu*, et à peine quelques érudits pourront-ils vous indiquer à leur place la rue qui conserve leur nom. Mme de Chantal, cette *incomparable* veuve, avec laquelle l'évêque de Genève aimait à parler le *langage muet* des lettres, *sa plus unique fille*, comme il l'appelait quelquefois, ne vint à Paris qu'en 1619. Comment passer près du temple protestant du quartier Saint-Antoine, sans se rappeler que cette jolie rotonde, l'un des premiers chefs-d'œuvre de Mansard, fut édifiée et dédiée par elle à Notre-Dame-des-Anges. Le pieux souvenir du cardinal de Bérulle se trouve également attaché, depuis la Révolution, à un temple de Calvin : nous voulons parler de l'*Oratoire*, rue Saint-Honoré, fondé par lui, et où, après toute une vie de saintes œuvres, il célébra cette dernière Messe représentée sur son tombeau. Bérulle l'avait commencée avec les hommes, et il la finit avec les anges. Saint-Lazare, l'ancienne et vénérable demeure de Vincent de Paul, est aujourd'hui une prison; Port-Royal, un hôpital de femmes en couche, et les vastes bâtiments des Jacobins n'ont disparu qu'après avoir donné un asile et un nom à toutes les hontes révolutionnaires. Mais du moins Notre-Dame-des-Victoires est toujours debout, et les prières n'ont pas diminué d'intensité sous ses voûtes; du moins, les Carmes ont eu de pieux successeurs dans leur élégante chapelle de la rue de Vaugirard, et la Révolution n'a laissé chez eux d'autre trace que le sang des martyrs.

Le 4 décembre 1642, une foule plus grande que de coutume assiégeait les abords du Palais-Cardinal, où l'on entendait un *cri pitoyable* et où l'on pouvait voir des *pleurs à torrent*. Le cardinal de Richelieu venait de mourir avec le calme d'une âme résignée et forte; mais tandis que les *sanglots* et les *pamoisons* entouraient son cadavre, on vendait dans les rues de Paris la *Farce du Cardinal aux Enfers*.

Richelieu, tout despote qu'il fût, avait de nombreux amis avec lesquels il aimait à s'épancher *à cœur saoul*, suivant son mot, et c'est ce qui explique les larmes; mais il était sans pitié, et c'est ce qui explique les ressentiments qui poursuivirent sa mémoire. «Voilà un grand politique de moins, » dit simplement Louis XIII; c'était par avance le jugement de la postérité, et l'on ne peut en reprocher la froideur au prince qui fut assez fort sur lui-même pour se contenter de la seconde place dans son royaume, par la conscience qu'il avait du génie de son ministre. Richelieu légua au roi son *Palais-Cardinal* avec sa chapelle d'or enrichie de diamants, son *grand buffet d'argent ciselé*, son *grand diamant* qu'il avait acheté de *Lopez*, et il le priait, en outre, *d'avoir pour agréables huit tentures de tapisserie et trois lits* qui devaient servir à *une partie de l'ameublement des principaux appartements du palais*.

Louis XIII survécut peu à son ministre. Il s'éteignit lentement à Saint-Germain, quittant « son sceptre et sa couronne, dit son valet de chambre Dubois, avec aussi peu de regret que s'il n'eût laissé qu'une botte de foin pourri. »

RÈGNE DE LOUIS XIV.

1643-1715.

Louis XIV était roi, mais le futur arbitre de l'Europe n'était encore qu'un enfant de cinq ans, et lorsque sa mère Anne d'Autriche, après avoir entendu la Messe à la Sainte-Chapelle, se rendit à la Grand'Chambre du Parlement, le 14 mai 1643, pour y demander la régence *absolue, libre et entière,* le nouveau roi de France fut porté à bras jusqu'à son lit de justice. S'y étant assis, il dit, suivant le journal du temps, *avec une grâce peu commune à ceux de son âge :* « Messieurs, je suis venu vous voir pour vous témoigner mes affections. Mon chancelier vous dira le reste. » Le chancelier proposa l'annulation du testament de Louis XIII en ce qui concernait les limites apportées à la régence, et l'annulation fut prononcée. Pareille demande avait été faite par le duc d'Épernon pour le testament de Henri IV, et pareille demande sera faite un jour par le duc d'Orléans pour le testament de Louis XIV. On dirait que le parti fut pris d'élever le Parlement au-dessus de la royauté.

Cependant tous les exilés étaient rappelés, tous les prisonniers mis en liberté, tous les criminels justifiés. Ceux qui avaient perdu des charges y rentrèrent; « *on donnoit tout, on ne refusoit rien.....* Il n'y avoit plus, dit le cardinal de Retz, que deux ou trois petits mots dans la langue françoise : *la reine est si bonne.* »

Cet *âge d'or* de la flatterie et de l'ambition trouva momentanément un brevet de vie dans les victoires de Condé. On voyait cependant sur les degrés du trône « d'où l'âpre et redoutable Richelieu avoit foudroyé plutôt que gouverné les humains, suivant le mot du cardinal de Retz, un successeur doux et benin, qui ne vouloit rien, qui étoit au désespoir que la dignité de cardinal ne lui permît pas de s'humilier autant qu'il l'eût souhaité devant tout le monde, qui marchoit dans les rues avec deux petits laquais derrière son carrosse..... et qui se trouva tout-à-coup sur la tête de tout le monde dans le temps que tout le monde croyoit l'avoir encore à ses côtés. »

Mazarin avait pris pour devise : LE TEMPS ET MOI; et avec un caractère fort différent de Richelieu, il pensait néanmoins comme lui et plus que lui qu'*en France le meilleur remède est la patience.* Avec de telles convictions on peut être vaincu, mais on succombe rarement.

Rocroi avait été suivi de Fribourg et de Nordlingue, et allait être suivi de Lens; mais il fallait payer les faveurs et la guerre. Mazarin entendait mieux la politique que les finances. Il crée des impôts; le peuple murmure, s'irrite, et le Parlement qui a une *revanche* à prendre contre la royauté dont la toute-puissance l'a annihilé sous le précédent règne, refuse l'enregistrement des édits ou ne les enregistre qu'après de graves modifications et après les plus vives remontrances. Il va plus loin : il prétend s'ingérer dans l'administration de l'État, casser les intendants de province et s'instituer, avec les autres cours souveraines, en corps politique, à l'instar du Parlement anglais.

Mazarin cède d'abord; mais la victoire de Lens lui donnant de nouvelles forces, il se décide à reprendre le terrain perdu, et le 26 août 1648, à peine avait-on fini de chanter le *Te Deum* à Notre-Dame en action de grâces du triomphe de nos armes, que les demeures de trois membres du Parlement, Broussel, Charton et Blancmesnil, sont envahies par les archers. Le vieux Broussel qui habitait rue Saint-Landry, se trouvait au milieu de sa famille et allait se mettre à table; on ne lui donne le temps de prendre *ny manteau, ny soulliers, ny de baiser ses enfants,* et on le fait monter dans un carrosse qui s'éloigne en diligence. Sa servante donne l'alarme, le peuple s'émeut, et en une heure tout Paris est sur pied, prêt à l'attaque comme à la défense.

Alors parut le coadjuteur, ce génie de l'émeute égaré sous la soutane, et qui, depuis longtemps préparait son rôle « par de grandes aumônes et par des *libéralités fort souvent sourdes, mais dont l'écho n'en étoit quelquefois que plus retentissant.* » Son action fut loin néanmoins d'avoir l'éclat qu'il s'est plu à lui donner. Le *Journal du Parlement* se borne à dire qu'il se présenta sur le Pont-Neuf, *vestu de soie, camail et bonnet en teste,* et promit au peuple de demander à la reine la liberté des prisonniers. « Il est allé pour cet effet au Palais-Royal, continue le journaliste, où ayant fait entendre à Sa Majesté ce qu'il venoit de voir, et l'ayant suppliée très-humblement de rendre lesdits prisonniers, il fut refusé; ce qui fut cause que, n'ayant point de bonne parole à porter au peuple, il se rendit chez lui par un autre chemin qu'il n'étoit venu. »

Rappelons-nous maintenant le coadjuteur tel qu'il se représente, sortant du Palais-Royal en donnant des bénédictions à droite et à gauche, montant sur l'impériale de sa voiture pour haranguer le peuple, et répondant à un bourgeois qui lui appuie un mousqueton sur la tête : « *Ah! malheureux! si ton père te voyoit!* »

Le soir venu, un peu de pluie calma la sédition; mais, le lendemain, elle éclate plus violente. Le chancelier était parti dès le matin de son hôtel de la rue de Grenelle-Saint-Honoré pour se rendre au Parlement. Il est arrêté de dix pas en dix pas sur le

Pont-Neuf par des barricades; on tire même sur lui; un de ses gens est blessé à mort, et lui-même se sauve à grand'peine chez le duc de Luynes. L'hôtel du duc était *à la pointe* du quai des Augustins. Le peuple y pénètre en brisant les portes, pille l'hôtel, et il arrivait à l'armoire dans laquelle s'était renfermé le chancelier, lorsque le maréchal de la Meilleraye parvient à lui faire lâcher prise.

Mais, au bruit de l'émeute, le bourgeois prend les armes; le mouvement se communique d'un bout à l'autre de Paris comme *un incendie subit et violent.* Les enfants eux-mêmes avaient des poignards que leur donnaient leurs mères; on en vit un qui traînait une vieille et lourde lance du temps des Anglais; et, en moins de deux heures, on compta jusqu'à douze cent soixante palissades formées de barriques étagées les unes sur les autres. Elles étaient remplies de sable et assujéties par des chaînes.

Les troupes se trouvèrent ainsi resserrées dans le Palais-Royal qu'habitait la cour et aux environs. Le Parlement cependant sort du palais au nombre de plus de cent soixante magistrats, et se dirige, précédé de ses officiers, vers la demeure royale; les cris de joie et les détonations des mousquets éclatent sur son passage. Arrivé au palais, le premier président Mathieu Molé fait d'énergiques remontrances à la reine; mais celle-ci ne répond qu'un mot : « Je sais qu'il y a du bruit dans la ville; mais vous m'en répondrez, Messieurs du Parlement, vous, vos femmes et vos enfants. » Et, disant cela, elle se retire dans son cabinet dont elle ferme bruyamment la porte.

Le Parlement quitte alors le palais, mais au lieu d'acclamations, il ne rencontre plus dans les rues que des murmures ou des interpellations injurieuses. A la *Croix du Tiroir,* on vit même un garçon rôtisseur dire au premier président, en le menaçant de sa hallebarde : « Tourne, traître, et si tu ne veux être massacré toi-même, ramène-nous Broussel, ou le Mazarin et le chancelier en ôtages. » Cinq présidents à mortier et plus de vingt conseillers trouvèrent le danger assez grave pour se perdre aussitôt dans la foule. « Le seul premier président, ajoute Retz, le plus intrépide homme à mon sens qui ait paru dans son siècle, demeura ferme et inébranlable. Il se donna le temps de rallier ce qu'il put de la compagnie; il conserva toujours la dignité de la magistrature et dans ses paroles et dans ses démarches, et il revint au Palais-Royal au petit pas, dans le feu des injures, des menaces, des exécrations et des blasphèmes. »

La reine ne fut pas plus touchée des dangers que venait de courir le Parlement que de ceux qu'elle courait elle-même. Elle demeura donc inflexible. Mais Mazarin se joignit aux magistrats, et, *à toute peine,* comme parle de Retz, la liberté des prisonniers fut obtenue.

Était-ce assez d'humiliation pour la royauté? et nous pourrions ajouter : en était-ce assez pour le Parlement? Mais celui-ci ne parut pas se douter de la sienne, et les fugitifs de la Croix du Tiroir reprirent fièrement leurs places sur les fleurs de lys.

Mais la reine, cette femme que le coadjuteur nous représente comme *la personne du monde la plus hardie,* commençait à trouver la mesure comble, et, dans la nuit du 5 au 6 janvier 1649, Anne d'Autriche, accompagnée du roi et de Mazarin, quitta furtivement Paris. Ce fut le signal de la guerre. Les troupes royales étaient commandées par Condé; celles du Parlement le furent par Conti, son frère, un *zéro qui ne multiplioit que parce qu'il étoit prince du sang,* dit plaisamment le cardinal de Retz. Parmi les troupes parisiennes, on citait la *cavalerie des portes cochères,* sorte d'impôt en nature dont chaque porte cochère fut frappée, car le Parlement ne repoussait plus les impôts; il les multipliait au contraire avec une prodigalité toute despotique. On citait encore le *régiment de Corinthe,* qui fut levé par le coadjuteur, archevêque de Corinthe *in partibus infidelium.* Or, les soldats valaient l'évêque, ils furent battus à la première rencontre : « *C'est la première aux Corinthiens,* » disaient les Royalistes.

On a qualifié la Fronde de *plaisanterie armée :* rien de plus vrai et de plus triste. On se battit par ambition, par cupidité, par coquetterie, par rancune, et cependant le sang coulait! et lorsqu'on traitait, c'était pour se vendre! Tel fut surtout le caractère de la *paix de Ruel* (mars 1649). Les chefs de la Fronde s'y attachèrent surtout à arracher, suivant l'expression de Mme de Motteville, *quelques lambeaux des libéralités royales.*

Le Parlement, d'ailleurs, était toujours debout avec toutes ses prétentions. Mazarin, de son côté, continuait d'être ministre; et, entr'eux, s'élevait un homme qui s'attribuait les honneurs de la guerre, et dont l'ambition, par suite, ne connaissait pas de bornes. Cet homme était Condé; derrière lui se groupa toute une faction de jeunes débauchés qu'on appela les *petits-maîtres,* c'est-à-dire, suivant la traduction du peuple, *les mentons rasés et les têtes sans cervelle.* Les conflits sont alors de tous les jours, à la cour, au Parlement, dans la rue. Le cardinal de Retz nous apprend qu'il n'allait pas *vingt hommes au palais* qui ne fussent *armés de poignards.* La garde du sien ayant paru un jour hors de sa soutane : « *Voilà le bréviaire de M. le coadjuteur,* » dit le duc de Beaufort.

Et si l'on ne se tuait pas, on se menaçait, on s'injuriait; quelquefois même on simulait des assassinats pour échauffer la querelle. Tel fut le prétendu meurtre de Joly auquel répondit, dès le soir même, ce qu'on appela une *joliade renforcée,* c'est-à-dire une décharge sur la voiture du prince de Condé au moment où elle traversait le Pont-Neuf. La mêlée alors devient générale; Condé accuse les Frondeurs; les Frondeurs se font *Mazarins* pour le perdre, et le ministre profite habilement de la disposition des esprits pour faire arrêter le prince avec Conti et le duc de Longueville (18 janvier 1650).

Mazarin se croyait maître; mais la Fronde qui s'était unie à lui pour renverser le vainqueur de Rocroi, ne tarda pas à s'entendre avec la mère et les femmes des prisonniers pour le renverser à son tour. « Les mêmes Frondeurs, dit Voltaire, qui avoient vendu le grand Condé et les princes à la vengeance timide de Mazarin, forcèrent la reine à ouvrir leurs prisons et à chasser du royaume son premier ministre. » Mazarin quitta Paris le 6 février 1651, et se retira sur les terres de l'Électeur de Cologne, après être allé lui-même au Havre tirer les verroux qu'il avait poussés sur Condé.

Condé est accueilli à Paris par les mêmes acclamations qui avaient accueilli la nouvelle de son emprisonnement. Il se croit au faîte de la puissance; mais bientôt il s'aperçoit que Mazarin, du sein de sa retraite, et le Parlement, du fond de la Grand'Chambre, sont l'un et l'autre plus puissants que lui; et, dans l'irritation de sa fierté blessée, il passe à l'Espagne (septembre 1651). Turenne lui avait donné l'exemple; mais il avait pu lui montrer aussi par sa défaite à Rhétel, qu'en combattant sa patrie on est rarement heureux. Condé allait en faire, à son tour, la triste expérience.

Le 2 juin 1652, les deux illustres généraux se trouvèrent face à face à l'entrée du faubourg Saint-Antoine. Turenne qui était rentré au service du roi, occupait les hauteurs de Charonne; son centre était à Picpus; son aile gauche s'appuyait à la Seine. Condé s'était retranché dans le faubourg; ses forces étaient inférieures à celles du roi, et tant que les portes de Paris, où dominait Monsieur, lui restaient fermées, un affreux désastre étoit possible. Dans cette extrémité Condé fut toujours le premier au feu. « A moins d'être un démon, disaient les soldats de Turenne, on ne fait pas humainement tout ce qu'il fait. » Et cependant sa position devenait à chaque instant plus critique.

A Paris, les Frondeurs redoutaient Condé à peu près autant que Mazarin. Monsieur avait peur et se disait malade. Plus audacieuse ou plus imprudente, sa fille lui arrache un blanc-seing, marche à l'Hôtel-de-Ville, triomphe des hésitations des bourgeois, et se rend, munie de pleins-pouvoirs, sur le théâtre de la lutte.

Condé se présenta à elle *avec deux doigts de poussière sur le visage, les cheveux mêlés, le collet ensanglanté, la cuirasse pleine de coups.* « Vous voyez un homme au désespoir, dit-il; j'ai perdu tous mes amis. » Et il se jetait sur un siége, il pleurait, il disait : « Pardonnez l'état où je suis. »

Mademoiselle fait alors ouvrir la porte Saint-Antoine et laisse l'ordre au gouverneur de la Bastille de protéger la retraite à coups de canon, s'il le faut. Le canon de la Bastille ne tarda pas, en effet, à se faire entendre. Mazarin crut qu'il tirait sur Condé, et déjà il parlait au roi de son entrée à Paris, lorsqu'il apprit tout-à-coup qu'un boulet venait d'emporter tout un rang de la cavalerie royale : « Voilà un boulet qui a tué son mari, » dit-il alors en faisant allusion au désir d'épouser le roi que dissimulait assez peu Mademoiselle.

Condé était sauvé; mais son orgueil allait encore le perdre. Dès le 4 juin il se rend avec Monsieur à l'Hôtel-de-Ville, portant de la paille à son chapeau en signe d'union contre Mazarin. Les bourgeois cependant commençaient à être las de la guerre. Condé s'irrite; il montre fièrement la paille de son chapeau avec *des gestes qui ne pronostiquoient rien de bon.* Et sur la place on disait que l'hôtel n'était *remply que de Mazarins,* et qu'il fallait *y mettre main basse.*

Les princes sortent, et presque aussitôt des coups de fusil se font entendre. Les archers de la ville se barricadent à l'intérieur du palais de la Commune; mais la populace met le feu aux portes; elle pénètre dans les salles, pille, tue ou vend, au poids de l'or, un instant de pitié. On demande au greffier où est enfermé l'argent des rentes; il refuse de répondre, et cet homme énergique est percé de dix-sept coups de poignard et jeté dans la rue. Le nombre des morts dépassa une centaine. Le lendemain, Broussel fut élu prévôt des marchands : ce fut la dernière folie de la Fronde. Paris était aux abois, la terreur y régnait, la famine y exerçait ses ravages. Chaque jour, on apprenait des défections nouvelles. Louis XIV prit alors le parti d'éloigner Mazarin, de sorte que tout prétexte cessait à la guerre. Une amnistie fut d'ailleurs proclamée, et le peuple de Paris substitua de lui-même à la *paille* dont il s'accoutrait, le *papier* qui était le signe des Royalistes. Condé ne se considéra plus dès lors comme en sûreté dans la ville, et il la quitta le 18 octobre, pour aller se jeter, une seconde fois, entre les bras de nos ennemis.

Louis XIV rentra à Paris deux jours après (20 octobre). Le duc d'Orléans fut relégué à Blois, le cardinal de Retz enfermé à Nantes. Mademoiselle crut qu'il était de sa dignité de se cacher, et quatre mois ne s'étaient pas écoulés, que Mazarin rentrait triomphant à Paris (3 février 1653). Louis XIV alla au devant de lui hors des murs, et les bourgeois, les parlementaires qui, depuis cinq ans, l'avaient tant insulté, bafoué, chansonné, qui avaient mis à l'encan les meubles de son hôtel, qui avaient mis sa tête à prix, lui offrirent une fête au palais de la Commune, où ils ne craignirent pas de lui prodiguer les honneurs réservés aux souverains. Mazarin jeta de l'argent au peuple qui répondit par des acclamations à ses largesses, et accrut ainsi la triste idée que l'habile Italien s'était toujours faite de notre légèreté et de notre inconséquence.

Depuis son avénement au trône, Louis XIV avait constamment habité l'ancien Palais-Cardinal qui avec lui était devenu le *Palais-Royal,* nom qui lui est resté, bien qu'il n'ait servi que huit ans de demeure à la royauté. Louis n'y retourna pas en effet après la Fronde, comme s'il eût craint de se retrouver au milieu des pénibles souvenirs de son enfance. Paris même ne les lui rappelait que trop; aussi le quittait-il souvent pour Saint-Germain, jusqu'au jour où il lui dit un définitif adieu pour aller se fixer à Versailles. Son retour à Paris est de 1652, son départ pour Versailles de 1672. Pendant les vingt années qui séparent ces deux dates, Louis se fixa d'abord au Louvre, puis, dans les derniers temps, aux Tuileries. Ce fut dans la chapelle du Louvre, construite en 1656, sous le dôme, et dédiée à Notre-Dame-de-Paix et à saint Louis, que Bossuet prêcha pour la première fois à la cour, le 2 février 1662; et ce fut aux Tuileries que Bourdaloue débuta devant Louis XIV pendant l'Avent de 1670. « Le Père Bourdaloue prêche divinement bien aux Tuileries, écrivait alors Mme de Sévigné à sa fille..... Il passe infiniment tout ce que nous avons ouï. »

L'abbé Olier transformait, au même moment, le quartier de Saint-Germain-des-Prés; il renouvelait les mœurs, construisait une église, fondait un séminaire et enrôlait les hommes même du monde, les grands seigneurs, les militaires dans une sainte croisade contre le duel. A chaque instant, on entendait dans les rues du faubourg la sonnette de ses catéchistes appelant les enfants, les valets ou les maîtres aux exercices divers d'instruction et d'édification que le pieux curé avait établis à Saint-Sulpice, pour tous les âges de la vie et pour toutes les classes de la société. Une humble marchande de vin, Marie de Gournay, et un pauvre coutelier, le *bonhomme Clément*, avaient été les premiers à lui préparer les voies. Sous le porche de l'église ou dans leur échoppe ils prêchaient, ils convertissaient, et prenaient part aux plus grandes œuvres de la charité chrétienne. Mme de Miramion et Mme de Neuvillette fondaient, de leur côté, des asiles pour la pauvreté et pour le vice; Anne d'Autriche appelait les Théatins, fondait le Val-de-Grâce; la famille Lhuillier aidait de ses fonds l'établissement des Ursulines, et le premier président, Pomponne de Bellièvre, attachait son nom à l'érection, tant de fois résolue et tant de fois ajournée, de l'*Hôpital Général*. L'hôpital général de la *Salpêtrière* fut destiné à recevoir les pauvres qui, de tout temps, avaient infesté et rendu peu sûres les rues de Paris.

On comptait à Paris, en 1655, quarante mille mendiants, vagabonds, demandant trop souvent l'aumône *l'épée au côté*. L'idée de leur ouvrir un asile, idée qu'on avait déjà cherché à réaliser sous Louis XIII, fut alors reprise par Vincent de Paul. Mme Le Gras, Mme d'Aiguillon, le président Pomponne de Bellièvre lui vinrent en aide, et dans le courant de mai 1657, d'immenses bâtiments rayonnant autour d'une chapelle centrale, s'ouvrirent sur le terrain d'une ancienne salpêtrière, pour recevoir les malheureux. « Sortez un peu hors de la ville, s'écriait alors Bossuet, et voyez cette *nouvelle ville* qu'on a bâtie pour les pauvres, cette ville, l'asile de tous les misérables! Rien n'est égal à cette ville nouvelle; non, ni cette superbe Babylone, ni ces cités si renommées que les conquérants ont bâties. Là, on tâche d'ôter à la pauvreté toute *la malédiction qu'apporte la fainéantise*, de faire des pauvres selon l'Évangile; là, les enfants sont élevés, les ménages sont recueillis, les ignorants sont instruits. » Quelques jours après, le 29 juin, Bossuet prononçait le panégyrique de saint Paul dans cet *hôpital merveilleux*.

On s'était demandé cependant comment il serait possible de subvenir aux besoins de quarante mille pauvres, *peuple d'infidèles parmi les fidèles, baptisés sans savoir leur baptême, réduits à l'état de bêtes*, ainsi que disait Bossuet; mais lorsque le travail, l'instruction, le pain de l'âme, en un mot, et le pain du corps leur furent offerts, au lieu de quarante mille pauvres, on n'en trouva plus que cinq mille. *On n'a jamais vu*, disait Loret,

On n'a jamais vu dans Paris
Tant de gens si soudain guéris.

La chapelle de la *Salpêtrière* est du petit nombre des sanctuaires existants encore où ait retenti la grande voix de Bossuet. Que sont devenus, en effet, les Minimes de la place Royale, où, apercevant tout-à-coup le grand Condé, le jour des Rameaux de l'an 1660, le grand orateur prit aussitôt pour sujet de son discours l'*honneur*, cette *gloire vaine*, cette *opinion si muable?* Au lieu qu'occupaient les Minimes, nous ne rencontrons plus aujourd'hui qu'une rue et une caserne. Et Sainte-Marie-de-Chaillot, où il donna, près du cénotaphe de la veuve de Charles Ier, de si magnifiques enseignements aux rois ainsi qu'à ceux qui *jugent la terre?* Demandez cette église dans le quartier, on vous montrera une manufacture. Les Carmélites de la rue Saint-Jacques ont sauvé leur couvent; mais elles n'ont pu sauver la chapelle où Bossuet prêcha le Carême de 1661, où il se fit entendre aux vêtures de la princesse de Bouillon et de la duchesse de La Vallière, et où il prononça l'oraison funèbre d'Anne de Gonzague, de cette âme si heureusement douée, et que Dieu cependant dut aller chercher si loin : *Appellavi te ab extremis terræ..... et non abjeci te*. La chapelle du Louvre elle-même a disparu. Mais comment passer sous le dôme qui la recouvrait, sans voir Bossuet en face de Louis XIV, sans l'entendre, au milieu des courtisans interdits qui flattent, qui encensent ses passions, s'écriant : « O Dieu! bénissez le roi que vous nous avez donné! Que vous demanderons-nous pour ce grand monarque? Quoi! toutes les prospérités? Oui, Seigneur; mais, *bien plus encore, toutes les vertus et royales et chrétiennes. Non, nous ne pouvons consentir qu'aucune lui manque, aucune, aucune.....* »

Bossuet avait passé sa jeunesse au collége de Navarre, occupé aujourd'hui par l'École Polytechnique. Plus tard, nous le trouvons au *doyenné* de Saint-Thomas-du-Louvre, qui occupait une partie de l'emplacement couvert aujourd'hui par les pavillons *Turgot* et de *Richelieu*; nous le trouvons à Saint-Denis, prononçant les oraisons funèbres de la duchesse d'Orléans et de la reine Marie-Thérèse; à Saint-Gervais, prononçant celle de Le Tellier; à Notre-Dame, appelant le peuple et surtout les grands autour du tombeau de Condé, pour voir *tout ce qui reste de tant de grandeur et de tant de gloire*. Lorsqu'il mourut enfin en 1704, il habitait la rue Sainte-Anne.

Les souvenirs de Bourdaloue sont particulièrement attachés à l'église Saint-Louis de la rue Saint-Antoine, où il se fit si souvent entendre, et au collége Charlemagne qui était la maison professe de son ordre. Ce fut là qu'il vécut et mourut en accomplissant, jusqu'au dernier, tous les devoirs qu'il prêchait aux autres. Quant à Massillon, il nous semble l'entendre à Saint-Magloire, qui fut longtemps sa demeure, et les voûtes de la Sainte-Chapelle vibrent encore du cri qu'il poussa devant le cercueil de Louis-le-Grand : « *Dieu seul est grand, mes frères !* » Cherchez enfin Fénelon à Saint-Sulpice et aux Missions Étrangères; cherchez Fléchier à Notre-Dame, près du cercueil de la Dauphine; à Saint-Nicolas-du-Chardonnet, près de celui de Lamoignon, mais surtout à Saint-Eustache, au milieu des larmes que fait couler la mort de Turenne.

Richelieu avait constitué l'Académie Française et fondé l'Imprimerie Royale. Mazarin tint à honneur, lui aussi, de laisser un magnifique souvenir de l'intérêt qu'il portait aux lettres. Ce fut dans ce but et aussi dans la pensée patriotique d'appeler à Paris, et de former aux mœurs de la France les jeunes gens des provinces qui, par ses soins, avaient été annexées à la couronne, qu'il disposa de deux millions de sa fortune pour l'établissement du collége Mazarin ou des *Quatre-Nations,* qu'on appela aussi *collége des Conquêtes.* Ces quatre nations étaient *Pignerol, Artois, Roussillon et Alsace.*

La bibliothèque du cardinal, cette bibliothèque formée par Gabriel Naudé, vendue en 1652 par arrêt du Parlement, reformée à grands frais après les troubles, et qui comptoit vingt-sept mille volumes, fut donnée par Mazarin au nouveau collége. C'était un don d'autant plus précieux, que la bibliothèque du roi était encore dans l'enfance. Henri IV l'avait fait transporter de Fontainebleau à Paris, et lui avait donné pour conservateur, d'abord, le président de Thou, et, plus tard, Isaac Casaubon; mais le nombre des livres répondait peu au mérite des bibliothécaires. Lorsque Louis XIII mourut, elle ne comptait pas encore sept mille volumes. Sous Louis XIV, la bibliothèque s'enrichit du legs Dupuy, des manuscrits du comte de Béthune et de ceux de M. de Brienne. Et cependant elle ne possédait encore, en 1661, que six mille quatre-vingt-huit manuscrits et dix mille six cent cinquante-huit imprimés. Mais, à la mort du grand roi, le nombre de ses livres atteignait le chiffre de soixante-dix mille; à la mort de Louis XV, il dépassa cent mille.

Colbert *aimoit les lettres sans avoir étudié,* nous dit un de ses contemporains; *il aimoit les beaux-arts et s'y connoissoit.* L'Académie des Sciences, l'Académie de Peinture et de Sculpture, celle d'Architecture, et enfin l'Académie des Inscriptions et Belles-Lettres lui doivent, soit leur commencement, soit leur constitution définitive; et elles s'assemblèrent chez lui, dans les vastes salons qu'il avait ouverts à la bibliothèque du roi, jusqu'au jour où elles allèrent rejoindre l'Académie Française dans les appartements du Louvre.

Et à la tête de toutes ces réunions savantes, à la tête de toutes ces gloires, l'*Académie Française* maintenait noblement sa primauté, moins encore par droit d'aînesse que par droit d'illustration. Pierre Corneille y était reçu en 1647; Mézeray, en 1649; Ségrais, en 1662; Bossuet, en 1671; Fléchier, en 1672; Racine, en 1673; Daniel Huet, en 1674; La Fontaine et Boileau, en 1684; Thomas Corneille, en 1685; Fénelon et La Bruyère, en 1693. Depuis lors, nous avons eu peut-être d'autres Picard, d'autres Roberval, d'autres Lebrun, d'autres Mansard, quelque éminents que fussent ces grands savants ou ces grands artistes du XVIIe siècle; mais qui nous rendra l'incomparable génération des Fénelon, des Racine, des Corneille et des Bossuet? Et à ces noms, il faut ajouter celui de Molière. Molière débuta devant le roi sur un théâtre dressé dans la salle des Gardes du vieux Louvre (octobre 1658). Le spectacle se composait de *Nicomède* et du *Docteur Amoureux,* pièces qui le mirent *dans une si grande estime,* dit Grimarest, que Sa Majesté donna des ordres pour établir sa troupe à Paris. On lui céda même la salle du Petit-Bourbon, où les États s'étaient assemblés et qui servait habituellement aux ballets de la cour. En 1660, il passa dans la salle du Palais-Royal qui retentissait encore des triomphes de Corneille. Ceux de Molière ne furent pas moindres. Il joue d'abord l'*Étourdi,* puis le *Dépit Amoureux* (1658), puis les *Précieuses Ridicules* (1659). Il s'attaque un peu à tout le monde : aux médecins, aux marquis, aux bourgeois, aux grandes dames, aux dévots, à ceux qui veulent avoir *trop d'honneur,* mais surtout aux maris trompés, c'est-à-dire à ses compagnons d'infortune, et éprouve la vérité de ce mot d'un de ses amis : « L'homme qui veut rire se divertit de tout, le courtisan comme le peuple. » Ainsi vit-on la cour de Versailles être la première à rire des coups portés au marquis de Mascarille et, un siècle après, au comte Almaviva. Mais si elle fut la première, elle ne devait pas être la seule. Molière reproduisait d'ailleurs avec plus de génie qu'aucun autre (La Fontaine seul excepté) l'ancien esprit gaulois, si vif, si alerte, si insouciant et partant si libre, si peu gêné par la tristesse ou par le respect. C'était l'esprit de Marot; ce sera celui de Voltaire.

L'époque des grands succès de Molière s'étend de 1658 à 1673. Le *Misanthrope* est de 1666; *Tartufe* et l'*Avare,* de 1667; les *Femmes Savantes,* de 1672; enfin, le *Malade Imaginaire,* de 1673. On sait que ce fut en représentant cette dernière pièce au Palais-Royal, que Molière se sentit atteint, pour la dernière fois, du mal qui allait l'emporter.

Il est remarquable que la plupart des hommes éminents du règne de Louis XIV, Colbert, Condé, Luxembourg, Catinat, Vauban, Molière, La Fontaine, Boileau, Racine, Pascal, Bossuet, Bourdaloue, Fléchier, Mascaron, Lebrun, Puget, et nous ajouterons deux femmes non moins éminentes, Mme de Sévigné et Mme de Maintenon, naquirent dans les vingt ans compris entre 1619 et 1639. Corneille, Turenne et Lesueur les précédèrent; Fénelon, La Bruyère, Massillon, Regnard, Villars et Vendôme les suivirent : c'est encore le talent, quelquefois le génie, mais on sent néanmoins que le siècle baisse.

La Bruyère nous a laissé en quelques traits la physionomie morale de Paris : « Paris, pour l'ordinaire le siége de la cour, ne sait pas toujours la contrefaire, » et il nous représente les femmes de la cour sachant apprécier un homme de mérite, *même* lorsqu'il n'a *que du mérite*, tandis que la femme de la ville, c'est surtout le *bruissement du carrosse* s'arrêtant à sa porte, qui la *fait pétiller de goût et de complaisance!* C'est le *bel attelage;* ce sont les livrées, ce sont les *clous dorés* qui l'éblouissent! *Quelle impatience! quelle charmante réception!* Elle tient compte au visiteur des *doubles soupentes; elle l'en estime davantage, elle l'en aime mieux!*

Quant au luxe et à la dépense, La Bruyère regrette qu'on ne soit pas pénétré de cette maxime, que ce « qui est dans les grands splendeur, somptuosité, magnificence, est dissipation, folie, ineptie dans le particulier. » On voit que la comédie du *Bourgeois Gentilhomme* courait les rues. Jamais on ne se moqua plus des marquis, et jamais il n'y eût plus de marquis de contrebande.

Les arts avaient produit Poussin sous Louis XIII; ils produisirent sous Louis XIV Lesueur et Puget, deux génies de premier ordre : l'un, par la puissance de l'expression, la profondeur de la pensée et une sensibilité touchante; l'autre, par l'énergie, le mouvement, la passion qu'il savait prêter au marbre. Ni l'un ni l'autre, toutefois, n'obtint les faveurs persévérantes de la cour où Lebrun dominait en maître : Lesueur chercha même un asile contre la jalousie de son rival dans le cloître des Chartreux du Luxembourg, et Puget, plutôt que de se soumettre aux exigences de Lebrun, quitta Paris pour retourner à Marseille.

Lebrun fut donc en France, au XVIIe siècle, le tyran de l'art. Comme peintre d'ailleurs, la belle et noble ordonnance de ses compositions ne rachetait qu'à demi ce qu'il y avait en elles de pompe guindée et monotone. Vander Meulen fut plus heureux dans ses *chasses* et ses *batailles*. Comme tous les peintres flamands, il excelle dans la représentation vraie des scènes pour lesquelles Lebrun demandait des couleurs factices à l'allégorie. Après eux, l'exagération de Jouvenet, la grâce étudiée de Mignard, la facilité élégante de La Hire marquèrent un déclin que rendaient plus sensibles encore les souvenirs de Poussin et de Lesueur. Mais au même moment l'art de la gravure produisait Audran, Edelinck et Pierre Drevet, admirables artistes, plus grands même que la plupart des peintres dont ils popularisèrent les œuvres.

Quant à l'architecture, elle se distingue surtout alors, comme les peintures de Lebrun, par une certaine pompe convenue et théâtrale. Ce fut, toutefois, au XVIIe siècle qu'elle introduisit la coupole dans nos édifices religieux, et donna ainsi une expression artistique à l'élan de l'amour et de la prière. Les plus anciennes coupoles de Paris étaient celles des Petits-Augustins et des Carmes; venaient ensuite celles de l'Assomption dessinée par Errard; de la Sorbonne, par Lemercier; du collége Mazarin, par Levau; du Val-de-Grâce, haute de 42 mètres et large de 21, par Mansard et Le Muet, et enfin la coupole des Invalides, dont la forme élégante et les arêtes dorées annoncent si heureusement de loin les monuments de la capitale.

Pour tout le reste, l'architecture religieuse fut, pendant le XVIIe siècle, froide, correcte et monotone. Saint-Louis de la rue Saint-Antoine, Saint-Louis en l'île, Saint-Nicolas-du-Chardonnet, Saint-Jacques-du-Haut-Pas, Saint-Thomas-d'Aquin, le chœur et les nefs de Saint-Sulpice et de Saint-Roch donnent une idée complète de cet art qui prétendit être original et prit même le nom d'*art françois*, tandis qu'il n'était qu'une pâle imitation des monuments de l'Italie ancienne et moderne.

Les arcs de triomphe furent une autre réminiscence antique qui se présenta d'elle-même à la pensée du siècle héroïque de Louis-le-Grand. Dans un seul règne, Paris en eut autant que Rome. La porte Saint-Denis, imposante masse de 34 mètres carrés, érigée par l'édilité parisienne à la suite de l'occupation de la Hollande, se fit surtout remarquer par le caractère viril de son dessin et la rare perfection de ses sculptures; la porte Saint-Martin, édifiée peu de jours après, était moins haute et plus sévère (18 mètres carrés). L'arc de triomphe du Trône, commencé à l'occasion de l'entrée du roi et de la reine Marie-Thérèse à Paris, en 1660, ne fut achevé qu'en plâtre, et n'a pas survécu à Louis XIV. Il se distinguait moins encore par ses vastes proportions (48 mètres 66 centimètres sur 50 mètres) que par la richesse de sa composition et de ses décors, où se révélait la pompeuse imagination de l'auteur de la colonnade du Louvre. Sur la rive gauche de la Seine, la porte Saint-Bernard, refaite par Blondel, l'illustre architecte de la porte Saint-Denis, offrait l'aspect singulier de deux arcades égales. Elles étaient surmontées d'images symboliques et de bas-reliefs représentant Louis XIV, d'un côté, répandant l'abondance, de l'autre, tenant le gouvernail d'un navire et entouré des divinités de la mer; lui-même avait les attributs d'une divinité antique. L'inscription portait : « *Ludovici magni Providentiæ*, à la Providence de Louis-le-Grand. »

Ainsi, nous voilà en pleine mythologie : Boileau ne parle que des Dieux, Santeul écrit chaque jour de nouvelles invocations aux Nymphes. On peut les lire encore sur les fontaines publiques qui devenaient d'année en année plus monumentales et plus nombreuses. Ici, c'est une Naïade qui a brisé son urne; elle pleure, et de ses larmes naît une fontaine, *Ex istis fletibus unda fluit*. Là (à la fontaine du Ponceau), c'est une Nymphe qui contemple avec admiration l'arc de triomphe de la porte Saint-Denis, et applaudit par le murmure de son onde, *Suis garrula plaudit aquis*. Il serait difficile de pousser plus loin la coquetterie de l'applaudissement. Je préfère la Nymphe des Petits-Pères : « La Nymphe qui vous donne cette eau, se cache au plus creux du rocher; faites comme elle, et, lorsque vous donnez, cachez la main qui donne. »

Quæ dat aquas saxo latet hospite Nympha sub imo;
Sic tu, cum dederis dona, latere velis.

Louis XIV multiplia les monuments publics; il modifia l'ordonnance générale des Tuileries, éleva la colonnade du Louvre, créa l'Observatoire et les Invalides, ouvrit les Champs-Élysées, planta les boulevards et continua, suivant l'idée de Henri IV et de Richelieu, de faire pénétrer, par de larges ouvertures, par des quais, des rues, des places, des promenades, l'air et la lumière dans tous les quartiers de Paris. Trois grandes places furent ouvertes sous son règne : la *place des Victoires*, splendide flatterie d'un courtisan, le maréchal de la Feuillade; la *place des Conquêtes* ou place Vendôme et la *place du Carrousel*, ainsi nommée du Carrousel de 1662, où le roi parut à la tête d'un quadrille de Romains; *Monsieur*, de Persans; le prince de Condé, de Turcs, et M. le duc, son fils, de Moscovites. L'Esplanade des Invalides découvrait en même temps les grandes lignes architecturales du palais que Louis XIV avait consacré aux glorieux débris de nos victoires.

Et à côté des monuments des arts s'élevaient ceux de l'industrie. L'ancienne manufacture des Gobelins est achetée et transformée en un véritable atelier de peinture, où, sous la direction de Lebrun, le tissu de laine parvient à reproduire les couleurs, le mouvement, on pourrait presque dire le fini des tableaux. Nous allions chercher des glaces à Venise; nous en trouvâmes désormais au faubourg Saint-Antoine, de plus grandes même que celles de Venise et à moindre prix. Nous eûmes dans le même faubourg des *points de France* qui firent oublier les *points de Gênes*. Un des cent-suisses du roi fut placé de faction à la porte de la manufacture. C'était un honneur sans doute, mais c'était plus probablement une sûreté, car la police était loin encore d'être maîtresse des rues de Paris. Boileau n'écrivait-il pas en 1660 :

Le bois le plus funeste et le moins fréquenté
Est, au prix de Paris, un lieu de sûreté.

Ne disait-il pas que l'*art de bien voler* était le *seul art* qui fût *en vogue?* Colbert s'efforça de couper le mal dans sa racine en créant une charge de lieutenant de police et faisant choix de Nicolas de la Reynie pour la remplir. La plus heureuse de ses innovations fut l'établissement de lanternes fixes, *garnies de chandelles*, à chaque coin de rue. Il s'attacha, en outre, à faire respecter l'arrêt du Parlement qui interdisait le pavé de Paris à tout soldat sans emploi, laquais, page ou autre *vagabond* portant épée. Après lui, D'Argenson introduisait l'usage des pompes à incendie qu'un sieur Du Mouriez du Perrier (nom que le général Dumouriez rendra si célèbre) avait fabriquées sur le modèle de celles d'Allemagne. Chaque quartier eut bientôt sa pompe avec trente-deux hommes exercés à la manœuvrer.

Et la population croissait et l'enceinte était agrandie; c'est du règne de Louis XIV que date la ligne des boulevards actuels. En même temps, les riches hôtels aussi se multipliaient, dans la rue Richelieu surtout, la rue Neuve-des-Petits-Champs, la rue Vivienne, les quartiers déserts de l'île Saint-Louis et les grandes rues du faubourg Saint-Germain. Ils se distinguaient généralement par le caractère grave et imposant de leur architecture. Quelques-uns, tels que le palais Mazarin et les hôtels Séguier, Lambert, de Bretonvilliers, de la Vrillière, étaient ornés, comme les palais italiens, de peintures des grands maîtres : de Vouet, de Lebrun, de Lesueur. Les immenses galeries du palais Mazarin resplendissaient de fresques de Grimaldi et de Romanelli : paysages que Lanzi comparait à ceux de Claude Lorrain; scènes mythologiques où chaque muse, chaque déesse, rappelait des traits connus à la cour.

La plupart de ces riches habitations étaient accompagnées de jardins pour le repos à l'ombre, et de marais pour les légumes. Regnard lui-même, dont la maison n'était même pas un hôtel, avait ses carrés et ses couches d'où les artichauts et les champignons ne faisaient, sur un geste du maître, *qu'un saut dans sa cuisine.*

Le jardin est étroit, mais les yeux satisfaits
S'y promènent au loin sur de vastes marais.

Regnard habitait la rue Richelieu comme Molière; le *Légataire* se tenait aussi près que possible du *Misanthrope*. De l'autre côté du Palais-Royal, avait habité naguère, dans un vaste hôtel de la rue de Grenelle-Saint-Honoré, le vieux Malherbe. Cet hôtel était celui du duc de Bellegarde. Sous Louis XIV, il devint l'hôtel Séguier, et plus tard l'hôtel des *Fermes*. Pour trouver Pascal, il nous faut aller rue Saint-Jacques, au lieu qu'occupait le collége du Plessis, près de Louis-le-Grand, ou dans les salons du Petit-Luxembourg, qu'habitait la duchesse d'Aiguillon, asile toujours ouvert à la piété et au génie. L'Odéon nous rappelle l'hôtel de Condé dont il a pris la place. C'était la demeure du vainqueur de Rocroi; ce fut la demeure de La Bruyère. La rue des Arts a emporté jusqu'aux derniers débris de l'ancien hôtel de La Rochefoucauld, rue de Seine, qui appartint à l'auteur des *Maximes.* Avant d'entrer dans sa famille, il avait été possédé par le duc de Bouillon et avait vu Turenne. L'hôtel de Royaumont, près de Saint-Eustache, nous rappelle la naissance du maréchal de Luxembourg; la rue du Vieux-Colombier, la demeure de Boileau et les rendez-vous qu'il y donnait à Racine et à La Fontaine; la rue Saint-André-des-Arcs, le mariage de Racine. C'était là, en effet, qu'il habitait, au coin de la rue de l'Éperon; en 1686, il alla demeurer rue des Maçons-Sorbonne, et, en 1693, rue des Marais-Saint-Germain, N° 21, où il mourut. La Fontaine avait passé quelques années de sa jeunesse à Saint-Magloire; nous le trouvons dans la suite chez Mme de la Sablière, au célèbre *jardin de Reuilly,* puis chez Mme d'Hervart, rue Plâtrière. Le cabinet de l'hôtel d'Hervart était orné d'une fresque de Mignard, représentant l'apothéose de Psyché qu'avait chantée La Fontaine.

Mais aujourd'hui que sont devenus le jardin de Reuilly et l'hôtel d'Hervart? le jardin de Reuilly a fait place à la rue de Rambouillet, et l'hôtel d'Hervart, transformé en hôtel d'Armenonville, est devenu ensuite l'hôtel des Postes; les Postes vont le quitter à leur tour, et dans quelques années les curieux chercheront en vain la porte qui s'ouvrit devant La Fontaine. L'hôtel de Carnavalet du moins est toujours debout avec ses sculptures de Jean Goujon et le souvenir de Mme de Sévigné qui y passa plusieurs années de sa vie. L'hôtel était vaste; aussi se faisait-elle un plaisir d'y donner l'hospitalité à Mlle de Meri, au chevalier de Grignan, et y tenait-elle toujours prêt un *logement commode* pour sa fille. « Nous faisons achever tout votre appartement, lui écrivait-elle, le 5 novembre 1680, bientôt il n'y manquera plus que vous. »

L'hôtel de Carnavalet est situé rue Culture-Sainte-Catherine. Non loin de là, dans la rue de la Tixeranderie, une rue dont il ne reste plus que le souvenir, était la demeure de Scarron, cet hôtel de l'*impecuniosité,* comme il l'appelait, où,

Hôpital allant et venant,
Sur jambes d'autrui cheminant,

il recevait société nombreuse et choisie dans un appartement meublé de damas jaune. Une jeune fille y était conduite, un jour, par sa mère; c'était en 1652; et elle se mit à pleurer en entrant, à cause de l'embarras qu'elle éprouvait de sa robe trop courte et de sa toilette provinciale. Cette jeune fille, récemment arrivée d'Amérique, et qu'on appelait la *belle Indienne,* épousait, peu de mois après, le vieux paralytique. Scarron lui reconnaissait par contrat *quatre louis de rente, deux grands yeux fort mutins, un très-beau corsage, une paire de belles mains et beaucoup d'esprit.* Le notaire lui demandant le chiffre du douaire qu'il assurait à sa future : l'*immortalité,* répondit Scarron. Quand le jour du mariage fut venu, Mme d'Heudicourt se chargea de prêter à l'accordée des habits de noce. Cette *charmante malheureuse,* comme dit Saint-Simon, dont l'émail de Petitot reproduit si bien la noble et gracieuse beauté, devait cependant passer un jour de la rue de la Tixeranderie dans le grand appartement de Versailles. Mme de Maintenon a fait oublier Mme Scarron; elle est plus *élevée* sans doute, mais elle n'est pas plus grande qu'à cette époque dangereuse, où, jeune, belle et mal mariée, elle réduisait les plus entreprenants à dire : « S'il falloit prendre des libertés avec la reine ou avec Mme Scarron; je ne balancerois pas, j'en prendrois plutôt avec la reine. » (Souvenirs de Mme de Caylus.)

Rappellerons-nous enfin que, dans la rue des Tournelles, se trouvait le salon fort différent, où, entourée d'adorateurs, tròna pendant cinquante ans Ninon de Lenclos. La fable de Psyché en ornait la voûte; les grands seigneurs et les beaux-esprits y faisaient l'office de l'Amour. On y raffinait le libertinage; on y poussait ses conséquences jusqu'à l'athéisme. « Mais qu'elle est dangereuse, cette Ninon! écrivait Mme de Sévigné à sa fille; si vous saviez comme elle dogmatise sur la religion, cela vous ferait horreur! Son zèle à pervertir les jeunes gens est pareil à celui d'un certain Monsieur de Saint-Germain que nous avons vu une fois à Livry. Elle trouve que votre frère a la simplicité de la colombe. » (1er avril 1671.)

Mme de Maintenon représentait assez bien l'esprit du XVIIe siècle, noble, grave, et dominant par le bon sens, lors même qu'il ne dominait pas par le génie. Ninon de Lenclos, au contraire, c'était déjà le XVIIIe siècle avec tous ses vices, toutes ses séductions et toutes ses audaces. C'était déjà le *Dictionnaire Philosophique* et la *Pucelle.* Voltaire lui fut présenté lorsqu'il n'avait que treize ans, et elle le devina du premier coup-d'œil; elle lui légua même 2000 francs pour acheter des livres. Ainsi, c'était du boudoir d'une courtisane qu'allait sortir la philosophie du nouveau siècle. L'art était tombé de Poussin et de Lesueur à Watteau; la politique, de Richelieu à Dubois; la philosophie, de Bossuet et de Pascal à Voltaire.

RÈGNE DE LOUIS XV.

1715-1774.

L'avènement de Louis XV, d'un roi de cinq ans, ramena la cour à Paris, dont le Régent préférait la liberté à l'étiquette de Versailles. Est-il besoin d'ailleurs de rappeler ce qu'était le Régent? Un prince qui ne connut jamais de frein dans la honte. Son ministre, Dubois, était un *drôle,* ainsi qu'il l'appelait lui-même; sa cour, une réunion de *roués* et de prostituées de grands noms. On avait assurément vu de tristes scandales chez Louis XIV; mais ce qu'on n'avait pas vu, c'était la dégradation, le vin, l'ivresse se joignant aux entraînements de l'âge; ce qu'on n'avait pas entendu, c'était le cynisme du langage dans la bouche de ceux qui étaient appelés à parler au nom de la France. Les historiens ont souvent cru voir dans l'explosion d'impudences qui se produisit alors, une suite naturelle de la compression religieuse du règne précédent; mais, pour que cette appréciation fût juste, il faudrait admettre qu'il y eût quelque chose de subit et de nouveau dans le dévergondage de la Régence; or, il n'en est rien. Nous avons déjà signalé le salon de Ninon de Lenclos comme un centre très-connu et très-fréquenté de libertés en tout genre. Les salons du Temple, qu'habitait le grand prieur de Vendôme, jouissaient d'une réputation plus cynique encore. Là, se trouvaient avec les Vendôme et les Conti, Chaulieu, La Fare, Hamilton, Quinault, Palaprat, et plus tard même Voltaire, qui « se proclamait l'élève de cette joyeuse lignée et en était le maître, » dit fort bien M. de Laborde. Les soupers du Temple étaient célèbres, tellement célèbres, que Ninon, si nous en croyons M. Valkenaër, ne chercha jamais à attirer chez elle La Fontaine, parce qu'elle savait qu'il y était admis. Eh bien, ce fut ce monde d'Épicuriens incrédules qui, par la mort de Louis XIV, se trouva former la cour. Les exemples qui venaient du Temple, vinrent dès lors de toutes les avenues qui entouraient le trône, et la contagion fit le reste.

Louis XIV laissait une dette exigible de plus de 700 millions, sans compter 86 millions d'intérêts annuels. Saint-Simon ne craignit pas de proposer la banqueroute; mais l'Écossais Law se présenta et sut « faire goûter au Régent, dit Barbier, la science qu'il avoit de compter mieux qu'un autre. » Il est incontestable que la banque d'escompte et de circulation dont Law avait conçu l'idée, pouvait être une institution utile. Mais Law ne se borna pas malheureusement à faciliter la circulation des richesses; voyant l'engoûment qui accueillait les billets de sa banque et les actions de sa compagnie de la Louisiane, il crut avoir trouvé la richesse elle-même, et s'imagina qu'il pourrait la multiplier à son gré, en en multipliant les signes sans mesure et sans garantie. Cet abus des valeurs fictives et l'agiotage effréné auquel elles donnèrent lieu, bouleversèrent en un instant et démoralisèrent les fortunes. La spéculation remplaça le travail. Le succès tint lieu de conscience. Pendant quatre ans Paris entier fut en proie à une fièvre de jeu dont l'effet le plus sûr fut d'élever le prix de toutes choses. Une paire de bas de soie se payait 40 livres; le *beau drap gris*, 70 ou 80 livres l'aune; le café, 18 francs la livre. « Un train de carrosse qui valoit 100 écus, ajoute Barbier, vaut 1000 livres; l'ouvrier, qui gagnait 1 livre 10 sols par jour, veut gagner 6 livres, et il est quatre jours sans travailler, à manger son argent, de sorte qu'on ne peut venir à bout de rien faire..... Cela est si général que tout le particulier souffre infiniment, hors une petite poignée de monde qui a gagné ce qui sert à ruiner les autres. »

Le commerce des billets se fit jusqu'en 1720 dans la rue Quincampoix; y ayant été interdit, les agioteurs se transportèrent place Vendôme; mais le chancelier qui habitait cette place l'ayant trouvé mauvais, l'*agio* prit possession du jardin de l'hôtel de Soissons, que le prince de Carignan, auquel il appartenait, s'empressa de lui offrir. Cent trente-huit loges propres et peintes, avec une porte et une croisée, y furent construites. Chaque loge était occupée par un agent de change et louée 500 livres par mois. On entrait dans le jardin par la rue de Grenelle-Saint-Honoré et par la rue des Deux-Écus. Des gardes en occupaient les portes, avec défense de laisser passer les laquais, les artisans et les ouvriers.

Suivons maintenant les émotions du peuple au milieu des péripéties de ce jeu qui doit aboutir à une banqueroute. En 1718, le Régent est au comble de la popularité. « M. le Régent eut hier un frisson, écrit Barbier; une pareille nouvelle suffit pour faire tomber malade. » En 1719, les actions de 500 livres de la compagnie se vendent jusqu'à 18,000 livres; en 1720, les prudents réalisent; *l'épouvante se met dans l'actionnaire;* on est obligé de donner des gardes à Law *pour sa sûreté.* La foule se porte en même temps si nombreuse, rue Vivienne, où est la banque, pour avoir de l'argent, que Barbier écrit : « C'est une tuerie affreuse; il n'y a pas de jour qu'il n'y ait quelqu'un d'étouffé. » Le mercredi 17 juillet, on comptait plus de quinze mille personnes dans la rue Vivienne, dès trois heures du matin. Six d'entr'elles étaient mortes avant cinq heures. « Cela fit retirer le peuple, dit Barbier. On en porta trois à la porte du Palais-Royal. Tout le peuple *suivoit en fureur*. Ils voulurent entrer dans le Palais-Royal que l'on ferma de tous les côtés. On leur dit que le Régent était à Bagnolet..... Le peuple répondit..... qu'il n'y avoit qu'à mettre le feu aux quatre coins et qu'on le trouveroit bientôt. C'étoit un tapage affreux dans tout le quartier..... Une autre bande se jeta du côté de la maison de M. Law, et ils cassèrent toutes les vitres. »

Les calamités cependant se multipliaient; les duels redevenaient une manie : duel de Breteuil et de Gruvelles dans la rue de Richelieu; Breteuil y est tué en plein midi (1721); duel de Fimarcon et de la Roche-Aymon, pour une comédienne; de Crussol et de Rantzaw, pour des dragées de chicotin. Et, au même moment, les rues de la capitale étaient le théâtre des exploits de Cartouche. L'illustre Cartouche fut arrêté dans un cabaret de la Courtille, en 1721, et les comédiens n'attendirent pas qu'il fût condamné pour le traduire sur la scène.

Et l'on dansait à la cour; on y renouvelait l'usage des ballets, auquel avait fini par renoncer Louis XIV. « Lundi 29 décembre 1721, écrit Barbier, commencèrent les ballets chez le roi, dans la grande salle des Machines des Tuileries qui est magnifique. Le roi y dansa deux entrées seul..... Les seigneurs dansaient avec les filles de l'Opéra..... La symphonie et la musique sont très-belles. » Les bals de l'Opéra attiraient, en outre, depuis 1715, tous les rangs, toutes les classes confondus sous le masque dans une pleine confraternité de licence. Le duc de Chartres, le duc de Bourbon et les princesses de leurs familles s'y mêlaient au peuple. Le masque était admis jusqu'au Palais-Royal, *pourvu qu'une personne de la bande se fit connoître.* La nuit, on allait, pendant l'été, se promener aux Tuileries. « Toutes les petites-maîtresses y vont, écrivait Barbier en 1721; le 4 de ce mois, M. le Régent y était avec Mme d'Averne. On dit que lui et toute sa compagnie y firent mille extravagances. » Quelques jours après, le duc d'Orléans donnait une fête à Saint-Cloud à cette même dame d'Averne. Illumination, feu d'artifice, tout un parc en feu : « Si le tonnerre voulait s'en mêler ! » disait-on dans la foule.

Au milieu de toutes ces hontes, que devient cependant le génie de la France ? Massillon faisait entendre dans la chaire un écho harmonieux mais affaibli de la grande voix du XVIIe siècle. Montesquieu, du haut de son siége de président à mortier, préludait, en même temps, à l'*Esprit des Lois* par le *Temple de Gnide* et les *Lettres Persanes*. Il se plaisait à décrire l'*aimable folie de Bacchus*, et enseignait à la jeunesse *frisée* et *poudrée* du temps que la sagesse *philosophique* n'excluait ni l'impiété ni la volupté. Voltaire, d'un autre côté, commençait dès lors à applaudir et à être applaudi. *Œdipe* avait été joué en 1718 ; la *Henriade* paraissait à Londres en 1723 et popularisait un Henri IV du XVIIIe siècle, tolérant et philosophique, comme on l'était assez peu au temps de Calvin. Le poète transformait d'ailleurs en vertus de roman les galanteries effrénées qui souillèrent sa vie. Au même moment et dans la solitude du *Jardin du Roi*, Buffon, déjà célèbre, travaillait à refaire la *Genèse*. Enfin, grandissait dans la boutique d'une vitrière un enfant trouvé, fruit des débauches d'une grande dame du jour, enfant recueilli, en 1717, sur les marches de Saint-Jean-le-Rond, et qu'on appelait Jean-le-Rond du nom de ce premier asile. Jean-le-Rond ne tarda pas, au reste, comme Arouet, à rejeter le nom de son enfance qui sentait le peuple, et, lorsque parut son premier livre, vers 1740, il était signé *D'Alembert*. Le *Petit-Carême*, les *Lettres Persanes*, la *Henriade*, les *Époques de la Nature*, l'*Encyclopédie*, voilà ce que rappellent ces noms et ces hommes à cette époque de leur existence. Lequel de ces livres, après plus de cent ans, a le moins vieilli ?

Alors s'ourdissait cette vaste conspiration contre l'histoire, qui prenait le mensonge comme moyen, et en faisait un des éléments confidentiellement avoués de la propagande philosophique. Voilà où en était la France ! L'action de la Régence fut désastreuse pour la Foi, pour les mœurs et pour la dignité. En politique ses résultats furent moins fâcheux, car ce fut une époque de paix ; mais nos ministres, ce qui ne s'était peut-être jamais vu, furent soudoyés par l'Angleterre. Ce n'était plus Londres qui était *l'émule de Paris*, comme disait Voltaire, c'était Paris qui se faisait l'émule de Londres. Les philosophes se prenaient d'enthousiasme pour le gouvernement de Henri VIII et d'Élisabeth ; les poètes, Voltaire du moins, pour Shakspeare, les grands seigneurs, pour les paris d'Epsom et le costume dégagé de la *gentry* anglaise ; les bourgeois enfin et les hommes de lettres, pour les cafés et les *clubs*.

Le café Laurent, rue de Seine, réunissait, dès la fin du XVIIe siècle, quelques hommes de lettres, Saurin, Danchet, J.-B. Rousseau ; le café Procope réunit, au XVIIIe, La Motte, Piron, Voltaire, etc., et on vous y montrera aujourd'hui encore la place habituelle de Jean-Jacques. Le café de la Régence, fondé en 1718, devenait, de son côté, le rendez-vous des joueurs d'échecs.

Louis XV était retourné à Versailles dès 1722, de sorte que Paris ne prit qu'une part indirecte aux événements de son règne. Le culte de la royauté y était d'ailleurs vivant, autant que jamais, dans tous les cœurs. Les jours du roi ayant paru menacés en 1721, on vit aussitôt, dit Barbier, *la consternation dans les yeux de tout le monde*. Et lorsque Helvétius eut triomphé du mal, les acclamations, les illuminations et les réjouissances allèrent jusqu'à de *grandes folies*. Pendant quatre jours et quatre nuits, Paris fut sur pied avec un tel *dérangement* et un tel *tapage*, que Barbier renonce à les *décrire*. Le même sentiment se retrouve, mais moins bruyant, lors de l'arrivée de la reine. Le peuple sentait sa fierté blessée, « d'autant que la maison de Leckzinski n'est pas une des quatre grandes noblesses de la Pologne » (Barbier), et cependant il se laissait aller à aimer et à applaudir.

A cet amour de la royauté se joignaient une foi vive et une pieuse confiance dans la protection d'en haut que le respect humain n'atteignait point encore. Le roi était-il malade, les biens de la terre étaient-ils compromis ? On demandait à grands cris que la châsse de sainte Geneviève fût apportée à Notre-Dame. Barbier qui représente assez bien le bourgeois égrillard et esprit fort, se persuade, en 1725, qu'on ne parlera point de sainte Geneviève, malgré la pluie « incroyable qui perd tout, » et cela de peur de compromettre la sainte. Mais voilà qu'on parle de sainte Geneviève ; les magistrats sont les premiers à provoquer une procession, et cette procession a lieu au milieu d'un « monde surprenant » et avec une piété, une solennité dont l'avocat chroniqueur n'avait pas eu l'idée à l'avance.

Et cependant les avocats devenaient de plus en plus des docteurs. Ils le prouvèrent surtout dans les querelles du Jansénisme. Le Jansénisme avait commencé parmi nous avec Saint-Cyran et les Arnauld, ces raides contemporains de saint François de Salles et de saint Vincent de Paul, qui s'effrayaient des relâchements du Catholicisme tel qu'il était entendu et pratiqué par ces deux saints. Rome fut moins sévère, et la constitution *Unigenitus*, promulguée le 8 septembre 1713, frappa le Jansénisme au cœur, tant dans ses équivoques que dans ses doctrines. Mais alors les Jansénistes protestèrent contre l'enregistrement, c'est-à-dire qu'ils portèrent la question de dogme de l'Église au parlement de Paris, en attendant un futur concile. Les avocats, les magistrats se transformèrent donc en graves théologiens ; la Foi, à les en croire, dépendait de la Grand'Chambre.

Cependant les Jansénistes, se croyant l'objet d'une grâce spéciale, d'une prédestination assurée, en voulaient voir partout les manifestations. La mort du diacre Paris, « janséniste dans toutes les formes, » fit surtout grand bruit en 1727 ; et bientôt on répandit la nouvelle qu'il faisait des miracles. Mais ce fut surtout en 1731 et 1732 qu'il y eut foule autour de son tombeau. Ce tombeau était situé dans le petit cimetière de Saint-Médard, derrière le chœur de l'église, sur l'emplacement qu'occupe aujourd'hui un atelier de menuisier. Le concours des adeptes y fut immense. On parlait de guérisons merveilleuses, et, de cinq heures du matin à cinq heures du soir, même par la pluie et la boue, le cimetière devint le théâtre de *convulsions* et de scènes qui rappelaient assez peu les miracles de Jésus-Christ et des Apôtres.

Au Parlement le Jansénisme ne montrait guère moins d'audace; les *appels comme d'abus* s'y succédaient contre les prêtres et les évêques; les jésuites étaient proscrits; l'administration des Sacrements aux appelants de la bulle *Unigenitus* était ordonnée par voie d'huissier. « Pour moi qui vois tout en ce moment couleur de rose, écrivait alors d'Alembert, je vois d'ici les Jansénistes mourant, l'année prochaine, de leur belle mort, après avoir fait périr, cette année-ci, les Jésuites de mort violente, la tolérance s'établir, les Protestants rappelés, les prêtres mariés, la confession abolie et le fanatisme écrasé sans qu'on s'en aperçoive. »

RÈGNE DE LOUIS XVI.

1774-1789.

Tel était l'état des esprits lorsque Louis XVI succéda, encore jeune, à un prince qui avait tout profané. « Le peuple n'a pas sans doute le droit de murmurer, avait dit un évêque sur la tombe du roi mort; mais sans doute aussi il a le droit de se taire, et son silence est la leçon des rois. » Depuis longtemps, en effet, il se taisait autour de Versailles, et tandis que les philosophes promettaient à la marquise de Pompadour, à la concubine royale, le *suffrage de ceux qui savent penser* (Voltaire), le peuple plus sévère, plus digne, témoignait par son silence, de sa tristesse et de son dégoût. Mais à l'avénement de Louis XVI, il retrouve cet amour inné du Français pour ses princes. Quel prince y eut plus de droits! Si la droiture et la bonté étaient le génie, Louis XVI eût égalé Louis XIV et rappelé saint Louis, son ancêtre. Louis XVI était d'ailleurs peu connu encore à Paris, et les fêtes de son mariage y avaient été signalées par d'affreux malheurs. Au moment où le peuple, qui s'était entassé sur la place Louis XV, pour assister au feu d'artifice, commençait à s'écouler par la rue Royale, les inégalités de cette rue dont le pavé n'embrassait pas encore toute la largeur, occasionnèrent des chutes qui se multiplièrent sous la pression irrésistible de la foule. Les cris, l'effroi, la confusion que les voleurs augmentent par leur audace, portent bientôt le désordre à son comble. Cinq cents personnes sont écrasées ou par un mouvement de recul jetées dans la Seine. Le Dauphin envoya aussitôt sa pension du mois pour être distribuée aux familles atteintes; et, l'une des dames de la Dauphine, voulant adoucir ses chagrins en lui disant que des voleurs avaient été trouvés, les poches pleines, parmi les victimes: « Qu'importe! avait répondu la princesse, ils sont morts à côté des honnêtes gens. »

Marie-Antoinette réunissait la dignité à la grâce; Louis XVI se distinguait surtout par une bonhomie franche et ouverte qui, elle aussi, n'était pas sans dignité. Lorsque ce jeune prince vint à Paris avec la Dauphine, les acclamations allèrent jusqu'à l'ivresse. Le soir, on joua le *Siége de Calais*, et au moment où l'acteur prononça ces vers :

> Le Français dans son prince aime à trouver un frère
> Qui, né fils de l'État, en devienne le père,

la salle entière se leva comme par un mouvement électrique. Puis, lorsque vint cet autre vers :

> Rendre heureux qui nous aime est un si doux devoir,

le prince s'inclina vers l'assemblée avec émotion.

Malheureusement, le bien était loin d'être aussi facile que le supposait le poète; et, à côté des espérances germait un mécontentement qui déjà ne craignait plus de se faire jour. C'est de cette époque que date l'enseigne de la *Poule au pot*, avec ces vers quelque peu hardis :

> Enfin, la poule au pot sera donc bientôt mise,
> Il faut du moins le présumer,
> Car, depuis deux cents ans qu'on nous l'avait promise,
> On n'a cessé de la plumer.

Lorsque Louis XVI monta sur le trône, les parlements étaient dissous et remplacés, depuis plusieurs années déjà, par des tribunaux uniquement occupés de rendre la justice. La vénalité des charges avait été en même temps abolie. C'étaient de grandes réformes qu'il ne s'agissait plus que de maintenir; mais, dans son désir aveugle de complaire à l'ancienne opposition qui redemandait les parlements, Louis XVI se remit, lui et l'avenir, sous la tutelle désordonnée de la Grand'Chambre. La chanson des *Revenants* qui courut à l'occasion du rappel des anciennes cours, exprime vivement les craintes des hommes sages :

> Quoi qu'en disent les préambules
> Et toutes royales cédules,
> Hochets d'enfant;
> Pour le trône et pour son ministre,
> C'est un phénomène sinistre
> Qu'un Revenant.

> Sortis gonflés de leurs ténèbres,
> Résolus, pour être célèbres,
> D'être insolents;
> Tyrans sans frein et sans contrainte,
> Ils vont justifier la crainte
> Des Revenants.

Au milieu des intérêts si divers qui s'opposaient aux réformes, le Parlement fut, en effet, un obstacle de plus, et le plus puissant. Il donna une tribune, un scrutin, une sorte enfin de légalité à toutes les plaintes et à toutes les résistances. Le roi veut-il supprimer la corvée, le Parlement se lève pour protester que le peuple est *taillable et corvéable à merci*, et il faut un lit de justice pour triompher de son opposition. Corps privilégié, il se fait le soutien turbulent de tous les priviléges. Ainsi, plus d'améliorations possibles ni dans la constitution de la magistrature, ni dans la répartition de l'impôt, ni dans l'organisation du travail, sans violents refus d'une part, et sans coups d'état de l'autre. Un jour enfin, le Parlement, à bout de ressources, jette, au milieu de toutes les passions agitées, le mot terrible des *États*; de ce jour-là la Révolution fut faite.

Dans quel état allait-elle trouver les esprits? Le clergé avait eu sa part des faiblesses communes; mais il en avait une surtout qui lui était particulière, c'était une défiance de ses forces qui le portait à se tenir sur une défensive timide en face d'ennemis acharnés et audacieux. Comme à l'époque de la Renaissance, il cherchait trop souvent à se faire pardonner ses dogmes par des thèses philosophiques et un langage à l'avenant. On prêchait de préférence sur la pudeur, sur la société conjugale, sur la compassion, sur l'honneur, sur l'amour paternel, sur la *sainte agriculture*. Au lieu de Dieu, on disait l'*Être Suprême* ou la *Providence;* on parlait du Christianisme comme d'une *philosophie sublime*, et l'on ne prenait pas garde que le respect humain est déjà une défaite. Paris, du moins, eut alors des pasteurs éminents par leur fermeté non moins que par leur charité. Christophe de Beaumont surtout a laissé une mémoire tellement pure qu'elle impose le respect. « Que n'est-il venu dans mes États, s'écria Frédéric II, lorsqu'il apprit l'exil de l'archevêque, j'aurais fait la moitié du chemin. » Le Clerc de Juigné, qui succéda à Christophe de Beaumont, se distingua également par toutes les vertus apostoliques.

La noblesse (nous ne parlons ici que de la noblesse de Paris, c'est-à-dire de la noblesse de cour) avait trempé dans toutes les hontes et dans tous les complots, complots contre elle-même et complots contre Dieu. Et cependant plus elle se dégradait, plus elle devenait exigeante. L'histoire dira qu'avant le *siècle des lumières* et de la philosophie, une large part fut toujours faite, dans les conseils de l'Église et de la royauté, aux *gens de peu*, comme disait Saint-Simon. Suger était un pauvre serf; le premier comte de Blois fut un palefrenier qui contribua à sauver Paris de la rage des Normands; et sous Louis XIV lui-même, ce roi si fier, les ministères et les évêchés étaient envahis, au grand désespoir des courtisans, par la *roture*. Mais au XVIIIe siècle tout change. La noblesse accapare, en quelque sorte, les postes éminents, et il vint un jour où le maréchal de Ségur, un ministre philosophe, un ami de Voltaire, oubliant que de tout temps la profession des armes avait anobli en France, déclara que, pour porter l'épée, il fallait être gentilhomme.

La bourgeoisie s'était imprégnée d'impiété avec l'*Encyclopédie* et le *Dictionnaire Philosophique;* mais si elle doutait de Dieu, elle ne doutait d'ailleurs de rien, et son ambition était devenue sans bornes. Aussi accueillait-elle avec transport les idées de liberté et d'égalité propagées par les philosophes, non pas qu'elle y tînt beaucoup pour le peuple, mais elle y tenait pour elle-même, comme étant la *classe intelligente* par excellence. C'était du moins la pensée de Voltaire. « Je vous remercie de *proscrire l'étude chez les laboureurs*, écrivait-il à La Chalotais..... Envoyez-moi surtout des *Frères Ignorantins* pour conduire mes charrues ou pour les atteler. » Ce que voulait la bourgeoisie, c'était la souveraineté parlementaire de Montesquieu, c'est-à-dire la souveraineté des classes moyennes; mais Rousseau lui opposait la souveraineté du peuple, et celle-là, plus facile à comprendre, devait finir par tout absorber.

Le peuple, et nous faisons ici abstraction de cette lie qui remplit les bas-fonds de toutes les grandes cités, avait généralement conservé son ancien respect pour Dieu et pour le roi; mais de vagues inquiétudes se faisaient jour dans les esprits. Les famines, depuis un siècle, avaient été nombreuses; elles provenaient le plus souvent des obstacles apportés par les préjugés locaux et par les lois à la libre circulation des blés. On crut y remédier en créant des greniers de réserve qui pussent soutenir les prix par des achats dans les temps d'abondance, et peser sur eux par des ventes dans les temps de disette. L'intérêt du producteur et celui du consommateur semblaient ainsi assurés, et l'on ne peut s'étonner qu'à une époque où la liberté du commerce était antipathique à tous les esprits, cette idée se présentât d'elle-même. Malheureusement, l'État ne peut se faire spéculateur sans éveiller des suspicions et arrêter aussitôt la concurrence; et il ne peut abandonner le soin de l'alimentation publique à une association puissante sans l'exposer aux manœuvres que suscite toujours plus ou moins l'intérêt privé. Mais ces idées, si généralement admises aujourd'hui, l'étaient si peu alors, que Napoléon Ier créait encore, il y a cinquante ans, des greniers d'abondance. En définitive, l'effet de la mesure adoptée par Louis XV fut loin d'être heureux, et la frayeur publique en exagéra encore les conséquences. Les accaparements devinrent dès lors l'objet familier des terreurs populaires; et, au-dessus du peuple, on inventait le mot de *pacte de famine;* on accusait de vouloir affamer la France tous ceux que l'on cherchait à perdre, mais avant tout le roi et la cour. Et à toutes ces contradictions, à toutes ces passions, joignez maintenant un ardent esprit de recherche et de découverte qui se portait sur tout, sur la physique, la chimie, la philosophie, la politique, et qui, parce qu'il avait obtenu des succès marqués dans les sciences naturelles, se croyait appelé à renouveler le monde. Joignez une confiance en soi sans limite, un besoin de parler, d'être entendu, de dominer la France et l'Europe. Je ne sais si Richelieu lui-même eût pu dompter tant de vanités et tant d'effervescence; mais que pouvait Louis XVI avec sa seule droiture? Les économistes avaient conçu de vastes projets de réformes administratives; il les appelle au pouvoir malgré les incertitudes et quelquefois les exagérations d'une science encore peu approfondie. Il supprime la corvée, il abolit la question judiciaire; il prépare et met à l'essai dans quelques provinces un système de représentation locale qui doit améliorer progressivement sans détruire. Plus il avance toutefois, plus les obstacles se multiplient, et alors il cède, tantôt aux parlements, tantôt à la cour, tantôt à Beaumarchais ou à Voltaire.

On sait le triomphe de Voltaire à Paris en 1778. *Trente cordons bleus* s'inscrivent à sa porte; la cour et la ville sont à ses pieds; les dames, pour avoir de ses reliques, vont jusqu'à *arracher du poil de sa fourrure;* on l'acclame, on l'encense, on le couronne. Que pensait cependant de Paris ce *saint,* ce *dieu du jour,* comme on disait? qu'en pensait-il à cette heure même où il fléchissait sous le poids des ovations? « Paris, écrivait-il à Florian, Paris est le rendez-vous de toutes les folies, de toutes les sottises et de toutes les horreurs possibles. » (15 mars 1778.) C'était justice.

Quatre ans après le triomphe de Voltaire, Beaumarchais triomphait à son tour. La société s'écroulait sous les coups du ridicule. Encore dix ans, et à la place de Louis XVI, à la place de tous ces hommes qui ne s'étaient donné que *la peine de naître,* comme disait Figaro, nous allions avoir les gens de mérite, le mérite de Robespierre, le mérite de Danton, le mérite de Marat!

Jetons maintenant un rapide coup-d'œil sur la marche des arts durant un siècle qui abusa de tant de dons heureux. Nous l'avons dit : les arts en étaient à Watteau; c'est-à-dire que l'afféterie et la mignardise avaient succédé à la grandeur un peu froide et théâtrale, mais du moins toujours noble des tableaux de Lebrun. Le style du XVIIIe siècle a pris divers noms : style Louis XV, style Pompadour, style *Rococo;* c'est la recherche et la bizarrerie au service de toutes les petitesses : des bergères poudrées, des statues érotiques, de *petits réduits,* comme disait Diderot, c'est-à-dire des boudoirs. Voilà à quoi se complaisait l'art de l'époque. Le costume, qui est aussi une partie de l'art, tombait de son coté dans le ridicule. Les mouches, les hauts talons, les robes à panier semblaient appeler la difformité elle-même à l'aide de la coquetterie ou du vice. Les hommes portaient des pantins; au lieu des larges perruques à la Louis XIV, ils avaient adopté les queues et les nattes. Sur leur tête reposait un petit tricorne. Enfin, la poudre envahissait toutes les coiffures. On comptait à Paris douze cents coiffeurs pour dames; le nombre des prostituées, à la même époque, était de trente-trois mille.

Le luxe atteignit, au XVIIIe siècle, à ses dernières bornes, non plus sans doute le luxe du grand, mais le luxe du riche et du *comfortable.* Aux anciens éléments de la haute société, était venu se joindre tout un monde de financiers et de fermiers généraux, qui ne fut pas sans influence sur cette révolution du goût et des habitudes. M. Capefigue, qui a écrit l'histoire des financiers avec amour, nous les représente introduisant dans la construction et l'ameublement de leurs hôtels, et jusque dans les préparations de leur cuisine, la sensualité la plus recherchée et *ces mille petits riens de l'élégance et de la douce vie.*

« Ce qui distinguait les hôtels construits par les fermiers généraux, dit-il, c'était la réunion du faste et de l'utile. Tout était bien dessiné et réparti de manière à rendre la vie douce et le service commode. Les meubles précieux étaient surtout réjouissants à l'œil : rien de sévère, tout est sensualité..... Un salon d'été frais et abrité du soleil par les vastes ombrées du jardin; un salon d'hiver édredonné, un tapis épais, tentures, large foyer déguisé sous les guipures; chambre à coucher haute et saine, paravents gais à l'œil, serre et volière toute rose, toute dorée; chaise à porteurs en porcelaine émaillée dans l'antichambre et tout ambrée, beaux laquais, carrosse, chevaux fringants; l'art de vivre poussé à sa plus charmante expression. »

« Ils nous donnèrent le vin de Bordeaux trempé dans l'eau chaude, c'est toujours M. Capefigue qui parle, le Champagne frappé de glace. C'est au président Hénault, d'une des grandes familles financières, qu'on doit la renommée du Chambertin et du Clos-Vougeot qui avaient rendu la vie à Voltaire. On lui doit aussi les coulis qui sont aux sauces ce que l'esprit est à la matière : coulis de crevettes, d'écrevisses, de gibier, et le potage bisque, la plus habile combinaison médicale pour les estomacs froids. Ils créèrent la souveraineté de la truffe!..... »

Paris possède encore plusieurs des splendides demeures construites par les financiers du dernier siècle; elles peuvent servir de termes de comparaison avec celles qu'édifiaient encore quelques grands seigneurs et quelques princes. Parmi ces dernières, nous citerons l'hôtel de Bouillon, sur le quai Malaquais; l'hôtel de Belle-Ile, en face du Pont-Royal; l'hôtel de Salm, rue de Lille, occupé aujourd'hui par la Légion-d'Honneur, et le palais Bourbon construit par les Condé. Les financiers habitaient de préférence la rive droite de la Seine; et la place Vendôme, le faubourg Saint-Honoré, la Chaussée-d'Antin furent en grande partie leur œuvre. L'hôtel de la Chancellerie, place Vendôme, fut confisqué sur Bourvalais. La mairie du deuxième arrondissement, rue Grange-Batelière, occupe l'ancienne et riche demeure du fermier général d'Augny; mais vainement y chercherait-on désormais ses bains de marbre, ses écuries pour soixante chevaux, son manège pour l'équitation, sa laiterie en un chalet suisse, le tout épars dans un jardin qui s'étendait jusqu'au faubourg Montmartre. Le magnifique hôtel du Jockey-Club était, il y a cent ans, l'hôtel Delaage; encore un financier dont les prodigalités étaient célèbres. Le jour où son fils sentit percer sa première dent, Delaage donna à la nourrice la maison qu'elle habitait avec vingt arpents de terre. Au faubourg Saint-Honoré enfin, on peut admirer encore les élégantes ou somptueuses constructions des Crésus du XVIIIe siècle, depuis le charmant pavillon de Grimod de la Reynière, où les chevaux avaient des mangeoires d'argent, les oiseaux, des volières de fil d'or, jusqu'à l'Élysée, cette demeure princière du comte d'Évreux, qui suffit à Mme de Pompadour, mais se trouva trop modeste pour le financier Beaujon. Beaujon y dépensa des sommes énormes dont nous ne connaissons pas le chiffre. Un autre financier, de la Haye, dépensa un million à orner l'hôtel Lambert, sans pouvoir le rendre plus célèbre qu'il ne l'était déjà par les peintures de Lesueur et de Lebrun.

A Lesueur et à Lebrun avait succédé Boucher, qui se vantait de gagner 50,000 livres par an à peindre des amours, des bergers et des scènes galantes. C'était le peintre-né de ce monde de plaisir et d'argent.

Une réaction se produisit néanmoins dans la seconde moitié du XVIIIe siècle contre cet amoindrissement de l'art. Les expositions publiques, les comptes-rendus de Diderot, les collections de tableaux, de statues, d'antiques, qui se multipliaient et devenaient une recherche du luxe, en furent les causes principales. On se reprit d'amour pour la nature et pour les grands modèles de l'antiquité. A l'école maniérée succéda l'école académique. C'est l'époque, dans la peinture, de Vien et de David; dans l'architecture, de Servandoni et de Soufflot, de Saint-Sulpice et de Sainte-Geneviève. Quelques artistes enfin, tels que Greuze, le peintre charmant de l'*Accordée de village*, et, dans la musique, Dalayrac et Grétry, se distinguèrent par le caractère vrai, naturel et original de leurs œuvres : mérite rare à une époque où tout était affectation et caprice. Sous Louis XV, on affectait le vice; sous Louis XVI, on affecta la chimie, l'économie, la philosophie. Chacun tenait à être du nombre des hommes *qui savent penser*, comme disait Voltaire; et le monde des *penseurs* se reconnut à sa morgue et à sa suffisance. On le rencontrait surtout chez Mme Geoffrin, chez Mme du Deffand, et plus tard chez Mme Necker. N'en avons-nous pas vu, au reste, quelques débris dont la Révolution elle-même n'avait pu ébranler le pédantisme politique ou incrédule, esprits ridés qui en étaient encore à l'Encyclopédie, comme leur tête à la queue et à la poudre.

Résumons maintenant en quelques mots les progrès de Paris pendant les deux siècles que nous venons de parcourir. Paris ne comptait que deux cent mille âmes en 1590; en 1720, il en comptait près de cinq cent mille, et dépassait six cent mille en 1789. Son mur d'enceinte avait successivement entouré : sous Henri IV, les Tuileries; sous Louis XIII, la butte Saint-Roch et l'emplacement sur lequel s'ouvrirent les rues du Mail, de Cléry, Richelieu, Sainte-Anne, etc. Sous Louis XIV, les boulevards actuels sont élevés pour servir de limite et de fortification à la ville, et, en même temps, sur la rive gauche, les anciens fossés font place à des constructions nouvelles; sous Louis XV, les villages de Bonne-Nouvelle, des Porcherons et du Roule sont transformés en faubourgs, et un fermier général, Benjamin de Laborde, commence à dessiner le quartier de la Chaussée-d'Antin. Enfin, sous Louis XVI, un nouveau mur d'enceinte est élevé par les fermiers généraux, dans le but d'assurer la perception des taxes. Ce mur, qui existe encore, compte 28,287 mètres d'étendue; il fut accompagné de boulevards intérieurs et extérieurs formant chemins de ronde, et percé d'une soixantaine de portes avec bureaux d'octroi d'une forme plus ou moins monumentale.

Ce fut enfin sous le règne de Louis XVI que Paris prit complètement l'aspect, le mouvement, la vie que nous lui connaissons. La Chaussée-d'Antin et le faubourg Saint-Honoré achèvent de se peupler d'hôtels; les boulevards se bâtissent, le Palais-Royal devient le bazar de l'Europe. Les monuments se multiplient : les uns, créés pour le plaisir, tels que l'Odéon, le théâtre des Italiens et le théâtre de la Porte-Saint-Martin construit en six semaines pour recevoir l'Opéra chassé du Palais-Royal par l'incendie; les autres, expression de la piété ou de l'intelligente administration du roi. Tels étaient, d'un côté, Saint-Philippe-du-Roule et la Madeleine; de l'autre, l'École de Médecine, dont Gondouin dessina l'élégante colonnade; puis le pont Louis XVI, l'un des chefs-d'œuvre de Perronnet, le marché des Innocents, la prison de la Force, qui commença la réforme des prisons; l'hôpital du Midi, qui commença la réforme des hospices, et des fontaines sans nombre répandant par toute la ville les 20,000 muids d'eau fournis par les pompes à feu de Chaillot et du Gros-Caillou. Ajoutez des institutions de bienfaisance jusque-là sans modèle, une maison d'enseignement pour les sourds-muets, une autre pour les aveugles; des écoles pour les applications diverses du calcul, l'École des Ponts et Chaussées et l'École des Mines; un conservatoire de musique pour les jeunes artistes, une école de natation pour le peuple. Jamais essor ne fut plus rapide; jamais grandes et généreuses pensées ne trouvèrent plus d'interprètes.

La dynastie des Bourbons ne donna en deux cents ans que cinq rois à la France; et de ces cinq rois, deux furent de grands hommes; un troisième allait être martyr. Parmi leurs ministres on en compte cinq d'illustres : Sully, Richelieu, Mazarin, Colbert et Louvois. Il ne fallut que trois de ces souverains pour agrandir la France de huit provinces : de la Bresse et du Bugey, en 1601; de l'Alsace, en 1648; de l'Artois et du Roussillon, en 1659; de la Flandre et de la Franche-Comté, en 1678; de la Lorraine, en 1766, et de la Corse, en 1769. Un quatrième assura la fondation des États-Unis, reconquit Minorque pour l'Espagne, et obtint la restitution de l'Inde et du Sénégal qui nous avaient été enlevés pendant la funeste guerre de sept ans. Enfin, des deux siècles des Bourbons, il en est un qui a été placé par l'histoire à côté des siècles de Léon X et d'Auguste. En présence de tels souvenirs, on peut bien dire sans doute avec Châteaubriand que le *sang* de ces princes *n'a pas été stérile*.

Eug. de la Gournerie.

PARIS MODERNE

DEPUIS 1789 JUSQU'A NOS JOURS.

PARIS PENDANT LA RÉVOLUTION FRANÇAISE

1789-1804.

COUP-D'ŒIL SUR PARIS AVANT LA RÉVOLUTION.

La révolution de 1789 qui a renouvelé la face de l'Europe, a vu, par une conséquence naturelle de son œuvre, se transformer la condition morale, matérielle et artistique de Paris. Afin de faire apprécier ces changements que la génération actuelle soupçonne à peine, nous allons résumer rapidement ce qu'était Paris dans la dernière période qui a précédé la Révolution Française.

Le mur d'enceinte qui, encore de nos jours, limite la ville de Paris proprement dite, n'était pas alors entièrement terminé, mais on en poursuivait la construction. On sait que cette entreprise n'avait point eu pour objet la défense militaire de Paris, qu'elle avait été exclusivement fiscale, et que les fermiers généraux, avec la permission de M. de Calonne, n'avaient voulu renfermer la capitale du royaume dans une muraille circulaire que pour arrêter les progrès de la contrebande et assujétir aux droits d'entrée un plus grand nombre de consommateurs. Du côté du Midi, cette enceinte était complète; du côté du Nord, commencée depuis trois ans, elle avait annexé à la grande ville les villages de Chaillot, du Roule, de Mousseau et de Clichy, et on la continuait malgré les réclamations toujours intéressées des propriétaires de la banlieue. Les petits journaux du temps, qui parfois avaient un peu plus d'esprit, vengeaient les Parisiens en éditant, à ce sujet, d'assez sottes épigrammes, savoir :

Le MUR MURANT Paris rend Paris MURMURANT.

et celle-ci :

Pour augmenter son numéraire
Et raccourcir notre horizon,
La Ferme a jugé nécessaire
De mettre Paris en prison.

La Ferme, soit convenance, soit qu'elle en eût pris l'engagement avec le ministre de Louis XVI, embellissait avec une sorte de magnificence les portes ou barrières d'entrée qui, de distance en distance, permettaient à la population de sortir dans la campagne, et dans ces petits édifices elle installait ses commis et leurs bureaux. Les Parisiens, toujours frondeurs, se plaignaient de ce qu'ils appelaient un luxe inutile. Or, tout en reconnaissant que plusieurs des nombreuses barrières de la capitale portent l'empreinte d'un goût architectural assez médiocre, les générations actuelles sont loin de faire un crime aux fermiers généraux de 1789 d'avoir voulu embellir un peu les abords de la grande cité. Vers cette même époque, faute de fonds disponibles, plus encore que pour faire une concession aux ridicules plaintes des bourgeois parisiens, on laissa inachevés les travaux du mur d'enceinte, qui ne furent complètement terminés qu'après la révolution du 18 brumaire.

Cette circonscription, dont on peut, de nos jours, se faire une idée exacte, puisque le mur d'octroi subsiste encore, permettait de saisir d'un coup-d'œil l'étendue des agrandissements successifs de Paris, durant le XVIIIe siècle; il était dit, en effet, dans une déclaration du roi, édictée au commencement du règne de Louis XV: « La ville de Paris doit être bornée à ce qui est renfermé d'arbres depuis l'Arsenal jusqu'à la porte Saint-Honoré, et de là, en suivant le fossé, jusqu'à la rivière; et de l'autre côté de la rivière, en suivant l'alignement du rempart, depuis la rivière jusqu'à la rue de Vaugirard; et de là, en suivant le rempart, jusqu'à la rue d'Enfer où il finit; de là, en allant le long de la rue de la Bourbe, à côté du monastère de Port-Royal, ledit monastère étant hors de l'enceinte; et de là, allant aboutir à la rue Saint-Jacques, et en partie, par une petite rue qui est attenante aux Capucins, allant gagner le boulevard qui est derrière le Val-de-Grâce; et, dudit boulevard, en suivant la rue des Bourguignons, et en suivant la rue de Loursine jusqu'à la rue Mouffetard, et de cette rue, en suivant la vieille rue Saint-Jacques (la rue Censier) dans toute sa longueur, jusqu'à la rue Saint-Victor, et, de là, en côtoyant le *Jardin-Royal* (le Jardin des Plantes) jusqu'au boulevard qui aboutit à la rivière. » On voit que les fermiers généraux, en développant le mur d'enceinte fort au-delà de ces limites, avaient enserré dans le Paris de 1789 des villages et des paroisses d'une assez grande étendue, et, en outre, de vastes terrains, des plaines et des portions de rues dont on se fait une idée en comparant les plans de la ville moderne aux anciennes cartes établies à l'avènement de Louis XVI.

On venait de terminer le théâtre de l'Odéon, et d'ouvrir les nouvelles rues qui aboutissent à cette salle plus splendide que fréquentée; on complétait les travaux de construction de la Comédie Française, sur l'emplacement de l'ancien parterre d'Énée; on jetait les fondations du théâtre Feydeau. Depuis quelques années, on avait vu se terminer les galeries du Palais-Royal, et le duc d'Orléans venait de faire élever à grands frais, au centre de cet édifice, un vaste cirque qui, dix ans plus tard (1798), fut entièrement détruit par un incendie. Le pont Notre-Dame et le Pont-au-Change avaient été tout récemment débarrassés des maisons qui bordaient leur voie. Depuis deux ans, on élevait sur les dessins de Perronet, ingénieur justement célèbre, le pont magnifique auquel on donnait alors le nom de Louis XVI. Le Jardin des Plantes venait d'être agrandi. Les revenus de la ville, qui s'élevaient alors à plus de trente-six millions de livres, permettaient d'entreprendre à la fois et de réaliser en peu de temps d'immenses travaux d'assainissement et d'embellissement, et quelque fiers que nous puissions être, de nos jours, des splendeurs de la capitale, nous n'en devons pas moins reconnaître que le mouvement auquel nous assistons, et qui se manifeste chaque année par tant de merveilles, avait commencé sous le règne de Louis XVI.

En 1789, Paris comptait vingt-quatre quartiers ou cantons, plus de mille rues, près de trente mille maisons, cinq cents hôtels, soixante églises paroissiales, vingt chapitres et églises collégiales, quatre-vingts églises ou chapelles qui n'avaient pas attributions de paroisses, trois abbayes d'hommes, huit abbayes de filles, cinquante-trois couvents et communautés d'hommes, soixante-dix couvents et communautés de femmes, trois juridictions ecclésiastiques et treize séculières. Outre ses monuments publics, ses édifices, ses vastes établissements religieux, scientifiques ou charitables, que ce n'est point ici le moment d'énumérer, Paris renfermait cinquante-deux fontaines publiques, vingt quais, douze marchés, vingt ponts, douze ports, un vaste égoût, huit jardins et grandes promenades; l'éclairage (on s'enorgueillissait alors de ce luxe prodigieux) se bornait à quatre mille réverbères; le nombre des voitures privées et des voitures de louage s'élevait à quatorze mille; la sûreté de la ville avait pour garanties douze corps-de-garde et des troupes de police comprenant environ quinze cents hommes à pied ou à cheval; il y avait une compagnie de gardes-pompes répartis en seize postes différents.

D'après des données statistiques dont l'exactitude rigoureuse est loin d'être incontestable, mais qu'à cette époque tout le monde acceptait, les six cent mille habitants de Paris consommaient, année commune, neuf cents muids de sel, douze mille huit cents muids de blé, soixante-dix-sept mille bœufs, douze mille veaux, cinq cent quarante mille moutons, trente-deux mille porcs, du poisson frais ou salé en quantité proportionnelle, et, en outre, pour les usages ordinaires de la vie, quarante-quatre mille muids de charbon, quatre cent mille voies de bois, trois mille cinq cents muids d'avoine, etc. Nous comparerons ailleurs ces chiffres à ceux que fournissent les statistiques récentes, et on pourra juger du développement inouï que la consommation de la capitale a dû prendre à mesure que se sont accrus les besoins et le nombre de ses habitants. Pour le moment, nous nous contentons de consigner des points de départ.

Le gouvernement de Paris était à la fois ecclésiastique, civil et militaire, et ici nous bornerons notre résumé à une analyse très-succincte, de peur qu'en résumant les attributions administratives, politiques et judiciaires des corps constitués en 1789, notre récit ne fasse double emploi avec les détails historiques dont le développement sera donné par plusieurs de nos honorables collaborateurs.

L'archevêque de Paris était alors le vénérable Le Clerc de Juigné, sacré évêque de Châlons-sur-Marne en 1764, et appelé, en 1781, à l'administration du diocèse de Paris. Les revenus de l'archevêché s'élevaient à deux cent mille livres, et neuf fiefs, dans la seule ville de Paris, dépendaient de l'archevêque, savoir : le fief de la Trémouille, situé rue des Bourdonnais; le Roule; la Grange-Batelière, située à l'extrémité de la rue de Richelieu; le fief ou l'arrière-fief des Rosiers; le fief Outre-Petit-Pont; le fief de Tirechape; le fief Pepin ou Thibaud-aux-Dés; le fief des Tombes et le fief de Poissy. Dans tous ces fiefs, l'archevêque avait droit de justice et de voirie. La juridiction religieuse du prélat s'étendait sur les paroisses de la ville et de la banlieue; mais plusieurs établissements importants, entr'autres le Temple, la Sainte-Chapelle, les Quinze-Vingts, et Saint-Symphorien (dans l'enclos de Saint-Germain-des-Prés), étaient exceptés de l'ordinaire. Les officialités métropolitaine et diocésaine connaissaient en première instance ou en appel des causes d'administration ecclésiastique qui leur étaient nécessairement soumises; le bailliage de la duché-pairie de l'archevêché de Paris tenait ses audiences chaque lundi. Le bailliage de la barre du chapitre de Paris connaissait « de toutes les causes civiles, criminelles et de police, dans toute l'étendue du cloître et terrein, même dans l'intérieur de l'église, et aussi des droits seigneuriaux *dépendants de la censive de Messieurs;* » la juridiction du chantre comprenait les questions relatives aux écoles ecclésiastiques de la ville, de la cité, des faubourgs et de la banlieue; un bureau ecclésiastique percevait les revenus et taxes de mainmorte dépendants de l'archevêché; il y avait une chambre souveraine du clergé de France, dans laquelle siégeaient trois ecclésiastiques « conseillers au Parlement » et environ vingt conseillers-commissaires députés des diocèses. On voit que cette organisation s'écartait beaucoup de celle qui fonctionne aujourd'hui et dont les attributions sont si clairement définies.

Les princes, les seigneurs et les pairs de France exerçaient dans l'État une influence considérable, mais qu'aucune loi écrite n'avait limitée ni déterminée, et dont on ne saurait bien se rendre compte qu'en étudiant dans toutes ses phases l'histoire de la monarchie française. Il y avait six pairs, princes du sang, et six pairs ecclésiastiques, trente-huit pairs laïcs, seize ducs non pairs, vérifiés au Parlement, et un nombre plus considérable encore de ducs à brevets d'honneur. Le duc de Brissac, gouverneur et lieutenant général, commandait à la ville, à la prévôté et à la vicomté de Paris; un autre seigneur du même rang était gouverneur de l'Ile de France; l'hôtel des Invalides, l'École Militaire et la Bastille avaient leurs gouverneurs particuliers. Les conseils du roi comprenaient le Conseil d'État, le Conseil des Dépêches, le Conseil des Finances et le Conseil du Commerce. Il y avait, en outre, le Conseil des Prises, présidé par le duc de Penthièvre, et je ne sais combien de bureaux chargés d'examiner et d'élucider les affaires contentieuses qui concernaient le commerce, les postes, le domaine, les différentes régies, les droits de péages, la reddition des comptes, les vivres des armées de terre et de mer, les actions de la Compagnie des Indes, le soulagement des communautés d'hommes et de femmes, les droits perçus sur les grains, la réunion des siéges et offices royaux, les affaires des aides, des gabelles, des grosses fermes, la législation des hypothèques, et enfin les affaires de chancellerie et de librairie.

Les ministères étaient moins embarrassés d'hommes et d'affaires qu'ils ne le sont de nos jours; mais les inconvénients d'une centralisation excessive, qui se manifestent dans les temps modernes, étaient alors compensés et au-delà par une longue série de retards, de conflits de pouvoirs, de confusion perpétuelle en matière de juridiction, et nous ne croyons pas que le pays ait beaucoup perdu à se délivrer de tant de rouages mal engrenés et mal définis pour adopter le mécanisme simple et rapide de l'administration actuelle. M. d'Aligre présidait le Parlement de Paris; M. de Nicolay, la Chambre des Comptes; M. de Barentin, la Cour des Aides; M. de Tanlay, la Cour des Monnaies. Le siége général de la Table de Marbre comprenait trois juridictions, savoir : la Connétablie et Maréchaussée, l'Amirauté et les Eaux et Forêts. L'administration de la Police était confiée à un conseiller d'État, lieutenant général; la juridiction de l'Hôtel-de-Ville était composée du prévôt des marchands, nommé par le roi, de quatre échevins et d'un procureur du roi assisté de ses substituts. Le commerce était protégé par une juridiction consulaire élective; la Bourse était tenue dans la cour de la Compagnie des Indes, rue Vivienne. Quant à l'Université de Paris, elle se composait des facultés de théologie, de droit, de médecine et des arts, et elle avait pour chef un recteur. On nous permettra de ne point développer plus au long cette revue rétrospective de l'administration et des services généraux de Paris au moment où allait s'ouvrir la Révolution Française. Nous nous bornons à des indications succinctes, mais dont l'absence ôterait toute clarté au récit qui va suivre.

PREMIÈRE PÉRIODE DE LA RÉVOLUTION.

1789.

ENSEIGNEMENT providentiel et châtiment public, source immense de calamités et de progrès, cause de gloire et de sang, d'héroïsme et de crimes, une grande révolution allait bientôt peser sur la France, et Paris en était à la fois l'instrument et le foyer.

Les causes de cette révolution peuvent être diversement assignées; elles sont nombreuses, mais elles n'ont rien qui porte le caractère de l'imprévu. Un peuple qui, dès ses premières origines, n'a cessé d'être convulsivement occupé à poursuivre l'application de ses théories, et qui, en politique, en littérature, en coutumes, a rejeté les idées déjà éprouvées pour en expérimenter d'autres, un tel peuple est de ceux qui, à de certains intervalles, se laissent aller à la dangereuse passion des révolutions sociales. Il n'y a rien en cela qui doive surprendre. Mais l'heure où ces révolutions ont lieu est surtout marquée par la Providence, lorsque le peuple s'est laissé aller à adorer les dieux des nations étrangères, lorsque le désordre des mœurs est à son comble, et que le clergé, oublieux de sa mission, a besoin de graves enseignements.

Le roi et le peuple se trouvant en présence sous Richelieu et Louis XIV, le roi prévalut, parce que le peuple, dépourvu de l'instinct de sa force, se laissa amuser d'abord par le spectacle de la chute des grands, puis éblouir par la splendeur et la majesté du prince. Il avait d'ailleurs soif d'administration, d'ordre, de justice et de repos, et se résignait spontanément à l'obéissance. La royauté rêva la durée perpétuelle de cette soumission de la France; elle se crut affranchie de tout danger, et s'endormit d'abord, avec Louis XIV, dans la gloire, puis, sous Louis XV, dans la corruption. Quand elle se réveilla il était trop tard.

Le peuple existait dans toute la valeur de ce mot, non plus à l'état de serfs mourant de faim, réduits à se cacher par troupeaux dans les forêts, à se réfugier humblement autour du clocher de l'abbaye ou du donjon seigneurial, pour y solliciter un peu de pain ou de protection; non plus à l'état de bourgeois jaloux, faisant consister leur liberté à élire quelques magistrats, et à se barricader avec des chaînes, quand le suzerain devenait trop exigeant; non plus à l'état des *Jacques* ou des *Pastoureaux*, que les nobles cuirassés exterminaient par centaines; non plus même à l'état de commerçants paisibles, d'industriels honnêtes, se contentant de plaisirs modestes et s'humiliant traditionnellement devant l'ombre ou les broderies d'un grand. Tout cela avait fait son temps, des circonstances nouvelles avaient créé des nécessités différentes.

Le peuple, en 1789, se composait de la presque totalité de la nation française et de toutes les classes savantes, littéraires, artistiques, marchandes, libérales, industrielles, agricoles. Dans tous les rangs de la bourgeoisie l'instruction avait pénétré, le luxe avait développé des besoins, l'ambition avait développé des intérêts, des jalousies, des prétentions. Ces corps nombreux d'avocats, de médecins, de littérateurs, de négociants, de financiers, de riches manufacturiers, autour desquels se groupaient des corporations considérables d'artisans ou de marchands, d'hommes de loi ou d'étude, s'étaient multipliés et élevés, avaient grandi ensemble, les uns par les autres, et présentaient une masse d'autant plus redoutable, qu'elle s'appuyait, dans le clergé, sur les prêtres des campagnes, dont la situation était fort difficile; dans l'armée, sur les sous-officiers, tous fils de bourgeois, et à qui, sauf des cas extraordinaires, la carrière des hauts grades était fermée; dans l'opinion, sur les principes que les écrivains mettaient à la mode; dans le pays, sur le prolétariat et les classes les plus nombreuses et les plus pauvres, dont ils étaient l'avant-garde naturelle.

Dans le sein de ce peuple, la littérature philosophique, les idées de controverse religieuse, l'exemple du Parlement, le souvenir de la révolution d'Amérique et le spectacle continu de la liberté anglaise faisaient incessamment fermenter des espérances de révolte ou de résistance. Certains philosophes enseignaient à la foule que Dieu n'existait pas, et cette foule en concluait naturellement que la loi du plus fort devait remplacer celle du plus juste; que les idées les plus révérées étant le fait de l'homme, n'avaient d'autres bases que les caprices de la majorité. On disait tout haut que le droit de commander et la nécessité d'obéir reposent sur un contrat prétendu social, et le peuple était à la veille de réclamer la communication et la révision de ce contrat; et ce même peuple n'avait que la couronne à qui il pût porter ses réclamations, toute autre puissance ayant disparu.

L'aristocratie, abolie comme institution, ne subsistait plus que par la conservation de certains priviléges frivoles ou odieux à la foule : les uns consistaient à approcher le maître, à assister au lever du roi et à faire sa partie à l'Œil-de-Bœuf; les autres, plus sérieux, à être exempts des impôts et des charges publiques, à occuper à peu près toutes les avenues de la magistrature et de l'armée. C'était assez pour soulever dans le pays les plus implacables inimitiés, ce n'était rien pour défendre le trône. Richelieu et Louis XIV n'avaient point impunément humilié et détruit la force sociale qui, pendant plusieurs siècles, avait gouverné la France. On recueillait le fruit de leurs fautes : le roi et le peuple se heurtaient, sans qu'il existât un pouvoir intermédiaire pour amortir leurs frottements; il fallait qu'à une époque donnée l'un de ces deux éléments absorbât l'autre.

En présence de ce peuple devenu si dangereux par de fausses lumières, par de faux principes, par la conscience presque révélée de sa force brutale et de son avenir, se trouvait une royauté que Louis XV avait avilie, et qui, désormais sans prestige, avait perdu pour ses ennemis toute influence morale ou traditionnelle. Mais là ne résidaient point toutes les causes de la crise prochaine; il y en avait de plus graves. La France, en effet, avait dévié de sa mission : au XVIIIe siècle, elle avait cessé d'être le peuple éminemment catholique, pour devenir, en Europe, l'auxiliaire des hérésies et de l'incrédulité. Elle était arrivée à cet abaissement par ses mœurs, par sa littérature, par les scandales qui attristaient l'Église.

Les révolutions couvent durant des siècles, elles grandissent invisibles et inaperçues, et au premier choc elles éclatent. Comme d'habitude, la Révolution Française eut pour prétexte des questions d'argent, des embarras à l'occasion d'un déficit et de quelques taxes que le Parlement de Paris, ouvertement soulevé contre la cour, avait refusé d'enregistrer. Louis XVI lui enjoignit de mettre fin à cette résistance inattendue; il désobéit. Cette opposition des magistrats fut punie par l'exil; mais l'irritation du peuple se manifesta d'une façon fort vive, et la cause des Parlements devint un moment celle du pays. On les rappela, et ils ne revinrent que mieux déterminés à conquérir, par une attitude énergique, cette prépondérance qui n'avait cessé d'être leur rêve.

PRISE DE LA BASTILLE

(14 Juillet 1789)

Or, on était en 1789; les trois ordres venaient d'élire les représentants de la France aux États généraux, une grande effervescense se produisait dans les esprits, et les Parlements, à peine vainqueurs de la cour, ne tardèrent pas eux-mêmes à voir avec terreur leur victoire. Restaient à détruire les abus que ces Parlements avaient respectés, à opérer les améliorations qu'ils avaient condamnées, et autour d'eux les magistrats n'entendaient, dans les rues de Paris, que le bruit des émeutes et la lecture de pamphlets anarchiques; la large route des révolutions était ouverte devant les pas de la multitude, et ils se reprochaient d'y avoir passé les premiers.

ASSEMBLÉE CONSTITUANTE. — ASSEMBLÉE LÉGISLATIVE.

5 MAI 1789 — 20 SEPTEMBRE 1792.

Nous sortirions du cadre qui nous est imposé si nous entreprenions d'esquisser le récit de cette révolution de 1789, dont le souvenir remplit le monde : Paris en fut le foyer et le théâtre, mais elle se développa dans les provinces, elle franchit les bornes du territoire français et promena ses insignes au milieu de tous les peuples. On comprendra que, racontant les annales de Paris, nous ne mentionnerons ces grands événements que lorsqu'ils réagirent sur la condition de cette capitale. Laissant donc de côté les agitations dont la Bretagne et le Dauphiné furent témoins, l'exil et le rappel des Parlements, la grande assemblée de Vizille, nous constaterons que, même au début de la Révolution, on voyait déjà se produire à Paris, par des manifestations brutales et sauvages, la question du prolétariat et les haines sociales. Dans les journées des 27 et 28 avril 1789, eut lieu le pillage de la maison du fabricant Réveillon, homme probe et laborieux, d'abord simple ouvrier, et qui s'était enrichi par son travail. Bien qu'il se montrât charitable envers les pauvres, les agitateurs du faubourg Saint-Antoine lui reprochaient stupidement d'être cause du renchérissement des denrées et de la baisse des salaires. Sa demeure fut pillée et incendiée, et on ne parvint à arrêter le désordre qu'en faisant feu sur les brigands, dans lesquels la cour ne voulut voir, à tort ou à raison, que les agents secrets ou les instruments de Philippe-Joseph, duc d'Orléans, à qui elle imputait de convoiter le trône et de se faire une arme de la corruption et du crime. La Révolution avait déployé son drapeau : à Paris, elle se manifestait par l'émeute et le massacre; à Versailles, elle se déployait avec des formes légales et préludait à l'établissement des institutions nouvelles, par le serment du Jeu de Paume et la fusion définitive des trois ordres en un seul corps, qui fut l'Assemblée Nationale Constituante.

A Paris, le départ du ministre Necker fut le signal de troubles nouveaux; le dimanche, 12 juillet, éclata une insurrection dans le jardin du Palais-Royal, et la foule, substituant la cocarde verte (des feuilles d'arbres) à la cocarde blanche, promena pendant deux jours dans les rues les images de ses idoles, c'est-à-dire deux bustes de cire, représentant le duc d'Orléans et Necker. Un moment dispersés par le prince de Lambesc, vers le Pont-Tournant, les insurgés reparurent en forces, s'armèrent de fusils et de piques, instituèrent la garde nationale, et adoptèrent définitivement pour couleurs nationales le rouge et le bleu, couleurs de Paris, auxquelles on adjoignit le blanc, couleur du roi et de l'armée. Dans la nuit du 13 au 14 juillet, tout fut disposé en vue d'une tentative contre la Bastille.

Cette forteresse, construite sous les Valois, se composait d'un énorme faisceau de huit tours, reliées entr'elles par de hautes et larges murailles; mais une longue paix avait dégarni ses remparts, et sa garnison se composait à peine de cent quatorze soldats, tant Suisses qu'invalides. A la suite de quelques pourparlers, on échangea des coups de fusil, et trois compagnies des gardes françaises, accourant avec du canon, vinrent seconder les insurgés. Le combat dura cinq heures et ne fut pas très-sanglant. A la fin, la garnison consentit à capituler, stipulant qu'elle aurait la vie sauve; on abaissa le pont-levis, et la multitude, se ruant par cette ouverture, inonda en un instant les cours, les corridors et les toits de la forteresse. La capitulation fut méconnue par les vainqueurs. Plusieurs officiers, qui s'étaient rendus, furent pendus et mis en pièces, et le gouverneur, M. de Launay, fut du nombre des victimes. La prise de la Bastille fut le point de départ de l'ère nouvelle. Comme action militaire, cet événement fut médiocre; au point de vue politique, il eut les conséquences d'un principe : la Bastille représentait une idée, celle de la monarchie absolue, et cette idée fut vaincue le 14 juillet 1789.

A dater de cette heure décisive, les scènes de mort se succèdent; le peuple, devenu maître de la situation, se venge à sa manière de plusieurs siècles d'inégalité et de souffrances. Un levain de ressentiments implacables fermentait dans les dernières couches de la société, et la multitude, ignorante et passionnée, prenait, la torche à la main, possession du pouvoir. Les horreurs de la disette surexcitaient d'ailleurs la frénésie de meurtre et de pillage qui s'était emparée des esprits. Parmi les premières victimes, on vit figurer MM. Foulon et Berthier de Sauvigny, qui, naguère, avaient honorablement rempli de hautes fonctions. Une panique bien naturelle avait saisi les agriculteurs et les marchands de grains; les convois de blés étant parfois interceptés et pillés, les expéditions devenaient de plus en plus rares, et le peuple de Paris, furieux contre les prétendus aristocrates auxquels il attribuait ses souffrances, se pressait à la porte des boulangers, attendant, au bruit des imprécations et des menaces, la vente d'un morceau de pain de mauvaise qualité. Les agitateurs orléanistes et révolutionnaires exploitaient cette situation avec une perfide habileté; dans ce nombre on remarquait les journalistes Carra, Loustalot et Gorsas, le jeune Camille Desmoulins, « procureur général de la lanterne, » les Belges Proly et Pereira, le Prussien Clootz, l'Espagnol Gusman, le Polonais Lazowski et le marquis de Saint-Huruge, ancien officier aux gardes. Dans les bas-fonds de la démagogie, s'agitait Jean-Paul Marat, le rédacteur de l'*Ami du Peuple;* dans les réunions de débauchés et de gens infâmes, apparaissait, le sabre en main, la trop fameuse Théroigne de Méricourt. Que pouvaient contre tant d'ennemis les gens de cour, à peine protégés par la garde suisse, et le parti constitutionnel modéré et honnête que représentaient Bailly, Mounier, Lafayette, les frères Lameth, le général Beauharnais, l'avocat Duport, etc. Les uns émigraient et abandonnaient le roi et la monarchie; les autres, en multipliant les concessions et les sacrifices, ne faisaient qu'exalter les sanglants appétits de l'hydre.

Dans les jours sinistres d'octobre 1789, après avoir épouvanté Versailles par des assassinats et mis en danger les jours de l'héroïque Marie-Antoinette, le peuple de Paris ramena dans cette ville le roi et sa famille, non plus comme des chefs auxquels on s'honore d'obéir, mais comme des otages dont on a besoin pour commettre le crime avec plus de sécurité. Le roi, mis sous la surveillance de la Révolution, ne pouvait rien pour résister aux multitudes déchaînées; la bourgeoisie, à peine installée au pouvoir, se sentait menacée de la guerre des esclaves, et autour d'eux frémissait un immense troupeau de prolétaires adonnés sans frein à tous les excès de la force. On pendit quelques malheureux à la lanterne de la Grève; mais la Révolution ne se contentait pas de ces obscures victimes, et la lâcheté des juges lui abandonna le marquis de Favras. Bientôt se formèrent le club Breton, le club des Patriotes, le club des Feuillants, le club des Cordeliers, et surtout le club des Amis de la Constitution devenu célèbre sous le titre de club des Jacobins (1790). Ces réunions furent comme autant d'officines où s'élaborèrent les projets révolutionnaires. Sous la domination des factieux et des sicaires du dehors, l'Assemblée Nationale, entraînée au-delà de sa mission et de son but, réformait les institutions du pays et promulguait pièce à pièce la première constitution dont fut dotée la France. Du 4 août 1789 au mois de mai 1790, elle abolit successivement la féodalité, la noblesse, les capitations des provinces, les parlements; elle promulgua le code des Droits de l'Homme, ne laissant en oubli que les devoirs; elle institua le suffrage universel, le jury, le tribunal de cassation, le papier-monnaie, et démolit pierre à pierre l'antique édifice social.

Cette assemblée était déjà dépassée par le club des Jacobins, réunion composée de ces hommes violents et passionnés qui, de leur nature, incapables de se contenter d'un progrès lent et sûr, accompli par le seul mécanisme des institutions régulières, cherchent sans cesse à pousser en avant le char de l'État avec la plus grande somme possible d'activité et d'énergie. Chaque jour, les séances de ce club étaient troublées par l'expression la plus délirante du faux patriotisme, et il n'y avait pas de proposition sanguinaire qui ne fût convertie en motion. Quant à l'assemblée, elle préparait la république par les lois, tout en essayant de respecter encore la forme monarchique. Dans ses théories insensées, il y avait place pour une royauté impuissante, avilie, destituée de toute initiative, et ceux qui cherchaient à établir le trône sur des bases aussi fragiles, ne s'apercevaient pas qu'un souffle de l'émeute pouvait le détruire. L'assemblée qui avait réorganisé les bases de la justice et de l'administration, accomplit une réforme gigantesque et inespérée, en abolissant les divisions provinciales et en divisant la France en départements. Elle rencontra de plus sérieux obstacles dans sa lutte contre l'Église, et, en cherchant à opérer une révolution religieuse, elle n'aboutit qu'à créer un schisme à jamais déplorable.

Un jour cependant les démolisseurs de tout ordre et de tous étages suspendirent leurs efforts, et Paris fut le théâtre d'une des solennités les plus grandioses et les plus stériles dont l'histoire ait gardé le souvenir. Le 14 juillet 1790, jour anniversaire de la prise de la Bastille, eut lieu à Paris la fête de la fédération nationale. Ce jour-là, malgré la pluie qui tombait par fortes ondées, quatre cent mille spectateurs de tout âge et de toutes classes, hommes et femmes, couvraient les larges talus et bordaient la vaste enceinte du Champ-de-Mars. Le roi, l'assemblée et les corps constitués prirent place sur un amphithéâtre élevé devant l'École Militaire. Les délégués des départements, qui se faisaient appeler *fédérés*, dansaient d'immenses farandoles et chantaient des refrains révolutionnaires sur l'autel colossal de la Patrie, dressé dans la plaine. Charles-Maurice de Talleyrand, alors évêque d'Autun, célébrait la Messe, et se trouvait assisté de trois cents prêtres vêtus d'aubes blanches et ceints de rubans tricolores. Lafayette, monté sur son cheval blanc, prêta serment à la constitution nouvelle, au nom du peuple et de l'armée, et toutes les voix s'unirent à la sienne. Ce fut une journée vraiment pleine de grandes émotions, n'importe à quel point de vue on se place pour juger ce souvenir. Malheureusement, dès le lendemain, la fraternité disparut des cœurs, et la lutte recommença entre le passé et l'avenir, entre la spoliation et le privilége. Peu de mois après, au milieu de ces déchirements, mourut Mirabeau, le chef parlementaire de la Révolution Française; il disparut de la scène au moment où, effrayé lui-même de son œuvre, il s'apprêtait (chose impossible) à la faire rétrograder. Comme il rendait le dernier soupir, il entendit tirer le canon : « Voilà, dit-il, les funérailles d'Achille. Je laisse la monarchie sans défense, les factieux vont s'en déchirer les lambeaux. » Repentir inutile et tardif. Le corps de cet homme trop fameux fut transporté dans l'église Sainte-Geneviève, récemment convertie en Panthéon païen, et sur le fronton de laquelle l'Assemblée avait fait graver cette inscription qui subsiste encore : *Aux grands hommes la patrie reconnaissante!*

L'émigration commençait; légitime, lorsqu'elle n'avait pour but que de fuir la mort et l'incendie, elle devenait coupable en invoquant contre la France (qui n'avait point perdu les droits de patrie) les colères et les armes des puissances de l'Europe. De là, à l'intérieur, et surtout à Paris, une exaspération révolutionnaire qui fut féconde en réactions sanglantes.

Dans la nuit du 20 au 21 juin 1791, Louis XVI, la reine et leurs enfants prirent la fuite et se dirigèrent en toute hâte sur Montmédy. Arrivés à Sainte-Menehould, ils furent reconnus, arrêtés et ramenés à Paris au milieu des outrages et des imprécations de la multitude. Il y eut une journée de saturnales révolutionnaires. La foule se porta aux Tuileries et envahit les appartements réservés; une fruitière prit possession du lit de la reine et y vendit des cerises, en disant : « C'est le tour de la nation de se mettre à l'aise. » On effaça de toutes les enseignes les mots de roi et de reine et tous ceux qui rappelaient le pouvoir royal. La monarchie survivait encore cependant, mais avilie et dégradée. Au retour du roi, dans les rues de Paris, le peuple, obéissant aux ordres des meneurs, garda une attitude insolente et froide. On avait fait afficher ce peu de mots : « Quiconque applaudira le roi sera battu, quiconque l'insultera sera pendu. » Sur la place Louis XV la famille royale courut un grand danger; des bandes de forcenés se ruèrent autour de la voiture en proférant d'horribles menaces; sur le seuil des Tuileries, la multitude se jeta sur les gardes-du-corps qui avaient généreusement escorté le roi, et elle faillit les massacrer. Quelques jours après, le 17 juillet 1791, des masses de séditieux républicains s'attroupèrent au Champ-de-Mars pour faire appel à la destruction de la royauté. Leur démonstration devint si menaçante que, pour y mettre fin, il fallut déployer le drapeau rouge, signe de la loi martiale, et faire feu sur les insurgés dont quelques-uns périrent. Le maire Bailly et le général Lafayette avaient présidé à cette juste répression qui les dévoua plus tard aux vengeances révolutionnaires. Vers le même temps, les cendres de Voltaire furent en grande pompe portées au Panthéon auprès de celles de Mirabeau, et le 28 août, un décret de l'Assemblée ordonna que le même honneur serait rendu à Jean-Jacques Rousseau. Cependant, l'Europe inquiète s'armait contre la France, et son intervention, trop souvent provoquée par l'émigration et le parti royaliste, donnait aux républicains français un nouveau prétexte d'agitation et de colère. Sur ces entrefaites (septembre), le roi ayant accepté la constitution promulguée par l'Assemblée Nationale, la session de ce trop fameux sénat fut déclarée close, sa mission fut considérée comme terminée, et la Constituante (on lui donnait ce nom), dissoute de fait et de droit, céda la place à l'Assemblée Législative.

La nouvelle assemblée était animée de passions démocratiques violentes et de ressentiments funestes. Inférieure à sa devancière par le talent et l'expérience, elle la surpassait de beaucoup en aveuglement révolutionnaire. Elle signala ses premiers travaux par des lois de sang contre les anciens nobles et contre les prêtres qui, demeurant fidèles à l'Église catholique, refusaient de se séparer de Rome par un serment impie. Péthion fut nommé maire de Paris. Lafayette se démit de son commandement des gardes nationales, et les chefs de la révolution, la plupart députés de la Gironde, prirent enfin la direction du mouvement. Pendant neuf ou dix mois que dura la session de l'Assemblée Législative, les factions démagogiques développèrent leur influence et se signalèrent chaque jour par de nouveaux excès. Au mois de mars 1792, elles prirent pour signe de ralliement le hideux bonnet rouge; le 15 avril, elles décernèrent une ovation triomphale à des soldats suisses, du régiment de Châteauroux, condamnés aux galères à la suite des troubles de Nancy, et qui étalèrent avec un infâme orgueil, dans les rues de Paris, le vêtement des forçats. Bientôt on déclara la guerre par un décret de l'Assemblée, rendu sur la proposition du roi captif et mis en péril.

La société de Paris subissait le contre-coup des événements politiques; placée sous la menace d'une crise prochaine et inévitable, elle ne cherchait plus à s'en garantir, elle se hâtait de vivre et de s'étourdir dans ce qu'on osait appeler les plaisirs. Déjà tous les rangs avaient été confondus, toutes les existences se trouvaient engagées pêle-mêle dans un même mouvement. Chose étrange! c'était encore un temps de divertissements et de fêtes, où l'on dansait avec fureur, où la foule encombrait les théâtres, où le vieil esprit gaulois, aux allures naïvement cyniques, trouvait mille occasions de s'exercer et de se produire. Seulement, la décence et le respect de soi-même n'étaient plus que des mots stériles. Les bals publics, en ces tristes jours, étaient fréquentés par toutes les classes; on sentait qu'on n'avait plus le loisir de se trier, de faire un choix, et la peur, complice des passions, acceptait avec empressement la fraternité de l'honnêteté et de l'opprobre, parce qu'elle y voyait un moyen de se cacher, une porte ouverte pour soustraire la vertu effrayée au reproche d'aristocratie et d'incivisme. Plus de luxe, d'ailleurs, car il excitait l'envie; plus d'amitié, elle aboutissait souvent à la trahison. Les *pique-niques*, réunions mal composées, où chacun entrait pour son argent, avaient remplacé les anciens salons, foyers d'atticisme et de bon goût; c'est à peine si, en s'abritant sous une grosse cocarde tricolore attachée à leurs coiffes, les femmes du monde osaient espérer qu'on leur pardonnerait un reste de belles manières. Le bonnet rouge et la carmagnole n'étaient encore adoptés que par les *sans-culottes* des faubourgs; la bourgeoisie les repoussait avec un dégoût mêlé de crainte. Cependant une révolution complète s'était opérée dans les modes. Les hommes avaient renoncé à la poudre, aux cheveux frisés, au chapeau ridiculement porté sous le bras, à l'épée mince et inoffensive qui, posée presque horizontalement, relevait l'une des basques de l'ancien habit français. La mode des cheveux coupés en brosse s'était introduite comme plus conforme à la nature et à l'égalité; on portait des fracs à larges revers et des chapeaux ronds, et on abandonnait l'épée aux gens de guerre. Les femmes avaient renoncé aux paniers, au rouge, aux mouches, et substitué les cheveux noués à la grecque, à cet édifice fragile et fantastique que naguère la main du coiffeur dressait sur leur front. Le langage affectait des formes rudes; la grossièreté se nommait franchise, et déjà, en signe de patriotisme, quelques hommes adoptaient le tutoiment. La tyrannie de ce langage, exercée contre les habitudes, parut à la fois dure et odieuse; et comme on ne révolte pas impunément les mœurs d'un peuple, on ne la pardonna jamais à ce régime d'oppression. La littérature et les arts avaient participé à la Révolution, ils en avaient subi l'empire, mais de loin. Dans les lettres on affectait une sensiblerie maniérée et perpétuelle, comme pour racheter le sang que les factieux faisaient couler sur le pavé des rues; la peinture et la sculpture s'attachaient à imiter l'antiquité grecque et romaine. La musique, par exception, produisait encore des œuvres originales : Méhul et Cherubini lui ouvraient des voies nouvelles; Grétry, Dalayrac, Le Sueur, Berton, Zingarelli, Kreutzer charmaient la foule aux théâtres, mais, par malheur, le bruit de leurs chants était couvert au dehors par le *Ça ira* et la *Carmagnole* des faubourgs.

Les gens armés de piques, qui faisaient entendre ces horribles refrains, se maintenaient de plus en plus au gouvernail de la Révolution. Les préludes de la guerre, du côté de Quiévrain et de Mons, n'avaient point été heureux, et quelques revers humiliants avaient exalté la démagogie parisienne. D'un autre côté, le roi, qui, depuis deux ans, avait cédé tant de justes droits, retrouvait un reste d'énergie et repoussait des lois sanglantes et impies récemment votées contre les nobles et contre les prêtres. Un mouvement insurrectionnel fut organisé pour mettre fin à ses refus. Le 20 juin 1792, la population des faubourgs, excitée par des rumeurs, et encouragée par l'inaction calculée de Péthion, maire de la ville, s'attroupa dans la rue Saint-Antoine et le long des boulevards. Les premiers rassemblements se composaient d'environ huit mille individus de tout âge et de tout sexe. Un sentiment d'effroi pénétrait involontairement les âmes, en voyant se dérouler cet amas confus d'hommes en guenilles, de femmes avinées, de forgerons, de charbonniers, de garçons bouchers, de forts des halles et de femmes dégradées par la débauche. On reconnaissait bien là cette horde de misérables que Paris recèle dans la profondeur de ses entrailles, et que parfois il rejette à la surface comme une écume. Cette foule chantait la *Carmagnole* et le *Ça ira;* elle brandissait des sabres, des épées, des piques rouillées, des enclumes, des haches, des faux et des fourches. En avant de ce hideux cortége on traînait deux pièces de canon; pour étendards les insurgés arboraient des pancartes couvertes d'inscriptions séditieuses, ou de vieilles culottes en lambeaux, étranges symboles de ce qu'ils appelaient patriotisme. En quelques heures les attroupements se grossirent et devinrent formidables. Les insurgés marchaient divisés en trois corps, sous les ordres de Santerre, de Saint-Huruge et de l'infâme Théroigne de Méricourt. Pendant quatre heures ils défilèrent le long de la rue Saint-Honoré, dans la direction de ce qu'on nommait alors la Cour du Manége, vaste espace occupé de nos jours par les maisons de la rue de Rivoli, des Tuileries à la rue Castiglione. Les bâtiments du Manége, où siégeait alors l'Assemblée Nationale, étaient situés parallèlement à la terrasse des Feuillants.

A l'approche des insurgés, on avait fermé en toute hâte les portes du palais et les grilles du jardin. A onze heures du matin, les hordes qui formaient l'armée de l'émeute, contraignirent l'Assemblée Législative à subir leur présence et défilèrent devant elle. Un séditieux, nommé Huguenin, donna aux députés lecture d'une insolente adresse, dirigée contre le roi et les ministres. Les attroupements se dirigèrent ensuite vers le Carrousel. Cette place ne présentait point alors comme aujourd'hui un grand espace vide sur lequel on peut faire manœuvrer un peuple ou une armée : elle était alors en partie couverte de maisons et de rues, et, de plus, la belle cour qui s'étend devant les Tuileries, d'une extrémité à l'autre, et qu'une immense grille sépare de la voie publique, se trouvait, à cette époque, occupée par des bâtiments, des écuries et trois cours intérieures, bordées de murs de sept à huit pieds d'élévation. La multitude força la porte de la terrasse du côté des Tuileries; elle se fit ouvrir la grande porte de la cour royale, et, en peu d'instants, toujours précédée par le canon que les insurgés traînaient à bras, elle envahit les appartements du roi et de la reine. La garde nationale chargée de défendre le château, s'était retirée; les gendarmes criaient : *Vive la nation!* la foule leur répondait en vociférant des cris ignobles, tels que : *A bas Monsieur Veto! A bas Madame Veto!* Le roi était calme et tranquille. Un des officiers qui l'entouraient lui ayant dit : « Sire, n'ayez pas peur! » Louis XVI avait répondu : « Mettez la main sur mon cœur, et vous verrez s'il bat plus vite qu'à l'ordinaire. » Le boucher Legendre lui donna alors lecture d'une prétendue pétition qui n'était qu'un tissu d'invectives et de reproches. On contraignit l'héritier des soixante rois de France de se couvrir la tête d'un bonnet rouge; on affubla du même signe la tête du dauphin, pauvre enfant de sept ans, réservé à de plus dures épreuves. Les jours de la reine, qu'on appelait *l'Autrichienne,* furent longtemps menacés, et la sœur du roi, la pieuse et auguste Élisabeth, déploya la résignation et le dévoûment le plus héroïque. Enfin, cette saturnale eut un terme, et les insurgés rentrèrent dans leurs faubourgs.

Les amis du roi cherchèrent à le déterminer à une nouvelle évasion; Louis XVI refusait de faire encore une tentative dont l'issue très-douteuse pouvait aggraver sa situation. Tandis qu'il se laissait aller au découragement, les artisans de révolution machinaient ouvertement la destruction du trône. Le général Lafayette qui commandait dans le Nord, vint à Paris pour inviter l'Assemblée Législative à punir les auteurs de l'attentat du 20 juin; cette démarche honorable et courageuse n'eut d'autre résultat que d'exaspérer les partis, et Lafayette fut sur le point d'être décrété d'accusation. Chaque jour apportait d'ailleurs sa menace : tantôt un ennemi de plus au dehors, tantôt de nouvelles agitations ou de nouveaux crimes à l'intérieur. En même temps, la capitale voyait affluer dans son sein un surcroît de population redoutable; c'étaient des émissaires du parti jacobin, tout ce que la France, dans ses retraites les plus éloignées de Paris, comptait d'hommes ardents, de révolutionnaires farouches, de prétendus fédérés, accourus sous un prétexte de fraternité à resserrer, et, en réalité, pour porter les derniers coups à la monarchie. Sur ces entrefaites, l'Assemblée Nationale rendit un décret qui « déclarait *la patrie en danger,* » et invitait les citoyens à prendre les armes. Le 14 juillet 1792, eut lieu la troisième fédération; elle fut transformée en une ovation décernée à Péthion, maire de Paris, suspendu de ses fonctions municipales pour sa complicité aux scènes odieuses du 20 juin. Escorté d'une foule immense, armée de piques, qui criait stupidement : *Vive Péthion!* le maire se rendit au Champ-de-Mars, traînant en quelque sorte à sa suite le roi prisonnier, le roi qu'il avait vaincu. Venaient ensuite les tables des Droits de l'Homme, un modèle de la Bastille, la statue de la Liberté, le glaive de la Loi posé sur un crêpe, des citoyens couronnés de pampres et d'épis de blé, la statue de la Loi, des trophées d'armes et des instruments aratoires. Il était cinq heures du soir quand le cortége, suivi de la garde nationale, arriva sur l'esplanade du Champ-de-Mars. Là, il y avait cinquante-quatre pièces de canon qu'on tirait sur le bord de l'eau, et, en outre, le pourtour des glacis était orné de quatre-vingt-trois tentes surmontées de bannières tricolores. Au milieu de la plaine s'élevait un autel dédié à la Patrie, et qui avait la forme d'une colonne tronquée. En face de cet autel, on avait dressé un grand arbre, aux branches duquel étaient suspendus des casques, des écussons, des insignes de noblesse, des tiares, des couronnes royales et féodales, et des papiers de procédure. On y mit le feu en signe de destruction de tout ce qui pouvait rappeler le passé de la France. La reine et ses enfants assistaient à cette scène. Les troupes, en défilant devant l'autel, firent entendre de loin en loin le cri de *vive le roi!* C'était la dernière fois qu'il consolait un peu la triste famille de Louis XVI.

Le lendemain, Robespierre, Danton, Marat, Camille Desmoulins, Collot d'Herbois, Chabot, Carra, Lasowski, et tous les meneurs de la république, recommencèrent, dans les clubs et dans les journaux, à faire appel aux passions violentes de la multitude. A leurs séïdes vint se joindre Barbaroux; ce jeune révolutionnaire amenait du Midi des hordes sanguinaires, composées de Provençaux, d'Avignonais et de Corses, et que le peuple de Paris confondait sous la dénomination générale de Marseillais. Il y eut des rassemblements et des actes séditieux. Le 27 juillet, le peuple attroupé se jeta sur Duval d'Éprémènil, ancien conseiller au Parlement, qui, trois ans auparavant, avait été l'un des coryphées de l'opposition. On voulait le pendre, mais Péthion réussit à le dégager. Le malheureux d'Éprémènil, en remerciant le maire, lui adressa cette parole : « Et moi aussi, Monsieur, j'ai été l'idole du peuple; comme vous, j'ai été porté en triomphe, et vous me voyez aujourd'hui livré aux fureurs de ce peuple qui m'a tant aimé. Ne vous fiez ni à la faveur ni à votre fortune. Votre tour viendra! » Ce peu de mots résumait d'une manière prophétique l'histoire de tous les chefs révolutionnaires de 1789 à 1800.

Les outrages se multipliaient en attendant des coups plus décisifs : le peuple se portait en foule sur la terrasse des Feuillants, et affectait de ne point se promener dans le jardin des Tuileries, afin d'éviter tout contact avec la famille royale, et comme s'il eût craint de respirer le même air. Ces ridicules parades de patriotisme ont trouvé des admirateurs. Le 30 juillet 1792 un corps de volontaires du Midi fit son entrée à Paris, et Barbaroux se porta au devant de cette troupe pour en prendre le commandement. Quand ces hommes aux figures basanées, aux formes grêles, aux allures hardies, défilèrent le long des rues, chantant le *Ça ira,* et faisant retentir l'air de leur patois, ils répandirent une stupeur profonde dans le cœur des hommes paisibles, en même temps qu'ils redoublèrent l'audace des Jacobins. Un banquet démocratique les attendait sous les quinconces des Champs-Elysées; cette fête donna lieu à des rixes sanglantes qui augmentèrent le deuil et la consternation dans la cour. Soudain, dans les premiers jours du mois d'août, au milieu de ce peuple délirant, tomba, comme l'étincelle sur un amas de poudre, le manifeste lancé contre la Révolution Française par le duc de Brunswick, au nom de la Prusse et de l'Autriche dont ce prince commandait les armées. La Révolution ainsi attaquée et bravée comprit qu'elle n'avait plus qu'à vaincre ou à mourir, et plus le danger qui la menaçait semblait inévitable, plus on la poussait à tout oser. La déchéance du roi fut mise en délibération dans les clubs, et les chefs du parti républicain en appelèrent aux faubourgs.

Le 9 août, dès le matin, l'insurrection fut mise à l'ordre du jour sur tous les points de Paris. Le bruit des tambours qui convoquaient la garde nationale, les chants des fédérés, le désordre d'une multitude armée à la hâte, le retentissement des affûts et des caissons roulant sur les pavés, la voix des chefs répondant aux cris des soldats, tout présentait l'aspect d'une ville exposée sans défense aux fureurs de l'anarchie et de la force. Danton soufflait la flamme au club des Cordeliers; Barbaroux passait en revue le sinistre bataillon de Marseille; Fournier cherchait à soulever le faubourg Saint-Marceau; Santerre et Westermann appelaient aux armes le faubourg Saint-Antoine; Robespierre attendait en silence le résultat du mouvement, et Marat se cachait dans une cave. Dans la nuit du 9 au 10 août, chaque section nomma trois délégués, choisis parmi les Jacobins les plus énergiques, et les élus furent investis de pouvoirs municipaux. Ces hommes sanguinaires, auxquels on donnait mission de sauver la chose publique, constituèrent cette formidable *Commune de Paris,* qui, dès ce moment, et à travers toutes les crises, gouverna la Révolution Française par le double prestige de l'exaltation et de l'audace. Recrutée dans les bas fonds de la démagogie, composée d'hommes accoutumés aux émeutes et endurcis au spectacle du meurtre, la Commune de Paris, du jour de son avénement, se trouva plus forte que l'Assemblée Législative. Il était onze heures et demie du soir : le tocsin sonnant dans les quarante-huit sections donnait le signal d'une bataille devenue inévitable et qu'on allait engager au point du jour. Louis XVI, de concert avec Mandat, commandant général de la garde nationale, avait arrêté quelques mesures défensives; deux mille gardes nationaux furent chargés d'occuper les postes avancés du château des Tuileries; un millier d'hommes de la garde suisse se retrancha dans les appartements et dans les galeries; la gendarmerie à cheval s'établit dans les rues et sur les quais, aux abords du Carrousel et du Pont-Tournant. Tout le monde veillait au château, écoutait le bruit sinistre du tocsin. Le roi montrait une résignation calme; la reine, tantôt courageuse, et tantôt livrée à ses anxiétés d'épouse et de mère, interrogeait et donnait des ordres, tour-à-tour craignant et espérant. La sœur du roi priait, montrant un visage serein et tranquille. Un moment elle entr'ouvrit une fenêtre; elle considéra le ciel qui était fort rouge, et elle dit à la reine : *Ma sœur, venez donc voir le lever de l'aurore!* Et la reine leva les yeux. C'était le dernier soleil de la royauté.

La Commune insurrectionnelle fit mettre à mort Mandat, pour le punir d'avoir armé la garde nationale contre le peuple. Cet événement fut décisif. A six heures du matin, les fédérés marseillais et bretons commencèrent l'attaque; derrière eux la multitude se ruait pêle-mêle, en désordre, mais unie par une même fureur. Le passage du Pont-Neuf fut forcé, grâce à la précaution que le procureur de la commune, Manuel, avait prise de faire enlever les canons établis en batterie sur ce point. Les insurgés des deux faubourgs ayant opéré leur jonction, enveloppèrent la demeure royale et braquèrent des canons sur le Carrousel. La lutte allait commencer. Se tournant vers le roi, Marie-Antoinette lui rappela que c'était le moment d'encourager les troupes de sa présence. Le roi descendit, non en tenue militaire, mais vêtu d'un habit de soie et tenant son chapeau sous le bras. En traversant les rangs de la troupe, il encouragea les soldats à remplir leur devoir, mais ses exhortations étaient couvertes par le bruit des clameurs de la multitude. Il rentra dans ses appartements, sans espoir, puis, par le funeste conseil de Rœderer, la famille royale se détermina à se rendre à l'Assemblée Nationale pour lui demander un refuge.

A dix heures du matin, le peuple, ayant les Marseillais en tête, força la porte de la grande cour des Tuileries, et somma les Suisses de mettre bas les armes; ils demeuraient immobiles, et quelques sentinelles de cette garde, entraînées par la multitude, furent massacrées. Soudain éclata une fusillade bien nourrie, et les canons de Westermann répondirent aux Suisses. Le peuple prit la fuite, les Marseillais lâchèrent pied, les cours du château et le Carrousel furent balayés, et tant fut grande la terreur des insurgés, que, se précipitant de toutes parts en désordre dans les rues, au fond des allées, dans des retraites obscures, plusieurs se jetèrent dans la Seine et s'y noyèrent. Un acte de vigueur ordonné à propos, un mouvement offensif des troupes auraient évidemment complété la victoire; mais Louis XVI, captif de l'Assemblée Nationale, eut l'insigne faiblesse, disons mieux, eut l'inopportune bonté de donner des ordres pour faire cesser le feu et pour enjoindre aux Suisses de Courbevoie et de Rueil, alors en marche sur Paris, de rétrograder dans leurs cantonnements. C'était leur défendre de vaincre; ils obéirent, et beaucoup d'entr'eux furent tués pendant ce mouvement de retraite.

Cependant les insurgés avaient repris l'offensive; les Marseillais et les Bretons, les républicains des faubourgs se précipitèrent de nouveau à l'attaque des Tuileries. Le poste du Pont-Tournant, mal défendu, fut forcé par le peuple, et le château se trouva battu en brèche sur ses deux façades. Les gentilshommes qui s'étaient retranchés dans l'enceinte du palais, pour combattre, voyant que le roi leur prescrivait de mettre bas les armes, s'ouvrirent un passage à travers la multitude; les Suisses et les gens de service restèrent seuls, et plusieurs d'entr'eux, hors d'état de refouler les masses qui les accablaient, ne songèrent qu'à vendre chèrement leur vie. Quatre cents insurgés périrent sous leurs coups; à la fin, la victoire se rangea du côté du peuple, et les Tuileries furent abandonnées à l'incendie et à la mort. Les vainqueurs sans pitié égorgeaient partout leurs ennemis; on n'épargna que les femmes. Les blessés et les prisonniers étaient précipités par les fenêtres, et le peuple qui remplissait les cours, se chargeait de compléter l'exécution. Jamais la pitié et l'humanité n'eurent plus à se voiler la face. Bientôt les flammes, envahissant les appartements et les galeries, mirent fin aux massacres et chassèrent les vainqueurs. En ce moment suprême, l'Assemblée Législative suspendit le pouvoir royal de ses fonctions et convoqua une convention nationale. La journée du 10 août était accomplie.

Trois jours après, Louis XVI, la reine, Mme Élisabeth, sœur du roi, Mme Royale, âgée de treize ans, et le jeune dauphin, qui en avait à peine sept, furent renfermés dans la prison du Temple.

Pendant qu'ils languissaient prisonniers, attendant qu'on décidât de leur sort, le pouvoir était passé aux mains des vainqueurs du 10 août. Le redoutable Danton dirigeait la Commune de Paris, cette Commune insurrectionnelle qui, de l'Hôtel-de-Ville, avait organisé le plan de bataille. Péthion, idole ridicule du peuple, et que le peuple devait bientôt briser, était encore maire; Manuel remplissait les fonctions de procureur général de la Commune; les autres membres étaient dignes de ces chefs et les surpassaient même en violence. Ce fut pendant leur règne désastreux que la Révolution Française fut ensanglantée par un des crimes les plus abominables dont l'histoire ait gardé le souvenir. On venait d'apprendre que les armées étrangères étaient entrées en Champagne; un affreux délire s'empara de la populace; la Commune, au lieu de l'apaiser, l'irrita encore, afin que le peuple entier, ayant pris part au crime, se regardât comme obligé de choisir entre la Révolution ou la mort. Le 2 septembre, au bruit du tocsin que fit sonner Danton, ministre de la justice, la populace se porta aux prisons de Paris : elles regorgeaient de femmes, de nobles, de prétendus aristocrates et de prêtres. Ce furent autant de martyrs. Le massacre commença aux Carmes, où plusieurs centaines de prêtres étaient détenus, puis à Saint-Firmin, à la Force, à l'Abbaye, à Bicêtre. Il dura quatre jours entiers, et les assassins s'encourageaient au meurtre par des chants sanguinaires et par d'horribles libations. Tout se faisait, d'ailleurs, avec un calme sinistre. Un tribunal de bourreaux siégeait sur le théâtre du crime, et rendait des arrêts qui recevaient leur exécution immédiate. Au nombre des victimes, fut la belle et infortunée princesse de Lamballe, amie de la reine; son corps fut mis en pièces, et sa tête promenée au bout d'une pique jusque sous les fenêtres du Temple. Les assassins évitèrent avec soin de voler leurs victimes : le peuple, dans sa colère, éprouve la soif du sang et non celle de l'or. Chose horrible! Tous ces attentats furent accomplis sans que le Gouvernement osât les réprimer. L'Assemblée Législative s'éteignait obscurément, réduite à l'impuissance en présence des Jacobins et de la terrible Commune, et la Commune encourageait les bourreaux ou tremblait devant eux. Manuel sauva, du moins, quelques victimes, et, entr'autres, le vénérable abbé Sicard.

Pendant que ces massacres glaçaient l'Europe de stupeur et marquaient d'une tache ineffaçable la Révolution Française, l'Assemblée Législative fit place à la Convention Nationale, qui venait d'être élue sous l'impression de la démagogie et de la terreur. Jamais la France ne s'était trouvée dans des circonstances plus graves. Déjà les étrangers et les émigrés avaient envahi une partie du territoire; on n'avait, pour faire face aux dangers publics et aux hasards de la guerre, qu'un papier-monnaie depuis longtemps décrié, et connu sous le nom d'assignats. La famine menaçait la capitale et les provinces; l'armée avait essuyé des revers; nos places du Nord étaient assiégées; des soldats à demi-vêtus et inhabiles au maniement des armes se rassemblaient sous des généraux vieillis ou sans expérience; le Gouvernement était livré aux meurtriers de septembre, et ne présentait aucune garantie; le roi gémissait dans les fers; les autels étaient renversés ou profanés. C'est sous de tels auspices que la Convention Nationale s'emparait de la double puissance législative et exécutive, concentrant en elle seule tous les éléments de l'anarchie et de la violence, mais déterminée à exercer jusqu'au bout la dictature populaire dont elle était investie. Ce fut le 21 septembre 1792 que cette assemblée se réunit pour la première fois, sous la présidence de Péthion. Son premier acte annonçait au monde quelle mission elle allait accomplir. Sur la proposition du représentant du peuple Collot d'Herbois, appuyée par Grégoire, elle décréta *l'abolition de la monarchie française et l'établissement de la république.*

PARIS SOUS LA CONVENTION NATIONALE.

21 SEPTEMBRE 1792 — 26 OCTOBRE 1795.

La Convention, de sinistre et de formidable souvenir, avait à peine ouvert sa session que déjà se dessinaient dans ses rangs les trois partis, la *Montagne*, la *Gironde*, la *Plaine*, dont les actes sont trop connus pour qu'il soit nécessaire d'en mentionner ici le pâle résumé. Nous ne perdons pas de vue que ces pages, en rendant compte des annales de Paris moderne, ont spécialement pour destination de faire connaître comment la Révolution réagit sur la capitale, sur la population, sur la sécurité et le bien-être de ses citoyens. La victoire de Valmy, la conquête de la Belgique, la réunion de la Savoie et du comté de Nice au territoire français avaient successivement rassuré le parti républicain, et l'influence appartenait encore aux révolutionnaires modérés, c'est-à-dire à la Gironde. Le supplice de quelques émigrés faits prisonniers fut le seul spectacle que les bourreaux, un moment fatigués, consentirent à donner à la populace des faubourgs. Le roi et sa famille languissaient prisonniers au Temple, gardés étroitement par les sicaires de la Commune, contraints de subir d'ignobles outrages, d'infâmes persécutions, et attendant chaque jour des coups plus terribles encore. La reine, sa sœur et sa fille, privées des vêtements nécessaires, se voyaient réduites à raccommoder elles-mêmes leur linge et leurs robes, le roi était séparé de sa femme et de sa fille, et quand on leur permettait de se réunir aux heures des repas, ces entrevues n'avaient lieu qu'en présence de geôliers qui surveillaient les paroles et les gestes. Lorsqu'ils descendaient au jardin pour respirer un air moins impur, ils étaient obligés d'entendre sur leur passage des propos cruels ou ignobles, d'endurer des chansons démagogiques et de lire sur les murs des inscriptions odieuses qui leur rappelaient leur profonde misère. Le roi instruisait son fils; quelques livres, des cartes de géographie, une sphère servaient à ces leçons. Les journaux étaient sévèrement interdits aux captifs; mais le fidèle Hue avait trouvé le moyen de se tenir au courant des principales nouvelles en montant à un grenier d'où l'on pouvait entendre de loin la voix des crieurs publics; d'un autre côté, les royalistes envoyaient, sous les fenêtres du Temple, des joueurs de vielle qui répétaient des refrains sympathiques : *Pauvre Jacques; Henri, bon Henri, ton fils est prisonnier*, etc. Et ces souvenirs de l'amitié parvenaient vaguement jusques au cœur du roi.

La Convention Nationale, après de longs débats, décida qu'elle procéderait au jugement du roi, de celui qu'on désignait dans les pamphlets jacobins sous les noms de *Louis-le-Dernier, Louis-le-Traître :* tandis qu'on instruisait cet inique procès, l'agitation régnait dans les rues et dans les clubs. Le manque de sécurité avait empêché les marchands et les paysans d'approvisionner les halles. Le peuple criait contre les accapareurs; mais plus il se montrait menaçant, plus s'accroissait la cherté des vivres. La municipalité de Paris avait imaginé de faire vendre la farine au-dessous du cours, afin de soulager les classes pauvres; mais le commerce, ne pouvant soutenir cette concurrence, avait porté ailleurs ses opérations. De là, un état dangereux de crise et de gêne. Le 11 décembre, le roi, désigné par ses juges sous le nom de Louis Capet, comparut à la barre de la Convention. La voiture qui le transportait suivit les boulevards, la rue Neuve-des-Capucines et la place Vendôme. Le roi eut à subir un long et odieux interrogatoire. Au lieu de se borner à protester de l'incompétence de ses juges, au nom de l'inviolabilité royale, il répondit, discuta les charges et se justifia. Ramené à la tour du Temple, il eut à traverser des hordes qui réclamaient à grands cris *la tête du tyran.* La défense fut confiée à Tronchet, à Malesherbes et au jeune Desèze, et, vers le milieu de janvier, après une discussion qui restera comme un monument éternel de la lâcheté des Girondins et de la férocité des Montagnards, la Convention vota et décréta la mort de Louis XVI. Le 21 janvier, sur la place Louis XV, alors nommée place de la Révolution, l'infortuné roi de France monta sur l'échafaud, et le fils de saint Louis alla rejoindre au ciel le plus illustre de ses pères. Nous écartons à dessein les lugubres détails de ce drame.

L'Europe avait répondu par un long cri d'horreur au bruit de la chute de Louis XVI et aux clameurs triomphantes des régicides. L'Angleterre, l'Espagne, les puissances d'Allemagne et d'Italie armèrent de nouveau, et les frontières de la république furent entamées. D'abord victorieuse à Jemmapes, la France fut vaincue et livrée aux invasions par la trahison de Dumouriez. A l'intérieur, la Vendée arbora son drapeau, Lyon se souleva contre la Convention, Toulon se rendit aux ennemis du dehors, des insurrections fédéralistes éclatèrent dans la Normandie et dans le Sud-Ouest. L'histoire de ces prodigieux événements concerne le monde entier et n'a rien qui puisse rentrer dans un récit réservé exclusivement aux annales de la grande cité parisienne. Qu'il nous suffise donc de les indiquer en quelques mots. A Paris, à la suite d'un mouvement populaire (mars 1793), la Convention, dominée par la Commune, institua l'abominable juridiction qui reçut le nom de « tribunal révolutionnaire, » et qui ne fut aux mains des partis qu'un instrument de sang et de mort. Jusque-là l'influence avait appartenu aux Girondins; à dater de cette heure, leur pouvoir fut menacé, contesté, ébranlé sans cesse par les violences de la multitude et des clubs. Un moment ils ressaisirent l'autorité, firent juger Marat, arrêtèrent Hébert et instituèrent une commission de justice dévouée à leurs principes. Durant les mois d'avril et de mai, ils se virent sans relâche battus en brèche, et le 31 mai, à la suite d'une formidable insurrection populaire, la Convention, assiégée dans les Tuileries et exposée au feu du canon, décréta avec douleur la suppression de la commission établie par la Gironde, et qui cherchait à enchaîner la Révolution Française. Dans les journées des 1er et 2 juin, à la suite de luttes de tribune dont le dramatique souvenir ne s'effacera jamais, elle consentit à mettre en accusation l'élite de ses chefs, c'est-à-dire le parti girondin tout entier. Bientôt, de cette faction naguère si puissante, il ne resta que des prisonniers et des fugitifs, tous réservés au rôle de victimes. Le sang versé par ces hommes retombait sur leur tête, la révolte glorifiée par leur fortune passée se retournait contre eux et réglait ses comptes. À travers les passions des hommes marchait la justice de Dieu.

La Montagne, victorieuse au 31 mai, reconnut pour nouveaux chefs Danton, Robespierre, Marat, Collot d'Herbois, Couthon, Saint-Just et les promoteurs les plus ardents de la Commune et des clubs. Le tribunal révolutionnaire abaissa sous sa justice féroce toutes les têtes les plus innocentes et les plus respectées; la vertu, la richesse, la civilisation, les regrets monarchiques devinrent autant de crimes chaque jour punis de mort, et l'échafaud, constamment dressé sur la place sinistre où avait péri Louis XVI, fut le seul et le véritable roi de la situation. Vers le même temps, la guerre de la Vendée prit des proportions immenses, la résistance de Lyon se développa, et les armées étrangères devinrent plus redoutables encore. Ce fut une époque de convulsions sans égales, durant lesquelles la Convention, qui, au surplus, représentait l'indépendance du pays et la nationalité elle-même, se défendit avec les armes de la fureur et du désespoir, et noya dans un lac de sang l'insurrection royaliste et l'invasion étrangère. Dans ces jours d'épouvantable mémoire, tombèrent sous le couteau de la guillotine Marie-Antoinette, Mme Roland, les Girondins, Charlotte Corday, et une longue série de victimes nobles et illustres, dont ces pages ne pourraient contenir les noms.

Au milieu de ces scènes lugubres, la Révolution avait ses fêtes et ses jours de joie; elle cherchait à donner les *jeux du cirque* à ce peuple qui manquait de pain. Il y eut sur la place publique et dans l'enceinte de la Convention plusieurs de ces manifestations que notre siècle ne peut comprendre, qui sont ridicules de loin et sérieuses de près, et dont les hommes tourmentés par la fureur des passions politiques ont seuls le secret. L'anniversaire du 10 août fut fêté à la place de la Bastille; là, les ordonnateurs des réjouissances publiques avaient élevé une statue colossale de la Nature; deux sources d'eau vive jaillissaient de ses mamelles, et la Convention, présidée par Hérault de Séchelles, vint par trois fois faire des libations autour de cette étrange effigie : « Peuples du monde, s'écriait l'un des orateurs, soyez jaloux de notre bonheur, et qu'il vous serve d'exemple! » De la Bastille on se rendit en foule au Champ-de-Mars, et les députés, pour signes distinctifs, portaient des épis, des fruits et des fleurs. On eût dit une fête de Cérès. Venaient ensuite des vieillards, des aveugles traînés sur des chars, des enfants portés dans leurs berceaux, des ouvriers en habits de travail, des laboureurs traînant une charrue, un grand catafalque chargé des ossements des martyrs de la patrie, et les délégués envoyés à Paris par les assemblées primaires des quatre-vingt-sept départements. La fête se termina en public au Champs-de-Mars, par un repas *frugal et fraternel*, et les citoyens se séparèrent en se félicitant des *émotions majestueuses* de cette journée. Le lendemain les législateurs et les bourreaux reprirent leur tâche.

Les tombes royales de Saint-Denis furent violées et profanées, les églises fermées, et le parti de l'athéisme, ayant à sa tête Hébert, Chaumette, Momoro et les chefs des Cordeliers et des Jacobins, vint se livrer, dans l'enceinte même de la Convention, à la plus sacrilége des orgies. Ces saturnales eurent les législateurs pour témoins et pour complices, et, sous les yeux du peuple, dans l'église métropolitaine de Paris, sur le grand-autel, une impure courtisane fut assise, qui, sous le nom de *déesse de la Raison*, reçut les hommages et l'encens de la populace révolutionnaire. La faction d'Hébert avait organisé ces infâmes démonstrations. Son règne fut de courte durée. Le parti de Robespierre qui osait vouloir fonder un ordre nouveau dans le sang, mais qui détestait l'athéisme, jugea qu'il ne fallait pas laisser déshonorer davantage la Révolution Française, et les misérables Cordeliers et Hébertistes tombèrent sous le couteau de la guillotine. Quand Robespierre eut fait justice de ces exaltés qui gênaient sa marche, il se retourna contre les révolutionnaires repentants et modérés, il fit périr Danton, Camille Desmoulins et ceux qui, à leur exemple, commençaient à parler de pitié et de justice. *La Révolution, comme Saturne, dévorait ses enfants.* Après ces exécutions, on institua le régime de la *terreur*, période sinistre, durant laquelle les têtes tombèrent par centaines, et qui vit s'accomplir la destruction et le meurtre sur les plus larges bases. C'était le temps où Carrier noyait les populations de l'Ouest, où l'on mitraillait les habitants de Toulon et de Lyon, où l'atroce Lebon fauchait les têtes à Arras, où les commissaires de la Convention couvraient le Nord et le Midi, l'Est et le Centre d'échafauds et de victimes.

Au milieu de ces jours d'angoisses, Paris avait encore ses pompes publiques, car on avait renoncé aux fêtes domestiques que le pouvoir suspectait. Parfois, sur la provocation des Jacobins, on affectait au dehors une joie expansive qui n'existait pas dans les cœurs. A l'imitation des républicains antiques, on se faisait une gloire de manger dans les rues, de fraterniser en public, de partager avec le sans-culotte pauvre le morceau de pain et la livre de viande qu'on avait pu se procurer à prix d'argent; mais ces parades imaginées par les terroristes, ne trompaient qu'un petit nombre de dupes.

La société parisienne avait ses occupations et ses joies : des corvées patriotiques, organisées sur un vaste pied, remplaçaient l'ancienne corvée tant de fois maudite; les citoyens étaient tour-à-tour mis en réquisition pour aller, au dehors de la ville, creuser des fossés, construire des redoutes et élever des retranchements; d'autres, embrigadés à cet effet, passaient les jours et les nuits à faire du salpêtre dans les caves humides ou dans les vieux cimetières de Paris. Ces travaux pénibles, ordinairement confiés à des gardes nationaux ou à des fils de famille, n'étaient égayés que par la *Carmagnole* et le *Ça ira*, et parfois ils servaient à cacher parmi les ouvriers volontaires des suspects et des proscrits que le soupçon des Jacobins n'allait point atteindre aux ateliers de la patrie. Il est vrai que les inquisiteurs révolutionnaires avaient inventé le certificat de civisme, faute duquel on ne trouvait ni logement ni abri. Personne ne pouvait impunément circuler dans les rues sans être muni de sa carte de sûreté, délivrée par les comités républicains, et il fallait l'exhiber devant les sentinelles. Malgré ces mesures de compression, on voyait déjà poindre la coterie des *Muscadins*, petits-maîtres de l'époque, qui, en signe d'opposition, conservaient des habitudes de propreté, et portaient du linge blanc, un pantalon de nankin, une veste de la même étoffe. Les Cordeliers, les Jacobins et l'immense majorité des habitants, pour ne pas être inculpés d'aristocratie, avaient adopté un costume ignoble : sous un énorme bonnet rouge, ils portaient les cheveux gras, plats et coupés en brosse; sur leur poitrine à demi nue s'étalait une chemise grossière et sale; la lourde carmagnole et le pantalon de toile ou de drap commun complétaient cet accoutrement de circonstance. La plupart des membres de la Convention affectaient le même cynisme. De leur côté, les femmes, quoique plus proprement vêtues, choisissaient de préférence les étoffes de coton et de bure; mais, à une certaine élégance plus naturelle que volontaire, on remarquait encore, sous leur obscur déguisement, les dames d'origine noble, les femmes qui étaient résignées à renoncer à la vie plutôt qu'aux traditions du bon goût. Pour se conformer à la loi, chaque citoyenne attachait à sa coiffe une large cocarde tricolore. Un grand nombre de femmes, par fanatisme politique ou par curiosité, suivaient avec assiduité les séances des clubs et celles du tribunal révolutionnaire. On les appelait les *tricoteuses*, et quand de leurs clameurs de joie elles saluaient la charrette des suppliciés, on les désignait sous le nom expressif de *furies de la guillotine*.

Les misérables qui organisaient la démagogie, et se faisaient une arme du crime, ne s'étaient point contentés de faire périr Marie-Antoinette sur l'échafaud. Poussant jusqu'aux dernières limites leur grossière démagogie, ils l'avaient fait conduire à la mort dans un tombereau, les mains liées derrière le dos, et la tête nue, au milieu des imprécations d'une vile multitude. Dans les derniers jours qui avaient précédé son supplice, on avait refusé à la fille de Marie-Thérèse, à la veuve de Louis XVI, du linge et des bas; on n'avait pas permis à un prêtre de l'assister à l'heure suprême. Par un raffinement de cruauté dont l'histoire n'offre pas d'exemples, l'héritier de soixante rois, le jeune et infortuné Louis XVII, à peine âgé de dix ans, avait été mis en apprentissage chez un savetier nommé Simon, membre de la Commune, qui le traitait rudement, le meurtrissait de coups, et le forçait de répéter et de chanter des refrains obscènes que le pauvre enfant ne comprenait pas. Ce sont là des taches de honte et de sang dont cette époque ne se lavera jamais.

Les églises étaient fermées ou profanées; les prêtres, dépouillés de leurs biens, traités en suspects, emprisonnés, menacés de mort, se voyaient réduits, comme les martyrs et les confesseurs des premiers siècles, à offrir le Saint-Sacrifice dans des chambres obscures et ignorées. La sépulture était donnée aux morts sans appareil religieux; les cimetières, nus et vides, n'avaient pour ornement que la statue du Silence, et sur le char qui transportait les cercueils à travers les rues de Paris, on lisait cette inscription matérialiste : *La mort est un sommeil éternel!* Le dimanche était supprimé par la loi. On célébrait la décade. On avait changé les noms des mois et des jours. A la place des saints illustres et des glorieux martyrs que toutes les nations civilisées révèrent comme l'honneur impérissable du genre humain, on proposait aux vénérations du peuple, dans le nouveau calendrier, le chou, le persil, la ciguë, l'oseille, le raisin, le bœuf, le chien, l'âne, la charrue, la herse, etc., et on avait substitué aux saturnales du paganisme cinq jours complémentaires de l'année, appelés *jours sans-culottides.* On croirait rêver en repassant par le souvenir ces aberrations étranges, ces actes de démence ou d'impiété. Mais Paris en a été le témoin et le théâtre. Mais beaucoup d'hommes vivent encore qui les ont vus s'accomplir et qui pourraient ajouter de nombreux détails à un récit qu'il ne nous est pas permis d'étendre davantage. Bornons-nous à dire, pour ce qui se rattache à l'histoire de Paris, qu'on avait poussé la stupidité révolutionnaire jusqu'à supprimer les noms et les mots qui déplaisaient aux clubs et aux comités démagogiques. On disait la rue Honoré, le faubourg Antoine, le boulevard Denis; ceux qui s'appelaient Leroi, Leprince, Leduc, avaient renoncé à ces noms *flétris* pour se faire appeler Manlius, Brutus, Scevola, Marat, et au lieu de dire Saint-Denis, Bourg-la-Reine, Fontenay-le-Comte, on disait Franciade, Bourg-Libre, Fontenay-le-Peuple : ces sottises sont de tous les temps, et nous en avons vu des exemples plus récents encore.

Au milieu de tant d'attentats et de souffrances, on multipliait, comme à dessein, les bals publics, les représentations théâtrales. Il y avait des hommes de lettres chargés de composer des pièces pour l'amusement des sans-culottes, des acteurs qui inventaient des lazzis destinés à jeter l'opprobre sur les victimes. Cependant la foule préférait assister aux pièces du répertoire sentimental, aux œuvres scéniques, où l'on parlait encore de vertu, de morale, de dévoûment. Les Jacobins qui garnissaient le parterre ou le foyer des théâtres, parlaient alors nature, fraternité, sensibilité; ils pleuraient aux endroits touchants, et c'était là encore une étrange comédie. Dans les petits théâtres, on donnait des pièces révoltantes de cynisme et d'impiété, et c'est ainsi que la fatale Commune de Paris cherchait à instruire le peuple et à faire de la propagande. Au théâtre des *Sans-Culottes* (autrefois théâtre Molière), on donnait la *Guillotine d'Amour,* pièce de circonstance. Quand le nom de *roi* se rencontrait dans une comédie, l'acteur y substituait le mot de *loi,* et on s'arrangeait tant bien que mal du changement. Au lieu d'emprisonner Tartufe par ordre d'un *prince ennemi de la fraude,* on faisait dire par l'exempt que l'hypocrite était traduit *devant le tribunal révolutionnaire.* On se fatiguerait à relever ces souvenirs d'un patriotisme puéril et inepte.

Or, au milieu de ces tempêtes et de ces misères, tandis que Paris était fauché par le fer révolutionnaire ou dégradé par l'anarchie, les armées françaises, refuges de la vertu, du courage et de l'honneur, faisaient triompher la République sur toutes les frontières, délivraient le sol de l'invasion étrangère, et forçaient les rois de l'Europe de trembler devant nos drapeaux. Grâce à leur héroïque dévoûment, la gloire surpassa le deuil, et la France que l'Europe s'était d'avance partagée, maintenait vigoureusement son indépendance nationale. Si l'abominable système de la terreur avait eu, dans les dangers publics, un prétexte pour exister (ce que nous nions avec énergie), ce prétexte cessait de lui être donné dès que la France triomphait des coalitions étrangères.

Dans la journée du 9 thermidor, l'homme qui, avec le Comité de Salut Public et le Comité de Sûreté Générale, gouvernait la Révolution, Robespierre, fut renversé du pouvoir par un décret de la Convention Nationale. La Commune de Paris s'insurgea pour défendre l'homme qui représentait, plus que tout autre, les intérêts et les principes de 1793, et le peuple fut convié par ses magistrats municipaux à prendre parti contre la Convention. On sonna le tocsin. Vainement l'assemblée avait-elle fait conduire en prison Robespierre, Couthon, Saint-Just, Lebas et leurs complices, aucun geôlier ne fut assez hardi pour les recevoir, et on les conduisit triomphalement à l'Hôtel-de-Ville. D'un côté, la Convention et le parti qui était las des échafauds; de l'autre, Robespierre, la Commune et les Jacobins. La lutte fut courte et décisive. Un décret de mise *hors la loi* épouvanta ceux qui auraient voulu s'armer pour Robespierre, et cet homme sinistre, lui et ses complices, périrent le 10 thermidor sur la place de la Révolution. Dans cette journée qui mit fin au régime de la terreur, les vainqueurs ne furent dignes ni d'estime ni de reconnaissance; ils obéirent aux instincts de la peur, ils combattirent pour ne pas mourir.

Le gouvernement de la Convention se prolongea durant quatorze mois encore, et Paris fut encore le théâtre de grandes scènes, de mémorables insurrections, à l'aide desquelles les Montagnards et les Royalistes, les uns, dans la journée du 1er prairial, les autres, dans la lutte sanglante du 13 vendémiaire, essayèrent tour-à-tour de saisir le pouvoir et de mettre la main sur la France. La Convention prévalut. Dans la journée du 1er prairial, l'enceinte de ses séances fut ensanglantée par des attroupements d'hommes et de femmes qui criaient : *Du pain! la constitution de 1793!* La tête du député Féraud, placée au bout d'une pique, fut montrée au président de la Convention, et cet homme illustre, Boissy d'Anglas, salua respectueusement la victime et tint tête aux insurgés. Le 13 vendémiaire, quarante mille sectionnaires armés, la plupart déterminés à rétablir la monarchie, se portèrent sur le palais des Tuileries, pour en chasser la Convention. Ils furent vaincus et mitraillés par le jeune Bonaparte, et la république prévalut pour durer quelques années encore. Peu de jours après, la Convention, après avoir doté la France d'une constitution nouvelle, dite de l'an III, abdiqua ses pouvoirs et fit place au Directoire.

PARIS SOUS LE DIRECTOIRE.

1795–1799.

Le nouveau gouvernement avait à sa tête un pouvoir exécutif, appelé *Directoire* et composé de cinq membres, renouvelés chaque année par cinquième et par élection; la législature se composait du *Conseil des Cinq-Cents,* qui votait les lois, et du *Conseil des Anciens,* qui les acceptait ou les rejetait. Ce mécanisme politique, imaginé après de longues élucubrations par les utopistes conventionnels, ne laissait à l'autorité centrale aucune force, aucune énergie, et il ouvrait un vaste champ aux abus de la corruption et du bavardage parlementaire. En quelques mois on en eut fait l'expérience, et la France, du régime de la terreur et de la mort, passa sous le régime de l'intrigue, de l'immoralité et de l'agiotage. Par bonheur pour elle, ses armées conservaient le dépôt des traditions glorieuses, du dévoûment et de l'honneur. Ce fut par l'épée de ses soldats qu'elle fut sauvée de la fange où l'entraînait le gouvernement directorial.

Durant cette période qui s'étendit de l'an IV à l'an VIII (octobre 1795 — novembre 1799), Paris eut à souffrir moins de misères physiques, moins de douleurs matérielles, mais il fut témoin de beaucoup de hontes morales et d'une dégradation de la société sans exemple dans ses annales. La population de Paris courait ardemment à la satisfaction de ses cupidités et de ses plaisirs; elle ne pensait guère à Dieu qui l'avait sauvée : elle ne songeait qu'à jouir. Ce qui la distinguait profondément de ce qu'elle avait été en 1789, c'est qu'au début de la Révolution l'enthousiasme était sincère aussi bien que les croyances; c'est qu'alors on avait foi dans la liberté, dans l'égalité, dans les promesses de la philosophie, et que la foi entraîne le dévoûment et le sacrifice. Mais sous le Directoire, Paris se disait revenu de ces utopies; la liberté lui avait apparu si cruelle, l'égalité si grossière, la fraternité si tyrannique, que Paris les redoutait et ne les invoquait plus. On trouvait plus commode de s'enrichir en s'appropriant les dépouilles des moins habiles, en jouant sur les assignats, en réalisant d'énormes bénéfices sur les biens confisqués. L'ancien régime avait reparu avec ses saturnales, son insolence et ses débauches; il n'y avait de changés que les acteurs et les formes. Des laquais dénonciateurs, des intendants agioteurs, beaucoup de coupeurs de bourses trônaient dans les hôtels et dans les châteaux révolutionnairement enlevés à la noblesse, et le cynisme de leurs désordres et de leur luxe faisait regretter la Régence.

Le Directoire avait à se défendre contre deux partis contraires. Il eut à lutter contre les Jacobins et une école de sectaires qui rêvaient l'abolition de la propriété et l'établissement du *bonheur commun.* Gracchus Babœuf, chef de cette faction, fut avec plusieurs de ses complices jugé et condamné par la haute cour de Vendôme; mais les doctrines de ces hommes survécurent à leur mort, et de nos jours nous les avons vues se reproduire avec une redoutable ténacité. Elles constituent, au XIXe siècle, la guerre des esclaves et la Jacquerie de l'antiquité et du moyen-âge. Les autres ennemis qui menacèrent plus sérieusement le Directoire furent les Royalistes qui, à la faveur des élections, étaient entrés en majorité dans les conseils. Le Directoire, trouvant la loi impuissante pour sauver la République de leurs attaques, prit une de ces résolutions hardies qui ne réussissent qu'aux pouvoirs forts et portent malheur aux faibles. Le 18 fructidor an V (4 septembre 1797), deux directeurs et un grand nombre de législateurs des deux conseils furent arrêtés et, pour la plupart, déportés à la Guyane Française. Cet expédient ne calma pas les troubles intérieurs, et les conspirations obscures se multiplièrent jusqu'à la fin du pouvoir directorial.

La Vendée fut comprimée; la Bretagne le fut à son tour : Hoche triompha de Stofflet, de Charette et de la chouannerie. Nos armées défendirent glorieusement la ligne du Rhin; Pichegru conquit la Hollande; Moreau pénétra en Bavière, Jourdan en Bohême; mais leurs opérations savantes, d'abord couronnées par le succès, ne tardèrent pas à être déconcertées par l'ennemi. Moreau, après une admirable retraite qui a servi de base à sa renommée, ramena en France les débris des légions républicaines.

La victoire nous fut fidèle en Italie; le général Bonaparte, à peine âgé de vingt-six ans, et placé à la tête d'une poignée de braves, réalisa des prodiges presque fabuleux, et détruisit successivement cinq grandes armées placées sous les ordres des plus illustres capitaines de l'empire d'Allemagne. Les noms glorieux de Dego, de Montenotte, de Lodi, de Mondovi, d'Arcole, de Mantoue, de Rivoli, et tant d'autres, attestent à la postérité des victoires auxquelles peut-être on n'ajouterait pas foi, si nos pères n'en avaient pas été témoins. La république de Venise cessa d'exister, le Piémont fut érigé en république, le traité de Campo-Formio fit poser les armes à l'Autriche.

Tandis que ces gigantesques événements s'accomplissaient au dehors, Paris et la France dépérissaient sous le joug d'une honteuse tyrannie et devant le spectacle d'une démoralisation toujours marchant tête haute. Versailles, ce splendide faubourg de Paris, n'était plus qu'un cénotaphe, menacé, d'un jour à l'autre, par ce qu'on appelait la bande noire. Il était question de détruire son palais en haine des souvenirs de Louis XIV; on parlait de promener la charrue dans son immense parc, et de planter la pomme de terre dans les labyrinthes des Trianons. Si le vieux château des rois était ainsi exposé au marteau, que n'avait-on pas à craindre pour les ruines monumentales que l'ancien régime nous avait léguées? Chaque jour, des châteaux embellis par le ciseau des artistes de la Renaissance étaient dégradés ou démolis; d'ineptes acquéreurs les détruisaient pour vendre les pierres à la toise cube; et le paysan, qui, de toutes les classes de la société, avait le plus gagné au nouveau régime, pouvait à son aise, et à vil prix, transformer en petite culture des forêts, des jardins, des terres nobiliaires et ecclésiastiques, que la Révolution mettait à la portée de toutes les bourses et de toutes les bêches.

A Paris le culte catholique était proscrit, le Christianisme portait ombrage, et la secte des *Théophilanthropes* était seule à jouir des faveurs officielles : c'était le déisme érigé en religion. Pendant que Larevellière-Lépeaux s'offrait à découvert aux attaques du ridicule en se faisant le pontife de ce nouveau culte, ses collègues riaient du grand-prêtre, et toutefois lui sacrifiaient bien volontiers les souvenirs et les traditions de la Foi. Ajoutons que le mépris populaire faisait bonne justice du pontife et de ses adeptes.

Au reste, les contempteurs du Christianisme, poursuivis par le remords ou par le besoin d'ordre public, avaient cherché à remplacer la religion par la philosophie. L'État payait des professeurs de morale, la plupart athées, qui rappelaient aux jeunes citoyens des deux sexes les principes de morale oubliés par leurs pères. On rendait grâces à la *Nature* dans les réunions du décadi, et l'on parlait jusqu'à satiété de bienfaisance, de désintéressement, de vertu : on n'oubliait rien, sinon d'enseigner l'amour et le respect pour Celui de qui seul découle la morale. Dans les écoles primaires on commentait les droits de l'homme et du citoyen; dans les institutions d'un ordre plus élevé, on divinisait les doctrines de Voltaire; et partout, dans les livres, dans les salons, dans les journaux, la charité chrétienne était remplacée par une sensiblerie maniérée et fausse que Jean-Jacques Rousseau avait mise à la mode. On affectait servilement d'imiter Athènes et Rome dans leurs institutions morales. Il n'y avait point encore de censeurs; mais la loi réservait des priviléges à la vieillesse, à la maternité, à la fidélité conjugale. Dans les pompes publiques, on honorait la chasteté, en associant au cortége des époux et des enfants tout le chœur des vierges de l'Opéra. Les savants et les sages de la République décernaient, à des jours marqués, des couronnes de roses à la pudeur, et des médailles à la vertu. Ces parades plaisaient au Directoire; la République s'en montrait fière. Aussi, nonobstant la misère des masses, ne négligeait-on rien de ce qui pouvait donner de l'éclat aux fêtes nationales, et faire oublier au peuple les graves et touchantes cérémonies de la religion; la loi instituait des réjouissances publiques dignes des beaux jours de l'Arcadie.

On se fatiguerait sans nécessité à décrire ces vaines pompes, dont les philosophes se raillaient les premiers, parce que le statuaire dont la main a ciselé Jupiter, est le dernier de tous à prendre son marbre pour un Dieu. Le peuple, à l'exception de la secte des Cordeliers et des Hébertistes, s'indignait des efforts misérables à l'aide desquels on cherchait à lui plaire; il demeurait froid devant ces démonstrations païennes, et il regrettait silencieusement les beaux reposoirs, l'ancienne procession du Saint-Sacrement, l'image de Marie autrefois portée par des mains pures, et toutes les cérémonies qui sont majestueuses en vertu de la Foi, et non à cause des costumes. Cependant la République ne s'en tenait pas à honorer l'enfance, la vieillesse, l'agriculture, l'industrie : elle avait ses fêtes politiques, ses commémorations anniversaires du 14 juillet, du 10 août, du 9 thermidor, du 1er vendémiaire. Dans ces occasions solennelles, les ordonnateurs de la joie officielle cherchaient toujours à imiter les jeux d'Homère, les fêtes décrites par Virgile : le programme mentionnait la course à pied, la course à cheval, la course des chars; et les vainqueurs recevaient des disques, des armes, des coupes ciselées, qui rappelaient involontairement le tombeau de Patrocle ou la dernière victoire du vieil Entelle.

Plus que jamais les réminiscences d'Athènes et de Rome occupaient les esprits : les hommes d'état prenaient pour costume le pallium et la toge. Les femmes se drapaient comme Aspasie ou Faustine; leur toilette révoltait la décence, et pour premier châtiment, l'âpreté et l'humidité de nos climats infligeaient à ces statues de chair des maladies aiguës ou mortelles. Pour les hommes, il était de *suprême bon ton* de porter des habits à grandes basques, d'immenses cravates blanches, de petits carricks chamois et à vingt collets, de petites bottes à revers, des bas de soie chinés, des cheveux à *repentirs* longs ou relevés en tresses sur les côtés et sur le derrière de la tête; un lorgnon ridicule et une canne grosse et noueuse complétaient cet étrange attirail. Les femmes portaient des robes à queue, qu'elles agrafaient d'un côté presqu'à la hauteur du genou; conformément aux traditions numismatiques, ces robes avaient la taille courte et laissaient à découvert les bras et les épaules. La coiffure des élégantes républicaines n'était empruntée ni aux Grecs ni aux barbares : elle consistait en un petit chapeau qui figurait bien moins un casque qu'un colimaçon. Les *merveilleux* des deux sexes se pavanaient sous les ombrages du Jardin National. Ils faisaient sonner leurs breloques, reluire leurs bagues et leurs chaînes d'or, et ils parlaient un langage affecté, un de ces idiomes qui ne doivent appartenir qu'à des individus efféminés et lâches. Le soir, cette société déchue ou dégradée se portait à Tivoli ou à Frascati; elle allait danser aux bals de Suresne, de l'hôtel Richelieu, de Wentzel, de Travers, de la rue de Paradis. Les femmes se rendaient là sans bas et sans souliers; elles n'étaient chaussées que du cothurne grec ou d'une simple sandale attachée par des rubans. Elles portaient des anneaux aux jambes, des bagues aux orteils, et affichaient des mœurs dignes de leur costume. Enfin, pour compléter le tableau, les maisons de jeu demeuraient ouvertes jour et nuit.

Voilà où en étaient Paris et son peuple, lorsque Bonaparte, après avoir accompli les campagnes homériques d'Égypte et de Syrie, reparut en France, et fort de la mission que lui imposait le vœu unanime de la France, termina, par le coup d'état du 18 brumaire, les hideuses saturnales de l'anarchie et l'impuissance politique du Directoire. Dès ce moment, s'ouvrit pour la France un ordre nouveau.

PARIS SOUS LE CONSULAT.

1799-1804.

Le général Bonaparte, élevé à la dignité consulaire, présida à l'établissement d'une nouvelle constitution qui porta la date de l'an VIII. Cette loi fondamentale établissait un pouvoir exécutif composé d'un premier consul, élu pour dix ans, et qui concentrait en ses mains l'exercice réel de l'autorité, les deux autres consuls n'étant que de simples fonctionnaires sans influence, élus seulement pour cinq ans. Au-dessous d'eux se trouvait un *Sénat*, dont les membres étaient nommés à vie par le premier Consul, et un *Corps Législatif*, composé par système de candidature. D'après ce mode, les électeurs nommaient trois candidats parmi lesquels le pouvoir choisissait un député. En dehors du *Corps-Législatif*, il existait une autre assemblée qu'on appelait *Tribunat;* mais elle fut supprimée plus tard. Les séances du Sénat et celles du Corps Législatif n'étaient point publiques, et les députés n'avaient d'autres droits que d'approuver ou de rejeter les propositions du Gouvernement, sans pouvoir ni les discuter, ni les amender, ni faire connaître leurs opinions. La presse et les théâtres étaient soumis à la censure. Dans ce régime le fait qui dominait surtout, était celui de la centralisation; il n'était pas une seule affaire, même dans les communes les plus éloignées de Paris, qui pût être terminée sans l'assentiment du Gouvernement : le maire consultait le sous-préfet, le sous-préfet en référait au préfet, et celui-ci au premier Consul. Bonaparte tenait donc dans sa main tous les ressorts de la France.

L'un des premiers soins du nouveau Consul fut de supprimer l'horrible fête du 21 janvier, instituée par la Convention, pour célébrer l'anniversaire de la mort de Louis XVI. Bonaparte se rendit ensuite dans les prisons de Paris; et, en entrant dans celle du Temple, il mit en liberté les otages, sortes de victimes politiques que le Directoire y avait enfermées. Pour consoler les Républicains de ces innovations, il fit, en grande pompe, installer aux Tuileries le buste de Junius Brutus. Il ordonna ensuite que, pendant dix jours, tous les drapeaux de la République resteraient voilés de crêpes noirs, en mémoire du célèbre Washington, dont on venait d'apprendre la mort. Peu de jours après, suivi d'un grand cortége, et aux acclamations de la multitude, il alla habiter l'ancien palais des rois. Sur la façade des Tuileries on lisait ces mots : « Le 10 août 1792, la royauté en France est abolie; — elle ne se relèvera jamais! » Elle était déjà relevée.

Le pays était las des théories démocratiques et courait au-devant des volontés du pouvoir. Douze ans de convulsions violentes lui avaient fait regarder l'ordre comme le premier des besoins. Aucune voix ne s'élevait pour protester contre les intentions du premier Consul; tous les bras se résignaient à l'obéissance, tous les cœurs espéraient dans l'avenir.

Cependant les armées étrangères continuaient le cours de leurs succès en Allemagne et en Italie; elles étaient jalouses de la gloire et de la prospérité inattendues de la France, et ce sentiment était bien naturel. La France n'était plus réduite aux limites qui lui avaient été assignées sous Louis XIV : au Nord, elle s'étendait jusque sur le Rhin; au Sud, elle embrassait la Savoie et le comté de Nice. C'étaient à peu près les limites de l'ancienne Gaule. Bonaparte, au retour du printemps, comprit la nécessité d'écraser ses ennemis en Italie. Il rassemble une armée non loin de Genève, et franchit avec elle les glaces inaccessibles du Saint-Bernard. De nombreuses troupes, un matériel immense, la cavalerie et l'artillerie ne furent retardés ni par les ravins ni par les précipices. Pour traîner les canons, on les détacha de leurs affûts et on les coula dans des troncs d'arbres creusés; les roues et les munitions de guerre furent transportées à force de bras. Ces immenses préparatifs eurent pour résultats les glorieux triomphes de Montebello et de Marengo, et l'Italie fut de nouveau placée sous la main de la France.

La France était victorieuse sur le continent; l'Angleterre elle-même, après tant de luttes et de sacrifices, négociait pour obtenir la paix. Dans cette condition heureuse, et, malgré les complots qui menaçaient sa tête, Bonaparte prit en main d'une manière vigoureuse les rênes du Gouvernement. Il regardait comme l'un des plus précieux droits de sa puissance, celui de rendre à la France son culte aboli et ses autels trop longtemps profanés. Le pape Pie VI, vieillard vénérable, mort dans l'exil à Valence, avait été remplacé par l'ancien évêque d'Imola, qui avait pris le nom de Pie VII. Bonaparte ouvrit des négociations avec le Souverain Pontife, et Rome tressaillit de joie en entrevoyant l'heure où l'étendard de la Croix serait de nouveau arboré par la

France. Un concordat intervint, le 18 germinal an X, qui, en rétablissant solennellement l'exercice du culte, détermina les nouveaux rapports de l'Église de France avec le chef visible de l'Église universelle. Sans doute cette loi renfermait encore de graves lacunes, et Pie VII avait dû faire aux intérêts du moment de pénibles concessions; mais la religion catholique était de nouveau proclamée, et dix ans de blessures profondes furent cicatrisées en un jour. Ce fut une fête bien solennelle que celle qui, pour la première fois, fut célébrée à Notre-Dame en l'honneur de ce grand événement. Bonaparte y assista lui-même entouré de ses capitaines et de ses soldats de la République, et le peuple de Paris entendit avec bonheur le bourdon de la vieille métropole convoquer les fidèles au pied des autels, lui qui, depuis dix ans, n'avait guère fait entendre que le tocsin de l'émeute.

Cependant la régénération des lois et de l'ordre politique ne pouvait s'accomplir sans exercer une réaction considérable sur les mœurs et coutumes de la population parisienne. Le premier Consul ne voulait autour de lui aucun des scandales du régime de Louis XV; il aimait dans les mœurs extérieures une certaine sévérité, il interdisait au vice de s'afficher et de gouverner les caprices de la mode, et l'honnêteté publique gagnait beaucoup à ce système. La société avait d'ailleurs hâte de se purifier des souillures du Directoire; l'atticisme reprenait ses droits, et les étrangers, exclus de Paris depuis dix ans, par les fureurs révolutionnaires, accouraient enfin à Paris pleins de curiosité et saisis d'admiration : surtout ils se montraient avides de connaître quelques détails de la vie et des habitudes du premier Consul; ils passaient sur ces places publiques à peine déblayées de ruines, et que l'imagination leur représentait comme rouges de sang, puis ils encombraient nos salles de théâtres, nos athénées, nos musées enrichis par les dépouilles opimes de l'Italie. Paris s'étalait à leurs yeux comme une femme fière de sa beauté; son peuple affichait le faste, se plaisait au luxe, aux pompes militaires, aux œuvres de théâtre, non plus comme sous le Directoire, alors que le luxe des enrichis ne se composait que de confiscations et d'agiotage, mais parce que la confiance reparaissait avec ses joies et ses fêtes, parce que la fortune semblait être devenue la récompense des services rendus, des talents utiles. Parmi les salons qui s'ouvraient à la foule, on citait ceux de l'envoyé de Russie, de M. de Talleyrand, des banquiers Perregaux, Séguin, Hainguerlot, et avant tous les autres, celui de Mme Récamier, femme illustre, belle et généreuse, qu'il suffit de nommer, et que notre grande capitale n'a point oubliée. On y remarquait déjà l'élite des hommes littéraires de cette époque, et entre tous, M. de Châteaubriand, jeune alors, et qui s'était rendu célèbre par la publication de son ouvrage, le *Génie du Christianisme*. Les autres écrivains et penseurs, M. de Bonald, M. de Fontanes, La Harpe, Delille, Chénier, attiraient à des degrés différents l'attention publique, et déjà commençait à se révéler le génie original de Béranger.

Les modes et les costumes avaient subi quelques transformations depuis Barras. On avait renoncé aux vêtements qui, par leur simplicité trop imitée de la statuaire antique, outrageaient à la fois les mœurs publiques et le goût. Les femmes étaient cependant fort loin encore d'avoir adopté des modes décentes. Au grand détriment de leur réputation et de leur santé, elles se pavanaient dans les promenades et dans les rues, vêtues comme des actrices sur un théâtre. Les robes à la grecque laissaient à découvert les bras et la poitrine : elles marquaient la taille d'une façon très-disgracieuse, que les tableaux et les gravures de cette époque n'ont point laissé ignorer à la génération actuelle. Les vêtements d'hommes étaient assez ridicules. Un frac long, droit, tout d'une pièce, recouvrait le corps sans le garantir du froid; on portait encore des culottes courtes; les cheveux, noués en queue, se balançaient sur le collet de l'habit; une immense cravate, négligemment roulée, laissait apparaître une tête qui terminait en pointe la personne du *merveilleux* de l'an XI. Les spectacles offraient alors à la population et aux étrangers une source féconde de distractions. La scène française était alors occupée par les artistes les plus célèbres, et, depuis cette époque, notre pays n'a jamais été doté d'un si grand nombre de renommées de théâtre.

Parmi les édifices utiles, les travaux de grande voirie, et les monuments dont la construction remonte à l'époque consulaire, bien que, pour la plupart, ils n'aient été achevés que sous l'Empire, nous citerons le pont d'Austerlitz commencé en 1802, le pont de la Cité, commencé en 1801, le pont des Arts (1802), le quai des Invalides, commencé en 1802, le quai du Louvre, le quai Desaix, le quai de la Cité, le canal de l'Ourcq, le Musée du Louvre (18 brumaire an IX), etc.

En résumé, le Consulat fut une période de transition entre la Révolution et l'Empire. Le gouvernement du premier Consul n'exerça point le despotisme, mais la dictature, qui était une nécessité de ce temps et qui fut évidemment légitime, parce qu'elle sauva le pays. Ce fut une époque vraiment civilisatrice, vraiment forte, durant laquelle le pouvoir remplit laborieusement sa mission. Réorganisation religieuse et morale, restauration du culte, retour du crédit, extinction du brigandage, défaite de l'anarchie, soumission de l'Europe, abolition successive des institutions vicieuses que la Révolution nous avait léguées, résurrection inattendue d'un pouvoir craint, obéi et respecté, telle fut l'histoire de la ville de Paris et de la France, livrées l'une et l'autre, pendant quatre ans, à un travail de reconstitution générale et dont l'étude appelle au plus haut degré les préoccupations des hommes réfléchis et des publicistes intelligents.

Quoi qu'il en soit, la période consulaire touchant à son terme, l'œuvre de régénération était accomplie, et la France, convoquée dans ses comices, appela au trône impérial le vainqueur de Marengo, le grand capitaine qui avait rétabli le règne des lois et relevé les autels.

PARIS SOUS NAPOLÉON Ier, EMPEREUR ET ROI.

1804-1814.

Une grande épopée militaire et politique s'ouvre au mois de floréal an XII (mai 1804) pour se terminer, dix ans plus tard, dans les douleurs de l'invasion étrangère. Nous n'avons point à la résumer. Nous ne l'envisageons qu'à un seul point de vue, l'histoire particulière de cette grande capitale que Napoléon aimait tant, qu'il a tant embellie, et qui conserve à jamais la trace de son passage. Laissons donc à l'écart le récit des glorieuses campagnes d'Austerlitz, d'Iéna, d'Eylau, de Friedland, de Wagram, de la Moskowa, de Lutzen, de Dresde et de France; souffrons que d'autres racontent ailleurs les longues luttes de la guerre d'Espagne, les épouvantables calamités de la retraite de Russie, le développement inouï et le démembrement rapide de la France impériale : de vastes volumes ne suffiraient pas pour les redire, et il ne nous reste que quelques pages exclusivement consacrées à faire connaître les incidents dont Paris fut le théâtre durant ce prodigieux poëme historique.

En 1804, le vénérable Pie VII, chef de l'Église catholique, vint à Paris, malgré les rigueurs de l'hiver, donner l'onction sainte à Napoléon-le-Grand. Le 11 frimaire an XIII (2 décembre 1804), sous les voûtes de la vieille cathédrale de Paris, étincelante de feux et d'or, eut lieu la cérémonie du sacre. Dès neuf heures du matin, le pape sortit des Tuileries dans une voiture à huit chevaux, surmontée d'une tiare et des attributs de la papauté. A son entrée dans l'église métropolitaine, le Saint-Père était revêtu d'une chape; il portait la tiare et avait deux cardinaux-diacres, l'un à sa droite, l'autre à sa gauche. Devant lui marchait le cardinal-évêque assistant. Le cardinal Caselli le suivait en dalmatique. Le pape, assis sur son trône, dit Tierce. A dix heures Napoléon et Joséphine partirent des Tuileries : le couple impérial occupait une voiture éclatante d'or et de peintures précieuses, conduite par huit chevaux de couleur isabelle et richement caparaçonnés. L'Empereur et l'Impératrice étaient revêtus d'ornements magnifiques, et qui rappelaient les costumes pittoresques du moyen-âge. Le manteau de sacre était en velours cramoisi, parsemé d'abeilles d'or, doublé de satin blanc et d'hermines. La tunique de Napoléon était blanche; sa couronne d'or était composée de feuilles de laurier, d'olivier et de chêne, emblêmes de la victoire, de la paix et des vertus civiques. Joséphine était chargée de riches atours qui nuisaient à sa grâce en relevant sa majesté; les princesses Pauline et Caroline portaient la queue de sa tunique. Louis et Joseph Bonaparte, frères de l'Empereur, soutenaient les pans du manteau de Napoléon; le fondateur de la quatrième dynastie cherchait ses premiers vassaux dans les membres de sa famille, auxquels il réservait le titre de rois.

L'immense cathédrale, sur le pavé de laquelle s'étaient agenouillées tant de générations, avait été tapissée de velours, semée d'étoiles d'or, et revêtue de ses plus beaux ornements; l'élite de la France remplissait son parvis, sa nef et ses hautes travées. Kellermann portait la corbeille, Pérignon le sceptre, le maréchal Lefebvre la grande épée de Charlemagne, Eugène Beauharnais l'anneau de l'Empereur, Serrurier l'anneau de l'Impératrice, Murat la couronne, Berthier le globe, Bernadotte le collier d'or de la Légion-d'Honneur, Moncey la corbeille où l'on devait déposer le manteau du sacre.

L'Empereur tenait en main le sceptre et la main de justice. Au moment où il parut dans le saint temple, où l'attendaient le pape et les cardinaux, soixante évêques de l'Empire, le Sénat, le Corps Législatif, le Tribunat, les ambassadeurs, le Conseil d'État, les députations des départements et des armées de terre et de mer, un immense cri de *vive l'Empereur!* parti des rangs du peuple et auquel cent mille voix répondaient au dehors, monta vers le ciel comme une acclamation et comme une prière. En ce moment le pape quitta son prie-Dieu et se dirigea vers l'autel, où il entonna le *Veni, Creator*. L'Empereur et l'Impératrice s'agenouillèrent, et la cérémonie commença.

On avait déposé sur l'autel la couronne, le sceptre, l'épée et le manteau. Le pape fit sur le front de l'Empereur, sur ses bras, sur ses mains les onctions accoutumées; il bénit le sceptre et l'épée. A toutes les oraisons du sacre, l'Empereur répondit selon le rit catholique et d'une voix ferme. Lorsque le pape s'avança d'un pas grave pour placer la couronne sur la tête de Napoléon, l'Empereur fit un geste brusque, et saisissant la couronne, il la mit lui-même sur son front. Ce mouvement inattendu et significatif révéla au monde la pensée du nouveau César, qui semblait ne point vouloir tenir son autorité monarchique de la main de l'Église, et ne relever que de son épée et de sa propre force. Le pape se résigna en souriant avec une paternelle bonté. Il conduisit ensuite Napoléon sous le dais impérial, il l'embrassa et cria d'une voix faible : *Vivat imperator in æternum!* Napoléon, la main étendue sur les saints Évangiles, prêta le serment; alors les salves d'artillerie retentirent au dehors, dominant à peine les acclamations du peuple; et les hérauts d'armes, placés sur le parvis, dirent à plusieurs reprises : *Le très-auguste et très-glorieux empereur des Français est couronné et intronisé. Vive l'Empereur!*

En ce moment, Napoléon prit la couronne qu'avait portée Charlemagne, et la posa sur sa tête; il plaça ensuite de ses propres mains le diadème sur le front de Joséphine, surnommée la *Bonne*, qui s'était agenouillée devant lui.

Le lendemain eut lieu au Champ-de-Mars la distribution des aigles, cérémonie militaire qui eut un caractère des plus émouvants et laissa dans les cœurs de grands souvenirs. En 1805, durant l'hiver, la population parisienne vit avec une émotion mêlée de respect le Souverain Pontife parcourir ses rues, visiter ses monuments, inspecter ses établissements charitables, se montrer partout doux et magnanime, et braver les manifestations hostiles que les débris de l'école philosophique osaient encore faire éclater. L'année suivante, dès le mois de janvier 1806, l'Empereur, victorieux à Austerlitz, revint triomphalement à Paris, où l'avaient précédé les glorieux trophées de sa campagne. Le Sénat et le Tribunat lui votèrent une statue, le corps épiscopal publia des mandements rendant grâce à Dieu de la puissance dont il avait comblé Napoléon, et saluant ce prince des noms de *Père de la Patrie* et de *Sauveur de l'Europe*. Napoléon avait réparti lui-même avec intelligence les drapeaux enlevés à l'ennemi. Il en avait donné huit au Tribunat, huit à la ville de Paris, cinquante-quatre au Sénat, cinquante à la vieille métropole de Paris. Ces drapeaux traversèrent triomphalement la ville, pour être portés sous les voûtes des édifices qui devaient les contenir. Une foule immense était accourue pour jouir de ce spectacle, et, au témoignage de Cambacérès, la joie du peuple tenait de l'ivresse. Et de quoi, dit un grand historien moderne, serait-on joyeux si on ne l'était de pareilles choses? Quatre cent mille Russes, Suédois, Anglais, Autrichiens marchant de tous les points de l'horizon contre la France, deux cent mille Prussiens promettant de se joindre à eux; et tout-à-coup cent cinquante mille Français, partant des bords de l'Océan, traversant en deux mois une partie du continent européen, prenant sans combattre la première armée qu'on leur oppose, battant les autres à coups redoublés, entrant dans la capitale étonnée du vieil empire germanique, dépassant Vienne, et allant aux frontières de la Pologne rompre en une grande bataille le lien de la coalition; les angoisses d'une guerre qu'on avait cru longue terminée en trois mois; la paix du continent subitement rétablie, toutes les perspectives de prospérité rendues à la France placée à la tête des nations! A quoi serait-on sensible si on ne l'était à de pareilles merveilles? Quand les trophées d'Austerlitz furent apportés sous les voûtes de Notre-Dame, le vénérable archevêque de Paris prit la parole : « Ces drapeaux, dit-il, attesteront à nos derniers neveux les efforts de l'Europe armée contre nous, les hauts faits de nos soldats, la protection du ciel sur la France, les succès prodigieux de notre invincible empereur, et l'hommage qu'il fait à Dieu de ses victoires. » Quelques années devaient s'écouler encore, et alors la main profane de l'invasion et des partis arracherait ces drapeaux suspendus aux murailles du temple et les restituerait aux nations étrangères. Mais, avant d'entreprendre l'esquisse de ces jours de deuil, que de conquêtes n'avons-nous pas encore à redire!

Entre deux campagnes, entre Austerlitz et Iéna, Napoléon s'adonnait avec un goût ardent à d'immortelles créations d'art et d'utilité publique. Il ordonna, par un décret impérial, la réparation de la vieille abbaye de Saint-Denis, à demi détruite par les fureurs de 1793; il décida que quatre chapelles sépulcrales y seraient élevées, trois pour les princes des anciennes dynasties, une pour les souverains de sa lignée :

Un homme avait dit : De ma race
Ce grand tombeau sera le port,
Je veux aux rois que je remplace
Succéder jusque dans la mort;
Ma dépouille ici doit descendre!
C'est pour faire place à ma cendre
Qu'on dépeupla ces noirs caveaux.
Il faut un nouveau maître au monde;
A ce sépulcre que je fonde,
Il faut des ossements nouveaux!....

— Celui qui disait ces paroles,
Croyait, soldat audacieux,
Voir, en magnifiques symboles,
Sa destinée écrite aux cieux;
Dans ses étreintes foudroyantes,
Son aigle aux serres flamboyantes
Eût étouffé l'aigle romain;
La victoire était sa compagne,
Et le globe de Charlemagne
Était trop léger pour sa main! (VICTOR HUGO.)

A l'heure où nous écrivons ces lignes, et en attendant le jour où ses restes mortels iront prendre place à Saint-Denis, dans le caveau impérial préparé en 1806, Napoléon Ier a déjà eu deux tombes, l'une à Sainte-Hélène, sur un écueil environné de l'Océan et loin des peuples; l'autre aux Invalides, où l'art moderne, impuissant à honorer une si grande gloire, a élevé lentement, laborieusement, mais sans succès, un monument que nous eussions voulu voir plus beau, plus noble, plus majestueux et plus simple.

Vers le même temps (1806), l'Empereur rendit au culte l'église de Sainte-Geneviève, en ordonnant qu'elle continuât à recevoir la dépouille des hommes illustres. Il ordonna, en outre, d'élever, sur la plus belle place de Paris, une colonne de bronze, semblable par la forme et par les dimensions à la colonne Trajane, et qui, consacrée à la Grande-Armée, retraçât sur un long bas-relief, enroulé autour de son fût magnifique, les hauts faits d'armes de la campagne d'Austerlitz. Il fut décidé que les canons pris sur l'ennemi en fourniraient la matière, et que la statue de Napoléon, en costume impérial, en surmonterait le chapiteau. Il arrêta également le projet d'un arc de triomphe sur la place du Carrousel, le même qui existe encore. Cet arc entrait dans le plan

d'achèvement du Louvre et des Tuileries, car Napoléon se proposait d'unir les deux palais et de n'en former qu'un seul, œuvre immense que, de nos jours, Napoléon III a eu la gloire de mener à terme.

Se plaçant un jour sous le portail du Louvre, et regardant vers l'Hôtel-de-Ville, Napoléon Ier conçut l'idée d'une rue immense, qui devait être uniformément construite, large comme la rue de la Paix, prolongée jusqu'à la barrière du Trône, de manière que l'œil pût plonger d'un côté jusqu'aux Champs-Élysées, de l'autre jusqu'aux premiers arbres de Vincennes. Le nom destiné à cette rue était celui de *rue Impériale*. Un monument était depuis longtemps décrété sur la place de l'ancienne Bastille. Napoléon voulait que ce fût un arc triomphal, assez vaste pour donner passage, à travers le portail du milieu, à la grande rue projetée, et placé à l'intersection de cette rue et du canal Saint-Martin. Les architectes ayant déclaré l'impossibilité d'une telle construction sur une base pareille, Napoléon résolut de transporter cet arc à la place de l'Étoile, pour qu'il fît face aux Tuileries, et devînt l'une des extrémités de la ligne immense qu'il voulait tracer au sein de sa capitale. Si de nos jours la rue de Rivoli a réalisé la première de ces deux combinaisons, si un autre gouvernement a élevé l'arc de triomphe, nous n'en devons pas moins renvoyer l'idée de ces merveilleuses entreprises à Napoléon Ier. Ce prince, préoccupé de projets utiles, trouva indigne de la prospérité de l'empire que la capitale manquât d'eau, tandis que dans son sein coulait une belle et limpide rivière. Les fontaines n'étaient ouvertes que le jour; il voulut que des travaux fussent exécutés sur-le-champ aux pompes de Notre-Dame, du Pont-Neuf, de Chaillot, du Gros-Caillou, pour faire couler l'eau jour et nuit. En même temps, et par des décrets impériaux, il ordonna l'érection de quinze fontaines nouvelles. Celle du Château-d'Eau était comprise dans cette création; en deux mois, une partie de ces ordres furent exécutés, et l'eau jaillissait jour et nuit des soixante-cinq fontaines anciennes. Sur l'emplacement de celles qui venaient d'être décrétées, des bornes provisoires répandaient l'eau, en attendant que les fontaines elles-mêmes fussent élevées. Le trésor public avait fourni les fonds nécessaires à cette dépense, et l'Empereur jugeait avec raison que Paris étant le cœur de la France, la France devait lui venir en aide. Vers le même temps (1806), Napoléon prescrivit la continuation des quais de la Seine, et décida que le pont du Jardin des Plantes, alors en construction, porterait le glorieux nom *d'Austerlitz*. S'étant aperçu, en visitant le Champ-de-Mars, pour arrêter le plan des fêtes qui se préparaient, qu'une communication était indispensable sur ce point entre les deux rives de la Seine, il ordonna l'établissement d'un pont en pierre, qui devait être le plus beau de la capitale, et qui reçut le nom de *pont d'Iéna*, nom destiné à populariser l'une des plus glorieuses pages de la campagne qui allait s'ouvrir contre la Prusse.

La situation intérieure de l'empire se présentait alors sous un aspect glorieux et rassurant; le voyageur qui aurait parcouru la France, à cette époque de réorganisation générale, se serait lassé à considérer les améliorations nombreuses dues au génie infatigable de l'Empereur, et nées, pour ainsi dire, de son impulsion. La trace des malheurs révolutionnaires s'effaçait de jour en jour, et l'urbanité des mœurs nationales reprenait ses droits. La France et l'Italie se couvraient de monuments remarquables, de toutes parts le travail enfantait des œuvres utiles : on canalisait les fleuves, on creusait des ports, on ouvrait des routes hardies à travers les Alpes, on desséchait les marais, on multipliait les ressources de l'industrie, on décrétait des ponts nouveaux, des quais splendides, des arsenaux formidables, et toutes ces merveilles s'accomplissaient à la voix d'un homme.

Cependant, tandis que la France, agrandie et victorieuse, comptait sur la durée de ce bien-être, son redoutable ennemi, William Pitt, fils de lord Chatam, conjurait contre elle sur le continent de nouvelles ligues; la mort de ce ministre et l'avénement de Fox rendirent quelque espérance aux partisans de la paix, mais cette attente fut trompée, et la Prusse elle-même parut disposée à jeter le gant à la France. Pour comble de disgrâce, Fox mourut à son tour (13 septembre 1806), et rien ne put arrêter les peuples de l'Europe sur la pente de la guerre. En attendant le jour où devaient éclater les hostilités, Napoléon réunit à son royaume d'Italie les anciens domaines de la république de Venise; de son frère Joseph, il fit un roi de Naples et de Sicile; il donna à son beau-frère, Joachim Murat (plus tard roi de Naples), le grand-duché de Berg et de Clèves, il érigea la Hollande en royaume au profit de son frère Louis, enfin il concéda à ses sœurs de vastes et nombreux apanages princiers pris sur l'Italie. Vers le même temps, il accomplit une œuvre élaborée et continuée lentement mais avec persévérance depuis la bataille d'Austerlitz, nous voulons parler de l'établissement de la confédération du Rhin, combinaison qui avait pour but de soumettre à la France, comme nations vassales, la Bavière, le Wurtemberg, le grand-duché de Bade et près de la moitié des petites puissances de l'Allemagne occidentale. Ainsi se reconstituait peu à peu la formidable monarchie de Charlemagne.

L'Autriche se résigna, mais la Prusse, hors d'état de contenir plus longtemps ses colères, tira l'épée, et, soutenue par la Russie, engagea une nouvelle lutte contre la France. Napoléon s'y était attendu, et le 8 octobre, les ennemis ayant occupé le territoire saxon, qui dépendait de la confédération du Rhin, l'Empereur se porta en avant avec la grande armée. Nous n'avons point ici à raconter les faits d'armes, à décrire les victoires d'Iéna et de Auerstaedt, à peindre l'entrée triomphale des Français à Weimar, dans la Hesse, à Berlin, à Spandau, à Magdebourg, à esquisser le récit d'une campagne qui se termina en quelques mois par la conquête entière de la Prusse. Ces détails ne rentreraient pas directement dans notre cadre, et nous sommes contraints de nous borner à l'esquisse rapide de l'histoire de Paris. Or, quoique vue à distance, la situation qu'offrait alors Paris n'était pas telle qu'on se la figure peut-être. Nous savons quelle triste réaction les guerres, même les plus heureuses, exercent sur les dispositions de la France, et quel mélange de douleurs privées altère les émotions de la fierté nationale. A Paris, on songeait moins aux victoires lointaines de la grande armée qu'aux embarras financiers, à l'interruption des affaires et au deuil de quelques familles. Les partis qui n'avaient point disparu, bien que circonspects et silencieux, essayaient de fomenter de sourds mécontentements, d'attrister le peuple, de faire croire à l'importance des désastres et de rapetisser les victoires. C'est ainsi qu'ils ont coutume d'agir.

L'hiver de 1806 à 1807 fut donc assez triste, bien que Napoléon, du fond de la Pologne, s'efforçât de donner des fêtes à la France. On dansait, on se laissait aller aux distractions bruyantes, mais les pensées se portaient involontairement sur les souffrances de la grande armée, campée dans les neiges, à quatre cents lieues de Paris. Mais après les prodiges d'Eylau et de Friedland, lorsqu'une paix glorieuse eut été conquise sur les bords du Niémen, il se fit dans l'opinion un mouvement sensible de retour vers la confiance et vers l'Empereur. Vainement un sénatus-consulte, en supprimant le Tribunat, eut-il pour résultat de faire disparaître l'une des garanties que la constitution impériale donnait encore à la liberté; vainement une armée française, envahissant le Portugal, sous les ordres de Junot, fit-elle apparaître, par delà les Pyrénées, le commencement des difficultés qui allaient surgir en Espagne contre la France; il y eut dans les esprits et dans les cœurs un temps d'illusion et d'enivrement, et le pays crut enfin à la durée d'une puissance sous le pied de laquelle l'Europe continentale tout entière se résignait à fléchir. A Paris, en 1807, on accueillit par de splendides fêtes la garde impériale qui revenait en France pour y prendre ses quartiers d'hiver. Lorsque ces dix mille braves, l'élite de l'armée, s'approchèrent de la capitale, ils trouvèrent à la barrière par laquelle ils entraient à Paris, un arc de triomphe colossal sous les voûtes duquel vingt hommes pouvaient marcher de front. Au-dessus d'eux, des renommées gigantesques étendaient leurs mains chargées de couronnes; le monument, couvert d'inscriptions héroïques, était surmonté d'un quadrige doré, et l'orchestre exécuta le *Chant du Retour*, paroles d'Arnault, musique de Mehul. Un immense banquet donné en plein air, sous un ciel de novembre et contrarié par la pluie termina la fête. A l'Opéra, on donna aux officiers de la garde une pièce de circonstance intitulée le *Triomphe de Trajan*, tragédie lyrique, dont les splendides décors éblouirent les yeux de l'armée.

L'année suivante (1808) fut donnée aux préoccupations que faisait naître la guerre d'Espagne, et déjà l'avenir s'assombrissait. L'hiver fut triste. Déjà on avait subi des échecs de l'autre côté des Pyrénées, et la France se voyait dans la nécessité de soutenir contre l'Autriche une guerre qui réclamait de grands sacrifices d'hommes et d'argent. Dans les salons de Paris, la malveillance se traduisait par des épigrammes, par le colportage de nouvelles fausses et de propos calomnieux. On se plaisait à dire que jusque dans les rangs du Sénat et du Corps Législatif une sourde opposition commençait à se manifester par un accroissement progressif de boules noires. Quelques salons de Paris voyaient se grouper les débris de l'ancien parti constitutionnel; ils étaient comme la pâle contre-épreuve de la société de Coppet, de l'opposition libérale que Mme de Staël osait alors diriger contre le maître de l'Europe. Déjà M. de Talleyrand réunissait autour de lui de vieux amis, hommes à l'esprit incisif et aux manières élégantes, qui risquaient de temps à autre quelques bons mots contre le régime impérial, et bien que nul n'osât encore s'avouer que le soleil napoléonien commençât à s'obscurcir, beaucoup le pensaient déjà en silence et s'en réjouissaient non moins mystérieusement. La police ne parvenait que fort mal à comprimer cet esprit d'opposition et ces calculs de la haine. Le ministre qui la dirigeait, Fouché, duc d'Otrante, était toujours demeuré partisan secret du jacobinisme; par calcul personnel et par orgueil il affectait de servir l'Empereur; mais adroitement il jouait un jeu double, et il savait fort habilement, sans se compromettre, réveiller les espérances des vieux partis, les entretenir silencieusement, et renvoyer à Napoléon la responsabilité de toutes les difficultés et de toutes les souffrances que le pays se voyait contraint de traverser. Ajoutons que des conflits religieux compliquaient encore la situation; de graves dissentiments s'étaient élevés du côté de Rome, et l'Empereur réussissait mal à résoudre ces questions par l'emploi de la force matérielle. Les Catholiques voyaient d'ailleurs avec un profond regret l'envahissement des États de l'Église par les troupes françaises et les difficultés qui de jour en jour s'aggravaient entre l'Empereur et le Souverain Pontife. La victoire de Wagram (1809), achetée par des fleuves de sang, imposa silence aux récriminations de la population parisienne, mais elle ne mit pas fin aux sourdes inquiétudes qui déjà gagnaient beaucoup de terrain. Vers la fin de la même année, Paris fut douloureusement attristé par le divorce de Napoléon. Le peuple aimait Joséphine; il voyait en elle le bon génie de l'Empereur, et il la plaignit dans sa disgrâce imméritée.

En 1810, Paris fut le théâtre des fêtes officielles qui durent être données pour célébrer le mariage de Napoléon et de l'archiduchesse Marie-Louise. L'Empereur et la nouvelle impératrice firent leur entrée solennelle dans la capitale de l'Empire; leur splendide carrosse était traîné par huit chevaux isabelle, et la foule battait des mains. Arrivés sous le péristyle du château, les princes traversèrent les salons et les galeries, au milieu d'une affluence innombrable de spectateurs invités, parmi lesquels figuraient, en grande toilette, plusieurs milliers de jeunes femmes. La galerie du Musée offrait un merveilleux coup-d'œil, et la messe de mariage fut dite dans le Salon Carré qu'on avait pour un moment transformé en chapelle. Quelques jours après (juin 1810), il y eut à Paris des réjouissances municipales, et la ville offrit à l'Impératrice de fort riches cadeaux. L'une des fêtes officielles qui furent données à cette occasion, le bal de l'ambassade d'Autriche, fut attristée par une catastrophe des plus douloureuses. Toute l'élite de la noblesse de France et du continent avait été conviée à cette fête; et, pour suppléer à l'insuffisance des appartements, le prince de Schwartzenberg avait fait construire dans le jardin de son hôtel, une vaste salle de bois, somptueusement décorée. Les frêles murs de cette galerie avaient été parés de tentures et de draperies, le plafond était chargé de lustres; les bougies étincelaient par milliers, et la foule était si nombreuse qu'on pouvait à peine circuler. Soudain le cri *au feu!* se fit entendre; la flamme dévora en quelques instants les murs et les lambris de bois, enduits d'une peinture résineuse; ce moment fut effroyable; toutes les femmes se précipitaient à la fois par les issues, et beaucoup d'entre elles furent foulées aux pieds et étouffées; Marie-Louise, conservant un calme remarquable, vint s'asseoir sur son trône; l'Empereur s'élança, la prit dans ses bras, et la transporta hors de l'enceinte à demi embrasée. Il revint ensuite pour diriger les secours, mais bientôt il ne resta plus qu'un amas de décombres ensanglantés et fumants. Cet événement produisit à Paris une vive stupéfaction; les hommes les moins superstitieux se rappelèrent les désastres occasionnés à Paris par les pompes du mariage de Marie-Antoinette, et ils se dirent que la nouvelle alliance contractée avec l'Autriche ne serait ni longue ni heureuse. L'année suivante (1811), un événement dont on espéra beaucoup, parut démentir ces appréhensions populaires. Dans la nuit du 20 mars, naquit à Napoléon un héritier, et l'Empereur décerna à l'enfant impérial le titre de roi de Rome, que nul homme n'avait porté depuis Tarquin-le-Superbe.

Jamais, depuis l'époque de Charlemagne, une monarchie aussi colossale n'avait été offerte en spectacle au monde. L'empire français et le royaume d'Italie comprenaient à eux seuls cent cinquante-quatre départements, et les sept provinces illyriennes formaient une dépendance directe de la couronne de France. Le territoire napoléonien était borné, au Nord, par la mer Baltique et le Danemarck; au Midi, par le royaume des Deux-Siciles et la Turquie d'Europe; trente-deux princes allemands, rois et ducs, mais chefs de maisons régnantes et parmi lesquels se trouvait le souverain de la Saxe et de la Pologne, se rangeaient parmi les vassaux de la France, et contraignaient leurs peuples à subir son protectorat. La Suisse, enclavée dans l'empire, obéissait à Napoléon comme à son médiateur; les rois de Naples et d'Espagne n'étaient que deux proconsuls; la Prusse et l'Autriche tremblaient devant le géant; les autres nations continentales recherchaient son amitié, ou soutenaient contre lui une lutte inégale; le chef de l'Église, captif et détrôné, avait vu son nom rayé de la liste des souverains. Depuis le cercle polaire jusqu'au détroit de Charybde et de Scylla, à l'exception de l'Espagne que tourmentait la guerre, toutes les côtes de l'Océan et de la Méditerranée étaient fermées aux Anglais. On parlait quatre langues dans l'étendue de l'empire.

Le palais des Tuileries était comme l'hôtellerie des rois vassaux de la France. Napoléon avait créé une nouvelle noblesse, et la victoire avait vieilli, même avant leur baptême, ces illustrations de la cour impériale; d'anciens montagnards, des terroristes exaltés, des régicides s'étaient empressés de cacher leurs antécédents républicains sous les titres fastueux de barons et de comtes dont les affublait l'Empereur; les nobles du plus haut lignage, dont les ancêtres avaient pris part aux Croisades et décerné la couronne à Hugues Capet, venaient à leur tour solliciter les grâces de l'Empereur et recevoir de sa main la clef de chambellan. Lui-même hâtait, dans les loisirs de la paix, cette fusion qu'il avait commencée sur les champs de bataille; il mêlait les grandes races aux jeunes familles de sa création, le blason des pairs de Charles VII au blason plus ou moins écartelé de ses compagnons d'armes. Il avait rétabli les majorats; et si, par respect pour le territoire français, il ne lui avait demandé aucune parcelle pour en former des fiefs, son royaume d'Italie et les portions allemandes de son empire lui fournissaient des principautés, des duchés, des comtés et des baronnies; et comme ces seigneuries ne constituaient aucun privilége et ne procuraient que des revenus, la féodalité n'était rétablie ni de fait ni de nom. On eût dit la noblesse de Charles-le-Chauve réduite par Richelieu aux seules vanités des gens de cour. Quoi qu'il en soit, l'Empereur avait autour de lui, sous des dénominations modernes, ses douze pairs et ses leudes : les premiers étaient ses maréchaux, les seconds ses lieutenants et ses fonctionnaires. Par un instinct de domination exclusive qu'il eût été plus digne de son génie de surmonter, il réduisait ses ministres à n'être que de simples commis, subordonnés dans le travail à un ministre intermédiaire ou secrétaire d'état placé près de sa personne. Au-dessous de ses ministres et dans l'ordre de la puissance politique, sinon des préséances, venaient les préfets des départements, dont l'institution, qui remontait aux premiers jours du Consulat, était la plus forte de ses conceptions administratives. Les grands corps de l'État s'associaient à sa pensée et lui faisaient un cortége; mais les hommes politiques de 1811, façonnés par les révolutions à passer d'un pouvoir à l'autre, à arborer différentes cocardes et à exalter des principes contraires avec un enthousiasme égal, ces hommes pouvaient bien donner à Paris le spectacle de leurs costumes et de leurs panaches; mais ils n'étaient point la vraie réserve, la puissante et solide base sur laquelle devait s'appuyer l'Empereur.

Napoléon se faisait volontiers illusion à cet égard; il aimait à s'entourer des illustrations de toutes les époques, à rassembler dans ses salons les Montmorency et les Montebello, les La Rochefoucauld et les Trévise, noms rehaussés par des exploits récents ou par d'illustres ancêtres. Les princes de la confédération du Rhin se pressaient à sa cour, mêlés aux lieutenants de la République et aux régicides conventionnels. L'Empereur avait remis en coutume les levers et les couchers de nos rois; mais, au lieu d'être réels comme autrefois, ils n'étaient plus que de simples réceptions du matin et du soir. On ne pouvait approcher de sa personne ni de celle de l'Impératrice avant d'avoir été présenté selon toutes les formes prescrites par le cérémonial de l'ancienne monarchie. La cour impériale étalait une grandeur et une magnificence extraordinaires; mais, en dépit des soins de M. de Ségur, grand maître des cérémonies, il manquait à cette société plus habituée à la gloire qu'au respect de l'étiquette, ces habitudes qui ne se transmettent pas du maître au sujet en vertu d'une charte de duc ou d'un diplôme de comte. Beaucoup de seigneurs de la vieille cour, quoique assez empressés de recueillir les faveurs impériales, se trouvaient gênés dans ces Tuileries, où tout leur rappelait encore Louis XVI et Marie-Antoinette. Ces souvenirs douloureux pesaient à leur âme, et ils croyaient rêver en se voyant enchaînés au char d'un héros. Les anoblis impériaux qui devaient d'ailleurs leur fortune à des services réels, se sentaient embarrassés sous leurs broderies et leurs panaches : les hommes de guerre n'avaient pu entièrement dépouiller leurs allures soldatesques et la franche brutalité des camps. Les femmes, douées d'un esprit plus fin et d'un tact moins imparfait, réussissaient mieux à élever leurs manières au niveau de leur nouveau rôle : quelques-unes en petit nombre, gardaient les dehors de leur origine; mais l'Empereur voulait qu'on respectât en elles la gloire de leurs maris, et dans ces occasions il donnait l'exemple.

Au milieu des splendeurs de la paix, sous l'empire des émotions de la guerre, le Paris impérial de cette grande époque se passionnait toujours pour les fêtes, pour les représentations théâtrales, pour les pompes de l'Opéra. Napoléon, bien que son instruction eût été négligée, au point de vue littéraire, était fort sensible à la poésie et aux triomphes du génie. Sous son règne cependant Paris n'eut pas à saluer des gloires artistiques au niveau des gloires militaires. Le bruit des armes couvrait les chants des poètes. A cette époque, néanmoins, vivaient encore Bernardin de Saint-Pierre, Delille et Ducis, qui jouissaient en paix de leur renommée; dans un ordre inférieur, on citait Legouvé, Esménard, Parseval de Grandmaison, Berchoux, Chenedollé, Baour Lormian, Campenon, Laya; deux vrais poètes, Lebrun et Chénier, venaient de s'éteindre. M. de Fontanes écrivait avec une froide élégance ses doucereuses élégies; Millevoye révélait à la France un talent pur et qui n'a pas tenu ses promesses; Raynouard, Alexandre Duval, Etienne, Picard, Collin d'Harleville ajoutaient de beaux fleurons à la couronne dramatique de la France; Népomucène Lemercier s'efforçait d'ouvrir à l'art de nouvelles voies; Béranger, encore inconnu, préludait par des refrains, trop souvent sans chasteté, à la réputation qu'il allait bientôt conquérir. Parmi les prosateurs, on remarquait à juste titre MM. de Jouy, Ginguené, Daru, M. Guizot lui-même qui s'essayait dans des revues. Puis, au-dessus de tous ces noms, et dans une sphère réservée à la gloire du génie, planaient les noms de Châteaubriand et de Mme de Staël.

Vint de nouveau la nécessité d'entrer en lutte contre la Russie, et, dès ce moment, jusqu'au dernier jour de sa puissance, Napoléon ne put trouver le loisir de remettre l'épée dans le fourreau. Est-il besoin de dire combien de tristesse répandit dans les familles de Paris le gigantesque désastre qu'on appelle la retraite de Moscou. Or, en 1812, au mois d'octobre, lorsque retentissaient au fond des cœurs les terribles nouvelles qui arrivaient de Russie, la ville de Paris vit presqu'en même temps se former, triompher et disparaître une conspiration étrange, organisée dans le fond d'une prison par le général Mallet, et qui, pendant deux heures substitua un gouvernement provisoire au gouvernement de l'Empereur, assis en apparence sur des bases inébranlables. L'année suivante (1813) fut tout entière donnée aux préoccupations de la grande guerre poursuivie à la fois en Espagne et en Allemagne, et, dans ces deux contrées, nos aigles, après de glorieux triomphes, se virent forcées de replier leurs ailes et de se réfugier, poursuivies par l'Europe, sur nos frontières des Pyrénées, des Alpes et du Rhin. Le grand empire napoléonien se dissolvait pierre à pierre, et le sol de la France était entamé sur trois points différents (janvier 1814).

La France, épuisée par la guerre, en proie aux excitations des partis, s'abandonnait elle-même, et par son découragement inopportun, facilitait le triomphe de l'invasion étrangère. L'Empereur lui donna l'exemple d'une ardeur et d'une persévérance opiniâtre, mais elle ne s'y associa qu'à moitié, et, malgré le génie extraordinaire de l'homme qui luttait à sa tête, et pour elle, la France cessa d'être à la hauteur de la résistance de 1792, au niveau des sacrifices qu'elle avait à subir. Les grands corps de l'État donnaient d'ailleurs l'exemple de la défection, et l'Empereur, justement inquiet des dispositions du Corps Législatif, n'hésita pas à le dissoudre. Bientôt il fit appel à la garde nationale de Paris et lui fit donner des armes. Le 24 janvier 1814, ayant réuni autour de lui les principaux chefs de cette milice, il leur fit des adieux touchants et solennels, et, prêt à partir pour combattre, il confia à leur fidélité et à leur dévoûment « ce qu'il avait de plus cher au monde, son fils et sa femme. » Élevant ensuite dans ses bras le jeune et noble héritier de l'empire, il le montra aux citoyens, et de toutes parts des acclamations mêlées de sanglots lui donnèrent espoir et confiance. Cette scène fut grande et mémorable. On assistait au dénoûment de la grande épopée militaire inaugurée autrefois à Valmy, dans ces mêmes provinces où l'étranger déployait de nouveau ses légions. La lutte recommença, à la fois glorieuse, immortelle et impuissante. Après deux mois d'une campagne durant laquelle l'Empereur et les débris de la grande armée accomplirent des prodiges d'activité et de dévoûment, les armées de la coalition parurent en vue de Paris, et les femmes de nos faubourgs virent la fumée des bivouacs de l'ennemi. Ce fut une heure décisive dans notre histoire.

En ce jour, où il s'agissait de Paris, et où Paris résumait à lui seul toute la France, les hommes que Napoléon avait placés au premier rang de la défense, défaillirent l'un après l'autre; le conseil de régence fut paralysé par la cupidité ou par la peur. Résolu à ne point tenter une bataille dont il prévoyait l'issue, il songea à pourvoir à sa propre sûreté. La présence de Marie-Louise dans la capitale était pour l'Empire une dernière chance de salut; elle encourageait les habitants et ralliait encore leur courage autour de cette cause condamnée : le conseil engagea l'Impératrice à se retirer à Blois avec son fils. L'épouse de Napoléon y consentit. Un instinct plus généreux anima le roi de Rome au moment de ce fatal départ : comme on l'emportait de force hors des Tuileries, qu'il ne devait plus revoir, le noble enfant poussa des cris violents et cramponna ses petites mains aux portes du palais. Marie-Louise ne comprit pas la leçon que lui donnait son fils : elle espérait d'ailleurs fléchir son père et le déterminer à la paix; mais l'arrêt avait été porté contre Napoléon, et les liens du sang avaient été rompus par la vengeance et la politique. Le départ de Marie-Louise fut le signal d'une vaste trahison, un *sauve-qui-peut* du pouvoir. Chacun, dans ces régions élevées, arracha quelques lambeaux de sa fortune passée; on prépara un pacte d'alliance avec les nouveaux maîtres réservés par la victoire. L'armée, la garde nationale et la population des faubourgs demeuraient étrangères à ces défections; elles se résignaient à combattre et demandaient des armes. Mais rien n'avait été organisé pour une résistance sérieuse; les fusils et la poudre manquaient. Qu'on se représente, s'il est possible, l'immense consternation de Paris : la veille encore capitale du monde, et aujourd'hui entourée de toutes parts d'un océan d'ennemis.

Le plan des alliés consistait à porter les principales attaques sur les hauteurs de Montmartre et de Belleville, et à couronner les collines qui dominent la capitale dans la direction du Nord-Est. L'Empereur avait prescrit de défendre Paris jusqu'à l'extrémité; de barricader les rues, de créneler les maisons : ordres stériles et méconnus d'avance.

Le 30 mars, au moment où le jour commençait à poindre, le canon ennemi annonça la bataille, et nos tambours battirent dans tous les quartiers, appelant la population aux armes. Le maréchal Marmont déploya quelques régiments de Montreuil aux prés Saint-Gervais; le maréchal Mortier, qui n'avait sous lui qu'un faible corps d'armée, s'étendit jusqu'à la Chapelle. Quelques détachements furent laissés à Saint-Maur, à Charenton, à Saint-Denis, à Neuilly, à Vincennes. Six mille gardes nationaux, ayant à leur tête le vieux Moncey, se portèrent en dehors de l'enceinte; l'artillerie était servie par les invalides et par les élèves de l'École Polytechnique. C'était avec ces faibles ressources qu'il fallait contenir deux cent mille hommes.

Le dévoûment de la population et de l'armée égalèrent la grandeur des circonstances. Les villages de Romainville et de Pantin furent plusieurs fois pris et repris; l'ennemi gagnait lentement du terrain, mais il n'avançait qu'en perdant l'élite de ses troupes. A onze heures, l'armée prussienne vint soutenir les efforts de l'armée russe; mais les Français tenaient encore avec énergie. Pendant huit heures les étrangers reçurent la mort, et ne durent qu'à la force numérique si supérieure de leurs masses de pouvoir sans cesse reformer leurs lignes : toujours repoussés, toujours ils revinrent à la charge. Et pourtant le nombre des défenseurs de Paris ne s'élevait qu'à trente mille hommes : cinquante mille gardes nationaux et trente mille ouvriers demandaient en vain des armes; l'administration, livrée aux conseils de la trahison ou de la peur, laissait leur courage stérile. Vers quatre heures, les efforts de Marmont cessèrent enfin d'arrêter l'ennemi, et les Russes se rendirent maîtres de Ménilmontant, puis de Charonne, et lancèrent des obus dans les faubourgs; de son côté, le prince royal de Wurtemberg menaça les barrières de Bercy; bientôt après, l'armée de Silésie, triomphant de l'héroïque résistance de Mortier, emporta coup sur coup Aubervilliers, la Villette, la Chapelle, Montmartre et la barrière de Neuilly. Quelques heures de plus cependant, et l'Empereur, qui arrivait de Troyes à marche forcée, allait atteindre l'arrière-garde de l'ennemi; à la tête de son armée de Champagne, il pouvait encore jeter l'ennemi entre deux feux et sauver d'un seul coup de tonnerre sa dynastie et sa capitale. Mais il était trop tard..... Marmont, ignorant les approches de l'Empereur, avait craint d'exposer Paris aux horreurs d'un grand pillage; n'espérant aucun secours humain, accablé par la fortune contraire, il signa la fatale convention qui livrait aux étrangers la métropole de la France.

Alors se leva pour Paris la fatale journée du 31 mars; l'empereur Alexandre et le roi Frédéric-Guillaume, à la tête de leurs soldats, franchirent les barrières de la capitale et traversèrent nos rues silencieuses. Le peuple, dans les entrailles duquel fermente le noble amour de la patrie, voyait avec stupeur la victoire de l'étranger. Il contemplait avec une curiosité mêlée de répugnance les Tartares aux figures hideuses, les Calmouks couverts de cottes de mailles, les Cosaques des diverses tribus, tous les Barbares qui arrivaient jusqu'à nous, du pied de la grande muraille, pour tirer vengeance de notre gloire et de nos grandes journées, pour humilier nos aigles et faire descendre, au bruit des acclamations du parti royaliste, la statue de Napoléon-le-Grand qui dominait la Colonne. Dix-huit ans plus tard, alors même que la dynastie impériale se trouvait encore reléguée dans l'exil, la France replaça sur son piédestal cette glorieuse effigie. Pour le moment (avril 1814) le premier Empire venait de s'éteindre, et de nouvelles destinées s'ouvraient pour la France.

PARIS SOUS LA PREMIÈRE RESTAURATION.

AVRIL 1814 — MARS 1815.

Tandis que l'empereur Napoléon Ier, partageant le sort de la France, assistait à Fontainebleau à la défection de ses courtisans et à la ruine de sa fortune, les événements marchaient vite à Paris, où les puissances étrangères dictaient la loi. Le czar Alexandre, devenu maître de la situation, adressa une proclamation au peuple. Il annonça que la France pouvait se choisir un souverain, et il fit entrevoir que les conditions que l'Europe imposerait au pays seraient d'autant plus favorables, que l'on ferait choix « d'un gouvernement sage; » toutefois, il déclara que les monarques alliés ne traiteraient plus avec l'empereur Napoléon, mais qu'ils respecteraient l'intégrité de l'ancienne France, telle qu'elle avait existé avant 1789. Ces déclarations, publiées par l'empereur de toutes les Russies, tant en son nom qu'en celui des autres souverains étrangers dont les armées avaient envahi la France, ne laissaient évidemment à notre pays qu'une ombre de liberté. Le Sénat se chargea d'émettre la réponse du pays. Cette assemblée, délibérant sous la main du czar, proclama la déchéance de Napoléon et se rendit ensuite auprès d'Alexandre pour lui offrir ses hommages; le 6 avril, la même assemblée vota à la hâte une constitution qui ne fut acceptée de personne, et proclama, en même temps, que les Bourbons étaient rappelés sur le trône de leurs ancêtres. Trois jours après, un arrêté du gouvernement provisoire ordonna que la cocarde blanche redeviendrait nationale; le 11 avril, l'empereur Napoléon abdiqua, et le 12, S. A. R. Monsieur, comte d'Artois, frère de Louis XVIII, et lieutenant général du royaume, fit à Paris son entrée solennelle. Arrivé aux portes de Notre-Dame, vers trois heures, le prince fut reçu sous un dais par le clergé, puis il assista à un *Te Deum*. A l'issue de la cérémonie, il se rendit aux Tuileries, et en prit possession au nom du roi son frère.

Le 23 avril, le comte d'Artois, subissant à la fois l'influence prépondérante de M. de Talleyrand, les nécessités de la guerre et les dures conséquences de nos défaites, signa avec les puissances alliées les conventions qui, sans régler définitivement le sort de l'Europe, mettaient fin aux hostilités sur terre et sur mer. Les dispositions de ce traité nous dessaisirent de cinquante-trois places fortes occupées par nos troupes au delà des limites de l'ancienne France. Nous abandonnâmes un matériel immense, de grands dépôts, douze mille six cents bouches à feu, dont onze mille trois cents en bronze, trente-et-un vaisseaux de haut rang et douze frégates. Lorsque cette convention eut été signée, les armées alliées se mirent en marche pour s'éloigner de notre patrie.

Le 24 avril, Louis XVIII s'embarqua à Douvres sur un yacht anglais portant pavillon d'amiral de France, et qu'escortait une escadre de la marine britannique. Le 29, il vint coucher à Compiègne; le 1er mai, il eut une entrevue avec le czar; le 2, il donna à Saint-Ouen une déclaration célèbre indiquant son intention de tenir compte des droits acquis et de doter la France d'un gouvernement constitutionnel. Le 3 mai, ce même prince fit son entrée à Paris; il était assis dans une calèche découverte attelée de huit chevaux; à sa gauche était S. A. R. Mme la duchesse d'Angoulême, fille de Louis XVI; devant lui on remarquait le prince de Condé et le duc de Bourbon. La foule s'était portée au-devant du roi sur la route de Saint-Denis. La physionomie de Louis XVIII était calme et sérieuse. En passant devant la Conciergerie, dernière prison de sa mère, et en revoyant le palais des Tuileries, d'où son père avait fui le 10 août, Mme la duchesse d'Angoulême se trouva mal à plusieurs reprises. La population parisienne, pleine de respect, s'associait à ces émotions douloureuses et à ces terribles souvenirs. Le 30 mai, fut signé à Paris le désastreux traité de 1814, qui fit rentrer la France dans les limites de 1792 et ratifia les concessions déjà faites par la convention du 23 avril. L'étranger victorieux, dans nos murs, prenait sa revanche de vingt-deux années d'humiliations qui, pour les armes françaises, avaient été vingt-deux ans de gloire. L'épée à la main, il prononçait à son tour, dans la patrie de Brennus, le redoutable *væ victis*. Trois jours après, le 2 juin, le czar quitta Paris et reprit la route de la Moscovie.

Le 4 juin, Louis XVIII promulgua et octroya, de sa libre volonté et comme étant revêtu du pouvoir constituant, une charte imitée des lois fondamentales de l'Angleterre. Les débris du Sénat et le Corps Législatif de 1813 assistaient à la séance royale. Louis XVIII parla avec une dignité calme des événements qui s'étaient accomplis; il essaya de justifier la paix qui venait d'être conclue, mais il ne réussit point à consoler la France d'avoir perdu le Rhin, l'Italie, et de n'être plus ce grand empire qui, borné au Nord par la mer Baltique, atteignait, au Midi, Naples et la Turquie d'Europe. Le chancelier, M. Dambray, qui prit ensuite la parole, ne fut point heureux dans l'exposé des principes auxquels la France était contrainte de revenir. Reconnaissant et respectueux envers le roi, il perdit tout-à-fait de vue les droits du peuple, et eut la singulière idée de qualifier la nouvelle charte d'*ordonnance de réformation*, expression qui tendait à faire considérer la loi fondamentale du pays comme essentiellement révocable par le prince. Nous croyons superflu de rappeler à la génération présente que cette charte établissait le gouvernement représentatif, proclamait l'égalité devant la loi, la liberté de la presse et des cultes, instituait une chambre héréditaire et une chambre élective, et conférait au roi la plénitude du pouvoir exécutif. L'article 14 réservait au souverain le droit de faire « les réglements et ordonnances nécessaires pour l'exécution des lois et la sûreté de l'État, » rédaction vague et mystérieuse, sous laquelle, en forçant le sens littéral, on trouvait implicitement caché le droit de faire des coups d'État et de détruire les lois régulières.

La première Restauration essaya de se maintenir sur un sol bouleversé par les révolutions; mais il aurait fallu un miracle pour ne former qu'une nation compacte de ces éléments divers qui s'agitaient chacun dans sa sphère. Les émigrés, se croyant sûrs d'un éternel triomphe, traitaient de révoltes les glorieuses luttes soutenues, sous la République et l'Empire, contre les puissances étrangères; ils déploraient des conquêtes qui avaient coûté un sang précieux à la France, et qui, pour le peuple, étaient une cause d'orgueil. Le roi, les princes, leurs amis avaient dit : « Rien n'est changé en France, il n'y a que des Français de plus. » Mais c'était là une illusion dangereuse : tout était changé en France, et sous peine de se briser contre les nouveaux intérêts et les idées en possession de l'opinion publique, il fallait tenir compte de la situation du pays, et mieux comprendre les faits contre lesquels on se raidissait en paraissant les subir. Des ressentiments et des haines fermentaient donc dans les rangs du peuple et de l'armée. Quoiqu'en possession de la sécurité et du bien-être, la France regrettait la limite du Rhin et ses provinces perdues; elle n'acceptait pas d'ailleurs cette fiction qui attribuait à Louis XVIII un règne de dix-neuf ans, et semblait supprimer la République, le Consulat et l'Empire comme des accidents historiques dont il valait mieux ne pas garder mémoire.

L'histoire spéciale de Paris, durant cette période de transition, n'offrit rien de bien remarquable. Épuisée par les sacrifices d'hommes et d'argent nécessités par l'invasion, la capitale du royaume ressemblait à un malade qui se repose, à un blessé convalescent, à qui l'on ordonne de s'abstenir d'agitation et de mouvement. Les transactions commerciales avaient repris leur cours régulier; les fêtes publiques et les spectacles continuaient d'attirer la foule; les pompes religieuses, depuis vingt-cinq ans mises en oubli, reprenaient possession de la voie publique, aux jours des grandes solennités; il y avait des banquets de gardes du corps, des bals municipaux, des parades de la garde royale. Quant aux monuments, aux projets d'embellissement de Paris, aux créations nouvelles et utiles, l'argent manquait pour les réaliser, et on attendait des jours meilleurs. Les événements politiques ayant fait descendre la statue de Napoléon Ier du faite de la colonne, cette glorieuse effigie fut remplacée par une fleur de lis à quatre faces, haute d'un mètre, et portée par une flèche de six mètres d'élévation, à laquelle fut adapté le drapeau blanc. Le roi ayant prescrit la construction de la chapelle expiatoire qui existe aujourd'hui, rue d'Anjou-Saint-Honoré, des fouilles eurent lieu dans l'ancien cimetière de la Madeleine, et l'on exhuma les ossements à demi calcinés de Louis XVI et de Marie-Antoinette. Ces restes mortels furent pieusement tranférés dans la nouvelle tombe qui était destinée à les recevoir, et, le 21 janvier, jour anniversaire du régicide, une cérémonie funèbre eut lieu dans les églises de Paris. Les Jacobins (il s'en trouvait encore) se trouvèrent froissés de ces solennelles manifestations de repentir ou de deuil, mais ils n'osèrent laisser éclater au dehors leur déplaisir, et ils se bornèrent à de sourdes et silencieuses attaques.

Dans l'hiver de 1814 à 1815, une émotion assez vive se produisit à l'occasion de l'inhumation d'une célèbre tragédienne, Mlle Raucourt, qui avait refusé, à son lit de mort, les secours de la religion, et que le peuple voulait introduire à Saint-Roch. Le clergé ferma les portes de l'Église, mais Louis XVIII, qui n'attachait aux croyances religieuses et aux choses du dogme qu'une importance assez médiocre, ordonna de procéder aux funérailles, selon le rit de l'Église. Cet acte d'autorité brutale apaisa les faubourgs et plut aux voltairiens, encore fort nombreux alors.

La situation politique ne réalisait pas les espérances du parti royaliste. Les discours imprudents de quelques émigrés, leur dédain pour les droits nouveaux indisposaient les esprits contre le pouvoir. Les ennemis de la Restauration allaient partout colportant le bruit mensonger du rétablissement des privilèges féodaux, du retour des dîmes, de la prochaine confiscation des biens nationaux. D'un autre côté, l'armée avait été vivement froissée par d'imprudentes réformes; elle s'affligeait de voir la plupart de ses officiers réduits à la demi-solde. Quant à la population de Paris, elle souffrait dans son orgueil froissé par les derniers événements militaires. Encore émue du tressaillement de l'invasion, elle se trouvait partagée entre ces deux sentiments : le désir de la paix et la douleur de la défaite. Les Bourbons, à qui l'on cachait la vérité, ne se rendaient pas compte de la disposition des esprits; mais l'empereur Napoléon, alors exilé sur les rochers de l'île d'Elbe, épiait avec une vigilante anxiété ce qui se passait en France, et il attendait d'un jour à l'autre qu'une occasion favorable s'offrît à lui de venir arborer le drapeau tricolore sur les tours de Notre-Dame. A Paris, le peuple ne se cachait guère pour laisser éclater ses sentiments; dans les réunions d'artisans et d'ouvriers, on commençait à porter des toasts au *caporal la Violette*, à *Jean de l'Épée*, et l'on ajournait à la prochaine floraison de la violette le retour de l'Empereur.

Le 26 février, Napoléon mit à la voile pour la France; le 1er mars, il débarqua dans le golfe de Juan; le 27 mars, il entra à

Grenoble, et s'y trouva à la tête d'une petite armée; le 10 mars, il occupa Lyon. Toutes les troupes envoyées pour le combattre se rallièrent à lui et reprirent la cocarde tricolore, et le 20 mars au matin, l'Empereur, en arrivant à Fontainebleau, prit la résolution d'entrer le soir même à Paris. Jusqu'à ce jour, le gouvernement du roi avait essayé de donner le change à l'opinion et de déterminer Paris à une vigoureuse résistance. Tantôt on invitait le peuple à s'armer et à *courir sus à l'usurpateur,* tantôt on publiait que « Buonaparte » errait dans les montagnes, avec les débris de sa troupe, et que le maréchal Ney allait ramener « le Corse » à Paris, *dans une cage de fer.* La réalité se chargeait de démentir ces nouvelles trompeuses, et le roi, malgré le dévoûment d'un petit nombre d'amis fidèles, reconnaissait qu'il était désormais impossible d'arrêter le torrent. En cette extrémité Louis XVIII se montra calme, et donna sur-le-champ à la cour l'ordre de le suivre à Lille. Les préparatifs du départ s'étaient faits secrètement; à minuit, le 19 mars, les voitures de voyage furent introduites dans les cours des Tuileries. A cette vue les officiers et les soldats de la garde nationale, qui étaient de service au château, se portèrent dans les galeries et sous les vestibules du château pour recevoir les adieux du roi. Un silence morne régnait dans cette foule de courtisans dévoués ou de royalistes éprouvés par de longs malheurs; des sanglots mal contenus oppressaient les poitrines. A la vue du roi tous les fronts s'inclinèrent. Le monarque marchait avec peine, appuyé sur le bras du duc de Blacas, et entouré des princes. Son regard se promenait avec une majesté triste sur les uniformes et sur la foule; il était silencieux et résigné. Le temps était affreux, la pluie tombait à torrents, le vent éteignait les torches, et ce fut sous ces lugubres auspices que la voiture du roi prit la route de Lille.

Le 20 mars, au lever du jour, il ne restait dans Paris, abandonné du roi et des princes, aucune autorité qui osât administrer et donner des ordres au nom de Louis XVIII. M. Lavalette, directeur général des postes sous l'Empire, reprit ses fonctions, et expédia un courrier à Fontainebleau pour annoncer à Napoléon le départ du roi. A dix heures du matin, des rassemblements se formèrent sur le Carrousel et aux abords des Tuileries, en poussant le cri de *vive l'Empereur!* Vers midi, le général Excelmans entra dans Paris à la tête de quelques troupes. A huit heures du soir, le bruit des chevaux de lanciers annonça le retour de Napoléon. La foule des soldats et des citoyens était si compacte autour des Tuileries, que l'Empereur, pour pénétrer dans le palais, dut être porté de bras en bras. Il semblait sourire, mais son âme s'ouvrait aux graves préoccupations de l'avenir.

PARIS DURANT LES CENT-JOURS. — NAPOLÉON Ier. — NAPOLÉON II.

MARS 1815 — JUILLET 1815.

Napoléon reconstitua, le 21 mars, son ministère, et y fit entrer Carnot et Fouché; le premier effraya l'Europe, l'autre parut à la France de sinistre augure. Le 22 mars, l'Empereur passa en revue les régiments qu'on avait rassemblés à Paris pour lui disputer l'entrée de la capitale. La troupe et les spectateurs firent entendre de vives acclamations. On admirait les vieux drapeaux troués de balles et usés à la guerre; le bataillon sacré de l'île d'Elbe qui, en vingt jours, avait fait plus de deux cent cinquante lieues, figurait dans cette cérémonie militaire, et la rehaussait de toute la splendeur des souvenirs. Le général Cambronne remit les aigles à la garde impériale, et les troupes, exaltées par la présence de Napoléon, jurèrent de faire triompher l'Empereur ou de mourir; elles devaient tenir leur serment. « Soldats, leur dit Napoléon, je suis venu avec six cents hommes en France, parce que je comptais sur l'amour du peuple et sur le souvenir des vieux soldats. Je n'ai pas été trompé dans mon attente. Je vous en remercie. La gloire de ce que nous venons de faire est toute au peuple et à vous..... Le trône des Bourbons était illégitime, puisqu'il avait été relevé par des mains étrangères, puisqu'il avait été proscrit par le vœu de la nation exprimé par nos assemblées nationales..... Soldats, le trône impérial peut seul garantir les droits du peuple, et surtout le premier de nos intérêts, notre gloire..... » De vives acclamations éclatèrent dans tous les rangs, et bientôt après les troupes défilèrent devant l'Empereur au son de la musique des régiments qui jouait des airs révolutionnaires. Cependant Louis XVIII avait franchi la frontière le 23 mars; le comte d'Artois et le duc de Berry l'avaient accompagné dans sa fuite : le duc d'Orléans, qui déjà cherchait à se concilier une popularité dont il pourrait plus tard se faire une arme, avait obtenu la permission de se rendre en Angleterre, et Louis XVIII l'avait vu partir sans regret. M. le duc et Mme la duchesse d'Angoulême étaient seuls restés dans le Midi : la princesse, à Bordeaux, le prince, dans les vallées de la Drôme et du Rhône, cherchant à y maintenir l'autorité des Bourbons. Abandonnés de l'armée et réduits à céder aux circonstances, ils réussirent à s'embarquer pour la terre d'exil, et le 16 avril, la France tout entière obéissait de nouveau à Napoléon.

Napoléon se fit remettre par le Conseil d'État, en audience solennelle, une déclaration qui le relevait de sa déchéance et annulait son abdication. L'Empereur voulut se concilier une adhésion plus importante encore, celle de Benjamin Constant, l'un des coryphées du parti constitutionnel, et qui, la veille de la révolution du 20 mars, avait publié un manifeste des plus ardents contre le mouvement qui s'accomplissait. L'Empereur savait que Benjamin Constant était encore plus avide de renommée que tenace dans ses convictions; il le fit appeler aux Tuileries et eut avec lui un entretien demeuré célèbre. « La nation, disait-il, s'est reposée douze ans de toute agitation politique; depuis un an, elle se repose de la guerre. Ce double repos lui a rendu un besoin d'activité. Elle veut ou croit vouloir une tribune et des assemblées; elle ne les a pas toujours voulues. Elle s'est jetée à mes pieds, quand je suis arrivé au gouvernement. Vous devez vous en souvenir, vous qui essayâtes de l'opposition..... Aujourd'hui, le goût des constitutions, des débats, des harangues paraît revenu..... Cependant, ne vous y trompez pas : le peuple, ou si vous l'aimez mieux, la multitude, ne veut que moi. Vous ne l'avez pas vue, cette multitude, à mon retour de Cannes, se pressant sur mes pas, se précipitant du haut des montagnes, m'appelant, me saluant..... Je ne suis pas seulement l'empereur des soldats, comme on l'a dit; je suis celui des plébéiens, celui des paysans. Aussi, malgré tout le passé, vous voyez le peuple revenir à moi. Il y a sympathie entre nous..... la fibre populaire répond à la mienne. Je suis sorti des rangs du peuple; ma voix agit sur lui. Voyez ces conscrits, ces fils de paysans; je ne les flattais pas, je les traitais rudement; ils ne m'entouraient pas moins..... Je suis l'homme du peuple..... je n'ai jamais voulu l'opprimer pour mon plaisir..... Je ne hais point la liberté : je l'ai écartée lorsqu'elle obstruait ma route; mais je la comprends..... » Ces paroles étaient simples et éloquentes. Benjamin Constant y ajouta foi et se rallia au second empire. Plus tard, Napoléon emporta dans l'exil et dans la tombe ses pensées et ses rêves, et le monde ne les a point entièrement vus à l'œuvre.

Un moment déconcertées par le retour de l'Empereur, les puissances étrangères prirent une attitude menaçante à l'égard de la France; dès le mois de mars, le congrès de Vienne mit Napoléon au ban de l'Europe et le déclara ennemi des rois et des peuples. Bientôt douze cent mille hommes se trouvèrent armés et prêts à marcher sur la France, moins pour y rétablir les Bourbons, que pour humilier et amoindrir notre patrie. Napoléon essaya vainement de conjurer l'orage; ses envoyés diplomatiques ne furent pas même reçus; il échoua aussi dans les tentatives qu'il fit pour détacher l'Autriche de l'alliance; l'empereur François II se refusa à tout arrangement et ne voulut pas permettre à Marie-Louise de se rendre à Paris avec son fils. Napoléon, renonçant à l'espoir de maintenir la paix, se prépara à tenir tête à l'Europe. Or, tandis qu'il déployait une activité prodigieuse pour reconstituer l'armée, et faire fabriquer des armes, tandis qu'il stimulait toutes les forces vives du pays, il proposa à l'acceptation de la France, sous le titre d'*Acte additionnel*, une constitution imitée de la Charte anglaise, plus libérale que la Charte de 1814, et qui organisait en France le gouvernement représentatif. Il se disait qu'en donnant au peuple des institutions libres, il associerait plus étroitement encore la fortune de la France à celle de sa dynastie. Vers le même temps, les symptômes d'une prochaine insurrection royaliste se manifestèrent dans l'Ouest.

La France était loin d'être unie et disposée à de grands efforts. Les soldats, les ouvriers et les paysans acceptaient la politique des luttes et des sacrifices, mais les classes plus élevées de la société, trop convaincues d'avance qu'on ne pourrait vaincre la formidable coalition des puissances de l'Europe, entrevoyaient avec terreur les éventualités d'une nouvelle invasion, et proclamaient que la résistance sérieuse n'était plus possible. L'agitation la plus vive se produisait à Paris. La liberté de la presse s'exerçait sans contrôle et sans limites, avec toutes les violences de la passion. La France, pour tenir tête à l'Europe, avait besoin d'un dictateur; des songe-creux qui se disaient publicistes invoquaient au contraire les principes de pondération et d'équilibre, et réclamaient le droit de harceler le Gouvernement à l'aide de tous les aiguillons constitutionnels. Napoléon se rendait compte de cette situation; alors il s'indignait de n'être plus, malgré ses droits, le représentant de l'ordre et de la victoire. Déserté par les hautes classes, il ne voyait pour le soutenir que l'armée et la démocratie; il avait en face de lui l'Europe; derrière lui, la République; sur ses flancs, la Vendée. A Paris, pour contrebalancer la malveillance des classes riches, le Gouvernement provoquait des revues, des parades populaires. Alors on vit reparaître, en longues bandes processionnelles, la milice des faubourgs, et trop souvent aussi ces hommes à figures sinistres qui ne se montrent que dans les jours de convulsions sociales. Ces rassemblements se succédaient; on les voyait passer bruyamment, entonnant la *Carmagnole* et vociférant des cris de menaces contre le clergé et les nobles. Le 14 mai, l'Empereur se vit obligé d'assister à l'une de ces manifestations, et ce fut à grand'peine qu'il contint l'expression de son déplaisir; après avoir adressé à la multitude des paroles de remercîment, il défendit de lui donner des armes.

Toujours désireux d'imiter Charlemagne, l'Empereur avait eu la pensée de convoquer l'une de ces grandes assemblées nationales qui, sous la dénomination de *Champ-de-Mars* et de *Champ-de-Mai*, maintenaient les libertés et les priviléges des Francs, nos ancêtres. Napoléon voulut que les membres des colléges électoraux, de tous les points de l'Empire, se rendissent par députations au « Champ-de-Mai » qu'il se proposait de tenir à Paris. Comme en juillet 1790, il se forma dans la plupart des départements des légions de fédérés et de volontaires qui, soit en masse, soit par délégation, résolurent d'assister à ce grand plaid national imaginé par l'Empereur. Les représentants élus se trouvaient naturellement les premiers conviés à cette cérémonie; la Chambre des Pairs instituée par l'Acte additionnel, la magistrature, la garde nationale, l'élite de l'armée y eurent aussi leur place. C'était comme un second couronnement, comme un nouveau sacre impérial. Le théâtre choisi pour cet immense rassemblement du peuple et de l'armée fut le Champ-de-Mars de Paris. Au milieu de cette vaste esplanade, environnée de larges talus que couvrait le peuple, s'élevait une pyramide de dimension colossale, terminée à son sommet par une plate-forme qui portait un trône. Les maréchaux, les généraux, les courtisans, les électeurs avaient pris place sur les gradins; les troupes formaient autour d'eux un grand carré de toutes armes. Sur le trône l'Empereur avait pris place, et près de lui se tenaient ses deux frères, le prince Lucien et le roi Jérôme. Non loin de la pyramide, un autel avait été dressé. L'archevêque de Tours, M. de Barral, assisté du cardinal de Bayonne et de plusieurs évêques, célébra la Messe. Au moment de l'élévation, l'Empereur, le peuple et l'armée s'agenouillèrent et implorèrent la protection de Dieu : on remarqua le profond recueillement de Napoléon. Après le Saint Sacrifice, M. Dubois (d'Angers), au nom des électeurs, de l'armée et du peuple, adressa à l'Empereur une harangue d'apparat, qui commençait ainsi : « Le peuple français vous avait donné la couronne; vous l'avez déposée sans son aveu : ses suffrages viennent de vous imposer le devoir de la reprendre. Un contrat nouveau s'est formé entre la nation et l'Empereur. » Quand l'orateur eut cessé de parler, un héraut d'armes proclama le vote du peuple français en faveur de l'Acte additionnel. Après un roulement de tambours, l'Empereur se leva : il était revêtu d'un manteau de velours pourpre, doublé d'hermine et brodé d'or; sur la tête, il avait une toque noire, ombragée de plumes : « Empereur, consul, soldat, dit-il, je tiens tout du peuple; dans la prospérité, dans l'adversité, sur le champ de bataille, au conseil, sur le trône, dans l'exil, la France a été l'objet unique de mes pensées et de mes actions. Comme ce roi d'Athènes, je me suis sacrifié pour mon peuple, dans l'espoir de voir se réaliser la promesse de conserver à la France son intégrité naturelle, ses honneurs et ses droits. L'indignation de voir ces droits sacrés, acquis par vingt années de victoires, méconnus et perdus à jamais, le cri de l'honneur français flétri, les vœux de la nation m'ont ramené sur ce trône qui m'est cher, parce qu'il est le palladium de l'honneur, de l'indépendance et des droits du peuple..... » Après le discours impérial, Napoléon et les élus du peuple se lièrent entr'eux par de nouveaux serments, et on procéda à la distribution des aigles. Le lendemain, il fallait songer à la guerre, et déjà l'attitude hautaine de la Chambre des Représentants annonçait à l'Empereur qu'au moment où il allait marcher à la frontière, avec les débris de ses grandes armées, il laissait à Paris les plus opiniâtres et les plus dangereux de ses ennemis, abrités par la loi, et disposés à lui tendre des embûches en invoquant la liberté et les droits de l'homme. Avant de partir, Napoléon adressa à ces hommes qui choisissaient si mal leur temps, le conseil de ne point ressembler aux rhéteurs du Bas-Empire qui disputaient sur des mots alors que le bélier brisait les portes de Constantinople. Cet avertissement prophétique ne fut point écouté.

La dernière campagne de l'Empereur s'ouvrit le 14 juin 1815, sur les bords de la Sambre; quatre jours après eut lieu la glorieuse défaite de Waterloo, dont nous n'avons point ici à décrire les phases émouvantes. En ce jour sinistre, selon l'expression du poëte anglais, l'aigle impériale s'abattit, *traînant encore à ses serres quelques anneaux brisés de la chaîne du monde.*

Paris, depuis le départ de l'Empereur, avait été en proie à l'anxiété, à la crainte, à l'espérance. Le 18 juin, à la nouvelle de la victoire de Ligny, on avait tiré le canon des Invalides, et la confiance avait pris le dessus; le 21, au lever du jour, un bruit étrange parcourut la ville, et l'on apprit qu'en une seule journée la grande armée avait été détruite et la France ouverte de nouveau au torrent des invasions. On se disait que l'Empereur était rentré dans sa capitale et s'était retiré à l'Élysée, comme pour y préparer sa seconde abdication. Un immense gémissement parcourut la ville à mesure que les citoyens sortirent de leurs demeures pour s'assurer de la réalité du désastre. On se parlait bas, on s'efforçait de douter encore; à huit heures tout était confirmé. Tandis que la population passait d'une émotion à l'autre, attendant d'heure en heure la réalisation de l'avenir, les Chambres s'assemblaient et prenaient l'attitude de la menace. Carnot se rallia de plus en plus à l'Empereur, en qui seul il vit le représentant de la cause nationale; Lafayette s'imagina follement que l'ère de la monarchie républicaine allait surgir; Fouché, qui, depuis deux mois, négociait avec les Bourbons et l'étranger, disposa tout pour en finir avec la dynastie impériale; Manuel, d'Argenson, Dupin, Jay et les chefs du parti libéral se dirent que le moment était venu d'arracher le pouvoir aux mains de Napoléon vaincu, et de faire prévaloir les théories constitutionnelles imitées de la Charte anglaise et du Code de 1791. Sur la proposition de Lafayette, la Chambre des Représentants se déclara en permanence, proclama que l'indépendance de la nation était menacée, et vota des remercîments aux armées du Nord. Elle ne fit aucune mention de l'Empereur, et ce silence très-significatif avertit Napoléon du danger nouveau qui menaçait sa couronne. La lutte n'était plus possible; les représentants de la France, au lieu d'instituer la dictature, ne songeaient qu'aux ambitions de la tribune, Napoléon ne pouvait qu'abdiquer; pour la seconde fois il se résigna.

Les deux Chambres reconnurent Napoléon II pour empereur; après ce simulacre de respect donné à la dynastie, elles se tinrent à la disposition des événements, et laissèrent agir les négociateurs de bonne foi, mais impuissants, et les traîtres qui tenaient en mains les destinées de la France et ne stipulaient qu'au profit de leur fortune personnelle. Cependant les abords de l'Élysée étaient encombrés de citoyens qui faisaient retentir l'air des cris de *vive l'Empereur!* « Vous le voyez, dit Napoléon à ceux qui l'entouraient, ce ne sont pas là ceux que j'ai comblés d'honneurs et de trésors; je les ai laissés pauvres; l'instinct de la nécessité les éclaire, la voix du pays parle par leur bouche, et si je le veux, dans une heure la Chambre rebelle n'existera plus..... Mais la vie d'un homme ne vaut pas ce prix..... Je ne suis pas revenu de l'île d'Elbe pour que Paris soit inondé de sang. » Les autres circonstances de ce drame n'appartiennent pas à notre récit, et nous n'avons à décrire ni le départ de Napoléon pour

Rochefort, ni son exil à Sainte-Hélène. Ne perdant point de vue qu'il ne nous est pas donné de raconter d'autres annales que celles de Paris, nous nous bornerons à mentionner les incidents qui précédèrent la seconde invasion des armées étrangères dans la capitale de la France.

Le 24 juin, un gouvernement provisoire étant institué, Fouché qui en faisait partie, écrivit confidentiellement à Wellington : « Il est très-essentiel que les armées anglo-prussiennes hâtent leur mouvement sur Paris; il ne faut plus qu'il y ait de sang répandu; je réponds de Paris et de sa soumission; que le roi donne des garanties; qu'il établisse dans des proclamations un système large et constitutionnel, et la restauration se fera toute seule. » Les étrangers hâtèrent la marche de leurs troupes, et, de leur côté, des négociateurs français, désignés par les deux Chambres, cherchèrent à s'aboucher avec les généraux ennemis et à stipuler quelques garanties. Chaque jour, les débris de la grande armée, refoulés sur Paris par les colonnes étrangères, se ralliaient et trouvaient des chefs. Le maréchal Davoust qui dirigeait l'administration de la guerre, pouvait compter sur une armée de cent mille hommes, tant soldats que gardes nationaux et fédérés; on avait élevé quelques travaux de défense aux abords de Paris, et il était possible de prolonger la résistance. Mais le gouvernement provisoire ne songeait nullement à tenter le sort des armes; il amusait l'armée et le peuple par des proclamations et des adresses, et n'avait d'autre intention que d'obtenir de l'ennemi des conditions favorables. L'armée demandait à grands cris qu'on la menât au combat, et les Prussiens, qui avaient franchi la Seine, venaient braver les Parisiens jusque dans les lignes de Montrouge. Le maréchal Davoust fit demander une suspension d'armes; Blücher la lui refusa en termes durs et grossiers : « Paris et la France, écrivit-il, sont dans mes mains; je viens défendre les honnêtes gens contre la canaille; je vous promets de ne pas traiter Paris comme vous avez traité Hambourg. » Il y eut quelques escarmouches et un petit nombre d'engagements. Les ennemis, au lieu d'attaquer Paris du côté du Nord, se déployèrent en masse sur la rive droite du fleuve; on se battit à Vélisy, à Roquencourt, à Sèvres; les Prussiens et les Anglais perdirent du monde et n'en réussirent pas moins à couronner toutes les hauteurs qui entourent Paris. Enfin, à la suite d'un conseil de guerre qui fut tenu dans la nuit du 2 au 3 juillet, au quartier général de Davoust, un armistice intervint entre les armées étrangères et l'armée qui combattait pour le trône de Napoléon II. En vertu de cet acte, qui fut nommé *Convention de Saint-Cloud*, la capitale devait se rendre aux ennemis, et les troupes françaises se replier derrière la Loire.

A l'heure où fut signée cette suspension d'armes, en y comprenant les fédérés, qui servaient en guise de tirailleurs, le gouvernement provisoire, s'il avait voulu prolonger la lutte, aurait pu disposer encore, sous les murs de Paris, de cent six mille hommes, de onze cents canons et de vingt-cinq mille chevaux. Mais les gouvernants et les chefs militaires voulaient en finir par une prompte paix : les uns avaient déjà pris des engagements avec le roi; les autres redoutaient d'appeler sur Paris les désastres d'une guerre sanglante et les efforts de six cent mille soldats étrangers. L'armée, qui aurait voulu combattre pour Napoléon II, héritier de son père, se résigna lentement à obéir, et jusque dans sa défaite elle se consola par cette pensée qu'elle avait été moins vaincue que trahie.

Paris était en proie à la consternation et à la stupeur; les places, les rues, les faubourgs étaient encombrés de cultivateurs et de paysans, chassés de leurs villages par l'approche des armées étrangères; ces malheureux, avec leurs femmes, leurs vieillards, leurs enfants, leurs chars remplis d'ustensiles et de meubles de campagne, campaient en plein air et inspiraient une commisération profonde. Fouché, qui dominait le Gouvernement et les Chambres, faisait tous ses efforts pour accroître les alarmes et les inquiétudes des Parisiens, afin de leur enlever d'avance toute pensée de résistance. Malgré les tentatives de sa police, des rassemblements se formaient et appelaient le peuple à prendre les armes. La garde nationale, commandée par Massena, comprima ces manifestations. L'armée s'indignait d'être éloignée de Paris et réclamait sa solde. Les banquiers et les riches bourgeois se cotisèrent et avancèrent les millions à l'aide desquels on enleva aux soldats de Napoléon ce dernier moyen de résistance. Le 6 juillet, les troupes de Blücher et de Wellington entrèrent dans Paris. Parmi les équipages et les fourgons des Prussiens, la population des faubourgs remarqua avec une sombre colère la calèche élégante qui portait le prince de Talleyrand. Le lendemain 7 juillet, le gouvernement provisoire se démit de ses fonctions; les rues, les quais, les places publiques, les mairies et les palais nationaux, étaient occupés par des détachements de l'armée prussienne; les ennemis bivouaquaient dans le jardin des Tuileries et sur les terrasses du Luxembourg. En ce même moment, les deux Chambres, qui avaient manqué à leur devoir envers Napoléon et envers la France, s'éteignirent obscurément et sans bruit. La Chambre des Représentants, singeant mal à propos le Sénat de Rome, occupa ses dernières heures à discuter et à voter une nouvelle constitution et une déclaration de principes, et il suffit de donner une consigne au sergent du poste pour en finir avec cette déplorable assemblée.

PARIS SOUS LA SECONDE RESTAURATION.

1815-1830.

RÈGNE DE LOUIS XVIII.

1815-1824.

Paris, le 8 juillet 1815, fut le théâtre de la seconde restauration des Bourbons; ce jour-là, le roi Louis XVIII rentra dans sa capitale et dans son palais, mais ce retour s'accomplit sans beaucoup d'appareil et sans éclat. Les étrangers campaient sur les promenades, sur les boulevards, dans les rues. Une foule considérable de citoyens s'était néanmoins portée au devant du cortége royal; les uns étaient appelés par la curiosité, d'autres par la sympathie, quelques-uns par le désir d'enlever à la révolution qui s'accomplissait le caractère d'un événement imposé par les baïonnettes prussiennes. Le roi était escorté de son frère, le comte d'Artois, du duc de Berry, son neveu, des maréchaux Marmont, Oudinot, Victor, Macdonald, Gouvion Saint-Cyr, et des généraux Clarke, Maison, Villate et Dessoles, les uns, compagnons de son exil à Gand, les autres qui, pendant les Cent-Jours, avaient refusé d'adhérer à l'Empire. Venaient ensuite la maison militaire du roi et des princes, les gardes du corps, les mousquetaires, les chevau-légers de la garde et les grenadiers vendéens. S'adressant à M. de Chabrol, préfet de la Seine, qui était venu le complimenter, à la tête du corps municipal, Louis XVIII se borna à lui dire : « Je ne m'étais éloigné de Paris qu'avec la plus vive douleur; j'y reviens avec attendrissement; j'ai hâte de prévenir les malheurs dont la capitale est menacée. » En traversant la ville, jusqu'aux Tuileries, le roi conserva un visage calme et impassible, et s'abstint, par une sévérité qui lui parut être digne et juste, de répondre aux acclamations de ses amis et aux saluts de la multitude. Le peuple qui redoutait des réactions et des vengeances, essaya, sans y parvenir, de fléchir la froide colère du souverain. Dès le premier jour l'influence politique appartint à Talleyrand et à Fouché, dont la double défection avait hâté le triomphe de Louis XVIII et l'invasion des armées étrangères. Quant à l'armée impériale, elle se retira au delà de la Loire, pour y être licenciée.

Il y a dans le passé de tous les partis des jours de deuil ou de joie que plus tard, lorsque sonne l'heure de la raison, ils voudraient effacer à tout prix, et qui subsistent dans l'histoire. Les hautes classes qui avaient été vaincues, durant les Cent-Jours, par le peuple et l'armée, se dédommagèrent tristement de leur récente défaite. Elles saluèrent sans dignité le retour des Bourbons; elles s'associèrent à l'enthousiasme des légions prussiennes, à l'orgueil des Anglais, et l'on vit en public des femmes d'un rang élevé, parées de rubans blancs, se mêler aux danses dont les étrangers donnaient le signal, et insulter aux glorieux vaincus de Waterloo. Les Prussiens et les Anglais dégradèrent, sous les yeux même de Louis XVIII, l'arc de triomphe élevé sur le Carrousel à la suite des victoires de Napoléon; ils descendirent de ce magnifique piédestal les chevaux de bronze, trophée dont s'enorgueillissait Paris; ils dévalisèrent le Louvre, en enlevant, pour les restituer aux autres peuples, les tableaux, les statues, les chefs-d'œuvre sans nombre qu'y avait rassemblés l'Empire. Pendant quelque temps, les officiers et les soldats, aux ordres de Blücher, menacèrent d'une destruction immédiate le pont qui leur rappelait la journée d'Iéna : Louis XVIII obtint du vainqueur que ce beau monument serait épargné; on assure qu'ayant d'abord essuyé un refus, il déclara que, pour sauver le pont, il irait s'y placer lui-même à l'heure de l'explosion. Le noble orgueil de Paris fut douloureusement ému au spectacle des représailles qu'exerçait l'Europe. Les peintres et les statuaires s'indignaient; le peuple faisait entendre des murmures, mais c'était l'heure de l'étranger, et les hordes accourues du dehors avaient à leur tour posé leur lourde épée dans la balance et fait entendre aux fils des Gaulois la sinistre réponse de Brennus.

Les alliés surchargeaient la France de contributions vexatoires. A Paris, où il y avait de nombreuses casernes disponibles, on logeait les militaires chez les habitants, et chaque soldat avait droit à une nourriture plus qu'abondante; les généraux et les officiers supérieurs, dans les hôtels où ils logeaient, se conduisaient avec un cynisme qui rappelait bien souvent la rapacité des chefs de bande du moyen-âge. Tous ces excès amenèrent des vengeances; plusieurs soldats disparurent, et les choses en vinrent à ce point que dans chaque maison les militaires étrangers qui y avaient leur logement, se réunissaient dans une seule pièce occupée et gardée par un factionnaire. Jusqu'au mois de novembre la situation alla en s'aggravant. Les différentes nations de l'Europe faisaient marcher leurs troupes sur la France, et continuaient en pleine paix l'occupation militaire du territoire. Dominé par les circonstances et cédant aux entraînements des partis, le gouvernement de Louis XVIII publia des ordonnances, aux termes desquelles se trouvait destituée, frappée, exilée ou livrée à la justice de guerre l'élite des personnages qui avaient favorisé la révolution du 20 mars. Vers le même temps, les colléges électoraux, convoqués dans tout le royaume, nommèrent de nouveaux députés et constituèrent cette chambre fameuse par l'exaltation de son royalisme, et que Louis XVIII qualifia lui-même de l'épithète d'*introuvable*. La Restauration, à dire vrai, ne la retrouva point, à d'autres époques, lorsque surgirent de nouveaux dangers. Sur ces entrefaites, on parlait de troubles et de massacres dans le Midi; le sang coulait à Marseille, à Avignon, à Nîmes, à Toulouse, à Uzès, et le roi, réduit à l'impuissance, ne pouvait maintenir la sécurité ni faire respecter les lois.

Vint la période des exécutions. Le premier qui périt judiciairement fut le jeune et infortuné Labédoyère; après lui fut jugé et condamné le maréchal Ney, prince de la Moscowa : le 7 décembre, cet homme illustre subit le dernier supplice dans l'avenue de l'Observatoire, à la place même où s'élève aujourd'hui sa statue. D'autres grandes victimes tombèrent encore; mais ce livre n'est point destiné à servir d'archives aux passions politiques, et nous jetterons le voile sur les corps de ceux qui moururent, condamnés par les conseils de guerre et au nom des lois. L'influence de l'étranger victorieux pesait sur les ministres du roi, sur les juges, sur le monarque lui-même, et aucun intervalle ne fut donné à la clémence. Qu'il nous suffise de le déplorer. Notre tâche n'est point de fouiller dans la cendre des morts et de remuer des haines assoupies. Nous n'eussions pas même prononcé le nom de ceux qui périrent, si leur supplice ne se rattachait point directement aux annales de Paris. Ces annales, durant les trois premières années de la Restauration, présentèrent un caractère sombre et douloureux. La France, ruinée par les guerres et les invasions, eut à subir des intempéries, et la récolte de 1816 ayant manqué, deux années se passèrent durant lesquelles le peuple souffrit de la disette la plus dure. Vainement le roi et son gouvernement donnèrent-ils l'exemple des sacrifices, les misères de la population furent grandes et répandirent dans tous les cœurs une profonde affliction. La présence des armées étrangères qu'il fallait loger et nourrir, ajouta un fléau de plus à toutes les calamités qui pesaient sur Paris. Disons encore qu'au milieu des souffrances qu'imposaient au peuple les conséquences de la guerre, la cherté du pain, les intempéries, le manque de travail, on voyait se produire des manifestations violentes de l'esprit de parti. Il y avait des conspirations et des duels; le sang coulait sans utilité et sans gloire; les actes du Gouvernement étaient systématiquement dénaturés et attaqués; les classes riches étaient en butte aux invectives des classes pauvres; la religion, dont les chefs du pouvoir voulaient maladroitement se faire un moyen de gouvernement, était rendue responsable des fautes d'un parti et de l'impopularité du prince. Situation grave et difficile qui, dès l'origine de la Restauration, faisait pressentir son peu de durée.

Durant cette épreuve, on procéda au recensement de Paris, et la population totale fut évaluée à 714,596 habitants; sur ce nombre, on constata que le chiffre des indigents secourus par la charité officielle dépassait celui de 105,560 personnes. Vers le même temps on comptait à Paris 692 hôtels garnis, 18 petits spectacles, 28 bals, 6 jardins où se donnaient des fêtes, 9 concerts, 60 séances musicales, 13 cafés à soirées amusantes, 58 curiosités, 304 cafés, 116 restaurants, 152 bureaux de loterie et 9 maisons de jeux. Le nombre des voitures de toutes classes, qui circulaient dans les rues de la capitale, était de 15,048. Ces chiffres qu'on pourra rapprocher des chiffres actuels auront une grande valeur, en ce qu'ils permettront d'apprécier avec exactitude l'immense développement de la prospérité et de la fortune publique, à Paris, depuis quarante ans.

L'année 1818 s'ouvrit sous de favorables auspices; la récolte avait été heureuse; on négociait avec les puissances étrangères le départ des armées d'occupation; depuis le 5 septembre 1816, le Gouvernement était entré dans une voie de modération que l'on commençait à apprécier, et dont on ressentait les effets favorables; le 30 décembre 1817, le roi s'était entouré de ministres choisis dans les rangs de l'opinion constitutionnelle, et leur présence au pouvoir mettait fin à la politique de réaction. Le 6 janvier, il y eut au Louvre grande exposition des produits de manufactures royales, et dès ce moment on put se féliciter des progrès qu'osait tenter l'industrie, paralysée depuis plusieurs années par les inquiétudes de la guerre et les misères du pays. Vers le même temps les bals de l'Opéra attirèrent comme autrefois une grande affluence, et ce déploiement du luxe fit espérer du travail et des salaires aux classes ouvrières. Le 20 mars 1818, le théâtre de l'Odéon fut consumé par les flammes, et, en deux heures, malgré la promptitude et l'abondance des secours, on vit s'écrouler le comble de l'édifice. Le 13 mai mourut, à l'âge de quatre-vingt-deux ans, le prince de Condé dont, à une autre époque, on avait remarqué les vertus et le courage; le 26, il fut inhumé en grande pompe à Saint-Denis, et son oraison funèbre, prononcée par l'abbé Frayssinous, révéla chez cet orateur l'intention d'associer et d'honorer toutes les gloires de l'armée française.

Le 25 août de la même année eut lieu l'imposante cérémonie du rétablissement de la statue de Henri IV. Ce jour-là, le roi Louis XVIII sortit en calèche du château des Tuileries, pour passer en revue la garde nationale, la garde royale et les corps militaires formant la garnison de Paris. Cette revue eut lieu sur les boulevards du Nord. Dans la voiture du roi on remarquait LL. AA. RR. les duchesses d'Angoulême et de Berry. Les princes du sang escortaient à cheval la calèche. Vers deux heures le roi arriva au Pont-Neuf; un trône avait été préparé sur l'estrade élevée en face de la statue du Béarnais. M. le marquis de Marbois, président des souscripteurs, prit la parole et adressa au roi un discours de circonstance : « Que cette statue, dit-il en terminant, soit au milieu de cette grande cité comme un génie tutélaire, et qu'à sa vue toutes les haines s'éteignent. » Vœu touchant qui ne devait point être réalisé. Le roi répondit d'une manière remarquable. Quand il eut cessé de parler, lord Wellington, qui assistait à la cérémonie, lui demanda une copie de son discours : « Je ne me rappelle jamais mes discours, dit Louis XVIII, je suis comme la sibylle de Cumes; j'écris sur des feuilles, et le vent les emporte. » Le reste de la journée fut consacré à des réjouissances populaires. Le même jour, 25 août, eut lieu à l'Institut la séance solennelle des quatre académies; M. Cuvier fut reçu membre de l'Académie Française, et un jeune homme, aujourd'hui haut placé dans la magistrature, M. Berville, fut assez heureux pour se voir décerner le prix d'éloquence. Peu de jours après, le 7 septembre 1818, fut établie pour la première fois à Paris une « Caisse d'Épargne et de Bienfaisance, » institution qui, depuis lors, a été puissamment développée et qui a porté des fruits utiles.

L'histoire politique de Paris, durant les années qui suivirent, se confondit dans l'histoire générale de la France, et nous trouverions difficilement le moyen de l'isoler et de faire entrevoir par où la capitale vivait d'une vie distincte de celle du royaume. Disons toutefois que Paris, alors plus que jamais, depuis 1789, résumait en lui les instincts bons ou mauvais de la France, qu'il était l'âme et le cœur de l'opposition qu'on appelait libérale, et qui, soit qu'elle voulût renverser les Bourbons, soit qu'elle se résignât à les accepter, travaillait sans relâche à réveiller dans les masses les instincts révolutionnaires, à amoindrir le pouvoir, à organiser la liberté comme un instrument de guerre. Dans les sociétés secrètes on conspirait audacieusement en faveur des idées républicaines; dans les journaux, en dépit de la sévérité des juges et parfois malgré la censure, on battait en brèche tout ce qui servait de base à la morale, à l'ordre monarchique, aux croyances religieuses. La parole, la tribune, l'art théâtral, toutes les manifestations de la pensée enfin étaient mises en œuvre pour déconsidérer les Bourbons et leur susciter des ennemis. Les sentinelles perdues de la Révolution se faisaient remarquer au premier rang dans cette guerre, et beaucoup de conspirateurs obscurs ou dévoués périssaient sur l'échafaud ou subissaient la prison; les chefs, pour la plupart membres de la haute bourgeoisie ou de la haute banque, se contentaient d'excitations sourdes, d'encouragements pécuniaires et de sacrifices peu dangereux. Le plus redoutable, mais le plus timide de ces chefs secrets, celui qui, presque sous l'abri du trône, ralliait ou cherchait à rallier toutes les nuances éparses du parti national, était le duc d'Orléans, cousin du roi, et prétendant au trône. Le roi ne l'aimait pas et le surveillait; mais le duc, sans s'écarter des nécessités de la circonspection et de la réserve, sans jamais laisser percer au dehors le mystère de son opposition, ne négligeait aucun moyen possible d'accroître sa popularité et d'augmenter le nombre des ennemis de la branche aînée.

De 1819 à 1823, il y eut incessamment à Paris des complots, des procès de presse, des agitations de carrefours, des démonstrations libérales; plus ces symptômes révélaient les dangers de la situation, plus les Bourbons s'attachaient à tendre les ressorts de l'autorité publique, à circonscrire le terrain de la liberté, à chercher dans des lois nouvelles des moyens d'action contre leurs opiniâtres ennemis. On ne trouvera point ici l'histoire de ces agressions et de ces résistances : nous ne racontons point l'histoire de la France; nous indiquons seulement quelle réaction les événements exercèrent sur la capitale.

Le 26 février 1819, les cendres de Mabillon, de Montfaucon et de René Descartes, recueillies durant la Révolution dans le jardin du Musée des Monuments Français, furent transférées en grande pompe à l'église Saint-Germain-des-Prés et déposées dans la chapelle de Saint-François de Salles. — Le 30 mars eut lieu, à midi, la présentation au roi de l'ambassadeur persan Mirza-Abdoul-Hassan-Khan; la curiosité des Parisiens s'émerveilla grandement à ce spectacle. Abdoul-Hassan était vêtu d'une robe en cachemire blanc broché en or; sa ceinture et son poignard étaient garnis de pierreries, ainsi que son bonnet blanc, en forme de cône, sur lequel était posée une riche aigrette en diamants. — Le 15 juin, un autre personnage, bien autrement célèbre, et aujourd'hui non moins oublié, fit sensation à Paris; nous voulons parler de l'héroïne de Rodez, Mme Manson, qui avait si étrangement figuré au procès Fualdès. — Le 30, il y eut des désordres à l'École de Droit, à l'occasion du cours de M. Bavoux, jurisconsulte, qui parut trop libéral au ministère de Louis XVIII, et dont les leçons furent suspendues par ordre. — Le 21 septembre vint au monde S. A. R. Louise-Marie-Thérèse d'Artois, aujourd'hui Mme la duchesse régente de Parme. — Le 2 octobre eut lieu la distribution des prix décernés par l'Académie royale des Beaux-Arts; M. Halévy, âgé de vingt ans, remporta le prix de composition musicale. — En cette même année 1819, Paris fut affligé d'un grand nombre de duels politiques, suivis de mort, et la manie des suicides fit beaucoup de victimes. — Vers le même temps, on se préoccupa très-sérieusement d'une singulière espèce de malfaiteurs qui blessaient en pleines rues les femmes et les jeunes filles, à l'aide d'instruments pointus et de cannes à dard. On les nommait les *piqueurs*. Cet étrange délit n'eut qu'un temps, mais on ne put livrer à la justice qu'un très-petit nombre de coupables.

Au mois de février 1820, M. de Cazes étant président du conseil des ministres, et les esprits se trouvant profondément divisés par les querelles de parti, un crime odieux jeta la consternation dans Paris. Le 13 février, le duc de Berry s'était rendu à l'Opéra avec sa jeune épouse; vers la fin du ballet, à onze heures du soir, la duchesse voulut se retirer avant la fin de la représentation. Le duc de Berry l'accompagna jusqu'à sa voiture, et alors un homme, qui se tenait aux aguets depuis trois heures, s'élança vers lui, et le frappa dans le flanc droit d'un coup de stylet. Le prince chancela sous le coup, porta la main sur le poignard qui était resté dans la blessure, et s'écria : « Je suis assassiné! je suis mort! » Quelques heures après, malgré les soins les plus empressés, le malheureux prince rendit le dernier soupir, entouré de la famille royale éplorée, et muni des secours de la religion. L'assassin, nommé Louvel, fut traduit devant la Cour des Pairs et condamné au dernier supplice. Cet attentat qui fit frémir tous les cœurs honnêtes, raviva les haines et les fureurs politiques; le Gouvernement, entraîné par ses plus chauds amis dans une voie de réaction, prit des mesures contre la liberté et rendit l'opposition libérale responsable du crime de Louvel. A la faveur de l'émotion que de pareils événements réveillèrent, il y eut à Paris, en 1820, beaucoup de troubles publics que la force armée réprima sévèrement, et qui, à leur tour, réagirent sur l'attitude des Chambres. Au milieu de ces crises politiques qui mettaient en présence le Gouvernement et les partis, S. A. R. Mme la duchesse de Berry mit au monde un enfant qui reçut en naissant le titre de duc de Bordeaux.

Le 1er mai 1821, des fêtes extraordinaires eurent lieu à l'occasion du baptême du jeune duc; il y eut des représentations populaires dans les salles de spectacle. Le lendemain, une fête des plus splendides fut donnée à l'Hôtel-de-Ville; la grande salle de bal avait été construite dans l'emplacement occupé par la cour de l'hôtel, et jusqu'alors rien n'avait égalé la magnificence déployée, au nom de Paris, par le corps municipal. De nos jours ces pompes ont été tellement surpassées, que nos regards s'arrêteraient à peine sur les splendeurs du bal de 1821. Des stances, composées par M. Alissan de Chazet, mises en musique par Boïeldieu et Berton, furent beaucoup remarquées par les invités de l'Hôtel-de-Ville. Mais nul, peut-être, parmi ceux qui acclamaient ces paroles de circonstance, ne jetait un regard d'inquiétude sur l'avenir. Quatre jours après ces fêtes mourut à Sainte-Hélène l'empereur Napoléon-le-Grand.

Le 14 mai de la même année eut lieu l'ouverture du canal de Saint-Denis, alimenté par les eaux de l'Ourcq, et qui avait été commencé en 1811; — le 21, Paris rendit les derniers devoirs à la dépouille mortelle de Camille Jordan, homme de talent et homme de bien. — Le 3 juin, des troubles, assez promptement réprimés, éclatèrent à l'occasion d'un service funèbre de bout de l'an, célébré à Saint-Eustache pour le repos de l'âme du jeune Lallemand, tué dans les émeutes de 1820. — L'année 1822 ne fut marquée, à Paris, par aucun événement considérable. C'est vers cette époque qu'une société secrète prit dans cette ville un redoutable développement, et travailla à organiser la démocratie, en vue d'une victoire éventuelle. Elle eut pour chefs les hommes les plus avancés ou les plus compromis de l'école révolutionnaire. En même temps qu'elle recrutait des conspirateurs et peuplait ses ventes de jeunes exaltés, dont les noms, alors obscurs, obtinrent plus tard, dans d'autres luttes, une sorte de célébrité, Paris et la France voyaient éclater sur divers points des conspirations militaires que le Gouvernement déjoua avec une sanglante énergie. La plupart des conjurés, sortis des rangs de l'ancienne armée impériale, agirent et moururent en invoquant le nom et la cause de Napoléon II. A Paris, les quatre Sergents de La Rochelle, qui montèrent sur l'échafaud de la place de Grève, périrent pour la cause républicaine. La pitié que leur sort provoqua dans les rangs du peuple ne fit qu'ajouter aux embarras politiques contre lesquels luttaient les Bourbons. — L'année suivante (1823) vit s'envenimer les discordes parlementaires, et la session des deux Chambres fut troublée par l'expulsion du député Manuel, l'une des idoles de l'opposition libérale. — A l'agitation produite par cet incident, succéda l'émotion de longue durée que souleva la guerre d'Espagne. Le 2 décembre, le duc d'Angoulême qui avait conduit cette expédition, de la Bidassoa à Cadix, revint à Paris, où on lui décerna les honneurs du triomphe. L'arc de triomphe, projeté par Napoléon Ier pour la gloire de la grande armée, fut dédié par le roi Louis XVIII à l'armée qui revenait d'Espagne. Sous ce même édifice, alors figuré par des échafaudages recouverts de toiles peintes, le prince généralissime fit son entrée à cheval, au milieu d'un grand cortége de troupes et de peuple. La guerre qui venait de s'accomplir était une guerre de principe; les Bourbons espérèrent désormais un long avenir; la Révolution Française parut vaincue en la personne de Riego et des Cortès, et la monarchie se crut en mesure de déjouer les attaques de ses ennemis. Vaine illusion que les événements devaient bientôt détruire.

En cette même année (1823) eut lieu à Paris l'exposition des produits de l'industrie nationale, et les préoccupations nées de la guerre d'Espagne n'empêchèrent pas qu'elle eût de l'importance et de l'éclat; on put voir avec satisfaction que l'industrie française était en progrès et marchait vers un perfectionnement continu. Le roi, entouré des grands officiers de la Couronne, reçut dans la salle du Trône les membres du jury d'exposition; là, on donna lecture des noms des exposants qui avaient été jugés dignes des prix réservés à l'industrie, et ils vinrent successivement les recevoir des mains du roi. Bientôt après, sous l'influence des événements d'Espagne, on renouvela par l'élection la Chambre des Députés, et les grands et petits colléges, dominés par l'influence gouvernementale, envoyèrent au palais Bourbon une assemblée presque entièrement composée d'hommes dévoués aux institutions qui régissaient la France avant 1789. Ce fut à peine si l'opposition libérale put obtenir la majorité dans seize colléges. Les premiers mois de l'année 1824 furent remplis par les travaux de cette Chambre; mais plus la majorité manifestait, dans l'enceinte législative, un enthousiasme royaliste, habilement dirigé par M. de Villèle, plus l'opinion publique se laissait aller, au dehors, aux entraînements de la liberté et aux emportements de l'esprit de parti. La scission entre le roi et le peuple devenait de jour en jour plus profonde et plus grave; mais il ne fut point réservé au roi Louis XVIII d'en voir le dénoûment. Au mois de septembre 1824, ce prince, depuis longtemps obèse et valétudinaire, et dont l'âme avait seule conservé un reste d'énergie, vit ses infirmités prendre un caractère alarmant; le 14 septembre, dans un dernier entretien qu'il eut avec M. le comte d'Artois, il dit à ce prince : « J'ai louvoyé entre les partis comme Henri IV, et j'ai par-dessus lui que je meurs dans mon lit. » Peu de temps après il fit approcher de lui le jeune duc de Bordeaux pour le bénir : « Que Charles X ménage la couronne de cet enfant, » dit-il d'une voix éteinte. Le 16 septembre, vers quatre heures du matin, il expira, et fut inhumé en grande pompe à Saint-Denis. Pendant cinq jours le peuple de Paris fut admis à circuler dans le palais des Tuileries, et à passer devant le cercueil du roi défunt. Le 23 septembre, jour des funérailles, on fit revivre pour cette cérémonie tous les usages anciens de la monarchie française. Cinq cent mille spectateurs se trouvèrent sur le passage du cortége, qui se mit en marche au bruit du canon des Invalides, du bourdon de Notre-Dame et de toutes les cloches; les rues étaient tendues de drap noir, les insignes royaux étaient déposés sur le cercueil; mais le clergé de Paris ne figurait pas à cette pompe funèbre, et le bruit courut que la mort de Louis XVIII n'avait pas été digne d'un roi très-chrétien.

RÈGNE DE CHARLES X.

1824-1830.

Charles X était âgé de soixante-six ans. Son passé ne pouvait rassurer les partisans des principes de 1789; il était bon, gracieux, doué des dons aimables de l'esprit, mais il manquait de cette haute capacité politique qui permet aux princes de se rendre compte des obstacles et de les surmonter. Sa religion était sincère, touchante et peu éclairée. On eût dit le dernier roi de la famille des Stuarts. C'est par de tels princes que Dieu fait gouverner les peuples lorsqu'il les réserve à de nouvelles révolutions.

Pour le moment l'espérance semblait renaître; le roi fit son entrée à Paris, le 27 septembre, par la barrière de l'Étoile. Le préfet de la Seine, à la tête du corps municipal, lui ayant présenté les clefs de Paris, Charles X répondit d'une voix affable : « Je vous laisse en dépôt ces clefs, parce que je ne puis les remettre en des mains plus fidèles; gardez-les, Messieurs, gardez-les! C'est avec un sentiment profond de douleur et de joie que j'entre dans ces murs, au milieu de mon bon peuple; je veux employer jusqu'au dernier de mes jours pour assurer et consolider son bonheur. » Comme les lanciers qui précédaient le roi écartaient la foule avec leurs lances, Charles X s'en étant aperçu, poussa son cheval jusqu'à eux, et leur dit : « Mes amis, point de hallebardes! » mot qui plut au peuple. Dès la veille, une ordonnance du roi avait aboli la censure. L'avénement de Charles X fut considéré de part et d'autre comme une ère de réconciliation; mais les principes étaient en lutte, et la guerre acharnée que se livraient entr'elles la politique du passé et la politique de l'avenir ne pouvait être longtemps suspendue. Le Gouvernement était engagé, contre les lois et les droits nés de la Révolution, dans un système de réaction énergique que Charles X continua d'autant plus, qu'étant encore prince du sang, il était entré pour beaucoup dans ce conflit, et en avait bien souvent pris l'initiative. Chaque session vit le ministère présenter aux Chambres des lois destinées, les unes, à restreindre les concessions libérales faites par la Charte, les autres, à restaurer peu à peu l'édifice monarchique, à entourer la religion de nouvelles garanties administratives, et ces différentes tentatives, accueillies avec empressement par la majorité élective, discutées et marchandées par la Chambre des Pairs, dénaturées ou combattues avec violence par la presse libérale, ne firent que multiplier les ferments d'agitation et de haine et rendre de plus en plus impossible le maintien de la branche aînée. Nous nous bornons à indiquer cette situation, sans en décrire les différentes phases. Nous sortirions du cadre qui nous est tracé, et d'ailleurs, ceux qui, de nos jours, ont l'âge d'homme, ont été témoins de ces luttes et ont pu s'en faire une juste idée.

Le 29 novembre 1825 eurent lieu les funérailles du général Foy, l'un des chefs les plus éloquents et les plus accrédités du parti constitutionnel. Ce jour-là, Paris fut témoin d'une démonstration populaire dont les annales du passé n'avaient point transmis le souvenir, si l'on en excepte les obsèques de Mirabeau. A chaque pas la capitale étalait des emblêmes de deuil; les boutiques se fermaient sur les boulevards et dans les quartiers que traversait le convoi; le cercueil était porté à bras, et sur la fosse, Casimir Périer, après une harangue digne de l'illustre mort, fit décréter par la foule que la France adoptait les enfants du général Foy. Le lendemain recommencèrent avec plus d'âpreté que jamais les luttes politiques. Elles remplirent les annales de 1826 et ne laissèrent place à aucune autre préoccupation. L'année 1827 s'ouvrit sous de semblables auspices. Le différend suscité entre le Gouvernement et le pays s'aggravait de plus en plus, par suite de la violence des partis et du pouvoir. Chaque question servit de prétexte à une agitation nouvelle; chaque incident était grossi, d'un côté, par la crainte, de l'autre, par la haine. Le 30 mars, à l'occasion des obsèques du vénérable duc de Larochefoucault-Liancourt, la police voulut faire observer les règlements qui interdisaient de transporter à bras les cercueils dans les rues de Paris; cependant les jeunes gens de l'École des Arts et Métiers s'obstinèrent à rendre un pareil hommage à leur bienfaiteur. Au fond, il s'agissait moins de M. de Larochefoucault que d'une manifestation bruyante contre le ministère. Une collision s'engagea, et, au milieu du tumulte, le cercueil tomba sur le pavé, et fut relevé, à demi brisé et couvert de boue, pour être placé sur le char funèbre. L'émotion produite par cet incident durait encore, lorsque le gouvernement de Charles X, contraint de céder à l'irritation de l'opinion publique et à l'opposition calme mais sérieuse de la Chambre des Pairs, déclara qu'il retirait de la discussion un projet de loi présenté par M. Peyronnet contre la presse politique. Ce fut un grand événement (aujourd'hui assez oublié) et que la population parisienne salua par des illuminations spontanées, par des feux d'artifice, et même par des actes de désordre inséparables de ces joies tumultueuses et qui durent être réprimés. Un mois après, le 29 avril, eut lieu, de la part du peuple, une manifestation bien autrement sérieuse. Ce jour-là, le roi Charles X passa en revue, au Champ-de-Mars, la garde nationale de Paris; dès le matin les légions arrivèrent sur le terrain, nombreuses, en bon ordre et en belle tenue. Le parti ministériel avait témoigné des inquiétudes sur la disposition des esprits dans quelques légions; ces craintes étaient fondées. Vainement les journaux de l'opposition, par prudence, avaient-ils recommandé aux gardes nationaux de ne faire entendre, sous les armes, d'autres cris que ceux de *vive le roi!* Des rangs de plusieurs légions, surtout des 2ᵉ, 3ᵉ, 5ᵉ, 7ᵉ et 8ᵉ, partirent ceux de *à bas les ministres!* On voulut vainement imposer silence à la milice parisienne, les impatients déjouèrent la réserve des modérés. Un garde national, pendant le défilé, ayant crié plus haut que les autres, le roi lui dit d'une voix sévère : « Je suis venu ici pour recevoir des hommages et non des leçons. » On répondit par des cris de *vive le roi!* mais la manifestation n'en avait pas moins éclaté, et le soir même de cette revue, la garde nationale de Paris fut dissoute par ordonnance royale. Ce licenciement d'une troupe armée qui, au mépris de la discipline, s'était immiscée dans un débat politique, était la conséquence inévitable de l'acte irrégulier qu'elle venait d'accomplir. On n'en fit pas moins un crime de plus au gouvernement de Charles X, comme d'un coup d'État sans exemple. Le lendemain, les embarras qui obstruaient la marche du pouvoir n'avaient fait que s'accroître.

La session ayant été close au mois de juin, le ministère rétablit la censure : le système de compression qui pesait sur les journaux fit naître l'industrie politique des brochures, et de nombreux écrits, sans caractère de périodicité, continuèrent d'agiter l'opinion et de tenir en éveil les multitudes. Le 24 août eurent lieu les obsèques de l'ex-député Manuel, décédé à Maisons chez son ami M. Laffitte, l'un des chefs du mouvement libéral. Le convoi arriva à la barrière des Martyrs au milieu d'un grand concours de citoyens de toutes classes et d'une force imposante de gendarmerie, tant à pied qu'à cheval. Jusque-là tout s'était passé dans l'ordre; mais au moment où le cortége se remit en marche pour gagner le cimetière de l'Est par les boulevards extérieurs, quelques jeunes gens, déclarant que l'ordonnance de police sur les convois n'était point applicable hors des murs de la douane, voulurent s'emparer du cercueil et le porter jusqu'au cimetière. Les ordonnateurs s'y étant refusés, les jeunes gens dételèrent les chevaux et traînèrent le corbillard pendant un assez long trajet. Bientôt de nouveaux ordres arrêtèrent cette marche; les chevaux furent replacés au corbillard, et le cortége parvint sans nouvel incident à sa destination. Le 5 novembre, la Chambre des Députés fut dissoute, et les colléges électoraux furent convoqués pour les 17 et 24 du même mois. En vertu de la loi, la censure fut levée de plein droit, et une explosion violente de colère se fit jour dans toute la France, sans qu'il fût possible au Gouvernement de la comprimer. Sous l'empire de cette agitation, la majorité des suffrages, tant à Paris que dans le reste de la France, se porta sur les candidats constitutionnels, principalement sur les libéraux modérés dont la nuance politique était alors désignée sous le nom de *centre gauche*.

Le 18 novembre, des désordres assez graves éclatèrent à Paris, à la nouvelle des premiers résultats électoraux. Dès la chute du jour, un grand nombre de fenêtres furent illuminées dans les quartiers Saint-Martin et Saint-Denis, et des rassemblements parcoururent les rues en criant : *Vive la Charte!* cri de ralliement sous lequel se cachaient avec circonspection toutes les haines et toutes les espérances de la Révolution Française, encore mal assoupie. Vers sept heures du soir, des bandes, composées d'hommes à figures sinistres, jetèrent des pierres aux fenêtres, en ordonnant aux propriétaires d'illuminer. Une de ces bandes pénétra jusque dans la cour de l'hôtel Laffitte, d'où elle fut expulsée; les autres parcoururent la ville dans différentes directions. Dans la rue Saint-Denis, vers neuf heures du soir, les manifestations ayant pris un caractère plus fâcheux encore, la gendarmerie chercha à y mettre un terme et fut repoussée. Des barricades s'élevèrent sur plusieurs points, notamment aux abords du passage du Grand-Cerf, et la foule criait : *A bas les gendarmes!* A dix heures la force publique revint à la charge, et emporta les barricades. Elle venait à peine de se replier sur la place des Innocents, que la barricade du Grand-Cerf, qui n'avait pas été entièrement détruite, fut relevée par l'émeute. Pour forcer les séditieux dans leurs retranchements, il fallut faire marcher sur trois colonnes des détachements armés; il y eut des feux de peloton et des coups de sabre, et vers une heure après minuit la tranquillité fut rétablie. Dans la soirée du 20 novembre les désordres recommencèrent. Vers dix heures on fit de nouveau agir la troupe, et le lendemain, l'émeute ayant cédé à la force, on se renvoya de part et d'autre la responsabilité des troubles. Le Gouvernement y vit un symptôme de révolution; les libéraux accusèrent la police d'avoir soudoyé de prétendus facticux, pour exercer sur les élections l'influence de la peur: sur les plaintes simultanées des journaux et du parquet, la cour royale évoqua l'affaire, et après une instruction qui dura plusieurs mois, on ne put découvrir aucun coupable.

Tandis que Paris était en proie à ces émotions et à ces luttes, la chronique rivalisait avec l'histoire, et n'était pas moins qu'elle fertile en incidents dont nous nous bornerons à mentionner les moins obscurs. Au mois de janvier 1828 avait eu lieu l'exposition des produits des manufactures royales, et on avait pu constater, une fois de plus, les progrès rapides de l'industrie française; — le 15 février, le Théâtre Français avait donné au public la première représentation de *Louis XI à Péronne,* tragédie de M. Casimir Delavigne; — le 24 février, le tribunal de la Seine avait jugé M. de Maubreuil, coupable de coups et blessures portés au prince de Talleyrand, et une vive curiosité politique s'était attachée à ce procès; — le 5 mai avait eu lieu l'ouverture du *théâtre des Nouveautés,* dans un édifice nouvellement construit, et qui est aujourd'hui le *théâtre du Vaudeville;* — le 17 avril, à l'Académie Française, réception de MM. Fourier et Feletz; — le 19, M. Royer-Collard fut élu membre de la même assemblée, en remplacement d'un savant illustre, M. de La Place; — le 15 mai, il y eut des désordres au Collége de France, à l'occasion de la nomination du docteur Récamier, désigné par le Gouvernement pour occuper l'une des chaires vacantes, et que les journaux du temps se plaisaient à désigner comme l'homme du clergé; — le 31, au Théâtre Français, première représentation des *Trois Quartiers,* comédie de MM. Picard et Mazières; — le 13, incendie de la salle de l'*Ambigu Comique;* — le 1er octobre, ouverture du *Néorama.* En la même année, remarquable exposition de peinture : parmi les œuvres d'art qui se partagèrent l'admiration du public, il importe de signaler l'*Apothéose d'Homère,* de M. Ingres; le *Marc-Antoine,* de M. Court; la *Mort d'Élisabeth,* par Paul Delaroche; la *Naissance de Henri IV,* par Eug. Dévéria; les *Femmes Souliotes,* de M. Scheffer; *Pierre-le-Grand,* par M. Steuben.

Cette esquisse de l'histoire de Paris sous la Restauration serait incomplète si nous omettions de constater qu'au milieu des luttes parlementaires et des agitations politiques, il s'opérait dans l'ordre des choses de la littérature et des arts un mouvement de progrès éminemment remarquable. Le règne de Charles X, malgré sa courte durée, a été une époque de grand développement intellectuel. La poésie se dégageait avec énergie des vieilles formes dont, depuis plus d'un siècle, on persistait à l'envelopper, et des hommes d'un génie fécond autant qu'énergique cherchaient à ouvrir à l'art des voies nouvelles. Sans doute leurs espérances furent en partie déçues; audacieux Colombs de la littérature et du drame, ils n'eurent pas le bonheur de découvrir le monde vers lequel ils cinglaient à pleines voiles, au risque de sombrer dans les abîmes de l'inconnu et du faux; mais si leur courage ne fut pas récompensé par de vastes conquêtes, du moins est-il certain que la littérature française dut à ces jeunes hommes, à ces aventuriers du génie, une gloire sérieuse, des aperçus nouveaux, de plus nobles et de plus grands horizons. Déjà sous le règne précédent, et à la suite des désastres de 1815, un jeune poète, Casimir Delavigne, avait entrepris de consoler la France en publiant ses *Messéniennes* et en chantant les gloires proscrites; en 1819, il avait donné au Théâtre Français les *Vêpres Siciliennes;* l'année 1820, encore plus favorisée, avait vu paraître les *Méditations Poétiques,* de M. de Lamartine; *Marie Stuart,* de M. Lebrun; la *Démence de Charles VI,* de Népomucène Lemercier; les *Comédiens,* de Casimir Delavigne; en 1823, ce dernier poète avait donné au public parisien l'*École des Vieillards,* l'un des chefs-d'œuvre de la scène française; l'année suivante parurent les *Odes et Ballades,* de M. Victor Hugo; bientôt après MM. Alfred de Vigny, Sainte-Beuve, Barthélemy et Méry, Émile Deschamps, Béranger, et nombre d'autres qu'il serait trop long de citer, donnèrent un libre et puissant essor à la poésie française. Sous ce même règne débuta par des essais, plus étranges que sérieux, un poète dont le nom devait avoir un juste retentissement; nous voulons parler d'Alfred de Musset. C'était le temps où, en dépit des précautions jalouses du pouvoir, MM. Guizot, Cousin, Villemain donnaient à la jeunesse des écoles un enseignement littéraire et historique qu'on n'a point oublié, et qui alors remuait profondément la jeunesse. M. Thiers écrivait son grand ouvrage sur la *Révolution Française;* les deux Thierry ouvraient à l'histoire de nouvelles routes. Pourquoi fallait-il que la plupart des hommes de talent ou de génie, dont nous venons de mentionner les noms, se crussent obligés de chercher les applaudissements de la foule en faisant trop souvent bon marché de la vérité et des principes? Nous savons bien qu'ils assistaient à des luttes et que bien souvent ils prenaient part à la grande bataille engagée contre le pouvoir; mais la vertu, la religion, la morale ont des droits imprescriptibles que plusieurs de ces illustres écrivains ne craignirent pas de méconnaître, et nous avons droit de nous en plaindre.

Des événements graves eurent lieu dans l'ordre politique. En 1828, le ministère de M. de Villèle fut renvoyé, et Charles X remplaça cette administration par un ministère choisi dans les rangs de la droite constitutionnelle, et qui reçut, de son chef principal, la dénomination de ministère Martignac. Cette administration faible, mais bien intentionnée, rétablit un peu de calme dans le pays, et fit espérer un avenir pacifique. Mais Charles X, livré à d'imprudents conseillers, crut que sa couronne était trahie par des ministres qui acceptaient volontiers la Charte de 1814 et la situation que cette loi fondamentale faisait à la royauté. Pour conjurer l'orage révolutionnaire dont il se disait menacé, le roi, en 1829, eut la téméraire pensée de renouveler le ministère, et de choisir les membres de la nouvelle administration dans les rangs de ceux qui regrettaient ouvertement l'ancienne constitution

de la France et voulaient rétrograder au delà de 1789. M. de Polignac fut le chef de ce cabinet impopulaire qui jeta le gant aux idées libérales et eut à combattre l'immense majorité de la France, habilement disciplinée par les journaux et par les sociétés secrètes. La Chambre des Députés, ayant cru pouvoir, en 1830, protester auprès du roi par une adresse que votèrent deux cent vingt-et-un membres de l'opposition, cette assemblée fut dissoute, et le roi fit appel au pays. Nonobstant la joie et l'honneur que venait de répandre dans les rangs du peuple la glorieuse nouvelle de la conquête d'Alger, les élections furent en grande majorité hostiles au Gouvernement, et, de part et d'autre, la situation parut si grave et si menaçante, qu'on crut ne pouvoir en sortir que par une révolution ou par un coup d'État.

Le 26 juillet 1830, le *Moniteur* publia quatre ordonnances royales, rendues en vertu des pouvoirs que le roi paraissait tenir (par une interprétation fausse et abusive) de l'article 14 de la Charte constitutionnelle. Ces ordonnances suspendaient ou modifiaient plusieurs droits publics établis par la loi fondamentale; entr'autres dispositions, elles abrogeaient la liberté de la presse, et changeaint le système électoral. C'était, de la part du roi, engager la lutte, et il fallait vaincre; mais il fut vaincu. Le même jour, 26 juillet, la résistance commença dans les imprimeries de quelques journaux libéraux, et l'on fit publiquement entendre à Paris les cris de *vive la presse! vive la Charte! à bas les ordonnances!* Le 27 juillet, des rassemblements se formèrent dans les rues, et la force armée fut envoyée dans les bureaux du *National* pour briser les presses de cet établissement; on résista. Il en fut de même dans les bureaux du *Temps*. Vers midi, on fut obligé de déployer un grand appareil de répression aux abords du Palais-Royal, dans la rue Saint-Honoré, sur les boulevards et dans la rue des Capucines. L'infanterie de ligne, qui ne servait qu'à contre-cœur, ne mit aucune énergie dans ses mouvements, et le Gouvernement eut recours à la garde royale. Des barricades furent élevées, attaquées, défendues et prises près du Palais-Royal, près de la Banque, près du palais de la Bourse. Partout le peuple était dispersé et refoulé; mais on promenait les blessés sur des civières, on portait les morts à travers les rues, on criait: *Vengeance!* et pour une barricade détruite, il s'en formait trois autres. Vers onze heures du soir, les troupes, lassées de la lutte, rentrèrent dans les casernes. Le lendemain 28 juillet, Paris fut déclaré en état de siége, et le Gouvernement militaire de la capitale fut confié au maréchal Marmont, duc de Raguse. Ce jour-là, la lutte recommença plus opiniâtre et plus sanglante que la veille. L'Hôtel-de-Ville tomba au pouvoir des insurgés; le tocsin sonna; sur tous les points de nouveaux combats s'engagèrent. Le duc de Raguse avait formé quatre colonnes d'attaque. Vers dix heures elles se mirent en mouvement. L'une d'elles reprit l'Hôtel-de-Ville; mais à peine s'y était-elle installée, qu'elle y fut assiégée par des insurgés accourus en armes de tous les faubourgs de l'Est. Une autre colonne, engagée sur les boulevards, entre la rue Montmartre et la Bastille, eut de nombreux combats à livrer, et éprouva de nombreuses pertes d'hommes; vers le soir, elle fut contrainte de se replier sur les Tuileries. Le reste des troupes, engagées dans les quartiers populeux et aux abords des halles, n'eut pas moins à souffrir. Le même soir, les députés présents à Paris essayèrent d'entrer en pourparlers et d'agir comme médiateurs entre le roi et le peuple. Leur intervention fut inefficace. Le lendemain 29 juillet, la lutte s'engagea plus meurtrière encore que la veille, et ce jour-là, elle fut décisive. L'École Polytechnique fournit des chefs aux insurgés; la garde nationale, dissoute depuis trois ans, reprit ses armes, et se mit du côté du peuple; le 5e et le 53e régiments de ligne, rangés en bataille sur la place Vendôme, refusèrent de continuer le feu, et la garde royale, aussi bien que les troupes suisses, se trouvèrent hors d'état de vaincre. En quelques heures les Tuileries, le Louvre, les postes principaux furent occupés par le peuple; le drapeau tricolore flotta sur les tours de Notre-Dame, et la famille royale qui, retirée à Saint-Cloud, apprenait de moments en moments la ruine de ses espérances, ne tarda pas à se voir dans la nécessité de chercher son salut en se repliant d'abord sur Versailles, puis sur Rambouillet. A plusieurs reprises, le gouvernement royal essaya de conjurer la tempête populaire, en promettant de retirer les ordonnances et d'en appeler au conseil de ministres pris dans les rangs du parti victorieux. A ces ouvertures tentées au nom de Charles X, le général Lafayette répondit : *Il est trop tard!* Déjà (31 juillet) le duc d'Orléans avait été proclamé lieutenant général du royaume par la réunion des députés présents à Paris, et il avait accepté ces fonctions. Son parti, plus habile que nombreux, le poussa aussitôt vers l'Hôtel-de-Ville; il y arriva à travers les barricades, sans gardes, sans escorte, et accompagné seulement de deux cents députés. En cet instant suprême, Charles X et son fils, M. le Dauphin, tentèrent un dernier effort. Ils adressèrent au duc d'Orléans leur abdication en faveur du jeune duc de Bordeaux, enfant de dix ans, héritier de leurs droits. Cette tentative, repoussée avec dédain par les députés et éludée par le duc d'Orléans, fut réputée non avenue, et la candidature de Henri V fut écartée sans discussion. La branche aînée des Bourbons avait cessé de régner; la révolution de Juillet était accomplie; la population de Paris venait de disposer de la France.

PARIS SOUS LE GOUVERNEMENT DE JUILLET.

1830-1848.

RÈGNE DE LOUIS-PHILIPPE Ier.

JUILLET 1830 — FÉVRIER 1848

La Charte de 1814 fut amendée et modifiée; on mutila l'institution de la pairie; on fit disparaître plusieurs garanties de sécurité et d'ordre que renfermaient les lois secondaires, et le duc d'Orléans, parvenu au terme de ses espérances, monta sur ce trône qu'il convoitait depuis tant d'années. Élu par la Chambre des Députés, accepté par la Chambre des Pairs, et tenant pour adhésion le silence du pays, il succéda à Charles X sous le nom de Louis-Philippe Ier.

Le règne de ce souverain appartient à l'histoire, ou, pour mieux dire, les temps ne sont point encore venus où il sera possible de le juger avec impartialité et en toute connaissance de cause. La génération actuelle a vécu sous son gouvernement; dix ans se sont à peine écoulés depuis sa chute, et l'écrivain qui respecte la vérité doit se tenir en garde contre les impressions encore vivantes dans le pays, afin de ne sacrifier ni à l'esprit de parti, ni à la haine. Louis-Philippe n'était point entré au pouvoir par la bonne porte. La branche aînée des Bourbons ne voyait en lui qu'un conspirateur parvenu; la démocratie lui reprochait de l'avoir trahie, après l'avoir flattée; la république lui reprochait de s'être substitué au peuple. Cependant les intérêts matériels, gravement menacés, les classes bourgeoises qui redoutaient à la fois l'ancien régime et la révolution, se rallièrent autour du nouveau trône autant par calcul que par sympathie, et Louis-Philippe, prince temporisateur et adroit, se préoccupa du soin de se maintenir en sécurité à la tête de la France, malgré les partis et malgré l'Europe. Il tint tête aux factions, mais il fléchit devant l'étranger. Ceux qui avaient peur lui en surent gré; ceux qui aspiraient à une politique plus digne de la France, se trouvèrent humiliés pour la patrie. Quant au bien-être matériel dont jouit la France sous ce règne, il fut réel et ne cessa de s'accroître; quant à la liberté, nonobstant les plaintes des révolutionnaires, elle alla jusqu'à la licence, et compromit promptement son avenir et sa cause. On nous dispensera d'insister à cet égard : les faits sont présents à tous les souvenirs; nous nous bornons à les indiquer de haut et de loin.

Les premières années de ce règne furent marquées, à Paris et sur quelques points de la France, par de graves désordres et par de continuelles agitations. Au mois de décembre 1830, la Cour des Pairs jugea les ministres de Charles X, responsables des ordonnances qu'ils avaient signées, et des collisions sanglantes qui s'en étaient suivies. Le parti républicain qui cherchait tous les prétextes de désordre et voulait susciter une grande commotion politique, organisa une émeute destinée à intimider les juges et à leur arracher une condamnation capitale. Louis-Philippe, et ce fut l'un des caractères de son gouvernement, avait horreur de l'échafaud politique et se plaisait à incliner vers le pardon. D'une part, il craignait que le sang n'appelât le sang, et il redoutait d'entrer dans cette voie fatale, le long de laquelle avait glissé la première révolution; d'autre part, il se disait que, monté sur le trône contre le droit et par surprise, il fallait s'abstenir de toute sévérité inutile, de peur de se heurter contre sa propre origine. Il mit tout en œuvre pour soustraire les ministres de Charles X au supplice que leur réservait l'émeute; il compromit la popularité dont il était investi; il usa celle du général Lafayette; il fit appel à tous les instincts de miséricorde et de civilisation, et il réussit à garantir les quatre têtes que la démagogie voulait faire tomber sur la guillotine. Ce fut un grand service rendu à l'humanité; mais, dès ce jour, on pouvait entrevoir les orages et les haines qui menaçaient le nouveau gouvernement. Déjà, à l'abri des lois impuissantes et par la faiblesse de l'administration, on avait vu se former des clubs menaçants pour la sécurité publique; déjà, en outre, on avait entendu avec une surprise mêlée de stupeur l'association saint-simonienne déclamer contre l'organisation du pays, et contester les bases de toute société, la propriété, la famille et le mariage. On se disait que les imaginations les plus folles étaient déchaînées pour la destruction de l'ordre, et on se demandait par quels moyens un pouvoir issu d'une insurrection et dominé par le peuple des faubourgs viendrait à bout de tant d'obstacles.

Les épreuves commençaient à peine. Dans la sinistre journée du 14 février 1831, anniversaire de la mort du duc de Berry, une cérémonie funèbre eut lieu à Saint-Germain-l'Auxerrois en mémoire du prince. Quelques personnages connus par leur attachement à la branche aînée des Bourbons assistaient à l'office, auprès du catafalque, et l'un d'eux eut l'imprudence de faire circuler une lithographie représentant le jeune duc de Bordeaux; cela ayant donné lieu à quelques démonstrations de sympathies légitimistes, l'autorité civile fit évacuer l'église. Le bruit de ce qui venait de se passer ayant circulé dans Paris, des rassemblements se formèrent. Vers quatre heures, la multitude envahit le presbytère attenant à l'église; tout y fut détruit et saccagé. Les émeutiers ne s'en tinrent pas à cet acte de désordre. Ils profanèrent et dévastèrent l'église, ils firent jeter sur le pavé la croix qui surmontait ce magnifique édifice; ils ne respectèrent ni la religion, ni l'art, et ne se retirèrent qu'après avoir fait de la basilique un amas de décombres et de ruines. La garde nationale assistait à ces profanations sacriléges sans essayer de s'y opposer. Après ces actes d'un odieux vandalisme, la foule se porta au palais de l'archevêque; pour le moment, on réussit à contenir l'émeute; mais, le lendemain 15 février, les agitateurs et les bandits dont se composaient les hordes dévastatrices, revinrent à la charge, et envahirent l'archevêché. En quelques heures cet édifice fut en proie à la destruction la plus active et la plus impitoyable. Une multitude de malfaiteurs de tout âge et de tout sexe se mit à l'œuvre : la grille, du côté de la Seine, avait été renversée; les papiers utiles, les livres rares et précieux, les tableaux, parmi lesquels on comptait des chefs-d'œuvre, les divers objets de mobilier et de garde-robe furent arrachés, dispersés, jetés à l'eau; les plafonds, les planchers, les gros murs furent attaqués, les toits percés, les rampes d'escalier enlevées. Le travail semblait distribué par atelier, et s'exécutait avec méthode, avec promptitude, sans résistance de la part de l'autorité publique. Quand celle-ci jugea à propos d'intervenir, l'acte de destruction était consommé.

Le gouvernement de Louis-Philippe, au lieu de répudier toute solidarité avec ces attentats déplorables, eut l'odieuse faiblesse de les continuer avec des semblants d'ordre et de régularité. Il fit abattre les croix de toutes les églises où se trouvaient incrustées des fleurs de lis. Le roi lui-même fit effacer cet ornement historique des armes de sa maison. Ajoutons que ces saturnales se passaient durant les jours gras, et que l'autorité, au lieu de sévir contre les brigands et les démolisseurs, chercha à les apaiser en ordonnant l'arrestation de plusieurs personnes honorables, alors impopulaires, et parmi lesquelles on vit avec douleur figurer Mgr l'archevêque de Paris.

De pareils excès comblaient la mesure; le ministère, impuissant et faible, sous l'administration duquel ils avaient pu s'accomplir, tomba sous le poids de ses propres fautes et des inquiétudes du pays. Au mois de mars 1831, l'exercice du pouvoir fut confié à M. Casimir Périer et à quelques hommes déterminés, comme lui, à mettre des bornes aux fureurs de la révolution, et une politique de résistance fut inaugurée à la satisfaction des hommes sages.

Le crédit public se réveilla; les hommes d'ordre, stimulés par le pouvoir, reprirent confiance et s'entendirent; Paris vit de nouveau la foule encombrer ses théâtres et ses lieux de fêtes. Cependant les complots et les émeutes ne cessaient d'entraver la marche du Gouvernement, et chaque procès ajoutait un scandale de plus en manifestant l'audace des conspirateurs et la pusillanimité du jury. Nous croyons superflu d'enregistrer ici l'histoire des agitations obscures, des insurrections au petit pied qui troublèrent Paris, mais que l'autorité parvint toujours à réprimer. C'était le contre-coup des révolutions de Belgique, de Pologne, d'Italie; la violence des discussions parlementaires se traduisait dans la rue en démonstrations factieuses, et la tâche de Casimir Périer était devenue des plus rudes. Cette situation se prolongea dans les premiers mois de l'année suivante. Le 22 mars 1832, le choléra asiatique éclata pour la première fois à Paris; en quelques jours les ravages du fléau devinrent très-intenses; l'administration des secours, imparfaitement organisée, fut prise au dépourvu, et les multitudes pauvres et ignorantes, au lieu de se résigner et de se courber sous la main de Dieu, s'imaginèrent, dans leur démence, que les classes riches avaient médité d'empoisonner le peuple. Le 1er avril, se formèrent des rassemblements de chiffonniers. Ces hommes se crurent lésés sans nécessité dans leur industrie par des mesures d'assainissement et de propreté que l'autorité avait prescrites. Ils s'opposèrent à l'enlèvement des immondices; ils chassèrent les balayeurs, attaquèrent et mirent en pièces les voitures inventées pour rendre plus prompt le nettoiement des rues. Ces violences furent réprimées, et toutefois l'autorité eut le tort d'ajouter, pour sa part, une sorte de confiance aux bruits absurdes d'un empoisonnement public. Sous l'empire de ces préoccupations fatales, il y eut quelques massacres commis par des attroupements, et un certain nombre de victimes succombèrent à la fureur du peuple. On revint de cette funeste méprise, on accepta l'évidence du fléau; mais les transactions commerciales furent paralysées, l'activité suspendue, et les ravages du choléra augmentant dans une proportion rapide, la plupart des familles riches se hâtèrent de déserter Paris. Parmi les personnes illustres que la contagion emporta, on remarqua le baron Cuvier et Casimir Périer.

Les sociétés politiques n'avaient point ralenti leurs manœuvres. On vit éclater coup sur coup le complot républicain des tours de Notre-Dame, la conspiration légitimiste de la rue des Prouvaires et la formidable insurrection des 5 et 6 juin. Elle eut lieu à l'occasion des obsèques du général Lamarque. Le 5 juin, vers dix heures, commença la marche du cortége funèbre; tous les corps politiques et toutes les sociétés d'action y avaient pris rang. A la hauteur de la place Vendôme, le convoi fut détourné de force, et les membres des clubs promenèrent le cercueil autour de la Colonne. Vers le point du boulevard où aboutit la rue de Grammont, M. le duc de Fitz-James, placé à un balcon, refusa de se découvrir, malgré les clameurs de la foule. Alors des débris de chaises et des pierres furent lancés contre la maison dont les vitres volèrent en éclats; sur d'autres points, des rixes eurent lieu avec des sergents de ville qui gardaient le chapeau sur la tête. Arrivé au pont d'Austerlitz, sur la rive droite de la Seine, le char funèbre s'arrêta au pied d'une estrade tendue en noir, ornée de drapeaux réunis en trophées, et destinée à servir de tribune aux orateurs : là, furent prononcées diverses harangues par des personnages français et étrangers, que leurs antécédents révolutionnaires rendaient célèbres; les orateurs parlaient encore que déjà la confusion et le désordre régnaient dans la foule. Les ordonnateurs du cortége voulaient transporter le corps du général Lamarque à Saint-Sever; les républicains manifestaient le vœu de l'inhumer au Panthéon. En cet instant parut un individu à cheval, entouré d'une ceinture rouge, et promenant, au milieu de la multitude stupéfaite, un drapeau rouge avec cette inscription : *La liberté ou la mort!* Ailleurs, un démagogue déployait un autre drapeau de la même couleur, surmonté d'un bonnet rouge. A la vue de ces insignes qui rappelaient les hideux souvenirs de 1793, une grande partie des spectateurs s'indignèrent; les autres poussèrent des clameurs factieuses. On porta le général Lafayette, malgré lui, dans un fiacre qui se trouvait à peu de distance, et on essaya de le ramener triomphalement à son domicile. Deux escadrons de dragons s'étant alors montrés à la hauteur de la caserne de Sully, on les accueillit à coups de feu, et bientôt après la lutte s'engagea aux abords de la Bastille. Les dragons qui comptaient déjà plusieurs blessés, firent une décharge et balayèrent la rue de l'Arsenal; les insurgés n'en continuèrent pas moins le feu par les fenêtres du pavillon de Sully et du Grenier d'Abondance. Deux heures après, le mouvement de révolte s'étant propagé jusque dans les quartiers des Halles, la guerre civile déploya toutes ses horreurs. Vers le soir (5 juin), un grand nombre de postes étaient au pouvoir des insurgés; leurs attroupements menaçaient la Banque, l'hôtel des Postes, la caserne des Petits-Pères; les rues du Temple, Saint-Martin, Saint-Denis, Montmartre, des Fossés-Montmartre, du Petit-Reposoir étaient coupées de barricades. Sur la rive gauche, l'émeute avait enlevé le corps-de-garde de la place Maubert et refoulé la garde municipale dans la direction de la barrière d'Enfer. En ce moment, les troupes de la garnison recevaient des renforts des villes voisines, et se mettaient en mesure de charger vigoureusement les rebelles. On se battit avec opiniâtreté de part et d'autre, le boulevard fut dégagé par la troupe, mais la nuit suspendit le combat. Le 6 juin, dès trois heures du matin, on engagea de nouveau la lutte. A cinq heures, les insurgés étaient refoulés, d'un côté, à la place de la Bastille et dans le faubourg Saint-Antoine; de l'autre, dans les rues Aubry-le-Boucher, Saint-Merry, Saint-Martin, Planche-Mibray et des Arcis. Entre six et sept heures, de nouveaux renforts d'artillerie, d'infanterie et de cavalerie arrivèrent de Vincennes, de Saint-Cloud et de Versailles. A sept heures, le corps d'armée aux ordres du général Schramm attaqua et enleva les barricades de la Bastille et du faubourg Saint-Antoine; cette affaire fut très-chaude et très-meurtrière. D'autres collisions eurent lieu sur les boulevards, et les insurgés furent successivement cernés et vaincus. Restait la position de Saint-Merry, la rue Aubry-le-Boucher, la rue des Arcis et la rue Planche-Mibray occupées par les républicains et coupées par de hautes et fortes barricades. On employa le canon pour les réduire. Là, surtout, la lutte fut longue et désespérée, et l'on vit une poignée de révoltés, presque tous fort jeunes, presque tous enfants de Paris, tenir tête à des forces militaires considérables, dirigées par d'habiles chefs. A la fin, ils succombèrent, et, dans la soirée du 6 juin, le silence régnait sur le théâtre de la bataille. Dès le lendemain l'œuvre de répression et de châtiment commença.

Paris fut mis en état de siége; deux conseils de guerre furent chargés de juger les rebelles; des mandats d'arrêt furent lancés contre les chefs du parti républicain; on prononça des condamnations capitales. Soudain, par un arrêt du 29 juin, la cour de cassation prononça que la mise en état de siége de Paris était un acte illégal, et que, dans tous les cas, la loi n'autorisait pas la procédure instruite devant les tribunaux militaires contre des insurgés civils. Le lendemain l'état de siége cessa, mais les accusés furent renvoyés devant les cours d'assises. Sur ces entrefaites, les ravages du choléra s'étaient ralentis, mais l'épidémie sévissait encore, et Paris ne la vit disparaître que vers la fin de septembre.

Le 1er juillet, on apprit à Paris, non sans étonnement, que sur un point éloigné du royaume, à Saint-Étienne, on avait fait l'essai d'un chemin de fer, et qu'une locomotive à vapeur avait transporté quatre cents personnes en leur faisant parcourir douze lieues à l'heure. On s'émerveillait de ce prodige qui, au demeurant, n'était qu'une tentative à l'état d'ébauche; de nos jours et sous nos yeux, on a accompli de plus grands prodiges en ce genre.

Vers la fin de l'année 1832, peu d'incidents signalèrent l'histoire de Paris : au mois d'octobre, un changement introduit dans le ministère fit entrer au conseil MM. Thiers et Guizot, deux éminents historiens, dont l'avenir politique devait encore se lier étroitement à la destinée du gouvernement de Juillet. Peu de temps après, les membres de la société des « Amis du Peuple » furent traduits en cour d'assises, pour délit d'association non autorisée; acquittés par le jury, ils furent renvoyés hors de cause, mais le fait de l'existence de la société ayant été matériellement établi aux débats, la cour rendit un arrêt par lequel la société était dissoute. Un incident plus glorieux pour la France vint alors préoccuper l'attention publique : ce fut la prise de la citadelle d'Anvers. Ce triomphe obtenu par une armée française, dans les rangs de laquelle combattaient deux fils du roi, fut célébré à Paris, comme toutes les victoires, par des illuminations et des salves d'artillerie. L'année 1833 ne fut guère fertile en événements, mais cette année, du moins, il n'y eut ni insurrection, ni émeute; les sociétés secrètes se reconstituaient lentement, épiant des occasions plus favorables. Une impulsion nouvelle était donnée à l'industrie et au commerce. En cette même année, et le 29 juillet, anniversaire de la révolution de 1830, le roi Louis-Philippe fit replacer sur la colonne de la place Vendôme la statue de l'empereur Napoléon-le-Grand, et alors toutes les âmes tressaillirent, et l'on vit se manifester la situation annoncée par le poète politique de cette époque :

Oh! quand sur nos maisons de têtes inondées,
Sublime, il planera grand de quinze coudées!
Quand il reparaîtra pour la seconde fois,
Salué par un cri de trois cent mille voix;
Comme jadis après ses campagnes rapides,
Le canon triomphal qui dort aux Invalides,
Notre-Dame ébranlant le bourdon de sa tour,
Proclameront encor l'Empereur de retour.
Le voilà radieux sur sa base éternelle,
Veillant pour nous, la nuit, comme une sentinelle,
Et mesurant de l'œil ce rivage si beau
Où son vœu d'agonie implorait un tombeau.
. . . .
Là serait notre appui, sous ses portes fermées,
Notre Palladium, notre Dieu des armées;
Si jamais le canon tonnant aux bords du Rhin,
Nous forçait à rouvrir les deux battants d'airain;
Si l'ennemi souillait notre saint territoire;
Dans ces quartiers bénis par des noms de victoire;
Iéna, Mondovi, Rivoli, Mont-Thabor,
Nos soldats, en partant, reparaîtraient encor;
Debout et dominant la triomphale rue,
L'Empereur passerait la dernière revue!
Il jugerait, d'en haut, en les suivant des yeux,
S'ils marchent sur le Rhin, du pas de leurs aïeux,
Et fiers en inclinant leurs guidons vers la terre,
Nos soldats lui rendraient le salut militaire.

(NÉMÉSIS, le 5 mai.)

L'année 1834 s'ouvrit sous des auspices plus sombres; les factions avaient repris de l'audace; elles préludaient à une lutte armée par des actes d'agression isolés, par des bravades, par l'organisation d'agglomérations conspiratrices, telles que la « société des Droits de l'Homme. » Au mois de février, elles se passèrent en revue à l'occasion de la mort déplorable de M. Dulong, député, tué en duel par le général Bugeaud, l'un de ses collègues à la Chambre. Au mois d'avril, une insurrection préparée de longue main ensanglanta les rues de Paris. Le même mouvement de guerre civile se produisit à Lyon, dans le Jura, dans la Meurthe, sur d'autres points du territoire; mais nulle part la lutte ne fut plus longue et plus meurtrière qu'à Lyon. A Paris elle dura deux jours (12 et 13 avril), et fut signalée, de part et d'autre, par un grand déploiement de forces. La répression donna lieu à un douloureux événement, trop souvent reproduit dans les luttes intestines. Dans la rue Transnonain, coupée par plusieurs barricades, un coup de fusil étant parti d'une fenêtre, atteignit un officier du 35ᵉ de ligne; les soldats, pour tirer vengeance de ce meurtre, envahirent la maison, et passèrent à la baïonnette tous ceux qui l'habitaient, sans distinction d'innocents et de coupables. Dès que la tranquillité fut rétablie, une ordonnance royale renvoya devant la cour des Pairs les auteurs de l'insurrection d'avril, et l'on put pressentir de nouveaux scandales.

Dans l'ordre des faits littéraires et des choses d'art, l'année 1834 ne fut point entièrement stérile : M. Thiers fut admis dans les rangs de l'Académie Française; la publication des *Paroles d'un Croyant* mit le sceau à la déplorable révolte de M. de Lamennais, et M. de Balzac fit paraître *Eugénie Grandet*. Un scandale théâtral, qui peut servir à caractériser la déchéance du goût à cette époque, fut le succès de la pièce de boulevard connue sous le titre de *Robert Macaire* : sous prétexte de tourner en ridicule des vices qui fermentaient dans la société, cette pièce et toutes les compositions scéniques de cette nature accoutumaient l'opinion à ne voir dans ces choses odieuses que le côté risible, et l'opinion ainsi énervée se sentait « désarmée parce qu'elle avait ri. » Le salon de peinture de cette même année fut justement célèbre. On exposa le *Saint-Symphorien*, de M. Ingres, et la *Jane Gray*, de M. Delaroche, et ces deux tableaux, d'un style si différent, se partagèrent l'admiration de la foule et les préoccupations savantes des artistes. On remarqua, en outre, *Jeanne-la-Folle*, de M. Monvoisin; les *Femmes d'Alger*, de M. Delacroix; le *Baptême sous la ligne*, de M. Biard, et surtout la *Défaite des Cimbres*, de M. Decamps. En cette même année, eut lieu à Paris la grande exposition nationale des produits de l'industrie; elle attira dans la capitale un concours prodigieux d'étrangers et de commerçants; mais, depuis lors, la splendeur de ces fêtes industrielles a été de beaucoup surpassée.

En 1835, les luttes politiques prirent un caractère d'âpreté et de violence qui prolongea l'agitation dans les esprits et paralysa le mouvement ascensionnel des affaires. La cour des Pairs fut le théâtre des débats orageux suscités par le procès des accusés d'avril 1834, et dans ces étranges conflits engagés entre les vainqueurs et les vaincus, ces derniers déployèrent une opiniâtreté et une audace si grandes, que plus d'une fois on eût dit que les juges consentaient eux-mêmes à descendre au rôle d'accusés. Le procès se termina par un assez grand nombre de condamnations.

Ces violences du prétoire furent comme le signal d'un attentat épouvantable et qui, dans notre histoire, avait eu un douloureux précédent sous le Consulat, lorsque des assassins essayèrent, au mois de nivôse an IX, de faire périr le premier Consul par l'explosion d'une machine infernale. Le 28 juillet 1835, le roi, escorté de ses fils et d'un brillant état-major, passait une revue à l'occasion des fêtes anniversaires de 1830; les régiments de la garnison de Paris et les légions de la garde nationale occupaient les deux côtés des boulevards dans toute leur longueur, depuis la place de la Madeleine jusqu'à la Bastille. Il était entre midi et une heure. Le roi se trouvait devant le front de la 8ᵉ légion, à la hauteur du quatrième arbre qui précède la grille d'entrée du Jardin Turc. Tout-à-coup une forte détonnation retentit comme un feu de peloton mal exécuté. A l'instant, autour du roi, un grand vide se fit sur la chaussée, et le pavé apparut couvert de sang, jonché de morts, de blessés, de chevaux gisants auprès de leurs maîtres. Le maréchal duc de Trévise, six généraux, deux colonels, neuf officiers ou grenadiers de la garde nationale, et un grand nombre de simples spectateurs de tout âge et de tout sexe étaient étendus sans vie ou dans les convulsions de l'agonie. Le roi lui-même eut le front effleuré par un projectile, mais ses fils ne furent pas atteints, et, après une halte donnée aux émotions les plus douloureuses, le prince et la famille royale continuèrent la revue. Le crime qui venait d'ensanglanter Paris, était l'œuvre d'un sicaire corse, nommé Fieschi, et de plusieurs agents des sociétés secrètes, tels que Pepin et Morey; la plupart de leurs complices, s'ils en eurent un grand nombre, réussirent à échapper aux poursuites de la justice : pour eux, ils furent arrêtés, jugés, et payèrent de leur vie le sang de tant de victimes sacrifiées à une combinaison régicide. Quant à ceux qui avaient péri victimes d'un si lâche attentat, leurs corps furent pieusement déposés à l'église Saint-Paul, dans une chapelle ardente, et, le 5 août, les uns et les autres, sans distinction de rang, ni d'âge, ni de sexe, furent solennellement inhumés aux Invalides. Le convoi suivit les boulevards, la rue Royale, la place et le pont de la Concorde et le quai d'Orsay; sur cette immense ligne étaient rangés les régiments et les légions, déployant leurs drapeaux garnis de crêpes, et obéissant au signal de tambours voilés. Le premier cercueil qui ouvrait la marche, était celui d'une jeune fille de seize ans; le dernier était celui de Mortier, duc de Trévise, l'un des douze pairs du nouveau Charlemagne, échappé aux luttes gigantesques de la République et de l'Empire pour venir mourir à Paris, en pleine paix, sous les coups d'un assassin. Le roi, les princes et les princesses de sa famille assistaient au service funèbre qui fut célébré par Mgr de Quélen, archevêque de Paris. Peu de jours après, les Chambres ayant été convoquées, s'ouvrit la session qui enfanta les « lois de septembre, » et donna au Gouvernement des armes légales dont il sut à peine se servir, et qui ne devaient pas, quand le jour serait venu, empêcher sa chute.

En cette même année, de sinistre souvenir, on vit encore à Paris le scandale du procès de Lacenaire et de ses complices; pendant plusieurs jours, un assassin, homme de goût et poète, fut admis à dérouler en public la liste de ses crimes, à prendre à parti l'ordre social et à glacer d'horreur les curieux qu'émerveillaient ses bonnes manières et sa présence d'esprit. Les théâtres donnèrent un grand nombre de pièces nouvelles, parmi lesquelles il s'en trouva fort peu dignes d'être sauvées de l'oubli. Citons néanmoins la *Juive*, de M. Halévy, et le *Don Juan d'Autriche*, de M. Casimir Delavigne. Au salon de peinture, on remarqua les *Funérailles de Marceau*, belle toile de M. Bouchot; le *Léonard de Vinci*, de M. Gigoux; le *Dante et Virgile*, de M. Ary Scheffer; le *Christ au Tombeau*, de M. Signol.

En 1836, la période des régicides fut continuée par Alibaud, agent des sociétés secrètes : le 25 juin, au moment où le roi des Français sortait des Tuileries, cet assassin s'embusqua sous le guichet du Pont-Royal et fit feu sur Louis-Philippe. Personne ne fut blessé, et l'auteur du crime, mis en arrestation, fut traduit devant la cour des Pairs, condamné à mort et exécuté. Son supplice n'intimida point la déplorable race des meurtriers politiques. Le 27 décembre 1836, le jour même où le roi se rendait au Palais-Législatif pour ouvrir la session, un sicaire de bas étage, nommé Meunier, tira sur lui, presque à bout portant, un coup de pistolet. Cette odieuse tentative échoua comme l'autre. Dieu qui réservait Louis-Philippe aux humiliations de la défaite et de l'exil, ne permettait pas que sa destinée s'accomplît par la main d'un artisan de régicide.

En cette même année, le 29 juillet, eut lieu solennellement à Paris l'inauguration de l'arc de triomphe de l'Étoile. De bonne heure la foule avait envahi tous les abords de ce gigantesque monument. A sept heures du matin, en présence du président du conseil et du ministre de l'intérieur, on enleva les toiles qui voilaient les sculptures, et la population put contempler à loisir tous les détails de l'édifice consacré à la gloire de la patrie. Sous les voûtes et sur les parois de l'arc de triomphe, étaient inscrits les noms de trois cent quatre-vingts glorieux faits d'armes, ceux de cent vingt-six officiers généraux, ceux de trente corps d'armée. L'arc de triomphe résume à lui seul toute l'histoire militaire de la France de 1792 à 1815. Il n'existe dans le monde aucun monument de ce genre ayant des proportions aussi colossales : de la base au sommet il a 50 mètres. Avec sa riche et sévère décoration, il attire les yeux, saisit les esprits, fait battre les cœurs et est pour tous un objet d'intarissable admiration et de réflexions profondes.

Un autre monument ajouta à la splendeur de Paris, en cette même année 1836; nous voulons parler de l'obélisque de Luxor, jadis élevé par le grand Sésostris, et dont le vice-roi d'Égypte avait fait don au roi des Français. Embarqué, le 15 avril 1831, sur le Nil, remorqué jusqu'à Rosette, il ne fut transporté en France que le 10 mai 1833, et le 23 décembre de la même année, le vaisseau étroit et allongé qui en était chargé vint s'amarrer près du pont de la Concorde. Ce jour-là donc, l'obélisque où Rhamsès II (Sésostris) avait fait graver ses victoires sur des matériaux plus durs que le bronze, enlevé à l'Égypte ruinée, était dans la capitale de la France, foyer et centre splendide d'une civilisation plus merveilleuse encore que celle dont s'était enorgueillie Thèbes aux cent portes. Restait à l'élever et à le placer sur le haut piédestal érigé pour le recevoir au milieu de la place de la Concorde. Cette opération, dirigée par M. Lebas, eut lieu le 25 octobre 1836, en présence du roi des Français, du roi des Belges, des princes de leur famille et d'un concours immense de peuple. La science eut besoin de surmonter beaucoup de difficultés pour amener sur sa base étroite ce monolithe dont le poids dépasse 250,000 kilogrammes. Commencée à onze heures du matin, l'opération fut terminée à trois heures, au bruit des acclamations de la foule, et Paris compta une magnificence de plus.

Dans l'ordre des faits artistiques et littéraires, l'année 1836, à Paris, ne fut point dénuée de souvenirs. Au Salon, le public admira un des chefs-d'œuvre de Léopold Robert, artiste dont la fin déplorable, encore toute récente, attristait les amis du vrai et du beau. Le tableau auquel nous faisons allusion est celui qui représente les *Pêcheurs de l'Adriatique*. Le peintre, quand il retraçait cette belle page, était sous l'empire d'une idée de souffrance et de mélancolie qui est restée manifestement empreinte dans la personne de ces hommes prêts à partir, de ces femmes qui restent; il a donc exprimé sur la toile avec éloquence le sentiment douloureux dont il était oppressé. Jamais peut-être, à part une certaine raideur, un certain appareil théâtral qui font que les tableaux de Léopold Robert tendent plus ou moins au bas-relief, jamais l'art de la peinture n'avait mieux rendu les effets d'une séparation prochaine sur les membres d'une même famille.

Vers le même temps, M. de Lamartine fit paraître *Jocelyn*, un des travaux les plus remarquables auxquels il ait attaché son nom. Tout en blâmant la pensée, l'idée même de ce poëme, qui repose sur une situation fausse et irréligieuse, on doit reconnaître que rarement l'illustre écrivain déploya plus de talent et de fécondité.

Dans l'ordre des faits purement physiques, l'année 1836 ne fut signalée que par une crue de la Seine : le 15 décembre, la rivière s'éleva à 7 mètres 20 centimètres; plusieurs quais et plusieurs rues furent envahis par les eaux qui pénétrèrent jusqu'au milieu de la place de l'Hôtel-de-Ville.

La recette des théâtres atteignit le chiffre énorme de sept millions de francs; à aucune époque, elle n'avait été aussi considérable, et, toutefois, l'apparition d'aucune œuvre d'un mérite transcendant et inconteste ne justifia cette anomalie.

Les fastes de 1837 ne présentent, dans l'histoire de Paris, qu'un fort petit nombre d'incidents. L'opinion commençait à se lasser des luttes parlementaires; dans l'enceinte du palais Bourbon, des hommes d'un haut talent oratoire et d'un sens politique bien borné, perdaient un temps précieux à se disputer des portefeuilles de ministre. Ce sera pour l'avenir un sujet d'étonnement et de mécomptes que d'avoir vu dépenser tant de discours et tant d'intelligence en des conflits misérables et stériles qui, à la longue, usaient les ressorts de l'esprit public et déconsidéraient le gouvernement représentatif. Cette situation s'aggrava lorsque, le 15 avril, un ministère qui avait pour chef M. le comte Molé, s'installa aux affaires à la place de M. Thiers et de ses collègues. Dès ce moment, les deux principaux orateurs politiques dont se soit enorgueilli le gouvernement de Juillet, nous voulons parler de MM. Thiers et Guizot, se virent écartés du pouvoir et travaillèrent à y revenir. M. Molé et ses amis se cramponnèrent énergiquement à l'administration et défendirent le poste où les avait appelés la confiance du roi. Quant à ce prince, auquel on avait fait une réputation très-exagérée d'habileté et de sagesse, il s'amoindrissait en permettant que son nom fût mêlé à ces querelles subalternes, en souffrant que la royauté fût mise à découvert par les hommes de parti. Ce fut pour la France une situation des plus étranges et qui se prolongea près de dix ans. En dehors de l'enceinte parlementaire, et sauf quelques commotions de courte durée, le pays jouissait d'un grand calme et d'une prospérité matérielle jusqu'alors inconnue : l'agriculture et l'industrie développaient rapidement leurs progrès; un bien-être réel récompensait les efforts du travailleur; un mouvement ascensionnel était imprimé aux affaires; la littérature et l'art trouvaient des encouragements; les débats de la tribune donnaient lieu à de magnifiques harangues que n'eût pas désavouées Démosthène; Paris s'embellissait et s'accroissait, et cependant, sous ces apparences de bonheur et de paix, il se faisait dans les esprits et dans les choses un travail déplorable, et les hommes sages entrevoyaient déjà des germes de dépérissement et de ruine. Au fond, les principes et les idées étaient sacrifiés aux intérêts transitoires de la spéculation et du lucre; deux cent mille censitaires électoraux, exclusivement chargés du soin de représenter dans les comices les vœux et les volontés du pays, ne se déterminaient dans leur choix qu'en faveur de quelques privilégiés, et confisquaient ainsi à leur profit les droits de tous; le petit nombre d'élus envoyés à la Chambre se laissaient, pour la plupart, traîner à la remorque par les ministres ou par les chefs d'opposition, et presque tous faisaient bon marché de la gloire et de l'honneur du pays, pourvu que satisfaction fût donnée à leur arrondissement; il y avait entre le Gouvernement et les députés un échange de complaisances et de concessions, et ces fâcheux contrats se concluaient au détriment de la France, si bien que, malgré sa force, sa renommée, ses glorieux instincts, notre patrie était abaissée aux yeux de l'Europe et descendait au rang de puissance secondaire. Disons toutefois, pour ce qui concerne la vie propre de Paris, que cette grande ville ne se ressentait nullement de l'amoindrissement public; qu'elle se maintenait à la première place parmi les cités du monde; que son commerce s'enrichissait dans une proportion rapide; que ses palais, ses édifices, ses rues recevaient des embellissements continus, et que rien n'eût manqué à sa splendeur, si sa population et si l'étranger, en traversant le Carrousel, n'eussent été affligés par le spectacle de décombres, de ruines, de travaux inachevés, qui semblaient attester l'incurie ou l'impuissance du Gouvernement.

Le 25 mai 1837, eut lieu à l'Académie Française la réception de M. Mignet. L'illustre historien succédait à Raynouard, l'auteur des *Templiers*. Cette solennité littéraire eut beaucoup d'éclat. — Le 30, M. le duc d'Orléans, prince royal, épousa à Fontainebleau la princesse Hélène de Mecklembourg-Schwerin; le 15 juin, à l'occasion de ce mariage, des fêtes et des réjouissances officielles eurent lieu à Paris : on y déploya beaucoup de pompe; mais, le même soir, la capitale fut attristée par une douloureuse catastrophe. Une petite guerre avait eu lieu au Champ-de-Mars, et cette fête militaire avait attiré un immense concours de spectateurs. Or, à peine les dernières pièces d'artifice étaient-elles éteintes que la foule, par un mouvement général, se précipita vers les issues; à mesure que l'on s'approchait des portes, la masse devenait plus compacte, et au passage des grilles un grand nombre de personnes furent étouffées et foulées aux pieds. Ce sinistre événement fit réfléchir le peuple. La pensée se reporta involontairement vers les souvenirs des effroyables accidents qui avaient signalé le mariage de Louis XVI et vers la mémoire encore récente de l'incendie qui avait dévoré l'édifice où se donnait le bal de l'ambassade d'Autriche, à l'occasion du mariage de Marie-Louise; on appréhenda que l'union qui se contractait entre l'héritier du trône de France et une princesse luthérienne d'Allemagne ne fût point heureuse dans l'avenir. Quelques jours après, les fêtes n'en reprirent pas moins leur cours. Le 20 juin, date révolutionnaire de fâcheux augure, la municipalité de Paris offrit un grand banquet au roi et à la famille royale: les tables étaient dressées dans la splendide galerie de l'Hôtel-de-Ville; l'élite des magistrats et les chefs des corps constitués assistaient au repas. A la fin du banquet, le roi porta un toast « A la prospérité de la ville de Paris. » Il y eut ensuite réception officielle, concert et bal. Deux jours après on dansa, sous le même prétexte, dans la vaste salle de l'Opéra, et cette autre fête fut également rehaussée par la présence du roi et des princes.

Le 26 août de la même année, eut lieu l'ouverture du chemin de fer de Paris à Saint-Germain, le premier construit aux abords de la capitale. Depuis lors, la curiosité publique a été émoussée par de nombreux événements de ce genre; alors la population parisienne assistait à un essai nouveau pour elle. — Cinq jours après (31 août) fut inauguré le fronton du Panthéon. David, à qui avait été confiée cette grande page de sculpture, s'était inspiré de l'inscription « Aux grands hommes la patrie reconnaissante! » et il avait cherché à traduire cette pensée sur la pierre. Par malheur, l'habile statuaire, perdant de vue qu'il avait à décorer une église, avait profondément froissé les sentiments religieux en décernant l'apothéose de l'immortalité à quelques hommes que le Christianisme a comptés au nombre de ses plus implacables ennemis. — Le 3 décembre, on célébra en grande pompe, aux Invalides, les funérailles du général Damrémont, récemment tué d'un coup de canon sous les murs de Constantine; cette solennité fut grave et touchante. — Une autre manifestation religieuse eut lieu le 10 décembre : on rétablit dans la salle d'audience de la cour royale, au Palais-de-Justice, l'image de Notre-Seigneur Jésus-Christ que les révolutionnaires de 1830 en avaient écartée. — Enfin, le 31 décembre, conformément à une loi rendue dans l'avant-dernière session, les maisons de jeu furent fermées à Paris, et satisfaction fut donnée à la morale publique.

Au point de vue artistique et littéraire, l'année 1837 ne fut pas tout-à-fait stérile; au salon de peinture, on remarqua plusieurs toiles de Paul Delaroche, entr'autres, le *Charles Ier* et le *Strafford;* M. Winterhalter exposa son *Décaméron de Boccace;* M. Corot, son *Prométhée enchaîné sur le Caucase;* M. Bosio, sculpteur, livra à l'admiration de la foule sa belle statue de *Salmacis;* M. Brascassat accrut à juste titre sa renommée par la toile qui représente *des Taureaux.* — En poésie, M. Victor Hugo fit paraître les *Voix Intérieures;* sur la scène, on remarqua la *Camaraderie,* de M. Scribe. — Parmi les œuvres musicales, on put signaler la *Stradella,* de M. Niedermayer; le *Domino Noir,* de M. Auber, et la première représentation, en France, de la *Lucia di Lammermoor,* du célèbre Donizetti. La retraite de Nourrit, les débuts de Duprez et le départ de Mlle Taglioni occupèrent aussi l'attention du public.

L'année suivante ne fut marquée à Paris par aucun événement d'un ordre nouveau. La situation politique se continua telle que nous l'avons indiquée, et de jour en jour l'opinion se montra plus indifférente à des luttes et à des conflits qui ne se rattachaient qu'à des ambitions personnelles. — Le 24 août 1838, Mme la duchesse d'Orléans mit au monde un prince qui, à sa naissance, reçut le titre de Comte de Paris. A cette occasion, la cour et la ville donnèrent de splendides fêtes dont le récit ferait double emploi avec les pompes de même nature que nous avons déjà décrites. — Dans l'ordre des faits étrangers à la politique qui se produisirent en cette même année, nous signalerons l'ouverture de la galerie espagnole au musée du Louvre. Jusqu'à ce jour, nos galeries publiques et particulières se divisaient en trois grandes écoles, celles de France, d'Italie et de Flandre, parmi lesquelles on comprenait, par faveur, quelques ouvrages isolés des peintres allemands, hollandais et espagnols. Grâce à de nombreuses acquisitions faites au delà des Pyrénées, l'école des Murillo et des Velasquez rivalisa, à Paris, avec les œuvres des Raphaël, des Rubens et des Lesueur. Cet événement important dans l'histoire des arts eut lieu le 10 janvier; six jours après, le Théâtre Italien devint la proie des flammes. — Le 17 mai mourut le prince de Talleyrand, personnage trop redouté et trop vanté, et dont la haute fortune fut souvent pour la France une cause d'abaissement et de déchéance. — Le 18 juillet, un autre incendie consuma entièrement le théâtre du Vaudeville. — Le 24 septembre, eurent lieu au Théâtre Français, dans le rôle de Camille d'Horace, les premiers débuts de Mlle Rachel. Dès le premier jour, ni le public ni la presse ne rendirent suffisante justice à son talent, et nous ne lisons pas sans quelque étonnement, dans un recueil périodique de cette époque, ce jugement sévère porté sur la grande tragédienne : « Elle joue bien une scène sur trois, c'est beaucoup..... Elle crie encore trop, frappe trop du pied, entre et sort trop en équerre, toutes choses qu'elle doit à ses vénérables maîtres en tradition..... Mlle Rachel est une élève de M. Samson, et pas autre chose. Elle ne parle pas, elle ne regarde pas, elle ne marche pas. Elle a pour toute ressource un petit fausset et un petit coup-d'œil, et elle joue toutes ses pièces du bout des lèvres et du bout des doigts, etc. » Nous rendrons au recueil qui insérait alors ces étranges lignes, le service de ne point le nommer; bornons-nous à dire que le public et le temps ont fait justice de cette sévérité déplacée. Le 4 octobre, les représentations de l'opéra italien eurent lieu à l'Odéon, et y furent continuées durant toute la saison d'hiver. Ce jour-là, on donnait l'*Otello*, de Rossini, et les *dilettanti* purent admirer le talent de Tamburini et de Mlle Grisi, que des maîtres plus modernes n'ont point encore fait oublier. Le 10 novembre eut lieu l'ouverture du *théâtre de la Renaissance*, dans la salle Ventadour, où, de notre temps, a été installée la comédie italienne. Le 1er décembre, on remarqua les débuts de Mario (M. de Candia); le 10, furent célébrées en grande pompe les funérailles du maréchal Lobau, un des vieux soldats de Napoléon. L'exposition de peinture de 1838 attira à juste titre la foule; on admira le *Daniel*, de M. Ziégler, et la *Médée*, de M. E. Delacroix. Dans la sphère littéraire, nous devons signaler *Ruy-Blas*, de M. Victor Hugo, et les œuvres poétiques d'Hégésippe Moreau, le Gilbert du XIXe siècle.

Au milieu de ces préoccupations artistiques et littéraires, Paris se croyait pour toujours délivré de la crainte des émeutes, lorsque, le 12 mai 1839, un nouvel attentat vint troubler tout-à-coup son repos. Ce n'était pas, cette fois, le résultat d'une de ces émotions soudaines qui passionnent une multitude aveugle et irritée; la ville était calme, les citoyens se livraient aux loisirs d'un jour de fête, les premiers magistrats de la cité assistaient aux courses du Champ-de-Mars. Soudain, un certain nombre de ventes carbonariques, qui s'étaient formées sous la dénomination de *Société des Saisons*, descendaient dans la rue, armées, et déployant le drapeau de la révolte; elles avaient pour chef suprême Armand Barbès, un des conspirateurs les plus opiniâtres qui aient figuré dans nos annales contemporaines. Les insurgés débutèrent par piller quelques boutiques d'armuriers, et bientôt après ils débouchèrent, par la rue des Arcis, sur les quais de la rive droite. Les uns se portèrent sur le poste du Palais-de-Justice, en passant par le pont Notre-Dame et en descendant le quai aux Fleurs; les autres suivirent les quais, et vinrent attaquer le poste de la place du Châtelet. Barbès commandait le premier de ces deux rassemblements; l'officier qui était de garde au Palais-de-Justice, voyant venir les républicains, se porta au-devant d'eux, et les exhorta à se retirer; répondant par un refus à la sommation de rendre ses armes, il fut tué d'un coup de fusil. Au même instant l'attroupement fit feu sur le poste; plusieurs hommes furent tués ou blessés, les autres dispersés, et leurs armes tombèrent aux mains de l'émeute. Cette attaque avait eu pour but de faciliter une autre tentative dirigée sur la Préfecture de Police. Bientôt les insurgés parurent sur le quai des Orfèvres, mais les gardes municipaux placés soit dans la cour, soit aux fenêtres de la Préfecture, les accueillirent par une fusillade si vive qu'ils s'enfuirent dans toutes les directions. Une autre collision eut lieu sur le quai des Augustins; là aussi les insurgés ne purent tenir tête à la garde municipale. Ils échouèrent également sur la place du Châtelet; mais s'étant portés sur la place de l'Hôtel-de-Ville, ils se rendirent maîtres du poste, puis du haut des degrés qui dominaient la place. Une de leurs bandes se dirigea ensuite vers le marché Saint-Jean, et attaqua le détachement qui occupait le poste. Après une décharge meurtrière qui tua ou blessa sept militaires, ils s'établirent dans cette position. Vers le même temps, les quartiers voisins se couvraient de barricades qui furent enlevées et détruites par la troupe; les insurgés attaquèrent les mairies des sixième et septième arrondissements, et enlevèrent les armes qui y étaient déposées. Durant le cours de ces tentatives, le rappel battait dans toutes les rues, et de tous côtés l'armée et la garde nationale accouraient en force pour rétablir l'autorité des lois. Bientôt la lutte changea de face, et les insurgés se virent partout accablés par le nombre. Ils se retranchèrent dans les quartiers Saint-Denis et Saint-Martin, et aux abords du marché des Innocents. Leurs barricades, commençant à la rue du Coq, et s'échelonnant jusqu'à l'extrémité de la rue Saint-Honoré, se liaient, par les rues Aubry-le-Boucher, Saint-Méry et Bar-du-Bec, au marché Saint-Jean, de telle sorte que les barricades offraient une ligne continue, dont le point de départ avoisinait le Palais-Royal, et remontait jusqu'à la hauteur de la place Royale. Cette ligne s'appuyait à gauche sur la rue Montmartre, où l'on arrivait par une série de barricades; elle s'étendait jusqu'à la rue Pavée, et, par le passage du Grand-Cerf, elle venait prendre son point de communication avec la rue Saint-Denis, presque vis-à-vis la rue Grenétat. La ligne opposée dépassait la mairie du sixième arrondissement, et s'appuyait également sur la rue Grenétat. Par la rue Royale-Saint-Martin, où une barricade était élevée, elle arrivait à la rotonde du Temple, et de là elle s'étendait jusqu'à la rue Saint-Louis par un ensemble de barricades liées les unes aux autres. Jusqu'à la nuit, quelques engagements peu meurtriers eurent lieu aux abords de ces positions; mais la force publique dut attendre la journée du lendemain pour tenter contre elles une attaque décisive. Cependant, le 13 mai, par une singulière coïncidence d'événements, la matinée parut calme, et la population des autres quartiers, persuadée que l'émeute s'était dispersée d'elle-même, à la faveur de la nuit, reprit ses occupations paisibles. Vers midi, une grande affluence de curieux se porta vers les rues où l'on s'était battu la veille. Favorisés par cette foule, les insurgés se montrèrent de nouveau et recommencèrent la lutte. Ils échouèrent dans leurs attaques dirigées contre la caserne des Minimes, et dans une collision dont le quartier du Temple fut le théâtre, plusieurs hommes périrent de part et d'autre. Vers trois heures de l'après-midi, des bandes insurrectionnelles, portant le corps sanglant d'un homme du peuple qui avait reçu la mort dans leurs rangs, se dirigèrent vers la place Maubert, et bientôt après vers l'École Polytechnique, qu'elles essayèrent d'attirer sous les drapeaux de l'émeute. Déjouées dans leurs espérances par la fermeté du général Tholosé, elles se dispersèrent dans les rues étroites qui entourent le Panthéon. La dernière lutte s'engagea aux abords de l'église de Saint-Leu; mais là encore force demeura à la loi.

Les chefs de la révolte tombèrent au pouvoir de la force armée, et furent, par ordonnance royale, déférés à la cour des Pairs, et à leur tête on remarqua Barbès et Martin Bernard. L'instruction établit que, d'accord avec Auguste Blanqui et Nougues, ils avaient organisé la Société des Saisons en vue d'une insurrection républicaine. Blanqui était en fuite; les autres et environ quinze ou vingt de leurs affiliés plus obscurs furent condamnés à diverses peines, telles que la déportation, la détention et l'emprisonnement; un petit nombre d'entr'eux furent acquittés. Barbès seul fut condamné à mort; mais le roi Louis-Philippe, qui avait horreur de l'échafaud, commua sa peine en celle d'une détention perpétuelle. Si grave qu'eût été cet incident, l'opinion, habituée à se rassurer très-promptement, ne voulut y voir qu'une folle tentative, et le cours des affaires et des plaisirs ne subit à Paris qu'une très-courte interruption.

Dans un autre ordre d'idées, l'année 1839 fut marquée par quelques incidents dignes d'intérêt. Le 2 août, M. le duc d'Orléans, prince royal, inaugura le chemin de fer de Paris à Versailles (rive droite). — Le 19, l'Académie des Sciences et l'Académie des Beaux-Arts réunies entendirent M. Arago exposer pour la première fois et livrer à la publicité la découverte du daguerréotype; ce fut un événement d'une haute importance et qui prit une place légitime dans les annales de l'intelligence humaine. — A l'exposition de peinture, on remarqua l'*Assaut de Constantine*, par M. Horace Vernet; le *Roi de Thulé* et le *Faust*, de M. Ary Scheffer; le *Saint Luc*, de M. Ziégler, et la *Cléopâtre*, de M. Delacroix. — La littérature, en cette même année, fut presque stérile et ne donna le jour qu'à des œuvres destinées à l'oubli.

L'année 1840 fut remplie d'incidents, pour la plupart politiques, qui préoccupèrent assez vivement l'opinion. Le ministère fut modifié; la présidence du conseil confiée à M. Thiers, et cet homme d'État essaya de faire entrer la politique extérieure du Gouvernement dans une voie plus hardie. Les prétextes ne manquèrent pas, et la question égyptienne en fournissait un d'une haute gravité. M. Thiers ne fut pas soutenu par le roi ni par l'opinion. Louis-Philippe, déjà parvenu à la vieillesse, craignait de lancer son peuple dans les hasards d'un système aventureux; il craignait les suites du premier coup de canon tiré en Europe, et à force de trembler devant la guerre, il se résignait à imposer à la France une situation fausse et abaissée. La France était alors gouvernée par la bourgeoisie; cette classe intelligente et laborieuse, mais trop souvent égoïste et timide, s'associait à la pensée du roi, et plus que lui encore elle appréhendait de tirer l'épée, et d'interrompre, sous prétexte d'indépendance et de gloire, le développement du bien-être matériel dont elle avait la jouissance. M. Thiers chercha vainement à faire sortir le roi et le pays de cette ornière; il ne fut compris de personne, et, abandonné par le roi, il ne réussit qu'à nous brouiller pour quelque temps avec l'Europe, à nous rejeter dans l'isolement, et à nous contraindre, pour rentrer en paix avec les puissances étrangères, à subir des conditions dures et peu honorables. Quant au peuple, il ignorait ce qui se passait à cet égard, et la science des choses lui manquait à ce point qu'il ne se rendait nullement compte de la réaction que les difficultés survenues en Orient devaient exercer sur le présent et l'avenir de notre patrie. D'un autre côté, les récoltes avaient été médiocres, le pain était cher; les embarras du dehors réagissaient sur la situation de l'industrie, et des symptômes fâcheux, tels que le chômage des ateliers, les coalitions d'ouvriers et les rassemblements populaires se produisaient fréquemment à Paris.

Au mois de janvier eurent lieu les obsèques de Mgr de Quélen, archevêque de Paris; c'était un prélat pieux, intègre, mais qui n'avait pas assez compris les nécessités nouvelles à travers lesquelles devait se mouvoir le clergé français. Un parti lui savait gré de l'antipathie qu'il témoignait aux hommes et aux choses de Juillet; malheureusement, le vénérable archevêque se bornait à s'isoler, et ne se souciait guère de réclamer, en faveur de l'Église, la liberté dont elle a besoin et qui est le premier de ses droits. — Le 27 avril 1840, M. le duc de Nemours, second fils du roi des Français, épousa Mme la duchesse Victoire de Saxe-Cobourg-Gotha. — Le 28 juillet, eut lieu en grande pompe la translation des cendres des victimes de juillet 1830, sous la colonne élevée à la place de la Bastille. Le service funèbre avait été célébré dans l'église Saint-Germain-l'Auxerrois, récemment restaurée et rendue au culte. Le soubassement de la colonne de Juillet avait été décoré de draperies funèbres, de couronnes d'immortelles, d'inscriptions et de drapeaux; le sarcophage était d'une étendue remarquable. Sur toute la ligne parcourue par le cortége, de la Madeleine à la Bastille, se pressait un peuple immense. Un temple funèbre de 12 mètres d'élévation, supporté par douze pilastres d'ordre égyptien, avait été construit en face de la grande entrée des caveaux de la colonne, vis-à-vis la rue Saint-Antoine; le char funèbre y fut introduit vers deux heures de l'après-midi, et le clergé procéda à la cérémonie de l'inhumation. Le 6 août suivant, eut lieu à Notre-Dame le sacre du nouvel archevêque de Paris, Mgr Affre, homme distingué par son expérience et son savoir. — Le 10, fut inauguré le chemin de fer de Paris à Versailles (rive gauche). Le 18 septembre, on livra à la circulation le chemin de fer de Paris à Corbeil.

Durant le mois d'octobre, le prince Louis-Napoléon, neveu de l'Empereur et fils du roi de Hollande, fut traduit devant la cour des Pairs, avec les amis fidèles qui l'avaient suivi à Boulogne, et fut condamné à une détention perpétuelle dans une forteresse de l'État. L'attitude de l'illustre accusé fut digne du passé et de l'avenir de sa dynastie; son langage s'éleva à la hauteur de ses futures destinées; et un frémissement parcourut l'assemblée lorsque le prince, héritier de Napoléon-le-Grand, fit entendre ces paroles : « Gardez-vous de croire que, me laissant aller aux mouvements d'une ambition personnelle, j'aie voulu tenter en France,

LE 15 DÉCEMBRE 1840

malgré le pays, une restauration impériale. J'ai été formé par de plus hautes leçons, et j'ai vécu sous de plus nobles exemples. — Je suis né d'un père qui descendit du trône sans regret, le jour où il ne jugea plus possible de concilier avec les intérêts de la France les intérêts du peuple qu'il avait été appelé à gouverner. — L'Empereur, mon oncle, aima mieux abdiquer l'empire que d'accepter, par des traités, les frontières restreintes qui devaient exposer la France à subir les dédains et les menaces que l'étranger se permet aujourd'hui. Je n'ai pas respiré un jour dans l'oubli de tels enseignements. La proscription imméritée et cruelle qui, pendant vingt-cinq ans, a traîné ma vie des marches du trône sur lesquelles je suis né, jusqu'à la prison d'où je sors en ce moment, a été impuissante à irriter comme à fatiguer mon cœur; elle n'a pu me rendre étranger un seul jour à la dignité, à la gloire, aux droits, aux intérêts de la France. » Le jour ne devait pas tarder à naître où la nation française, se souvenant de ces belles paroles, acclamerait de nouveau la dynastie impériale et confierait le soin de son honneur aux mains du prince que jugeait la cour des Pairs et qu'attendait le sombre donjon de Ham.

Le 7 octobre eurent lieu les obsèques du maréchal Macdonald, duc de Tarente. Sa dépouille mortelle, transportée aux Invalides, alla en quelque sorte y attendre des restes bien autrement illustres : nous voulons parler des cendres de Napoléon-le-Grand, qu'une escadre commandée par le prince de Joinville ramenait alors de Sainte-Hélène en France.

Le 10 décembre, le cercueil qui renfermait le corps de l'Empereur, arriva à Rouen, après avoir passé par Honfleur et par le Havre; le 14, il fut débarqué à Courbevoie; le 15 au matin, on se mit en devoir de l'introduire triomphalement dans Paris. A dix heures du matin le cortége se mit en marche, et eut à traverser, de Neuilly à Paris, une foule immense de peuple, accourue de tous les points de la France, et que n'avait point découragée la rigueur âpre et excessive de la température. Le char funèbre était d'une magnificence inouïe : le socle, long de 25 pieds, haut de 6, reposait sur quatre roues massives et dorées, et était orné d'aigles, de génies déployant leurs ailes, de couronnes et de faisceaux d'armes; le piédestal, posé sur ce socle, avait 18 pieds de longueur et 7 de hauteur; il était tendu d'étoffes or et violet, au chiffre et aux armes de l'Empereur. Deux manteaux impériaux de velours parsemés d'abeilles étaient drapés des deux côtés de ce piédestal, sur lequel étaient disposées debout quatorze cariatides dorées, plus grandes que nature, supportant de la tête et des mains un immense bouclier d'or, de forme ovale, et chargé d'un faisceau de javelines. Le sarcophage, de forme antique, reposait sur le bouclier. Au milieu, sur un riche coussin, on avait placé le sceptre, la main de justice et la couronne impériale en pierres précieuses. Tout ce monument d'or et de velours avait près de 50 pieds de hauteur. Toutes les troupes de la garnison de Paris et la garde nationale presque tout entière précédaient ou escortaient le char funèbre, ou faisaient la haie sur le passage. Les quatre-vingt-six drapeaux des départements étaient portés en avant du sarcophage; le prince de Joinville et les marins de la *Belle-Poule* formaient l'escorte immédiate du corps; les maréchaux Oudinot et Molitor, l'amiral Roussin, et le vieux général Bertrand que cherchaient tous les regards, tenaient les cordons du poêle. Le char marchait lentement, mais avec régularité et mesure; les seize chevaux noirs qui le traînaient étaient magnifiquement empanachés et couverts de riches caparaçons, empruntés aux modèles les plus brillants des tournois du moyen-âge. Sous la glorieuse voûte de l'arc de triomphe, le char de l'illustre mort s'arrêta un moment; ce fut une halte sublime, une apothéose décernée par la France au grand empereur, et on eût dit que Napoléon Ier revivait sous les trophées de sa gloire. A une heure et demie le cortége débouchait sur la place de la Concorde; bientôt après il traversa le pont, aux angles duquel s'élevaient d'immenses colonnes triomphales, surmontées d'aigles d'or. A deux heures, le char s'arrêta sous un magnifique dais élevé en avant de la principale grille d'entrée de l'hôtel des Invalides. Le cercueil fut descendu et porté par trente-six marins jusqu'au porche de la Cour Royale. A deux heures, le clergé, revêtu d'ornements violets, vint recevoir le corps, et les restes de l'Empereur, portés par des soldats et des marins, furent respectueusement introduits sous le dôme. Le prince de Joinville, l'épée à la main, conduisait le convoi. Ce fut un moment d'une admirable solennité. Bientôt après, le roi s'avança jusqu'à l'entrée de la nef : « Sire, lui dit le prince de Joinville, en abaissant son épée, je vous présente le corps de l'empereur Napoléon. — Je le reçois au nom de la France! » répondit le roi. Par ordre de Louis-Philippe, le chapeau et l'épée de l'Empereur furent déposés sur son cercueil par les généraux Gourgaud et Bertrand, et bientôt après on célébra le service funèbre. Cette magnifique et touchante cérémonie ne fut terminée qu'à cinq heures.

Ainsi l'Empereur repose maintenant sous le marbre des Invalides, *au milieu de ce peuple français qu'il avait tant aimé*; mais si ce dernier vœu de Napoléon a été exaucé, nous osons dire que l'art, la statuaire et la prodigalité nationale ne parviendront jamais à lui élever un tombeau aussi poétique et aussi grand que celui que lui avait infligé l'exil. L'île de Sainte-Hélène, élevée au milieu de l'Océan, loin du passage des révolutions et des conquérants, était un immense sarcophage impérial sorti de la main du Créateur. Du haut de ce rocher, le fantôme de Napoléon-le-Grand semblait apparaître au monde, et les marins le saluaient avec un respect mystique, que le temps, les années et les siècles allaient redoubler. Ce rocher avait gardé intacte la dépouille de l'Empereur, et la mort semblait n'avoir point osé altérer ces traits héroïques. Ce corps était là, isolé des cendres vulgaires, à l'abri des empressements d'une foule curieuse, et si grand que l'imagination ne pouvait le mesurer. En le plaçant aux Invalides, le gouvernement de Juillet avait confondu, sans doute à dessein, Napoléon avec les maréchaux et les capitaines qui ont bien mérité de la patrie, avec Turenne et Vauban, avec Catinat et Mortier. C'était à Saint-Denis qu'il aurait fallu le déposer, au milieu des ombres royales des trois dynasties. C'est là, n'en doutons pas, qu'on le transportera un jour, car, après la poétique tombe de Sainte-Hélène, nous n'en connaissons aucune autre qui puisse être en harmonie avec la gloire et les souvenirs du grand empereur.

L'année suivante fut un peu assombrie par les humiliations politiques acceptées par le roi et imposées à la France, à la suite des conflits égyptiens. Pour soustraire l'avenir aux misères du présent, le gouvernement de Louis-Philippe avait décidé que Paris serait environné de citadelles et d'une enceinte bastionnée. L'année 1841 vit entreprendre les fortifications, qui ont, pour l'avenir, déterminé la limite que Paris ne franchira point d'ici à quelques siècles; et, à ce point de vue, peut-être ont-elles fait à la grande capitale une circonscription trop étroite. Les habitants de Paris, naturellement frondeurs, virent avec beaucoup de déplaisir commencer cet immense travail militaire; on leur fit croire qu'ils seraient désormais, au moindre caprice royal, emprisonnés et bombardés. Depuis lors, ils ont connu d'autres dangers moins fantastiques, et ce n'est plus le pouvoir souverain qu'ils appréhendent davantage. — En 1842, de tragiques incidents portèrent le deuil dans Paris et dans tout le royaume. Le 8 mai, sur le chemin de fer de Paris à Versailles (rive gauche), un convoi de voyageurs, composé de quinze wagons ou diligences, et ayant à sa tête deux machines, fut soudainement arrêté par la chute d'une locomotive, et il s'ensuivit une scène épouvantable. Les voitures, lancées par leur propre impulsion, montèrent les unes sur les autres, et le feu se communiquant aux caisses agglomérées, en fit comme un immense bûcher. Les portières étant fermées à clef, un nombre considérable de voyageurs de tout âge et de tout sexe périrent consumés par le feu; on entendait retentir leurs cris horribles, et tout secours était impossible. On était forcé de voir, sans pouvoir l'arrêter, le feu anéantir les corps qui se penchaient, se dressaient, retombaient dans tous les sens pour échapper aux fureurs de l'incendie. Parmi les victimes, périt l'amiral Dumont-Durville, qui deux fois avait fait le tour du monde dans l'intérêt de la science. — L'émotion produite par ce terrible événement n'était point encore apaisée, lorsque le 13 juillet, vers onze heures du matin, le duc d'Orléans, prince royal et fils aîné du roi, se rendant à Neuilly dans une calèche à la Daumont, tomba de la manière la plus malheureuse sur le pavé de la route de la Révolte, à peu de distance de la porte Maillot. Pendant quatre heures, l'héritier du trône demeura étendu sur un matelas, dans une arrière-boutique, entouré des princes et des princesses à genoux autour de lui, sans pouvoir reprendre ses sens ni répondre aux gémissements de sa famille. Après sa mort, le roi, la reine et leurs enfants, les officiers de leurs maisons, les ministres et un grand nombre de citoyens de toutes classes accompagnèrent à pied le corps du prince royal jusqu'au château de Neuilly. Peu de jours après, les obsèques de l'infortuné duc d'Orléans furent célébrées en grande pompe à Notre-Dame.

Dès ce moment, il fut visible que la main de Dieu se retirait de Louis-Philippe et de sa dynastie; les jeunes princes de cette famille continuaient encore à servir courageusement sous les drapeaux; des témoignages de sympathie arrivaient aux pieds du trône, mais tout le monde se disait qu'on assistait *au commencement de la fin.* Quelques années s'écoulèrent encore pour Paris, pour la France, pour le roi lui-même, durant lesquelles on parut jouir de repos, de sécurité et de bien-être; mais les regards des hommes sages se portaient avec une triste incertitude vers un prochain avenir, et l'on se disait qu'après la mort du roi, la couronne devant appartenir à un enfant presqu'au berceau, élevé par une mère protestante, et exposé à toutes les tempêtes que l'habileté de Louis-Philippe avait à peine su conjurer, il fallait désormais s'attendre à des catastrophes et à des secousses réservées au pays par la Providence, comme enseignements et comme épreuves. Quant à l'immense majorité de la population, après avoir un moment réfléchi et tremblé, elle se détermina à se laisser gagner par l'oubli et l'insouciance, et à jouir des instants de paix que Dieu lui accordait encore.

Durant les dernières années du gouvernement de Juillet, l'histoire de Paris ne fut marquée d'aucun événement bien grave; elle présenta une sorte de monotonie dont nous ne féliciterons point nos concitoyens : on ne peut pas dire des villes ce qu'on dit des nations, savoir, que les plus heureuses sont celles dont on ne parle pas. Il est bon, au contraire, pour la grandeur et la prospérité d'une cité, qu'on ait beaucoup parlé d'elle. En politique, la population de Paris, lasse d'émotions et indifférente à des conflits sans portée, ne se préoccupa que fort médiocrement des luttes qui, sous le ministère de M. Guizot et du maréchal Soult, s'engageaient, chaque année, entre le parti conservateur et la gauche dynastique, le premier tendant à se maintenir dans ses positions, l'autre à les lui prendre. Dans ces débats déjà oubliés par l'histoire, on dépensait en pure perte beaucoup de talent, et l'on gaspillait beaucoup de liberté, ce qui est un mal. Attaqué et battu en brèche pendant sept ans, et jusqu'en 1847, le ministère résista à ses ennemis, parce qu'au moins il voulait quelque chose, c'est-à-dire, la paix et l'ordre matériel, tandis que les autres ne cherchaient qu'à inscrire d'autres noms sur le livre d'or du pouvoir. Le roi qui vieillissait de plus en plus, cherchait à éviter tout prétexte de crise et à gagner un peu de temps au profit de sa dynastie. Quant à la ville de Paris, par le seul fait de sa puissance et de sa masse, elle tendait à développer ses éléments de prospérité et de richesses, et elle y parvenait aisément. Dans la période dont nous esquissons le tableau, c'est-à-dire, vers le déclin du règne de Louis-Philippe, on inaugura successivement le chemin de fer de Rouen, le chemin de fer du Nord, le chemin de fer de Paris à Orléans, à Tours et à Nantes, et les premières étapes du chemin de fer de Paris à Lyon; on termina l'immense entreprise des fortifications; on agrandit l'Hôtel-de-Ville dans de vastes proportions; on ouvrit de nouvelles voies; on commença la belle église de Sainte-Clotilde : on embellit d'une manière remarquable tout ce qui se rattachait à la décoration extérieure de la cité. Ce mouvement imprimé au développement de la prospérité et de la grandeur parisienne a été dépassé depuis lors; mais les merveilles dont nous sommes aujourd'hui témoins ne doivent pas nous rendre ingrats envers ceux qui, de 1843 à 1848, utilisèrent avec intelligence les ressources de la capitale. Dans cette même période la tranquillité publique ne fut jamais sérieusement troublée; on eût dit que le peuple avait pour toujours déposé les armes; l'empire de la loi était accepté, et les partis, certains que la vieillesse avancée du monarque ne tarderait pas à leur fournir une occasion inévitable d'arborer leur drapeau, semblaient s'être donné le mot pour attendre. A l'abri de cette sécurité un peu trompeuse, le commerce marchait dans une voie de progrès rapide; la littérature et les arts accroissaient leur domaine, et l'industrie manifestait sa grandeur dans des expositions périodiques dont le souvenir n'est point effacé. Vers le même temps on cherchait à se consoler de l'amoindrissement de la France, en Europe, par le récit de glorieux faits d'armes accomplis chaque année sur la terre d'Afrique, en Kabilie, dans l'Atlas, dans le Maroc, et de temps à autre la population de Paris considérait avec orgueil les trophées dont lui faisaient hommage le maréchal Bugeaud, le duc d'Aumale et les autres chefs de notre vaillante armée.

Vers la fin de 1846 la situation s'assombrit, et de fâcheux symptômes commencèrent à apparaître. En cette même année, la sécheresse avait nui aux récoltes de céréales, et le prix du blé augmenta rapidement. Bientôt la disette fit endurer à Paris et à la France de très-dures privations, et le peuple, selon son usage, s'en prit à l'administration et au roi. Cette situation réagit sur l'industrie et sur les affaires, et il s'ensuivit une crise commerciale, inattendue et rude, qui, en augmentant les souffrances de la bourgeoisie et des ouvriers, disposa les esprits aux révolutions. D'autres symptômes semblaient révéler une situation fausse et dangereuse. De fâcheux procès, auxquels la presse donnait beaucoup de retentissement, attestaient que la corruption et la vénalité avaient pénétré dans les régions élevées du pouvoir, et la population de Paris, étonnée du scandale du procès Teste, s'imaginait que le pays tout entier était exploité par des hommes d'État négligents ou indignes. Durant le cours de ces émotions, un grand crime, l'assassinat de Mme la duchesse de Praslin, remplit la capitale d'une consternation sinistre. Il y avait beaucoup d'injustice, beaucoup d'exagération dans ces inquiétudes; mais les ennemis du gouvernement de Juillet s'efforçaient, avec un zèle opiniâtre, de les propager dans les masses, et, à force de s'en prendre au pouvoir, de le rendre responsable de tous les malheurs, de l'avilir aux yeux du peuple, on avait fini par le miner, par l'affaiblir, par lui ôter à lui-même la conscience de sa mission et de ses ressources. Le 31 décembre, mourut Mme la princesse Adélaïde d'Orléans, sœur du roi. Le lendemain s'ouvrit l'année 1848, de triste mémoire, qui devait voir emporter par un souffle la royauté constitutionnelle et la dynastie de Juillet.

Durant les dernières années qui furent témoins de cet affaiblissement progressif, peu d'événements dignes d'intérêt se produisirent dans l'ordre des choses de la littérature et des arts. Un poëte dramatique, dont une tragédie (*Lucrèce*) avait révélé le talent, donna au théâtre *Agnès de Méranie*, qui eut moins de succès et rencontra moins de sympathie; le roman de *Monte-Christo* amusa le public sans l'instruire, et les hideux romans qui ont pour titres : *Les Mystères de Paris* et *le Juif-Errant*, disposèrent d'une manière déplorable les intelligences à la destruction des principes. M. de Lamartine, de son côté, publia sa grande histoire des *Girondins*, œuvre marquée au coin du génie littéraire, mais infiniment regrettable au point de vue de la vérité et de la pensée, et ce livre, dont la popularité fut inconcevable, habitua les esprits à la réhabilitation de la République, de la Convention et de la Terreur. — MM. de Vigny, Vitet, Ampère et Vatout furent successivement élus membres de l'Académie Française. — Le 24 avril 1847, eut lieu l'ouverture du service atmosphérique sur la ligne de Saint-Germain à Paris, et ce premier essai ne réalisa pas les espérances qu'on avait conçues. A Paris même on ouvrit la rue Soufflot, on termina la rue François Miron, on mit en communication directe la place Saint-Sulpice et la place Saint-Germain-des-Prés, on améliora considérablement la navigation de la Seine.

Dans les derniers mois de l'année 1847, plusieurs députés de l'opposition avaient été l'objet, dans leurs départements, de banquets politiques, à l'issue desquels ils avaient prononcé des harangues très-violentes contre le système suivi par le roi et ses ministres. Ces manifestations avaient agité le pays. Au début de la session de 1848, Louis-Philippe y fit allusion en présence des deux Chambres, et l'opposition résolut de se placer sur ce terrain pour combattre la marche du pouvoir et créer, en dehors de l'enceinte des palais législatifs, certaines tribunes populaires, du haut desquelles on pût stigmatiser une administration à laquelle ne cessaient d'adhérer les majorités officielles. La discussion de l'adresse de la Chambre des Députés passionna vivement les esprits. Pour faire tourner cette agitation au profit de leurs convictions ou de leurs espérances, les députés de la gauche organisèrent un banquet qui devait avoir lieu à Paris. Le roi et les ministres virent avec beaucoup d'appréhension ce projet et essayèrent d'en neutraliser les effets, soit par des déclarations publiques, soit par des mesures de police. Le 21 février 1848, l'opposition persistant dans sa volonté, et le Gouvernement se montrant déterminé à s'opposer aux banquets politiques, des troupes furent concentrées autour de Paris; on réunit une armée dans les forts et dans les casernes, et l'on déploya sur les boulevards et sur les places publiques un immense appareil de répression. Le lendemain 22 février s'engagea la lutte.

Elle ne fut ni longue ni sanglante, et cependant elle eut pour l'avenir du pays d'immenses résultats. L'opinion publique s'était prononcée contre le gouvernement de Juillet; dix-huit ans de règne avaient usé une royauté, née d'une émeute victorieuse et qui devait disparaître dans une émeute. Louis-Philippe s'était appuyé sur les intérêts matériels, et il avait nié les principes. Du jour où les intérêts matériels, aveugles et ingrats de leur nature, se voyaient en souffrance, ils cessaient d'avoir foi en lui et de lui prêter leur concours, et les principes se coalisaient pour sa chute. Quelques jeunes gens des écoles, une poignée de meneurs sortis des rangs des sociétés secrètes, des enfants et des vagabonds de faubourgs commencèrent seuls à élever des barricades, et dans l'ordre naturel des choses, quelques patrouilles de gendarmerie et de police auraient dû suffire pour avoir raison de ces faibles adversaires. Il n'en fut rien. La bourgeoisie se rendit complice de l'insurrection, non en y prenant une part active, mais en la laissant faire. La garde nationale, chargée de réprimer les séditieux, mit la crosse en l'air et fraternisa avec les attroupements. Sur quelques points la garde municipale de Paris détruisit des barricades, dispersa des groupes menaçants, sabra quelques hommes, et, pour sa part, eut à essuyer quelques pertes regrettables; mais l'attitude des milices bourgeoises paralysa nécessairement le dévoûment de l'armée, et le pouvoir se trouva vaincu avant même d'avoir livré bataille. Dans cette situation, le 23 février, le ministère présidé par M. Guizot, et qui s'était associé à la politique du roi, ne vit d'autre parti à prendre que de se démettre de ses fonctions et de céder la place à quelques hommes moins impopulaires. La démission des ministres fut accueillie aux cris mille fois répétés de *vive la réforme!* mais la retraite de M. Guizot, l'avénement de M. Molé ou de M. Thiers n'étaient point d'assez grandes concessions pour apaiser la soif révolutionnaire de plus en plus surexcitée. La majorité de la Chambre élective pouvait se contenter de ces sacrifices; ni le peuple ni les sociétés secrètes ne voulaient s'en tenir à de pareils triomphes.

Dans la soirée du 23 février, vers dix heures, de nouveaux rassemblements se formèrent sur le boulevard des Capucines, en face du Ministère des Affaires Étrangères. Le poste prit les armes. Un coup de fusil partit des rangs de la foule; la troupe répondit par des feux de pelotons, et un certain nombre d'émeutiers tombèrent morts sur la chaussée. Cet incident semblait prévu; les insurgés entassèrent les cadavres sur un tombereau, et les promenèrent dans les rues, à la lueur des torches et en proférant des cris de vengeance. En un moment les affiliés des sociétés secrètes se trouvèrent prêts, et le tocsin sonna dans toutes les églises qui furent envahies. Ce fut une nuit terrible, une nuit de sinistre souvenir. Quand le jour fut venu, le roi essaya vainement de conjurer l'orage, en appelant aux affaires les hommes d'État de la gauche et en multipliant les concessions. Aussi bien qu'en juillet 1830, *il était trop tard*, et la révolution s'accomplissait. Ni les soldats ni les généraux ne manquaient à ce lamentable gouvernement. L'armée dont il disposait encore aurait suffi pour conquérir un empire; on n'osa ni s'en servir ni lui donner des ordres, et la défection de la garde nationale paralysa jusqu'au bout toutes les forces de l'autorité. Vers midi la situation s'aggrava. Sur la place du Palais-Royal, au poste du Château-d'Eau, les insurgés obtinrent une déplorable victoire. Le roi, silencieux et consterné, l'intelligence affaiblie par l'âge, prit la détermination imprévue d'abdiquer. Cependant la multitude envahissait les abords des Tuileries, et Louis-Philippe, pour dérober sa tête au danger, s'enfuit obscurément dans un fiacre. La duchesse d'Orléans, montrant plus d'énergie, se rendit à la Chambre des Députés, tenant ses fils par la main, et vint réclamer la régence. L'assemblée entière, moins quelques hommes, allait la lui déférer; mais déjà les insurgés environnaient le palais Bourbon et poussaient des clameurs menaçantes. L'armée attendait des ordres. Le président de la Chambre élective, déconcerté par le péril, n'osa prendre sur lui de requérir l'emploi de la force militaire, et bientôt l'enceinte législative fut envahie par la foule. On délibérait encore, lorsque M. de Lamartine monta à la tribune, et dirigea contre la dynastie la puissance de sa popularité et de sa parole. La duchesse d'Orléans, M. le duc de Nemours, les jeunes princes, encore protégés par le dévoûment de quelques amis, réussirent à s'éloigner de la salle des séances, et la Chambre, dominée par les insurgés en armes, délibérant sous la menace des piques, proclama ou laissa proclamer un gouvernement provisoire chargé de discipliner la révolution et de régulariser l'intervention du peuple. Les destinées de la monarchie de Juillet s'étaient accomplies. La France venait de tomber au pouvoir des multitudes, et l'armée, humiliée d'avoir eu à sa tête un pouvoir aveugle, s'éloignait silencieusement de Paris, sans troubler la victoire de la révolution, et cherchant peut-être à lire, dans les événements qui commençaient à peine, les terribles enseignements de la Providence (24 février).

PARIS SOUS LA SECONDE RÉPUBLIQUE.

1848-1852.

GOUVERNEMENT PROVISOIRE.

25 FÉVRIER AU 4 MAI 1848.

Paris est la tête et le cœur de la France; par malheur, il oublie, en ses heures de vertige, de rester dans la limite nécessaire de son rôle : parce qu'il est fort, il usurpe. Les abus de la centralisation lui ont donné, avec la puissance de conduire le pays, la puissance souvent fatale d'exercer sur lui la tyrannie de l'initiative et de l'exemple. Cette situation, redoutable en tout état de cause, s'aggrave encore, lorsque Paris, au lieu de penser et d'agir par lui-même, se laisse, à son tour, dominer et conduire par une fraction de son peuple, par une minorité. Dans la journée du 24 février, ni Paris ni la France n'avaient voulu détruire la monarchie pour exhumer la république, objet de terreur et souvenir de misères. Ce fut néanmoins la république qu'une minorité audacieuse et sans peur imposa à la capitale et à la patrie. En une nuit de triste mémoire, les promoteurs du mouvement furent dépassés; ceux qui avaient fait appel aux passions populaires pour humilier le pouvoir royal, et *donner une leçon* au Gouvernement, se trouvèrent, à peine victorieux, réduits à la condition de vaincus. La noblesse avait vu, les bras croisés et le sourire sur les lèvres, tomber le gouvernement du roi Louis-Philippe qu'elle n'aimait pas; la bourgeoisie, oubliant que ce gouvernement n'avait régné que par elle et pour elle, l'avait laissé détruire sans se soucier de le défendre, mais ni l'une ni l'autre n'étaient en mesure de le remplacer. Le roi de la noblesse était en exil; la bourgeoisie avait laissé fuir le seul roi de qui elle pût relever et qui relevât d'elle : au contraire, les sociétés secrètes, habilement organisées, avaient sous la main des instruments et des institutions. En présence de beaucoup de volontés négatives, elles avaient une volonté affirmative; leur autorité prévalut. Dans la nuit du 24 au 25 février, le Gouvernement Provisoire, tumultuairement proclamé au palais Bourbon, rencontra à l'Hôtel-de-Ville un autre gouvernement provisoire, plus directement sorti des barricades, et qui fonctionnait déjà avec un peuple et une armée. Au lieu d'engager une lutte qui pouvait compromettre la victoire, les deux gouvernements s'entendirent, se firent place, et prirent ensemble la direction du mouvement révolutionnaire. Par le fait naturel des événements de cet ordre, le principe le plus absolu et le plus radical se dégagea des obstacles dont l'entouraient la modération des uns, l'incertitude des autres, et la république devint pour la seconde fois le gouvernement de la France.

Dans les pages de ce livre, nous avons bien souvent raconté la grandeur et la gloire de Paris; après avoir tant de fois rendu hommage au dévoûment et à l'intelligence de ses citoyens, qu'il nous soit permis de mentionner ici l'une des plus regrettables périodes de son histoire, période d'effacement de la part de toutes les forces supérieures de la société, intervalle durant lequel la peur prit le nom de fraternité, l'hypocrisie, celui de patriotisme. Les deux tiers de ceux qui allaient gouverner subissaient eux-mêmes la république dont ils n'auraient pas voulu et qui effrayait leur expérience et leurs instincts. Cependant ils se résignèrent à la proclamer. L'idée que l'anarchie serait possible, et qu'à tout prix il fallait la prévenir, épouvanta tellement les intérêts, qu'aucune voix, dans cette immense nation étrangère à la république, ne s'éleva pour protester contre la surprise faite à la France. Les véritables républicains, et ils étaient peu nombreux, furent réduits à s'affubler du nom de républicains *de la veille*, et encore ce singulier privilége leur était-il contesté par un grand nombre d'hommes, officiers, généraux, magistrats, fonctionnaires, publicistes, qui avaient tout fait pour empêcher leur victoire. Quant au Gouvernement Provisoire, qui comptait dans son sein des hommes tels que Dupont (de l'Eure), Lamartine, Ledru-Rollin, Marie, Arago, Crémieux, Armand Marrast, Louis Blanc, Garnier-Pagès, Flocon et un ouvrier nommé Albert, nul ne lui demanda compte de sa dictature et de la légitimité de son mandat. Tout le monde obéit. Il a été de mode, depuis la chute de ces dictateurs, de déverser sur eux des injures. Quand l'heure de la peur est passée, les partis ont pour habitude de se venger de la pusillanimité dont ils ont fait preuve, en exagérant la malveillance et la haine. Portés par une tempête au faîte du pouvoir, tous les hommes du Gouvernement Provisoire ne manquèrent pas de capacité. Ils commirent de grandes fautes sans doute, ils ouvrirent la porte à de déplorables expériences, ils éveillèrent ou entretinrent dans le cœur des multitudes de fausses idées sur le travail, de dangereuses théories sur les salaires. Parmi eux, les uns n'eurent pas la force, d'autres n'eurent pas la volonté de faire face à la désorganisation qui menaçait toutes les hiérarchies politiques et sociales de la France; mais, s'ils se laissèrent trop souvent déborder ou entraîner par le torrent, ils n'en rendirent pas moins au pays des services réels, trop promptement oubliés. Ils maintinrent la France en paix au dehors; malgré la pénurie du Trésor et la suspension des affaires, ils refusèrent avec énergie de recourir à la fatale ressource du papier-monnaie; ils abolirent la peine de mort en matière politique; ils instituèrent le suffrage universel; ils protégèrent la liberté des cultes et respectèrent la propriété. Alors qu'ils étaient au pouvoir, pour leur rendre grâce de ces bienfaits qui, après tout, n'étaient que l'accomplissement d'un devoir public, certaines classes de la société poussèrent jusqu'au ridicule la soumission, la louange et l'enthousiasme; de Caussidière, artisan d'émeutes et de complots, qui faisait *de l'ordre avec du désordre*, elles firent une idole dont elles rougissent aujourd'hui. Depuis que ces hommes sont tombés, sous le poids de leur origine et grâce au réveil de la France, nous ne nous associerons pas à leurs courtisans d'alors qui, pour effacer certains souvenirs de servilité, ne mentionnent désormais qu'avec raillerie des noms qu'en d'autres circonstances ils exaltaient avec enthousiasme.

Les souvenirs de 1848 sont présents à l'esprit de nos lecteurs. Personne n'ignore ce qu'eut d'étrange et d'anormale l'histoire de Paris sous le Gouvernement Provisoire. La démocratie, devenue maîtresse du présent, essayait de se perpétuer dans l'avenir. La plupart des ateliers étaient fermés; la fuite des riches, la suspension des commandes, les prétentions violentes de la classe ouvrière, le retrait des capitaux, la ruine des maîtres avaient en quelque sorte jeté sur le pavé les masses qui vivent du travail; pour amuser leur oisiveté dangereuse, elles avaient recours à ce que, dans le langage du jour, on appelait une « *manifestation.* » L'Hôtel-de-Ville, où fonctionnait le Gouvernement, était sans relâche assiégé de rassemblements populaires, venant, bannières en tête, réclamer de nouvelles émancipations, entr'autres, celles du prolétariat et de la femme. Un membre du Gouvernement, presque toujours M. de Lamartine, avait mission de répondre aux pétitionnaires, de flatter leurs utopies, mais de leur faire agréer que la réalisation en fût indéfiniment ajournée. Aux hommes de sang et de pillage qui déployaient insolemment le drapeau rouge, M. de Lamartine (et ce jour lui mérita bien des pardons) répondit par de courageuses paroles qui déterminèrent le peuple à demeurer fidèle aux couleurs nationales. Aux émigrés de toutes les races humaines qui venaient réclamer la déclaration de guerre à toutes les royautés de l'Europe, le même orateur fit comprendre que le sang de la France n'appartenait qu'à elle, et ne devait être versé que pour elle. Il n'était point aussi facile de contenter, à l'aide de belles paroles, les classes ouvrières qui s'agitaient sans travail et déjà toutes surprises d'avoir à endurer plus de privations et de souffrances sous la république que sous la monarchie. Depuis vingt ans on avait colporté dans les ateliers de folles doctrines sur la propriété, sur l'industrie, sur les salaires, sur l'organisation possible du labeur manuel. On avait si souvent, dans les journaux et dans les livres, attribué à l'État, dans les questions de ce genre, l'initiative et la responsabilité, que les classes pauvres, après avoir acclamé la république, sommaient les imprudents théoriciens de la veille de tenir immédiatement leurs promesses. Plusieurs fois par jour, des attroupements pacifiques, mais redoutables, se formaient dans Paris et se dirigeaient sur l'Hôtel-de-Ville, afin d'obtenir la réalisation des idées de Louis Blanc et des utopies socialistes. Le Gouvernement Provisoire cherchait à donner tant bien que mal satisfaction à leurs exigences. Dans ce but, il ordonna que les délégués de toutes les industries s'assemblassent au palais du Luxembourg, sous la présidence de Louis Blanc et d'Albert, et cherchassent de concert la solution des problèmes industriels; la chambre des ouvriers siégea donc au même lieu où, tout récemment encore, la Chambre des Pairs votait des lois, mais cette étrange tentative n'aboutit qu'à des phrases sonores sans résultat. Les ouvriers avaient à la longue reconnu que des théories ne suffisaient point à les faire vivre; le Gouvernement Provisoire, pour les calmer et les nourrir, eut recours à un expédient désastreux; il institua au Champ-de-Mars et sur d'autres points, de prétendus ateliers nationaux auxquels pouvaient se rendre les citoyens sans pain et sans travail, et on garantit, aux frais du Trésor, le paiement des journées. On fut contraint à d'immenses sacrifices d'argent qui ne produisirent rien, et le budget de la paresse fut, sous la république, un abus plus onéreux encore que les anciens budgets de cour.

Sur ces entrefaites, on déclamait, on dénonçait dans les clubs, et la portion violente du parti socialiste commençait tout haut à demander des réformes plus radicales; la révolution enfantait, chaque jour, quelque manifestation démagogique, et l'on parlait d'instituer un comité de salut public sur les ruines du pouvoir dictatorial organisé le 24 février. Le 16 avril 1848, les ateliers nationaux, dirigés par les conspirateurs et les clubistes, se soulevèrent pour accomplir ce changement sinistre, et parmi les chefs du mouvement figurait la minorité ardente du Gouvernement Provisoire. Par ordre de M. de Lamartine, et malgré les retards calculés de M. Ledru-Rollin, le rappel fut battu dans tous les quartiers de Paris, et la garde nationale tout entière prit les armes. Deux cent cinquante mille baïonnettes, en moins de deux heures, se trouvèrent au service de l'ordre, et les factieux, reculant devant les hasards d'une lutte inégale, se confondirent silencieusement dans la foule. Cette journée qui fut grande sauva le pays d'une effroyable commotion. Dès le 16 avril, les amis de l'ordre se reconnurent les plus forts et les plus nombreux, et la révolution rétrograda.

Le moment décisif approchait de jour en jour. A la veille de renoncer à son mandat, le Gouvernement Provisoire imagina, sous le nom de *Fête de la Fraternité*, d'organiser une immense démonstration pacifique et militaire. Le jeudi saint, 20 avril, il passa en revue, sous les voûtes de l'arc de triomphe, les gardes nationales de la Seine et les régiments de la garnison de Paris. Le but de cette solennité politique était de réconcilier le peuple et l'armée, et de faire cesser, au nom de la France, une situation odieuse qui durait depuis trois mois, c'est-à-dire l'éloignement des troupes de ligne qui, à la suite du 24 février, avaient été cantonnées loin de la capitale, comme si leur présence eût mis en péril les droits du peuple. Quatre cent mille hommes armés défilèrent, du matin à la nuit, devant l'arc triomphal, sous un ciel nébuleux, et malgré de bruyantes rafales mêlées de pluie. Sur un parcours de deux lieues, des multitudes, attirées par la curiosité et la sympathie, assistaient au défilé des légions. Les gardes nationaux et les soldats portaient à leurs shakos ou à leurs fusils des fleurs ou des rameaux de verdure, et le coup d'œil était vraiment imposant et étrange. Au fond des cœurs se glissait l'espérance. On se disait que désormais aucune surprise ne serait faite au pays, et l'on attendait avec confiance les prochains oracles du suffrage universel. Le 23 avril commencèrent les élections générales, et le 4 mai, le dépouillement du scrutin ayant eu lieu dans toute la France, une assemblée nationale constituante, composée de neuf cents députés, se réunit au palais Bourbon et prit en main le gouvernement du pays. La période dictatoriale était terminée; les lois reprenaient leur empire régulier, et la France allait assister à une nouvelle expérience des hommes et des principes.

ASSEMBLÉE NATIONALE CONSTITUANTE.

DU 4 MAI AU 20 DÉCEMBRE 1848.

L'Assemblée Nationale Constituante, élue en 1848, était loin d'être la représentation exacte du pays. Les commissaires du Gouvernement Provisoire, munis de pouvoirs illimités, et choisis pour la plupart dans les rangs des plus audacieux démocrates, avaient exercé sur les votes des multitudes la pression du fanatisme révolutionnaire. Presque tous s'étaient fait nommer. D'un autre côté, dans les grands centres manufacturiers et industriels, les classes ouvrières, très-habilement endoctrinées, avaient voté avec ensemble pour les meneurs du Socialisme, et leurs suffrages avaient très-souvent déterminé les résultats, tandis que les classes agricoles, bien plus nombreuses, mais isolées et sans guides, n'avaient trop souvent apporté dans l'urne que des bulletins destinés à grossir la masse de ce qu'en style politique on appelle les voix perdues. Nonobstant ces circonstances regrettables, la majorité de l'Assemblée voulait sincèrement le maintien de l'ordre matériel et le retour de l'ordre moral; mais elle ne songeait à atteindre ce but que par des moyens timides et des mesures inefficaces. Dès le 4 mai, prenant en main la puissance souveraine, elle acclama à plusieurs reprises, et en face du peuple, la république inaugurée le 24 février. Au fond, cette assemblée, abandonnée à ses propres instincts, et dégagée de l'influence de la crainte, aurait préféré la monarchie.

Après avoir confié les pouvoirs exécutifs à une commission de cinq membres, parmi lesquels figuraient MM. Ledru-Rollin et Lamartine, elle commença ses travaux et mit à l'étude les principales questions gouvernementales. Les hommes modérés espérèrent et reprirent confiance; les artisans de révolutions et d'émeutes s'indignèrent de rencontrer si peu de sympathie au sein de cette assemblée. Depuis plusieurs jours on parlait tout haut, dans les clubs, de retirer aux députés leurs mandats et de les faire sauter par les fenêtres du palais Bourbon; le 15 mai, on essaya de réaliser ces menaces. Ce jour-là donc, à la voix des révolutionnaires les plus exaltés, parmi lesquels on remarquait Sobrier, Raspail, Huber et Barbès, des hordes de démagogues et de socialistes s'attroupèrent dans Paris, et se dirigèrent vers l'enceinte législative, en proférant les cris de *Vive la Pologne! Vive Barbès! A bas l'Assemblée!* Le général Courtais, commandant suprême de la garde nationale, se porta à leur rencontre, non pour les disperser, mais pour parlementer avec leurs chefs et user de persuasion. Un moment après, on le vit tourner bride, se placer à la tête de la multitude et traverser le pont de la Concorde dont un seul ordre émané de lui aurait pu rendre le passage impossible. Quand les insurgés arrivèrent aux portes de l'Assemblée, ce fut encore le général Courtais qui, appréhendant une collision sanglante, ordonna que les baïonnettes fussent enlevées des fusils, et abandonna les législateurs à la merci de l'émeute. Alors se passa une scène impossible à rendre. A la suite d'un grand tumulte dans les couloirs des tribunes publiques, on vit s'ouvrir le fond de la salle et paraître l'armée des clubs, arborant le drapeau rouge et proférant des cris sauvages. La fureur empreinte sur les traits des hommes de désordre, l'épouvante des femmes qu'ils renversaient pour s'ouvrir un passage, l'impassibilité des représentants formèrent un tableau effroyable et étrange qui ne sera jamais oublié de ceux qui en furent les témoins. Bientôt l'insurrection fit un pas de plus; une bande de factieux, parmi lesquels on comptait Blanqui, Raspail, Huber, Flotte, Quantin et des hommes revêtus de l'uniforme de la garde républicaine, envahit le bureau du président et la tribune législative. Le président, M. Buchez, homme modéré mais timide, et au-dessous de son mandat, proposa à l'Assemblée de lever la séance. De toutes parts on lui répondit : Non! non! En ce moment, les chefs de l'émeute se disputèrent la parole et parlèrent soit isolément, soit à la fois, sans réussir à dominer les cris et le tumulte. Raspail essaya de lire quelques passages d'une prétendue pétition destinée à provoquer une déclaration de guerre. Barbès, Blanqui, Louis Blanc parurent prononcer des phrases dans le même sens. Les insurgés décrétèrent successivement la création d'un ministère du travail et la levée d'un impôt d'un milliard sur les riches; d'autres portèrent triomphalement Louis Blanc sur leurs épaules, autour de l'Assemblée. Enfin, à quatre heures, Huber, se hissant à la tribune, fit entendre d'une voix forte ces mots : « Au nom du peuple, l'Assemblée Nationale est dissoute! » Vers le même moment, le président et l'Assemblée, expulsés par la force, sortirent de l'enceinte.

Cependant le rappel battait dans tous les quartiers, et la garde nationale, ayant en tête la 10ᵉ légion, se massait autour du palais de l'Assemblée. A peine vit-on apparaître les drapeaux et les baïonnettes, que les insurgés, redoutant à leur tour d'engager la lutte, se dispersèrent et s'enfuirent au hasard. Toutefois, leur principale colonne, cherchant toujours à compléter sa victoire, se porta audacieusement sur l'Hôtel-de-Ville, ralliant en chemin des misérables à bonnets rouges, ivres de vin et de sang. La garde nationale accourut, barra le passage aux émeutiers, et ce fut à peine si une poignée d'entr'eux parvint à s'introduire dans l'Hôtel-de-Ville, où leur arrestation ne tarda pas à être opérée. Quant à l'Assemblée, délivrée des hordes qui l'avaient un moment dissoute, elle avait repris ses travaux et s'occupait à décréter des mesures d'ordre et de répression. Ainsi se termina la journée du 15 mai, qui fut une odieuse parodie des grands attentats populaires de 1793.

Six jours après, le 21 mai, eut lieu au Champ-de-Mars une manifestation pacifique, organisée par le pouvoir exécutif, et qui reçut la dénomination de *Fête de la Concorde*. Personne ne prenait au sérieux une pareille solennité, car, plus que jamais, on sentait que la concorde était absente des cœurs, et l'on pressentait de nouvelles luttes. La commission des cinq parodiait volontiers les fêtes de l'ancien Directoire, comme les hommes des clubs singeaient, plus maladroitement encore, les Jacobins et les Cordeliers de l'an II. Quoi qu'il en soit, un cortége destiné à honorer l'industrie et le travail, et conduisant les machines et les instruments symboliques du labeur des classes ouvrières, parcourut pompeusement le Champ-de-Mars, et stationna au pied des effigies colossales dont on avait décoré cette vaste plaine. En tête du cortége marchaient processionnellement cinq cents jeunes filles, vêtues de blanc, couronnées de feuilles de chêne, portant ou accompagnant des bannières. Venaient ensuite les corporations ouvrières, les délégués de chaque corps d'état, avec les attributs de leurs professions respectives et promenant d'une manière triomphale les chefs-d'œuvre dus à leur intelligence. Le Champ-de-Mars était parsemé de drapeaux, de bannières, d'oriflammes et de banderoles, et la multitude, d'ailleurs peu nombreuse, considérait avec une froide curiosité les grandes et gigantesques statues en plâtre qui représentaient l'Égalité, la Liberté, le Commerce, la Marine, la République, etc. Ces imitations des fêtes de la Grèce païenne, ces jeunes filles dont on critiquait la figure ou le costume, et auxquelles on avait donné des livrets de caisse d'épargne, ces affectations mensongères de fraternité, émanant de gens ennemis et à la veille de recommencer la guerre civile, rien de tout cela ne paraissait propre à satisfaire le cœur et à faire surgir l'espérance. Le soir, tout fut terminé par des illuminations, et le lendemain la question sociale se reproduisit de nouveau avec toutes ses difficultés.

Dans les premiers jours de juin des élections partielles eurent lieu à Paris. La population n'était point encore revenue de son engouement pour Marc Caussidière, ce vieux conspirateur qui, étant préfet de police, avait laissé s'accomplir l'attentat du 15 mai. Cet homme fut élu. Or, jamais les oracles du suffrage universel n'avaient paru plus étranges et plus contradictoires. Parmi les nouveaux députés figuraient le général Changarnier, M. Victor Hugo, M. Proudhon, le citoyen Lagrange, et l'homme à qui Dieu réservait la gloire de sauver la France mise en péril par tant d'insensés : nous voulons parler du prince Louis-Napoléon Bonaparte, neveu de l'Empereur, et alors exilé volontairement à Londres. Cette élection ayant ravivé les haines et servi de prétexte aux socialistes pour faire croire à de prétendus complots contre la République, le prince Louis-Napoléon, par une lettre pleine de dignité et de patriotisme, dont il fut donné lecture à l'Assemblée Nationale, déclara refuser le mandat de représentant. « Mon nom est avant tout, écrivait le prince, un symbole d'ordre, de nationalité et de gloire, et, plutôt que d'être le sujet de troubles et de déchirements, j'aimerais mieux rester en exil. » La démission du prince fut acceptée; mais cet acte d'abnégation et de sacrifice ne put garantir la capitale des épreuves dont la menaçait le Socialisme.

L'Assemblée Nationale avait rendu un décret pour dissoudre les ateliers nationaux et éloigner de Paris une masse considérable de citoyens étrangers à cette ville, et qui, depuis six mois, y avaient apporté, de tous les points de la France, leurs besoins, leur oisiveté, leurs convoitises. Si cet ordre de la loi s'exécutait, l'armée de l'émeute était dissoute, la révolution était vaincue; or, le Socialisme n'entendait pas désarmer sans combattre.

Parmi les hommes qui, sous prétexte de travailler aux ateliers nationaux, vivaient tranquillement aux dépens du Trésor public, il s'en trouvait bon nombre qui avaient servi sous les drapeaux, beaucoup d'autres qui, au milieu des clubs, puisaient sans relâche des idées de destruction et de vengeance. Ces individus constituaient naturellement l'armée de l'insurrection et de la guerre civile; leur masse dépassait quarante mille combattants, et comme la République avait pourvu de sabres, de fusils et de cartouches tous les citoyens en état de porter un mousqueton, ni les armes ni les munitions ne leur manquaient. Formés depuis longtemps à la science des barricades, ils savaient les moyens d'arrêter la garde nationale et l'armée aux abords des carrefours et des rues populeuses, ils étaient en mesure d'improviser, en quelques heures et sur tous les points de Paris, des forteresses de pavés et de poutres pour ainsi dire inexpugnables. Le 23 juin 1848, jour de sinistre souvenir, ils engagèrent de toutes parts une lutte opiniâtre et sanglante. Sur la rive gauche, les insurgés, ayant leur quartier général au Panthéon, occupaient la rue Saint-Jacques et les rues étroites qui avoisinent le pont Saint-Michel; plus loin, ils s'étaient retranchés dans la rue Saint-Victor, sur la place Maubert et aux abords du pont de l'Hôtel-Dieu. Sur la rive droite, ils avaient pour quartier général et pour retranchement un nouvel hôpital alors en construction dans le faubourg Saint-Denis, au Clos Saint-Lazare; leurs colonnes se déployaient ensuite, appuyées sur une forêt de barricades, depuis le faubourg Poissonnière jusqu'au faubourg du Temple, et sur les deux rives, les deux corps d'armée manœuvraient de manière à se rapprocher de l'Hôtel-de-Ville et à s'en emparer. Vers la Bastille, une troisième masse d'insurgés, ayant pour points d'appui de gigantesques barricades élevées aux abords du faubourg Saint-Antoine, se déployait rapidement dans ce faubourg, puis dans la rue Saint-Antoine et jusqu'à l'église Saint-Gervais. Près de cet édifice, les socialistes avaient construit une barricade formidable qui défendait la place Baudoyer. Dans ces vastes espaces, formant la moitié de Paris, toutes les rues principales et les petites rues adjacentes étaient coupées par de nombreuses barricades, entre lesquelles circulaient les insurgés au moyen d'un passage ménagé à l'extrémité de chacune. D'autre part, une multitude de petites bandes armées, ayant chacune leur chef, combattaient sur une foule de points pour leur compte, tout en se rattachant de loin aux colonnes principales.

La Commission exécutive, chargée du gouvernement de la France, se composait d'hommes d'État à paroles dorées, et n'entendait rien à la guerre; dans ses rangs même on pouvait apercevoir un ou deux hommes secrètement désireux du triomphe des socialistes. La France était perdue en de pareilles mains, mais le général Cavaignac, ministre de la guerre, avait pris des dispositions pour soutenir le combat et mettre à couvert l'autorité des lois. Sous ses ordres agissaient les généraux Bedeau, Lamoricière et Damesne. Le général Lamoricière dirigeait la défense dans les quartiers Saint-Denis et Saint-Martin; les généraux Bedeau et Damesne agissaient simultanément par la place Cambrai et le pont Saint-Michel; blessé presque au début de la lutte, le général Bedeau fut remplacé par le général Duvivier. Celui-ci entreprit de dégager l'Hôtel-de-Ville, de toutes parts assiégé et enveloppé par des masses insurrectionnelles. Sur tous les points de Paris le retentissement de la fusillade et du canon apprit aux familles consternées et aux représentants du peuple le commencement, la suite et les développements rapides d'une bataille dont la capitale était le théâtre, et de laquelle dépendait le sort du pays. Cette immense collision dura trois jours. Des deux côtés on déploya un acharnement et un courage dont le peuple français, sous tous les drapeaux, peut seul donner l'exemple. On disputa pied à pied les rues, les carrefours, les maisons, les points susceptibles d'attaque ou de défense : de nombreux quartiers furent pris et repris. Les insurgés avaient compté appeler à eux la garde nationale mobile, composée d'enfants de Paris, recrutée en partie dans la classe ouvrière, et dont le personnel avait autrefois figuré derrière les barricades. Cet espoir fut déçu. La garde mobile, après quelque hésitation, se détermina à combattre franchement pour la cause de l'ordre et des lois. Elle déploya le plus admirable courage à l'attaque du Panthéon et des positions voisines qui tombèrent en son pouvoir après de sanglants efforts, plusieurs fois renouvelés; dans ces combats acharnés on essuya de douloureuses pertes, et entr'autres celle du général Damesne, qui fut blessé mortellement en attaquant une barricade, au coin de la rue de la Montagne-Sainte-Geneviève. Le général de Bréa le remplaça, et dégagea, par plusieurs attaques successives, les principaux points du douzième arrondissement. Le 25 juin, à la tête de deux bataillons, il remonta la rue Saint-Jacques et marcha sur la barrière de Fontainebleau, occupée par les insurgés. Là se trouvait une forte barricade. Pour éviter l'effusion du sang, le brave général s'avança vers les rebelles, suivi d'un aide-de-camp, et se laissa tromper par de fausses assurances pacifiques. Bientôt après, et par trahison, les factieux se jetèrent sur lui, l'accablèrent d'outrages et le massacrèrent. Le colonel Thomas, apprenant la mort de son général, attaqua vigoureusement la barrière et s'en rendit maître, après avoir dispersé ou passé à la baïonnette les insurgés. Quelques heures ne s'étaient point encore écoulées, et déjà les quartiers Saint-Jacques et Mouffetard étaient au pouvoir de nos troupes, et l'insurrection y avait été éteinte dans des flots de sang. De l'autre côté de la Seine, le général Lamoricière, grâce à de nombreux et intrépides efforts, avaient enlevé aux factieux les hauteurs des faubourgs Montmartre et Poissonnière, et les formidables barricades de la Chapelle; dès le 25 au soir, et pendant la nuit, il avait fait des dispositions pour enlever le faubourg du Temple et opérer ensuite sur le flanc gauche du faubourg Saint-Antoine. Le 26 au matin, après avoir canonné les premières barricades qui s'élevaient à l'entrée de celui-là, du côté du canal, il les fit emporter à la baïonnette et s'avança jusqu'au delà de la barrière; de là il concentra ses forces sur le faubourg. Tandis que sur les divers points de Paris s'engageaient ces déplorables luttes, dans le reste de la ville et dans tous les quartiers reconquis sur l'émeute, des mesures étaient mises à exécution pour empêcher le retour du désordre. Chaque compagnie de la garde nationale gardait ses propres rues, les maintenait en repos par de fréquentes patrouilles, et interdisait la circulation. En dehors des lieux où l'on se battait encore, l'aspect de Paris était celui d'une ville immense dont la population aurait tout-à-coup disparu. Partout régnait un silence morne, qui n'était interrompu que par le roulement sinistre de la fusillade et le retentissement du canon. Partout on ne voyait apparaître que des citoyens en uniformé. De temps à autre, cependant, les régiments appelés du dehors, les gardes nationales de la Normandie, de l'Artois, de la Flandre, de la Bretagne, de l'Anjou, de l'Orléanais accourant au secours de Paris, traversaient la ville, enseignes déployées et au bruit du tambour, et les habitants de la capitale applaudissaient du haut des fenêtres en les voyant aller au combat.

Dans la journée du 25 juin (le dimanche dans l'octave de la Fête-Dieu), une victime, illustre entre toutes, tomba à son tour. Mgr Denis Affre, archevêque de Paris, après avoir obtenu l'assentiment du général Cavaignac, se dirigea vers le théâtre de l'insurrection, et, à huit heures du soir, se présenta sur la place de la Bastille pour porter des paroles de paix aux insurgés. Il était seul, à pied, accompagné de ses deux grands vicaires, et s'entretenait avec eux en prononçant ces paroles saintes : *Le bon pasteur donne sa vie pour ses brebis*. Précédé d'un parlementaire qui portait une branche verte en signe de réconciliation, il monta sur une barricade et fut écouté avec respect. Comme il parlait encore, un coup de feu se fit entendre et donna l'alarme ; aussitôt la fusillade s'engagea de nouveau, et frappé par une balle dirigée contre lui d'une fenêtre, l'archevêque martyr tomba blessé mortellement. Les insurgés, au pouvoir desquels il se trouvait alors, le transportèrent chez M. le curé des Quinze-Vingts, et l'un d'eux, qui était médecin, mit un appareil sur la blessure ; le lendemain, des négociations ayant été ouvertes, on rapporta Mgr Affre à l'archevêché, où tous les soins de l'art lui furent prodigués, mais ce fut en vain. Après deux jours de cruelles souffrances, le vénérable prélat rendit le dernier soupir. « Demandez à Dieu, écrivit le général Cavaignac au clergé, que ce *sang soit le dernier versé*. » Ce vœu, qui avait été le dernier exprimé par Mgr Affre, fut exaucé, et les insurgés, accablés sous le double sentiment du remords et de l'impuissance, se déterminèrent enfin à poser les armes. Telles furent les sanglantes journées de juin dont le souvenir douloureux ne s'effacera jamais du cœur des citoyens de Paris.

Au milieu de ces redoutables circonstances, l'Assemblée Nationale Constituante garda une attitude digne et courageuse. Plusieurs de ses membres périrent noblement pour la cause de l'ordre. Les autres, continuant de siéger dans l'enceinte législative, reçurent la démission du pouvoir exécutif, mirent Paris en état de siége, et conférèrent l'administration politique et militaire au général Cavaignac, alors investi du commandement de l'armée, et qui, sous le titre modeste de président du conseil, prit en main le gouvernement de la France.

PARIS SOUS LE GÉNÉRAL CAVAIGNAC. — ASSEMBLÉE CONSTITUANTE.

25 JUIN — 20 DÉCEMBRE 1848.

Les partis enterrèrent leurs morts; on vit sous la république ce qui n'avait été vu à aucune époque de notre histoire, les accusés confondus en masse avec les coupables, et la bataille se prolonger longtemps après la victoire. Durant le combat, on avait arrêté plusieurs milliers d'hommes, la plupart dans les rangs de l'émeute, un assez grand nombre sur de simples indices grossis par la peur, sur la foi de dénonciations vagues, parmi les curieux obstinés à se rapprocher du théâtre de la lutte. Il était impossible de procéder au jugement de ces multitudes. L'Assemblée Constituante prit une détermination inouïe qui rappelait les votes de la Convention; elle décréta la transportation en masse de tous ceux qui avaient été arrêtés les armes à la main, et ce décret fut appliqué à une foule d'hommes soupçonnés ou suspects. En attendant l'heure de leur départ, on les entassa dans les prisons et jusque dans le souterrain de la terrasse du bord de l'eau. Les premiers jours de leur détention furent très-douloureux ; la plupart d'entr'eux manquaient d'air et de pain ; c'étaient là les tristes conséquences de la guerre civile. Cependant, l'état de siége fut maintenu jusqu'au retour complet de la sécurité publique, et, durant ce régime de transition, la police et l'action judiciaire appartinrent à l'épée ; différents journaux furent supprimés ou suspendus; on ferma les clubs; on mit l'insurrection au ban de la France, et la population paisible espéra un meilleur avenir.

Quand cessa le régime militaire, plusieurs lois, décrétées par l'Assemblée Nationale, avaient entouré l'ordre de garanties et confié des moyens de répression au gouvernement régulier. L'administration de Paris organisa des cérémonies funèbres très-imposantes en mémoire de ceux qui avaient péri pour la cause des lois, et un service fut célébré sur la place de la Concorde. Longtemps encore on maintint à Paris des masses considérables de troupes, on les fit camper sous des tentes ou sous des abris élevés à la hâte. Paris présenta l'aspect d'une immense place en état de guerre. Cette situation se prolongea jusqu'au mois de septembre.

Cependant, l'Assemblée Nationale mettait à profit le repos qui lui était donné pour rédiger une constitution. Il n'entre pas dans notre mission de raconter les longues et incohérentes séances qui furent consacrées à ce travail. L'émeute se taisait dans les carrefours; elle prenait sa revanche au Palais-Bourbon ; là, chaque système, chaque théorie plus ou moins révolutionnaire, plus ou moins incompatible avec l'ordre social, se produisait audacieusement au grand jour de la tribune et obtenait les honneurs de la discussion. Ces idées subversives, ainsi proclamées par les chefs des écoles, descendaient dans les masses, et, sans ajouter un

Sur la barricade du Faubourg St Antoine (dimanche 25 juin 1848)

atome de bien-être à leur condition actuelle, elles faisaient entrevoir aux multitudes pauvres et ignorantes des chimères sans réalisation possible, une prétendue félicité qui n'était point la récompense du devoir, et qui, de tous points, était contraire à la loi de Dieu et aux préceptes que Jésus-Christ, le Verbe incarné, avait enseignés sur la montagne. Le communisme, le fouriérisme, le babouvisme, le jacobinisme proposèrent tour-à-tour leur solution; l'homme téméraire qui a dit : *la propriété, c'est le vol!* eut l'entière liberté de développer des combinaisons, à l'aide desquelles la fortune immobilière devenait un vain mot, et qui mettait en circulation, sous forme de papier monnaie, toutes les parcelles du pays. On ne saurait croire quel mal enfantaient ces discussions. Il ne faut qu'un jour pour faire admettre par le paysan et l'ouvrier que la propriété doit être mise en commun, et qu'il faut partager, avec une égalité absolue, le sol et l'argent entre tous les hommes; il faut trente ans, il faut un siècle d'autorité puissante et sage pour effacer ces folles idées de l'esprit des masses. Sur ces entrefaites, les conseils de guerre jugeaient un certain nombre d'insurgés de juin, plus compromis que les autres, et qui avaient été réservés pour la justice régulière. Ces misérables, pris les armes à la main, auraient pu se borner, pour défense, à invoquer certaines théories officiellement admises dans l'enceinte législative.

Dans les premiers jours de novembre, l'Assemblée Nationale termina son œuvre en votant les derniers articles de la constitution imposée à la France. Ce code politique avait été dégagé des dangereuses théories du socialisme; ses auteurs, déterminés à maintenir la forme républicaine, avaient fait justice des idées fausses proclamées contre la propriété et la famille, ils avaient imaginé une combinaison gouvernementale assez régulière, mais ils avaient fait abstraction, d'une manière absolue, de la tradition politique et du caractère national. Rêveurs imprudents, et pour la plupart honnêtes, ils avaient cru fonder un ordre stable en inventant une charte imitée (moins la royauté) de la constitution de 1791, et en créant un antagonisme perpétuel entre le pouvoir exécutif et le pouvoir législatif. Le droit de faire la loi était confié à une assemblée unique; la mission de gouverner allait être donnée pour quatre ans à un président, élu par le suffrage universel, et que la France ne pouvait réélire. En prenant cette précaution contre le rétablissement possible de la forme monarchique, l'Assemblée avait imprudemment mis au néant le droit permanent de la nation française et enfanté le germe des plus redoutables conflits. Quand cette constitution imparfaite et grosse de futurs orages eut été achevée, la France qui avait redouté des lois plus dangereuses encore, des institutions plus folles et des expériences plus téméraires, l'accueillit comme un progrès sur le régime auquel on nous avait soumis depuis le 24 février. Malgré le froid, la neige et l'hiver, l'Assemblée Nationale, un peu fière de son œuvre, crut devoir inaugurer la nouvelle constitution par une cérémonie publique qui eut lieu, en plein air, au milieu de l'immense place de la Concorde. Tous les corps constitués étaient présents à cette solennité. On y avait également convoqué la garde nationale, et, sur des places réservées, fort mal abritées par des toiles, on avait installé un grand nombre de curieux de tout âge et de tout sexe. Là, en présence de cette multitude en uniforme, en toilette de ville ou en blouse, M. Armand Marrast, président de l'Assemblée, donna lecture de la constitution. La première ligne de ce code était ainsi formulée : « La France s'est constituée en république. En adoptant cette *forme définitive* de gouvernement, etc. » Les autres articles renfermaient les dispositions du nouveau code. Cette loi, que ses auteurs semblaient proclamer éternelle, ne devait avoir que trois ans d'avenir : un pressentiment secret l'annonçait à la France, mais ce pays, tourmenté chaque jour par tant de secousses, se disait qu'après tout on était encore fort heureux d'avoir trois ans à soi pour espérer et vivre (12 novembre).

Un décret de l'Assemblée Nationale convoqua le peuple français dans ses comices pour procéder à l'élection de l'homme à qui devait être remis l'honneur et le devoir de gouverner durant une période de quatre ans la république, sous la surveillance des députés, et avec le titre modeste de président. Pour la seconde fois, depuis moins d'un an, la France allait être mise en demeure d'agir elle-même. Déjà, au mois d'avril, en élisant l'Assemblée Constituante, elle avait fait justice des fureurs révolutionnaires et des théories rétrogrades. Au mois de décembre 1848, bien autrement éclairée sur ses propres besoins et sur les dangers qui naissent des principes républicains, elle allait enfin prendre une éclatante revanche de la surprise du 24 février, et se venger des gens qui, sans la consulter, avaient osé disposer d'elle. On lui avait imposé la république dont elle ne voulait pas. Libre d'exprimer ses sympathies, elle allait faire sortir de l'urne la condamnation de cette république usurpatrice. Vainement on étalait sous ses yeux le tableau des services que lui avait rendus le général Cavaignac, dans les terribles journées de juin; la France n'était pas ingrate, mais elle ne voulait pas être confisquée au profit d'une ambition isolée, et, en remontant dans son histoire, elle trouvait d'autres motifs de reconnaissance qui la ramenaient au 18 brumaire, alors que, grâce à Dieu et par le génie d'un homme providentiel, elle s'était vu affranchie de la première république. Tout le pays officiel, les fonctionnaires publics, les chefs de la garde nationale, la majorité de l'Assemblée Nationale, la bourgeoisie travaillaient à faire élire le général Cavaignac : le peuple résista à cet entraînement et porta ailleurs ses suffrages.

A plusieurs reprises, Paris et les départements avaient élu, membre de l'assemblée nationale, le plus proche héritier de l'Empereur, le prince Louis-Napoléon Bonaparte, dont le nom a déjà figuré dans ce livre. Les démagogues et le parti orléaniste s'étaient inquiétés de ce choix, parce qu'ils y voyaient le symptôme avant-coureur de leur défaite; les partisans du général Cavaignac et la fraction républicaine désignée sous le titre « d'école du *National*, » avaient affecté de signaler le prince comme un prétendant monarchique qu'il fallait mettre au ban de la France; mais la France ne s'était associée à aucune de leurs craintes, et, longtemps avant l'heure du scrutin, le choix était fait dans le cœur du peuple.

Le prince Louis-Napoléon, au mois de décembre 1848, était âgé de quarante ans. Il était fils de Louis Bonaparte, roi de Hollande, et de la reine Hortense, fille adoptive de Napoléon Ier. Sa première enfance s'était passée à la cour de l'Empereur son oncle, qui le chérissait avec prédilection; on eût dit que le grand capitaine avait au fond du cœur le pressentiment des destinées du jeune prince. Après les désastres de 1814, sa mère l'avait conduit à Augsbourg; en 1815, cette illustre exilée s'était fixée à Arenenberg, château situé en Suisse, dans le canton de Thurgovie, sur une colline baignée par le lac de Constance. Là, le prince Louis-Napoléon avait grandi, et son adolescence s'était signalée par la pratique du dévoûment et de l'intelligence. Sa mère n'avait cessé de lui rappeler qu'il était Français, et que sa vie appartenait à la France. La révolution de juillet éclata lorsqu'il était au camp de Thoun, où se faisait l'instruction des officiers de génie et d'artillerie de la Suisse. Un instant il crut que la patrie allait rappeler dans son sein la dynastie impériale, mais le peuple, en 1830, ne fut pas consulté, et deux cent dix-neuf députés, cédant à la pression des influences, conférèrent le gouvernement de la France à la maison d'Orléans. Le contre-coup des événements de juillet s'étant fait sentir en Europe, Louis-Napoléon, en 1831, prit part aux soulèvements armés qui eurent lieu en Italie pour la cause de l'indépendance; cette cause fut vaincue; l'Autriche prévalut et le prince retourna dans l'exil d'Arenenberg. Deux fois, depuis lors, comme on l'a vu plus haut, en 1836 et en 1840, il avait essayé de renverser le gouvernement de Louis-Philippe, mais ses tentatives avaient échoué. Il est vrai de dire qu'elles avaient eu providentiellement pour résultat de faire connaître à la France que le plus proche héritier de Napoléon-le-Grand revendiquait la gloire de gouverner sa patrie, et de continuer l'œuvre interrompue par le canon de Waterloo; grâce à ces deux tentatives, la nation savait où était le représentant de la dynastie impériale; vinssent les jours d'épreuve, et le nouveau chef était désigné d'avance à ses suffrages. Il y avait en quelque sorte un pacte tacite entre le peuple et l'héritier de l'Empereur. On s'obstinait à méconnaître ce pacte, mais, au 10 décembre 1848, la France, libre d'agir et de disposer d'elle-même, exhiba ce contrat national et s'y montra fidèle. Sur sept millions de votants, le prince Louis-Napoléon Bonaparte avait obtenu cinq millions quatre cent trente-quatre mille suffrages, et, dans la journée du 20 décembre, il fut proclamé par l'Assemblée Nationale *président de la république française*. Le canon des Invalides annonça ce grand événement au peuple de Paris, mais l'œuvre de réparation et de réédification sociale commençait à peine.

PRÉSIDENCE DU PRINCE LOUIS-NAPOLÉON.

20 DÉCEMBRE 1848 — 2 DÉCEMBRE 1852.

Paris avait fait ou imposé à la France la Révolution de Février; la France prit une éclatante revanche sur Paris en contraignant cette capitale d'accepter le vote libérateur du 10 décembre. Pour la première fois, depuis 1789, Paris s'étonna d'avoir perdu la dictature politique et de n'exercer que sa part de souveraineté nationale. Depuis lors, cette situation, qui est vraie et juste, est demeurée celle du pays. La France, trop longtemps dépossédée par sa capitale du droit de vouloir et d'agir, a reconquis la plénitude de son initiative. Paris est resté la tête, le cœur, le sujet d'orgueil de la patrie; la patrie a cessé d'abdiquer, et ses affaires n'en vont pas plus mal lorsqu'elle s'en mêle. C'est la France qui avait choisi Louis-Napoléon; la bourgeoisie parisienne aurait préféré le général Cavaignac. Ses mauvais vouloirs et ses résistances durent fléchir devant le vœu du peuple, et le glorieux nom de Bonaparte, autrefois symbole d'ordre, d'égalité et de salut, reparut enfin, au bout d'un demi-siècle, pour recommencer l'œuvre de la libération commune.

L'Assemblée Constituante, élue peu de mois après le 24 février, et qui avait cru à la possibilité de la république, s'imaginait que la constitution élaborée dans son sein était mise en péril par l'arrière pensée d'une dictature militaire. Troublée par ce fantôme, elle ne voulait prêter au pouvoir exécutif ni l'appui de ses votes, ni l'adhésion morale dont il avait besoin pour en finir avec les détestables traditions du socialisme. Le prince Louis-Napoléon, tout en ménageant cette assemblée, se passa autant que possible de son concours, et la laissa à sa sourde malveillance. Il avait appelé à le seconder M. Odilon-Barrot, tribun du centre gauche, citoyen honorable et honnête, mais qui, durant une lutte de vingt ans, n'avait appris qu'à démolir l'autorité et non à l'affermir. M. Barrot chercha de bonne foi, et malgré son inexpérience, à reconstituer les principes qu'il avait lui-même autrefois affaiblis et combattus. Au ministère de l'intérieur, un ministre intelligent mais impopulaire, M. Léon Faucher, eut également mission de rétablir l'ordre, et il s'y appliqua avec une opiniâtre fermeté, tout engagé qu'il fût par son propre passé, dans les voies du parti soi-disant démocratique. Le commandement militaire de Paris fut donné au général Changarnier. C'était un général illustré en Afrique par des actes de courage, et en qui ce qu'on appelait alors la réaction conservatrice, faisait reposer les plus grandes espérances. Par malheur pour lui, il se crut plutôt l'héritier du général Cavaignac que l'auxiliaire du prince

Louis-Napoléon. Au lieu de s'associer à la pensée du président, il chercha à la contrarier et à la combattre; il crut que la France, quatre ans après le 10 décembre, serait heureuse d'implorer l'appui de son épée; il rêva la présidence dans l'avenir, et il ne comprit point la situation dans laquelle il jouait un des premiers rôles. En ce même moment, Louis-Napoléon confia la préfecture de police au général Rébillot, un des principaux chefs de la gendarmerie, et qui, à une autre époque, avait lui-même conduit le prince au château de Ham. Il y avait dans ce choix autant de magnanimité que de prudence.

Il ne nous appartient pas de faire l'histoire du gouvernement de la république, confié aux mains de Louis-Napoléon, président. Les annales particulières de Paris doivent seules être mises en évidence dans notre travail. Élu en dépit du pouvoir, malgré le socialisme, au grand étonnement de la bourgeoisie, le prince-président (que les journaux ennemis affectaient de nommer *Monsieur* Bonaparte) ne s'appuyait que sur le vrai peuple, c'est-à-dire le peuple qui laboure, qui travaille, et qui, laissant à quelques privilégiés les honneurs et les places, se dévoue obscurément pour la patrie. La démagogie, d'une part, les républicains, de l'autre, se disposaient à mettre à profit la liberté excessive dont ils étaient en jouissance, pour contrarier le gouvernement du prince. Les orléanistes, qui avaient voté pour le général Cavaignac, ne voulaient à aucun prix s'associer à un pouvoir dont la durée devait être la ruine de leurs espérances. De là des causes multiples d'agitation, d'effervescence et de trouble. Le neveu de l'Empereur, investi par la France d'une haute mission d'ordre et de salut, ne se laissa point décourager par tant d'obstacles; il mit sa gloire à relever, chaque jour, une pierre de l'édifice social, à faire disparaître un élément de désorganisation et de licence. A la grande stupeur de la démocratie rouge, on fit peu à peu enlever cette forêt d'arbres de liberté qui entravaient la circulation dans Paris, et dont chacun semblait être un trophée de révolte. Les assassins du général de Bréa furent traduits devant un conseil de guerre, et subirent leur châtiment. La sécurité rendit un peu d'activité aux affaires; le commerce osa entreprendre de nouvelles opérations. Le président de la république, en passant de fréquentes revues, se mit en communication plus étroite avec l'armée. On donna des bals, des concerts, des fêtes, et Paris se mit peu à peu à reprendre la physionomie des périodes de paix et de bien-être. Comme pour donner un démenti à la république, officiellement installée dans les lois et dans le pays, l'Académie Française, ayant à procéder au choix de deux nouveaux immortels, porta ses suffrages sur M. de Noailles et sur M. de Saint-Priest, deux membres de l'ancienne aristocratie, et cette protestation du corps littéraire parut de bon goût. Vers le même temps, M. de Lamartine, saturé de déceptions politiques, fit sa réapparition dans les lettres en publiant coup sur coup ses *Confidences* et son *Raphael,* œuvres encore remarquables par le style, mais qui, en portant trop, peut-être, l'empreinte du *moi* personnel, n'ajoutèrent que peu de chose à la gloire du grand poète. Au théâtre, le public ne se passionnait que pour des comédies, assez peu dignes d'Aristophane, sans doute, mais qui rappelaient l'étrange liberté du satyrique Athénien. Il nous suffira de rappeler l'immense vogue de deux vaudevilles : *la Propriété, c'est le Vol!* et *la Foire aux Idées,* énergiques et populaires libelles en action, dirigés l'un et l'autre contre les hommes et les choses du socialisme.

La république ne se laissait pas déposséder peu à peu de la puissance sans essayer la lutte. Elle avait imaginé de prendre sa revanche du scrutin du 10 décembre, et d'organiser une insurrection contre le Gouvernement et les lois. Les sociétés secrètes avaient reçu le mot d'ordre; les clubs formaient la réserve. Les débris des vaincus de juin, unis à quelques démocrates de moins bas étage, se disposaient à recommencer la bataille : ils comptaient, d'ailleurs à tort, sur la majorité de l'Assemblée Nationale qui venait de se montrer contraire à la pensée du Gouvernement à l'occasion des clubs, dont le prince-président poursuivait la fermeture.

Le 29 janvier 1849, tout sembla prêt, de part et d'autre, pour une lutte à main armée. Le Gouvernement ne se laissa point devancer par ses ennemis; le premier il se trouva en mesure de livrer le combat. Dès le matin, on battit le rappel dans tous les quartiers, appelant aux armes la garde nationale et la troupe de ligne. Paris avait cette physionomie inquiète, qui est particulière aux jours d'émeute et qui pouvait rappeler la matinée du 23 juin 1848. Seulement, en juin, la répression ne se montrait nulle part; le 29 janvier elle était partout. Dans toutes les sections de Paris, la troupe stationnait ou marchait par fortes colonnes; la garde nationale occupait des postes improvisés avec des sentinelles avancées au coin des rues. Il suffisait de jeter un seul coup-d'œil sur ce déploiement considérable de forces pour se convaincre que, du moment où elle oserait se montrer, l'émeute préparée par le socialisme serait écrasée. Vers deux heures, le prince-président, suivi d'une escorte, parcourut le front des troupes et de la garde nationale. Partout il fut reçu avec enthousiasme; le peuple et l'armée l'acclamaient sur son passage aux cris de *Vive Napoléon!* et l'insurrection, terrifiée par le sentiment de sa propre faiblesse, n'engagea la lutte nulle part. Le secret de la décourager et de la vaincre, même sans combattre, venait d'être révélé au pouvoir. Moins d'un mois après, en dépit d'une loi récemment votée et des exhortations du parti révolutionnaire, le premier anniversaire de la révolution de février fut célébré à Paris sans éclat et sans honneur. Les républicains attendaient une revanche; les modérés ne voulaient point se résigner à fêter l'ère de leur déception et de leur ruine. Tout se borna à un service funèbre, où assistèrent les corps officiels, et à quelques visites faites aux tombes des morts. Le 4 mai, au contraire, jour anniversaire de celui où la république avait été proclamée par l'Assemblée Nationale, il y eut à Paris des fêtes d'une splendeur inouïe et qui attirèrent un immense concours de citoyens et d'étrangers. On avait voulu, à dessein, faire moins d'honneur au 24 février, dont le déplorable souvenir rappelait seulement le triomphe de l'émeute, tandis que le 4 mai était, en quelque sorte, la date du jour où le règne de la loi avait recommencé.

Depuis plusieurs mois, les esprits étaient en proie à une sinistre préoccupation : le choléra asiatique avait reparu dans notre capitale. D'abord concentrés dans les hôpitaux, ses ravages s'étaient peu à peu répandus sur tous les points de Paris et beaucoup de victimes étaient emportées. Toutes les classes de la société lui payaient leur tribut, mais en général, le nombre des morts était plus considérable dans la population pauvre. Les caractères de l'épidémie ne rappelaient pas toujours ceux du choléra de 1832. Soit que la maladie eût perdu de son intensité foudroyante, soit que la science médicale fût mieux en mesure de la combattre, le choléra, sauf exceptions, était moins dangereux, moins terrible dans ses effets extérieurs; il procédait plus lentement; on pouvait mieux le saisir au début, et les guérisons étaient plus fréquentes. Cependant, au mois de juin, le chiffre des morts dépassa sept ou huit cents par jour, et l'on vit, comme en 1832, le sinistre appareil des cercueils amoncelés dans des tapissières et conduits en masse dans les fosses communes. Au nombre des personnages illustres qui succombèrent au fléau, on eut à regretter le maréchal Bugeaud, duc d'Isly, l'homme de guerre en qui l'armée avait foi, et dont l'épée offrait à la cause de l'ordre la plus puissante garantie. Durant son agonie, le prince-président de la république se rendit auprès de lui et vint recevoir ses derniers adieux. La mort du vainqueur de l'Isly consterna le parti conservateur; on se demanda qui donc aurait désormais la volonté et la puissance de prendre à la tête du pays cette place demeurée vide. Il n'est pas rare qu'on se fasse de semblables questions et qu'on oublie que Dieu trouve où il veut le moyen de sauver les peuples.

Mais déjà l'Assemblée Constituante avait terminé sa mission et fait place à l'Assemblée Législative, élue au mois de mai 1849; le 18, avait eu lieu, sur la place de l'Hôtel-de-Ville, la proclamation des vingt-huit représentants de Paris. Cette fois encore, le suffrage universel avait rendu des oracles fort contradictoires et associé des noms peu habitués à figurer sur les mêmes listes. Dans la nouvelle assemblée, l'élément socialiste fut notablement diminué, mais le parti légitimiste et le parti orléaniste comptèrent d'assez nombreux adhérents. A peine si les deux cinquièmes des membres élus sympathisaient avec le prince-président, et on pouvait dès lors pressentir des luttes, des divisions, des coalitions interminables dont le résultat devait être de donner au pays une assemblée impuissante pour agir, capable de tout empêcher, hors d'état de vouloir, toujours disposée au refus. La malheureuse France subissait logiquement les conséquences du 24 février, et l'avenir s'offrait à elle sous des couleurs assez sombres. Au dehors, les difficultés étaient graves. En Allemagne, la tentative essayée par les assemblées révolutionnaires, pour reconstituer l'unité germanique, continuait à échouer, en donnant lieu à des désordres et à des massacres. L'empereur de Russie, après avoir obtenu de la Porte la permission d'occuper les provinces du Danube, publiait enfin un manifeste aux termes duquel il déclarait intervenir, à main armée, dans les affaires de l'Autriche et de la Hongrie. En Italie, la cause nationale, défendue par le Piémont, avait succombé à Novare. A Rome, le pouvoir, arraché aux mains du vénérable Pie IX, avait passé aux mains d'un comité dirigé par Mazzini et Garibaldi, et d'une assemblée, soi-disant constituante, qui travaillait à détruire la religion et l'ordre. La république de Venise, un moment ressuscitée, luttait encore contre l'armée autrichienne commandée par le vieux maréchal Radetzki. La France serait demeurée infidèle à sa mission si elle s'était croisé les bras en face de ces grandes catastrophes sociales. Sous le gouvernement d'un Bonaparte, on n'avait point à attendre d'elle une abstention indigne de sa gloire. Le prince-président avait résolu de mettre un terme aux orgies révolutionnaires des Romains, et de rétablir l'autorité temporelle du Souverain Pontife. Un corps d'armée, aux ordres du général Oudinot, avait été chargé de tenter cette œuvre grande et difficile, mais le parti républicain, très-puissant dans l'Assemblée et encore maître de Paris, travaillait de tous ses efforts à paralyser la généreuse politique de Louis-Napoléon et à maintenir Rome sous la domination des sicaires.

Un comité démocratique socialiste, qui comptait dans son sein l'élite des représentants de la Montagne, s'était organisé en vue d'une insurrection prochaine, et l'on n'attendait qu'un prétexte; il fut donné. L'Assemblée Législative ayant refusé d'accueillir les protestations du parti exalté, contre l'intervention de la France dans les affaires de la république romaine, un mouvement eut lieu à Paris, dans la journée du 13 juin 1849. Dès la veille, l'Assemblée avait repoussé par l'ordre du jour une proposition tendant à mettre en accusation le président de la république et les ministres. Le 13, au matin, les journaux socialistes publièrent le manifeste des députés montagnards et des comités insurrectionnels. Le peuple fut convoqué pour onze heures sur le boulevard, en face du Château-d'Eau. Les émeutiers furent fidèles à ce rendez-vous et la « manifestation, » pour employer le langage du temps, eut lieu à l'heure indiquée. Dans les rangs des multitudes qui s'attroupaient, il y avait des hommes armés, des hommes sans armes. Quelques instants de plus, et l'émeute allait enfanter une révolution. Mais le pouvoir était sur ses gardes; le prince Louis-Napoléon avait fait appel aux forces légales, et l'armée, obéissant à ses ordres, aussi bien que la garde nationale, se trouvait prête pour la lutte. Les factieux ne se laissèrent point partout intimider par l'appareil de répression déployé dans la ville. Le long du boulevard du Temple, on vit se dérouler des bandes précédées d'un drapeau rouge, et qui faisaient entendre les cris de : *Vive la république romaine! Vive la Montagne! A bas les traîtres!* Le ministre des travaux publics étant survenu, à cheval, suivi d'un lancier, fut attaqué et maltraité, et parvint non sans peine à se réfugier dans la mairie du sixième arrondissement.

Quelques officiers d'état-major furent l'objet des mêmes sévices. En ce moment se présenta, non loin du Château-d'Eau, M. Étienne Arago, l'un des chefs du mouvement; il était en uniforme de chef de bataillon de la garde nationale. Quelques autres chefs républicains, parmi lesquels on remarquait M. Victor Considérant, vinrent l'y rejoindre. Vers une heure, la tête de la manifestation arriva à la hauteur de la rue de la Paix. Soudain le général Changarnier, secondé par des officiers d'élite, lui barra le passage et fit faire les sommations légales. Les émeutiers, refusant de se disperser, la troupe avança résolument, et plusieurs charges de cavalerie ordonnées à propos dégagèrent le boulevard. Les insurgés s'enfuirent dans toutes les directions, appelant le peuple aux armes. On les vit bientôt se rallier, se porter aux dépôts d'armes, élever des barricades et essayer quelque résistance. Des collisions isolées s'engagèrent, mais grâce à l'énergie des chefs militaires et aux dispositions habiles prises pour couper les colonnes d'émeutiers, en isoler les tronçons et accabler la révolte par la force, ces engagements coûtèrent peu de sang, et le résultat de la journée ne fut pas un seul moment incertain. Vaincus dans la rue, les instigateurs du mouvement, à la tête desquels figuraient MM. Ledru-Rollin, Gambon, Rattier, Boichot, Commissaire, Considérant, Guinard, Suchet, Fargin-Fayolles et Pilhes, s'installèrent au Conservatoire des Arts-et-Métiers, et cherchèrent, en quelque sorte, à fonctionner comme parlement national, chargé des intérêts révolutionnaires. Un nombre assez considérable de représentants montagnards vinrent se joindre à eux. Sur ces entrefaites, la troupe arrivait et s'emparait successivement de toutes les positions qui avoisinaient le Conservatoire. L'artillerie de la garde nationale chercha à protéger les conspirateurs, mais ses efforts, mal combinés, furent promptement déjoués, et bientôt après la déroute des révolutionnaires fut complète. M. Ledru-Rollin s'enfuit en passant par un vasistas; la plupart de ses collègues réussirent à s'évader à travers le jardin, et en gagnant par des chemins dérobés les rues voisines du Conservatoire. Vers le soir, l'ordre matériel était rétabli, et il ne restait de cette tentative désespérée que la conviction de son impuissance. Quelques mois après, la haute cour de Versailles faisait justice des coupables, et condamnait la plupart des chefs à la déportation et à la détention.

Cette journée, signalée par la victoire du parti de l'ordre, rallia de plus en plus au gouvernement du prince Louis-Napoléon tous les hommes honnêtes que menaçait la démagogie. On remarqua l'attitude énergique du chef de l'État, on rendit hommage à la vigueur intelligente de ses dispositions, et quand il eut fait afficher sur les murs de Paris cette proclamation célèbre où il était dit : « Il faut désormais que les bons se rassurent et que les méchants tremblent! » Ce langage si naturel, mais qui était alors nouveau, tant la vérité avait fléchi depuis vingt ans, fut le signal d'une réaction presque unanime en faveur de la justice et des lois. Par un décret émané de l'Assemblée Nationale, Paris fut mis en état de siége; la même mesure ne tarda pas à être prise à l'égard de Lyon, où l'insurrection s'était manifestée plus sinistre et plus meurtrière. On vit, avec une douloureuse émotion, que les entreprises des factieux coïncidaient avec les ravages inouis qu'exerçait alors le choléra, et on maudit avec d'autant plus d'indignation des crimes impies que n'avait point découragés le deuil des familles.

En cette même année avait eu lieu, à Paris, l'exposition périodique des produits de l'industrie nationale. En dépit du malheur des temps, elle avait permis de constater les progrès remarquables de nos manufactures, et la France pouvait être orgueilleuse de ses fils. Le 11 novembre 1849, le prince-président distribua solennellement les insignes de la Légion-d'Honneur aux fabricants et aux ouvriers que le grand jury avait jugés dignes de cette récompense. A cette occasion, il prononça un de ces discours que le public était avide d'entendre et de commenter; on y remarquait les passages suivants : « Le plus grand danger peut-être des temps modernes vient de cette fausse opinion, inculquée dans les esprits, qu'un gouvernement peut tout, et qu'il est de l'essence d'un système quelconque de répondre à toutes les exigences, de remédier à tous les maux. Les améliorations ne s'improvisent pas; elles naissent de celles qui les précèdent : comme l'espèce humaine, elles ont une filiation qui nous permet de mesurer l'étendue du progrès et de le séparer des utopies. Ne faisons donc pas naître de vaines espérances, mais tâchons d'accomplir toutes celles qu'il est raisonnable d'accepter..... Lorsque de retour dans vos départements, vous serez au milieu de vos ouvriers, affermissez-les dans les bons sentiments, dans les saines maximes, et, par la pratique de cette justice qui récompense chacun selon ses œuvres, apaisez leurs souffrances, rendez leur condition meilleure. Dites-leur que le pouvoir est animé de deux passions également vives : l'amour du bien et la volonté de combattre l'erreur et le mensonge..... » En entendant ces belles paroles, on se sentait plus à l'aise, on comprenait que la société et la civilisation, l'une et l'autre vaincues en février, remontaient la pente sur laquelle elles avaient été entraînées loin du vrai et du bien.

La défaite des ennemis de l'ordre, dans la journée du 13 juin, leur condamnation, leur exil, avaient imprimé au parti socialiste une sorte de découragement. A la faveur de ce répit, la confiance continua de renaître. En ce temps d'utopies, où chaque monomanie pouvait édifier un temple à ses propres idées, on vit se réunir à Paris, sous la dénomination de *Congrès de la Paix*, un certain nombre de publicistes et de penseurs étrangers, la plupart anglais, américains et allemands, qui, associés à des rêveurs d'origine française, étudièrent en commun les moyens de supprimer désormais la guerre. Les réunions de ces théoriciens pacifiques, qui nous faisaient rétrograder au temps de Guillaume Penn, demeurèrent fort inaperçues; les vaudevillistes en firent des textes de couplets, les dessinateurs crayonnèrent des charges, et le fléau de la guerre ne cessa nullement de menacer le monde.

L'année 1850 s'ouvrit sous l'empire de la confiance et de l'espoir; on se disait bien que le pays était menacé dans un prochain avenir, mais on croyait avoir deux ans devant soi, et l'on comptait sur la sagesse des majorités, sur l'intelligence des grands pouvoirs; on se disait que les difficultés seraient résolues pacifiquement, l'une après l'autre. En attendant, l'élite de la société parisienne se pressait dans les splendides salons de l'Élysée, et le prince-président, vers lequel se portaient tous les regards, continuait à rassurer le pays par sa haute raison et son attitude calme en face des éventualités suspendues sur la France.

Un homme de cœur, habitué à lutter contre les mauvaises passions de la rue, M. Carlier, venait d'être appelé aux difficiles fonctions de préfet de police. Les bourgeois de Paris qui avaient aimé Marc Caussidière, parce qu'il faisait à sa façon de l'ordre avec du désordre, placèrent avec un peu plus de raison leur confiance dans l'énergique intelligence de M. Carlier. Ainsi qu'on l'a vu plus haut, l'administration avait entrepris de débarrasser la capitale d'une forêt de prétendus arbres de la liberté qui gênaient la circulation. Le parti exalté, qui épiait chaque prétexte de crier à la réaction et à la tyrannie, essaya de soulever dans la ville une sorte d'agitation en faveur du maintien de ces étranges monuments. Selon leur habitude, les Parisiens, même le mieux intentionnés, commencèrent par se plaindre, par s'étonner, par blâmer la police; quinze jours plus tard, ils se félicitèrent d'être délivrés du spectacle de ces arbres plus ou moins rabougris, dont la présence rappelait au pays des humiliations ou des saturnales, et bientôt après on n'en parla plus. Le monde élégant avait d'autres préoccupations. Depuis quatre ans, jamais il ne s'était donné plus de fêtes; on eût dit que la société menacée voulait avant tout s'étourdir, s'endormir sur le bord de l'abîme qu'elle ne pouvait éviter. Cependant, à un hiver rigoureux avaient succédé des pluies abondantes, et la Seine débordait sur les quais et dans les bas quartiers de la ville. Cet incident, dont on parla beaucoup au Gros-Caillou et à Bercy, ne troubla guère les plaisirs du carnaval. Tandis que l'on dansait au faubourg Saint-Honoré et au faubourg Saint-Germain, l'administration inaugurait sur le boulevard Mazas une prison cellulaire destinée à remplacer l'ancienne Force; l'Assemblée Nationale discutait la loi sur la liberté de l'enseignement; le monde artistique, après vingt ans, applaudissait de nouveau Mme Sontag; les républicains de Paris et des villes voisines, obéissant à un mot d'ordre, venaient isolément ou par masses, à l'occasion des anniversaires de février, entasser des couronnes d'immortelles autour du soubassement de la colonne qui s'élève sur la place de la Bastille, et cette dette payée aux morts ne donnait lieu à aucune démonstration répressive. — L'un des événements les plus remarquables de ce même hiver (mars 1850), fut, à Paris, la première représentation de *Charlotte Corday,* tragédie de M. Ponsard. — Le 6 avril, se réunit, au palais du Luxembourg, le Congrès général de l'Agriculture, des Manufactures et du Commerce, assemblée pacifique, destinée à éclairer le Gouvernement et le pays. En se rappelant qu'au même lieu, sur les mêmes bancs, deux ans auparavant siégeaient les délégués socialistes de toutes les industries, étudiant avec Louis Blanc et Albert, les moyens d'introduire le communisme dans les lois, on s'étonnait des pas immenses que la société avait faits pour revenir aux principes de la justice et de l'ordre, et un sentiment de reconnaissance instinctive se portait vers le chef de la république à qui revenait une bonne part de ce progrès.

Le pays ne se faisait point illusion sur l'avenir; on jouissait du présent, on se sentait heureux du retour de la sécurité, mais on se disait que tout cela ne durerait qu'un jour, et l'on envisageait, avec une juste inquiétude, les incertitudes du lendemain. La Constitution avait dit que le président de la république ne pouvait rester au pouvoir au-delà de quatre ans, et la nation française, fière des souvenirs de Napoléon, voulait continuer le mandat dont l'héritier de la dynastie impériale se trouvait revêtu depuis deux ans. Il y avait donc lutte entre le pays et la loi, ou, pour mieux dire, la législature de 1848 avait fait surprise au pays. Une partie de l'année 1850, les premiers mois de l'année 1851 se passèrent, à Paris, au milieu des alternatives de crainte et de sécurité qui naissaient de cet antagonisme, et la majorité espérait que tout s'arrangerait sous peu de mois, par la révision du pacte constitutionnel. Dans cette attente, on entreprenait des travaux, on ouvrait à Paris, à travers des quartiers populeux et commerçants, cette magnifique rue de Rivoli qui, en des temps plus calmes, devait recevoir plus de développement et rivaliser avec les plus splendides voies de Londres. D'un autre côté, on hâtait la démolition des ruelles qui séparaient encore le Louvre des Tuileries. On étudiait le plan des grandes Halles qui, au moment où nous écrivons, ne sont point encore achevées, mais dont Paris s'énorgueillit déjà à juste titre. Sur ces entrefaites, et le 10 décembre, le conseil municipal de la ville de Paris, au nom de cette grande capitale, offrit au prince-président un banquet solennel destiné à célébrer le deuxième anniversaire de son élection. Cette réunion fut très-brillante; tous les personnages illustres qui abondent à Paris semblaient s'y être donné rendez-vous. Les danses se prolongèrent jusqu'à cinq heures du matin, et il y eut, dans les esprits, un retour vers la confiance. Ce n'était point le compte des partis : ils se remirent à l'œuvre pour miner le terrain, pour neutraliser, par des manœuvres continues, les bonnes intentions du Gouvernement. Les uns s'appliquèrent à organiser dans toute la France un vaste réseau de sociétés secrètes; les autres, ingrats envers le président de la république, travaillèrent de tout leur pouvoir à empêcher sa réélection, à nuire à l'accomplissement du vœu populaire manifesté par le vote du 10 décembre. Rêvant, dans l'avenir, le retour des anciennes dynasties royales, les hommes de cette opinion voulaient faire de la présidence de Louis-Napoléon une sorte de pont à l'aide duquel on ferait passer la nation française de 1848 à un ordre social, vaguement défini, mais qui, après tout, ne pouvait être qu'une quasi-restauration : de là des luttes tantôt sourdes, tantôt déclarées.

L'exposition de peinture et de sculpture qui eut lieu durant l'hiver (1850-1851) fut à juste titre remarquée; parmi les belles toiles autour desquelles s'amassa le public amateur des arts, nous devons mentionner le tableau de M. Muller : l'*Appel des dernières Victimes de la Terreur;* les *Enfants dans les Blés,* d'Antigna; la *Rebecca,* de M. Decamps; la *Malaria,* par M. Hebert. Mais en 1851, toutes les préoccupations artistiques et industrielles se concentrèrent sur la grande exposition universelle, qui eut lieu à Londres, et attira dans cette capitale l'élite des savants, des manufacturiers et des hommes laborieux et utiles que renferme le monde entier.

Tandis que ces fêtes de l'intelligence et du travail honoraient la Grande-Bretagne, la situation de la France continuait à s'assombrir. Plus on approchait de l'inquiétante époque de 1852, plus redoublaient les incertitudes du pays, plus les gens qui avaient quelque chose à perdre s'épouvantaient de l'avenir. La Constitution donnant un démenti à son principe, la souveraineté du peuple, paralysait aux mains de ce même peuple l'exercice des droits de la France; elle imposait au pays, en 1852, un chef inconnu, dont le nom devait sortir de l'urne électorale et qui, cette fois, ne pouvait être l'héritier de Napoléon. Le président de la république compta sur le bon sens des majorités. L'Assemblée Nationale fut appelée à statuer sur des pétitions qui, de tous les points de la France, réclamaient la révision du pacte de 1848; l'Assemblée repoussa ce vœu du pays et dès lors on pressentit que la difficulté ne pouvait plus être résolue que par l'épée.

Quelques mois se passèrent durant lesquels l'anxiété redoubla; chaque jour on s'attendait à un conflit. Partagée entre plusieurs opinions rivales, l'Assemblée Législative avait une majorité de coalition toujours prête à repousser toutes les solutions proposées; pour faire prévaloir une combinaison de salut, elle n'avait que des minorités éparses et jalouses. De part et d'autre, les pouvoirs s'observèrent; ils se dirent que la situation ne se dénouerait que par un coup décisif, et que l'avantage appartiendrait au premier qui oserait faire appel à la force. Les socialistes se tenaient prêts à recueillir les fruits de ce conflit lamentable et ils nous menaçaient de la présidence des représentants Miot ou Nadaud, les plus exaltés d'entre leurs chefs; les républicains se ralliaient à la candidature éventuelle du général Cavaignac; les orléanistes et les légitimistes se mettaient à la suite du général Changarnier : le peuple, les regards fixés sur l'effigie de l'Empereur, ne voulait d'aucun de ces chefs et ne permettait pas aux partis de lui réserver un pareil avenir. Bientôt les meneurs de l'Assemblée cessèrent de dissimuler : faisant un crime au prince Louis-Napoléon des sympathies nationales qui se manifestaient en sa faveur, ils laissaient entrevoir l'arrière pensée criminelle d'une tentative contre les pouvoirs du chef de l'État, et dans leur style dédaigneux et dérisoire, ils parlaient tout haut de conduire « Monsieur Bonaparte » au donjon de Vincennes. Mais le prince avait la conviction profonde d'être investi d'une mission providentielle, il se disait qu'aucun complot, qu'aucun texte plus ou moins légal ne l'empêcheraient de sauver le pays, dont il avait l'honneur d'être le chef. Or, tandis que les coteries parlementaires se disposaient à provoquer l'arrestation et la mise en jugement du président, le parti communiste, de longue main préparé à la lutte, organisait dans les campagnes une nouvelle Jacquerie, une dernière invasion de barbares. Cette conspiration avait son gouvernement, son armée, ses chefs; elle devait éclater au Nord et au Midi, à l'Est, à l'Ouest, au centre, sur toute l'étendue du territoire, et pour venir à bout d'un si formidable ennemi, il fallait d'un seul coup le déconcerter et le surprendre. C'est ce que fit Louis-Napoléon avec cette énergie calme qui convient à la solution des grandes crises. Il disposa tout; il ne mit dans le secret de sa pensée que trois ou quatre amis dévoués, et quand tout fut prêt, il agit.

Dans la nuit du 1er au 2 décembre 1851, le prince assigna à chacun sa mission; le 2, avant l'aube, le préfet de police, M. de Maupas, associé l'un des premiers au secret du coup d'État, donna des ordres aux commissaires et aux officiers de police, et sur le champ, à la même heure, dans les divers quartiers de Paris, les chefs politiques et militaires de l'Assemblée Législative furent mis en état d'arrestation. De ce nombre furent MM. Cavaignac, Changarnier, Bedeau, Lamoricière, Thiers, Charras, Lagrange, Greppo, Miot, Nadaud, etc. Le palais de l'Assemblée fut occupé militairement par le colonel Espinasse, un des plus intrépides officiers de notre jeune armée, et qui avait fait ses preuves à l'assaut de Rome et dans les campagnes d'Afrique. Dans l'enceinte législative furent arrêtés MM. Le Flô et Baze, questeurs de l'Assemblée. Surpris par l'homme dont ils avaient eux-mêmes médité l'arrestation, ils firent preuve d'une vive irritation et s'exhalèrent en menaces. M. de Persigny qui avait activement secondé l'élan de la troupe vint rendre compte au président de l'exécution de ses ordres. Il était à peine sept heures du matin, et déjà les principaux postes de la capitale étaient au pouvoir du prince, et M. de Morny, déjà installé au ministère de l'Intérieur, transmettait dans tous les départements les ordres que la circonstance réclamait. En peu d'instants, sur tous les murs de la capitale, on lisait les décrets et les proclamations qui manifestaient à la France le vœu, l'ordre et les appels du prince Louis-Napoléon.

Les citoyens de Paris et l'armée se montrèrent profondément émus de la situation nouvelle que leur révélaient ces actes. On s'y était attendu, mais on ne se trouvait pas, sans inquiétude, témoin d'une révolution dont on ne pouvait pressentir les phases. Les soldats et leurs chefs se trouvèrent fiers, selon l'expression du prince, d'avoir à relever l'honneur et la puissance du pays; les habitants paisibles, les citadins habitués à fronder tous les gouvernements, à leur obéir, à les desservir, eurent un moment peur pour eux-mêmes, et ne se montrèrent disposés à adhérer au neveu de l'Empereur qu'autant qu'il remporterait la victoire. Le parti républicain ne se laissait pas déposséder sans protestation ni sans résistance. Les députés essayèrent de se réunir au palais de l'Assemblée; ils se retirèrent devant la force; ils se rendirent alors en assez grand nombre à la mairie du dixième arrondissement et y tinrent une séance qui devait être la dernière. La garde nationale du poste les protégeait et la troupe de ligne attendait des ordres. A la faveur de ces hésitations et de ces retards, les représentants siégèrent sous la présidence du général Oudinot. M. Berryer prit la parole et demanda que l'Assemblée proclamât la déchéance du président de la République et prît en main le pouvoir exécutif. Ce décret fut voté par les assistants. Sur la proposition d'un autre membre, l'Assemblée requit la 10ᵉ légion de protéger le lieu de ses séances. En ce moment les fonctionnaires publics, chargés de la police, se disposaient à faire évacuer la mairie. M. Bixio, l'un des députés, offrit sa maison; d'autres crièrent : « Vive la Constitution! Vive la République! » Tandis que les motions les plus ardentes étaient formulées, on entendit le pas de la troupe qui envahissait alors la mairie et avait ordre d'en expulser les représentants. Un sergent suivi de quelques hommes se présenta à la porte de la salle. On ne tint pas compte de sa présence et l'on demanda à parler au capitaine. « Vous devez, lui dit un des vice-présidents, obéir à l'article 68 de la Constitution. — L'article 68 de la Constitution ne me regarde pas, dit cet officier, j'obéirai à mes ordres. » Cependant la force armée agissait avec beaucoup de ménagements et évitait, avec soin, d'engager une lutte regrettable. Les députés s'enhardirent et promulguèrent décrets sur décrets, dans l'intérêt de lois qui déjà avaient cessé d'être. A la fin, la troupe reçut du ministre de la guerre l'ordre de faire évacuer la mairie et d'arrêter les représentants qui résisteraient. Les commissaires de police firent les sommations; pour toute réponse, un député donna lecture du décret qui proclamait la déchéance du prince. Ni la force armée, ni les magistrats ne se retirèrent devant cette déclaration, et les représentants, contraints de sortir de la salle où ils s'étaient réunis, furent conduits à la caserne du quai d'Orsay. Il était trois heures et demie lorsqu'ils y entrèrent; ils y étaient au nombre de 218, sur 750 membres dont se composait l'Assemblée Législative. Les autres s'étaient tenus à l'écart ou avaient adhéré à l'acte du président; un très-petit nombre d'entr'eux parcouraient les faubourgs et les quartiers populaires pour y soulever la résistance armée.

Le prince Louis-Napoléon, suivi d'un nombreux état-major, parcourut la ligne des boulevards et passa en revue une division de grosse cavalerie qui stationnait dans les Champs-Élysées. Il fut accueilli sur son passage par de nombreuses acclamations. Le soir il assista à un grand dîner offert au corps diplomatique. Cependant les républicains ne se laissaient pas déposséder du pouvoir sans combattre. Les artisans d'émeute étaient de bonne heure à leur poste, recevaient et transmettaient le mot d'ordre, ou prenaient part aux résolutions désespérées des sociétés secrètes. Leurs chefs se hâtaient d'envoyer des émissaires dans les départements pour y soulever le peuple. Les représentants de la gauche se réunissaient chez M. Crémieux. Au faubourg Saint-Antoine, M. Recurt, ancien ministre républicain, travaillait à organiser la lutte. Sur différents points on tenait des conciliabules, on rédigeait des proclamations, on suscitait une agitation assez vive pour fatiguer la troupe, trop peu compacte pour tenter une bataille. La journée du 2 décembre, du côté des socialistes, se passa en tentatives avortées. Pour y mettre fin, la police procéda à de nombreuses arrestations. Elles ne suffirent pas à prévenir les collisions du lendemain. Le 3 décembre, au point du jour, des barricades furent élevées aux abords de l'Hôtel-Dieu; vers neuf heures, on commença à placarder sur les murs une proclamation virulente, émanée des chefs de la Montagne, et qui, entr'autres signatures, portait celles de MM. Michel (de Bourges), J. Favre, V. Hugo, Rongeat, Eugène Sue, etc.; le comité central des corporations fit, de son côté, une démonstration semblable; les uns et les autres mettaient le prince Louis-Napoléon hors la loi. Bientôt après, des rassemblements tumultueux se formèrent sur les boulevards et dans le faubourg Saint-Antoine. Des barricades furent élevées aux abords de la place de la Bastille et plusieurs représentants montagnards les commandaient. L'un d'eux, M. Baudin, fut tué par la troupe; un autre, M. Madier-Montjau, fut blessé. Dans ces quartiers éloignés, que peuplent des ouvriers aisément égarés par des excitations, il y eut de nombreuses collisions, mais sur aucun point la résistance ne fut longue ni dangereuse. Les dispositions militaires avaient été si habilement prises, que l'émeute était partout impuissante avant d'avoir été vaincue. Vers midi, le général Saint-Arnaud, ministre de la guerre, fit afficher une proclamation qui se terminait ainsi : « Tout individu pris construisant ou défendant une barricade, ou les armes à la main, sera fusillé. » Cependant les boulevards étaient occupés militairement, l'un après l'autre. Des rassemblements armés furent dispersés entre la rue Richelieu et la porte Saint-Denis. Des barricades furent construites, attaquées et enlevées dans le quartier Rambuteau, autour des halles, dans les rues Saint-Denis, Grenétat, Aubry-le-Boucher, Transnonain, Beaubourg, Saint-Martin et Maubuée. Le général Herbillon occupa l'Hôtel-de-Ville et fit balayer la rue du Temple et les petites rues latérales, où des rassemblements d'agitateurs se formaient sans cesse. Les insurgés attaquèrent sans succès l'Imprimerie nationale. Vers le soir, l'émeute se montra plus menaçante sur les boulevards, dans la rue Beaubourg, dans la rue Aumaire; les insurgés promenèrent des cadavres sanglants en criant : « Vengeance! aux armes! » Une charge vigoureuse, opérée par la troupe de police, dispersa ce hideux rassemblement. Ainsi se passa la nuit du 3 au 4 décembre. L'insurrection s'était montrée partout et n'avait tenu nulle part; tout indiquait pour le lendemain une lutte sérieuse et décisive : des deux côtés on se prépara à la soutenir.

Le 4, de neuf heures à midi, les insurgés élevèrent des barricades dans tout l'espace compris entre les boulevards, les rues Rambuteau, Montmartre et du Temple. Il y en avait de formidables à l'entrée de la rue Grenétat, vers la porte Saint-Denis, rue du Petit-Carreau, rue du Cadran et rue Bourbon-Villeneuve. La mairie du cinquième arrondissement fut prise par les insurgés; une tentative essayée contre la deuxième mairie échoua. Un peu avant deux heures, le général Magnan, qui commandait la division, et avait pris toutes les dispositions nécessaires pour le combat, manda ce qui suit au préfet de police : « Dans un instant, vous allez entendre le canon..... J'ai voulu, pour commencer, que tout mon monde fût réuni et bien sous ma main; il va l'être. Soyez tranquille, l'affaire sera vigoureusement menée et promptement terminée. » Elle le fut, et tous les quartiers insurgés, déjà enfermés comme dans un cercle de fer, furent simultanément attaqués par la troupe. Les généraux Carrelet, Bourgon, de Cotte, Canrobert, Dulac, Reybell, la division Levasseur, les brigades Herbillon, Marulaz, Courtigis, la division Korte, attaquèrent l'insurrection dans ses retranchements et sur son terrain; les divisions et les brigades, infanterie et cavalerie, habilement dirigées, opérèrent un mouvement convergent destiné à envelopper les rebelles, à les refouler successivement, à ne leur laisser aucune issue. En moins de trois heures, la résistance républicaine et socialiste fut partout vaincue. Les barricades des rues Saint-Denis, Rambuteau et Saint-Martin furent attaquées avec le canon, mais presque partout on se borna à la fusillade et à la baïonnette. Le combat fut long, vif et meurtrier aux abords du Palais-de-Justice et dans la rue Constantine, mais enfin les insurgés de la Cité furent partout dispersés ou tués. Il fallut cinq quarts d'heure d'efforts vigoureux pour enlever les barricades de la rue Rambuteau. Enfin, ceux qui les défendaient succombèrent. D'autres barricades, très-solides, avaient été élevées auprès du passage du Saumon, à l'angle de la rue Mandar, rue Saint-Sauveur, à l'angle de cette rue et de la rue Bourbon-Villeneuve, aux abords de l'hôtel des Postes et de la Banque. Ces dernières furent d'abord attaquées et enlevées. A dix heures du soir, le colonel de Lourmel, avec le 51ᵉ de ligne, dégagea la rue du Petit-Carreau, la rue Montorgueil et le passage du Saumon. Les insurgés tinrent longtemps à l'angle de la rue du Cadran; ils étaient commandés par Gaston Dussoubs, frère d'un représentant montagnard. A la fin, la barricade fut emportée, et le chef des insurgés fut tué avec plusieurs de ceux qu'il avait excités à combattre.

En ce moment, la lutte se terminait sur tous les points de Paris; les républicains, qui l'avaient engagée, étaient tués, blessés ou pris; les autres se dispersaient au hasard, à la faveur de la nuit, et le champ de bataille restait partout au pouvoir de la force militaire. Durant cette journée, livrée à toutes les chances de la guerre civile, un certain nombre de citoyens de tout âge et de tout sexe, périrent par le seul fait de leur imprudence, et pour avoir voulu assister de trop près au spectacle de la lutte armée. Des deux côtés on s'accorda à déplorer la mort accidentelle de ces malheureux; mais il est douteux que leur exemple serve de leçon aux bourgeois de Paris, toujours curieux d'émotions de ce genre, si, ce qu'à Dieu ne plaise, de nouveaux combats venaient à s'engager dans la rue. Au risque de la vie, le Parisien veut voir de près l'émeute et en raconter les épisodes, et cette déplorable curiosité, en donnant lieu à de regrettables accidents, favorise bien souvent les tentatives des rebelles, en ce qu'elle contribue à dissimuler leur petit nombre, à leur faire un rempart de la foule et à faciliter leur évasion.

Nous n'avons point à raconter les diverses phases de l'insurrection dans les provinces; il est des souvenirs de crime ou de deuil que nous ne cherchons pas à rappeler, et notre mission se borne à parler de Paris. En attendant le jour où le peuple français s'assemblerait dans ses comices, pour ratifier l'acte du 2 décembre, les mesures de réparation et d'ordre se succédèrent. Le 6 décembre, le prince Louis-Napoléon rendit au culte catholique le Panthéon, et lui restitua le nom glorieux d'église Sainte-Geneviève; la 5ᵉ légion qui s'était laissée désarmer à domicile par les rebelles, dans la dernière émeute, fut dissoute et licenciée; on interdit aux repris de justice en surveillance la faculté de résider à Paris; quatre commissions militaires furent instituées pour juger les prisonniers de décembre; une circulaire émanée du ministre de l'intérieur prescrivit aux administrations chargées des travaux publics d'observer et de faire observer le repos du dimanche.

Le 20 et le 21 décembre, Paris, comme le reste de la France, vit s'accomplir les opérations du grand vote national qui confirma les pouvoirs du président et sanctionna, au nom du peuple, et à l'immense majorité de sept millions cinq cent mille suffrages, contre six cent quarante mille, le coup d'État préservateur qui avait sauvé la société et l'ordre, et consommé la défaite du socialisme armé contre la civilisation chrétienne. Le 1ᵉʳ janvier 1852, un décret rétablit l'aigle impériale de France sur les drapeaux et sur la croix de la Légion-d'Honneur. Le même jour, le *Te Deum* fut solennellement chanté à Notre-Dame, en présence du prince Louis-Napoléon et des grands corps de l'État. Le prince prit ensuite possession du palais des Tuileries. Le 14 janvier fut promulguée la Constitution nouvelle qui, imitée des constitutions de l'Empire, et modifiée selon les besoins que l'expérience avait révélés, institua un sénat et un corps législatif, rétablit ou maintint les principes de 1789, et fonda l'ordre social et politique sur la base du suffrage universel, tel qu'il fonctionne aujourd'hui. Le 22 janvier, un décret fonda le ministère de la Police générale, qui fut confiée à M. de Maupas. Durant quelques jours, des commissions mixtes, convoquées à Paris et dans la plupart des départements, prirent à l'égard des individus, que leurs antécédents signalaient comme dangereux, des décisions de sûreté générale qui les soumit à la transportation dans les colonies, à l'éloignement de France, à l'internement et à la mise en surveillance. Ce fut le dernier acte de la grande lutte qui avait commencé le 2 décembre, et le pays fut désormais considéré comme pacifié.

Bientôt après on ne parla que de bals, de réjouissances et de fêtes. Il y eut également des solennités littéraires. M. le comte de Montalembert fut reçu membre de l'Académie Française, et son discours présenta le caractère d'une protestation contre les événements politiques qui s'accomplissaient; vers le même temps, la même assemblée appela dans son sein MM. Berryer et Alfred de Musset. Le 29 mars, le prince-président ouvrit la session du Sénat et du Corps-Législatif; c'était inaugurer la nouvelle ère constitutionnelle : « Depuis longtemps, dit le prince, la société ressemblait à une pyramide qu'on aurait retournée et voulu faire reposer sur son sommet; je l'ai replacée sur sa base. » De nombreuses acclamations accueillirent ces paroles.

Le 10 mai eut lieu, au Champ-de-Mars, la distribution des aigles, solennité nationale destinée à laisser de profondes impressions dans tous les cœurs. Ce jour-là, une foule immense, favorisée par un magnifique soleil, se pressait sur les talus et sur les collines qui entourent l'École Militaire. Au centre du Champ-de-Mars, s'élevait une vaste chapelle, ouverte sur toutes les faces. Du côté de l'École Militaire, le génie avait construit une immense estrade, divisée en tribunes. Toutes les troupes de la garnison de Paris et des villes voisines et toutes les députations de l'armée, rangées dans la plaine, formaient des masses imposantes.

A midi, le clergé entra processionnellement dans l'enceinte et prit place autour de l'autel. Quelques instants après, le prince-président, escorté de sa maison militaire et des chefs arabes, entra à son tour dans le Champ-de-Mars, par le pont d'Iéna. Tous les regards se portaient sur lui; et des cris sans nombre le saluaient. Installé sur l'estrade qui avait été réservée pour lui, le prince prononça une allocution simple et digne, puis il distribua les aigles aux différents chefs de corps et aux représentants de l'armée. A une heure, le canon se fit entendre, et alors, après la messe, eut lieu solennellement la bénédiction des drapeaux. « Prince, dit l'archevêque, la Providence vous destine à l'édification d'une œuvre grande et sainte!..... Nous comptons sur votre sagesse; elle vous mettra à l'abri des éblouissements de la gloire. La France a soif de tranquillité et d'ordre. Fatiguée de la licence, sans répudier la liberté, elle veut se reposer à l'ombre d'un pouvoir fort et tutélaire..... Au-dessus des intérêts matériels, il y a les intérêts moraux du pays. Ils sont l'âme et le cœur d'un grand peuple, sans lesquels il ne peut tarder à décliner et à se dissoudre. Soyez toujours leur défenseur..... regardez moins le passé que l'avenir..... Souvenez-vous que, pour bâtir le temple, Dieu préféra Salomon à David. Continuez à reconstruire en paix la société si profondément ébranlée, bâtissant d'une main, et, de l'autre, tenant toujours l'épée glorieuse de la France. » Élevant ensuite ses regards vers le ciel, l'illustre pontife ajouta : « O Dieu, maître souverain de la guerre et de la paix, qui dissipez les complots, qui calmez les tempêtes, qui brisez quand vous le voulez le glaive tiré pour le combat, venez bénir vous-même ces étendards, imprimez-y des signes éclatants de votre puissance et de votre sainteté. Qu'en les voyant, le courage s'anime, s'élève et monte jusqu'à son céleste principe : *De cœlo fortitudo est!* Ne les rendez terribles qu'aux ennemis du repos public, et à ces nations, s'il s'en trouvait encore, jalouses de notre gloire et de notre prospérité, et qui tenteraient de les troubler..... Qu'ils soient pour nos vaillants soldats une sauvegarde et un gage assuré de la victoire, *victoriæ certæ fiducia!* Qu'ils renferment dans leurs plis glorieux la paix et la guerre pour la sécurité des bons et la terreur des méchants, et qu'à leur ombre la France respire et soit, pour le bonheur du monde, la plus grande et la plus heureuse des nations! » Après ces éloquentes paroles, le défilé eut lieu, au bruit des acclamations de l'armée et du peuple, et de splendides illuminations terminèrent cette grande fête militaire.

L'ordre se consolidait de jour en jour, et le prince Louis-Napoléon, après avoir contraint la révolution de rétrograder, cherchait à imprimer une vive impulsion à tous les ressorts de la prospérité publique. Au milieu d'une société, bouleversée depuis soixante ans par de nombreuses tempêtes, c'était là une œuvre difficile. Le chef de l'État ne fléchit pas sous le fardeau d'une pareille tâche; en quelques mois on vit renaître à Paris la sécurité, on vit refleurir toutes les branches de l'industrie et du commerce. Il n'en fallait pas moins mettre la grande capitale à l'abri d'un danger permanent qui naissait pour elle de la présence à Paris d'une multitude d'hommes sans travail et sans ressources, venus de tous les points de la France, et qui, abandonnés aux suggestions de la misère, pouvaient servir d'instruments à l'émeute. Le 9 juillet 1852, sur la proposition du prince-président, le Corps Législatif et le Sénat adhérèrent à une loi qui permettait au Gouvernement d'éloigner du département de la Seine tous les individus sans domicile et sans moyens d'existence qui y cherchaient un asile. Cette loi fut confiée comme une arme de salut à une autorité vigilante et paternelle qui, depuis lors, ne cessa point d'en user avec intelligence et discrétion.

Peu d'incidents marquèrent l'été de cette même année (1852) à Paris. Les années les plus heureuses pour les peuples sont, après tout, celles qui laissent le moins de traces dans les fastes de la police et de la justice. Les théâtres donnèrent, sans beaucoup d'éclat, un assez grand nombre de pièces nouvelles; le salon de peinture vit exposer quelques œuvres de mérite, mais aucun de ces tableaux dont l'apparition fait époque dans l'histoire de l'art. Un de nos plus illustres statuaires, M. Pradier, mourut dans toute la force de l'âge, et ce fut un deuil pour le pays. Quant aux travaux publics entrepris pour l'embellissement de la capitale de la France, ils furent poursuivis avec ensemble et activité. On commença les démolitions grâce auxquelles la splendide rue de Rivoli allait se prolonger jusqu'à la rue Saint-Antoine; on acheva de dégager les abords de l'Hôtel-de-Ville; on ouvrit la rue de Lyon; on exécuta le boulevard Mazas qui, selon la pensée de Napoléon Ier, devait relier le pont d'Austerlitz à la barrière du Trône; on entreprit le percement de la rue des Écoles. Une loi, dont le vœu fut promptement réalisé, concéda à la ville de Paris le bois de

Boulogne, à la charge d'y faire exécuter ces travaux d'embellissement dont nous admirons aujourd'hui les résultats. Paris devenu ville d'industrie, centre d'un immense réseau de chemin de fer, s'agrandissait dans des proportions aussi rapides qu'inattendues. Chaque jour, autour de cette ville, la campagne reculait, envahie sans relâche par des constructions nouvelles. La transformation du bois de Boulogne répondait à une pensée de haute prévoyance qui s'abritait, en quelque sorte, à la suite des questions d'art et d'embellissement. A l'intérieur de la ville, un immense développement fut donné à la construction des égouts, travail utile entre tous ceux qui se rattachent à la salubrité publique. En 1830, ces conduits souterrains n'avaient encore à Paris qu'une étendue de 40,000 mètres; en 1852, cette ligne fut portée jusqu'à 150,000 mètres.

Le 25 juillet eut lieu solennellement la pose de la première pierre des constructions à élever pour l'achèvement du Louvre et sa jonction aux Tuileries. En ce même moment Paris ressemblait à une ville prise d'assaut par les architectes. De toute part s'élevaient de vastes et de beaux édifices, tandis que les ruines produites par le marteau du démolisseur disparaissaient instantanément sous des constructions nouvelles. Ce fut alors que le prince-président inaugura, par un voyage de Paris à Strasbourg, le chemin de fer qui unit la capitale de la France à l'Allemagne.

Tandis qu'on embellissait Paris, pour en faire la digne capitale du monde, le conseil municipal, se préoccupant des besoins de la rive gauche, votait l'élargissement de la rue du Four-Saint-Germain, la rectification du carrefour Sainte-Marguerite et celle du carrefour de la Croix-Rouge. Ces améliorations si désirables ne sont point encore réalisées. Espérons que l'administration si intelligente qui préside aux agrandissements de Paris sera bientôt en mesure de faire droit à cet égard aux vœux et aux espérances des arrondissements de la rive gauche.

Le 15 août, Paris et la France célébrèrent pour la première fois, après une interruption de trente-huit ans, la fête nationale de Saint-Napoléon, en même temps que la fête de l'Assomption de la Vierge, protectrice de la France. Ce jour-là, la capitale déploya une splendeur jusqu'alors inconnue dans les pompes officielles.

Deux mois après, Louis-Napoléon voulut se rendre compte par lui-même des vœux et des dispositions du pays; il partit de Paris pour voyager dans les départements du Midi et du Sud-Ouest, et revint à Paris par Bordeaux. Sur toute sa route les populations firent éclater des sentiments de respect et de reconnaissance; partout il fut salué comme le libérateur et l'élu de la nation française; puis, les corps constitués, l'armée et le peuple, sur tous les points, s'associant à une même pensée, se prononcèrent hautement en faveur du rétablissement de la monarchie napoléonienne. Il n'entre point dans le cadre qui nous est tracé de rendre compte de cette mémorable excursion entreprise pour interroger la France, et durant laquelle le pays manifesta si hautement la volonté de rétablir la dynastie impériale. A Paris, cette grande cité qui avait tant souffert de l'anarchie, qui devait tant à Napoléon Ier et à sa race, des manifestations se préparèrent en vue de recevoir dignement le neveu de l'Empereur et de proclamer, une fois de plus, le vœu national. Son Altesse Impériale devait faire sa rentrée à Paris le 16 octobre. Ce jour là eut lieu l'une des fêtes populaires les plus merveilleuses dont l'histoire ait gardé le souvenir. Du chemin de fer d'Orléans à la place de la Concorde, l'immense ligne des boulevards était ornée de faisceaux d'armes, de drapeaux, de bannières flottant au vent, d'arcs de triomphe décorés d'inscriptions en lettres d'or, tandis que, des deux côtés de cette magnifique voie, se déployaient deux longues files de gardes nationaux et de soldats. La foule, profondément émue, se pressait aux fenêtres, sur les toits, encombrait les trottoirs, les places et les rues; toutes les corporations des ouvriers de Paris, rangées chacune sous sa bannière; des groupes innombrables d'enfants et de jeunes filles, avec leurs couronnes et leurs robes blanches; puis, sur la chaussée, escorté et précédé de l'élite des troupes, artillerie et cavalerie, s'avançait à cheval le prince Louis-Napoléon, salué à chaque instant du cri de : *Vive l'Empereur!* Vers le soir, salué par les acclamations de l'armée et des citoyens, le chef de l'État, noblement ému par la conscience de son avenir et de sa mission, fit sa rentrée aux Tuileries, et dès ce moment il fut hors de doute que la seconde république avait cessé d'être.

Le peuple français fut convoqué dans ses comices; on soumit à la sanction du vote national un sénatus-consulte qui avait pour but de rétablir l'Empire et de déférer la couronne au prince Louis-Napoléon. Le 21 novembre, le scrutin fut ouvert à Paris et dans toute la France; puis, le 1er décembre, le dépouillement du vote ayant constaté que près de huit millions de suffrages librement émis par les citoyens avaient acclamé l'Empire, le Sénat et le Corps Législatif se rendirent en grande pompe à Saint-Cloud et vinrent y saluer le prince-président du nom d'Empereur. Sa Majesté prit la parole, et, d'une voix ferme et accentuée, l'héritier de Napoléon-le-Grand prononça l'un de ces discours empreints d'une éloquence calme et lucide dont il a seul le secret. Il se déclarait héritier et solidaire de la gloire et des engagements de ses prédécesseurs; il montait sur le trône en prenant le nom de Napoléon III, non pour protester contre l'histoire, mais pour la respecter scrupuleusement, puisqu'après tout l'infortuné fils de Napoléon Ier avait été proclamé empereur durant les Cent Jours.

PARIS SOUS LE RÈGNE DE NAPOLÉON III.

1852-1860.

Le 2 décembre 1852, jour anniversaire du couronnement de son glorieux oncle et de la bataille d'Austerlitz, Napoléon III fit son entrée à Paris. L'Empereur portait l'uniforme de lieutenant-général et le grand-cordon de la Légion-d'Honneur. Sa Majesté Impériale répondait aux acclamations enthousiastes du peuple par des saluts affectueux, et se montrait heureuse des témoignages éclatants de la sympathie nationale. Le même jour, la proclamation de l'Empire eut lieu à l'Hôtel-de-Ville. Le lendemain, l'Empereur visita l'Hôtel-Dieu et l'hôpital du Val-de-Grâce : « Je veux, dit-il, que ma première visite soit pour ceux qui souffrent. » Parmi les personnages illustres qui se pressèrent le soir aux Tuileries autour de Sa Majesté, on remarqua l'émir Abd-el-Kader, récemment rendu à la liberté, par une décision gracieuse de l'Empereur, et dont la présence à Paris offrait un aliment de plus à la curiosité de la population.

Paris, en dépit d'une minorité impuissante de frondeurs, rentrait de jour en jour davantage dans les conditions normales de son histoire, qui sont le progrès dans l'ordre matériel et le développement dans la splendeur. Le 12 décembre, fut inaugurée l'une des principales sections du chemin de fer de Ceinture, celle qui se trouve comprise entre la gare du chemin de fer de Rouen et celle du Nord. Le 14, l'Empereur se rendit pour la première fois à l'Hôtel-de-Ville, en suivant la rue de Rivoli, dont la dernière portion venait d'être achevée, et dont l'aspect grandiose transformait les vieux quartiers de la capitale. Deux jours après, Sa Majesté décréta, aux frais de sa cassette, l'établissement de plusieurs bains et de plusieurs lavoirs publics dans les quartiers peuplés par la classe indigente. Tandis que le tribut de la charité était aussi largement payé au pauvre, les classes riches mettaient à profit la sécurité pour inaugurer la saison des bals et des théâtres. Aux Italiens, on venait de donner *Luisa Muller*, opéra de Verdi; mais les fastes littéraires de 1852, à Paris, n'avaient été signalés par aucun de ces grands succès qui font époque. L'exposition de peinture et de sculpture elle-même, bien que digne de ses devancières des dernières années, n'avait point laissé de durables souvenirs. La politique et les travaux publics semblaient avoir absorbé tout ce que le pays renfermait d'activité intellectuelle. L'année suivante, Paris eut d'autres émotions, et s'habitua peu à peu à vivre sous l'empire de la sécurité et de l'ordre.

Le 3 janvier 1853, l'église Sainte-Geneviève, pour la seconde fois rendue au culte, cessa d'être désignée du nom païen de Panthéon, et fut consacrée, selon le rit catholique, par Mgr l'archevêque de Paris. Cette solennité réparatrice fut très-touchante, et annonça, une fois de plus, au peuple, que l'Empereur faisait rétrograder la révolution et domptait, sous toutes les formes, le génie du mal.

Le 30 janvier, Sa Majesté Impériale épousa à Notre-Dame Mlle Eugénie de Montijo, comtesse de Téba, fille du comte de Montijo, sénateur et grand d'Espagne. En annonçant son mariage au Sénat et au Corps Législatif, l'Empereur s'exprima en ces termes : « Celle qui est devenue l'objet de ma préférence est d'une naissance élevée. Française par le cœur, par l'éducation, par le souvenir du sang que versa son père pour la cause de l'Empire, elle a, comme Espagnole, l'avantage de ne pas avoir en France de famille à laquelle il faille donner honneurs et dignités. Douée de toutes les qualités de l'âme, elle sera l'ornement du trône, comme aux jours du danger, elle deviendrait un de ses courageux appuis. Catholique et pieuse, elle adressera au ciel les mêmes prières que moi pour le bonheur de la France; gracieuse et bonne, elle fera revivre, dans la même position, j'en ai le ferme espoir, les vertus de l'impératrice Joséphine. » De son côté, la future Impératrice signala son avénement par l'un de ces actes qui laissent dans le cœur des Parisiens de longs et bons souvenirs. La ville ayant voté une somme de 600,000 fr. pour offrir à la fiancée de Napoléon III une éclatante parure, S. E. la comtesse de Téba voulut que cet argent fût employé en œuvres de charité, et le conseil municipal, se conformant à cette pieuse pensée, vota la fondation d'un établissement destiné à l'éducation de jeunes filles pauvres. Quant à la cérémonie du mariage, elle fut imposante et splendide. Dès le matin, une foule immense, accourue de tous les points de Paris et des villes voisines, se pressait aux abords des places et des rues que devait parcourir le cortége. Les corporations ouvrières de Paris et de la banlieue, bannières en tête, les vieux militaires de l'Empire, des députations de jeunes filles vêtues de blanc, s'étaient rangés sur le passage de Leurs Majestés. La garde nationale et l'armée formaient une double haie, depuis le palais des Tuileries jusqu'à Notre-Dame; la place du Louvre, la rue de Rivoli, l'Hôtel-de-Ville et les quais étaient ornés de mâts, de banderoles, de panoplies, d'inscriptions portant, gravés dans un même écusson, le chiffre de l'Empereur et celui de l'Impératrice. La voiture de Leurs Majestés, qui avait servi au sacre de Napoléon Ier et de Joséphine, était entièrement dorée et surmontée de la couronne impériale. Maisons, fenêtres, tout était envahi par la population sur le passage du cortége. La décoration de la cathédrale, d'une grande richesse et parfaitement appropriée au style et aux proportions du monument, produisait le plus merveilleux effet. Devant le portail, on avait élevé un porche gothique; tout le long de la balustrade qui couronne la galerie des Rois, régnait une frise d'aigles; neuf bannières vertes, semées d'abeilles, flottaient sur les grandes fenêtres et sur la rose du milieu; la grande galerie à jour était ornée d'une tenture verte aux semis d'abeilles. A l'intérieur, les piliers de la cathédrale étaient tendus, jusqu'aux chapiteaux, en velours rouge, bordé de palmes d'or; des deux côtés de la nef et de chaque tribune, pendaient des tentures en velours rouge, doublées d'hermine aux écussons impériaux, et reliées par des guirlandes de verdure et de fleurs. Le sommet des ogives était revêtu de pentes vertes, semées d'abeilles. Au milieu du transept, sur une estrade couverte d'un tapis d'hermine et abritée par un dais magnifique en velours rouge, étaient placés les deux siéges d'honneur réservés à Leurs Majestés. Quinze mille cierges éclairaient la cathédrale. A une heure, Mgr l'archevêque de Paris donna aux augustes époux la bénédiction nuptiale, et offrit à Dieu le Saint-Sacrifice. Après la messe, l'assistance entonna le *Te Deum*, et le cortége, favorisé par un temps doux et serein, malgré la saison d'hiver, revint aux Tuileries par les quais, la place du Carrousel et le pavillon de l'Horloge.

Le 14 février, l'Empereur fit en personne, au palais des Tuileries, l'ouverture de la session législative. Dans le discours de Sa Majesté, on remarqua le passage suivant : « Il y a quatorze mois à peine, le pays était livré aux hasards de l'anarchie..... A ceux qui regretteraient qu'une part plus large n'ait pas été faite (dans nos institutions) à la liberté, je répondrais : La liberté n'a jamais aidé à fonder d'édifice politique durable; elle le couronne quand le temps la consolide. » C'était résumer à la fois, au point de vue politique, le présent et l'avenir du règne de Napoléon III. En cette même année 1853, l'histoire de Paris ne fut signalée par aucun de ces événements graves qui changent la face des empires. Nous en avions vu assez de ces événements, et Paris, aussi bien que la France, aspirait avant tout à jouir d'un glorieux repos.

La population de la capitale subissait un accroissement rapide, et les ouvriers, attirés de tous les départements à Paris, par la perspective du travail et des salaires, commençaient à ne pouvoir trouver de logements. Dans cette situation se manifestait un mouvement de hausse du prix des loyers qui ajoutait aux embarras de la classe laborieuse. Le Gouvernement, s'attachant à remédier autant que possible aux difficultés de cette situation, décida qu'outre les améliorations imposées aux anciennes habitations ouvrières, de nouvelles maisons, avec des logements garnis et non garnis, pour les ouvriers célibataires comme pour les ménages, s'élèveraient à la fois dans plusieurs quartiers de Paris, sur des emplacements bien choisis, à proximité des travaux, et que ces logements seraient disposés de manière à réunir à l'économie du prix toutes les conditions désirables de bien-être et de salubrité. De là, l'origine et la fondation de ces cités ouvrières qui existent aujourd'hui à Paris et dont le nombre et l'importance se seraient accrus si les travailleurs, en vue desquels on cherchait à réaliser une amélioration aussi considérable, ne s'étaient pas trop souvent montrés animés de préventions ou de défiance contre la pensée de l'administration. Mieux éclairés, sans doute, ils sauront s'y associer, et l'utile combinaison dont nous parlons portera plus tard ses fruits. Vers le même temps on continuait avec une infatigable persévérance la construction des grandes halles, ce Louvre du peuple dont Napoléon Ier voulait doter Paris; on entreprenait la reconstruction du pont Notre-Dame et du pont de l'Hôtel-Dieu; on abaissait le Pont-Neuf; on déblayait avec une active énergie les emplacements du Carrousel, naguère encore couverts de vieilles maisons, et qui à cette heure n'offraient qu'un amas de ruines du milieu desquelles allait surgir un admirable palais; la rue du Cardinal-Lemoine venait d'être ouverte; c'était le moment où l'Empereur venait d'appeler aux difficiles fonctions de préfet de la Seine M. Haussmann, alors préfet de la Gironde, et dont la présence aux affaires devait contribuer à hâter la transformation de Paris.

Dans l'ordre des faits politiques, la suppression du ministère de la Police Générale, décrétée le 21 juin 1853, avait produit un excellent effet sur l'opinion publique, en ce qu'elle avait attesté les progrès de la sécurité et le retour accompli du bon ordre. Cependant les esprits se tournaient vers l'Orient, où se manifestaient des causes presque inévitables de guerre à l'occasion des projets de la Russie contre l'indépendance de la Porte-Ottomane. La France, sous Napoléon III, ne pouvait abdiquer sa grande mission qui est de protéger les faibles et de maintenir l'équilibre européen. La Russie, habituée à agir souverainement et sans contrôle, poursuivait la réalisation de ses desseins, et se mettait peu en peine des réclamations de l'Europe occidentale. Un grave conflit ne pouvait tarder à naître de cette situation, et tout le monde le pressentait. L'Empereur, investi par le vœu national du devoir de faire respecter l'honneur du pays, évitait jusqu'au bout de tirer l'épée, tant qu'une dernière espérance subsistait encore de maintenir honorablement la paix. Durant le cours des négociations, sur l'issue desquelles personne n'osait se faire illusion, une autre cause d'embarras vraiment redoutables commençait à se produire par suite des intempéries et du mauvais rendement de la récolte, et les populations n'envisageaient pas sans effroi, à Paris, les éventualités prochaines de la guerre et de la disette. Pour obvier aux difficultés de cette situation, en ce qui concernait le renchérissement des subsistances, l'Empereur ordonna que des mesures seraient prises en vue d'assurer à la population de Paris, sans imposer au Trésor des sacrifices impossibles, le maintien du prix du pain à un taux inférieur à celui qui résultait de la mercuriale des farines. De tous les systèmes proposés, la compensation était celui qui présentait le moins de danger; pour le réaliser, Sa Majesté ordonna que l'on ne dépasserait pas, à Paris, le prix de 40 centimes par kilogramme de pain, mais que la boulangerie serait remboursée, à la suite des prochaines récoltes, par le maintien du prix du pain à un taux un peu plus élevé que ne le comporteraient alors les mercuriales. Cette combinaison, simple et heureuse, permit à la population parisienne de traverser, sans de trop grandes souffrances, la longue période de disette qui allait s'ouvrir. Quant aux éventualités qui étaient de nature à amener la guerre, l'Empereur se préoccupa, avant tout, de l'honneur de la France et des grands intérêts de la politique européenne. Bien convaincu que le pays n'hésiterait pas à s'associer à sa pensée, et résolu de tirer l'épée du jour où la justice en ferait un devoir, il continua jusqu'au bout, de concert avec les puissances, les négociations d'où pouvait encore sortir la paix. Les incertitudes qui surgissaient à la suite de ces graves questions et de récents complots tramés contre les jours du chef de l'État, donnèrent lieu aux agitateurs de recommencer le cours de leurs manœuvres. Un certain nombre d'anciens condamnés graciés, au mépris de la clémence qu'ils avaient sollicitée, essayèrent de reconstituer les sociétés secrètes, et le Gouvernement eut besoin de beaucoup de vigilance et d'énergie pour déjouer ces tentatives coupables. En accomplissant cette tâche, il n'oublia jamais de se montrer paternel et plein de mansuétude à l'égard des classes pauvres et souffrantes qu'on cherchait à égarer, et cette même année vit instituer à Paris, sur de larges bases, un service de traitement à domicile pour les malades pauvres. Vers le même temps, l'administration se préoccupa du soin d'établir, au centre du faubourg Saint-Antoine, un nouvel hospice destiné à recevoir les enfants malades, et qui fut placé sous le patronage de S. M. l'Impératrice. Cette analyse de l'histoire de Paris, sous Napoléon III, serait incomplète si nous ne nous hâtions pas de mentionner la cérémonie qui eut lieu, le 7 décembre 1853, à l'occasion de l'inauguration d'une statue élevée, au carrefour de l'Observatoire, à la mémoire du maréchal Ney, prince de la Moskowa. En cette même année, les sciences perdirent François Arago, dont le seul tort fut d'avoir consacré à des luttes stériles de parti quelques parcelles de cette activité et de cette intelligence qui furent ses vrais titres de gloire. Comme savant, il eut l'amer déplaisir, dans ses dernières années, de voir Paris et la France livrés à l'étrange engouement des tables tournantes, des esprits frappeurs, des esprits servis par des fluides, sorte de folie morale qui donna lieu à tant de commentaires, à tant d'interprétations diverses, et que l'on s'accorde aujourd'hui à reléguer dans les oubliettes du somnambulisme.

L'hiver (1853-1854), bien qu'assombri par les préoccupations de l'avenir, eut sa part de fêtes et de solennités artistiques. Les bals donnés à l'Hôtel-de-Ville furent de plus en plus entourés de cette magnificence à laquelle nos regards se sont habitués, mais que nos pères ne rencontraient que dans les récits des *Mille et une Nuits*. A l'Opéra eurent lieu les débuts de Mlle Cruvelli et la reprise de la *Vestale;* aux Italiens, on reprit *Ernani* et *Don Giovanni;* à l'Opéra-Comique, on vit paraître l'*Étoile du Nord,* récent chef-d'œuvre de Meyerbeer; au Gymnase, on représenta pour la première fois le *Gendre de Monsieur Poirier,* comédie spirituelle de MM. Émile Augier et Jules Sandeau. A l'Hôtel-de-Ville, le palais du peuple, la foule artistique se porta pour admirer deux nouveaux plafonds peints par M. E. Delacroix et M. Ingres, les chefs des deux écoles les plus contraires, et tous deux hommes éminents par le génie. Le *Salon de la Paix* fut honoré par le travail du premier de ces deux maîtres; quant à M. Ingres, on remarqua dans son *Apothéose de Napoléon* les qualités qui le distinguent depuis tant d'années et que l'âge n'a point affaiblies.

En 1854, une nouvelle invasion du choléra vint affliger Paris, et, durant plusieurs mois, fit de nombreuses victimes. D'un autre côté, les récoltes ne paraissaient guère meilleures qu'elles ne l'avaient été l'année précédente, et la population parisienne, bien que protégée par les sages mesures dont le Gouvernement avait pris l'initiative, eut à endurer beaucoup de privations. Dans cette situation difficile, elle fit preuve de sagesse et de patience, et on la vit supporter sans murmure les souffrances qui pesaient sur elle. L'administration mit tous ses soins à procurer du travail à la classe ouvrière et fit continuer, presque sans interruption, le percement des rues nouvelles et les constructions votées dans la campagne précédente. Vers la fin de mars, après avoir pris le pays pour juge, et se trouvant fort de l'adhésion de la France, l'Empereur annonça officiellement au Sénat et au Corps Législatif que la Russie s'était constituée envers nous en état de guerre. La déclaration du Gouvernement, depuis longtemps prévue, trouva la France prête aux glorieux sacrifices qu'on réclamait d'elle. En dépit des frais considérables que les événements du dehors allaient entraîner, la ville de Paris ne fut affligée ni par le ralentissement des travaux, ni par l'ajournement des vastes projets qui devaient concourir à son embellissement. On continua à prolonger, en face du débarcadère de l'Est, ce magnifique boulevard de Strasbourg qui ne devait pas tarder à recevoir un autre nom; on vit s'approcher de leur terme les transformations entreprises au bois de Boulogne; la rue de Rivoli apparut comme par enchantement bordée de palais et d'hôtels; on donna la plus vive impulsion à l'achèvement du Louvre et de la place du Palais-Royal; puis, vers le milieu des Champs-Elysées, on continua, sur un immense espace, la construction d'un palais destiné, en partie, aux expositions permanentes des industries nationales, en totalité, à l'exposition universelle qui devait avoir lieu, en 1855, à l'instar de l'exposition dont la ville de Londres, quatre ans auparavant, avait donné l'utile exemple. Au mois de juin eut lieu, au Champ de Mars, un concours agricole, exhibition d'animaux et d'instruments aratoires, fort remarquable et où toutes les régions furent représentées. Vers le même temps, le chemin de fer de Paris à Lyon, commencé en 1842, fut entièrement terminé. Pendant que l'agriculture et l'industrie manifestaient leurs progrès par ces fêtes pacifiques, nos armées de terre et de mer assiégeaient au Midi et au Nord l'empire russe, et ouvraient dignement la campagne de 1854 par la prise de Bomarsund et le bombardement d'Odessa. La mer Blanche, la mer Baltique, la mer Noire, la mer d'Azof étaient bloquées par nos flottes, et le maréchal Saint-Arnaud, à la tête des divisions de l'armée d'Orient, commençait à menacer la Crimée. Toutes les préoccupations de Paris se détournaient vers l'Orient, théâtre de tant de gloire et but de tant d'espérances.

Au mois de septembre de cette même année, le service de la police municipale de Paris fut réorganisé sur de larges bases, afin que la police parisienne ne restât pas inférieure à celle de Londres. Ce qui constitue le principe fondamental de cette police de Londres, si justement admirée, c'est la présence partout, jour et nuit, à toute heure, de nombreux agents dont chacun, chargé de la surveillance exclusive d'un espace très-circonscrit, le parcourt constamment, en connaît à fond la population et les habitudes, se trouve toujours là, prêt à donner son appui à qui le réclame, et, par ses allées et venues continuelles, ne laisse aux malfaiteurs le loisir ni de consommer, ni même de préparer sur place leurs coupables projets. Il y a incontestablement, dans les mailles si serrées de cette vigilance tutélaire, une grande garantie de sécurité pour les citoyens. Le Gouvernement eut l'heureuse pensée d'en doter Paris; il ne recula point devant les dépenses occasionnées par l'accroissement du personnel, et le service de surveillance continue des douze arrondissements fut fondé sur la division topographique des sections en un certain nombre d'îlots confiés à la surveillance active d'un nombre pareil d'agents, se prêtant main-forte les uns aux autres, et appuyés au besoin par la garde de Paris. Cette amélioration importante, due en même temps à l'initiative de l'Empereur et à l'administration intelligente et habile de M. Billault, ministre de l'intérieur, fut promptement réalisée, et depuis lors Paris a continué de jouir nuit et jour d'une sécurité sans exemple.

En 1855, les glorieuses préoccupations de la guerre d'Orient dominèrent à Paris le sentiment public : il y eut des fêtes, des réunions, des cérémonies officielles, mais tous les regards étaient tournés vers l'armée alors employée au siége de Sébastopol, et qui endurait, en face de l'ennemi, les rigueurs de l'hiver et les souffrances d'un siége sans exemple. L'administration de Paris n'en poursuivait pas moins l'exécution des vastes projets d'amélioration et d'assainissement qui doivent transformer la capitale de la France, déjà privilégiée sous tant de rapports. M. le préfet de la Seine et la commission municipale étudiaient les moyens d'amener à Paris, à l'altitude de 80 mètres au-dessus du niveau de la mer, des eaux de sources dérivées en quantité suffisante pour le service de toutes les habitations, d'assurer la distribution de ces eaux dans la ville, de compléter et d'améliorer le régime des égouts. Vers le même temps, la commission municipale mit à la disposition de M. le préfet les crédits nécessaires pour le paiement des immeubles alors compris dans le périmètre de la plaine de Longchamps annexée au bois de Boulogne, et pour les travaux d'appropriation, comme hippodrome, de cette plaine, destinée à être close, au Nord et au Sud, par des sauts-de-loup longeant la rigole de Boulogne et la route conduisant au pont de Suresnes. On terminait alors l'église Sainte-Clotilde, bel édifice commencé en 1847, conçu et continué dans le style gothique du XIVe siècle. On restaurait la tour de Saint-Germain-des-Prés, massif de pierres, dont la construction remonte au VIe siècle, et qui, après le palais des Thermes, est le plus ancien édifice dont s'enorgueillisse Paris; on remettait à neuf la façade de l'hôtel des Monnaies; on entreprenait les travaux de terrassement du boulevard de l'Impératrice, magnifique avenue de 100 mètres de largeur, destinée à relier Paris au bois de Boulogne; on installait, sur la place du Palais-Bourbon, la statue de la Loi, due au ciseau de M. Feuchères; on poursuivait la restauration de la tour Saint-Jacques, merveilleux monument, dont la population semblait ignorer l'existence, alors que d'innombrables maisons, basses et laides, aujourd'hui démolies, le dérobaient de toutes parts à la vue. Tandis que l'on continuait de vastes quais de halage, très-utiles au commerce, sur les deux rives de la Seine, la rapidité avec laquelle s'élevaient et s'achevaient les constructions de la rue de Rivoli, offrait un spectacle dont l'histoire architectonique de la capitale n'avait point encore présenté l'exemple. Des travaux non moins importants changeaient l'aspect de la place de la Concorde; on faisait disparaître les rues immondes qui obstruaient les abords de la place du Châtelet et de l'Hôtel-de-Ville; on élevait, sur de vastes emplacements déblayés, l'immense caserne Napoléon, et l'on dégageait le portail célèbre de Saint-Gervais, ce chef-d'œuvre classique de l'architecte de Brosse, que personne n'avait vu depuis plusieurs années, et que tout le monde admirait sur parole. L'étrange aspect des grandes démolitions qu'entraînèrent tant de travaux ne sera jamais oublié de ceux qui l'ont vu. Des constructions anciennes ou nouvelles, des rues entières disparaissaient comme par enchantement sous le marteau des démolisseurs, et se trouvaient presque immédiatement remplacées par des quartiers splendides. C'étaient partout des avalanches de charpentes, des écroulements de moellons, des pans de murs qui se renversaient d'un morceau. Partout les quais se redressaient, s'aplanissaient, se consolidaient, se plantaient d'arbres, et déjà, de l'arc de triomphe à la Bastille, s'étendait une *voie sacrée*, sans égale au monde, plus belle et plus bordée de monuments que celle de l'ancienne Rome.

Quelques incidents graves signalèrent, en 1855, l'histoire de Paris. Le 28 avril, l'Empereur étant à cheval aux Champs-Élysées, un homme bien vêtu s'approcha à quelques pas de lui, et tira un coup de pistolet. L'Empereur ne fut pas atteint, et, après avoir salué les personnes qui l'avaient immédiatement entouré, il continua sa route au pas, pour rejoindre l'Impératrice qui se promenait au bois de Boulogne. La population, à la nouvelle de cet odieux attentat, rendit grâce à la divine Providence qui venait de protéger la patrie en la personne du souverain. L'assassin, immédiatement arrêté, fut livré à la justice, et subit la peine due à son crime. Ce misérable était italien et s'appelait Pianori.

Depuis quelques années, on continuait à Paris les préparatifs d'une exposition universelle, organisée comme l'avait été, en 1851, la grande exposition de Londres. L'intelligence et le travail se disposaient à tenir à Paris leurs splendides assises, et l'Europe entière était convoquée à ce tournoi des arts et de l'industrie. En vue de cette exposition, une immense affluence d'étrangers s'était produite; de tous les points du monde civilisé on était venu assister à ce concours. Le Gouvernement impérial, associé à la grande pensée qui préoccupait la France, avait fait construire un vaste palais dans les Champs-Élysées; une commission composée de l'élite des artistes, des manufacturiers et des savants, fut chargée, sous la présidence de S. A. I. Mgr le prince Napoléon, de réglementer tous les détails, et d'accorder, aux produits de toutes les nations, une hospitalité sincère et cordiale. L'opinion publique, justement émue dans l'éventualité de cette lutte intellectuelle et savante, ne savait comment exprimer son admiration en voyant la France assez forte et assez puissante pour mener de front les gloires de la paix et celles de la guerre. Quant à la ville de Paris, pour fêter dignement l'élite du monde, alors rassemblée dans son enceinte, elle avait revêtu ses habits de pompe, elle mettait la dernière main aux constructions du Louvre, elle couvrait d'un vernis de jeunesse ses hôtels, ses palais, ses bazars. On peut voir ailleurs dans ce livre (Chap. Ier, *Palais de l'Industrie*, p. 80) que l'ouverture solennelle de l'exposition eut lieu le 15 mai 1855, sous la présidence de l'Empereur, et que le palais de l'Industrie fut, durant six mois, visité par des multitudes avides de jouir du merveilleux spectacle de tant de richesses et d'un si légitime progrès. Ce n'est point ici le lieu de décrire ces trésors artistiques, industriels et agricoles. L'un de nos collaborateurs a rempli cette mission, et l'on trouvera dans ce livre, au chapitre consacré à rendre compte du grand concours industriel de 1855, des détails auxquels on peut se reporter, si l'on veut apprécier les souvenirs qu'a laissés en France l'exposition universelle : il nous aura suffi de constater que notre pays, par ses artistes et par ses industriels, triompha à Paris comme il triomphait en Crimée par ses légions.

Les souverains étrangers voulurent eux-mêmes accroître de leur présence cette splendeur. Le 26 mai, S. M. le roi de Portugal vint à Paris, et y fut accueilli par des hommages mêlés d'une juste sympathie. Plus tard (événement inouï dans les fastes historiques de la capitale), S. M. la reine de la Grande-Bretagne fit un voyage en France et se rendit à Paris. Ce voyage excita une grande émotion en Europe, et Paris se fit un devoir d'offrir à S. M. la reine Victoria des fêtes dont la magnificence dépassait tous les rêves orientaux consignés dans les *Mille et une Nuits*. Le 18 août, dès le matin, des myriades d'étrangers, venus de tous les points du monde, et mêlés comme des flots mouvants à la population parisienne, envahissaient les boulevards, s'installaient à toutes les fenêtres, à tous les balcons, sur les toits, partout où il était possible de voir passer le cortége. La plus vive animation régnait sur le nouveau boulevard de Strasbourg et aux abords de la magnifique gare de l'Est. Sur une partie de la voie, on avait élevé une estrade élégante qui n'était qu'un massif de verdure et de fleurs. Au-dessus de l'arcade centrale, on avait placé un immense écusson aux armes d'Angleterre; les autres arcades et les colonnes qui les séparent étaient décorées de blasons représentant les villes de France, de trophées, de guirlandes, d'aigles aux ailes déployées et de monogrammes de la reine Victoria. Dans toute l'étendue de l'embarcadère et du centre de la voûte pendaient des drapeaux français et anglais et des bannières flottantes. La cour était entourée de mâts pavoisés; sur la principale façade, les armes de l'Empire étaient encadrées de trophées, de médaillons aux chiffres de la reine et du prince Albert, de drapeaux et d'oriflammes dont les brillantes couleurs se mariaient harmonieusement à la décoration générale. Rien ne saurait d'ailleurs donner une idée de la perspective admirable qu'offraient dans toute leur longueur les boulevards, la rue Royale, l'avenue des Champs-Élysées et l'avenue de l'Impératrice. Partout la multitude innombrable et en habits de fête; partout des mâts vénitiens garnis de drapeaux, d'écussons et de banderoles; partout des inscriptions, des emblèmes, des devises, pour souhaiter la bienvenue aux augustes hôtes de la France. Des arcs de triomphe improvisés, et couverts de décorations splendides, s'élevaient de distance en distance, particulièrement en face des théâtres. La classe ouvrière se distinguait, entre toutes, par sa gaîté expansive, sa franchise et sa bonne humeur. Les corporations de Paris et de la banlieue défilaient bannières en tête. Sur une étendue de 14 kilomètres, l'armée et la garde nationale formaient une double haie au milieu de laquelle devait passer la reine. Cependant, Sa Majesté n'avait pu débarquer à Boulogne qu'après deux heures, et la nuit tombait déjà lorsque le train royal arriva à la gare. Des salves d'artillerie et des hourras saluèrent alors la reine, et la musique de tous les corps militaires fit entendre le *God save the queen*, l'air national des Anglais. L'Empereur, la reine, la princesse royale, le prince Albert, traversèrent la longue étendue des boulevards dans une calèche attelée de quatre chevaux, et au bruit mille fois répété des acclamations populaires. A mesure que le jour baissait, une illumination soudaine, éclatante, féerique, précédait comme une traînée de flammes le passage de Leurs Majestés, et le cortége, annoncé par des salves d'artillerie, arriva à Saint-Cloud avant neuf heures.

S. M. la reine d'Angleterre ne fit dans la capitale de la France qu'un séjour de courte durée, mais il fut signalé par des fêtes d'une magnificence inouïe. Les illustres hôtes de Paris et de l'Empereur ne purent retenir leur surprise au spectacle du bal qui leur fut offert à l'Hôtel-de-Ville, et dont aucune description ne saurait donner l'idée, et en partant pour leur pays, ils se montrèrent pénétrés d'une admiration sans bornes pour la puissance de la France et la splendeur de Paris. Cette hospitalité,

Distribution des récompenses aux Exposants, au Palais de l'Industrie (15 Novembre 1855)

aussi brillante que cordiale, parut resserrer l'alliance qui, sur tous les champs de bataille comme dans les conseils, faisait la force des deux gouvernements. L'incident qui fut le plus remarqué fut une visite faite par S. M. la reine d'Angleterre à la chapelle des Invalides, au mausolée sous lequel sont déposés les restes du captif de Sainte-Hélène. Le lendemain, 25 août, Sa Majesté et ses enfants allèrent visiter, à Saint-Germain, le tombeau de Jacques II, mort en exil à la suite de la révolution de 1688, qui avait détrôné les Stuarts. Cette circonstance fut également de nature à impressionner l'opinion publique : il y a des rapprochements que le temps seul rend possibles et qu'il suffit d'indiquer.

D'autres émotions se révélaient encore à Paris. Depuis plus d'onze mois, les armées françaises, unies aux troupes alliées, combattaient généreusement sous les murs de Sébastopol et enduraient de glorieuses souffrances. La France et l'Angleterre commençaient à s'étonner de la longueur d'un siége qui coûtait un sang si précieux, et l'on attendait, avec une inquiétude mêlée d'impatience, que la victoire vînt enfin couronner tant de sacrifices. Durant le séjour de la reine d'Angleterre à Paris, on avait appris, avec un juste orgueil, le beau fait d'armes de la Tchernaïa. Peu de jours après, le 9 septembre, le télégraphe annonça enfin la prise de Malakoff, et le lendemain, sur tous les murs de Paris, on pouvait lire la grande nouvelle de l'entrée des troupes alliées dans les murs de Sébastopol. Sur le champ, la population improvisa une fête vraiment nationale et qui laissera, dans les fastes de la capitale, de durables souvenirs. Le 13 septembre, à midi, un *Te Deum* fut solennellement chanté à Notre-Dame en présence de l'Empereur et des grands corps de l'État. L'ex-émir Abd-el-Kader, sincèrement dévoué à la cause de la France, assistait à cette cérémonie religieuse. Mgr l'archevêque de Paris, qui avait appris à Valence la victoire de nos armes, s'était empressé d'accourir et n'avait voulu céder à personne l'honneur d'officier et de rendre grâces à la Providence divine.

Vers le milieu d'octobre, LL. AA. RR. le duc et la duchesse de Brabant vinrent à leur tour visiter Paris. L'héritier du trône de Belgique fut reçu avec les honneurs dus à son rang, et sa présence, sur le territoire français, parut une nouvelle garantie de sécurité et de paix.

Le 15 novembre, l'exposition universelle de l'industrie fut close en grande pompe, et, ce même jour, l'Empereur distribua lui-même aux exposants les récompenses décernées par le jury international (1).

Le 23 novembre, S. M. le roi de Sardaigne vint visiter l'Empereur et la capitale de l'Empire. Les troupes de ce souverain combattaient alors en Crimée avec les nôtres, et cette communauté de courage et de souffrance, entre l'élite des deux peuples, donna une vive impulsion aux sympathies que la France et son chef manifestèrent à l'héritier de l'illustre maison de Savoie. Il y eut à Paris et à Saint-Cloud des revues et des représentations théâtrales ; le conseil municipal offrit à l'hôte de l'Empereur une fête magnifique dont les détails rappelaient les splendeurs du bal donné récemment à la reine Victoria.

Le 29 décembre 1855 eut lieu l'une de ces grandes cérémonies nationales qui semblent empruntées aux fastes du premier Empire. Ce jour-là, les troupes qui revenaient d'Orient firent à Paris leur entrée solennelle ; la population entière s'était portée sur leur passage pour les acclamer au nom de la France. Les rues, les boulevards, les places que devaient traverser nos soldats victorieux, étaient ornés d'emblèmes significatifs et pavoisés, à tous les étages, de drapeaux français, anglais et sardes. Sur la place de la Bastille, un arc de triomphe gigantesque, surmonté de deux aigles aux ailes déployées et d'une couronne de lauriers, portait cette inscription en grandes lettres d'or : A LA GLOIRE DE L'ARMÉE D'ORIENT. Les noms des victoires remportées en Crimée étaient également écrits sur les diverses faces de l'arc de triomphe. Un peu avant midi, l'Empereur, à cheval, en uniforme de général de division et suivi de toute sa maison militaire, se porta au devant des vaillantes troupes qui avaient pris Sébastopol. Arrivé sur la place de la Bastille, il les harangua en ces termes : « Soldats, je suis venu au devant de vous, comme autrefois le Sénat romain allait aux portes de Rome, au devant de ses légions victorieuses. Je viens vous dire que vous avez bien mérité de la patrie. — Mon émotion est grande, car au bonheur de vous revoir se mêlent de douloureux regrets pour ceux qui ne sont plus et un profond chagrin de n'avoir pu moi-même vous conduire au combat. — Soldats de la Garde comme soldats de la ligne, soyez les bienvenus. Vous représentez tous cette armée d'Orient dont le courage et la persévérance ont de nouveau illustré nos aigles et reconquis à la France le rang qui lui est dû. La patrie, attentive à tout ce qui s'accomplit en Orient, vous accueille avec d'autant plus d'orgueil qu'elle mesure vos efforts à la résistance opiniâtre de l'ennemi..... Gardez soigneusement les habitudes de la guerre, fortifiez-vous dans l'expérience acquise ; tenez-vous prêts à répondre, s'il le faut, à mon appel ; mais, en ce jour, oubliez les épreuves de la vie de soldat, remerciez Dieu de vous avoir épargnés, et marchez fièrement au milieu de vos frères d'armes et de vos concitoyens, dont les acclamations vous attendent. » Après ces nobles paroles, le défilé continua, et les troupes vinrent passer au pied de la colonne de la grande armée. En avant de chaque corps marchaient les blessés, dont l'aspect excitait particulièrement les émotions patriotiques de la foule. Sur le passage de chaque régiment, la population jetait des couronnes et faisait entendre des cris d'admiration et de sympathie. C'est ainsi que l'Empereur et le peuple encourageaient l'armée à de nouveaux efforts et à de prochains triomphes.

(1) Voir le compte-rendu de cette splendide cérémonie, Chapitre Ier, *Palais de l'Industrie*, p. 87 et 88. — Voir surtout la planche ci-contre, qui reproduit cette solennité, et dont l'exactitude remarquable sera attestée par tous les témoins oculaires.

Cette année 1855, qui s'achevait au bruit des victoires et qui avait été témoin des merveilles de l'exposition universelle, aura une belle place dans les annales de Paris. Nous avons parlé du Louvre achevé, de la rue de Rivoli ouverte, de tant de travaux utiles entrepris avec audace et continués au prix de beaucoup de sacrifices. Sous le point de vue de l'art et de l'intelligence, elle eut aussi ses progrès et ses fastes. Tandis que Mlle Rachel, la grande tragédienne, se trouvait éloignée du théâtre et demandait en vain au ciel du Midi le rétablissement de ses forces, une artiste italienne, Mme Ristori, donnait à Paris des représentations qui faisaient fureur. On se pressait aux abords de la salle; les loges étaient retenues plusieurs jours à l'avance; on se faisait un devoir d'applaudir cette actrice au geste animé, à la physionomie puissante, à la voix correspondante à toutes les fibres du cœur. Les enthousiastes de son talent proclamaient que jamais l'art n'avait atteint de pareilles expressions, et la foule, un peu surprise par la révélation de cette gloire imprévue, obéissait à la mode en s'associant aux admirateurs des gens d'élite. Depuis lors Mme Ristori a reparu plus d'une fois à Paris et a été jugée avec plus de modération et de calme. A coup-sûr, son talent ne répond pas à toutes les exigences du spectateur français, et il est permis de croire que Mlle Rachel n'a pas été détrônée par sa rivale. En cette même année, l'Académie Française admit dans ses rangs M. Ponsard, l'auteur de *Lucrèce*, en remplacement de M. Baour-Lormian, vieillard qui venait de s'éteindre et qui était comme le dernier représentant de la littérature du premier Empire. Les arts et la poésie firent une perte bien autrement douloureuse : Mme Émile de Girardin mourut dans toute la splendeur de sa renommée et de son talent, et la France environna de ses regrets le cercueil de cette femme illustre. Mme de Girardin rendit le dernier soupir dans son charmant hôtel des Champs-Élysées, qui depuis lors a été démoli par la spéculation pour le passage d'une rue nouvelle. Non loin d'elle, comme pour rendre moins tristes ses adieux à la vie, la Société impériale et centrale d'Horticulture venait d'ouvrir sa grande exposition, et la foule se portait à cette fête des fleurs. On sait ce que vivent les roses : celles de 1855 ont été remplacées par des produits plus beaux et plus rares; mais dans ce seul fait d'une exposition horticole, il y avait un précédent utile et qui causa, dans le public intelligent, une vive satisfaction. Tandis que les fleurs disputaient à l'industrie les empressements du public parisien, l'agriculture continuait d'être rudement éprouvée par les intempéries et une succession imprévue de mauvaises récoltes. La ville de Paris, réalisant la sage pensée de l'Empereur, ne recula pas devant les nombreux sacrifices que cette situation réclamait d'elle, et elle ne cessa de maintenir le pain à un prix au-dessous de celui qu'indiquaient les mercuriales. D'un autre côté, les affaires avaient pris un essor rapide, les capitaux étaient abondants, et la présence de cent mille étrangers répandait beaucoup d'argent dans la capitale.

Le 16 mars 1856, vers trois heures du matin, S. M. l'Impératrice donna le jour à un prince; une salve de cent et un coups de canon annonça au peuple de Paris ce grand événement, qui comblait les espérances de l'Empereur et semblait être, de la part de la Providence divine, le gage assuré d'une paix prochaine. Les représentants des grandes puissances de l'Europe, alors réunis en congrès, vinrent les premiers saluer l'Empereur de leurs félicitations. L'Empereur, justement sensible à cette démarche, répondit en ces termes : « Je suis heureux que la Providence m'ait envoyé un fils au moment où une ère de réconciliation générale s'annonce pour l'Europe. Je l'élèverai dans ce sentiment que les peuples ne doivent pas être égoïstes, et que le repos de l'Europe dépend de la prospérité de chaque nation. » Un moment après, s'adressant au Corps Législatif, qui était venu lui apporter ses hommages, Sa Majesté ajouta : « Les acclamations unanimes qui entourent le berceau de mon fils ne m'empêchent pas de réfléchir sur la destinée de ceux qui sont nés dans le même lieu et dans des circonstances analogues. Si j'espère que son sort sera plus heureux, c'est d'abord que, confiant dans la Providence, je ne puis douter de sa protection en la voyant relever, par un concours de circonstances extraordinaires, tout ce qu'il lui avait plu d'abattre il y a quarante ans, comme si elle avait voulu vieillir par le martyre et par le malheur une nouvelle dynastie sortie des rangs du peuple. L'histoire a des enseignements que je n'oublierai pas. Elle me dit, d'une part, qu'il ne faut jamais abuser des faveurs de la fortune; de l'autre, qu'une dynastie n'a de chance de stabilité que si elle reste fidèle à son origine, en s'occupant uniquement des intérêts populaires pour lesquels elle a été créée. » La naissance du Prince Impérial fut acclamée même par la puissance avec laquelle la France était encore en guerre, et le canon russe, dans les forteresses de la Crimée, unit ses salves à celles de l'artillerie française. De pareilles manifestations indiquaient évidemment que la paix ne pouvait plus être retardée. Le 30 mars, les plénipotentiaires de la France, de l'Autriche, de la Grande-Bretagne, de la Prusse, de la Russie, de la Sardaigne et de la Turquie, siégeant au congrès de Paris, apposèrent leur signature à un traité qui mettait fin à la guerre et réglait la question d'Orient. Ainsi la paix allait de nouveau régner sur le monde, et la France remontait, parmi les nations civilisées, au rang qui lui appartient, c'est-à-dire au premier. D'immenses réjouissances nationales saluèrent cet heureux dénoûment de la lutte.

Tandis que la capitale de la France jouissait du bien-être et des splendeurs de la paix, le fléau des inondations désolait la plupart des villes et des provinces du Midi et du Centre. Ému de ces désastres, l'Empereur se hâta de quitter Paris et de porter lui-même des secours aux cités riveraines de la Loire et du Rhône. C'était un grand et touchant spectacle que celui des populations réunies sur les débris de leurs demeures renversées et se livrant à des transports d'enthousiasme à la vue du chef de l'État, passant à pied devant elles, traversant à gué les torrents, prodiguant les paroles de consolation et de sympathie, stimulant les ingénieurs, donnant partout les ordres que les circonstances réclamaient. D'Angers à Blois, à Orléans et à Lyon, de Lyon à Valence, à Montélimart, à Orange, à Avignon, partout la marche de l'Empereur s'accomplissait au milieu des bénédictions publiques. De retour à Paris, Sa Majesté assista, à Notre-Dame, au baptême du jeune Prince Impérial, l'espérance de sa dynastie. Cette touchante cérémonie eut lieu le 14 juin, en présence de l'élite de la France et de l'Europe. Ce jour-là, l'intérieur de la cathédrale offrit un merveilleux coup-d'œil : une décoration splendide avait transformé le monument; les voûtes étaient parsemées d'étoiles se détachant sur un fond d'azur. On avait improvisé de magnifiques verrières; partout étincelait un ardent foyer de lumières éblouissantes. Le parrain du Prince Impérial, N. S. P. le vénérable Pie IX, s'était fait représenter à la cérémonie par un cardinal-légat *à latere;* ce prélat était sur un trône élevé de deux marches, à l'entrée du sanctuaire, faisant face à l'autel et au trône de Leurs Majestés. La vaste basilique était tout entière pleine d'archevêques, d'évêques, de généraux, de fonctionnaires, de diplomates, de sénateurs, de magistrats, tous revêtus de leurs insignes, et les tribunes étaient comme encombrées de dames aux riches parures. Après le baptême, l'Empereur debout, élevant son fils dans ses mains, le présenta à l'assistance et au peuple, et de toutes parts retentirent des acclamations que nulle imagination n'aurait osé rêver. Le lendemain, les fêtes se prolongèrent et furent terminées par des illuminations vraiment féeriques et par des feux d'artifice dont aucun récit ne pourrait exactement reproduire le souvenir. Quant aux pauvres, Paris ne les avait point oubliés et ils prirent une large part à la fête.

Cependant Paris continuait à s'énorgueillir de ses nouveaux monuments, de ses jardins, de ses quartiers créés ou rajeunis par une puissance qui semblait tenir de la magie. Le bois de Boulogne, merveilleuse promenade terminée en quelques années, était orné de cette cascade que tous les étrangers admirent; on poursuivait, sur les deux rives de la Seine, l'ouverture du boulevard de Sébastopol; on terminait d'intelligentes restaurations dans nos églises de la Renaissance et du moyen-âge; on renversait par centaines des maisons sur l'emplacement desquelles s'élevaient, comme par enchantement, les pavillons des nouvelles grandes halles, Louvre populaire, suivant l'expression de Napoléon Ier, que toutes les capitales de l'Europe envient à la nôtre. Quant aux événements littéraires, ils avaient été bien clairsemés durant l'année 1856, si féconde en incidents politiques. Le plus important de ceux qui s'offrent à notre souvenir fut la détermination prise par la commission chargée de désigner au Gouvernement les ouvrages dramatiques les plus dignes, au point de vue de l'utilité morale et de l'art, d'être encouragés et récompensés par des prix nationaux. Après avoir consacré deux colonnes d'éloges à une pièce de M. Alexandre Dumas fils, le *Demi-Monde,* la commission constata *fort à regret* que cette œuvre ne rentrait pas dans le programme fixé par le décret impérial, et elle eut également le regret de ne soumettre au Gouvernement que des conclusions négatives. Ce résultat n'était guère flatteur pour l'art théâtral en l'an de grâce 1856. Vers la fin de cette même année, le recensement quinquennal, publié par ordre du Gouvernement, constata que le département de la Seine était peuplé de 1,787,000 habitants, dont 1,174,500 pour la ville de Paris; c'était, pour la capitale et dans une période de cinq ans, une augmentation de 120,000 âmes.

L'année 1857 s'ouvrit à Paris par un crime exécrable, douloureux privilége que l'année 1858 ne tarda pas à lui disputer. Le samedi 3 janvier, au moment où Mgr Sibour, archevêque de Paris, présidait, à Saint-Étienne-du-Mont, aux solennités de la fête de Sainte-Geneviève, un prêtre interdit (ce misérable se nommait Verger) lui porta avec violence un coup de couteau dans la région du cœur. Le prélat, ainsi frappé, recula de quelques pas et s'affaissa dans les bras du serviteur qui le suivait; on se hâta de lui donner l'absolution suprême, et peu d'instants après il rendait le dernier soupir. Rien ne saurait exprimer l'impression causée par ce crime dans tous les rangs de la société. On s'étonnait au spectacle de cet héritage de douleur et de cette croix sanglante que, depuis trente années, les archevêques de Paris semblaient se transmettre l'un à l'autre; on se rappelait les vertus de l'illustre victime : la douceur et la mansuétude formaient le fond de son caractère, sans exclure le mâle courage qui ne fléchit pas devant les difficultés. Lorsqu'à la suite de l'émotion causée par les guerres civiles et par l'héroïque sacrifice de son prédécesseur, il avait été appelé à succéder à Mgr Affre, on lui avait entendu prononcer ces paroles qui renfermaient une lugubre prophétie : « En des temps ordinaires, j'aurais décliné une dignité si élevée; mais dans le moment présent, qu'est le siége de Paris, sinon un Calvaire? Je regarderais comme une faiblesse de refuser d'y monter en portant ma croix. » Sa charité pour les pauvres était inépuisable, et ceux qui l'ont connu (celui qui écrit ces lignes est de ce nombre) garderont toujours avec respect le souvenir de ses lumières et de ses vertus. Ses obsèques furent célébrées avec une juste pompe, que rehaussait la manifestation unanime de la douleur publique. Le 30 janvier, l'assassin, condamné à mort par la cour d'assises de la Seine, expia sur l'échafaud son abominable forfait; il mourut en témoignant du repentir et des remords.

L'Empereur désigna, pour occuper le siége métropolitain de Paris, Mgr Morlot, cardinal et archevêque de Tours. Le 25 avril, ce choix ayant été confirmé par le Souverain Pontife, l'installation de Mgr Morlot eut lieu à Notre-Dame. Le mandement du nouvel archevêque était empreint des souvenirs que la situation faisait naître d'elle-même; le pieux prélat s'écriait : « O église des Denis et des Marcel, qui nous apparaissez avec l'antiquité de votre origine, la sainteté de vos pontifes, les triomphes et les mérites de vos martyrs, depuis ceux qui arrosèrent votre berceau de leur sang jusqu'à votre martyr d'hier, douce et pure victime dont le sang fume encore, illustre et sainte église, nous vous saluons avec respect et avec amour. Vos douleurs, nous venons avec un immense désir de les consoler. A vos gémissements sur les égarements et les infidélités d'un si grand nombre d'enfants qui ne connaissent plus, qui jamais peut-être n'ont entendu la voix de leur mère, nous mêlons les nôtres..... Quel bonheur pour nous, quel allégement à notre charge, à nos rudes labeurs, à notre responsabilité, s'il nous est donné de voir la grande cause de Dieu qui est aussi la cause de l'humanité tout entière, mais surtout celle de toutes les âmes vouées ici-bas à la souffrance et aux larmes, reprendre parmi nous tous ses droits! »

L'année 1857 ne fut pas inféconde au point de vue de la littérature et des arts. — En cette même année, la ville de Rennes fut reliée à Paris par un chemin de fer. — Un hôte illustre, S. A. I. le grand-duc Constantin, frère du czar, vint visiter la capitale de la France et y reçut les honneurs dus à son rang. — La poésie fit une perte cruelle en la personne d'Alfred de Musset, l'une des gloires que l'Europe envie à la France; les restes de cet académicien illustre furent déposés au cimetière de l'Est. — Peu de mois après, mourut Béranger, dont il nous aura suffi de prononcer le nom. — La ville de Paris ayant été honorée de la présence de S. M. le roi de Bavière offrit à ce souverain une fête splendide qui rappelait celles qui avaient eu lieu lors du voyage de la reine d'Angleterre. — Vers le même temps, on ouvrit à Paris une nouvelle exposition de la Société impériale et centrale d'Horticulture, et ce fut l'occasion, pour les amateurs des fleurs et des fruits, d'étaler le résultat de leurs combinaisons patientes et de remporter de pacifiques triomphes. — Le 15 juin eut lieu l'ouverture du Salon de 1857 (exposition de peinture et de sculpture). A ce rendez-vous donné aux artistes manquaient plusieurs hommes célèbres, qui pour la plupart, nous sommes loin de les en féliciter, se jugeaient suffisamment en possession de la gloire et ne se souciaient plus d'entrer en lutte avec des concurrents moins connus. Cette disposition d'esprit est une marque d'ingratitude pour la France, et nous lui devons l'amoindrissement des solennités ou des concours artistiques, autrefois attendus avec une légitime impatience et une vive curiosité. En 1857, l'exposition fut peu remarquable. Toutefois, quelques artistes se signalèrent dans la foule et attirèrent à juste titre l'attention du public. Dans ce nombre, et nous sommes forcés d'en omettre, nous aimons à citer MM. Cabat, les deux Rousseau, Gendron, Meissonnier, Gigoux, Gérôme, Paul Baudry, Bouquereau, Lafond, Millet, Desgoffe, Paul Flandrin, Corot, Rude, Duret, Thomas, Dubray, Marcellin, Robert Fleury, Charles Marchal, Breton, Antigna, Brion, Saint-Jean, etc.

Un événement important dans l'histoire de l'art et dans les fastes de Paris fut l'inauguration solennelle du nouveau Louvre. Cette cérémonie eut lieu le 14 août, sous la présidence de l'Empereur et en grande pompe. La première pierre de ce magnifique édifice avait été posée le 25 juillet 1852 : en moins de cinq ans, on avait mené à terme l'œuvre que tant de rois avaient rêvée et qui suffirait à elle seule à la gloire d'une époque de paix et de prospérité. Ce n'est point ici le lieu de décrire le nouveau Louvre : l'un de nos collaborateurs a rempli cette tâche, et nous ne pouvons que renvoyer le lecteur à l'article spécial consacré à ce monument, dans le premier volume de cet ouvrage.

Paris continuait à se voir doté de rues, de boulevards, de places publiques, de jardins, qui ajoutaient à sa splendeur et à son bien-être. Le 31 août, S. E. M. Billault, ministre de l'intérieur, inaugura, au nom de l'Empereur, l'asile de Vincennes, destiné aux ouvriers convalescents : c'était le Louvre du travail. Cette cérémonie touchante rappelait aux classes ouvrières tout ce qu'elles devaient de reconnaissance et de bénédictions à un pouvoir qui se préoccupait à un si haut degré de leurs intérêts et de leur bien-être. Tandis que le gouvernement de l'Empereur accomplissait ainsi sa mission, des complots régicides, organisés par des réfugiés et des Italiens, étaient déférés à la juste sévérité des lois, et le pays s'indignait des manœuvres qui mettaient en question le présent et l'avenir.

La cour d'assises rendit son arrêt, mais une lutte sauvage semblait désormais engagée contre la société, et tout faisait pressentir de nouvelles attaques dirigées contre la vie de l'Empereur. Six mois ne s'étaient pas écoulés, depuis la condamnation des obscurs sicaires dont nous venons de parler, qu'un épouvantable événement menaça la France en la personne de son souverain. Le 14 janvier 1858, au moment où Leurs Majestés Impériales se rendaient à l'Opéra et arrivaient au seuil du théâtre, trois explosions successives, comparables à des coups de canon, éclatèrent, à quelques secondes d'intervalle, en avant et sous la voiture même où se trouvaient l'Empereur et l'Impératrice. Toutes les maisons voisines et la façade du théâtre furent criblées de projectiles; la voiture impériale fut atteinte dans ses diverses parties par soixante-seize balles, les chevaux furent tués, et l'un d'eux tomba frappé de vingt-cinq éclats de bombe. Plusieurs projectiles pénétrèrent dans l'intérieur même de la voiture, et le général Roguet fut blessé. L'Empereur et l'Impératrice ne descendirent qu'après la dernière explosion. Ils n'avaient cessé d'être calmes, et se montraient surtout préoccupés des secours à donner aux victimes, malheureusement bien nombreuses, qui gisaient sur le sol inondé de sang. Cent cinquante-six personnes avaient été atteintes, qui presque toutes succombèrent. Les instruments du crime avaient été des bombes fulminantes confectionnées en Angleterre par un petit nombre de scélérats, auteurs ou complices de cette tentative, et dont plusieurs furent presque immédiatement arrêtés. Ces assassins, nommés Orsini, Piéri, Rudio, Gomez et Bernard (ce dernier réussit à se soustraire à la justice), furent sur le champ déférés au jury, et eurent à répondre de leur abominable forfait. Après de longs et minutieux débats, Orsini, Piéri et Rudio furent condamnés à la peine des parricides et Gomez à celle des travaux forcés à perpétuité. L'Empereur fit grâce de la vie à Rudio, l'un des assassins, mais les deux autres, Orsini et Piéri, subirent leur peine, le 13 mars, en présence d'une foule considérable et silencieuse qu'impressionnait vivement le souvenir de l'attentat du 14 janvier.

Les douloureuses préoccupations de la France furent longues à s'effacer, et l'hiver se ressentit d'un deuil si légitime. Le 5 avril, eut lieu une fête vivement attendue par le peuple de la capitale. Ce jour-là fut inauguré le boulevard de Sébastopol, achevé sur la rive droite de la Seine avec une rapidité sans exemple. Leurs Majestés Impériales, entourées des princes et des princesses de leur maison, présidèrent à cette imposante cérémonie. L'armée et la garde nationale, rangées sur deux immenses lignes, formaient une double haie, depuis le fleuve jusqu'à l'embarcadère de Strasbourg; la population de Paris, attirée par ce merveilleux spectacle, se déroulait sur toutes les voies, et manifestait une curiosité sympathique. Le soir, la ville fut illuminée, et nul ne s'étonnait de cette émotion causée par l'inauguration de la voie nouvelle. Le boulevard de Sébastopol résumait en lui seul la pensée qui, depuis dix ans, présidait aux embellissements de Paris. Tout y portait l'empreinte de la grandeur : proportions vastes, beauté de l'aspect, soin du détail, constructions variées et cependant assujéties à de certaines règles qui maintiennent l'harmonie de l'ensemble; canaux souterrains et gigantesques, centre de tous les égouts et de tout le système de l'assainissement public, rien ne manquait à ce grand travail de ce qui a toujours droit de fixer l'attention du pays. Ce boulevard, sur la rive droite, avait 2330 mètres de développement, et ne devait pas tarder à en avoir 2000 de plus, en s'étendant du Pont-au-Change à l'Observatoire. Puisque nous parlons des travaux opérés en 1858, pour ajouter à la splendeur de Paris, nous ne devons pas omettre de mentionner le déplacement de la fontaine du Palmier, élevée sur les débris de l'ancien Châtelet, et qui fut à la fois exhaussée d'environ 5 mètres et conduite dans l'axe de la nouvelle place. Cette entreprise, qui présentait d'énormes difficultés, fut menée à bonne fin par les soins habiles de M. Davioud, architecte de la ville, sous la direction et le contrôle de M. Alphand, ingénieur du service des ponts et chaussées. Une entreprise bien autrement colossale était celle de l'égout collecteur de Paris à Asnières. Avant 1806, il n'existait à Paris que 23,530 mètres de galeries d'égout; en 1858, on en comptait 180,000. Or, tous ces travaux, exécutés au prix de tant d'efforts et de sacrifices, ne répondaient pas suffisamment aux besoins de l'édilité parisienne, et devaient être complétés par l'ouvrage gigantesque achevé en 1858, et qui, sous la dénomination d'égout collecteur, améliore le système de canalisation du sol parisien et affranchit tous les quartiers de la rive droite des inondations périodiques qui les envahissaient dans les saisons pluvieuses. Rien de grandiose comme l'aspect de cet immense souterrain, construit dans des conditions de solidité exceptionnelles, et qui est aux anciens égouts ce que sont à tant de rues, récemment disparues du sol parisien, les splendides voies qui y tracent aujourd'hui leur sillon.

Le jour même où s'ouvrit l'année 1859, des paroles adressées par Sa Majesté Impériale à l'ambassadeur d'Autriche, révélèrent au pays l'existence des graves difficultés qui existaient entre les deux gouvernements, au sujet de la question d'Italie. Pendant plusieurs mois on espéra que la guerre pourrait être écartée, à l'aide des négociations de la diplomatie, et ces préoccupations ne laissèrent pas d'assombrir l'hiver et de peser sur les affaires industrielles. A la fin, il ne fut plus possible de se faire illusion. L'Autriche fit marcher ses armées contre le Piémont, et la France accourut au secours du roi Victor-Emmanuel. Les deux empereurs avaient voulu conduire eux-mêmes leurs légions sur le champ de bataille. Nous écrivons exclusivement en vue de raconter les annales de Paris, et il n'entre pas dans le cadre qui nous est imposé de retracer les incidents de la guerre d'Italie : nous nous bornerons à dire que la population parisienne suivait avec une anxiété mêlée d'orgueil et d'espoir les opérations de nos armées. A chaque victoire signalée par le canon des Invalides, les citoyens improvisaient de splendides fêtes, et toutefois leur sympathie se tournait vers les glorieuses victimes de la guerre qui succombaient sous les yeux de l'Empereur et pour l'honneur du drapeau. A la fin, la nouvelle de la paix vint mettre un terme aux triomphes, aux espérances et aux craintes du pays, et la France, émue comme aux plus grands jours de son histoire, salua le retour de ses fils victorieux. Aucune pompe nationale n'éveilla l'enthousiasme dans les cœurs autant que le défilé du 14 août 1859. Ce jour-là, l'Empereur, à cheval près de la colonne, entouré des siens et de l'élite de la France, vit passer devant lui l'armée d'Italie avec ses trophées. Un peuple immense, profondément ému au souvenir de tant de souffrances et au spectacle de tant de gloire, acclama de cris unanimes les légions de retour, les soldats aux visages bronzés, les drapeaux noircis et déchirés dans les batailles, les blessés de toute arme, qui marchaient en tête, comme un éloquent témoignage de ce que peut la valeur unie à l'amour de la patrie. Les sympathies publiques se reportèrent à plusieurs reprises sur le jeune Prince Impérial, revêtu de l'uniforme de la Garde, et qui assistait comme spectateur, au bras de sa mère, à cette imposante cérémonie. Ce jour-là, tous les cœurs s'ouvraient d'eux-mêmes à la réconciliation et à l'espérance.

En 1859, une loi consacra plus de cent millions à de vastes travaux destinés à ouvrir de nouvelles rues et de nouveaux boulevards; ces projets, dont l'achèvement exigera plusieurs années d'efforts et de sacrifices, auront pour résultat, lorsqu'ils seront terminés, de mettre en communication, par de nouvelles et larges voies, les quartiers du centre avec les extrémités de la capitale, et de doter Paris de plusieurs grandes routes stratégiques très-utiles au double point de vue de la circulation et de la défense intérieure.

Si les annales de Paris, de 1859 à la fin de 1860, ne nous offrent le souvenir d'aucun autre événement mémorable, qui ait influé sur la disposition des esprits ou sur la condition des habitants, peu d'années, en revanche, ont vu s'accomplir des changements et des améliorations plus considérables, pour ce qui touche l'étendue, la physionomie extérieure, l'avenir même de la capitale de l'Empire! Nous nous bornerons à mentionner des travaux importants dont voici la nomenclature : la mairie du premier arrondissement, terminée en même temps que la tour dite de Saint-Germain-l'Auxerrois; l'achèvement du Pont-au-Change et du pont de l'Alma; le pont de Solferino, jeté sur la Seine en face des Tuileries; le septième pavillon des Halles centrales; la fontaine et le square des Innocents; le gros œuvre du Théâtre-Lyrique, sur la place du Châtelet; le square et les fontaines des Arts et Métiers; le percement du boulevard de Sébastopol à travers la Cité et jusqu'à la rue Soufflot; le square des Thermes; le boulevard Saint-Germain percé et ouvert depuis la place Maubert jusqu'au quai Saint-Bernard; l'intérieur de Saint-Étienne-du-Mont restauré; la belle fontaine de la place Saint-Michel; la transformation des Champs-Élysées; les boulevards de Monceaux, de Beaujon et du roi de Rome; le boulevard de Magenta, ouvert depuis l'église Saint-Laurent jusqu'à Montmartre; le boulevard du Prince-Eugène, ouvert de la rue des Amandiers à la place du Trône; l'église Notre-Dame-de-la-Gare, construite sur les hauteurs du quartier d'Austerlitz; le boulevard de l'Empereur, ouvert à la circulation depuis la grille de la Muette jusqu'à la rue du Petit-Parc; la grande plaine de Monceaux coupée par trois boulevards, ceux de l'Étoile, de Malesherbes et de Londres. Ce fut également par un décret impérial du 27 septembre 1860 que fut ordonnée la reconstruction de la salle de l'Opéra. L'emplacement définitif, choisi à la suite de longues études et de débats fort contradictoires, fut le boulevard des Capucines, en face de la rue de la Paix, dans l'axe de la future rue de Rouen et de la rue Lafayette prolongée.

Mais un événement bien autrement important dans cet ordre d'innovations et de transformations, fut la loi en vertu de laquelle le mur d'octroi, dont nous avons parlé au début de notre travail, dut disparaître pour laisser s'accomplir l'annexion de toutes les villes et communes de la banlieue de Paris. Tandis que nous retracions, dans une rapide esquisse, le tableau de Paris moderne, à peine venions-nous de constater que cette capitale immense avait pour limites le mur construit sous Louis XVI par la Ferme, et en vue d'assurer la perception des droits d'entrée, « le mur murant Paris, etc., » voilà que, sur l'initiative de l'Empereur, un acte législatif ordonnait que ces mêmes limites seraient reculées jusqu'aux fortifications et comprendraient, en outre, d'abord le bois de Boulogne, et bientôt après le bois de Vincennes, l'un et l'autre transformés en magnifiques promenades et dotés de lacs, d'étangs, de rivières et de cascades. A dater de ce jour, une ère nouvelle commence évidemment pour Paris : les pages qui précèdent sont comme le point de départ d'une situation et d'une histoire qui toutes deux se développeront dans un avenir inévitablement beau et grand.

En vertu de la loi qui homologuait l'annexion de la banlieue, à partir du 1er janvier 1860, Paris absorba onze grandes communes du département de la Seine, parmi lesquelles il s'en trouvait plusieurs qui comptaient trente ou quarante mille habitants; ces communes furent Auteuil, Passy, Batignolles-Monceaux, Montmartre, La Chapelle, La Villette, Belleville, Charonne, Bercy, Vaugirard et Grenelle; on adjoignit encore à Paris des sections considérables détachées de Neuilly, des Prés-Saint-Gervais, de Saint-Mandé, d'Ivry, de Gentilly et de Montrouge, et des parcelles plus ou moins importantes enlevées aux communes de Clichy, Saint-Ouen, Aubervilliers, Pantin, Bagnolet, Issy et Vanves. Ainsi agrandie, la capitale fut divisée en vingt arrondissements, subdivisés à leur tour en quatre-vingts quartiers. Son périmètre, qui embrassait seulement 3288 hectares, en comprit dès lors 7088 (plus du double), et sa population se vit portée de 1,174,346 âmes à 1,525,942, nombre que le recensement de l'année prochaine élèvera à un chiffre évidemment beaucoup plus considérable.

Ce sera comme le point de départ d'un avenir que le passé a dû faire pressentir, que le présent fait apparaître comme glorieux et sans exemple, depuis la Rome d'Auguste, dans l'histoire des capitales du monde. Ainsi se sont accomplies ces paroles de l'empereur Napoléon III : « Paris est le cœur de la France, mettons tous nos efforts à embellir cette grande cité, à améliorer le sort de ses habitants. Ouvrons de nouvelles rues, assainissons les quartiers populeux qui manquent d'air et de jour, et que la lumière bienfaisante du soleil pénètre dans nos murs. »

AMÉDÉE GABOURD.

PARIS, DÉCEMBRE 1860.

Le grand lac et ses cascades.

APPENDICE

COUP-D'ŒIL SUR LES ENVIRONS DE PARIS

LE BOIS DE BOULOGNE.

I

Grande Cascade du Bois de Boulogne.

Paris n'est pas seulement la plus belle ville du monde, c'est encore une des plus admirablement situées. Quand nous détournons nos yeux, trop constamment éblouis par les merveilles qu'il étale, n'est-ce pas une joie de les promener sur les paysages exquis, semés sans nombre à l'entour? Entre tant d'attractions diverses, nous n'aurions d'autre embarras que celui du choix : que nous soyons attirés par les splendeurs officielles de Versailles, par les beautés majestueuses de Saint-Germain, par les grâces piquantes de Bougival ou de Marly, par les souvenirs de Sceaux ou les parfums de Fontenay-aux-Roses; partout nous retrouverons des sites enchanteurs et des horizons à souhait pour le plaisir des yeux.

Aujourd'hui cependant je ne voudrais pas entraîner le lecteur aussi loin. Je désire seulement le prendre par la main et faire avec lui le tour de ce joli *Bois de Boulogne,* où les premières violettes brodent déjà la robe diaprée du printemps.

Le Bois de Vincennes d'un côté, le Bois de Boulogne de l'autre, ce sont comme deux panaches de verdure ondoyant sur le front de Paris.

Un jour peut-être, assis sous le chêne de saint Louis, nous vous raconterons l'histoire de Vincennes. Aujourd'hui, c'est Boulogne, son heureux rival, qui va nous retenir.

Le Bois de Boulogne occupe presqu'en totalité, à l'Ouest de Paris, la première des cinq péninsules entre lesquelles serpente en longs méandres la Seine amoureuse de ses rives.

La situation du Bois de Boulogne — du *Bois*, comme on l'appelle par excellence, dans la langue du sport et de l'élégance — est la plus heureuse qui se puisse souhaiter. Une ceinture de villas, de cottages et de châteaux, tellement serrés qu'on en fait des hameaux, des villages et des villes — est-il besoin de nommer Neuilly, Puteaux, Suresnes, Saint-Cloud, Boulogne, Auteuil, Passy? — enferme de toutes parts sa fraîche oasis. A l'horizon, d'un côté, le Mont-Valérien dresse sa fière silhouette qui domine tout ce vaste amphithéâtre; de l'autre, c'est l'arc de l'Étoile, point intermédiaire entre l'avenue de l'Impératrice et l'avenue des Champs-Élysées, porte gigantesque et triomphale du Bois et de la Ville, qui voit passer chaque jour tout le luxe, tout l'éclat, toute l'élégance, toute la fortune de Paris.

Faut-il maintenant s'étonner si une administration intelligente a voulu faire de ce *bois sacré du plaisir* le jardin de notre capitale et le parc anglais de la France et de l'Europe.

Beaucoup peut-être parmi les élégantes qui, à demi couchées sur les coussins moelleux, traversent, au grand trot de leurs purs-sangs anglais, l'avenue de l'Impératrice pour aller jouer de l'éventail autour de la Grande Cascade, ou rêver sur les bords de la Mare-aux-Biches, ignorent les destins et l'histoire du bois qui fait leurs délices.

II

Le Bois actuel était jadis comme le centre d'une immense forêt. Cette forêt couvrait, d'une part, le versant septentrional de la butte Montmartre et toute la plaine Saint-Denis, et s'étendant, de l'autre, vers la Seine, dans la direction du Roule et de Chaillot, elle occupait une partie du cours occidental de la rivière.

Cette forêt, à laquelle l'essence dominante du chêne rouvre avait fait donner le nom de forêt de Rouvray, fut longtemps le théâtre des exploits cynégétiques de nos Mérovingiens chasseurs et chevelus.

Les fils de Mérovée possédaient même à Clichy une sorte de métairie rustique, qui fut le Versailles barbare de la première race.

Chilpéric II, dans les premières années du VIIIe siècle, fit donation aux moines de Saint-Denis du domaine royal de Clichy et de ses dépendances, qui comprenaient la forêt de Rouvray tout entière.

Les abbés de Saint-Denis démembrèrent ce grand et beau domaine; ils en vendirent une partie à l'évêque de Paris, une autre à l'abbé de Sainte-Geneviève. Une portion fut défrichée et livrée à la culture. Philippe-Auguste, au XIIIe siècle, racheta et annexa aux biens de la Couronne la partie réservée; mais plus d'une fois encore la cognée fut mise au pied de l'arbre.

Quand saint Louis fit construire, au Sud-Ouest de la forêt, l'abbaye de Longchamps, à la prière de sainte Isabelle, sa sœur, il la dota de 40 arpents de bois, qui furent abattus pour former ce que nous appelons aujourd'hui la plaine de Longchamps. A cette même époque, de pieux solitaires commencèrent à défricher les plateaux du Mont-Valérien. Attaquée de tous les côtés, l'immense forêt ne fut bientôt plus qu'un bois modeste. Bientôt aussi les maisons s'élevèrent à la place des arbres : les villages succédèrent aux taillis.

Au IXe siècle, nous n'avions encore que Nigeon — un hameau qui n'a plus aujourd'hui d'existence propre, — Clichy-la-Garenne, Saint-Ouen et Montmartre. Bientôt ce fut le tour de Chaillot, d'Auteuil et de Villiers-la-Garenne — le Neuilly actuel; — puis Passy, puis Boulogne, et, après la création de Versailles, Billancourt et Point-du-Jour.

Quand la forêt de Rouvray eut perdu son nom, elle s'appela d'abord le *Bois de Saint-Cloud*. Et c'était un parage de mauvais renom, où il n'était pas prudent de s'aventurer de nuit, de peur des marandeurs, tire-laines, coupe-bourses, coupe-jarrets et coupe-gorges. L'histoire du Bois de Saint-Cloud était écrite en croix pleureuses à tous ses carrefours.

Cependant, vers le milieu du XVe siècle, ceux de Boulogne placèrent leur église nouvellement construite sous le patronage de Notre-Dame-de-Boulogne-sur-Mer, qui était alors en grande dévotion dans toute l'Europe. Et comme Boulogne-Saint-Cloud était moins loin de Paris que Boulogne-sur-Mer, le pèlerinage que l'on faisait jadis au bord de la Manche, ne se fit plus qu'au bord de la Seine. Mais le Bois fut mis comme l'église sous la protection de la Vierge. Ce fut d'abord le Bois de Notre-Dame-de-Boulogne, et puis, par corruption et par syncope, tout simplement le Bois de Boulogne.

François Ier, la plus brillante personnalité de cette race élégante et fastueuse des Valois, qui, à un certain moment de notre histoire, représenta si bien la France, François Ier, amateur de tous les plaisirs, se prit d'un goût très-vif pour le Bois de Boulogne: il en redressa les frontières, et l'enferma dans une enceinte de murs; il l'arracha aux entraves financières de la féodalité, et le peupla de bêtes fauves. Puis, au milieu d'un vaste parc, qui ne comprenait rien moins que l'emplacement actuel du village de Saint-James et de l'enclos de Madrid, il éleva ce délicieux palais de Madrid, un des plus ravissants bijoux en pierres de taille que la Renaissance aux belles mains ait jamais posés au front de notre France.

Madrid fut consacré aux délassements de l'esprit et aux fêtes de l'intelligence. Les courtisans n'y vinrent pas : en revanche, on y vit beaucoup les savants et les poëtes.

Henri II et Diane de Poitiers y ramenèrent les bruyants plaisirs.

Un peu plus loin, vers Passy, à l'endroit nommé la *Meute*, Charles IX fit élever un pavillon de chasse, qui fut remplacé plus tard par le château de la MUETTE. — Il n'y a guère qu'une lettre de changée.

Henri III, imagination bizarre et tourmentée, chez qui l'abus du plaisir avait troublé le sens du beau comme celui du bon, et dont la fantaisie lugubre associait, à l'exemple des anciens Égyptiens, l'idée de la mort à celle du plaisir, afin d'aiguillonner la volupté par la terreur, Henri III avait conçu une singulière idée. Il s'était proposé de transformer le Bois de Boulogne en un vaste cimetière. La promenade de Paris serait devenue sa nécropole. Au point central, on eût élevé un splendide mausolée pour y déposer le cœur du dernier des Valois et des rois ses successeurs. Six grandes allées seraient venues aboutir à ce rond-point, et chaque chevalier de l'ordre illustre du Saint-Esprit, fondé par le monarque, aurait été tenu de se faire construire de son vivant un tombeau de marbre orné de statues, et séparé des tombeaux voisins par une petite esplanade plantée d'ifs taillés en urnes, en croix et en stèles funéraires. « Dans cent ans, disait le roi, en baisant la croix de son chapelet, et en respirant ses parfums italiens, ce sera une promenade bien amusante: il y aura au moins quatre cents tombeaux dans le Bois! »

Henri IV, le victorieux et le vert galant, l'ami de Gabrielle et le père de l'agriculture, cœur joyeux, intelligence pratique, mit d'abord ses maîtresses dans le château de Madrid. Puis il y mit des vers à soie: des chenilles au cocon jaune y succédèrent à la belle Gabrielle.

La reine de Navarre, Marguerite de Valois, eut le Bois de Boulogne en apanage. Plus d'une fois, après ses méditations avec M. de La Môle, elle alla en pèlerinage visiter le tombeau de sainte Isabelle, la sœur de saint Louis. Le chemin par où elle passait s'appelle encore aujourd'hui l'*allée de la reine Marguerite*.

Après la mort de Marguerite, le Bois de Boulogne fit retour à la couronne de France.

Louis XIII fut le dernier de ses hôtes royaux. — Cette mélancolie couronnée, qui se plaisait à voir voler des faucons et courir des lévriers, aimait l'ombre du Bois comme un frère du chaste Hippolyte. — Mais Louis XIV dédaigna Madrid, et Louis XV lui préféra la Muette.

Le Bois de Boulogne, abandonné par les rois, obtint bientôt le patronage des gens d'esprit. Ce sont aussi des rois. On retrouve encore leur souvenir sous ses doux ombrages.

Au XVIIe siècle, c'est Molière, d'Aguesseau et Boileau — nous avons le hameau Boileau — et avec eux La Fontaine et Racine.

Au XVIIIe siècle, c'est Voltaire et Rousseau, Montesquieu et Diderot, Turgot et Franklin. C'est encore Mme Helvétius, la femme de l'*Esprit*, et la marquise de Boufflers, toutes deux avec leur cortége d'hommes distingués: ici, Cabanis et Condorcet, et Morellet et le baron d'Holbach; là, le chevalier de Boufflers et le chevalier de Florian, et le duc de Lauzun et le comte de Tressan, et Narbonne avec les deux Ségur, et le prince de Ligne, le seul Belge qui ait jamais été Français.

Tout cela c'est le commencement de la fin! Ces fines mains aux manchettes de dentelles mettent la royauté au cercueil. Encore un peu de temps, et l'on ne rira plus guère au Bois de Boulogne, et nulle part ailleurs, en ce beau pays de France.

Mais n'attristons point nos récits de souvenirs trop lugubres; tâchons plutôt de raviver les splendeurs évanouies du passé.

Le Bois de Boulogne qui avait vu éclore la première chenille du ver à soie, vit aussi bondir sous l'éperon le premier cheval de course, monter dans les nuages le premier aérostat, et planter la première pomme de terre, cette truffe du peuple, ce précieux tubercule, un pain qui vient tout fait!

Les dernières années de la monarchie jetèrent autour d'elle, comme une lueur suprême, un éclat qui rejaillit jusque sur le Bois de Boulogne. C'est à cette époque qu'il faut reporter l'origine de *Bagatelle*, que le galant comte d'Artois appelait sa Folie; le château de Neuilly, bâti par d'Argenson, habité par Louis-Philippe et brûlé par le peuple; le château de Boulogne, qui eut pour hôtes, tour-à-tour, M. de Choiseul, un ministre; M. de Lafayette, un citoyen; M. de Rotschild, un million — je me trompe, plusieurs millions; — Madrid-Maurepas, qui fut pour le ministre de Louis XVI ce que l'autre Madrid avait été pour François Ier; — le château de Saint-James, et enfin le Ranelagh, où brilla un moment le doux astre de Marie-Antoinette, avant que l'ère démocratique n'y allumât d'autres étoiles.

Après la saturnale de 93, le premier coup de marteau des démolisseurs frappa en plein dans la noble demeure des Valois. Madrid tomba en ruine. Rien ne put le sauver, ni la grande mémoire de François Ier, ni le poétique souvenir de la reine de Navarre; la Muette fut mutilée. — Les faubouriens firent des fagots avec les grands taillis, et les manants ravagèrent les remises du roi.

Napoléon Ier, dont la pensée réparatrice s'étendait sur toute chose, avait compris le Bois de Boulogne dans ces projets de gigantesques embellissements qui devaient faire de Paris la capitale du monde; le malheur des invasions les condamna à rester longtemps à l'état de projets. — Ces invasions furent fatales au Bois de Boulogne comme à la France. Le Bois fut presque entièrement détruit en 1815. Les Cosaques qui venaient laver leurs chevaux

« A la Seine rebelle, »

coupèrent les chênes de François Ier pour se construire des baraques, et mirent le feu aux arbres de la reine Marguerite pour se chauffer les pieds.

La Restauration eut tant de choses à faire et si peu de temps à elle, qu'elle ne put pas s'occuper du Bois de Boulogne. Charles X y chassa quelquefois. On montre encore les beaux endroits où il faisait volontiers *coup du roi*, dans ses réserves de faisans. — De 1815 à 1830, le Bois de Boulogne n'a pas d'autres souvenirs.

Sous la monarchie de Juillet, le Bois de Boulogne fut distrait des domaines de l'État et annexé à la Liste Civile. Les fortifications de Paris l'entamèrent en plus d'une place. C'est tout ce qu'il reçut du roi-citoyen. Le vent de février souffla dans ses grands arbres. La populace, qui ne manque jamais de déshonorer les victoires du peuple, pilla les châteaux et les villages des alentours,

Puis, comme toujours, le calme se fit. Le Bois sortit de la *Liste Civile* et rentra dans le domaine national, pour y rester jusqu'au 2 juin 1852, époque à laquelle il fut cédé à la ville de Paris.

Entr'autres conditions de cette cession, on imposa à la ville l'obligation de subvenir aux frais de surveillance et d'entretien; de consacrer, dans un délai de quatre années, une somme de deux millions à l'embellissement du Bois, en soumettant les travaux à l'approbation du Gouvernement; enfin, de conserver leur destination à toutes les parties du terrain concédé.

On peut dire que c'est de ce moment que date la merveilleuse transformation dont nous sommes les témoins. Le Bois, en effet, tel que nous le voyons aujourd'hui, est une création toute récente.

La ville de Paris, en 1852, trouva un sol plat, aux percées rectilignes, aux fourrés monotones et inaccessibles, aux délimitations vagues, à l'enceinte irrégulière.

Elle en a profondément modifié l'aménagement. Après avoir redressé les limites et défendu les abords du Bois, elle a donné du mouvement aux terrains, de la pente aux eaux dormantes, de l'air et du soleil aux taillis trop épais. — D'une forêt inculte et abandonnée, elle a fait un parc immense et splendide, un délicieux jardin, où rien ne manque de ce qui charme l'âme, de ce qui enchante l'esprit, de ce qui ravit les yeux. On n'a point obtenu ces résultats sans de grands sacrifices.

Des anciennes dispositions, on n'a conservé que les deux longues allées rectilignes de Longchamps et de la reine Marguerite, qui s'entrecroisent sur le pont de la petite rivière de Bagatelle. Quant à ces mille autres routes, dont la courbe élégante lutte de caprices avec la rivière serpentine, contourne les rochers, traverse les massifs, perce les fourrés, s'infléchit au bord des sources, ou sillonne les clairières semées de myosotis, de violettes et de primevères, nous les devons aux nouveaux ingénieurs du Bois : nous les devons surtout à l'Empereur, qui suit, ou plutôt qui dirige leur développement avec une sollicitude de chaque jour et une rare entente de l'effet pittoresque. Louis XIV donnait des conseils à Lenôtre.

Ces belles routes développent leurs mille circuits sur une longueur de 93 kilomètres. On peut donc, sans fouler deux fois la même trace, faire près de 25 lieues sous les ombrages du Bois de Boulogne. La largeur de ces allées varie depuis 3 jusqu'à 20 mètres. Presque toujours un sentier latéral, qui passe sous bois à travers les massifs, permet au piéton solitaire et rêveur une promenade que ne trouble ni la roue étincelante des équipages ni le galop fougueux des cavaliers.

Du reste, l'aménagement des plantations et la percée des vues donnent à ces allées une variété infinie.

Tantôt l'ombre des grands bois les surplombe et les resserre, tantôt elles traversent les libres éclaircies, et développent de lointaines perspectives devant l'œil ravi, qui se repose, à l'horizon, sur la croupe onduleuse des coteaux.

Nous ne pouvons suivre ni décrire toutes ces routes. Qu'il nous suffise d'indiquer les principales.

Voici d'abord l'allée des Gravilliers et l'allée de Longchamps, qui inscrivent dans le Bois un triangle irrégulier, avec l'ancienne porte de Longchamps pour sommet et la route des Fortifications pour base; puis l'allée de la reine Marguerite, qui coupe ce triangle aux deux tiers de sa hauteur, et qui traverse le Bois, de Neuilly à Boulogne.

Ce sont là les seules grandes voies rectilignes du Bois, et bien que les unes en circonscrivent admirablement l'étendue, et que les autres en indiquent non moins heureusement la direction, le public aujourd'hui semble prêt à les abandonner. La mode capricieuse se détourne de ces magnifiques créations des temps passés; elle se complaît bien davantage dans la fantaisie moderne et les caprices inattendus de la route des Chênes ou de Saint-Cloud, du lac ou de la mare d'Auteuil, de la butte Mortemart, de la Mare-aux-Biches, ou de l'allée Fortunée, ou de cette jolie route de l'Espérance, qui sillonne le charmant canton de la *Retraite*.

Toutes ces belles routes, qui traversent le Bois dans cent directions, et qui percent à jour ses massifs les plus profonds, lui ont enlevé quelque chose de sa solitude et de son mystère. La morale y gagne ce qu'y perd la rêverie.

Ce serait un récit curieux que celui des duels célèbres dont le Bois de Boulogne a été le théâtre à diverses époques. On y trouverait les plus grands noms de la monarchie et les plus piquants souvenirs du théâtre. Ici, c'est le comte d'Artois (depuis Charles X), qui croise le fer avec le duc de Bourbon, le dernier des Condé. Plus loin, c'est une Française sémillante, qui reçoit un coup d'épée d'une Polonaise impétueuse. Ces dames trouvaient que les hommes s'étaient trop longtemps battus pour les femmes : elles voulurent nous donner une revanche. Un chanteur de l'Opéra, du nom de Chassé, fut le Pâris dont ces deux Hélènes se disputèrent la pomme. La Française fut blessée. Aussitôt guérie, on la mit au couvent; la Polonaise fut renvoyée sur les bords froids de la Vistule.

Quant à l'heureux faquin, objet de la querelle, le duc de Richelieu, alors intendant des Menus, le fit appeler, et lui enjoignit, au nom du roi, d'être désormais plus réservé dans sa conduite. « Dites à Sa Majesté, répondit le chanteur, que je n'ai vraiment rien à me reprocher. Ce n'est pas ma faute, si ces dames se sont battues : c'est celle de la Providence, qui a fait de moi l'homme le mieux tourné et le plus aimable du royaume. — Apprenez, maraud, répliqua le duc, non moins fat que le chanteur, apprenez que vous ne venez qu'en troisième : le roi passe avant vous, et moi après le roi. »

Les suicides ne furent pas moins nombreux que les duels au Bois de Boulogne, et les gardes, en faisant leur ronde, cueillirent quelquefois des pendus, en guise de fruits, aux arbres de la Retraite. La fureur des duels, la folie du suicide se sont un peu calmées dans notre société, et, en tous cas, on n'afflige plus le Bois de ces sanglantes tragédies. On va plus loin : le bruit de la vie effarouche la mort, et l'on n'ose plus passer le lacet fatal à ces arbres si bien soignés. Les habitués du Bois se sont transformés comme le Bois lui-même.

III

Les belles eaux sont le charme du paysage, la grâce et la fraîcheur de la terre. Le site le plus exquis a déjà moins d'attrait, si l'on ne voit point quelque part les grands étangs dormir au soleil, ou les ruisselets courir en jasant sur les fontinales, entre les cressons et les mousses fleuries. Les eaux jouent un rôle important dans la décoration grandiose de la nature, dès que l'homme s'en est emparé. J'aime cette image du poète norvégien qui appelle les lacs les yeux bleus de la terre.

Les eaux manquaient à l'ancien Bois de Boulogne, tuf aride et sablonneux. Aucune source naturelle ne l'arrosait; mais l'empereur Napoléon III rapportait de l'exil le souvenir de ces mille rivières artificielles qui serpentent dans les beaux parcs de l'aristocratie anglaise, et il s'est dit, comme le héros de Shakspeare : J'élèverai les eaux, *I will rise waters.*

C'est ici que les difficultés commençaient. On a d'abord construit une montagne artificielle : c'est la *butte Mortemart,* couronnée à la cime par un robuste cèdre, petit-fils de ceux qu'Hiram planta jadis sur le sommet du Liban. Au pied de la butte, on a creusé des canaux profonds qui, passant sous la grille de la *Muette,* montent jusqu'aux dernières hauteurs de la colline de Chaillot. Là, ces canaux reçoivent l'eau de la Seine, qui leur est envoyée par les puissantes machines établies à Paris sur le quai de la *Conférence.* Attirées par les lois de la statique jusqu'au sommet de la butte Mortemart, les eaux en jaillissent, abondantes et vives, retombent deux fois en cascades, s'endorment dans la coupe allongée des lacs, s'écoulent en rivières, et s'enfuient en mille ruisseaux, dont nous allons suivre le cours.

Cette cascade, épanchée sur un double lit de rochers, les promeneurs du Bois de Boulogne l'ont nommée la *Source,* parce qu'elle est comme la mère de toutes nos eaux. Ces grands rochers, épars dans un désordre qui met aux portes de Paris une miniature du chaos, portent à leurs flancs une végétation sauvage d'arbres vigoureux, entre lesquels flottent de longues lianes fouettées par le vent et trempées dans l'humide poussière des cascades. A leurs pieds, celui des deux lacs que l'on appelle le Lac Supérieur, déroule mollement sa nappe de moire frissonnante. Tout à l'entour, d'admirables gazons, épais et moelleux comme des tapis de velours, dessinent leurs vertes arabesques sur les deux rives, tandis que la vue, au delà, s'arrête sur un rideau mouvant de jeunes arbres, ou s'égare dans des perspectives aériennes. Plus loin, le Lac Supérieur s'étend, du rond de la Source, où l'on ne va guère, jusqu'au rond des Cascades, où l'on va beaucoup.

Ce rond des Cascades, qui unit les deux lacs, est, en effet, une sorte de carrefour où viennent aboutir les plus jolies routes du Bois. La foule des promeneurs y afflue sans cesse, et c'est là que le *cicerone* conduit d'abord son touriste, provincial ou étranger. Sur leurs couches inégales les rochers reçoivent l'eau du premier lac, qui passent sous la chaussée, et la déversent au milieu d'un nuage de blanche écume, dans le Lac Inférieur, creusé en contre-bas. De petits sentiers, irréguliers, capricieux, coupés par des grottes de rocailles et des corbeilles de fleurs, autour desquels ils serpentent, descendent à travers des pelouses ondulées jusqu'à la margelle des eaux, et par de frais détours conduisent le promeneur aux quais de gazons et aux anses fleuries, où stationne l'escadrille de la flotte bleue, appareillée pour le voyage des îles.

Car il y a des îles sur la rivière! Il y en a deux d'inégale grandeur, mais qui luttent entr'elles de grâces sauvages et de beautés pittoresques. Ce sont, du reste, de véritables îles, complétement entourées d'eau, et qu'aucun isthme ne réunit à la terre ferme. Impossible d'éviter les ennuis de la traversée..... La traversée dure une minute et coûte 50 centimes! — Un pont rustique, qui de chaque côté a pour piles des masses de rochers, fait communiquer de l'une à l'autre. L'île du Nord est presqu'entièrement couverte de bois touffus, pour la plupart d'essence résineuse; l'autre renferme des arbustes rares, des gazons et des fleurs. Nulle part la végétation n'est plus luxuriante ni plus belle. Au milieu des masses de verdure sombre et vigoureuse d'une plantation de pins, un chalet suisse, d'une construction élégante, offre aux passagers son abri restaurant; des kiosques, au ventre rebondi, aux toits relevés comme un chapeau chinois, opposent au chalet le contraste de leur fabrique orientale. C'est à qui saura mieux égayer le paysage.

Les lacs du Bois de Boulogne joignent l'utile à l'agréable : ils ont prêté leurs eaux transparentes aux expériences de M. Coste, l'habile pisciculteur, qui tient des partis en réserve pour les carpes menacées de coiffer sainte Catherine, et qui tente, nouveau de Foy, par l'appât d'une riche dot, les brochets récalcitrants et célibataires. Cinquante mille têtes de menu fretin, rejetons pleins d'espérance des truites du Léman, des saumons du Rhin et des sterlets du Danube, y croissent et s'y développent dans une sécurité trompeuse. On les voit jouer et s'ébattre dans le cristal des ondes — comme dirait un poète — puis tout-à-coup les mailles de l'épervier tombent sur l'essaim folâtre; puis elles se relèvent, ruisselantes et gonflées..... et bientôt les têtes choisies ont l'honneur

Honneur dont le *fretin* se serait bien passé!

d'aller figurer sur un plat d'argent, derrière la vitrine tentatrice de Chevet, ou de Potel et Chabot.....

La superficie des eaux, dans les lacs et la rivière, est d'environ 14 hectares, et leur capacité mesure plus de 110 mètres cubes.

En sortant du Lac Inférieur, les eaux, un moment retenues et arrêtées dans les entraves murmurantes d'une cascatelle d'un goût charmant, tombent dans une sorte de gouffre pratiqué sous la route; elles en ressortent pour franchir une seconde cascade, et se partagent en trois ruisseaux. Le premier, sous le nom de *ruisseau d'Armenonville,* traverse la route de l'Étoile, l'allée de Longchamps et l'avenue des Sablons, pour se perdre enfin, à l'extrémité de la pépinière des sapins, dans la mare de Neuilly. Le second, sous le nom de *ruisseau de Neuilly,* après un cours moins accidenté, va former, tout près de la porte Saint-James, la mare qu'on appelle, avec un peu d'emphase, le *lac de Madrid.* Le troisième ruisseau mérite presque son nom de *rivière de Longchamps.*

Sur son cours, après avoir traversé la pelouse de Madrid, nous rencontrons d'abord la Croix-Catelan — qui n'est pas une croix, mais une pyramide — dont la pierre raconte une légende sanglante — mais trop connue.

Un peu plus loin, c'est le *Pré-Catelan,* bien familier aujourd'hui à toute la fashion parisienne. Tous les plaisirs se donnent rendez-vous à ce *rond-point,* autour duquel on a groupé des théâtres, des jardins, des promenades, des salons de lecture, des jeux de paume et de billard, des tréteaux d'escamoteurs, des *fantoccini* et des magiciens. Le soir venu, tous ces arbres s'allument; arbres étranges qui, au lieu de parfums, exhalent des lumières, et font resplendir leurs fruits de gaz et leurs fleurs de feu.

A ce moment, la rivière traverse cette belle allée de la *reine Marguerite,* plantée d'acacias, dont la petite fleur réjouit le printemps, et au sein d'une nature vigoureuse, agreste, presque sauvage, sous des rideaux flottants de jasmins, de cornouillers et de saules-pleureurs, s'épanche dans la mare où jadis, suivies de leurs faons tachetés, les biches venaient boire. Mais dans ce temps-là, la *Mare-aux-Biches* était, dit-on, souvent à sec; aujourd'hui, une eau limpide et fraîche, incessamment renouvelée, traverse en toute saison ses vallons mystérieux.

Cette partie lointaine du Bois, qui eut le bonheur d'échapper à la hache des Prussiens, s'appelle maintenant la FORÊT. Nulle part le Bois de Boulogne ne nous offre un plus majestueux aspect. Çà et là, les vieux chênes entrelacent leurs bras centenaires; des cépées, qui renaissent de leurs blessures, y groupent en corbeille leurs troncs divergents, et sous leur verdure épaisse, le lierre terrestre pousse et accroche ses agrafes vagabondes au milieu des chèvre-feuilles embaumés et des digitales élégantes.

La rivière, en sortant de la Mare-aux-Biches, se dirige vers le lac de Longchamps, tout près de la grande avenue de ce nom, dont elle suit la direction; enfin, non loin du nouvel hippodrome, la rivière perd son nom et ses eaux, se jette dans un lac semé d'îlots, qui se déverse, à son tour, dans la Grande Cascade.

La *Grande Cascade* se déroule sur des masses énormes, dont quelques-unes ont 25 pieds de hauteur, et qui appartiennent à la formation des grès. On les arracha, il y a deux ans, à la forêt de Fontainebleau, et leur entassement, travail gigantesque, a été combiné de façon à diviser les eaux en trois chutes successives.

Une éclaircie de rochers, ménagée très-habilement, permet à l'œil de percer la nappe mince et limpide des eaux épanchées, et, à travers ce rideau mouvant et diaphane, irisé des mille couleurs prismatiques dont la lumière humide et décomposée se teint en pénétrant les eaux, d'aller chercher au loin, de l'autre côté de cet éblouissant mirage, les collines riantes qui bordent la plaine de Longchamps.

Disons, pour ceux qui aiment les chiffres, que les trois chutes distinctes de la cascade mesurent 14 mètres de hauteur, et que sa largeur est de 60; les rochers qui la composent sont des blocs de grès de 4 à 6 mètres de hauteur.

De la cascade et du carrefour de Longchamps, l'œil embrasse un panorama vaste et varié. Quatorze routes y aboutissent, ouvrant des échappées de vues sur autant de directions. Ici, c'est le Bois tout entier, avec ses masses profondes; là, c'est la pelouse de l'hippodrome, avec ses décorations monumentales, ses bouquets d'arbres, ses ruisseaux et ses lacs; plus loin, c'est la Seine, limite naturelle du Bois; plus loin encore, ce sont les coteaux de Sèvres et de Saint-Cloud, et le profil sévère du Mont-Valérien.

Chaque samedi, la Grande Cascade est le rendez-vous des mariées du matin, qui viennent avec leurs compagnes effeuiller au bord de l'eau la dernière marguerite de la jeunesse.

Tout à l'heure je nommais l'HIPPODROME, auquel nous touchons presque. L'Hippodrome est une création nouvelle qui donne une attraction de plus au Bois de Boulogne, où se réuniront désormais tous les sports parisiens. Le nouvel hippodrome contient deux pistes de 30 mètres de largeur : l'une, tracée dans la plaine, a 2000 mètres de longueur; l'autre, qui se développe en partie sur le plateau en pente douce reliant la plaine au Bois, est de 4000 mètres. Les vastes et élégantes tribunes, adossées à la Seine et faisant face au Bois, peuvent contenir cinq mille spectateurs.

12 kilomètres de routes de 20 mètres de largeur ont été disposés autour des pistes et sur les rives de la Seine. La route qui longe le fleuve doit être prolongée, cette année, par un boulevard en dehors du Bois jusqu'au pont de Saint-Cloud. Déjà toute la plaine est nivelée et ensemencée; bientôt elle offrira l'aspect d'une verdoyante pelouse. On y plante maintenant deux cent mille pieds d'arbres et d'arbustes qui formeront des massifs isolés, de manière à ménager des perspectives sur le Mont-Valérien, Saint-Cloud, Meudon, le viaduc de Fleury, le pont de Suresnes, Neuilly et le clocher de Boulogne.

IV

Nous ne ferons point ici la flore du Bois de Boulogne. Ce serait la tâche d'un livre spécial. Disons pourtant qu'il renferme tout un champ fécond d'observations et d'études, tout un monde silencieux et charmant de fleurs et de plantes, que nous écrasons à nos pieds. Le savant Tournefort en parle en vingt endroits de ses livres, et le *sensible* Jean-Jacques y cueillit dans ses beaux jours des mousses avec ses chères pervenches. Dès les premiers jours du printemps, l'anémone sylvie étale sa collerette blanche dans les endroits humides; la pulmonaire y découpe sa corolle bleue sur le vert glauque des gazons; le muguet, avec avril, émaille d'argent les massifs sombres, pendant que, dans les clairières, le narcisse fait briller les pétales blancs, entre lesquels s'arrondit sa coupe d'or bordée de pourpre; la douce-amère, cette liane des bois de France, suspend aux arbres voisins sa tige flexible, sa fleur d'azur et son fruit de corail; le géranium, hôte favori du Bois, diapre de sa fleur rouge le revêtement de pierre des fortifications. Vienne l'été, et nous verrons briller la fleur d'or des hélianthèmes, dont le pétale délicat, qui n'a jamais figuré dans un bouquet, tombe dès qu'on l'a touché.

Cependant les routes nouvelles ont montré au public des pépinières et des plantations d'études d'un haut intérêt, où se trouvent réunies et groupées les principales essences de nos forêts.

L'Avenue de l'Impératrice, qui relie le Bois aux Champs-Élysées par une chaussée réservée aux équipages, et des allées à double trottoir destinées, l'une aux cavaliers, l'autre aux piétons, n'est pas seulement une admirable promenade, c'est encore la collection d'arbustes la plus complète et la plus riche qui soit en Europe. Elle a mis à contribution toutes les pépinières de la France, de l'Algérie, de la Belgique et de l'Allemagne, et ses quatre mille sujets différents représentent tous les arbres et tous les arbustes d'agrément qui peuvent, sous nos latitudes, embellir et charmer la demeure de l'homme. Ajoutez que les fleurs éclatantes et groupées en bouquets dans des corbeilles, des pétunias, des géraniums, des balisiers et des verveines, relèvent de leurs nuances vives et tranchées la monotonie d'une verdure uniforme sur la pelouse qui se déroule devant les yeux depuis l'arc de triomphe jusqu'à la route des Lacs.

Il ne serait pas juste de terminer sans au moins dire un mot des importantes concessions faites par la ville à la *Société d'Acclimatation*. Les animaux utiles, pacifiques conquêtes de la civilisation européenne, à qui nous voulons donner leurs lettres de naturalisation dans nos campagnes, recevront dans des enceintes réservées les soins et l'hospitalité auxquels a droit tout étranger, et, en attendant qu'ils aillent prendre leur place dans la ferme, humbles compagnons et doux serviteurs du paysan, ils ajouteront à toutes ces merveilles que nous avons décrites sans les louer, parce que la louange eût été tout à la fois inutile et insuffisante, leur physionomie étrange et leur grâce douce et sauvage.

Mais le Bois ne sera jamais une succursale de la ménagerie du Jardin des Plantes ou un rival du Regent's Park. Les carnassiers n'y seront point admis; leurs rugissements effraieraient le silence, et leur âcre fumet chasserait du Bois les promeneuses aux nerfs délicats.

Quand la forêt de Rouvray englobait dans sa masse profonde ce qui est aujourd'hui le Bois de Boulogne, on y chassait le buffle, le bison et l'uroch, ce bœuf primitif, dernier débris du monde antédiluvien, longtemps conservé en Allemagne, et que nous ne connaissons plus que par ses ossements, rares même dans nos musées. Maintenant on n'y rencontre plus d'autres fauves qu'une douzaine de chevreuils, qui se perpétuent, mais ne se multiplient pas. Les daims, offerts par l'Empereur et pris dans ses domaines, occupent un vaste parc en face de la grande île. Les clôtures à larges claires-voies permettent de suivre leurs bonds légers sur la pelouse et leur svelte désinvolture, quand ils s'ébattent en folâtrant sur les bords de la jolie pièce d'eau.

Tel est le Bois dans son ensemble; tels sont les embellissements par lesquels on s'efforce de le rendre digne de notre capitale. Mais l'édilité parisienne ne se repose pas sur ses lauriers; elle a pris pour devise le mot de César, qui est celui de tous les conquérants : Rien n'est fait tant qu'il reste à faire!

Au moment où nous écrivons ces lignes, les travaux de la Glacière se poursuivent sur la rivière du Bois de Boulogne, en deçà des fortifications, le long du chemin de fer de Paris à Auteuil, et vis-à-vis du puits artésien de Passy, non loin de l'avenue de l'Impératrice, c'est-à-dire, à la porte même de Paris. La Glacière est établie dans un terrain dont la constitution géologique est la plus appropriée à cette destination. Le sous-sol est un calcaire grossier, facile à entamer, et où l'on a ménagé des caves, profondes de 15 mètres, à l'abri de toute infiltration souterraine.

Lorsque tous les travaux en cours d'exécution au Bois de Boulogne seront terminés, les diverses pièces d'eau nous offriront une superficie de 30,000 hectares environ; en estimant la couche de glace à 5 centimètres d'épaisseur, on trouverait un résultat net de 17,000 mètres cubes, c'est-à-dire, environ dix millions de kilogrammes de glace, qui, tout en augmentant notablement le budget de la ville, feront baisser le prix de revient de cette denrée de luxe, dont Paris, aujourd'hui, fait une si prodigieuse consommation.

Quant aux divers travaux dont nous parlions tout à l'heure, et qui se poursuivent avec la plus vive activité, ils consistent principalement dans la continuation, jusqu'à Neuilly, du boulevard qui s'étend le long de la Seine, entre les ponts de Saint-Cloud et de Suresnes; dans la plantation de la plaine des Sports; dans l'amélioration des allées rectilignes de la reine Marguerite et de Longchamps; dans la création de pièces d'eau et de ruisseaux dans certaines parties du Bois, et la canalisation souterraine destinée à fournir l'eau nécessaire à l'arrosage des allées et des pelouses pendant la belle saison. Ajoutons encore la création de cinq ou six nouveaux petits cours d'eau, et la transformation de l'ancienne mare d'Auteuil.

Telle qu'elle était pourtant, je l'aimais, cette vieille *mare d'Auteuil*, tout près du canton de la *Retraite*, et non loin du *rond des Chênes* : la Retraite, si cachée, si solitaire; le rond des Chênes, où le Bois revêt un caractère de beauté solennelle et grandiose, près duquel pâlissent ses splendeurs nouvelles — oui, telle qu'elle était, je l'aimais, cette vieille mare d'Auteuil chantée par les poëtes, et dont les ondes discrètes gardaient le souvenir de tant de grands et charmants esprits..... Une petite nappe d'eau limpide et claire, de vieux saules qui s'y miraient avec leurs longs rameaux éplorés, des ombrages toujours verts, des abris toujours frais, c'était assez autrefois pour attirer le promeneur..... Mais depuis tant de merveilles, à pleines mains semées dans toutes les parties du Bois, la mare d'Auteuil s'est vue un peu abandonnée..... Pour y ramener la foule, on la pare, on l'embellit, on dégage ses abords, on la promène en de sinueux détours. Ce ne sera plus la *mare* d'Auteuil!

Toute la partie du Bois s'étendant de la porte d'Auteuil à Boulogne, est entre les mains habiles de la spéculation, qui attire vers ce point toute une population élégante. Une autre partie du Bois a pour limite la Seine et les fortifications. Le reste sera clos par une grille, protégée à son tour par un large saut-de-loup; et, sur la lisière concédée en dehors aux entreprises particulières, des villas élégantes, des cottages légers, des chalets pittoresques varieront les points de vue du Bois, qui leur servira lui-même de perspective et d'horizon.

Tel est l'ensemble du Bois de Boulogne; tel est son aspect en quelque sorte matériel; quant à sa physionomie, si j'ose ainsi parler, changeante selon les saisons, mobile selon les jours, diverse selon les heures, quelle plume ou quel crayon pourra jamais la rendre.

Venez au matin d'une belle journée de mai : les gardes font leurs tournées d'inspection; les cantonniers ratissent le sable des allées; les entraîneurs et les grooms bondissent sur les jeunes chevaux, à qui l'on va montrer les deux pistes de l'Hippodrome. De temps en temps, une calèche passe : sur la banquette du fond, un jeune couple se sourit, la main dans la main; devant eux, des gerbes de fleurs sauvages et des monceaux d'aubépine indiquent assez qu'ils ont fourragé dans les buissons.

Vers midi, par groupes à l'accent pittoresque, ce sont les bourgeois de Lyon, de Rouen ou de Marseille, qui viennent prendre l'air et déjeuner à la guinguette des Lacs ou au restaurant de Madrid.

A trois heures commence le défilé du grand luxe, de la richesse élégante, des loisirs dorés, des vieux noms et des jeunes fortunes; des juments arabes et des chevaux anglais, des équipages de 10,000 écus, des calèches conduites à la Daumont, et des dandies qui mènent la vie à grandes guides.

Le dimanche, tout ce monde-là disparaît, et la poussière du Bois est abandonnée à la petite propriété, qui s'entasse dans des calèches de louage, dans les voitures de la Compagnie Générale et les chars numérotés. Plus de purs-sangs anglais, mais des locati à 30 sous l'heure, montés par des commis et des grisettes, qui ne sont jamais allés au manége que dans la forêt de Montmorency..... Mais qu'importe?..... ne faut-il pas que tout le monde vive, et que tout le monde s'amuse!

Laissons passer quelques mois : le Parlement est prorogé, la fashion est aux eaux, l'aristocratie dans ses terres. Les vacances nous amènent la magistrature provinciale, les collégiens qui ont eu des prix, et les honnêtes bourgeois, mariés depuis peu, qui veulent montrer la *capitale* à leurs *dames*.

Mais déjà les feuilles tombent, le vent souffle dans les arbres, la gelée suspend aux branches ses girandoles de cristal, et la neige poudre de frimas les cimes chenues.

Va-t-on déserter le Bois? Il n'a jamais été plus beau. Aussi, dès qu'un rayon de soleil se glisse entre les rameaux noirs, vous voyez accourir lions et lionnes enveloppés de fourrures moelleuses. On s'arrête au bord des lacs, on descend de voiture. Celles-ci montent dans les traîneaux norvégiens, ceux-là chaussent les patins d'acier, et s'élancent sur la glace brillante, décrivant mille courbes, dessinant des arabesques, brodant des festons, inventant des figures d'une géométrie de fantaisie.

Ainsi, chaque saison, chaque jour et chaque heure ont leurs attractions, leurs divertissements et leurs plaisirs : le Bois ne chôme jamais, et recrutée partout, la foule lui est fidèle.

Louis Énault.

CE QUI FUT LA BANLIEUE DE PARIS.

Nous avions intitulé ce chapitre la *Banlieue de Paris!* mais dans notre siècle où vont si vite hommes et choses, le titre a vieilli avant que l'encre fût séchée sur le papier. Aujourd'hui, à proprement parler, il n'y a plus de banlieue de Paris : c'est un mot que raye de son dictionnaire la langue officielle et exacte de l'administration. Il nous faut donc mettre tous nos verbes au passé, et, à la place *d'être,* écrire avoir été! — Eh bien, non! les décrets ont beau faire, ils ne vont pas changer de sitôt la face de ma banlieue et de mon chapitre, et les huit nouveaux arrondissements, bon gré mal gré, vont garder longtemps encore une physionomie suburbaine qui les distinguera suffisamment de leurs confrères plus anciens. Je laisse mes verbes à l'indicatif présent!

La banlieue de Paris rayonne, comme d'un centre, du mur d'enceinte qui enclôt la capitale, et s'étend jusqu'aux fortifications, qui lui servent de périmètre naturel. La banlieue de Paris, c'est comme une ville autour de l'autre, ville charmante, pittoresque, variée à l'infini, et dont les maisons bâties sur un terrain moins sévèrement mesuré, s'entremêlent de pelouses, de gazons, d'arbres et de fleurs; en un mot, une ville presque à la campagne, qui a pour population flottante, arrivant avec les hirondelles et partant avec les feuilles, des employés qui ne veulent pas quitter l'horizon du ministère, des artistes qui ne peuvent se passer du bitume des boulevards, des banquiers condamnés, en vertu des millions qu'ils veulent gagner, au voisinage forcé de leurs bureaux; des industriels qui ont besoin d'espace pour leur vaste matériel, — et ce n'est pas ce qui fait le charme de cette contrée, — et des honnêtes bourgeois qui se croient au sein de la nature dans une rue des Ternes.

Le *mur d'enceinte* — pendant que nous écrivons, la pioche des démolisseurs le sape par la base! — le mur d'enceinte, limite maintenant reculée de l'octroi, qui est comme le nœud de cette agglomération de maisons, date du règne de Louis XVI. L'agrandissement soudain et prodigieux de Paris, sous Louis XIV, fit éclater sa ceinture de créneaux. Toutes les enceintes fortifiées qui l'avaient successivement enfermé, aux différentes époques de la Monarchie, se trouvèrent détruites. La ville de Paris, sous Louis XVI, n'avait plus aucune clôture réelle; aussi, les fermiers généraux chargés de l'encaisse des droits d'entrée, firent construire, tout autour, un mur d'enceinte, véritable fortification contre les fraudeurs, et des pavillons destinés aux bureaux, qui devinrent plus tard nos soixante-et-une barrières. Les Parisiens, ainsi enfermés, maugréèrent contre les financiers, chansonnèrent le mur : — « Le mur murant Paris, rend Paris inurmurant. » — Mais ils payèrent leurs taxes..... Un fermier général n'en demanda jamais davantage.

Cette enceinte décrivant la figure d'un ovale irrégulier, d'un périmètre de 24 kilomètres environ, est ombragée dans toute son étendue par les grands arbres du boulevard extérieur, dont la ligne monotone n'est interrompue que par les petits monuments des barrières. Quelque prétentieuses que soient les constructions de l'architecte Ledoux, on aimerait mieux tout autre style que celui qu'il a adopté pour ses pavillons. Il a, il est vrai, évité l'uniformité, mais il est toujours resté plus bizarre qu'élégant.

Les barrières de Paris, que l'on va reporter jusqu'aux fortifications, donnent aux abords de la ville une physionomie toute particulière. Dangereux voisinage, qu'il ne faut fréquenter ni trop tôt le matin, ni trop tard le soir, les barrières de Paris ont une population à part, qui n'est ni celle de la ville, ni celle de la campagne; la société qu'on y rencontre est généralement un peu mêlée, mais elle n'en a que plus de cachet pittoresque; on n'y parle pas la langue épurée du palais de l'Institut, mais l'argot relève le discours par son vif accent. Du reste, chacune de ces barrières a son cachet, et si j'ose dire sa physionomie qui est à elle : la barrière du Trône n'est pas la barrière de l'Étoile, et l'on ne saurait comparer celle de la Villette à celle du Mont-Parnasse. Ce sont des nuances qui n'échapperont pas au touriste observateur. Mais hâtons-nous vers notre but lointain : la journée sera longue.

Point-du-Jour, que nous rencontrons d'abord vers l'Occident, sur notre route autour de Paris, est un joli hameau, dépendant d'Auteuil, ainsi que son aimable voisin Billancourt. Il est situé à l'extrémité de la presqu'île formée par la Seine, en face de Sèvres; mais il ne présente rien qui puisse nous arrêter.

Auteuil eut de plus grandes destinées; il n'est qu'un village, mais c'est un village qui compte parfois plus de cinq mille habitants. Je dis parfois, car il a sa population d'hiver et sa population d'été; ses rues sont, comme les allées d'un parc anglais, sablées et ratissées, plantées de beaux arbres et bordées de chalets, de cottages et de villas; ajoutez-y de temps en temps un kiosque chinois et une chaumière indienne, et vous aurez une idée de cette architecture de fantaisie, qui étale à tout venant ses séductions cosmopolites. — A l'extrémité du village, au *terminus* du chemin de fer, on a découpé en petits morceaux l'ancien parc qui avait passé des Boufflers aux Montmorency. Chaque portion, entourée d'une grille, d'une haie, d'un mur ou d'une palissade et garnie encore de quelques beaux arbres séculaires, a vu sortir du sol, comme par enchantement, des miniatures de châteaux et des réductions de maisons de plaisance, que se disputent à prix d'or les malheureux riches qui n'ont pas assez de loisirs pour aller aux villégiatures lointaines. — Auteuil est un village essentiellement littéraire. Du reste, il a le culte de ses grands hommes; il a donné leurs noms à ses rues, il a conservé la maison de Boileau et consacré un temple à Molière. Le temple est laid, l'intention était bonne..... Hélas! pourquoi faut-il ajouter que le temple de Molière a été converti en maison de campagne, où on loue des chambres garnies au mois ou à l'année! Thalie est devenue portière! Les magistrats n'aimèrent pas moins Auteuil que les poètes : ses ombrages virent passer plus d'une fois Nicolaï et d'Aguesseau. Les grands seigneurs l'honorèrent aussi de leur présence; qu'il nous suffise de citer le maréchal de Boufflers, le duc de Montmorency et le prince de Talleyrand.

Il y a des eaux à Auteuil, mais c'est du vin qu'on y boit. Grâce à Dieu, ce n'est pas du vin d'Auteuil!

Passy n'est pas un village comme Auteuil, c'est une très-jolie ville d'environ douze mille âmes, admirablement située sur une colline aux pentes onduleuses, qui domine la rive droite de la Seine. Il y avait déjà d'agréables maisons de plaisance à Passy, au milieu du XVIIe siècle, lorsque la découverte des eaux thermales (1658) y amena une foule d'étrangers. Depuis cette époque, la fortune de Passy est toujours allée en croissant.

Nulle part, dans les environs de la grande ville, l'air n'est plus sain, ni la vue plus belle. Mais il faut se contenter de ce coup-d'œil d'ensemble, car Passy n'a rien qui puisse attirer plus particulièrement l'attention. Il avait naguère encore sur son territoire le Ranelagh, fondé en 1774 par l'élite de la société parisienne, mais depuis longtemps bien dégénéré et détruit aujourd'hui. Passy a bien encore le château de la *Muette*, mais celui-ci a été en partie démoli, et il ne lui reste guère que les pianos de M. Errard..... et des souvenirs. Ces souvenirs s'appellent Marguerite de Valois, première femme de Henri IV; Louis XV, qui logea tout près, dans le joli petit hôtel de la Folie, une de ses folies; la belle Mademoiselle de Romans, et la duchesse de Berry, fille du régent, digne fille d'un tel père.

On ignore la véritable origine de Passy; on sait seulement qu'il doit beaucoup à Charles V, qui, en 1364, permit à ses habitants de se clore de murs : ces murs vont disparaître et Passy va être englobé dans Paris.

Plus tard, sous un autre Charles, — Charles VIII, — Anne de Bretagne sa femme, sollicitée par saint François de Paule, y fonda un couvent, si connu depuis sous le nom de couvent des *Bons-Hommes*. C'est la même reine qui fonda à Passy l'église de Notre-Dame-de-Toutes-Grâces. La Révolution détruisit le couvent, dont les Bons-Hommes avaient fait une splendide demeure, toute pleine d'objets d'art, et dont les jardins descendaient des hauteurs de Passy jusqu'au bord de la Seine. Sur les ruines de l'église démolie, on fit passer les rues Franklin et Vineuse, et de ce magnifique ensemble il ne resta plus qu'un nom : le quartier s'appelle encore aujourd'hui le quartier des Bons-Hommes. Parmi les hôtes illustres de Passy, nous citerons Franklin et Jean-Jacques Rousseau. Plus tard, c'est à Passy que Béranger reçut les dernières inspirations de sa muse populaire.

Chemin de Fer du Bois de Boulogne. — Ces diverses localités et plusieurs autres, dont il nous reste encore à parler, sont desservies par un petit chemin de fer qui porte le nom de *Chemin de Fer du Bois de Boulogne*. Il commence à l'embarcadère de la rue Saint-Lazare et se termine à la grille du parc d'Auteuil. Ce chemin, concédé en 1852 et inauguré en 1854, mesure une longueur totale de 9000 mètres, parcourus par un double rail. Son originalité consiste à courir d'une de ses extrémités à l'autre, au fond d'une tranchée, souvent à ciel ouvert, et dont les talus sont garnis d'un épais fourré d'arbustes et de fleurs. Il franchit ses sept stations en vingt-cinq minutes, transportant chaque jour des milliers de voyageurs au bois de Boulogne. C'est une de ses stations, la Porte-Maillot, qui dessert les Ternes, où nous allons maintenant conduire le lecteur.

Les Ternes doivent leur nom à l'ancienne ferme d'Esternes, qui, au moyen-âge, occupait le sommet de la butte de l'Étoile. Un château fut construit près de cette ferme, on ignore à quelle époque. Henri III s'arrêta souvent dans ce château; Bossuet y composa l'oraison funèbre de Henriette d'Angleterre; Mme d'Houdetot y reçut plus d'une fois la visite de Jean-Jacques, et Adanson y écrivit son histoire naturelle du Sénégal. Ici comme partout, les saturnales de 93 chassèrent les gentilshommes, les financiers et les poètes; ils y revinrent plus tard, mais le château était détruit.....

Les Ternes ont aujourd'hui un beau boulevard, bordé de superbes maisons, très-bien habitées, et une église neuve d'un style assez peu remarquable. Ils ont aussi le bal Dourlans, fameux sous la Restauration, encore fréquenté aujourd'hui, mais moins aristocratiquement. Le prix d'entrée est fixé à 50 centimes remboursables en consommation! Les Ternes, comme Passy, ont leurs eaux minérales, mais on ne les exploite pas encore : le bal Dourlans ne suffit-il pas à leur bonheur?

Batignolles-Monceaux. — Voilà un produit de la civilisation contemporaine! La génération qui nous précède les a vues sortir de terre. Il y a trente ans, c'était un hameau; maintenant c'est une ville, ville insignifiante, s'il en est. J'aime mieux, pour mon compte, les acacias et les amandiers d'autrefois, que les maisons de plâtre et de moellons d'à présent. Les Batignolles sont habitées aujourd'hui par les employés des ministères qui croyaient éviter pour longtemps les rigueurs de l'octroi, et par des capitalistes qui achètent la rente par coupons de 50 francs, et aussi par une partie du trop plein de la population ouvrière dont le flot, toujours montant, est refoulé loin du centre. Hélas! que d'illusions perdues! La nouvelle circonscription limitée aux fortifications va bientôt absorber cette commune; elle deviendra une partie du grand tout qu'on appelle Paris, et l'édilité qui siége à l'Hôtel-de-Ville lui donnera des rues alignées, de belles places avec des arbres et des jardins, des trottoirs, du macadam..... et un octroi!

Montmartre a la spécialité des souvenirs. D'autres sites ont des grâces plus attrayantes, plus d'élégance dans la ligne, plus de charme dans la couleur; aucun n'occupe une plus grande place dans l'histoire de ce qui s'est fait autour de Paris.

Le nom seul de Montmartre a quelque chose de fatidique et qui semble présager ses destinées, soit qu'on le fasse dériver de *Mons-Martis*, en honneur de Mars, dieu des batailles, qui avait un temple sur ses hauteurs, soit qu'on incline vers l'étymologie de *Mons-Martyrum*, Mont des Martyrs, en mémoire du supplice de saint Denis, qui fut décapité sur l'emplacement de la ville actuelle. Il est certain que la crypte, découverte en 1611, au-dessous de la chapelle de Saint-Denis, fut un sanctuaire creusé aux premiers siècles par la piété des chrétiens. — Montmartre doit à la guerre quelques grands souvenirs. La fière montagne fut toujours considérée comme le rempart de Paris, et c'est contre elle que nos assaillants dirigèrent leurs premiers coups.

En 886, ce sont les Normands qui s'y établissent; en 978, c'est Othon II; en 1592, c'est Henri IV, qui installa une batterie sur l'emplacement du temple de Mars. Il envoyait des boulets à son peuple avant de lui souhaiter la poule au pot. En 1814, Montmartre n'égala point l'héroïque défense de Belleville, des buttes Chaumont et de la barrière de Clichy; ceux que l'on avait chargés de le protéger l'abandonnèrent, et Blücher s'en empara sans coup férir. Ce fut une leçon dont on profita : Montmartre fut fortifié. — Mais une première fois on l'avait abandonné; à la seconde invasion, on le trahit. Le pont de Saint-Germain fut livré aux Anglais, qui ravagèrent les vignes de Clignancourt. Ce fut la dernière fois que Montmartre occupa l'histoire.

Le voisinage de Paris fait tort à Montmartre. Mettez-le à deux cents lieues de la Seine, et l'on voudra visiter ses grandes carrières, maintenant fermées, jadis ouvertes aux voleurs et aux vagabonds de la grande ville, auxquels elles offraient de trop sûrs repaires.

L'église, avec ses piliers cylindriques, ses nervures à tores ou à boudins, est plus étrange que belle. Ce qui reste de l'ancienne abside est un morceau intéressant de l'époque romane et qui mériterait bien les honneurs d'une restauration. La cuve des fonts baptismaux est un beau morceau dans le style de la Renaissance, et l'on peut voir, à l'entrée principale, deux colonnes de marbre, vert antique, débris de quelque temple païen. La chaire est une curieuse menuiserie du XVIIIe siècle. Il y avait jadis près de l'église un couvent de bénédictines, fondé par Louis VI et sa femme Alix de Savoie. Henri IV y logea ses troupes pendant le siége de Paris, et c'est dans une de ses chapelles qu'Ignace de Loyola et neuf de ses compagnons prononcèrent leurs vœux, le 15 août 1534. Le germe était petit, l'arbre fut grand. L'institut des jésuites a pénétré le monde de ses racines, et l'a couvert de ses rameaux. Un chemin de croix monumental déroule ses stations ou petites chapelles pittoresques, dans le jardin qui environne l'église au Midi et au Levant.

Clignancourt n'est qu'un village, dépendant de Montmartre, et je n'en parlerais pas si la jolie propriété de M. de Tretaigne ne renfermait une collection remarquable de verreries et de peintures modernes. J'aime à saluer, partout où je les rencontre, les noms de Delacroix, Decamps, Diaz, Troyon et Théodore Rousseau. La position est des plus heureuses, aussi l'on ne bâtit guères à Clignancourt que des villas et des chalets. A l'extrémité de la grande rue, on remarque le joli pavillon connu sous le nom de *Château-Rouge*, bâti par le roi *vert-galant* pour Gabrielle d'Estrées. Pendant les soirées d'été, le jardin qui l'accompagne voit affluer les danseurs attirés par sa musique joyeuse et sa brillante illumination.

La Chapelle nous offre un tout autre caractère. Les villas sont remplacées par des usines, les chalets par des fabriques. La Chapelle est un foyer de travail, d'industrie, d'activité. Le bois y gémit, le fer y crie, l'homme y sue. Ses habitants se répandent le long des barrières *Saint-Denis, Poissonnière* et des *Vertus*. Cette prétendue ville de vingt mille âmes n'a jamais été qu'un faubourg de Paris; sa grande rue est la prolongation des rues Saint-Denis et du faubourg du même nom. La Chapelle doit son origine à la gracieuse patronne de Paris. Chaque fois que l'aimable pastourelle allait célébrer les vigiles au tombeau de saint Denis, elle s'arrêtait à mi-chemin. A la place où elle se reposait, on érigea une chapelle qui porte son nom; on bâtit à l'entour. Ce fut d'abord un hameau, puis un village, puis une ville. Mais les moines peu galants de Saint-Denis, dépossédèrent celle qui avait vaincu Attila par une larme et une prière, et la *chapelle Sainte-Geneviève* devint la *chapelle Saint-Denis*.

La Villette est au faubourg Saint-Martin ce que la Chapelle est au faubourg Saint-Denis. Réunies en une seule, la grande et la petite Villette comptent trente mille âmes. — C'est à la Villette que fut signé, en 1815, l'armistice de quatre heures, destiné à régler la retraite des troupes impériales et la capitulation de Paris. — Autrefois, la Villette mourait de soif deux ou trois fois par été; aujourd'hui elle est désaltérée par un bassin alimenté par le *canal de l'Ourcq*, qu'il faut ranger parmi les plus grands travaux d'art de ce siècle. Ce canal a été décrété par Napoléon, le 19 mai 1802, sur un projet présenté par Solage et Basset. C'est une dérivation de la petite rivière de l'Ourcq, qui se trouve amenée dans le bassin de la Villette. Le développement du canal, dans sa totalité, mesure un peu plus de 109 kilomètres. Le bassin de la Villette est un vaste parallélogramme large de 80 mètres et long de 800. On a pu, grâce à ces grands travaux hydrauliques, amener dans le bassin un volume d'eau qui suffit aux besoins de Paris; établir une communication navigable entre cette ville et la rivière d'Ourcq; réunir au Nord de Paris deux anneaux trop écartés de ce liquide serpent qui s'appelle la Seine; enfin, distribuer à différentes usines le superflu des eaux. — L'église de la Villette a été décorée de peintures à fresque dues au pinceau de M. Brémond.

A l'horizon de la Villette, *Montfaucon* dressait jadis ses potences sinistres, où le vent faisait claquer les squelettes des pendus; on a vu jusqu'à cinquante cadavres se balançant à la fois à cette terrible escarpolette de la mort.

BELLEVILLE nous offre d'autres souvenirs — les souvenirs les plus chers à la France — des souvenirs héroïques. Belleville, les buttes Chaumont, Rosny-sous-Bois, Romainville et la Villette furent le théâtre de divers épisodes de cette lutte généreuse et désespérée, dans laquelle la patrie épuisée versa les dernières gouttes de son sang. J'ai nommé la bataille de Paris. On connaît ces combats, où les débris de nos armées, mêlés à quelques gardes nationaux, et animés par l'exemple de l'École Polytechnique, soutinrent l'effort de la Prusse et de la Russie, et donnèrent à la France la seule chose qu'elle pût alors attendre de ses fils : l'honneur d'une noble chute. Le théâtre du combat a singulièrement changé : au lieu de mille cinq cents habitants, Belleville en a cinquante mille ; où il y avait jadis des villas entourées de jardins et entrecoupées de parcs, il n'y a plus guère aujourd'hui que de hautes maisons de moellon, de brique et de plâtre, qui s'amoncellent et se pressent les unes contre les autres.

La Grande-Rue de Belleville, prolongement de la rue du Faubourg-du-Temple, monte jusqu'à Romainville. La partie inférieure que l'on appelle la *Courtille*, jouit d'une renommée européenne. Elle la doit à cette fameuse *descente de la Courtille*, qui réunissait jadis à Belleville, à l'aube du mercredi des Cendres, tous les masques qui voulaient enterrer avec une certaine pompe le mardi-gras parisien. Cette coutume tombe en désuétude comme tant d'autres, et le carnaval aujourd'hui est aussi triste à Belleville qu'au passage de l'Opéra.

Belleville vient de naître : il ne faut pas lui demander d'antiquités..... Mais il faut aller voir la jolie église qu'avant de mourir lui a bâtie M. Lassus. — C'est un morceau très-estimé d'architecture ogivale, dans le style du XIIIe siècle. De tous côtés se dessine sur le ciel la blanche silhouette des deux élégantes flèches qui mesurent une hauteur de 58 mètres; la longueur de l'édifice est de 67 mètres 77 centimètres; sa largeur de 24 mètres 50 centimètres; sa hauteur sous voûte de 19 mètres.

MÉNILMONTANT, tout à côté, doit sa célébrité aux saints-simoniens. En 1832, le Père Enfantin — nom prédestiné — alors apôtre et propriétaire, réunit dans sa maison une quarantaine de disciples, épaves de Fourrier, flottantes sur l'océan du siècle; bientôt, au nom de la loi, l'on fit fermer cet étrange sanctuaire et la cour d'assises dispersa la nouvelle secte. Depuis lors, le Père Enfantin est devenu banquier, et l'on n'a plus parlé de Ménilmontant.

CHARONNE, proche voisin du faubourg Saint-Antoine, n'a rien en soi qui doive intéresser le visiteur, mais Charonne a des souvenirs. C'est à Charonne que saint Germain l'Auxerrois reçut les vœux de sainte Geneviève, et que, pendant les troubles de la Fronde, Louis XIV, encore enfant, attendit l'issue de la lutte engagée entre le prince de Condé et les troupes royales, commandées par Turenne; en 1814, les Français y luttèrent énergiquement contre les troupes russes dirigées par le prince Gortschakoff.

La *barrière de Fontarabie* donne accès dans la principale rue de Charonne. Ce nom euphonique a sans doute exercé une attraction puissante sur l'imagination des Auvergnats, car ils fréquentent assidûment les cabarets et les guinguettes des environs. Nulle part on ne cultive avec plus de succès la fleur délicate du charabia.

SAINT-MANDÉ est beaucoup plus distingué! C'est là qu'on voit briller le dimanche la fleur des pois du Marais et de la place de la Bastille, le bal de la Tourelle n'existant plus. La commune, qui se compose d'environ cinq mille habitants, s'étend le long de l'*avenue du Bel-Air*, entre la barrière de Saint-Mandé et le bois de Vincennes.

BERCY, *la Rapée, la Grande-Pinte* sont trois agglomérations qui forment une seule et populeuse commune, bien connue des francs buveurs et des amateurs de friture. Bercy est l'entrepôt de la France et la cave de Paris. On conçoit que la Seine est un précieux voisinage pour cette population de marchands de vin. Aussi rien de plus animé, rien de plus gai que ses bords encombrés de chalands, prêts à sombrer sous les fûts de la Bourgogne ou du Bordelais. Paris seul lui prend chaque année 600,000 hectolitres de liquide plus ou moins pur; la province va jusqu'au million.

Quand on a une aussi bonne cave, on n'a pas besoin d'histoire. Bercy a donc de tout temps vendu et bu ses vins sans trop s'occuper de la postérité. Bercy a pourtant un château, et il a grand air le château de Bercy, avec son parc éventré par le rail du chemin de Lyon, ses grands arbres éclaircis par la hache des ingénieurs, et ses statues qui frissonnent, privées des masses de verdure qui les abritaient jadis; le souvenir de leurs anciens maîtres n'a pu les sauver, et c'est en vain qu'ils invoquent et la famille de Malon, et le marquis de Nontel, et les constructions de Levau, et les dessins de Lenôtre, et Pâris de Marmontel, et Dode de La Brunerie... Voici la locomotive de Lyon qui fume, qui siffle et qui passe..... Place à l'industrie..... Ce n'est plus le siècle des châteaux, c'est l'heure du chemin de fer!!!

IVRY. — *La Gare* et les *Deux-Moulins* font partie d'un grand tout, connu sous le nom d'*Ivry*, et qui comprend encore *Saint-Frambourg, Austerlitz* et le *Pont-à-l'Anglais*. La Gare, qui s'étend coquettement sur la rive gauche de la Seine, possède une belle verrerie, digne de l'intérêt et de la visite du voyageur. Les Deux-Moulins et Austerlitz ont une spécialité qui ne leur attirera pas de longtemps le dilettante de la fashion. Les embellissements qui, depuis ces vingt dernières années ont métamorphosé les environs de Paris, se sont arrêtés devant Austerlitz et les Deux-Moulins. Là, pas de villa coquette, pas de chalet élégant, mais des masures et des cabarets, où le moraliste et le caricaturiste — souvent les deux n'en font qu'un — peuvent aller étudier sur nature le *débardeur*, l'*équarrisseur* et le *chiffonnier*. C'est ainsi que tous les types se rencontrent dans ce grand pandœmonium parisien, et que les environs de la grande ville présentent des échantillons de toutes les populations qui se pressent dans son vaste sein.

GENTILLY. — *La Maison-Blanche* et *la Glacière* donnent à Gentilly, auquel on les joint, une véritable importance. La Maison-Blanche est, à elle seule, un gros village qui commence à la barrière de Fontainebleau. Ses deux rangées de maisons auxquelles se mêlent trop de cabarets, bordent cette magnifique route d'Italie, conduite à travers la France et la Suisse, et par-dessus le Simplon, de Paris à Milan, où elle aboutit à l'arc-de-triomphe de la Paix, construit sous Napoléon. — La Glacière doit son nom aux glaces que l'on recueille en hiver dans les prairies arrosées par la Bièvre. Les amateurs de traîneaux et de patins l'ont abandonnée depuis que les lacs et les rivières du bois de Boulogne ont si victorieusement attiré, de l'autre côté de l'Étoile, toute l'élégance, toute la fashion et tout le sport de la capitale.

Le PETIT-MONTROUGE est situé dans un paysage assez triste, et ses deux monuments, l'hospice de La Rochefoucauld et la mairie — une grosse bâtisse qui coûte un million — n'auraient pas la vertu d'amener le touriste dans son sein, si l'entrée des Catacombes ne se trouvait à sa barrière, dans le bâtiment de l'Octroi. Il faut obtenir l'autorisation des ingénieurs de la ville de Paris, et armé de philosophie, descendre dans cette cité des morts, où l'on marche sur la poussière qui fut homme, entre de longues murailles d'ossements.

VAUGIRARD, qu'il ne faut pas prendre pour Rome, à l'exemple du singe de La Fontaine, est aujourd'hui une grande localité insignifiante. Ce fut d'abord une étable à bœufs, nommée *Valboistron*. (Les étymologistes retrouveront aisément dans cette appellation les trois mots *bos, vales* et *stare.*) — Au XIIIe siècle, Gérard de Moret, abbé de Saint-Germain, y fit bâtir une maison pour les moines convalescents de sa communauté. Valboistron s'appela depuis Valgérard — puis Vaulgirard — puis Vaugirard. C'est à Vaugirard que les huguenots tramèrent, en 1560, la conjuration d'Amboise. — Deux siècles plus tard, Babœuf et ses complices y préparèrent le renversement du Directoire, qui fut plus fort et plus habile qu'eux.

Mais Vaugirard a des souvenirs plus pacifiques : c'est à Vaugirard que l'abbé Olier, au milieu du XVIIe siècle, fonda cet illustre séminaire de Saint-Sulpice, une des gloires de l'Église de France. Il faut citer encore le beau collége connu sous le nom d'Institution Poiloux, dirigé aujourd'hui par les jésuites, et très-aristocratiquement fréquenté.

GRENELLE n'a pas l'antiquité de Vaugirard; mais la population s'y accroît dans une proportion des plus rapides. A la fin du XVIIIe siècle, il n'y avait sur son emplacement que quelques maisons disséminées; ce fut plus tard une ville de près de quinze mille âmes. Sa poudrière qui a sauté (31 août 1794), l'échauffourée du 10 septembre 1796, dans laquelle un certain nombre de jacobins tentèrent de renverser le Directoire, qui les fit prendre, déporter et fusiller, voilà toute l'histoire de Grenelle. — Ajoutons que sa plaine est le théâtre ordinaire des exécutions militaires. — Mallet et ses complices, Labédoyère et bien d'autres, y sont tombés sous la balle des soldats. Ni la mairie, ni le théâtre ne sont de bien remarquables monuments; mais l'église, malgré les styles hybrides que l'on y rencontre, attire et retient le regard : son clocher a un aspect étrange, et son porche à trois arcades ne manque pas de caractère.

En dedans et tout près des fortifications, sur la rive droite de Batignolles à Ivry, circule le Chemin de Fer de Ceinture. Cette voie, destinée aux voyageurs, mais surtout aux marchandises, est établie partie à ciel ouvert et partie sous terre. Elle relie entr'elles les grandes lignes ferrées du Havre, du Nord, de l'Est, de Lyon et d'Orléans, et communique même avec la ligne de l'Ouest, au moyen du chemin de fer de Versailles, rive droite, qui rejoint celui de la rive gauche à Chaville et Viroflay.

FORTIFICATIONS.

AINSI que nous le disions tout-à-l'heure, ce que l'on pressentait depuis si longtemps vient de s'accomplir. La banlieue parisienne n'existe plus que dans le souvenir de ses habitants. Toutes les localités que nous venons de parcourir vont être réunies à Paris, dont les fortifications seront alors la limite naturelle, et qui va compter désormais vingt arrondissements.

Aux différentes époques de notre histoire, on a tenté de fortifier Paris. Plus d'une fois la capitale de la France a été entourée d'une ceinture de murailles; plus d'une fois aussi c'est à ses murailles qu'elle a dû son salut. Est-il besoin de citer des époques et des noms présents à tous les souvenirs : les Normands arrêtés devant nos fortifications en 885, le roi d'Angleterre en 1359, le comte de Charolais en 1464, le duc de Bourgogne en 1472? — Henri III, tenu en échec devant ses portes, et Henri IV, obligé d'en faire le siége? A chaque nouvel agrandissement, les fortifications de Paris étaient détruites, puis rebâties plus loin. Mais, à partir de Louis XIV, leur construction parut une œuvre si coûteuse, qu'on n'osa point l'entreprendre. Sans doute il valait mieux bâtir Versailles! Vauban, le plus grand ingénieur que nous ayons jamais eu, avait conçu un vaste plan qu'on ne lui permit pas d'exécuter et qui fut repris en 1806 par Napoléon. Mais l'Empereur portait alors trop souvent la guerre chez les autres pour s'occuper des moyens de la soutenir chez lui. Et pourtant! si, en 1814, Paris eût pu soutenir le premier choc des alliés, le destin des choses était changé..... peut-être!

La Restauration, qui avait d'excellentes intentions, trop rarement suivies d'effet, reconnut la nécessité de fortifier Paris..... et ne le fortifia point; le temps lui manqua, et elle était chargée d'une liquidation déjà lourde : voilà ce que l'histoire ne doit point oublier, si elle veut être juste.

Louis-Philippe, plus heureux, parvint, non sans efforts, sans luttes et sans échecs, à faire voter, le 1er février 1841, la loi des fortifications par la Chambre des Députés. On dépensa, des deux côtés, beaucoup d'esprit, de verve, de raison et d'éloquence. M. Arago fit résoudre la question avec des chiffres et de la géométrie.

Le Parlement décida que Paris serait entouré d'une enceinte continue, et protégé par un système de forts détachés. L'enceinte continue, qui se compose d'une série de lignes brisées, à angles saillants et rentrants, se développe sur une longueur de trente-six kilomètres; elle comprend une rue militaire, un rempart, un fossé, un glacis. Elle décrit une sorte de triangle curviligne, dont le sommet est placé sur la Seine, au Sud-Ouest de Paris, et dont la base s'étend de Gentilly à la Villette. On compte vingt-six bastions sur la rive gauche du fleuve, et soixante-huit sur l'autre rive. L'enceinte, pour être continue, n'en donne pas moins accès à trente-six routes ou avenues, par de larges trouées, sans portes de ville, sans fossés, sans pont-levis, en un mot, sans l'attirail incommode et gênant des places de guerre. Mais, à droite et à gauche de chaque trouée, le génie militaire a fait l'acquisition d'une bande de terrain, large de 100 mètres, longue de 250; en un instant, les ouvertures seraient fermées et le fossé creusé. En attendant, on va, à chacun de ces passages, installer des grilles, des postes et des barrières, en un mot, tout ce qui est nécessaire à la perception de l'octroi. En avant du revers extérieur du fossé, une zone de 250 mètres a été frappée d'une servitude passive, qui lui interdit le droit de recevoir jamais aucune construction, de quelque nature qu'elle puisse être.

Nous l'avons dit : l'enceinte continue n'est qu'une partie du système de défense adopté pour Paris. Ce système se complète par une ligne de forts détachés, qui remplace la seconde enceinte projetée par Vauban, et qui protège très-efficacement l'autre. Ces forts détachés sont au nombre de seize. Passons-les en revue. Au Nord, le *fort de la Briche*, qui est appuyé sur la rive droite de la Seine; le *fort du Nord*, la *lunette de Stains* et le *fort de l'Est*, protégent Saint-Denis. A l'Est, est le *fort d'Aubervilliers*, ornement de la route du Bourget. Voici maintenant les *forts de Romainville*, de *Noisy*, de *Rosny*, de *Vincennes* et de *Nogent*.

Le *fort de Charenton* se trouve sur la rive gauche de la Marne, près du confluent de cette rivière avec la Seine.

Sur la rive gauche de la Seine, se dressent le *fort d'Ivry*, celui de *Bicêtre*, celui de *Montrouge* et celui de *Vanves*. Le *fort d'Issy* est plus bas, presque au bord de la rivière.

Au loin, l'imposante *forteresse du Mont-Valérien* domine un vaste horizon et fait vis-à-vis à la citadelle de Vincennes.

Les forts détachés, composés du même système de défense que l'enceinte continue, renferment des magasins à poudre et des casernes casematées, à l'épreuve des projectiles les plus destructeurs. Les commandants accordent des permis de visite dont le public n'abuse pas.

Le travail cyclopéen des fortifications a été accompli en trois ans, moitié par des entrepreneurs, moitié par le génie militaire, qui se servait de régiments embrigadés en terrassiers.

ENVIRONS DE PARIS.

PAR delà les fortifications, tout change de caractère : l'horizon est plus large; il ondule en courbes agrandies. Les habitations des hommes, devenues plus rares, se transforment avec le paysage; la villa remplace le cottage, et au lieu du chalet, c'est le château qu'on rencontre. Le site est varié à l'infini, souvent pittoresque, toujours gracieux : c'est une nature à part, et si j'ose dire, civilisée ainsi qu'il convient aux alentours de la capitale du monde. Ici des taillis de deux ans, et là des forêts séculaires; plus loin, des ruisseaux jaseurs qui vont endormir dans un lac leurs murmures et leurs flots; et partout, même où l'on ne l'attend pas, la Seine, le fleuve aux mille détours, qui fait miroiter dans les prés son ruban de moire frissonnante.

Pour mettre un peu d'ordre dans ces excursions rapides, où tant d'attractions combinées rendent le choix embarrassant, nous suivrons à droite et à gauche les rives de la Seine, tantôt au fil de l'eau et tantôt remontant contre lui. Puis nous prendrons les bords du canal et la jolie vallée de la Bièvre..... et nous irons plus loin encore, si le lecteur veut bien nous suivre.

MEUDON. — Quand on traverse le hardi viaduc du Val-Fleury, on découvre de toutes parts un paysage riant et doux, des

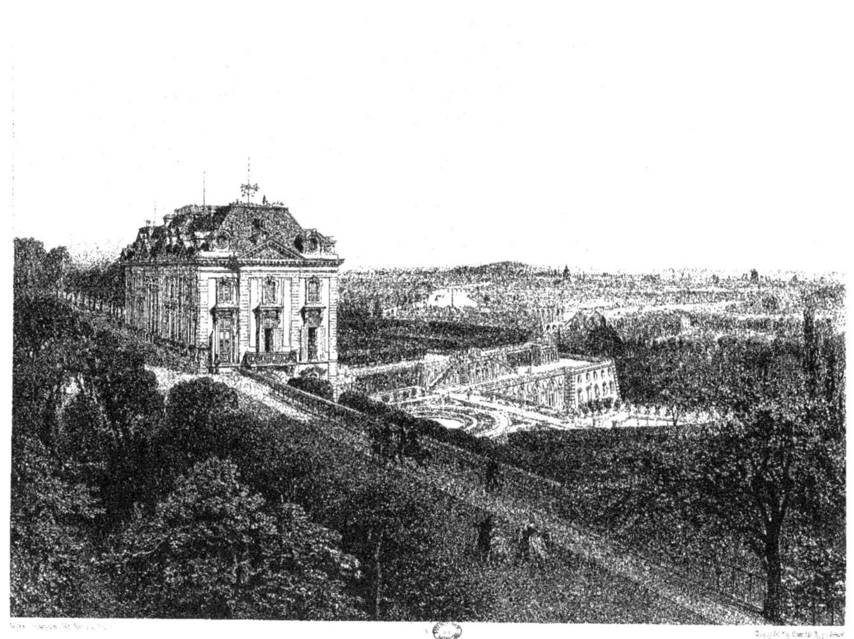

sites exquis, des ombrages mystérieux, qui portent l'âme à la rêverie et à la tendresse : c'est là qu'est Meudon, nid d'oiseaux amoureux, caché dans la feuillée. Le pigeon s'appelait François Ier, et la colombe Anne de Pisseleu, duchesse d'Étampes. Il y avait bien des seigneurs, à Meudon, avant le roi chevalier et la galante duchesse : mais c'est au couple célèbre qu'il doit sa première gloire. La duchesse ajouta des terres au petit domaine qui lui avait été cédé par son oncle, et forma un parc enclos de murs ; puis, quand tout fut terminé et qu'elle n'eut plus qu'à jouir, caprice de femme ! elle le céda au cardinal de Lorraine, qui couronna la cime de la colline d'un château bâti sur les dessins de Philibert Delorme. — Ce fut pour Henri de Lorraine, duc de Guise, que le grand architecte creusa et bâtit cette fameuse *grotte de Meudon*, presque aussi grande que le château lui-même et qui fit courir tout Paris. Le château actuel, élevé en 1695, par ordre du Dauphin, fils de Louis XIV, occupe l'emplacement de la grotte. Des princes de Lorraine, Meudon passa au surintendant Servien, à qui l'on doit cette belle terrasse, longue de 260 mètres, large de 120, et d'où la vue domine un horizon enchanteur. Du fils de Servien, Meudon alla au ministre Louvois, qui l'agrandit encore. Versailles et Meudon se touchaient alors par leurs extrémités. Louis XIV l'acheta de Louvois et y plaça le Dauphin, qui n'avait peut-être pas souhaité l'illustre voisinage d'un père trop souverain. Mais, une fois établi à Meudon, il suivit l'exemple paternel et embellit sa résidence : il ouvrit des avenues, replanta les jardins, décora les appartements et fonda une galerie. Enfin, après diverses péripéties, Meudon fut réuni au domaine de la couronne, en 1726. La Révolution fit une forteresse du château ; on forgea des machines de guerre sous les ombrages qui avaient écouté les aveux de la duchesse d'Étampes. — Napoléon, en 1803, fit démolir le plus vieux des deux châteaux de Meudon et réparer l'autre. C'est là qu'il voulait établir cette fameuse école préparatoire..... de la royauté, qui n'exista jamais qu'à l'état de projet dans son vaste cerveau. On y aurait élevé les jeunes gens d'avenir — *tu Marcellus eris !* — que le conquérant eût assis plus tard sur les différents trônes de l'Europe.

Pendant toute la campagne de Russie, Marie-Louise et le roi de Rome demeurèrent à Meudon, habité, depuis, tour-à-tour par dom Pédro, le duc d'Orléans, le maréchal Soult et le prince Jérôme, qui aujourd'hui en fait sa demeure habituelle d'été. Nous avons déjà parlé de la terrasse et des ombrages de Meudon. Meudon a aussi de belles eaux : qu'il nous suffise de citer le *Ruisseau*, l'étang des Fonceaux, l'étang de Trivaux et l'étang de Chalais. Le château est assez simple : à deux étages du côté de Paris, à un seul du côté du parc, à cause de la différence des niveaux, mais coiffé de mansardes des deux côtés.

Le site de Meudon ne pouvait échapper à l'artiste, dont le crayon vient en aide à ces lignes tracées rapidement ; il a su grouper habilement et le château avec ses terrasses, et le vaste panorama qui embrasse tout Paris. Que n'avait-il à reproduire, comme Israël Silvestre, l'ancien château avec sa magnifique grotte ! le tableau eût été mieux encore.

Pouvons-nous quitter Meudon sans rappeler au moins le souvenir de ce joyeux curé qui, en guise de sermons, écrivit *Pantagruel* et les *Aventures de Gargantua et de Grangousier*. Rabelais fut-il vraiment curé de Meudon ? On discute. Fut-il seulement prêtre ? On discute encore. Ce qui est hors de doute, c'est que Rabelais fut un des plus hardis penseurs de ce XVIe siècle, si fécond en hardiesses, et que l'on gardera sa mémoire quand on aura oublié depuis longtemps les hôtes plus titrés de Meudon. Le génie est une couronne dont l'or ne se ternit jamais.

Bellevue ne se présente au touriste, quand il a quitté Meudon, qu'après qu'il a passé devant la petite chapelle consacrée à *Notre-Dame-des-Flammes*. — Nom étrange, dont la poésie, mêlée de terreur, rappelle la fatale catastrophe du 8 mai 1842, cet incendie à la vapeur dont la violence s'accrut de la rapidité même avec laquelle on voulut le fuir. Beaucoup d'inconnus y périrent, Dumont-d'Urville avec eux.

Bellevue mérite son nom ; il a des horizons à souhait pour le plaisir des yeux, et l'on doit savoir gré à Mme de Pompadour d'avoir fait sortir un château du sol, d'un coup de son éventail, plus puissant que la baguette d'une fée. Cette merveille a été vendue pendant la Révolution et presque entièrement détruite. Il n'en reste qu'un débris, *Brimborion*, qui appartient au chanteur Tamburini. Des noms littéraires se groupent à l'entour : Casimir Delavigne, Thomas Moore et lord Byron, qui s'y trouve représenté par les yeux noirs d'une Italienne qu'il aima éperdûment.

Sèvres n'est qu'une petite ville, mais c'est en même temps une grande gloire, une des plus grandes gloires de la France industrielle : une industrie qui est la sœur de l'art. Les beaux produits de sa manufacture sont entre toutes les mains élégantes ; sa porcelaine, sans rivale, est la première du monde, et l'on ne sait trop ce que l'on doit le plus admirer, ou de la grâce de ses formes, ou de la délicatesse de ses nuances.

Tout près de Sèvres, à Saint-Cloud, il y avait, à la fin du XVIIe siècle, une fabrique de porcelaine tendre, antérieure de quinze ans à la porcelaine de Saxe ; peu de temps après, il s'en établit une seconde à Chantilly, et, plus tard, une autre à Vincennes. Louis XV, qui avait tous les goûts de la vie distinguée, s'intéressa à celle-ci, et lui fit bâtir, à Sèvres, le bel établissement que chacun connaît. En 1760, le roi, qui n'avait qu'un intérêt dans l'affaire, remboursa à la Compagnie une somme de 1.400.000 francs, et la prit à son compte. On fabriquait concurremment la porcelaine dure et la pâte tendre ; mais, en 1820, on abandonna tout-à-fait la pâte tendre — ce fut un abandon de près de cinquante ans — pour s'en tenir exclusivement à la porcelaine dure faite de kaolin. M. Brongniart, administrateur de la manufacture, depuis 1801 jusqu'à 1847, a imprimé aux travaux la plus heureuse direction, et M. Regnault, de l'Institut, l'administrateur actuel, persévère dans ses traditions du bon et du beau. Grâce à ces hommes, d'un mérite supérieur, la céramique française tient toujours le premier rang dans les expositions européennes. On peut dire qu'à Sèvres tous les procédés de la fabrication sont conduits jusqu'aux dernières limites de la perfection. Les pièces coulées, par exemple, si fort en faveur depuis quelques années, arrivent à un dégré de légèreté dont l'œil s'effraie, tandis que le vernis et les émaux ont tout à la fois un éclat et une suavité que rien n'égale. Sèvres peint aussi sur verre, et, depuis la direction de M. Regnault, se reprend à la pâte tendre qui fut une de ses gloires.

Saint-Cloud, qui n'a pas les grandioses magnificences de Versailles, est peut-être une résidence plus agréable; un château de plaisance ne saurait être plus heureusement situé. Il est à mi-côte de sa colline, avec de belles avenues sur le penchant et dominant la Seine. Nous n'entreprendrons pas une description trop minutieuse de ce Versailles des princes d'Orléans; nous dirons quelques mots seulement qui puissent guider le lecteur.

Au fond de la cour d'Honneur, on aperçoit tout d'abord la façade principale, ornée de quatre colonnes corinthiennes surmontées chacune d'une statue. Le dessin de cette façade est de Gérard. Les deux ailes, qui sont de Lepautre, sont aussi décorées de statues, œuvres de Denizot, qui ne manquent pas de mérite. — A l'intérieur du château, on compte sept grands appartements et deux petits Au milieu de la façade principale s'ouvre le vestibule de l'Empereur, au fond duquel on aperçoit cette belle Sapho, la dernière œuvre de Pradier. A droite de la Sapho, se trouve l'escalier qui conduit au premier étage, où nous trouvons d'abord le *salon de Mars*, décoré par Mignard. Le rival si gracieux de Le Brun a peint au plafond l'Olympe d'Homère; comme dessus de portes, nous avons la Jalousie et la Discorde, et une élégante composition, qui pourrait à bon droit s'effrayer de ce redoutable voisinage : les *Plaisirs du Jardin*.

La galerie d'Apollon, qui suit le salon de Mars, a été consacrée à la gloire du dieu du jour. Ici Mignard a déployé toutes les richesses de son pinceau : Apollon, sur son char, occupe le centre du plafond; à l'extrémité de la galerie, au-dessus des fenêtres, le Parnasse; à droite et à gauche, les Quatre Saisons, avec leur cortége, dans lequel on voit figurer les plus belles femmes de la cour. Les princes, le roi lui-même, mêlés aux dieux, se présentent de toutes parts à nos yeux avec les devises et les attributs que leur prodigua l'adoration monarchique de l'époque. Au-dessus de la porte d'entrée, Mignard a représenté la naissance d'Apollon et de Diane, et Latone implorant Jupiter; le roi des dieux, à sa prière, change en grenouilles les paysans qui ont insulté la mère du Soleil. On remarque, à droite et à gauche, toute une série de meubles de Boule, et au-dessus d'eux, une véritable collection de tableaux de différents maîtres, presque tous de l'ancienne école française.

Le salon de Diane, qui s'ouvre à gauche, au fond de la galerie d'Apollon, a été également décoré par Mignard. La *déesse de la Nuit* occupe le plafond. Dans les voussures, nous voyons la toilette, la chasse, le bain et le sommeil de Diane. Quatre superbes vases en porcelaine de Chine, et fabriqués dans le Céleste-Empire par ordre de *Monsieur*, frère de Louis XIV, portent les armes des princes d'Orléans.

Le salon de Vénus, à côté du salon de Mars (on n'a pas voulu les séparer), nous montre à son plafond, très-légèrement peint, la fière Junon, empruntant la ceinture magique de sa blonde ennemie. Les dessus de portes, par Jean Nocret, représentent la *Paix* et la *Science*.

Le salon de la Vérité doit son nom à la *Vérité*, qui triomphe au plafond, jolie peinture d'Antoine Coypel. Pour sujets des dessus de portes, Jean Nocret a choisi de belles déesses, la Justice, la Gloire, et d'aimables muses aux doux noms, Clio, Euterpe et Calliope.

Le salon de Mercure a été peint par M. Alaux, qui nous montre Mercure et Pandore, les noces de Thétis et Pélée, l'assemblée des Dieux, Mercure remettant la pomme à Pâris, et le jugement fameux de ce beau berger du mont Ida.

Le salon de l'Aurore, dont on admire les jolis meubles en laque de Chine, a un beau plafond, par Nicolas-Pierre Loir. Un vestibule vous conduit du salon de l'Aurore à l'escalier de la reine, au bas duquel on a placé le délicieux chef-d'œuvre de Pollet, une Heure de la Nuit, laissant tomber ses pavots sur le monde plongé dans le sommeil. Le château de Saint-Cloud a ses appartements du roi et de la reine : c'est un séjour de têtes couronnées, c'est un Élysée, mais c'est aussi une caserne. Pour dépendances, il a de fort beaux bâtiments. En outre des appartements royaux, le château compte quarante-cinq appartements de maître, six cents logements de suite; les écuries peuvent tenir deux cent trente-sept chevaux; les remises sont pour vingt voitures. Le corps-de-garde reçoit cent quatre-vingts hommes d'infanterie et cinquante-quatre cavaliers. Enfin l'on y voit une belle caserne des gardes-du-corps, sorte de temple militaire dont les desservants ont toujours porté les plus beaux noms de France; mille cinq cents hommes d'infanterie et cent cinquante de cavalerie peuvent s'y loger.

Un des plus grands mérites des appartements de cette résidence, ce sont les admirables perspectives que les architectes ont su leur ménager. Chaque fenêtre encadre un délicieux tableau. *Le parc* de Saint Cloud a vraiment droit à sa célébrité européenne. Ce chef-d'œuvre de Lenôtre est un ensemble exquis de mouvements de terrain, de bosquets, de gazons, de bassins, de parterres, de statues et de cascades qui s'entremêlent par les plus ingénieuses combinaisons, et présentent une multitude d'aspects d'une

Mercier, lith. Charpentier, Édit. - Paris, quai Conti, 8. | Chapuy del. Fig. Ceuers lith. Fig. par A. Bayot

PARC DE S^T CLOUD.

La Cascade et le Château

Façade sur la Place d'Armes

Façade sur le Parc

variété sans fin. Ce parc, qui ne comprend pas moins de 392 hectares, se divise en deux parties, l'une publique, l'autre réservée. Celle-ci, qui renferme de magnifiques avenues, a été malheureusement coupée en deux par le chemin de fer de Versailles; ses jardins réservés s'étendent devant la façade du château. Le parc public, à son tour, se divise en haut et en bas parc; nous signalerons parmi ses curiosités l'Étoile de Ville-d'Avray, dans l'éclaircie des futaies, et un certain monument que le peuple appelle la *Lanterne de Diogène;* le bourgeois à demi lettré, la *Lanterne de Démosthènes:* et qui est tout simplement, dans sa partie supérieure, la copie du monument choragique de Lysicrate, dont nous avons vu l'original en marbre à quelques centaines de mètres de l'Acropole d'Athènes. Ce monument n'a jamais été une lanterne, mais une sorte de base, destinée à supporter le trépied de bronze offert à Lysicrate, vainqueur de ses rivaux, dans une représentation théâtrale dont il avait fait les frais. De l'esplanade du monument, cinq vertes avenues rayonnent en diverses directions, et la vue plane sur un océan de verdure, semé d'îlots de blanches maisonnettes, avec Paris à l'horizon.

Les *Eaux de Saint-Cloud* sont très-belles; elles comprennent le grand jet et la *Cascade*. Celle-ci se divise elle-même en haute et basse cascade. C'est un véritable chef-d'œuvre monumental; l'eau rivalise avec la pierre, et la sculpture et l'architecture s'associent pour former un ensemble de décoration théâtrale, auquel concourent également les jets élancés et les larges nappes qui s'étalent d'étages en étages. Il ne faut pas regarder les statues de trop près; mais, vues à leur point, et bien détachées sur la verdure sombre des grands arbres, elles ajoutent au caractère de l'ensemble. Le grand jet, que l'on a surnommé, avec plus de justesse que d'euphonie, le *Jet géant*, jaillit jusqu'à 42 mètres, avec une force telle qu'il soulèverait un poids de 65 kilogrammes. Ici nous renvoyons à la belle planche qui accompagne cette description, et dans laquelle le dessinateur a groupé, avec autant d'art que de vérité, et le château et la cascade.

VERSAILLES. — Versailles ne doit point sa renommée à l'antiquité de son origine, mais bien plutôt à l'importance des événements qu'il a vus se dérouler et surtout aux pompes qu'il déploya aux yeux de la France. Versailles semble défier, par ses magnificences, les poëtes et les historiens. Ses fastes ont servi de texte à des milliers de volumes; la description de ses beautés a été faite et refaite cent fois. On sait le compte des statues, des tableaux, des bassins, des charmilles, des tritons, des satyres et des nymphes qui décorent ses palais, ses parcs et ses jardins. Le bosquet du Roi et le bosquet de la Colonnade, les bassins de Neptune, de Latone, les bains d'Apollon, les *grandes* et les *petites Eaux*, ont été minutieusement détaillés dans les catalogues. On s'est plus occupé de Versailles que de toute autre ville au monde. Ainsi le voulaient les destinées de ce lieu célèbre; car Versailles a été la France à une époque où la France c'était l'Europe! Et maintenant encore, quand on veut parler de la gloire de Louis XIV et de son siècle sans pareil, c'est sur Versailles que se reportent et le regard et la pensée.

Voisin de Paris, Versailles doit à cette proximité heureuse la visite, au moins annuelle, de tous les Parisiens, et le pèlerinage de tous les étrangers que Paris attire. C'est ce qui arrive à Postdam, près Berlin; à Schœnbrunn, aux portes de Vienne; à Windsor et à Caserte, près de Londres et de Naples. Depuis que la rapidité des chemins de fer a si merveilleusement rapproché les distances, toutes ces villes de plaisance des rois ne sont plus que des faubourgs de leurs capitales.

Quand vous arrivez à Versailles, vous êtes ébloui à l'aspect vraiment grandiose de ses monuments. Vous vous êtes approché de la statue équestre de Louis XIV, à l'entrée de la cour d'Honneur du palais : de là, vous apercevez la place d'Armes, les deux bâtiments symétriques des grandes et des petites écuries, les trois grandes avenues, les boulevards à gauche, les bois de Satory à droite; Versailles est devant vous tout entier, majestueux et splendide! Avec un peu d'imagination, nécessaire partout, on peut se croire dans un autre monde, tant la vision est féerique. L'architecture prend tout-à-coup des proportions colossales; la nature elle-même a un air de fête; il semble qu'autour de vous, en groupes pressés, circulent les héros élyséens. Au-dessus d'eux le roi olympien, le Jupiter français, élève sa tête rayonnante. Et maintenant, vous pouvez évoquer tous les grands siècles et tous les règnes superbes, et la Grèce de Périclès, et la Rome d'Auguste, et l'Angleterre d'Élisabeth, et l'Espagne de Charles-Quint, et toutes ces gloires et toutes ces magnificences pâliront devant l'histoire merveilleuse de ce *roi-soleil*, qui justifie son ambitieuse devise : *Nec pluribus impar*.

L'origine de Versailles comme un village, peut remonter au XIe siècle; mais sa véritable existence, sa notoriété princière, sa fortune de résidence royale, date du règne de Louis-le-Grand. Alors que la cité prédestinée, qui devait recevoir un jour le fastueux monarque et sa cour, n'était encore que le village de *Versallie* ou *Versaliæ* dont parle Piganiol de la Force, son château avait tout simplement l'importance d'une maison de campagne; Louis XIII l'avait choisie pour y tenir ses équipages de chasse. Le *chétif château*, comme l'appelait Bassompierre, n'avait même été, à l'origine, en 1624, qu'un pavillon des plus humbles.

En 1627, le roi acquit le terrain d'alentour et agrandit son pied-à-terre. Trois ans plus tard, ce n'était déjà plus un simple repos de chasse : on y faisait de la politique, et, entre deux parties de plaisir, on s'y occupait de gouvernement. C'est à Versailles que se joua, en 1630, la piquante comédie connue dans l'histoire sous le nom de *la Journée des Dupes*.

Il fallait cependant que Versailles attendît encore une trentaine d'années pour voir sa fortune atteindre au faîte. Jusqu'alors la cour avait eu sa résidence à Paris, à Vincennes, à Saint-Germain ; en 1661, Louis XIV qui conservait rancune à sa capitale — n'avait-elle pas frondé contre lui pendant sa minorité ? — eut l'idée de métamorphoser en demeure magnifique le modeste abri de Louis XIII. En 1682, Versailles fut prêt à recevoir le roi. L'architecte Levau avait fait d'importantes constructions ; le vieux château avait été enfermé dans un château neuf. Cela commençait à être superbe, mais ce n'était pas assez : à quelque distance de ce bâtiment, on éleva des hôtels pour les courtisans, et sur l'avenue de Paris, d'autres habitations d'une construction uniforme. Ce fut une affaire de quinze ans ; mais Louis fut content. Déjà Versailles était sa résidence officielle : c'était de Versailles que l'on datait les actes de la cour de France. Pour hâter le développement de la colonie royale, Louis XIV voulut que les maisons bâties ou à bâtir ne fussent sujettes à aucune hypothèque ; elles ne pouvaient être saisies réellement ou adjugées par décret, à moins de dettes privilégiées. En l'année 1692, on étendit ces mêmes avantages aux héritiers des propriétaires qui avaient fait bâtir ou qui feraient bâtir par la suite. Ajoutez le désir de plaire au maître, et vous comprendrez que Versailles ait jailli du sol, au coup de baguette d'un enchanteur. Cependant le palais du roi s'embellissait toujours. L'art et la nature s'unissaient pour concourir à ce déploiement de magnificences et de merveilles qui devaient étonner le monde. Des milliers d'hommes — toute une armée — étaient occupés aux immenses travaux de la route de Paris ; les fleuves étaient détournés de leur cours pour apporter au grand roi le tribut de leurs eaux. Bientôt des fêtes magiques entourèrent Versailles d'un indescriptible éclat. Racine ne suffisait pas à les peindre ; elles épuisaient la verve de Molière, et La Fontaine écrivait : « Tout le monde a ouï parler des merveilles de ces fêtes ; des palais devenus jardins, des jardins devenus palais ; de la soudaineté avec laquelle on a créé ces magnifiques choses, qui rendent les enchantements croyables à l'avenir. »

Le centre et l'âme de ces splendeurs, c'était Louis. Il pouvait dire aussi : « La poésie, c'est moi ! » Chaque appartement, chaque allée du château et du parc de Versailles servait d'écho et de reflet à la gloire du monarque. La statuaire et la peinture l'avaient représenté en Jupiter, en Apollon, en Hercule, en Mars ; les poètes avaient commencé par dire qu'il était le vainqueur de l'Europe et le plus grand prince des temps passés et modernes. Molière faisait pour lui des prologues, Quinault des ballets, Boileau des épîtres, Racine des cantates, Benserade des devises, Mme Deshoulières des ballades, Mlle de Scudéri des sonnets ; Corneille s'associait à La Fontaine pour le saluer soleil, roi du jour ! Il fallait les voir, ces fêtes, présidées par un sultan digne des *Mille et Une Nuits*, mais qui savait mettre du goût jusque dans la profusion. Veut-il donner aux femmes de sa cour une représentation solennelle ? sur un signe de sa main, Sigarani va dresser un théâtre au fond d'une avenue, toute tendue de tapisseries précieuses et changée en décor féerique. Des hauteurs d'un plafond improvisé vont descendre trente-deux lustres de cristal, portant chacun dix grosses bougies de cire blanche ; de chaque côté de la scène s'élèvent, bronze et lapis, deux hautes colonnes entrelacées de ceps et de feuilles de vigne d'or, et la princesse d'Élide déroule, au milieu de ces splendeurs, des allusions transparentes, préparant la voie à Bérénice, qui viendra bientôt soupirer son élégie amoureuse. Après le spectacle, le souper ; après le souper, la *Nuit Enflammée*, comme on disait dans le langage du temps. Là, tout est lumières, pierreries, dentelles, rubans, fleurs et parfums.

Mais les années venaient, amenant avec elles la vieillesse, Mme de Maintenon et l'ennui. A partir de 1686, toutes les féeries pâlirent ; les décorations mondaines s'effacèrent peu à peu ; je ne sais quelle ombre austère se répandit sur Versailles.

La mort de Louis XIV, en 1715, fut cause d'un abandon momentané. Le régent établit au Palais-Royal le quartier général de sa politique... et de ses plaisirs. Ce n'est que plus tard, quand Louis XV voudra fêter ses maîtresses, que Versailles retrouvera un reste de splendeur. Louis XIV avait construit le Grand-Trianon ; Louis XV fit construire le Petit. Chacun bâtit à sa taille.

Marie-Antoinette, cette belle reine qui aimait la nature comme une Allemande, se plaisait beaucoup au Petit-Trianon. C'est dans les Mémoires de Mme de Campan qu'il faut voir comment la splendide demeure de Louis XIV fut peu à peu abandonnée par Louis XVI pour une retraite plus simple, plus tranquille et plus douce. De ce moment, Versailles n'a plus ou n'a que peu d'histoire : il n'a que des épisodes..... et ils sont terribles.

En 1789, la famille royale est forcée d'abandonner ce séjour ; on sait à la suite de quelles horribles scènes : la plume indignée se refuse à les peindre. En 1793, la Convention fait dresser un inventaire de tous les objets précieux qu'il y avait au château de Versailles, et ordonne qu'on les envoie, à Paris, au *Comité d'Aliénation !* Meubles et ornements sont enlevés ; on veut faire de l'ancien séjour royal une succursale de l'hôtel des Invalides. — Nous avons vu, en 1848, la même idée un instant réalisée au château des Tuileries. — Quelque temps après, vient la proposition de morceler le château, afin de le vendre au nom de la nation. Mais Bonaparte arrivait qui déjà faisait pressentir Napoléon ; il n'était pas homme à laisser disperser les débris de l'ancienne royauté : il avait, au contraire, conçu le dessein de restituer Versailles dans sa magnificence première..... Les guerres seules l'empêchèrent d'atteindre ce noble but. Quelques reconstructions et réparations furent cependant opérées sous son règne.

Louis XVIII, qui avait eu la pensée de rétablir la cour à Versailles, fit réparer les façades du château ; on éleva, en outre, un pavillon correspondant à celui que l'architecte Gabriel avait édifié sous Louis XV. Les peintures furent restaurées en même temps que les dorures des grands appartements ; mais les dépenses effrayèrent Louis XVIII : — il y avait des Chambres pour voter le budget ; il y avait la presse pour en contrôler l'emploi ! — La cour resta aux Tuileries.

Charles X ne changea rien à ce stérile état de choses. Il en eut peut-être la volonté : il n'en eut pas le temps.

Louis-Philippe crut avoir une heureuse idée en faisant du château de Versailles un musée historique et national. On y entassa des monceaux de peintures et de sculptures contemporaines, dont la plupart sont d'une médiocrité désolante.

Il ne reste plus guère trace des aménagements de l'ancienne monarchie. La disposition intérieure a été complétement modifiée, et les talons rouges de l'OEil-de-Bœuf ne se reconnaîtraient plus sur ce parquet royal, où glissaient les duchesses, et foulé depuis par l'orteil populaire. Disons-le cependant, on a fait de grands frais pour conserver et pour embellir : on a restauré les lambris et les plafonds, on a établi de nouvelles galeries, on a prodigué les ornements de toute sorte. Ce n'est plus l'ancienne majesté, c'est du moins l'opulence moderne.

Le palais comprend trois corps de bâtiments principaux, qui s'étendent du côté du jardin sur une ligne de 415 mètres 27 centimètres. Jadis les cours du palais étaient de toute beauté ; il y avait la *cour Royale*, d'où l'on allait à la *cour de Marbre :* toutes les deux étaient décorées avec un luxe inouï. Aujourd'hui, les cours ne sont plus séparées : on a voulu favoriser le point de vue général du palais et de la ville. La statue de Louis XIV a été rétablie, au milieu de seize statues de nos plus grands capitaines ; elle domine les trois grandes avenues qui conduisent au palais. Aujourd'hui, la grande curiosité de Versailles, c'est son immense musée, le plus considérable qui soit au monde. Nous en indiquerons les principales divisions, après avoir dit quelques mots de la *chapelle* et de la *salle de Spectacle* du château.

La *chapelle de Versailles* a coûté des millions, et sa magnificence répond à celle de tout ce qui l'entoure. Cependant il ne faut pas s'attendre à y rencontrer cette impression de recueillement et de profonde vénération qui saisit l'âme au seuil d'un sanctuaire gothique. Ici les sens sont trop vivement affectés par la profusion des peintures, des sculptures, des dorures, pour qu'il n'en résulte pas de la dissipation et de l'éblouissement. A part quelques défauts qui n'échappent pas à l'œil exercé, cette dernière œuvre du célèbre Mansard a des beautés incontestables. Sa voûte s'élance, élégante et lumineuse, à une hauteur de 26 mètres, et couronne deux étages de galeries superposées dont l'une forme tout autour de la nef une vaste tribune décorée de colonnes corinthiennes cannelées. De belles peintures de A. Coypel, de Lafosse et de Jouvenet, dont cette voûte est entièrement revêtue, lui donnent l'apparence d'un ciel aérien et transparent, et font oublier la présence de la pierre, qu'elles dissimulent, en produisant une véritable illusion. C'est surtout de la tribune royale, au premier étage, qu'il faut contempler, pour en jouir, l'harmonie de l'ensemble.

Cette chapelle, commencée en 1699, fut terminée en 1710. En 1794 et 1795, on vit les théophilanthropes étaler un culte insensé dans ce lieu, d'où l'on avait banni et les touchantes cérémonies à la gloire du vrai Dieu et les pompes des majestés de la terre. Cependant l'édifice traversa cette époque de destruction sans en souffrir de dommages importants. La chapelle est signalée au-dessus de toutes les masses de constructions du château par son comble richement décoré de groupes, de statues, de vases, de pinacles, et dont la silhouette accentuée rompt, du côté du parc, la monotonie des longues lignes droites des balustrades.

A l'autre extrémité de l'aile du Nord, le pavillon d'angle est occupé par la *salle de Spectacle* qui, on le conçoit, ne le cède en rien en somptuosité à la chapelle. C'est une des plus belles salles de l'Europe : elle peut contenir trois mille spectateurs, et c'est quelque chose de merveilleux et de féerique que l'effet produit par cette multitude de glaces, de peintures et de dorures, dont elle est entièrement couverte, sous les feux de dix mille bougies. C'est cependant la seule chose qui ait manqué au Versailles de Louis XIV : ce fut son successeur qui, pour complaire aux goûts élégants de Mme de Pompadour, fit commencer en 1753, par l'architecte Gabriel, la salle de l'Opéra. Elle ne fut achevée qu'en 1770 pour le mariage de Louis XVI, alors Dauphin. C'est là que se tint, le 2 octobre 1789, le fameux banquet dit des gardes du corps, qui servit de premier prétexte aux scènes violentes de la Révolution. Cette salle, restaurée sous Louis-Philippe, a eu une nouvelle inauguration en 1837, et le dernier grand éclat dont elle a brillé de nos jours a été à l'occasion des fêtes données par l'Empereur à la reine d'Angleterre, en 1855.

Au rez-de-chaussée de l'aile du Nord, nous trouvons douze salles consacrées à l'illustration de l'histoire de France par la peinture. Tout à côté, dans la *galerie des Sculptures,* nous voyons les tombeaux et les statues des rois de France et des grands personnages de la monarchie, depuis Pharamond jusqu'à Henri II ; ce sont, pour la plupart, des moulages en plâtre, pris sur les monuments de Saint-Denis. De cette première galerie de sculpture, on passe dans les cinq grandes salles dites des *Croisades.* Le titre seul indique assez la nature des tableaux qui les décorent.

Quand on monte au premier étage de la même aile, on se trouve dans une seconde galerie de sculptures, qui n'est que la suite de la première et par laquelle on pénètre dans les sept salles de la *galerie de Constantine,* dont la troisième est occupée par l'immense toile d'Horace Vernet représentant la prise de la Smala.

Le deuxième étage de cette aile du Nord réunit une collection curieuse de portraits et de médailles de la plupart des personnages célèbres de l'histoire moderne, qu'ils appartiennent ou non à la France.

L'ordre du parcours ramène ici le visiteur au premier étage, dans la *deuxième galerie de l'Histoire de France.* Les salles, au nombre de dix, sont plus particulièrement affectées aux événements de l'histoire contemporaine. Elles illustrent les éphémérides de la France depuis 1796 jusqu'en 1836 : quarante années bien remplies, et qui pèsent comme plusieurs siècles dans la balance des destinées humaines. — Le *salon d'Hercule*, qui sert d'entrée aux grands appartements, doit son nom à l'œuvre immense et audacieuse de François Le Moyne, l'Apothéose d'Hercule, peinte au plafond. — Dans le *salon de l'Abondance*, nous remarquerons d'assez jolis tableaux de Van der Meulen. — Dans la *salle des États Généraux*, des camaïeux et des voussures de Blondel. — Dans le *salon de Vénus*, le triomphe de la blonde déesse, par Houasse; une niche a reçu les trois Grâces, de Pradier : les Grâces ne sont-elles pas les compagnes de Vénus? — Dans le *salon de Diane*, un très-beau buste de Louis XIV, par Le Bernin. — Il faut s'arrêter plus longtemps dans le *salon de Mars*, qui, sous Louis XIV, fut salle de jeu, salle de bal et salle de concert. Au centre du plafond, Mars, le dieu farouche, est assis sur un char traîné par des loups. — Le *salon de Mercure* était une chambre de parade qui servait au roi pour le jeu, dans les grands jours. Le plafond représente Mercure sur un char tiré par deux coqs. — Le *salon d'Apollon*, autrefois la salle du Trône, a vu le déploiement des pompes fastueuses de la royauté absolue. Le plafond et les voussures sont consacrés à la gloire d'Apollon (peintures de Lafosse). — Le *salon de la Guerre* a été décoré par le fameux peintre du règne, Lebrun, qui a représenté la France tenant d'une main la foudre, de l'autre un bouclier avec l'image de Louis XIV; de toutes parts s'enfuient les nations vaincues. — La *grande galerie des Glaces* mesure 73 mètres de longueur, 10 mètres 40 centimètres de largeur et 13 mètres de haut. Elle est extrêmement ornée : trophées, peintures, figures d'enfants, inscriptions composées par les beaux esprits du temps, emblèmes et allégories, tout se réunit pour l'embellir. C'est ici que, par son abondance même, le détail nous échappe et que nous sommes obligés de nous contenter d'une vue d'ensemble. Nous arrivons, par la *salle du Conseil*, aux *Petits Appartements*.

La *chambre à coucher de Louis XIV* est une des curiosités de Versailles; elle est encore aujourd'hui à peu près ce qu'elle était au temps du grand roi. On y remarque le lit dans lequel mourut Louis XIV, après un règne de soixante-douze ans, et dans lequel personne, depuis lui, n'a couché. — La *salle de l'Œil-de-Bœuf* servait d'antichambre au roi. Il faut y voir le tableau de Nocret représentant Louis XIV en Apollon, et tous les personnages de sa cour en divinités de l'Olympe. — Le *salon de la Paix* fait pendant au *salon de la Guerre*. — La *chambre de la Reine* a été occupée tour-à-tour par trois reines de France, trois Marie : Marie-Thérèse, femme de Louis XIV; Marie Leczinska, femme de Louis XV; et Marie-Antoinette, femme de Louis XVI. C'est dans cette chambre que le peuple se précipita, dans la nuit du 6 octobre, pour saisir la reine, qui n'eut que le temps de s'échapper à demi-nue. — Le *salon, l'antichambre et la salle des Gardes de la Reine* ont reçu des décorations ingénieuses et brillantes. — La *salle du Sacre* nous transporte des souvenirs de l'ancienne monarchie dans l'actualité vivante de l'histoire moderne. C'est dans cette salle que l'on a placé l'*Allégorie du* 18 *Brumaire*, par Callet; le *Sacre de Napoléon* et la *Distribution des Aigles*, par David, et la *Bataille d'Aboukir*, par Gros.

L'*aile du Midi* nous montrera d'autres merveilles : c'est d'abord la *grande galerie des Batailles*, qui contient une série de tableaux reproduisant de grands faits militaires de notre histoire, depuis la bataille de Tolbiac jusqu'aux grands combats de l'épopée impériale. — Le *salon de* 1830 présente quelques épisodes de la Révolution de Juillet. Tout à côté, la troisième galerie de sculptures nous montrera quelques belles œuvres de Germain Pilon, de Coysevox, de Coustou et d'Houdon.

L'étage supérieur renferme une collection de portraits qui n'ont pour la plupart qu'une valeur historique, et où l'art n'a vraiment rien à voir. C'est au rez-de-chaussée de cette aile du Sud que se trouvent les quatorze salles des galeries de l'Empire. L'Empire, qui fatigua la Victoire à le suivre, fatiguait aussi les pinceaux qui voulaient reproduire ses gloires.

Telles sont les principales attractions qui s'offrent au visiteur dans l'intérieur même du palais de Versailles. Nous avons beaucoup dit, et cependant nous n'avons pas dit tout. Il nous resterait à voir la *salle des Amiraux*, la *salle des Connétables*, celle des *Maréchaux* et celle des *Rois de France*, les *salles des plans*, etc., puis les *Petits Appartements* réservés à la vie intime. Mais déjà les *Jardins* nous appellent, ces jardins qui furent le chef-d'œuvre de Lenôtre et qui portent l'empreinte de la magnificence fastueuse et de l'étiquette rigide de Louis XIV. Les terrasses, les parterres, les bassins, les quinconces, les massifs, les jets d'eau, les statues, les bosquets, tout s'harmonise dans un ensemble dont la grandeur n'a jamais été, je ne dis point surpassée, mais égalée. Parmi ces merveilles, nous citerons l'*Orangerie* de Mansard, avec ses escaliers géants, que l'on regarde, avec juste raison, comme le plus bel ouvrage d'architecture qui soit à Versailles; le *bassin de Neptune*, qui, par la masse de ses eaux et l'admirable disposition de ses figures de bronze, passe pour le chef-d'œuvre de ce genre de décoration. Au milieu de ces jardins, plus fameux que ceux de Sémiramis, la grande allée du *Tapis-Vert*, bordée d'une double haie de vases et de statues, déroule son immense nappe de gazon. A droite et à gauche, au milieu de beaux massifs de grands arbres, se cachent mille curiosités, bosquets, parterres, bassins, canaux, salles de verdure, monuments variés, groupes nombreux de sculpture, qui font des jardins et du parc de Versailles un séjour enchanté. Les *grandes Eaux*, dont les pièces les plus remarquables sont les bassins de Neptune, de Latone et d'Apollon, sont populaires et justement célèbres; nous n'essaierons pas ici de les décrire.

Les deux *Trianons* complètent merveilleusement Versailles. Leurs grâces naturelles, la poésie de leur site, le calme qu'on y respire, forment un contraste piquant avec les splendeurs officielles du palais. Partout ailleurs, le Grand-Trianon serait un château considérable: à Versailles, il n'a plus l'air que d'une dépendance, mais d'une dépendance digne de Louis XIV. Deux grands appartements complets, de petits appartements très-confortables, une grande galerie, partout des objets d'art : voilà le Grand-Trianon. Son parc, quoique très-beau, n'a pas les charmes pittoresques et champêtres de celui du Petit-Trianon.

Le *Petit-Trianon* n'est qu'un modeste pavillon carré, mais dont le jardin, avec rochers, chaumières rustiques, petits temples dédiés à l'Amour, belles eaux, îles gracieuses, arbres rares, ruines, chalets suisses, moulin, ferme et village en miniature, font un des plus délicieux *retiros* où se puissent abriter les loisirs de la toute-puissance, fatiguée de son éclat.

Le Petit-Trianon doit sa célébrité, nous l'avons déjà dit, aux préférences très-marquées de la belle Marie-Antoinette.

La ville de Versailles, s'il est permis de parler à Versailles d'autre chose que de son palais, est heureusement située, sur un plateau isolé; les bois qui l'entourent lui apportent un air vif et sain. L'eau courante seule lui fait défaut : l'Eure refusa d'y venir, et pourtant c'était Louis-le-Grand qui commandait! La machine de Marly ne fut jamais qu'un pis-aller!

SURESNES a son vin qui n'est pas bon, et ses rosières qui ne sont pas toujours belles; il a aussi la superbe villa de M. de Rothschild et le *Mont-Valérien*, qui porta longtemps le nom de Calvaire en souvenir de la croix plantée et invoquée par les martyrs. Louis XIII y fit bâtir un couvent et une église : les pèlerinages y furent nombreux. En 1791, les communautés du Mont-Valérien furent supprimées. L'église et le couvent furent rasés par ordre de Napoléon, qui flairait une conspiration. Des missionnaires s'établirent sur le Mont-Valérien pendant la Restauration; 1830 les en chassa, et une forteresse s'éleva sur les ruines de la congrégation. Du Mont-Valérien, qui domine d'une manière pittoresque les environs de Paris, l'œil découvre un panorama splendide : on a tout le bois de Boulogne à ses pieds et la grande cité pour horizon.

NEUILLY doit beaucoup aux hôtes illustres qui l'ont tour-à-tour habité. Au XVIIIe siècle, les Argenson y réunirent, comme habitués de leur château bâti par Custand, Voltaire, Fontenelle, Montesquieu, Marmontel, le président Hénault, l'auteur de l'*Histoire de France*, et l'*Encyclopédie* avec Diderot et d'Alembert, Grimm, etc. Talleyrand, qui l'acquit en 1800, y donna des fêtes à tout Paris. Plus tard il passa aux mains de Louis-Philippe, alors duc d'Orléans, qui en fit une résidence de famille. Après 1848, une populace de sans-culottes dévasta le château et l'incendia. Louis-Napoléon, président de la République, quelques jours après le 2 décembre, fit rentrer Neuilly dans le domaine de l'État. Le parc fut vendu par lots; c'est aujourd'hui une des villégiatures favorites de la bourgeoisie parisienne.

ASNIÈRES est peut-être, de toutes les stations des chemins de fer, la plus rapprochée de Paris. Aussi le parc, le restaurant et les rives de la Seine voient, chaque beau jour, accourir une clientèle empressée. Le paysage a des grâces exquises : la Seine onduleuse roule ses flots verdâtres autour des îles verdoyantes, dentelées de promontoires et brodées de golfes en miniature, où s'abritent les gigs et les yoles de la flotte bleue des *Canotiers*. Sur la rive gauche du fleuve, s'allonge toute une file de maisons, chalets, kiosques ou villas, où fume sans cesse la friture des restaurants. Le parc d'Asnières a le privilége d'attirer une certaine classe de danseurs, s'ébattant sans souci dans les belles allées qui virent passer jadis les petits pieds de la marquise de Parabère. Le château, transformé en établissement public pendant la crise démocratique de 1848, est une des plus élégantes constructions du XVIIIe siècle. On dit que Mlle de Fontanges l'habita; mais ce n'est pas là qu'elle noua le ruban coquet qui porte encore son nom.

CLICHY-LA-GARENNE est situé en face d'Asnières, mais sur l'autre rive de la Seine. Clichy fut autrefois une résidence royale; c'est aujourd'hui la capitale des blanchisseuses. On y chassait jadis les daims, les cerfs et les urochs de la forêt de Rouvray : on se contente à présent d'y manger des lapins.

SAINT-OUEN fut, comme Clichy, une résidence mérovingienne; Dagobert s'y plaisait : il y vint souvent. Malgré ces illustres hôtes, Saint-Ouen n'eut qu'une bien modeste origine; ce ne fut d'abord qu'une chapelle avec une enceinte à l'entour, dans laquelle les moines de Saint-Denis, possesseurs d'un droit de pêche, déposaient leurs filets. Plus tard, la chapelle devint une église, qui passa des moines de Saint-Denis à ceux de Marmoutier, et de ceux-ci aux chanoines de Saint-Benoît de Paris. Ce fut un lieu de pèlerinage très-fréquenté. C'est à Saint-Ouen que Philippe VI fonda, en 1351, l'ordre de l'Étoile ou de la Noble-Maison, qui tomba en discrédit sous Louis XI. Au XVIIIe siècle, le duc de Gesvres, seigneur de Saint-Ouen, y fit bâtir un magnifique château par le célèbre architecte Lepautre. La marquise de Pompadour l'acheta de lui et l'embellit encore. La veille de sa rentrée à Paris (2 mai 1814), Louis XVIII s'y arrêta, et après de longs pourparlers et d'orageuses discussions, il y signa le document connu dans l'histoire sous le nom de *Déclaration de Saint-Ouen* et que la France salua comme la promesse d'une heureuse et sage liberté. Trois ans plus tard, le monarque constitutionnel achetait le château de Saint-Ouen, le faisait démolir, puis rebâtir à l'italienne, et l'offrait à la femme aimable qui eut peut-être la plus profonde tendresse de son cœur. Mme de Cayla a laissé par testament ce don du roi à la ville de Paris. La *glacière de Saint-Ouen*, à laquelle celle du bois de Boulogne va faire une redoutable concurrence, a longtemps fourni la meilleure partie de l'approvisionnement de Paris; ce n'était pas seulement un réservoir, c'était aussi une fabrique de glace artificielle. L'*île Saint-Ouen*, située en face du village, offre de charmants sujets d'étude aux paysagistes épris des riantes et douces idylles de la nature.

SAINT-DENIS. — Si les pierres pouvaient parler, l'abbaye de Saint-Denis nous raconterait en style grandiose d'illustres épisodes de notre histoire. Ses voûtes funèbres abritent le dernier sommeil des rois, et trois dynasties reposent dans sa crypte.

Une pieuse femme du nom de Catalla, avait donné la sépulture à saint Denis, à saint Rustique et à saint Éleuthère. Sur l'emplacement qu'elle avait marqué d'une pierre, des chrétiens élevèrent une chapelle, et sainte Geneviève, une petite église, qui fut réparée et agrandie par Dagobert. Pépin-le-Bref la réédifia plus tard; enfin Suger, au XIIe siècle, commença une quatrième construction, qui ne fut achevée qu'au XIIIe. C'est l'abbaye qui existe encore aujourd'hui, et dont nous décrivons l'église.

Le plan général de Saint-Denis figure la croix latine. On peut diviser l'église en cinq parties : le porche intérieur, les nefs, les transepts, le chœur et l'abside. Le caveau royal et la crypte sont situés sous le chœur et sous l'abside. — Le grand portail n'a qu'une seule tour, et elle est tronquée ; mais elle attend, dans un avenir prochain, sa svelte et élégante compagne de droite. La façade, percée de trois portes, présente une ordonnance à trois étages. Elle a le caractère mâle et imposant des constructions du XIIe siècle. Lorsqu'on pénètre dans l'église par ce portail, son entrée naturelle, on se trouve sous le porche intérieur, formé de deux travées, qui datent de Suger. Jusqu'à la troisième travée, la nef appartient à l'époque de saint Louis et de Philippe-le-Hardi; treize autres travées composent le sanctuaire et l'abside; sept chapelles, dont les caractères architectoniques accusent le XIIe siècle, rayonnent autour du chœur. Voici quelques-unes des proportions de l'édifice : la largeur de la façade est de 33 mètres 50 centimètres; la longueur, dans œuvre, mesure 108 mètres 16 centimètres, et la plus grande largeur 37 mètres. L'élévation sous clef de voûte est de 28 mètres 92 centimètres; la nef compte, en longueur, 65 mètres 57 centimètres, et en largeur 11 mètres 65 centimètres; la largeur des bas côtés est de 4 mètres 95 centimètres.

Comme beaucoup des nobles monuments de l'art religieux qui couvraient jadis le sol de notre France, l'église de Saint-Denis fut dévastée par la Révolution. Le Concordat vint, qui relevait les temples; il arrêta la démolition de celui-ci. Un décret de 1806 décida que l'abbaye de Saint-Denis serait la sépulture de la dynastie napoléonienne. On reconstitua le chapitre, et on commença les travaux qui furent continués sous les divers gouvernements du pays. Les archéologues peuvent faire des critiques de détail, les artistes noter des parties défectueuses : le coup d'œil général n'en est pas moins magnifique. — La couleur est superbe; de toutes parts, l'or rit dans l'azur; l'œil est ébloui de l'harmonieux rayonnement des vitraux qui présentent le resplendissant assemblage de toutes les couleurs du prisme. — Les bas-reliefs, les statues, les boiseries font de la basilique entière un musée — de tous les styles et de toutes les époques, il est vrai; — mais enfin un musée où l'on peut passer de longues heures.

Avant les dévastations barbares de 93, la basilique de Saint-Denis renfermait cinq chapelles sépulcrales, vingt-et-un sarcophages avec statues, une colonne funéraire et quatre tombes plates. Le plus ancien de ces monuments était du XIIIe siècle, le plus moderne du XVIe. A partir de Henri II, on déposa dans les caveaux les rois, rangés sur deux tréteaux de fer dans des cercueils de plomb. Depuis Henri IV jusqu'au fils aîné de Louis XVI, on ne comptait pas moins de cinquante-quatre Bourbons. Le premier prince inhumé à Saint-Denis fut un fils de Childéric et de Frédégonde. Mais il n'y a pas seulement des princes du sang royal sous ces nobles voûtes, plus d'une fois les souverains convièrent aux suprêmes honneurs de leur sépulture les grands hommes qui avaient servi la France en les servant eux-mêmes. — On y salue avec respect les monuments de Duguesclin et de Turenne.

Ces nobles serviteurs de la royauté qui l'avaient sauvée vivants, morts ne la défendirent point contre la profanation décrétée par Barrère, le 31 juillet 1793. — Ne nous arrêtons pas sur ces lugubres tableaux. — Comme toujours, la réaction se fit : en janvier 1817, on recueillit pieusement les ossements épars et on les replaça dans leurs tombes relevées. — Aujourd'hui, tant dans l'église supérieure que dans la crypte, on compte cent soixante-sept monuments funéraires. Les plus remarquables sont ceux de Louis XII et de sa femme, Anne de Bretagne, par Jean Juste; de Henri II et de Catherine de Médicis, par Germain Pilon; de François Ier et de Claude de France, une des œuvres architecturales les plus splendides de la Renaissance française. Commencé en 1552, sous la direction de Philibert Delorme, ce tombeau est dû à la collaboration des meilleurs artistes du temps. — Comme objet d'art vraiment remarquable, nous ne citerons dans la crypte souterraine que le tombeau des princes d'Orléans, exécuté par ordre de Louis XII, et décoré des admirables statues de Louis de France, duc d'Orléans, et de sa femme, Valentine de Milan.

Le riche trésor de Saint-Denis a été pillé comme les tombeaux. — On a fondu les croix d'or et les reliquaires d'argent, et de tant de merveilles et de tant d'opulence, il ne reste plus guère aujourd'hui qu'un souvenir et des regrets.

Bientôt, nous l'espérons, une intelligente restauration nous aura rendu, avec son ancienne splendeur, la magnifique basilique.

L'*abbaye de Saint-Denis* tient une grande place dans l'histoire de l'Église et dans l'histoire de France. Elle a compté soixante-treize abbés, dont quelques-uns furent de grands hommes. Elle atteignit son apogée sous Suger, régent du royaume, qui ne se contenta pas de l'enrichir et de l'embellir, ce qui eût contenté l'ambition d'un moine vulgaire, mais qui fit d'elle un centre de fortes études, où s'élaborèrent les plus précieux documents de notre histoire, connus sous le nom de *Grandes Chroniques de Saint-Denis*. Tous les rois s'étaient plu à combler de priviléges l'illustre corporation. Quelques-uns se firent gloire de chanter au lutrin avec ses religieux; plusieurs portèrent le titre d'abbés de Saint-Denis. — Mais, comme toutes les choses de ce monde, Saint-Denis arriva à son déclin. Après la mort du cardinal de Retz, Mme de Maintenon fit attribuer les cent mille livres de rentes

Nantes, lith. Charpentier Édit. – Paris, quai des Augustins, 55. Félix Benoist del. Eug. Cicéri & Pichot lith.

Abside et façade septentrionale

Nantes, Ch. Charpentier Edit. Paris, quai des Augustins 55 — 95 — Ph. Benoist del. & lith. Fig. par Bayot.

ÉGLISE DE L'ABBAYE DE St DENIS.

de Saint-Denis à sa maison de Saint-Cyr. Les moines se retirèrent à Saint-Maur. — *La maison de la Légion-d'Honneur* occupe aujourd'hui les bâtiments de la célèbre abbaye. Cette maison est une création de Napoléon Ier, qui voulut que toutes les jeunes filles, parentes de légionnaires, à qui leurs familles ne pouvaient donner une éducation convenable, fussent élevées aux frais de l'État. L'intention était excellente : c'est l'idée antique du Prytanée, appliquée aux besoins de la société moderne.

Enghien fait de son mieux pour consoler Paris de n'avoir ni Spa, ni Ems, ni Baden-Baden. Paris, en effet, regarde Enghien et se console ! Enghien, c'est une miniature de la Suisse : les montagnes ne sont pas hautes, mais avec quelle grâce onduleuse et souple leurs courbes s'arrondissent ! Le lac est petit, mais quels bords charmants, peuplés de Parisiennes en guise de nymphes ! De toutes parts on accourt à ce rendez-vous du plaisir, véritable lieu de délices. Pour peu que la hausse ait gonflé un portefeuille de quelques billets de mille, son heureux propriétaire veut avoir villa, cottage ou chalet sur la margelle fleurie, entre les saules qui pleurent et laissent tremper dans l'eau le bout de leurs chevelures pâles. Le *lac*, qui est le charme d'Enghien, mesure environ 35 ares de superficie ; sa profondeur varie de 1 à 4 mètres, avec crue possible de 70 centimètres ; sa longueur, du Sud au Nord, est de 1000 mètres, et sa largeur moyenne de 300 mètres. Autour de ce joli petit lac — un vrai saphir enchâssé dans l'émeraude — les promenades sont ravissantes. Le parc est délicieux, semé d'arbres, plein de fleurs : un gros bouquet dans lequel on vit. Ajoutez à tout cela des eaux dont les propriétés médicales sont estimées, que l'on emploie comme boisson, comme douches et comme bains, et vous comprendrez le succès de ce favori du monde fashionable.

Montmorency, le plus proche voisin d'Enghien, a une forêt qui couvre une partie de sa colline. Il a une belle vallée, toute remplie de souvenirs mondains ou littéraires, et où les échos semblent redire les noms de Jean-Jacques et de Mme d'Houdetot, de Grimm et de Mme d'Épinay, de Saint-Lambert, de la marquise de Boufflers et du maréchal de Luxembourg. Quand on a gravi la rampe d'ailleurs assez facile du côteau, on découvre un horizon immense dont Paris n'est qu'un point. La petite ville a fort bon air, sur le penchant de ses collines boisées, dominant toute la vallée souriante qui s'étend entre la forêt et les hauteurs de Sannois et de Cormeilles. Le beau château a été rasé. Il avait coûté plus de six millions : un chaudronnier l'acheta 103,000 francs et le mit en pièces. Montmorency fait de la dentelle toute la semaine et mange des cerises le dimanche ; la dentelle est commune : les cerises sont fort bonnes.

Chantilly doit sa gloire aux princes de Condé. Nous y trouvons, dès le IXe siècle, un véritable donjon, entouré de fossés et flanqué de tours. Au Xe siècle, nous voyons ce domaine dans la famille des comtes de Senlis ; au XIVe, il passe, par testament, à Guy de Laval, un Montmorency. Après la mort de Henri II, duc de Montmorency, décapité à Toulouse par ordre de Richelieu, — et en qui finissait la première branche ducale des Montmorency — Chantilly passa à Charlotte, sa sœur, épouse de Henri de Condé, père du grand Condé. C'est surtout à celui-ci qu'il faut rapporter la célébrité de Chantilly. Lenôtre dessina les jardins. Bientôt, les eaux de la Nonette et de la Thève se transformèrent en cascades ou en nappes limpides, baignant de vastes prairies. Après Versailles, Chantilly fut la plus somptueuse résidence de France ; c'étaient les délices de la cour : on briguait l'honneur d'être admis à ses fêtes. Les rois y dînaient, et tous les beaux esprits du royaume s'y donnaient rendez-vous. Le petit-fils du vainqueur de Rocroy, ministre de Louis XV, qui s'enrichit — beaucoup trop pour un prince — dans les agiotages de Law, accrut encore la splendeur de Chantilly. C'est lui qui fit bâtir ces fameuses écuries, les plus belles du monde : elles présentent une partie centrale, avec dôme élevé ; à droite et à gauche, deux ailes pouvant loger deux cent quarante chevaux. — 93 démolit le château des Condé. Les bâtiments que l'on habite aujourd'hui formaient l'ancienne capitainerie, du temps que Chantilly était aux Montmorency. Il possède une assez belle galerie de batailles, par Van der Meulen, et, dans la chapelle, un autel provenant d'Écouen, sculpté par Jean Goujon. Il faut visiter, dans le parc, le *Jardin Anglais*, la *tête du Canal*, avec sa cascade qui verse la Nonette dans un bassin de rochers ; enfin le *parc de Sylvie*, chanté par le poète Théophile de Viau, qui célébrait sous ce nom de Sylvie sa bienfaitrice la duchesse, femme de Henri, le décapité de Richelieu. La forêt de Chantilly, avec son rendez-vous de la *Table-Ronde*, ses longues allées, ses perspectives habilement ménagées, offrait une des plus belles chasses du royaume. Aujourd'hui, la *route du Connétable* ne voit plus guère passer que de paisibles voyageurs se rendant aux *étangs de Cormeilles* ou au *château de la Reine Blanche*.

Les *courses de Chantilly* réunissent deux fois par an, et pour trois jours à chaque fois — au printemps et à l'automne — tout le *sport* et toute la *fashion* parisienne. Le sol de la pelouse, à la fois moelleux et résistant, est le meilleur terrain de course que l'on connaisse. Aussi nos seigneurs du Jockey-Club l'ont-ils choisi pour y disputer le Derby français, et l'on y jette assez lestement sa fortune sous le sabot d'un cheval, le matin, et le soir sur un valet de carreau.

Tout le monde sait la fin déplorable des derniers Condé, ces princes enivrés d'héroïsme et d'amour : l'un tomba sous une balle, l'autre fut trouvé pendu à l'espagnolette de sa fenêtre. Chantilly passa au duc d'Aumale, qui voulait relever de ses ruines l'ancien château renversé. Le jeune prince a pris le chemin de l'exil ; son domaine a été vendu. Chantilly est aujourd'hui habité par l'ambassadeur d'Angleterre !

Argenteuil est une toute petite ville, mais où l'on se plaît, où l'on aime à vivre et que l'on ne peut plus quitter. Ce n'est pas seulement à cause du vin du crû : le Château-Laffitte a plus de bouquet; mais la ville est toute gracieuse, sur la rive droite de la Seine, au penchant de la colline sur laquelle mûrissent des figues savoureuses. Argenteuil est ancien. On y trouve, au VIIe siècle, un monastère de femmes : quatre cents ans plus tard, Héloïse en fut la supérieure. C'est là qu'elle tâcha d'éteindre l'inextinguible flamme qu'Abeilard avait allumée dans le cœur de la plus parfaite amante qui fût jamais. Ce monastère posséda longtemps une relique précieuse : la tunique de Jésus-Christ, cette robe sans couture dont parle l'Évangile et que les soldats tirèrent au sort, ne voulant point la déchirer.

Nanterre se rattache aux plus anciens souvenirs de la monarchie française. C'est à Nanterre que naquit, en 420, cette douce *Geneviève*, qui fut une sainte et que nous invoquons aujourd'hui encore comme la *patronne de Paris*. De la maison de son père, le Romain *Severus*, il ne reste plus que la cave et un puits fécond en miracles, où les pèlerins viennent boire. Sous l'ancien régime, la seigneurie et le prieuré de Nanterre appartenaient à la savante congrégation des Génovéfains, dont le collége élevait une grande partie de la noblesse. Aujourd'hui la patrie de Geneviève couronne une rosière; cela suffit à sa gloire.

Rueil n'a pas de monastère, mais il a une caserne grandiose composée de trois corps de logis, précédée d'une grande cour et fermée par une grille élégante. Son église est assez jolie, et son portail, don de Richelieu, avec deux statues par Sarrazin et ses colonnes d'ordre dorique et ionique, mérite qu'on s'arrête pour l'examiner. — Rueil possède une autre attraction : c'est le voisinage de la *Malmaison*, qui cacha le deuil de Joséphine et qui garde sa tombe. Dans le parc morcelé, on a bâti de nombreux cottages. Le château appartient à Marie-Christine d'Espagne, dont il est la résidence d'été. On vient d'inaugurer, dans l'église de Rueil, un monument consacré à la mémoire des femmes de la famille impériale.

Bougival, à moitié caché sous la feuillée de son bois, la tête sur sa colline et les pieds dans la Seine, voit chaque année une immigration de Parisiens animer sa solitude. On ne rencontre pas souvent un plus beau site : l'œil, de toutes parts, découvre un horizon enchanteur. L'église, petite, mais bien bâtie, a conservé dans son joli clocher et dans son abside le caractère du XIIe siècle. On y voit la tombe de Rennequin Sualem, inventeur de la machine de Marly.

Marly devait toute sa gloire à Louis XIV. De sa splendeur passée, il ne reste plus rien : la Révolution a tout détruit.

L'ancienne *machine de Marly*, élevée pour porter à Versailles les eaux de la Seine, avait été inventée par un charpentier qui ne savait pas lire; elle se composait d'un système de quatorze roues à palettes, faisant mouvoir soixante-quatre corps de pompes refoulant l'eau dans cinq tuyaux, jusqu'à deux puisards situés à mi-côte. — De ceux-ci, soixante-dix-neuf corps de pompes la faisaient monter au puisard supérieur; quatre-vingt-deux autres corps de pompes la pressaient encore dans ce puisard, et l'élevaient par six conduits à cent soixante-sept mètres au-dessus de la Seine, jusqu'au sommet d'une tour, d'où elle descendait par l'aqueduc de Marly, pour aller de là jusqu'à Versailles. Tout ce système compliqué est remplacé aujourd'hui par une machine à vapeur, et l'aqueduc, avec ses grandes briques rouge foncé, donne aux hauteurs qu'il domine l'aspect grandiose de la campagne romaine. — Voilà donc tout ce qui reste des millions de Louis XIV : un effet de perspective!

Le Pecq eut l'honneur d'étonner les Parisiens, la première fois qu'ils aperçurent les wagons marcher sans locomotives, et tout un convoi de voyageurs franchir la rampe ardue de la colline sans aucun moteur apparent. Et c'est là, en effet, un des prodiges de cette industrie moderne, si féconde en merveilles. Au Pecq, c'est-à-dire au pied de la colline sur laquelle est assis Saint-Germain, on dételle les chevaux essoufflés de la vapeur; on place le train au-dessus d'un tube ouvert dans toute sa longueur à sa partie supérieure par une fente étroite fermée hermétiquement par une lanière de cuir gras. C'est dans cette ouverture que glisse, avec frottement, une tige adaptée d'un bout au piston renfermé dans le tube, et de l'autre bout au premier wagon du train. Une machine à vapeur, au sommet de la montagne, fait le vide dans le tube, et le piston, chassé par la pression atmosphérique, entraîne le convoi. Celui-ci, comme aspiré par une poitrine gigantesque, monte ainsi jusqu'au bout cette rampe rapide. Il suffit, pour la descente, d'une courte traction imprimée au train au moyen d'une corde; son poids le précipite et l'on n'a plus besoin que du frein pour l'arrêter au point où l'attend la locomotive qui doit le ramener à Paris.

SAINT-GERMAIN-EN-LAYE. — Saint-Germain-en-Laye, plus qu'aucune des résidences de nos souverains, jouit de cette admirable perspective, fête éternelle des yeux, qui est un des plus grands charmes de la villégiature : de l'air, de l'espace, de la lumière!... Sa terrasse, construite en 1676 par Lenôtre, est une des plus belles promenades du monde. Sa longueur est de 2400 mètres, sur une largeur de 35. Elle a dans toute son étendue un mur de soutènement, avec cordon et tablette. Du haut de cette terrasse, beaucoup plus belle que celle de *Hampton-Court*, si vantée pourtant, l'œil découvre un panorama immense : la vaste plaine où le fleuve royal égare ses méandres, la forêt du Vésinet, des villages sans nombre, et, comme ceinture de l'horizon, la ligne bleuâtre qui flotte sur le Mont-Valérien, Montmartre et les côteaux de Montmorency; ajoutez, comme points brillants sur lesquels le regard s'arrête, Saint-Denis, les Invalides, l'arc de triomphe..... grandes choses et grand souvenir!

De tels avantages assurèrent de bonne heure une brillante clientèle à Saint-Germain. Dans les premières années du XIe siècle, Robert II fit construire un monastère et une église sur l'emplacement du château actuel; quelques temps après, il éleva un pavillon

Nantes, Ch. Charpentier Edit. – Paris, quai Conti, 5

Félix Benoist del. Jacottet lith. Fig. par A. Bayot.

à l'endroit où sont maintenant les *Loges*. La forêt portait alors le nom de *Lida, Lédia, Leia,* d'où nous avons fait Laye. Louis-le-Gros, dans le siècle suivant, se fit bâtir un château non loin du monastère, et ses successeurs vinrent souvent l'habiter. Château et monastère furent ravagés par les Anglais sous le Prince Noir. Charles V, en 1367, entreprit la réédification du château, que, deux siècles plus tard, François Ier eut la gloire d'achever. Mais François Ier, encore voisin des grandes luttes féodales, avait bâti une forteresse. Le vainqueur d'Arques et d'Ivry, le dompteur de la Ligue, voulut un palais, et fit bâtir sur l'escarpement de la colline, au-dessus de la Seine, ce qu'on appelle encore aujourd'hui le *Château-Neuf*. Henri IV et Louis XIII amenèrent souvent la cour à Saint-Germain, qui, grâce à eux, devint une ville. Louis XIV y vint souvent : il s'y plaisait et y dépensa près de sept millions. Mais quand la première flamme de jeunesse se fut éteinte, quand arrivèrent les pensées graves de la virilité, la flèche de Saint-Denis, « ce doigt silencieux levé vers le ciel, » que l'on apercevait toujours à l'horizon, rappelait une idée sombre à ce grand roi — qui pourtant sut mourir! — la flèche de Saint-Denis chassa Louis XIV de Saint-Germain, qui fut abandonné pour Versailles. — Après avoir abrité la mélancolie de Jacques II, renversé par une révolution du trône d'Angleterre, le château de Saint-Germain fut converti en caserne d'abord, puis en prison militaire.

Le château neuf a moins duré que l'ancien ; ses derniers débris furent balayés par le comte d'Artois, qui voulait le relever sur un nouveau plan : il n'eut pas le temps. Le vieux château couvre de sa masse de briques et de pierres une superficie de 1 hectare 55 ares ; son aspect ne manque pas d'une certaine grandeur sévère, mais il a subi tant de changements que l'on ne peut même retrouver la trace des anciennes appropriations. Il attend en ce moment une restauration complète, dont il a le plus grand besoin ; une reproduction exacte de sa principale façade nous dispense de le décrire.

Le jardin de François Ier, agrandi par Louis XIV, s'étend aujourd'hui depuis le chemin de fer jusqu'à la forêt, dont il a même envahi les limites; les fleurs ont fait reculer les arbres.

La forêt de Saint-Germain n'est pas la plus belle des forêts de la couronne; on n'y trouve pas les futaies séculaires de Fontainebleau. Ses arbres, qui sont pourtant d'une excellente essence, chênes, charmes, ormes et châtaigners, tombent dans une caducité précoce : on n'y rencontre guère de centenaires valides. Qu'est-ce, cependant, que cent années pour un chêne? La Seine enferme la forêt dans un de ses replis humides, et ne la laisse ouverte qu'entre Poissy et Saint-Germain ; sa superficie est de 4400 hectares, admirablement sillonnée d'avenues et de routes qui développent leurs circuits sur une longueur de près de 380 lieues. Le chemin de fer de Rouen la traverse en y décrivant une longue courbe. La forêt est peuplée de fauves ; le lapin y abonde. Nous n'y avons point vu de bêtes noires.

MAISONS-LAFFITTE. — Voici encore un paysage agreste, frais, baigné d'air pur et d'eaux vives, au milieu des vignes, des vergers et des fleurs : c'est Maisons! Maisons-Laffitte, comme on dit maintenant. Tout le monde sait l'histoire de ce magnifique domaine. Son château fut bâti par Mansard, dans la seconde moitié du XVIIe siècle, pour René de Longueil, surintendant des finances. Louis XV l'habita un instant avec sa cour ; le roi faillit même l'acheter pour Mme de Pompadour. Il passa aux mains du marquis de Soyecourt, puis à celles du président Maisons. Le président y reçut Voltaire ; c'est là que celui-ci écrivit *Marianne,* pièce oubliée. En 1778, l'élégant comte d'Artois acquit Maisons, où Louis XVI, Marie-Antoinette et les princes avaient chacun leur appartement. Aujourd'hui c'est M. Thomas, directeur du *Soleil,* qui couche dans la chambre du roi; elle est à lui, il l'a payée. Mais le domaine a été singulièrement amoindri par M. Laffitte, qui coupa le parc en morceaux ; la petite finance s'y est établie sous son patronage : elle y règne et y gouverne.

Au-dessus de Paris, si nous remontons le cours de la Seine, côtoyée par les deux grandes lignes de fer qui mènent à Orléans et à Lyon, nous rencontrerons encore, par delà les fortifications, quelques localités intéressantes.

IVRY est le premier village qui se présente à nous. Avec la colline qui le porte, il semble descendre doucement vers le fleuve. L'église, qui occupe la hauteur, a été rebâtie au XVe siècle ; mais elle a conservé des parties fort anciennes : ainsi la nef a gardé quatre piliers du XIIIe siècle. L'ensemble de l'église présente l'aspect le plus bizarre : le portail n'existe plus et l'on pénètre dans l'édifice par un transept, après avoir gravi un escalier de quarante-sept marches. Toutes ces singularités ne doivent pas nous empêcher de remarquer l'élégance générale de l'architecture. Le château, bâti au commencement du XVIIe siècle pour Claude Bosc du Bois, ancien prévôt des marchands, a compté au nombre de ses possesseurs le maréchal d'Uxelles et le marquis de Beringhem. La Révolution n'a pas manqué de le détruire ; il ne reste plus aujourd'hui que ses jardins à la française et de belles charmilles dignes de Versailles. C'est à Ivry qu'est mort le poète Parny, qui avait épousé la célèbre Mlle Contat ; tous deux y vécurent paisiblement leurs dernières années, en bons bourgeois honnêtement rentés.

ALFORT ne serait qu'un village sans importance s'il n'avait pas son École Vétérinaire, spécialité unique en France, et dont on doit l'établissement à Bourgelat, un homme de mérite et un homme de bien. L'école d'Alfort, depuis sa création, a été sans cesse accrue et développée par tous les gouvernements. L'école compte d'ordinaire environ deux cent cinquante élèves, auxquels on donne une excellente éducation pratique. Un hôpital d'animaux avait sa place marquée près de l'École Vétérinaire. Alfort comprend donc un établissement où les chiens délicats et les chevaux malades sont soignés par les élèves, sous la direction et avec les conseils de leurs maîtres.

CHARENTON éveille à l'esprit, par le seul bruit de son nom, de lugubres souvenirs : c'est là qu'on enferme les victimes de la plus triste des infirmités humaines, ceux dont la raison éteinte n'a plus assez de lumière pour éclairer leur vie. Un contrôleur des guerres, Sébastien Leblanc, avait donné aux frères de la Charité une maison et quelques vignes à l'entour, pour former un hôpital de douze lits, plus spécialement destiné aux aliénés. Cette maison prit bientôt un accroissement inespéré ; un jour elle a quitté les bords de la Marne, où on l'avait placée, et elle a couronné de ses toits à l'italienne les sommets inégaux de la colline. Dirigé par une pensée à la fois religieuse et philanthropique, l'établissement de Charenton adoucit du moins les souffrances qu'il ne peut guérir.

Le nom administratif de Charenton est Charenton-le-Pont. Son origine est antérieure à celle de la monarchie, et le premier pont jeté à cet endroit sur la rivière fut un pont romain. Comme point stratégique, le pont de Charenton est d'une importance incontestable, et plus d'une fois on s'est battu dessus et à côté. En 865, nous le voyons rompu par les Normands; en 1358, c'est Charles V, alors Dauphin et duc de Normandie, qui s'en empare ; les Anglais le prirent, le reprirent et l'arrosèrent vingt fois de leur sang ; en 1567, les calvinistes l'enlevèrent aux catholiques, et en 1590, Henri IV, à la Ligue ; enfin, car nous ne saurions tout dire, le prince de Schwarzenberg rencontra à la tête du pont les élèves d'Alfort, qui déployèrent pour sa défense une brillante mais inutile valeur.

C'est tout près de Charenton, sur la lisière du bois de Vincennes, que s'élèvent les vastes et belles constructions de l'Asile Impérial ouvert aux ouvriers convalescents, magnifique établissement charitable fondé par l'Empereur et dont l'inauguration a eu lieu le 31 août 1857.

VINCENNES. — Le bois de Vincennes est, à l'Est de Paris, ce que le bois de Boulogne est à l'Ouest : le second panache de vertes ramures flottant au front de la grande ville. Comme les deux quartiers auxquels ils correspondent, l'un est aussi populaire que l'autre est aristocratique. Celui-ci voit passer les calèches armoriées du faubourg Saint-Germain, celui-là les tapissières de la rue Saint-Antoine. Mais la même pensée active, intelligente, qui a créé les merveilles du bois de Boulogne, veut aussi enfanter des prodiges à Vincennes. De grandes allées promènent leurs courbes à travers les massifs; on dispose des plantations nouvelles; des canaux habilement détournés imitent les méandres du *Serpentine River*, et aboutissent au réservoir commun d'un grand lac artificiel, creusé au milieu même du bois, tandis que des chalets, construits sur d'élégants modèles, forment tout à la fois village rustique et point de vue. Désormais le quartier du travail aura son parc, comme celui de l'opulence et des loisirs dorés.

Louis VI n'avait trouvé à Vincennes qu'un bois assez mal tenu et entouré de misérables fossés; il fit élever des murs du côté de Paris. Philippe-Auguste continua les travaux de clôture et peupla le bois de cerfs, de daims et de chevreuils. Saint Louis, qui attacha à Vincennes son souvenir impérissable, fit élever les murailles qui longent la Marne. On a longtemps montré le chêne sous lequel il rendait la justice. Sous Louis IX, le bois n'avait que 50 arpents; Philippe-le-Hardy en ajouta 400 autres. Il taillait en plein champ. En 1671, le bois était complet; il fut totalement enclos. Louis XV y fit faire des défrichements et des plantations considérables.

Notre époque utilitaire a été fatale aux ombrages de Vincennes; le rail-way a sillonné ses fourrés épais, dont il a chassé la solitude; de son côté, le génie militaire a bien fauché la moitié du bois. Il a remplacé les chênes de saint Louis par un polygone, une salle d'artifice, un corps-de-garde, une école de pyrotechnie, un fort et deux redoutes !

Le *château de Vincennes* est beaucoup plus célèbre que le bois lui-même. Au début des temps historiques, nous trouvons dans ce lieu un collége consacré au dieu Sylvain, rétabli par deux curateurs romains, Magnus Cryptarius et Marcus-Aurélius, affranchi d'Auguste. Nos premiers rois y vinrent souvent chasser; ils y avaient élevé des constructions que Louis VII fit raser pour y construire une résidence, qui fut, à son tour, démolie par Philippe-Auguste. C'est ce prince qui jeta les fondements du château actuel. Les tours furent terminées par Philippe de Valois. — Les fossés et les remparts par Charles V. — Les plans des deux pavillons du roi et de la reine sont dus à Catherine; leur construction, à Marie de Médicis. Ces bâtiments furent ornés, du côté de la cour, de pilastres d'ordre toscan et dorique, avec attique. En 1793, le pavillon du roi fut transformé en caserne; celui de la reine sert aux différentes écoles régimentaires.

Le château de Vincennes, tel qu'il est aujourd'hui, présente la figure d'un rectangle, mesurant 382 mètres sur les grands côtés et 224 sur les petits. On l'a flanqué de neuf tours, toutes adjacentes au mur d'enceinte. Toutes ces tours, qui avaient jadis 31 mètres 60 centimètres de hauteur, à l'exception de la tour principale qui mesurait, jusqu'à la plate-forme, 34 mètres 56 centimètres, furent arasées de 1808 à 1810 au niveau du mur d'enceinte : elles ne jouent plus aujourd'hui que le simple rôle de bastions, ce qui est bien humiliant pour des tours.

Le *château* de Vincennes a eu les destinées les plus diverses. Ce fut longtemps le séjour favori de nos rois : saint Louis y reçut

Intérieur de la Cour

la couronne d'épines; Louis X y mourut; Philippe V et Charles IV y vécurent; Charles V y naquit; Louis XI en fit une prison d'État, ce qu'il faisait assez volontiers de tous ses châteaux; Charles IX s'y retira plusieurs fois; Henri III y venait souvent, et Henri IV le reprit aux ligueurs. On voit à quel point il se trouve mêlé à l'histoire et à la vie de nos princes. Louis XIII et Louis XIV y vinrent en partie de chasse, mais n'y demeurèrent point.

C'est dans le *donjon*, entouré d'un fossé indépendant de celui du château, que l'on enfermait les prisonniers politiques. Nous citerons parmi les principaux : Enguerrand de Marigny, le roi de Navarre, le duc d'Alençon, le duc et le chevalier de Vendôme, fils naturel de Henri IV, le prince de Condé, le maréchal d'Ornano, le cardinal de Retz, le prince de Conti, le duc de Longueville, Fouquet, Latude, Diderot et Mirabeau, sous l'ancien régime; Ferdinand VII, roi d'Espagne, et Palafox, sous l'Empire; MM. de Polignac, de Peyronnet, Guernon-Ranville et de Chantelauze, tous quatre ministres de Charles X, en 1830; enfin, MM. Barbès et Blanqui, en 1848!

C'est en visitant le donjon de Vincennes que Cromwel prononça ce mot, devenu historique : « Il ne faut toucher les princes qu'à la tête! » Le protecteur pratiquait ses maximes : Charles Ier s'en aperçut.

Quand Vincennes eut cessé d'être une résidence royale, — vers le milieu du XVIIIe siècle, — on s'efforça de lui donner une destination utilitaire. C'est ainsi que l'on en fit d'abord une fabrique de porcelaine, transportée depuis à Sèvres; une École Militaire, transférée depuis à Paris; enfin une fabrique d'armes qui n'existe plus. On voit que tous ces essais réussissaient assez mal.

On le mit en vente en 1788, mais il ne se trouva pas d'acquéreur. Napoléon, en 1808, eut l'idée — qui sauva le château — d'en faire, pour ainsi dire, le grand arsenal de la France. On y fit tous les travaux nécessaires pour garder en toute sécurité un approvisionnement considérable de poudre, d'armes et de projectiles de toutes sortes. En 1812, on bâtit la flèche en maçonnerie crénelée et percée de meurtrières qui défend l'entrée du château; en 1819, on y construisit la *salle d'Armes*, où l'on a disposé dans un ordre admirable un immense matériel d'armes. De 1832 à 1852, on a continué les travaux. Sous Louis-Philippe, on a flanqué, à l'Est, le vieux château d'un fort neuf qui fait partie du système de forts détachés destinés à protéger l'enceinte continue.

La *chapelle* de Vincennes a été construite en grande partie au XIVe siècle, à l'imitation de la Sainte-Chapelle de Paris. Charles V en jeta les fondements en 1379, et on n'y célébra la première messe que le 18 août 1552, en présence de Henri II, qui l'avait terminée. On avait élevé au milieu de la nef un trône qui fut détruit en 1792, et sur lequel s'asseyaient les rois de France pour recevoir les chevaliers de l'ordre de Saint-Michel, qui fut transféré du Mont-Saint-Michel à Vincennes. La chapelle est d'un style ogival très-distingué; les voûtes sont légères et soutenues à leurs tombées par de beaux groupes de sculptures. Les vitraux qui, par malheur, n'ont pas tous échappé au vandalisme de 93, furent peints par Jean Cousin, et ils ont conservé leur fraîcheur et leur éclat. On peut regretter, au milieu des allégories et des symboles religieux, de retrouver un peu trop souvent les attributs de la Diane antique et le chiffre amoureux de cette autre Diane qui ne fit pas dévorer par ses chiens son Actéon couronné; l'H et le D s'enlacent plus convenablement dans les châteaux des princes galants que dans un temple où tout doit respirer l'incorruptible chasteté des vertus chrétiennes : la rose mystique et le lys sans tache. Nous ne saurions quitter le château de Vincennes sans rappeler la sanglante tragédie dont le prince de Condé fut le héros et la victime, et qui vous revient à la mémoire quand vous passez le long des grands murs sombres, ou quand vous visitez son tombeau placé dans une dépendance de la chapelle.

On connaît l'héroïque défense de Vincennes par Daumesnil, *la Jambe de Bois*, qui se battait comme un lion en faisant des mots à l'antique : — Rendez-nous la citadelle. — Quand vous m'aurez rendu ma jambe! — Nous allons vous faire sauter! — Nous sauterons ensemble! Et il montrait le magasin aux poudres. Voilà la vertu française, faite de courage, d'insouciance et de gaîté!

Du long et maussade village de Vincennes, je n'ai rien à dire, sinon qu'il est beaucoup plus cher au soldat qu'au bourgeois; le militaire le recherche et le *pékin* l'évite. Ce fut jadis la basse-cour de Charles VI : c'est aujourd'hui une agglomération de guinguettes, de bosquets de Paphos et de bals d'Idalie, où l'artilleur aux mains noires vient dépenser les économies de sa haute-paie et les dangereux loisirs de la permission de dix heures.

SAINT-MAUR est fier, à juste titre, de son site et de ses souvenirs : le site est agréable et le village s'étend sur la rive droite de la Marne, avec une coquetterie qui n'est pas sans grâce. On a dit, avec plus d'imagination que de sens critique, que Jules-César avait construit une forteresse à Saint-Maur; le fait est controuvé. Ce qui ne l'est pas, c'est le massacre de chrétiens par les Huns, à la suite d'Attila, sur les bords de la Marne, en 451. La terre qui avait bu leur sang fut sacrée, et, au siècle suivant, un monastère fut bâti sur le sol qui les avait vus mourir. Au Xe siècle nous trouvons à Saint-Maur les religieux de l'ordre de Cluny, qui jouirent, pendant tout le moyen-âge, d'une haute réputation de sainteté. Saint Maur fit des miracles. On disait dans son église une certaine messe nocturne pendant laquelle des désordres graves eurent lieu plus d'une fois et que l'archevêque de Paris, M. de Vintimille, finit par interdire. Vers le milieu du XVIIIe siècle, le dernier chapitre de Saint-Maur fut transféré à Paris et réuni à celui de Saint-Louis du Louvre. Saint-Maur se trouve sur l'isthme d'une presqu'île que forme la Marne en faisant un circuit de 25 kilomètres environ. Pour faciliter la navigation, Napoléon Ier y fit creuser un canal souterrain sur une longueur de 600 mètres et à découvert sur une largeur de 500 mètres. Ce canal, qui réunit les deux bassins de la rivière, a été commencé en 1809 et terminé en 1825; il a coûté 1,760,000 francs.

Bondy n'aurait pas même droit à une mention, sans la forêt qui touche à ce village et dont la terrible réputation est devenue proverbiale. C'est dans la forêt de Bondy que Childéric II fut assassiné par un seigneur qu'il avait fait fouetter jusqu'au sang. Depuis lors, plusieurs vols à main armée s'y commirent et personne ne se crut plus en sûreté dans la forêt de Bondy. Aujourd'hui si l'on évite encore avec soin la forêt de Bondy, ce n'est pas qu'il y ait du danger pour la vie ni même pour la bourse; mais c'est que l'organe olfactif y est horriblement affecté par le dépôt immonde qu'elle cache dans son sein et dont Montfaucon, trop voisin de Paris, lui a heureusement cédé le privilége.

Le Raincy, sur les bords mêmes de la forêt, morcelé par la bande noire, va peupler d'une colonie de bourgeois paisibles les abords jadis si redoutés de cette forêt.

Arcueil, un des plus jolis villages de la jolie vallée de la Bièvre, doit son nom aux arches d'un aqueduc romain, construit par ce Julien l'Apostat qui a tant fait pour les Gaules. L'aqueduc d'Arcueil prenait une eau fraîche et pure à la source de Rungis, et l'amenait au palais des Thermes, dont la rue de La Harpe conserve précieusement les derniers débris. Il reste encore deux arches de l'aqueduc de Julien. L'aqueduc moderne a été construit par de Brosse, sur l'ordre de Marie de Médicis, qui voulait amener les eaux de Rungis au Luxembourg. Cet aqueduc, qui traverse tout le vallon de la Bièvre, est d'un joli effet architectural; sa corniche est décorée de modillons et surmontée d'un attique. Comparé aux ouvrages romains de ce genre, l'aqueduc est petit: il mesure seulement 400 mètres de longueur sur 24 d'élévation. Sa muraille épaisse est soutenue de chaque côté par des contreforts, entre lesquels s'espacent vingt-quatre arcades; huit seulement sont à jour, et deux d'entre elles laissent passer la Bièvre entre leurs bases. Louis XIII, enfant, avait posé la première pierre de cet aqueduc.

L'église d'Arcueil, classée aujourd'hui parmi les monuments historiques de France, est un échantillon précieux de l'art ogival à sa plus pure période : j'ai nommé le XIIIe siècle. Les agrandissements du XVe ne l'ont pas trop défigurée.

Arcueil, dont les marécages voisins ont un peu détourné la foule, eut autrefois une société fort intelligente. Sans remonter jusqu'à Jodelle, un des pères de notre théâtre, qui reçut plus d'une fois dans sa maison le grand lyrique Ronsard, à une époque plus rapprochée de nous, Laplace et Berthollet réunirent autour d'eux des hommes éminents dans les sciences physiques. La *Société d'Arcueil* a laissé plusieurs volumes de mémoires. Les poëtes et les savants sont remplacés aujourd'hui par des carriers, des maraîchers et des pépiniéristes!

Fontenay-aux-Roses occupe un des plus beaux sites qui se puissent souhaiter: moitié sur le sommet et moitié sur le penchant d'un côteau; tout à l'entour, de charmants paysages. Aussi Fontenay est-il l'habituel rendez-vous de ceux qui, comme le pigeon de La Fontaine, ne veulent pas voyager en lointain pays. On y trouve une foule d'habitations délicieuses et les sentiers les plus frais du monde et les plus parfumés: Fontenay, c'est Fontenay-aux-Roses! Disons cependant, pour être tout-à-fait vrai, que l'on ne voit plus guère de roses à Fontenay que dans les jardins. A l'exception de deux ou trois propriétaires, qui s'attardent encore dans les anciens usages, les gens de Fontenay aiment mieux cultiver, dans leurs champs, la violette et la fraise: la violette, douce senteur; la fraise, vif et suave arôme qui flatte deux sens à la fois. Ajoutez que les jeunes filles de Fontenay portent leurs paniers et leurs corbeilles avec je ne sais quelle élégance qui rappelle, d'un peu loin peut-être, mais qui rappelle les canéphores athéniennes. — Colbert, déjà propriétaire de la terre de Sceaux, acheta en 1675 la seigneurie de Fontenay, qui passa un peu plus tard au duc du Maine. Scarron écrivit à Fontenay plus d'une page du *Roman Comique*, et l'abbé de Chaulieu, un poëte charmant, en célébra les délices.

Bourg-la-Reine a aussi de vastes et beaux jardins, mais il n'a pas la poésie de Fontenay : il a plus de souvenirs historiques. Quand Édouard III, roi d'Angleterre, maître de la personne du roi Jean, voulut prendre Paris, il s'établit à Bourg-la-Reine, d'où la disette le chassa bientôt. On s'y battit plus d'une fois pendant les guerres de religion. Louis XV y entrevit (mars 1722) la jeune infante d'Espagne, qu'il devait épouser..... et qu'il n'épousa pas. Enfin, Condorcet s'y empoisonna pour éviter le jugement de la Terreur; c'est-à-dire qu'il se tua par crainte de la mort: était-ce bien la peine d'être philosophe?

Antony n'a guère qu'une rue, et cette rue est une route: la route de Paris à Orléans, à demi ruinée par la redoutable concurrence du chemin de fer. Antony appartenait, au IXe siècle, à l'abbaye de *Saint-Germain-des-Prés*. C'est à peu près tout ce que l'histoire nous en apprend.

Verrières possède une des plus magnifiques allées de peupliers qui soient en France. Ces beaux arbres au port majestueux, à la taille élégante, qui ploie sous le vent, conduisent, par une promenade d'un kilomètre, jusqu'au château de *Mignaux*, propriété du duc de Cambacérès. Verrières possède aussi un bois, qui n'est qu'un *buisson* — et c'est le nom qu'on lui donne. — Il ne faut pas une heure pour le traverser. Ce n'en est pas moins une très-jolie promenade, et des plus fréquentées. On en fait le tour par une route qu'on appelle le *Cordon*, et de laquelle on découvre de délicieuses perspectives sur la vallée de la *Bièvre*.

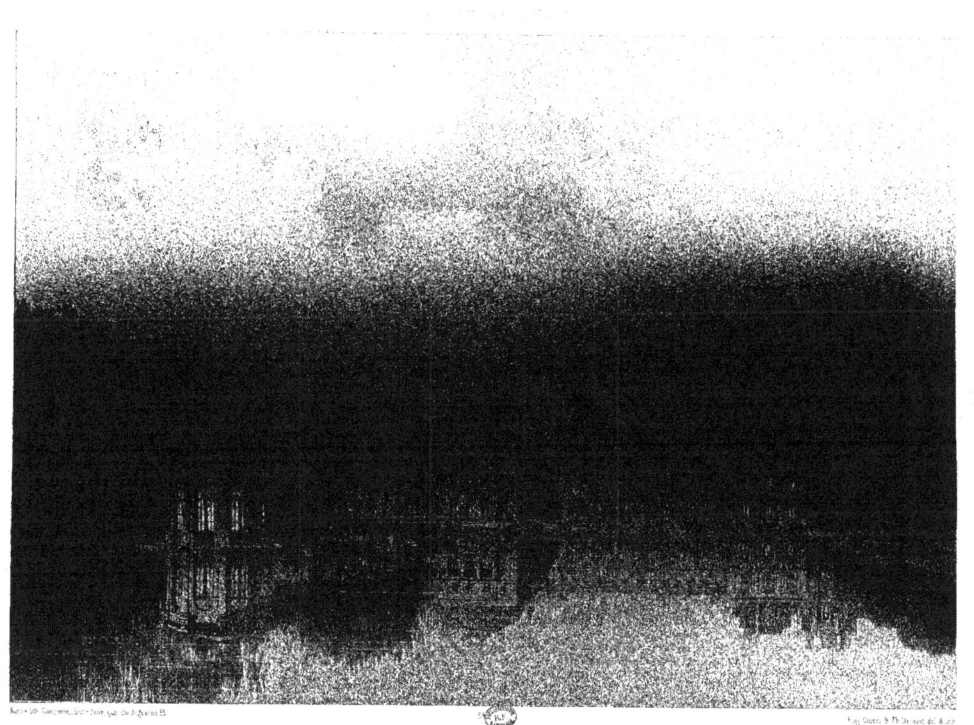

CHÂTEAU DE FONTAINEBLEAU.

Cour de la Fontaine et Étang aux Carpes

Cour principale ou Cour des adieux

Bièvre, village de neuf cents habitants, embarrasse beaucoup les étymologistes. On se demande si c'est la rivière qui a donné son nom au village, ou le village à la rivière. La question n'est pas encore décidée, non plus que celle encore plus grave de savoir ce que veut dire ce nom de Bièvre. Le *Bievriana*, du marquis de Bièvre, ne nous apporte aucune lumière; nous sommes condamnés au doute perpétuel sur cet important sujet. Bièvre possédait encore, il y a quelque vingt ans, un fort beau château dont il ne reste plus une pierre : on laboure sur l'emplacement de ses murailles. — *Et campos ubi Troja fuit!* — C'est près de Bièvre que se trouvait jadis la célèbre *Abbaye-aux-Bois*, fondée au XIIe siècle pour des Bénédictines, connue aussi sous le nom de *Notre-Dame-des-Ardents*.

Robinson mêle à ces souvenirs sérieux les éclats de sa gaîté populaire. Robinson, jusqu'à ces dernières années, fut une promenade pleine de recueillement, de silence et de mystères : on aimait l'ombre séculaire de ses grands châtaigners. Le propriétaire, un homme positif, eut l'idée d'en faire du bois à brûler. On y mit la cognée. Quelques-uns cependant échappèrent au massacre, un industriel les acheta et logea dans leur branches des cabinets particuliers; les dineurs y juchent à leur aise, et les parties fines nichent au printemps dans les rameaux. Crusoé, patron du village, a son temple sur la hauteur, d'où l'œil plonge dans les ravins de la *Vallée-aux-Loups*, encore habitée par le grand souvenir de Châteaubriand, et se reporte bientôt sur l'horizon immense.

SCEAUX. — Le chemin de fer qui conduit de Paris à Sceaux est très-curieux. Il a été construit pour expérimenter un système nouveau, inventé par M. Arnoux, et que l'on appelle le système des trains articulés. Sur les lignes ordinaires, le petit rayon des courbes est de 800 mètres : sur le chemin de Sceaux, on est arrivé à des courbes dont le rayon varie de 25 à 200 mètres, et le train parcourt celles de ces courbes dont le rayon est le moindre avec la même rapidité que les courbes ordinaires. On conçoit tous les avantages d'un pareil système, qui permet de franchir les côtes les plus ardues, en en *tournant* — jamais le mot en fut plus juste — toutes les difficultés. Avec ce système, plus de plaques à rotation, ni d'aiguilles, ni de croisements de rails. Sous la main du conducteur, la locomotive s'infléchit et pivote, comme le cheval assoupli aux volontés du cavalier, et le convoi déroule ses sinuosités onduleuses, pareil à un long serpent qui réunirait sa tête et sa queue.

C'est au XIIe siècle que Sceaux apparaît pour la première fois dans l'histoire. Les chartes du temps l'appellent *Cellæ*, autrement dit les *Petites-Maisons*. Son premier château fut bâti par Louis Potier de Gesvres. Colbert l'acheta, fit place nette, et pour avoir une résidence digne de sa grandeur nouvelle, chargea Perrault des édifices, et Lenôtre des jardins, Lebrun de la peinture, Puget et Girardon de la sculpture. Les aqueducs amenèrent dans le parc les eaux d'Aulnay, des Vaux-Robert et de l'étang du Plessis-Picquet. Colbert, parvenu de génie, mérita sa fortune par la façon dont il en usa. Quand il pouvait se retirer à Sceaux, c'était pour y vivre au milieu des gens de lettres et des artistes dont il était le protecteur et l'ami. Le marquis de Seignelay, fils de Colbert, eut d'autres goûts; il abandonna Sceaux, qui redevint une solitude. Mais en 1700, le bâtard légitimé de Louis XIV et de Mme de Montespan, se rendit acquéreur de ce beau domaine. — Avec sa femme, une petite-fille du grand Condé, il y tint une cour brillante où l'on goûta tous les plaisirs — même ceux de l'esprit. C'était chaque jour, chaque nuit, de nouvelles parties et de nouvelles fêtes; on jouait la comédie de société, on figurait dans des ballets, on inventait toutes sortes de travestissements, et même, de temps en temps, on conspirait un peu. On conspira si bien que le régent fit enfermer la duchesse dans la citadelle de Dijon, et le duc dans le château de Dourlans. Ils demeurèrent chacun une année dans leur prison respective, après quoi ils revinrent à Sceaux, où ils vécurent dans la société des esprits les plus distingués de leur époque : Voltaire, Fontenelle, Lamotte, Chaulieu, et d'autres astres de la même pléïade. Des enfants du duc du Maine, éteints sans postérité, Sceaux passa au vertueux duc de Penthièvre, qui le donna à sa fille la duchesse d'Orléans. Bientôt la Convention le mit sous le séquestre. C'est dans son parc que l'on célébra les fêtes patriotiques de la Liberté, de la Vieillesse et de l'Agriculture. Le domaine fut mis en vente en 1798; on abattit le parc et l'on démolit le château. Par bonheur, on avait pu sauver de la démolition quelques chefs-d'œuvre de sculpture, l'Hercule gaulois, de Puget, la statue de Diane, les Lutteurs, l'Antinoüs. Les peintures de Lebrun furent anéanties. De l'antique domaine, il ne reste plus aujourd'hui que la partie du parc appelée autrefois *la Ménagerie*, et où se donne tous les étés ce bal de Sceaux, qui fut célèbre un moment et qui est toujours fréquenté. Balzac a intitulé *le Bal de Sceaux* une de ses plus fines études de mœurs parisiennes.

L'église de Sceaux, qui se trouve tout près de la station du chemin de fer, possède une des plus belles œuvres de la sculpture française, le *Baptême de Jésus-Christ*, magnifique groupe en marbre, de Puget. — Sceaux a un cimetière au nom poétique: on l'appelle le *cimetière des Acacias*. C'est là que Florian dort son sommeil de fidèle berger.

FONTAINEBLEAU. — Nous ne saurions clore cette série de promenades autour de Paris, sans pousser jusqu'à Fontainebleau notre dernière excursion. Fontainebleau est depuis longtemps une promenade chère aux Parisiens; c'est un goût qui se comprend et se partage aisément. Après Versailles, en effet, Fontainebleau est la première des résidences souveraines de ce pays.

Fontainebleau se trouve mêlé aux grands souvenirs de notre histoire; il a résumé l'éclat d'une des plus brillantes époques de la monarchie, et la nature, si prodigue qu'elle ait été pour lui, est encore vaincue par l'art déployé pour l'embellir.

Le vrai Fontainebleau, celui que nous aimons et que nous admirons, est une création de François Ier. François Ier fut le Louis XIV de ce Versailles des Valois; comme Versailles, auquel nous pourrons le comparer plus d'une fois, il eut une influence décisive sur son époque, donna son cachet à son siècle et transforma la France.

On ne connaît pas la véritable étymologie du nom de Fontainebleau; les savants disputent: la question ne sera jamais résolue. On ne connaît pas beaucoup mieux son origine, généralement attribuée cependant au roi Robert, fils de Hugues Capet. Sous Louis-le-Jeune, qui l'habite avec sa cour, il a déjà une apparence imposante : c'est un manoir féodal, avec donjon, tours et fossés. Après des fortunes diverses, les séjours irréguliers, intermittents, de Philippe-Auguste, de Louis IX, de Charles V, de Charles VI et de Charles VII, et l'abandon de Louis XI, de Charles VIII et de Louis XII, François Ier s'éprit de Fontainebleau avec la vive ardeur qu'il apportait à toute chose, et, pour complaire aux nobles instincts de sa race, il groupa autour de lui tous les grands noms de l'art français et italien, prodigua l'or et la faveur, et bientôt on vit sortir de terre un palais qui fut un musée.

Un détail donnera une idée suffisante de l'importance et de l'étendue des bâtiments : la seule toiture présente une superficie de 60,000 mètres carrés. Par malheur, ce grand ensemble, loin de présenter de l'unité et de l'harmonie, ne se compose que d'un amas confus de parties disparates dans leur genre. On peut cependant distinguer deux groupes principaux, réunis par une galerie appelée *galerie de François Ier*. François Ier a du reste rasé ou renouvelé toutes les constructions antérieures, et l'on peut dire, sans aucune exagération, que le château date de lui. Ses successeurs ont achevé la tâche : Henri II, Catherine de Médicis, Henri IV, Louis XIII ont laissé partout de nobles traces de leur passage, que retrouvera le visiteur. Louis XIV n'y fit rien — ou presque rien ; — il avait Versailles. Mais Louis XV, Louis XVI, Napoléon Ier, Louis XVIII, Louis-Philippe et Napoléon III ont tenu à honneur de continuer et de terminer la grande œuvre du plus illustre des Valois.

On conçoit que nous ne puissions donner de cette réunion de palais qu'une description rapide et toute sommaire : les détails de Fontainebleau demanderaient plusieurs volumes. On compte cinq cours principales. La première et la plus grande, dans laquelle on pénètre par la grille d'honneur, s'appelle la *cour du Cheval-Blanc*. Ce nom lui vint du cheval en plâtre moulé à Rome par Vignole, pour Catherine de Médicis, sur la statue équestre de Marc-Aurèle, et placé au milieu de cette cour, jusqu'en 1626. Cette cour, dans laquelle Napoléon prit congé de son armée en 1814, s'appelle aussi la *cour des Adieux*. Au fond de la cour des Adieux, on aperçoit la façade principale du château, composée de cinq pavillons aux toits aigus; ils ont chacun deux étages et sont reliés entr'eux par des corps de bâtiments qui n'en ont qu'un. C'est dans le pavillon central que se trouve le fameux escalier *en fer en cheval*, exécuté par Lemercier sous Louis XIII. François Ier avait destiné cette cour aux carrousels et aux fêtes brillantes. La *cour de la Fontaine*, au fond de laquelle on aperçoit la galerie de François Ier, tire son nom de la fontaine qui la décore. La *cour ovale*, dans le style de la Renaissance, possède un beau péristyle à deux étages et une façade grandiose avec belle colonnade; on y pénètre par une porte charmante appelée Porte-Dauphine ou du Baptistère. La *cour des Officiers*, ou de Henri IV, a sur la place d'Armes une entrée monumentale. Plus petite que les autres, la *cour des Princes* a aussi moins de caractère.

Essayons maintenant de pénétrer dans l'intérieur du château. Le visiteur est conduit tout d'abord dans la *chapelle* de la Sainte-Trinité, décorée dans le style de la Renaissance avec de belles peintures par Fréminet. L'autel, qui date de Louis XIII, est de l'Italien Bordogni; il faut remarquer ses jolies colonnes de brèche violette.

En quittant la chapelle, on monte au premier étage et l'on entre dans le *vestibule du Fer à Cheval*, où se trouvent six portes magnifiques, sculptées dans le chêne massif. Une de ces portes s'ouvre sur la *galerie des Fresques*, restaurée par M. Alaux. On la nomme aussi *galerie des Assiettes*, à cause d'une décoration bizarre imaginée par Louis-Philippe, qui a fait enchâsser dans ses panneaux, avec un goût plus bourgeois que royal, des assiettes peintes, en porcelaine de Sèvres, représentant les diverses résidences souveraines de la France.

On visite ensuite les appartements des reines-mères et du pape Pie VII, qui ont des meubles anciens, de belles tapisseries et des bronzes artistiques. Les appartements de Napoléon Ier, adossés à la galerie de François Ier, n'ont rien de remarquable. On n'y trouve plus la fameuse table sur laquelle le vaincu de la coalition européenne signa l'acte d'abdication qui mit fin au premier Empire; elle a été réunie aux autres objets qui composent le musée des souverains au Louvre.

La *salle du Conseil*, une des plus élégantes du château, a été construite sous François Ier et restaurée sous Henri IV. Sa décoration, à laquelle on travailla sous Louis XIV, date véritablement de Louis XV ; elle est exquise, et l'on peut dire que c'est là le chef-d'œuvre de Boucher. Jamais ce talent flexible et léger n'eut plus de charme et d'esprit : fleurs, grâces et amours sont prodigués par cette main — un peu trop mythologique — qui donna toujours, sans compter jamais. Louis-Philippe avait fait de la salle du Conseil son salon de famille. Elle se termine en hémicycle par les deux fenêtres qui prennent vue sur le délicieux jardin de l'Orangerie.

La *salle du Trône* fut construite par Charles IX, décorée par Louis XIII, agrandie par Louis XIV. C'est sous son règne qu'on y plaça le trône. La cheminée et le plafond sont deux merveilles. Le lustre est un pur cristal de roche, dont les prismes décomposent la lumière en rayons multicolores.

Le *cabinet des Empereurs* se trouvait tout à côté. Marie-Antoinette en fit son boudoir. Les panneaux à fond d'or vert, ont reçu d'élégantes peintures; les dessus de porte représentent les Muses, et le plafond la jeune Aurore, par le meilleur élève de Boucher, Barthélemy. On trouve ensuite la chambre à coucher de la reine et deux salons, et l'on arrive à la *galerie de Diane*, élevée par ordre de Henri IV et qui n'a pas moins de 80 mètres de long. Ambroise Dubois y avait peint la vie et les aventures de Diane, en prenant pour modèle cette charmante Gabrielle qui n'eut pas toujours la chasteté de la déesse. Les anciennes peintures, aujourd'hui détruites, ont été remplacées par des compositions modernes, que l'on trouve généralement médiocres et froides. Notre siècle n'est plus à la mythologie.

De la galerie de Diane, on peut, en laissant à gauche la cour des Princes et les salles qui l'entourent, passer dans les grands appartements, où l'on remarquera tout d'abord le *salon des Tapisseries*, puis le *salon de François Ier*. Ce dernier, orné d'assez belles peintures, possède une cheminée magnifique et que l'on peut regarder comme un précieux spécimen de ces belles cheminées de la Renaissance, qu'aucune époque n'a jamais égalée dans ce genre. On a encadré au milieu un délicieux médaillon peint à fresque par le Primatice, et représentant Mars et Vénus. — Le *salon de Louis XIII*, où ce prince naquit, est une construction de François Ier, embellie par Henri IV.

Nous passons rapidement à travers le *salon de Saint-Louis*, la *salle des Gardes*, le *salon de Louis XV* et l'*appartement de Mme de Maintenon*, pour entrer dans la *galerie de Henri II*, qu'on appelle aussi la *salle des Fêtes*. La galerie de Henri II est la pièce la plus magnifique que nous ait laissée la Renaissance : c'est le dernier mot de son luxe et de son art. Son plafond, en bois de noyer, est à caissons peints et sculptés, auxquels correspondent les dessins du parquet. Jusqu'à la hauteur de 2 mètres, les murs sont lambrissés de chêne, avec filets, chiffres et emblèmes en or. Ces chiffres et ces emblèmes, ce sont ceux de Henri II et de Diane de Poitiers. C'est au-dessus de ce lambris que se trouvent — au nombre de plus de soixante — les célèbres compositions du Primatice, exécutées sur ses dessins par Nicollo dell' Abbate et réparées en entier par M. Alaux, en 1834. La porte d'entrée, qui est assez basse, se trouve à l'une des extrémités, surmontée par une tribune à consoles, avec appui en bois orné de riches sculptures. L'autre extrémité de la galerie est occupée par une cheminée monumentale, qui règne du parquet au plafond, avec des colonnes, des trophées, un entablement et une frise, en un mot, un véritable monument.

La *galerie de François Ier*, décorée par le Rosso, présente aussi un grand caractère ; elle a un très-beau plafond en noyer, ainsi que le lambris, couvert de sculptures qui reproduisent avec une inépuisable profusion les armoiries, les trophées, les chiffres et les emblèmes de François Ier. Les entre-deux des fenêtres sont ornés de sculptures du plus bel effet : ce ne sont partout que Nymphes, Égypans et Faunes. L'œil ébloui ne sait plus où s'arrêter. Les fresques du Rosso, qui n'ont peut-être pas autant de mérite que celles du Primatice, représentent pour la plupart des sujets mythologiques et quelques traits de la vie de François Ier.

Nous aurions encore à visiter, autour de la cour ovale, l'ancienne et jolie *chapelle de Saint-Saturnin*, décorée de vitraux provenant de la manufacture de Sèvres et exécutés d'après les dessins de la princesse Marie ; la *chapelle haute*, occupant au-dessus le premier étage ; le *vestibule de Saint-Louis*, pièce d'un beau style ogival ; les salles des chasses de Louis XV, les appartements particuliers, la *cour des Offices de Henri IV* et le *pavillon de Sully*.

Nous n'avons pu qu'effleurer cette matière trop abondante. — Que serait-ce donc si nous avions voulu faire défiler sous les yeux du lecteur tout le cortége des souvenirs! Si nous avions, même à grands traits, esquissé tous ces épisodes de notre histoire — depuis les chasses du roi Robert jusqu'aux chasses de Napoléon III — dont les pierres ou les arbres de Fontainebleau furent les impassibles témoins! C'est Charles-Quint, audacieux et prudent tout à la fois, qui vient se livrer à son rival, tout en ayant soin de s'assurer la faveur de sa maîtresse; c'est Diane de Poitiers, c'est Marie Stuart, c'est Gabrielle d'Estrées, qui passent dans ces longues galeries, secouant du feu autour d'elles; c'est l'exil de la reine d'Angleterre, traînant le deuil de Charles Ier, au milieu de ces splendeurs, que Christine de Suède devait bientôt ternir avec le sang de Monaldeschi! Que dire encore? C'est à Fontainebleau que Louis XIV reçut le testament du roi d'Espagne, qui appelait son petit-fils au trône; c'est à Fontainebleau que Pie VII signa le concordat par lequel il renonçait à sa souveraineté temporelle; enfin, c'est à Fontainebleau que Napoléon se sépara de son armée. Tacite aurait dit : *Invitus invitam dimisit!* La fortune se plaît ainsi parfois à épuiser sur le même homme et son extrême faveur et sa rigueur extrême.

Fontainebleau a aujourd'hui trois jardins : le *Parterre*, le *jardin du Roi*, le *Jardin Anglais*; tous trois sont plantés de beaux arbres. L'*étang de Fontainebleau*, entouré de gazons, ombragé de saules, est peuplé de ces carpes centenaires et gloutonnes auxquelles les promeneurs émiettent leurs gâteaux.

Le *parc*, dont la superficie est de 84 hectares, a de grands aspects solitaires et mélancoliques; il est traversé par un large canal et par une longue avenue : on cite comme une de ses merveilles la fameuse *treille du Roi*, qui produit, bon an mal an, près de 4000 kilogrammes de raisin.

Mais le véritable parc de Fontainebleau, c'est sa forêt.

La forêt de Fontainebleau, que l'on appelait autrefois la forêt de Bière, est d'une contenance de 16,900 hectares; son pourtour est de 80 kilomètres; la somme de ses routes et de ses sentiers ajoutés l'un au bout de l'autre, présenterait un développement de 500 lieues; son revenu annuel varie entre 350 et 500,000 francs, provenant de l'exploitation des bois, des grès et du sable qu'elle renferme.

La forêt de Fontainebleau est, sans contredit, la plus belle et la plus poétique de nos forêts de France et peut-être d'Europe. A une heure de Paris, elle a pu garder la sauvagerie vierge et la sombre majesté des forêts primitives. Elle le doit à une nature assez puissante dans sa rébellion pour que les hommes n'aient pas encore eu le temps et la force de la soumettre et de la perdre. — Nulle part le sol n'est tourmenté d'une façon plus inattendue : aussi, à chaque pas, ce sont des accidents de terrain, qui varient incessamment le paysage; ici, des chaînes de montagnes; là, des gorges profondes; plus loin, des plateaux désolés auxquels succèdent des landes arides, des steppes couverts de bruyères et d'ajoncs; ajoutez, çà et là, des grottes immenses formées par l'évidement du sable sous les blocs de grès, et partout des entassements de rochers volcaniques, contemporains des premières convulsions du monde. Ces rochers, qui forment souvent de longues chaînes parallèles, n'occupent pas moins de 4000 hectares dans la superficie totale de la forêt. Ce sont des couches de grès marins supérieurs, d'un grain très-dur, très-fin et très-brillant; ce grès repose sur des bancs de sable, parfois d'un blanc éclatant, parfois d'un jaune rouge, qui révèle la présence de l'hydrate de fer. Tantôt ces rochers sont mamelonnés à leur surface, tantôt ils présentent à l'œil une série de cristaux de grès aux formes polyédriques et régulières.

Quatre principales essences d'arbres se partagent la forêt : le chêne, le hêtre, le charme et le bouleau. Les chênes de Fontainebleau atteignent parfois des proportions gigantesques : le *Charlemagne,* le *Clovis,* le *Henri IV,* le *Sully,* le *Chêne des Fées,* ont aujourd'hui une renommée européenne. — Le pin de Norvége, dont on peupla d'abord le *rocher d'Avon,* a peu à peu gagné les cantons voisins — semblable aux hommes de son pays, dont l'inondation a couvert l'Europe de ses flots vivants.

Nous n'essaierons point de tracer ici l'itinéraire descriptif de la forêt de Fontainebleau; c'est une tâche dont s'est acquitté avec autant de zèle que de talent le *sylvain* du lieu, M. Denecourt : il ne faut pas refaire ce qui est bien fait.

Nous nous contenterons d'indiquer au touriste les points que nous croyons les plus capables de l'intéresser.

C'est d'abord, au Sud, le *rocher d'Avon,* le mail de Henri IV et le *rocher Bouligny.* On remarquera dans cette promenade les roches monstrueuses appelées les Gorgones, et le labyrinthe de la petite Thébaïde. A l'Ouest, nous avons le *Mont-Aigu,* la *grotte du Serment,* les *gorges du Houx,* et les *grottes du Parjure* et du *Chasseur Noir.* Au Nord, nous rencontrons le *Mont-Ussy* et le *nid de l'Aigle,* où se trouve la magnifique cépée de chênes nommés les *Six-Frères,* le *Charlemagne* et le *chêne des Fées,* repoussant de ses bras raidis des blocs de grès qui l'enserrent.

Ceux qui ne craignent pas la marche et l'excursion plus lointaine auront encore d'autres buts de promenades, non moins intéressantes et plus variées. Ce seront, par exemple, la *vallée de la Solle,* la *futaie du Gros-Fouteau,* la plus belle de la forêt, les *fontaines Sanguinède et du Mont-Chauvet,* le *rocher de Saint-Germain,* le *bouquet du Roi,* un vieux chêne qui pique droit au ciel avec le jet élancé du palmier africain. A quelques pas plus loin, vous apercevez le *Vieux Pharamond,* enveloppé dans son suaire de mousse, fortement assis sur un tronc labouré de blessures et tordant ses bras noueux, où frémit le feuillage plein de frissons et de terreurs. On devra encore visiter le *fort de l'Empereur,* point culminant, d'où la vue embrasse une grande partie de la forêt; le *fort des Moulins,* le *Calvaire,* la *caverne des Brigands,* la *roche qui pleure,* la *mare aux Fées,* la *gorge aux Loups.*

Si l'on veut voir dans toute leur belle horreur la désolation et la sauvagerie, c'est aux *gorges de Franchard et d'Apremont* qu'il faut aller. Que l'on se hâte, du reste, de visiter ces grandes scènes de la nature, sur lesquelles la civilisation empiète de jour en jour. — Des plantations de pins, qui trouvent le sol trop à leur goût, commencent à parer de leur grâce mélancolique ces déserts de sable, tapissés de bruyères, où l'on voit çà et là pointer la cime aiguë et dentelée des grands rocs de grès. Nulle part on ne trouve de plus beaux groupes d'arbres, mieux disposés pour l'effet pittoresque. C'est dans cette gorge que prospère la jeunesse éternelle de *Jupiter,* chêne robuste et sain qui passe pour le plus bel arbre de France.

Ici nous terminons notre promenade, car nous sentons que nous sommes déjà loin de Paris, et que nous avons, malgré nous, franchi la zône de ses environs.

Louis Énault.

TABLES DU TROISIÈME VOLUME

DEUXIÈME PARTIE. — HISTOIRE DE PARIS.

PARIS ANCIEN,

PAR MM. E. CARISSAN, A. GABOURD ET E. DE LA GOURNERIE.

PARIS MODERNE,

PAR M. A. GABOURD.

APPENDICE. — Coup-d'œil sur les Environs de Paris,

PAR M. LOUIS ÉNAULT.

(*) Il y a cent Planches dans l'Ouvrage, mais pour faire concorder les Planches avec le Texte, on a été obligé d'introduire un Nº 60 *bis*, ce qui explique pourquoi la série des Numéros d'ordre s'arrête à 99.

FIN DES TABLES DU TROISIÈME ET DERNIER VOLUME.

NOTA. — Cette Table sert d'avis au Relieur, qui n'aura qu'à la suivre pour disposer le Texte et les Planches dans l'ordre où ils doivent se trouver.

LES CARACTÈRES EMPLOYÉS POUR LE TEXTE DE CET OUVRAGE PROVIENNENT DE LA FONDERIE DE M. MARTIN, SUCC' DE MM. DEMAILLY ET MAISONNEUVE, A NANTES.

LE PAPIER SORT DE LA FABRIQUE DE M. BLANCHARD-DESGRANGES, A NANTES.

Nantes, IMPRIMERIE CHARPENTIER, rue de la Fosse, 32.

TABLE DES PLANCHES

ET LEUR CORRESPONDANCE AVEC LE TEXTE.

(*) Il y a cent Planches dans l'Ouvrage, mais pour faire concorder les Planches avec le Texte, on a été obligé d'introduire un N° 60 *bis*, ce qui explique pourquoi la série des Numéros d'ordre s'arrête à 99.

TABLE DES VIGNETTES

DANS LE TEXTE.

AVIS AU RELIEUR.

Pour la reliure en TROIS VOLUMES, il s'agit simplement de disposer exactement dans l'ordre donné par les tables les feuilles de texte et les planches, qui toutes portent un numéro correspondant à ceux des tables, en plaçant, avant chaque titre de volume, de chapitre ou de division de volume, les faux-titres indiqués.

Dans le cas d'une reliure en DEUX VOLUMES (le texte dans un volume et les planches dans l'autre), le volume de texte serait disposé dans l'ordre des tables, comme ci-dessus, sans tenir compte des planches.

Les 100 planches seraient réunies pour former le volume de planches, chacune à sa place, d'après son numéro d'ordre, et l'on placerait à la fin de ce volume la table des planches qui établit leur correspondance avec le volume de texte.

Nantes, IMPRIMERIE CHARPENTIER, rue de la Fosse, 22.

www.ingramcontent.com/pod-product-compliance
Ingram Content Group UK Ltd.
Pitfield, Milton Keynes, MK11 3LW, UK
UKHW020206250726
13967UKWH00003B/1308